"十一五"国家重点图书

当代农业学术专著系列丛书

中国离现代农业究竟有多远

黄德林　著

中国农业科学技术出版社

图书在版编目（CIP）数据

中国离现代农业究竟有多远/黄德林著. —北京：中国农业科学技术出版社，2010
ISBN 978-7-5116-0333-3

Ⅰ.①中… Ⅱ.①黄… Ⅲ.①农业现代化-研究-中国 Ⅳ.①F302.1

中国版本图书馆 CIP 数据核字（2010）第 221501 号

责任编辑 张孝安
责任校对 贾晓红

出 版 者 中国农业科学技术出版社
北京市中关村南大街 12 号 邮编：100081
电　　话 （010）82109708（编辑室）（010）82109704（发行部）
（010）82109703（读者服务部）
传　　真 （010）82109700
网　　址 http://www.castp.cn
经 销 者 新华书店北京发行所
印 刷 者 北京科信印刷厂
开　　本 787 mm×1092 mm 1/16
印　　张 35.375
字　　数 530 千字
版　　次 2010 年 11 月第 1 版 2010 年 11 月第 1 次印刷
定　　价 60.00 元

"十一五"国家重点图书
《当代农业学术专著系列丛书》
编辑委员会

“十一五”国家重点图书
《当代农业学术专著系列丛书》
总 序

中国农业科学院决定在“十一五”期间启动《当代农业学术专著系列丛书》的编辑出版工作，就是要借助书籍这一人类进步的阶梯，进一步贯彻落实党中央、国务院关于积极发展现代农业，扎实推进社会主义新农村建设的战略决策，总结当代农业学术研究重大成果，推动我国农业科技自主创新，促进农业和农村经济发展。

出版学术专著不是件容易的事，尤其是农业领域的。难的不仅是内容，而且还有市场。对作者、对出版社，没有“板凳须坐十年冷，文章不写一句空”的精神，是难以长期坚持下来的。

所喜的是，这套丛书经中国农业科学技术出版社申报，已被国家新闻出版总署列入“十一五”国家重点图书出版规划项目，说明国家主管部门对我们的工作是十分支持和认可的，我们在感到欣慰的同时更觉得责任重大，如何将这项国家级重要出版工程组织好落实好，是我们目前面临的第一要务！

值得我们骄傲的是，新中国成立以来，尤其是改革开放以来，我国农业科学技术发展迅速，以中国农业科学院为代表的一大批农业科研单位在科研第一线上取得了累累硕果。中国农业科学院建院50年来，科技创新能力明显增强，科技成果和科技产出稳步增长，在品种资源、新品种选育及配套技术、动物重大疫病防控技术、动物营养与健康养殖技术、农产品加工与质量安全、数字农业与智能化装备、农业资源高效利用和环境保护、农业技术产业化研究等方面取得了一批原创性重大科研成果，为我国农业和农村经济发展起到了强有力的科技推动和科技支撑作用，这些都为农业科技专著出版提供了优质的素材和条件，我们只要将这些科研实践经验和成果上升到理论层次加以总结和提炼，就一定能够出版成优秀的科技专著。

当然，每一份成绩的取得离不开我国广大的农业科技工作者的辛勤劳动。他们或奋战在科研第一线，或活跃在田间地头，或诲人于三尺讲台；

他们或摘取国家最高科学技术奖功成名就，或桃李芬芳弟子满天下，但更多的是默默耕耘任劳任怨，他们就是我们最可宝贵的作者资源和国家的财富！时间不允许我们再等待，他们的实践和经验需要我们去挖掘、保存和升华！

在丛书的编写中，我们将紧密结合国家“十一五”农业战略目标和未来国家农业发展的关键性技术领域，切实推进农科教大联合、产学研相结合，合理布局重大基础理论类、学术前沿类、重大高新技术类和农业产业类四大类别专著的比例和力量，促进作物科学、畜牧兽医科学、应用农业微生物学、农业资源与环境学、食品科学与工程、农业质量标准与检验、农业经济与科技发展、农业信息、农业工程学九大学科群建设，不断提高自主创新能力，着力解决农业生产中带有全局性、关键性、方向性的重大问题，大幅度提高农业科技进步的贡献率。

为了出版发行好这套丛书，我们将切实发挥农业科研、教学、推广单位的人才、技术、设施等优势，大力倡导把“文章写在大地上，成果留在千万家”，使科技成果尽快应用于生产、转化为现实生产力，使这套丛书既能带来社会效益，还能创造一定的经济效益。我认为，对优秀的专著而言，两个效益是统一的，而要实现它靠的是什么？不仅仅是靠投入，更多的是靠专著的质量来吸引读者，只有为读者带来回报，专著才能实现自身的价值。

书山有路，丹心无改。在建设社会主义新农村的伟大征途中，中国农业科学院将不负历史使命，为中国农村经济的发展和中华民族的伟大复兴奋斗不息！这是我们共同的无愧于时代的选择！

中国农业科学院院长

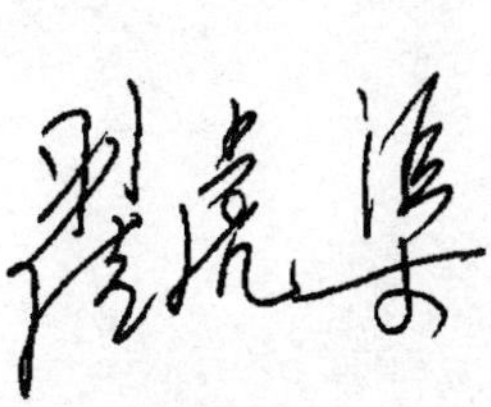

2006 年 8 月

参加编写人员：

中国农业科学院农业经济与发展研究所　硕士　蔡松锋
中国农业科学院农业经济与发展研究所　硕士　李向阳

前言
Foreword

在中国农业发展的历史长河中，农业问题从未像今天一样，被广泛地认知、思考和改革。一方面，农业发展必须紧跟国家宏观经济增长的步伐。另一方面，国家工业化发展的速度和方式以及社会意识形态及其中国农业发展的自身特点，使中国农业发展又步入重重矛盾之中。中国农业走向何方，时刻牵动整个社会的神经。

从20世纪70年代末始，中国在工业基础整体上还没有达到现代化的条件下，按照西方农业现代化发展模式，提出了中国农业现代化的问题，由此，开创了中国农业现代化发展模式的大讨论和大规模建设。但是，这种建设活动并没有达到促成中国农业现代化的预期目标，其根本原因在于国家工业化发展水平落后于农业现代化发展的需求，就中国农业现代化建设的经验而言，在没有社会工业化发展基础和农村人口大幅度减少的条件下，农业现代化建设似乎是遥远不可及的目标。

20世纪80年代农村家庭土地联产承包责任制的实施，彻底改变了人民公社土地规模经营的生产模式。中国农业生产又一次步入小农经营的生产模式中，且实践证明这一生产方式非常有效，体现在农产品生产的过程和结果。这时，针对农业现代化建设目标的农业政策逐渐被农产品市场，产业结构调整，农民增收，农业补贴等农业政策涵盖的议题所替代，这些市场机制与小农经济积累的矛盾，导致中国20世纪90年代到21世纪初严重的“三农”问题出现与恶化，相对于“三农”问题，农业现代化问题不再有现实意义。如果说从1949年新中国成立到1980年，中国农业是在为重工业发展“做剪刀差”，那么，1980年后，中国农业仍然在为中国经济发展“做剪刀差”，这种剪刀差从农产品价格上转化到农民工身上，成千上万农民工为国家的工业化在作贡献，可他们却不是“自由农”，不是能够为工业化进程中提供劳动力的“自由农”，他们依然是农民。农村劳动力转移问题依然是中国农业发展的瓶颈。

20世纪90年代以后，中国农业发展步入停滞不前状况，农业生产缺乏有效的调控手段，农业生产资源受到挑战。诸多因素影响使农产品品质和质量问题如此尖锐，以至于直接影响到农产品的生产方式，中国农业发展步入可持续发展的十字路口。这时，学者们反思了中国农业发展的模式问题，认为中国农业现代化不可能走四化之路，在21世纪世界经济和全球经济一体化条件下，中国农业现代化的内容需要扩充，从生产领域到管理领域甚至到农业政策领域都需要现代化，这样，中国农业现代化的概念需要另一个内涵更广的名词替代，现代农业无疑是最确切的了。21世纪初始现代农业的概念被中国学者们公认为是中国农业走出瓶颈的正确方向。

什么是现代农业，简而言之，现代农业的概念分为两个部分，一是经典的内容，即现代农业不仅包括农业装备的现代化，精准化，还包括，农业管理的现代化，知识化。二是现代农业还是与时俱进的产物，21世纪，发达国家的后现代化农业已经步入信息化、生态化和可持续发展阶段。中国的现代农业必须赋予这些与时俱进的内容。可以这样理解，从符合国家特征条件而言，现代农业的内涵优于农业现代化的概念，它更适应于现阶段中国农业发展特征。其一，中国仍然是发展中国家，还不是工业化国家，工业转移农村劳动力的能力有限，农业生产的原始成分含量高，规模化、集约化、现代化的生产方式还很遥远，但这并不妨碍中国农民个体的进步。二是受现代科学技术和思维的影响，中国的学者们试图寻求一条中国现代农业发展的自身路径。三是在后现代化社会阶段，即知识经济和信息经济发展阶段，中国农业发展能否出现跳跃式发展模式。

围绕中国现代农业，中国正在进行一场自上而下的变革。这种变革是否能够获得成效，短期内可能难以看到。中国的农业问题既存在深刻的社会问题，也能在巨大的区域差异问题，它过去是基础、现在是基础，将来还是基础。它过去是小农经济，现在依然是小农经济，也许，当这种小农经济彻底被打破的那一天，就是中国现代农业到来的时刻。

作　者

2010年8月

目录

Contents

第一章 从中国农业现代化建设看中国现代农业

认知现代农业，首先需要认知农业现代化。发达资本主义国家现代农业发展史经验告诉我们，工业现代化是社会实质性飞跃的前提，工业现代化是农业现代化的基础。工业现代化之后，紧随其后的后现代化社会。造就了现代农业的概念。纵观人类社会发展史，农业社会、工业化社会、后工业化社会是社会发展的基线。有了工业化社会，才产生了农业现代化；有了后工业化社会，才产生了现代农业的完整新概念，对于中国农业而言，既不可能绕过工业化社会发展的门槛，又要接受后工业化、后现代化社会的挑战，不可谓任重道远。

新中国成立以来，中国一直致力于对传统农业进行改造，积极探索建设现代农业的道路。20 世纪 50 年代，中国提出了农业现代化建设的“四化”目标，即机械化、水利化、化学化和电气化，重在改善农业生产手段和生产条件。20 世纪 70 年代后期，借鉴国际现代农业建设的经验，中国把良种化、专业化、生产区域化以及产加销、农工商一体化等生产技术和生产管理改革纳入现代农业建设的内容。20 世纪 80 年代初，中国开始全面实行农村经济体制改革，“允许农民自主经营，多种经济成分并存发展，进入市场竞争，共同向现代化农业进军。”20 世纪 90 年代以来，在稳定家庭承包制的基础上，中国提出了发展高产、优质、高效农业，大力推进农业产业化经营，促进生产标准化、经营企业化、服务社会化，建设现代农业开始迈出实质性步伐。

第一节 现代化的命题

西方发达国家对现代化研究是从 20 世纪 50 年代开始的，其中 20 世纪 50～60 年代为（经典）现代化研究，70～80 年代末后为现代研究，到 80～90年代为新现代化研究。

在20世纪50～60年代，美国科学家相继开展了现代化研究，其代表作为《社会系统》(帕森斯，1951)、《传统社会的消逝：中东现代化》(勒纳，1958)、《发展中地区的政治学》（阿尔蒙德和科尔曼，1960)、《经济成长的阶段》（罗斯托，1960)、《现代化和社会结构》(列维，1966)、《现代化的动力》（布莱克，1966)、以色列学者的《现代化：抗拒与变迁》(艾森斯塔特，1966）等，这些著作形成了现代化理论研究的基础。

经典现代化理论的主要内容是：

1. 界定现代化为传统向现代的历史转变过程及其变化；强调现代化既发生在先锋国家的社会变迁里，也存在于后进国家追赶先进水平的过程中。

2. 亨廷顿教授认为现代化过程有九个特征：①现代化是从传统社会向现代社会的转变革命的过程；②现代化是复杂的过程，包含人类思想和行为一切领域的变化；③现代化是系统的过程；④现代化是全球的过程；⑤现代化是长期的过程；⑥现代化是有阶段的过程；⑦现代化是趋同的过程；⑧现代化是不可逆的过程；⑨现代化是进步的过程。

3. 普尔教授把现代化分为的英国和美国现代化模式（民主化和工业化模式)；法国现代化模式（先有民主化后有工业化模式)；德国现代化模式(先有工业化后有民主化)。东亚国家如日本和韩国等的现代化模式（与德国相近)。

4. 经典现代化理论的六个分支和六个学派分别是社会现代化理论、经济现代化理论、政治现代化理论、人的现代化理论、文化现代化理论和比较现代化理论等，六大学派是结构功能学派、过程学派、行为学派、实证学派、综合学派（历史学派）和未来学派等。

现代化是一个历史过程，包括从传统经济向现代经济、传统社会向现代社会、传统政治向现代政治、传统文明向现代文明的转变等。在20世纪40～60年代，欧美发达国家已经完成工业化进程，步入高度发达的现代工业社会；发展中国家没有完成工业化进程，仍然处于传统农业社会，有些地区甚至处于原始社会。所以，在经典现代化理论中，现代化可以被概括为一句话：从农业经济向工业经济、农业社会向工业社会、农业文明向工业文明转变的历史过程就是现代化。

第二节　后现代化的内涵

20 世纪 60 年代，发达工业国家已经完成经典现代化，开始迈入“后现代”发展阶段。学者们注意到三个现象，(1) 工业经济不是世界经济发展的顶点，发达工业国家经济发展已经从工业化转入非工业化轨道，工业经济比重持续下降，服务经济比重持续上升；(2) 工业社会不是人类社会发展的终点，发达工业国家社会发展开始从城市化转入非城市化（或逆城市化）轨道，城市人口向郊区和乡镇迁移；(3) 工业文明不是文明进程的终结，发达工业国家没有止步不前，它们的发展已经并将继续超越工业文明阶段。

1973 年，美国学者丹尼尔·贝尔教授的《后工业社会的来临》开启后工业社会的研究，他认为在今后 30 年至 50 年间将看到“后工业社会”的出现。后工业社会有五个方面的特征：①经济方面：从产品生产经济转变为服务性经济；②职业分布：专业和技术人员阶级处于主导地位；③中轴原理：理论知识处于中心地位，它是社会革新与制定政策的源泉；④未来的方向：控制技术发展，对技术进行鉴定；⑤制定决策：创造新的“智能技术”。

1979 年出版的法国学者利奥塔教授的《后现代状态》引发后现代主义思潮。相对于现代主义而言，它建立在对现代主义、现代性和现代化运动的种种问题和局限性的反思和批判的基础上。罗斯诺教授把他们分为怀疑论后现代主义和肯定论后现代主义，格里芬教授提出结构性后现代主义和建设性后现代主义的分类。一般而言，怀疑论和结构性的后现代主义是反现代化的；肯定论和建设性的后现代主义是后现代化理论的组成部分。

后现代化理论认为，从传统社会向现代社会（农业社会向工业社会）的转变是现代化，从现代社会向后现代社会（工业社会向后工业社会）的转变是后现代化。从现代化向后现代化的转变还包括政治、经济、性和家庭、宗教观念等的深刻变化。现代化的核心目标是经济增长，后现代化的核心目标是使个人幸福最大化。在专业化、世俗化和个性化方面，后现代化是现代化的继续。

第三节　现代化理论新思想

20世纪80～90年代，现代化研究孕育了许多新思想。比较有影响的新思想包括德国学者胡伯教授（1985）提出的生态现代化理论、德国学者贝克教授（1986）提出的再现代化理论。

1. 生态现代化

胡伯认为，生态现代化是一种利用人类智慧去协调经济发展和生态进步的理论。其基本观点有：①把现代科学技术理解为生态改革的核心机制，它同时强调在生态改革中经济和市场动力的重要性；②作为一种资源和风险的管理模式，超越各种冲突和利益，建立新的环境议程，解决经济增长和相应的环境管理的常规矛盾；③不仅把环境挑战看成是危机，也看作是机会，把减少污染看成是加强经济竞争力的工具；④代表一种前瞻的、预防的环境政策，它采用预防原理，涉及生产和消费模式的长期结构变化；⑤采用工业生态学原理和可持续发展战略，建立可持续发展的生态社会。

2. 再现代化理论

贝克认为，我们的现代世界处于转变之中，即从工业社会向风险社会的转变。风险社会描绘了现代社会的一个发展阶段，在这个阶段，社会的、政治的、经济的和个人的风险日益趋向于逃脱工业社会建立的风险预防和监督机制。从工业社会向风险社会的转变就是再现代化（Reflexive modernization，有人译成自反性现代化、反省现代化等）。再现代化理论的主要观点有：①世界现代化包括两个阶段，即普通现代化（正统现代化）和再现代化；②普通现代化是建立现代工业社会，再现代化是消解现代工业社会。工业社会是普通现代化的结果，风险社会是再现代化的结果；③在新时期，一种现代化消除另一种现代化，这就是再现代化。再现代化是现代化的现代化；④从一个社会时代向另一个社会时代的转变，能够通过没有预先设计的、非政治的和各种论坛的促进来实现；⑤工业社会的现代性是普通现代性，风险社会的现代性是反射现代性。普通现代性是第一现代性，反射现代性是第二现代性。

上述研究证明，“现代”的特征主要以工业化形式表现，当工业化普及到社会各领域时，对现代化的要求就出现了“新现代”的表现，这种新现代不仅包括智能化和生命化的研究，也包括了后工业化理论对现代发展的定义。后现代化把“现代”定义为从传统社会向现代社会（农业社会向工业社会）的转变是现代化，从现代社会向后现代社会（工业社会向后工业社会）的转变是后现代化。后现代化以政治、经济、性和家庭、宗教观念等的深刻变化的阐述无疑代表了人类社会“现代”文明的特征。现代化的核心目标是经济增长，后现代化的核心目标是使个人幸福最大化。在专业化、世俗化和个性化方面，后现代化是现代化的继承和发展。

这些理论研究的精髓表现在现代化是工业化发展的过程，工业化发展就是经济增长的过程，经济增长的终极目标是社会福利的提高，和人类幸福指数的不断提高。在这背景条件下，西方农业“现代”化研究体现在工业化研究领域之中，表现在对农业经济增长方式的研究上。

第四节 中国农业现代化建设特征

1. 批判

中国农业现代化研究源于 20 世纪 70 年代，以“四化”即机械化、电气化、水利化和化肥化来概括农业现代化的内涵。现代农业现代化研究学者认为，从农业技术和生产方式变革的角度理解农业现代化，实际上是农业生产现代化或农业生产过程现代化。70 年代把农业现代化概括为几个“化”的定义，只看表面现象，根本没有把握住农业现代化的本质。

2. 新概念

20 世纪 70 年代末至 80 年代中期，即改革开放的初、中期，农业现代化的基本内涵有了发展，内容包括农业现代化的本质是科学化，即应把农业的生产和管理逐步建立在生态科学、系统科学、生物科学、经济科学和社会科学的基础上。20 世纪 80 年代中期至 90 年代初期。在全面推行改革开放、建立市场经济新体制、农业和农村经济持续高速增长的背景下，中国学者广泛吸收国内外的发展经验，理论界对农业现代化的内涵有了更为深入的理解，主要集中在以下三个方面：第一，以科学化、集约化、社会化和商品化来概括农业现代化的内涵和特征；第二，用现代科技（尤其是生物技术）、现代装备、现代管理，现代农民来概括农业现代化的内涵；第三，认为生态农业或可持续发展农业才是真正意义上的农业现代化，以区别于以往农业现代化等同于“石油农业”的倾向。20 世纪 90 年代初至中期，随着社会主义市场经济体制的建立和不断完善，沿海发达地区的劳动力成本提高，农业劳动力由农村向城镇和由第一产业向第二产业、第三产业转移，农业现代化的内涵被理解为商品化、技术化、产业化、社会化、生态化等多方面变革的集合体。这是从农业发展的基本要素、经营方式和组织制度变革的角度理解现代农业和农业现代化，比前两个阶段的理解更进了一步，但实际上是讲农业经济现代化，把农业当作一个部门或一个产业，孤立地从农业自身的发展出发对农业现代化进行分析和说明。20 世纪 90 年代后期以来，随着农业在国民经济中所占比重的下降，加入 WTO 后国内、国际农产品市场竞争压力的增强，许多学者认为，研究农业现代化要以“农民大国”为背景（靳相末），重视对农村文化的研究(孙金荣)，跳出农业、立足整体国民经济研究农业现代化（钱津），适应经济全球化的要求，从世界经济的角度研究中国的农业现代化问题（吕天军等，2000）这些观点的共同之处在于，它们从广义上理解现代农业及农业现代化的内涵和外延，吸收了发达巨家农业现代化的经验和教训，体现了可持续发展的思想，同时还认识到，农业现代化是一个复杂的社会系统工程，在一定的内部条件和外部条件下应将农业以及与之相关的主要社会经济问题纳入农村这一大系统之内综合分析，从农村和农业与其他相关社会经济方面的相互关系中研究农业发展问题，而不是简单地讨论农业自身的现代化。现阶段农业现代化的内涵可表达为：通过科学技术的渗透、工业部门的介入、现代要素的投入、市场机制的引入和服务体系的建立，用现代工业装备农业、现代科技改造农业、现代管理方法管理农业、健全的社会化服务体系服务农业，使农业在形态上成为具有当今世界先进水平的现代化农业，其基本目标是提高农业综合生产力，增加农民收入，缩小工农差别和城乡差别，创造一个良好的生态环境，以实现可持续发展。

总之，自 20 世纪 50 年代以来，鉴于对现代化追求的热望和受发达国家现代化启迪，对于农业现代化概念，学术界曾提出了各种表述和设想，较为典型的有：①20 世纪 50 年代和 60 年代，农业现代化被概括为机械化、电气化、水利化和化学化；②农业现代化是一个客观的经济范畴，它的特定涵义就是从古代、近代农业转化为机械化、科学化、社会化的现代化农业的历史过程（李周等，1990）；③所谓农业现代化，就是要把农业建立在现代科学的基础上，用现代科学技术和现代工业来装备农业，用经济管理科学来管理农业，把传统农业变为具有当代世界水平的现代农业，即生产技术科学化、生产工具机械化、生产组织社会化、管理上的多功能系列化（《中国农业经济学》编写组，1984）；④农业现代化是用现代科学技术装备管理农业，要求具有高度的劳动生产率和商品率（章宗礼，1980）；⑤从系统论的角度把农业生产看成是由农业经济系统、农业生态系统和农业技术系统组合成的综合系统，正是这三个系统之间的能量转换和物质循环，农业经济再生产和自然再生产才得以实现，中国农业现代化的实质就是这三个系统的最优化（李果仁，1992）；⑥农业现代化是一个包括自然、社会、经济、科技、管理、信息等因素在内的复杂系统工程，要实现这一系统工程，不仅要实现生产手段的现代化，还要实现技术（含生态技术）措施的科学化、产品的商品化、社会的信息化，要由单纯从外部向农业投入新的工业物质，转为以发挥农业生态系统内部各组成要素的相互作用为主，采取一整套综合配套的现代措施，充分发挥农业现代化的整体功能（李果仁，1992）；⑦农业生产是自然再生产和经济再生产的交织过程，农业现代化则是这一过程在社会科技不断进步下的延伸和扩展，随着这种延伸和扩展的渗透，众多元素涉入其间，从而形成以自然再生产与经济再生产为主轴，凝聚现代科技文明于一体，囊括各种自然资源和社会资源的纵横交错的网络系统（王宏广，1991）；⑧农业现代化从粗放低效封闭的自给性传统农业转变为用现代工业、现代科学技术与现代经营管理武装的集约高效持续发展的开放式商品农业的过程（刘巽浩，1991）；⑨农业现代化首先是一个经济、技术过程，最终是一种社会文化现象，是一个传统农业社会向产业化、现代化演变的过程（范晋明，1997）；⑩在当前土地联产承包责任分散经营情况下，农业现代化应是人的现代化、制度的现代化及组织系统的现代化（张畸，1990）；⑪现代化农业的经济形式，必须是高度商品化和社会化，贯穿农业再生产过程的，应当是计划经济与市场调节相结合的运行机制，使农业成为生产力高度发达的现代化产业，其核心是农业现代化、农业武装设施现代化、农业经营管理现代化和农民素质现代化（田魁祥等，1998）；⑫农业现代化是一个包括经济、社会、技术、生态在内的规模宏大、结构复杂的系统工程，是生态系统和社会系统协调作用结果的表现，是生态效益、社会效益和经济效益的综合表现（谢永良等，1999）；⑬从农业生产的社会环境考察农业现代化，农业生产应该最终由人进行，而每一个人都处于一定的社会文化氛围中，因此，农业现代化应处理好三者之间的关系，即人与自然的关系、人与人的关系和人与其自身的关系（简小鹰，1996）；⑭现代农业应在国民经济中成为具有较强竞争能力的产业，所以现代农业是发达的科学农业，是用现代科学技术、现代工业提供的生产资料和现代组织管理方法来经营的社会化、商品化农业，也是人口、资源、环境、经济协调关系中最优的持续生产力的农业（施德堂等，1999）；⑮农业现代化是用工业技术装备的、受实验科学指导的、产加销一体化的商品性农业产业，其一般特征是，普遍使用现代化的工具，有很高的劳动生产率，广泛运用现代科学技术，有很高的土地生产率和适应市场需求的产品结构和品质结构；普遍实现了农业的企业化管理，相当多的产品和行业实行了产供销一体化、种养加一条龙，有很高的商品率、总体效率和经济效益（牛若峰，1999）；⑯农业现代化不仅包括农业生产过程的现代化、流通过程的现代化，还包括消费过程的现代化，不仅包括农业的现代化、农村的现代化，还包括农民的现代化（张仲威，1994）；⑰农业现代化是用现代工业装备农业，用现代科学技术支撑农业，用现代工业装备农业，用现代管理方法管理农业，用现代社会化服务体系服务农业，用现代科学文化知识提高农民素质的过程，是建立市场化的农业运行机制和高产优质高效农业生产体系，把农业建成具有显著经济效益、社会效益和生态效益的可持续发展的现代产业的过程，也是大幅度提高农业综合生产能力、不断增加农产品有效供给和农民收入的过程（顾益康，2001）；⑱农业现代化是一个不断发展的、动态的概念（陈锡文，2001）。

总之，农业现代化是通过科学技术的渗透、工业部门的介入、现代要素的投入、市场机制的引入和服务体系的建立，用现代工业装备农业、现代科学技术改造农业、现代管理方法管理农业、健全的社会化服务体系服务农业，使农业在形态上成为科学化、集约化、社会化、持续化的具有当今世界上先进水平的现代农业。农业现代化不仅仅是一个现代生产要素引入或技术进步的过程，同时还是一个要素优化配置或制度创新的过程。不同国家的农业现代化应具有不同的道路；离开一个国家特定的情况，将农业现代化这一复杂的历史过程简单地看作是对发达国家农业现代化过程的认同和重复，忽视各国农业现代化特色之所在，必然有碍于农业现代化的顺利实现。其特点是：结构现代化，设施现代化，手段现代化，技术现代化，经营产业化，服务社会化，生产者现代化，环境现代化，消费现代化。

第二章　中国现代农业应该是什么样

在世界农业发展进程中，现代农业无论是在农业生产力发展还是在农业生产关系调整方面，都展示了渐进演变的历史过程，体现了现代农业的历史性；无论是在生产手段、生产技术还是在生产经营的组织管理方面都实现了整体进步，体现了现代农业的综合性；无论是在发展目标定位还是在基本路径选择方面，都反映了世界各国农业发展的趋势，体现了现代农业的世界性。正确认识和把握这些特点和规律，对加快建设现代农业具有重要的现实意义。

从社会发展的历史上看，现代农业是新时代的产物，其内涵即有特殊定义之内涵，也不可避免地洛上时代的烙印。对于中国而言，现代农业可以在其主导教义之下被诠释为不同含义。即现代农业随时代发展，反映时代特点和需求，它具备与时俱进和包容一切的形式和特点。

第一节　中国现代农业的定义

一、现代农业的定义

我国现代农业的标准定义是“在国民经济中具有较高水平的农业生产能力和较强竞争能力的现代产业，是不断地引进新的生产要素和先进经营管理方式，用现代科技、现代工业产品和现代组织制度和管理方法来经营的科学化、集约化、市场化、社会化、生态化的农业，是保护生态平衡和可持续发展的农业。它既包涵有综合生产能力的创新，诸如有现代科技、现代装备、集约化、可持续发展等特征，又包涵有现代农业制度的创新，诸如有现代管理、专业化、社会化、产业化、标准化等特征，是科学化、集约化、市场化、社会化、生态化的现代产业。”

实践中，专家学者认为，发展中国现代农业必须贯彻以下六项基本原则。一是中国现代农业必须在家庭承包联产承包经营之下走产业化创新模式，农业产业化经营的实质就是科、工、贸、农以及产、供、销一体化的农业经营模式。二是中国现代农业必须走有中国特色的科技创新模式。三是中国现代农业应走有中国特色的城乡一体化的创新模式。四是中国现代农业必须走有中国特色的生态农业的创新模式。五是中国现代农业必须走有中国特色的区域经济发展的创新模式。六是中国现代农业必须走有中国特色的农业生产和农村生活服务体系的现代模式。

基于上述中国现代农业的基本认识，我们认为中国现代农业的科学化、集约化、市场化与国际化、社会化、生态化可以概括我国现代农业基本定义和基本原则的内容。并且，通过量化这五个方面的内容，可以较为形象和完整地分析我国现代农业建设和发展的水平，动态特征，阶段成果，未来发展趋势。

二、西方发达国家现代农业思潮

1. 舒尔茨的现代农业

舒尔茨在改造传统农业中，把农业划分为三类：第一，传统农业。在传统农业里，传统生产要素的供应与需求实现了均衡，实现了资源的有效配置，收入流价格是高昂的；第二，现代农业。农民使用新的生产要素，新的生产要素的供应和需求没有实现均衡，收入流价格是低廉的；第三，过渡农业处于传统农业与现代农业之间处于失衡状态的阶段。

传统农业有三个基本的特征：第一，技术状况长期保持不变，农业生产要素的供给和技术条件不变；第二，农民没有改变传统生产要素的动力；第三，农民的储蓄为零，因而没有投资的经济能力，即传统农业的资源配置处于均衡状态。农民引入新的生产要素，就可以走出传统农业均衡。

舒尔茨提出了改造传统农业的对策思路。第一，改造传统农业的方式只能采取市场方式，不能采用命令方式，命令方式是政府用行政命令的方式改造传统农业，政府不仅重组农业生产，而且要指挥农业活动，这样必然会束缚农民的生产积极性“农民是农业生产要素配置的中心人物，采取市场方式，给农民以经济刺激，就能调动农民的生产积极性。第二，重组农业生产单位。由于专业化的存在，一个农场的规模不要太大。舒尔茨批评了传统的大农场观念，提出了农业生产基本单位的特点是具有真不可分性，具有真不可分性的单位只能是农户。第三，传统农业向现代农业转变需要投入新的技术、新的生产要素、新的生产要素的需求者是农民，供给者是发现、发明、生产和供应新生产要素的那些人和单位。新生产要素的供给者有营利的企业和非营利的单位两类，非盈利性单位免费提供新的生产要素，实际上是不能持久的，因为要继续取得资源才能提供新的产品，能够持续供应新的生产要素的单位，都是盈利的企业”新的生产要素也是商品，通过市场进入农户。在穷国，新的生产要素的市场狭小，因此需要政府提供帮助。农民接受新的生产要素的动机就是有利性，有的新生产要素的使用，需要农民学习知识，学习是需要化费成本的。所以，要向农民投资，提高农民的文化素质和工作能力。

2. 约翰·梅尔阶段论

20 世纪 60 年代，一批研究农业发展问题的经济学家如莫里斯·帕金斯和劳伦斯·威特、布鲁斯·约翰斯顿和约翰·梅尔、福雷斯特·希尔和阿瑟·莫舍提出农业发展三阶段论，其中尤以美国康乃尔大学农业经济系教授约翰·梅尔对农业发展三个阶段的划分最有特色。

梅尔按照农业技术的性质，把传统农业向现代农业的转变过程划分为传统农业、低资本技术农业和高资本技术农业三个阶段。

第一阶段是传统农业阶段。在这个阶段中，农业技术基本上是停滞的，农业生产的增长取决于传统要素供给的增加。传统农业阶段的农业生产尽管会有所增长，但由于技术的停滞，农业生产的增长必然伴随着人均收入和土地生产率的下降。这就意味着传统农业阶段生产的增长是通过降低单位投入的生产来实现的。当然，在这个阶段中，某些具有动态的技术和体制变化有时也可能发生。但是，当这些变化孤立地被引入传统农业体系时，它们对生产率的影响通常是微小的。

第二个阶段是低资本技术农业发展阶段。这实际上就是劳动密集型技术进步阶段。梅尔认为，正是在这个阶段，农业对经济的全面发展起关键的作用。这个阶段具有五个特征：一是农业在整个经济中人占很大比例；二是由于人口效应和收入效应两方面的作用，农产品的需求急剧地上升；三是工业发展资本稀缺，投资报酬率随之提高；四是经济转型速度的限制和入口增长的压力阻碍了农场规模的扩大；五是劳动力—土地的比例关系极为不利，极大地限制了劳动节约型农业机械的普遍使用。因此，这个阶段的农业发展主要依赖劳动密集型的或资本节约型的技术创新和使用，且以提高土地生产率为重点。

第三个阶段是高资本技术农业发展阶段。亦即资本密集型技术进步阶段。在这个阶段中，农业部门的相对重要性大大下降，资本积累已经足以支持非农产业部门的迅速发展；资本变得越来越充裕，资本在农业部门的运用也日益集约化；作为非农业部门扩张的结果，人地比例逐渐下降，农场平均规模扩大；劳动成本变得越来越高昂，用机器代替劳动可以节约农业生产成本。因此，第三个阶段农业发展的基本特征是资本以大型机械的形式替代劳动力。劳动节约型的大型机械和其他资本密集型技术不断创造和发明出来，且被运用到农业生产中，劳动生产率持续增长。

3. 西方专业化理论

古典经济学认为分工与专业化是经济学的真正核心问题，亚当·斯密在《国民财富的性质和原因的研究》（商务印书馆出版，1972 年版）一书中指出："劳动生产力上最大的增进，以及运用劳动时所表现的更大的熟练、技巧和判断力，似乎都是分工的结果。各种行业之所以各各分立，似乎也是由于分工有这种好处。一个国家的产业与劳动生产力的增进程度如果是极高的，则其各种行业的分工一般也都达到极高的程度。未开化社会中一人独任的工作，在进步的社会中，一般都成为几个人分任的工作。农业由于它的性质，不能有像制造业那样细密的分工，各种工作不能像制造业那样判然分立。有了分工，同数劳动者就能完成比过去多得多的工作量，其原因有三：第一，劳动者的技巧因专业而日进；第二，由一种工作转到另一种工作，通常须损失不少时间，有了分工，就可以免除这种损失；第三，许多简化劳动和缩减劳动的机械的发明，使一个人能够做许多工作。分工起因于交换能力，分工的程度因此总要受交换能力大小的限制。换言之，要受市场广狭的限制。市场要是过小，那就不能鼓励人们终生专务一业。"亚当·斯密的论述表明分工是经济发展的基础，分工有利于人们专务一业，增进劳动生产力，同时分工的确立，能够使生产者有更多的剩余劳动生产物，可以交换自己所需的别人劳动生产物的剩余部分，为了便于交换，而产生了商业社会与现代货币。

著名经济学家、诺贝尔经济学奖获得者阿瑟·刘易斯在 1979 年出版的《经济增长理论》（三联书店，1994 年版）一书中的贸易与专业化一节中指出，"贸易还刺激了专业化，因为分工取决于市场的规模。斯密如此重视分工，以致于在他看来，分工是技术增长和资本运用增加的原因。以后的学者对这种因果关系提出了挑战，甚至有些学者认为是另一种方式——专业化不是原因而是结果。现在我们满足于认为专业化、知识和资本是同时增长的。日益增长的专业化看来是与生物进化原理相同的经济学原理，而且它与经济增长的联系是头等重要的问题。过分专业化的另一个代价是缺乏平衡。在农业经营中可以明显地看出这一点。过分种植单一作物会引起生物上的失衡，这表现为土壤耗尽，或者病虫害流行。专业化也会使人的精神缺乏平衡。那些专门从事矿业的人与专门从事农业的人不会以相同的方法来观察世界。同样，在一个集团内从事不同专业的人也会以不同的方式观察事物，而且在世界观和物质利益上会产生势不两立的冲突。”

刘易斯还指出：“市场越大，专业化的可能性也就越大。原始的家庭几乎完全是自给自足的。每一个村庄都有一些专业工匠，但他们只能满足村民的部分欲望。一旦人们开始专业化，就必需有某种机制来协调他们的活动。在最小的范围内，可以由行政命令来进行这种协调。专业化和经济单位规模之间的关系并不是简单的。某些人认为，专业化扩大了厂商的规模，因为工作的精细分工增加了工作数量，从而就扩大了协调一致的单位的规模。但是，这并不是必然的，因为各专业工作者的活动可以通过市场来协调。因此，大规模的组织是专业化的直接结果之一。因为人们如果专门从事一项工作，则他们的活动必须进行协调，而且这种协调可以通过市场过程进行，也可以在企业范围之内进行。”在刘易斯的著作中相当准确地描述了分工与专业化的特征，并且对其在经济活动中的作用与影响作出判断，具有深刻的指导意义。

苏布拉塔·加塔克与肯·英格森特在合著的《农业与经济发展》（华夏出版社，1987 年版）一书中指出：“在发达国家中，农业与其他经济部门间的经济与社会结合过程已经完成，农业就是一种企业，农民相当于企业家。农民既是商品生产者，又具有广博的技术知识。农民拥有一系列为他们服务的财政、销售、咨询机构及研究机构，这些机构既有公共的，也有私人的。”由以上论述可以看出，分工与专业化生产有利于促进经济发展，不仅在较发达的工业生产过程中如此，在其他产业也是一样，专业化与技术知识、资本在经济活动中处于同等重要位置，专业化水平不仅仅反映在技术水平、生产方式、组织结构、管理模式等方面，同时，也表现在市场环境中的交易、分配方法等方面。

4. 西方规模化理论

农业规模经济的基础是农业报酬递减和要素的不可分性。因此，农业规模经济学的起源可追溯到古典经济学家关于土地报酬递减的研究。17 世纪著名的经济学家威廉·配第在《政治算术》中就已提出了“报酬递减”的粗略模型。后来的亚当·斯密也注意到农业中的报酬递减现象，同时还提出了通过规模收益和分工，可以大大提高劳动生产率。最早全面论述报酬递减规律的经济学家是法国重农学派的代表人物杜尔阁，他从投资和劳动等要素的增减变化分析和描述了报酬变化的规律，还讨论了要素最佳投入量的选择问题，他关于“土地报酬递减律”的论述实际上已经使用了边际分析方法，并运用了生产函数的概念。在此基础上，随着专业化和分工理论的研究和发展以及数理分析方法的进步和应用，农业规模经济理论得到不断的充实和完善，到目前已发展成为一个比较完整的体系，并形成了众多的流派，诸如“一般农业经济学规模经济论”、“传统农业经营学规模经济论”、“农业生产经济学规模经济论”、“发展经济学农业规模经济论”等。一般来说，农业经济学规模经济论和发展经济学农业规模经济论侧重于从理论上分析农业规模经济，主要内容包括对农业企业规模结构的认识、农业企业规模结构变化和技术结构变革的相互关系以及农业企业规模结构的变化对经济社会发展的影响等；农业经营学规模经济论和农业生产经济学规模经济论主要侧重于从实证和定量的角度分析农业生产要素的最佳利用和优化组合，测定农业企业最优或适度的经营规模。但二者之间并没有绝对的界线。

关于农业规模经济的内涵。在长期中，所有的资源投入都是可变的，而所有资源投入发生变动就是农业经营规模变动，产生的收益就是规模经济或不经济。一般来说，农业经营规模经济或不经济主要是指扩大产出对平均成本的影响，通常用长期平均成本曲线的变化趋势说明。

当长期平均成本下降时，即可认为农业经营规模趋于经济合理；长期平均成本曲线的最低点就是最佳固定资本的投入规模，在这一点上单位产品成本最低；当长期平均成本上升时就产生规模不经济。农业规模经济可分为比例规模经济和非比例规模经济两大类。在比例规模经济的情况下，农业生产的各种投入是按比例增加的，当产出的变动小于（或等于或大于）投入的变动时分别产出规模不经济和规模经济。非比例规模经济是指固定资本不按比例投入所带来的规模报酬，通常也分为三种情况：一种是固定投入不变、可变投入增加时的规模经济；一种是固定投入增加但技术条件不变时的规模经济，这种规模经济通常体现在流通领域，也称为外部规模经济；一种是固定投入增加并伴随技术革新时的规模经济，在这种情况下既降低产品成本又可提高劳动生产率，它是农业规模经济的主要形式。上述理论是农业生产经济学的代表人物海地等人的主要观点。

关于农业企业的规模结构。西方学者一般认为，农业企业规模越大，越具有资源、科技、信贷、信息、市场以及抗拒风险等方面的优势，因而比小企业更能获得规模经济。但也有部分学者不同意这种观点。著名的发展经济学家西奥多·舒尔茨在《改造传统农业》一书中通过对拖拉机等生产要素的假不可分性的分析否认了大农场一定比小农场效率高的观点；美国农业部农业专家杰·麦得安分析了大量不同规模农场生产费用的资料后也认为单人或双人经营的机械化家庭农场效率最高。西方学者把农业企业按规模区分为公司农场、合伙农场和家庭农场三种形式。农业经营经济学的继承人布鲁姆（德国）从经营的角度考察农业企业的规模时，提出了七个决定因素和四种规模组合。这四种组合的经营规模是兼业经营、小规模家庭经营、大规模家庭经营和雇佣劳动经营。

关于农业企业规模变化与技术变革的关系。西方学者一般认为农业技术革命是导致农场规模扩大的重要原因，有些学者把农业技术变革分为两部分：机械技术和农艺技术，或者是节劳技术和节土技术。农艺技术或节土技术与农场规模变化关系不大，但机械技术或节劳技术对大农场更有利从而导致农场规模扩大。但近来的流行观点对此持不同意见，上述舒尔茨的观点就是其中之一。有人甚至断言，未来农场规模的变化在很大程度上与农业技术领域没有关系。

关于农业企业规模变化对经济社会发展的影响。在发达国家，伴随着技术进步和农业现代化的实现，农场规模不断扩大是一种普遍的现象，与此相适应，农业生产长足进步，农业人口大量减少，农村城镇社区兴衰起落，农村科教改组扩充，农村组织结构、职业结构、阶层结构以及人们的生活方式、生态环境等都发生了重大变化，对于这些变化和农业企业规模结构变动的关系，西方学者进行了广泛深入的研究，从正反两个方面总结出了大量的经验教训。

关于农业企业规模的衡量指标。西方学者研究农业企业规模主要采用四种指标：土地面积、标准人口、资本储备、销售收入。这些指标都有其适用性，但如果单独采用，又都有一定的局限性。

国外研究农业规模经济的方法有边际分析法、统计回归法、线性规划法、比较分析法、成本函数法、系统优化法等，这些方法各有优缺点。边际分析法的主要特点是精确，但它存在着数据处理难度大、假设前提与实际不太一致的缺陷，大多为农经学家从事理论分析所采用。线性规划法克服了边际分析法的数据处理难题，有助于实际分析，但其线性假设同样与实际不相符。统计回归法的主要缺陷是不精确。比较分析法优点是简便而又直观，但它同样是不精确，且只能用于静态分析。

现代西方农业规模经济理论是在长期的实践经验积累和不断的理论探索基础上建立和完善起来的，它在一定程度上揭示了市场经济条件下农业发展的普遍规模，它所阐明的收益递减法则、替代原理、要素优化组合原理、投入产出原理等对一切市场农业都具有指导意义。其中的发展经济学农业规模经济论因贴近发展中国家的实际而对改造传统农业意义更加深远。当然，它本身也存在一些缺陷，比如概念不规范、指标不严谨、过分定量化等等。同时，由于社会条件、政治制度、经济水平、资源禀赋、文化传统的差别，各国农业规模经济问题都有自己的特殊性，因此，有些理论也不能不加取舍地套用。

5. 产业化理论

农业产业化的本质是什么？在人们的认识中有各种不同的理解，如有人认为农业产业化的本质是农业结构调整，有人则认为发展龙头企业或者拉长农业产业链条是农业产业化的本质，有人则把农产品交易市场建设或以农村市场培育理解农业产业化的本质等等。但是，将农业产业化中某一个环节作为其本质内容，尚没有把握农业产业化的真正内涵。从农业产业化的内涵出发，根据现代农业发展的客观规律和中国经济发展的现实要求，笔者认为，农业产业化的本质在于大力推进农业的工业化。这主要是由以下三个方面的因素决定的：

从理论层次上看，农业产业化在内涵上表现为农业的工业化。农业产业化，是以农业的市场化为背景，以农业的产加销、农工贸一体化为框架的农业工业化，依托这种农业一体化的经营方式，用现代工业提供的技术装备农业，用现代生物科学技术改造农业，用现代经营理念和组织方式管理农业生产和经营，将农产品加工业和部分种养业集中化、企业化、规模化，实施全程标准化运营，以创造较高的综合生产力，这种农业产业化，是按照市场经济规律，用工业化思维谋划的农业经营模式，也就是农业的工业化经营模式。

从发展趋势看，农业工业化是传统农业融入工业化进程的必然选择，也是实现农业现代化的必由之路。国内外的经验都表明了这一点。事实上，工业化是一个标志经济发展阶段特征的概念，农业产业化以及农业工业化都是工业化的重要组成部分，或者说是工业化在农业的延伸；同时，要实现传统农业向现代农业的转变，农业的工业化是必经之途。

具体说，作为农业产业化本质内容的农业的工业化主要包括三个层面的内涵：

一是农产品加工化。这是农业产业化的中心环节，是农业产业化与工业化的联结点。在产加销一条龙、农工贸一体化经营的产业化模式中，农产品加工业一头连着农业，一头连着工业和第三产业；一头连着农户，一头连着市场；一头连着农村，一头连着城市，是农业产业化的中心环节。从另一方面说，在过剩经济时代，大力发展农产品加工业，是实现农产品增值、提高农产品供给弹性、增强农产品市场竞争力的现实需要。为了解决日益增长的农产品供给与市场对初级农产品有限需求之间的矛盾，一个重要途径就是对农产品进行加工、转化和增值，不断拓展农产品新市场。比如在国外，玉米通过加工可以生产 2 000 多种产品，开拓出了广阔市场，推动了玉米生产的稳定发展。加工在产业化过程中起着承前启后、联动引导的重要作用，从这个意义上说，有加工才成产业。加工企业活，龙头就活，产业链才能活起来。在农业生产中，过去那种简单的“生产＋流通”模式，增值能力十分有限，不能形成完整意义上的产业化链条。在目前的农业结构调整中，一些地方一味强调调整种养品种结构，忽视农产品加工和龙头企业的带动，这样的结构调整是注定不会成功的，新的结构趋同问题将不可避免，从而累积新的矛盾。农产品加工业的发展进一步促进了农业生产结构的调整与优化，使分布广泛的资源要素在产业化体系的运作下重新组合。只有加工业发展了，龙头企业壮大了，才能实现农产品的增值并为农产品源源不断地找到市场出路，带动结构调整，推动农业生产的集中布局、规模经营和专业化生产。

二是用现代工业手段改造和装备农业，实现规模化、规程化、工厂化的种植和养殖，实现企业化的生产经营管理。这是农业产业化的关键环节。集约化生产和社会化经营是工业化的两大特征，用现代工业手段改造和装备农业，就是要在农业的产加销、农工贸一体化经营中，全过程应用工业的技术、装备和管理手段，不仅要提高农产品生产和加工的技术水平和装备水平，而且要提高农业生产和经营的组织化程度和社会化程度。

三是在农村地区发展农村工业是农业产业化的重要支撑条件。一方面，农业工业化的发展，带动了农村相关产业的发展，如包装、贮藏、运输、通讯等产业的发展；另一方面，非农部门在农村的扩张和发展，为农业产业化提供了必要支撑条件，两者互为条件，相互促进，共同发展。

第二节 国外现代农业实践

美国的可耕地面积为1.5亿公顷，牧场5.6亿公顷，平均每个农场的规模达到176公顷，一些大农场已经达到1 215～1 620公顷。由于行业分工细化与专业化程度不断提高，棉花农场的专业化比例已达79.6%，蔬菜农场的专业化比例为87.3%，大田作物农场的专业化比例为81.1%，园艺作物农场的专业化比例为98.5%，果树农场的专业化比例为96.3%，肉牛农场的专业化比例为87.9%，奶牛农场的专业化比例为84.2%，家禽农场的专业化比例为96.3%；同时美国还形成了烟叶、棉花、玉米、畜牧业等四大专业生产区。2001年，美国农场总收入为2 486亿美元；其中，家禽收入为1061亿美元，谷物收入为958亿美元。各地区发挥区域的比较优势，加利福尼亚、得克萨斯、衣阿华是美国重要的三大农业州，分别以牛奶、肉牛、猪为首要产品。

荷兰农业以畜牧业、园艺业为主，畜牧业与园艺业的产值占农业总产值的90%以上。1993年，荷兰的农场总数为12.0万个，其中专业化农场为9.8万个，尤其是以蔬菜、花卉的专业化生产程度较高。例如，维斯特兰德朗市的番茄种植公司，从事番茄的专业生产，与其他5家专营企业垄断了荷兰约90%的番茄市场。每年荷兰花卉产业创造30亿欧元产值，占荷兰园艺总产值的一半，其专业化的生产已经细化到专门种植某一种作物或一种作物的某一品种。

法国1993年的耕地面积1 825.5万公顷，农业总产值为2 795.8亿法郎，农产品出口328.1亿美元。法国农业生产以中小农场和家庭劳动为主，农业劳动力为102万人（1999年数字），占总劳动力的4.3%，农场总数为101.7万个，农场主及其家属占农业劳动力总数的92%左右。法国农业专业化生产程度较高，可分为区域专业化、农场专业化和作业专业化。以区域专业化为例，巴黎盆地小麦产区的小麦产量占法国小麦总产量的1/3，诺尔——庇卡底——香槟甜菜区的甜菜种植面积占法国甜菜种植面积的72.2%，布列塔尼畜牧生产基地提供全国猪肉产量的40%，禽肉的30%，牛肉的32%，蛋的20%，北部庇卡底马铃薯产区的马铃薯产量占全国总产量的50%。而专业化农场则主要经营畜牧、谷物、葡萄、水果、蔬菜等专一产品；农场中的耕种、田间管理、收获、运输、储藏、营销等工作，由农场以外的作业专业化农场承担。1999 年，法国的葡萄酒产量居世界第一位，甜菜产量居世界第二位，肉类产量居世界第四位，牛奶、小麦、玉米产量居世界第五位。

第三节　中国现代农业实践

1. 中国的差距

我国与西方发达国家相比，20 世纪末之前，中国没有真正意义上的现代农业，1949 年新中国成立，中国农业步入近代农业发展的序列。20 世纪 70～80 年代所经历的农业现代化实践，根本上，是提高农业生产效率的一种实践，实际上，到 21 世纪初，中国农业生产力水平依然低下。我国平均每个农业劳动力全年生产谷物为 804 千克，不仅低于世界平均水平 1 707 千克，更无法同美国平均水平 95739 千克相比。我国农业劳动生产率只占国内制造业的1/8和服务业的 1/4，一个农村劳动力每年创造的价值大约为 536 美元，而美国一个农业工人每年创造的价值为 68 540 美元，相当于中国的 128 倍。我国农业科技贡献率为 48%，科研成果转化率只有 30%，分别比发达国家低 30～40 个百分点。2004 年，我国农产品加工业产值与农产品产值之比按小口径（包括食品加工业、食品制造业、饮料制造业、皮革、毛皮、羽毛制品业、木材加工、竹木藤棕草制品业、造纸业等）计算为 0.72∶1，而发达国家一般是 3∶1～4∶1，其中美国初级农产品加工增值在 5 倍以上。2005 年，我国每千公顷耕地化肥施用量高达 366.5 吨，是世界平均水平的 2.5 倍，分别是日本、美国和法国的 1.6 倍、2.6 倍和 6 倍。2006 年末，我国农业贷款余额为 1.32 万亿元，仅占金融机构各项贷款余额的 5.86%。我国农业增加值占 GDP 的比重已从 20 世纪 80 年代初的 30%以上降到 2006 年的 11.8%，而把 2.1 亿个农民工计算在内的城市化率只有 42.9%，农村人口仍占总人口 56.1%，农业劳动力仍占劳动就业人口的 40%以上，城镇化进程滞后于工业化进程，农业现代化进程又明显滞后于工业化和城镇化进程。从 1985 年到 2006 年，我国城乡居民收入差距已由 1.86∶1 扩大到了 2.28∶1。预计到 2010 年，中国城镇居民人均可支配收入将以 12%左右的实际速度（扣除价格因素）增长，而农村居民人均纯收入以 6%的实际速度增长，这与农业增加值占 GDP 的比重越来越低的趋势是相一致的[①]。

2. 中国农业发展的历史

现代农业是农业发展史上的新阶段。中国农业正处于传统农业向现代农业变革的转型时期。中国农业变革大致经历了以下时期。

原始农业是从新石器时代到铁器工具出现以前的农业，在中国有三千多年的历史，是自然状态下的农业。原始农业处于农业的萌芽时期，人类已开始由顺应自然到积极地干预自然，由获取自然界现存食物到有目的地生产人类所需要的食品，尤其是开始了对野生动植物的驯化，实现了采集向种植业、狩猎向畜牧业的转变。原始农业以刀耕火种为基本生产方式，木、石等简单工具，火与水等生产手段在一定程度上得以应用。“饭稻羹鱼，或火耕而水褥。”耕作方式主要依靠撂荒自然恢复地力，农田在大部分时间仍被自然植被所控制，劳动者的技能来自于有限的经验积累，生产基本上只有种和收两个环节（中国相传后稷“教民稼穑”，稼即是播种，穑即是收割），土地利用率和农业劳动生产率低下。生产力各要素处于自然状态，人类对农业生态系统的干预能力很小。

传统农业是在自然经济条件下，采用人力、畜力、手工工具、铁器等为主的手工劳动方式，靠世代积累下来的传统经验发展，以自给自足的自然经济居主导地位的农业。在中国经历了二千多年时间，基本上是自给自足的农业。这一时期，我国在冶铁术和畜力使用的基础上发明了耕犁，大量采用畜力并开始采用半机械化生产工具，创造了利用人工施用有机肥提高土壤肥力的办法，发明了改善农作物和牲畜性状的技术，创立了间作、套种等轮作复种制度，劳动者越来越多地从自然科学及其研究成果中获得相应技能，利用和改造自然的能力有了进步。但这一阶段的农业“完全以农民世代使用的各种生产要素为基础”，生产要素在封闭的体系内流动配置，主要靠农业内部的能量和物质循环来维护平衡，生产方式基本上是维持简单再生产、长期缓慢发展甚至停滞的小农经济。

现代农业是从工业革命以来形成的农业，是逐步走向商品化、市场化的农业。这一阶段，农业在市场经济框架下，广泛运用现代工业成果和科技、资本等现代生产要素，农业从业人员不断减少，但农业劳动者具有较多的现代科技和经营管理知识，农业生产经营活动逐步专业化、集约化、规模化，农业劳动生产率得到大幅度提高。我国没有标准意义上的现代农

---

① http：//www. tecn. cn.

业，20 世纪 50 年代其间的近代农业发展与世界发达国家农业现代化进程相比较，也有 60～70 年的差距。现代农业的起步也比世界发达国家晚 100 年。我国近代农业发展历史主要经历了以下几个阶段：

1950～1952 年，传统农业生产关系的废除；1953～1956 年，近代农业生产关系的确立；1956～1978 年，近代农业的曲折发展；1978～2006 年，近代农业转型阶段，2007 年至今，现代农业发展初始阶段。

3. 中国近代农业向现代农业转变的特性①

（1）农业生产目标从自给型向市场型转变

农业经济活动的目标，始终与其发展的特定阶段以及农业在国民经济中的地位和作用紧密联系。传统农业是自给型农业，农产品的生产主要在于满足生产者自身需要。现代农业是商品农业、开放农业，生产经营的目的是在满足市场需要的前提下实现市场交换。经济体制的市场化改革必然要求确立市场化的农业发展，农产品市场环境的巨大变化则为农业市场化提供了重要的物质条件。但从总体上看，农产品的商品率仍较低，农业资源的配置空间较窄，农业的市场化程度还不高。因此，加快发展现代农业，首先是在生产目标从自给型农业向市场型农业转变。

（2）农业产业结构从分割型向互动型转变

农业产业结构的演进过程，实质上是在不同历史阶段、不同层次上农业产业部门融合与分化相互交替并最终走向一体化的过程。现代农业产业结构已经突破了生产结构的局限，表现为生产与加工、销售各环节有机联系。因此，产业联动是产业结构优化升级的必然结果，是建设现代农业的内在要求。从中国农业的现状来看，结构性矛盾较为突出，农村第二产业、第三产业特别是加工业、营销业发展滞后，生产结构层次较低。为此，必须遵循产业一体化的规律，突出加工业、营销业，优化内部结构，完善产业组织，加快推进产业结构从分割型向互动型转变。

（3）农业生产方式从粗放型向集约型转变

农业经营方式既包括农业经济活动的组织形式，也包括农业要素的投入方式。粗放经营是一种外延式扩大再生产，是在较低技术水平条件下，对土地实行广种薄收的农业经营形式。而集约经营则是一种内涵式扩大再生产。一般意义上，农业集约经营即在一定面积的土地上投入较多的资本，采用新的科学技术，通过专业化、规模化实现精耕细作的农业经营方

① 陶武先．现代农业的基本特征与着力点，中国农村经济 2004（3）．

式。现代农业主要通过资本投入的增加、科学技术的应用、土地的适度集中和有效的组织管理来促进农业实现较高的投入产出率，提高农业效益。因此，现代农业本质上是集约农业。农业发达国家在推进集约化经营的实践中，因要素禀赋的差异而采取了不同的模式，有的实施资本和技术集约，有的实行劳动和技术集约。中国人均耕地较少，土地使用以家庭经营为主，农业资本积累薄弱，在现代农业建设中应重点推行劳动集约，适度推进资金、技术集约，积极推动管理集约，走劳动、资金、技术、管理集约相结合的道路，不断提高农业集约化水平。

(4) 劳动者技能从经验型向学习型转变

劳动者是生产力中最能动的因素，是生产经营活动的主体，在传统农业发展中，土地、林地、草原等自然资源和活劳动投入具有至关重要的作用，甚至可以从根本上决定一个国家或地区农业的兴衰成败。由于科技的突飞猛进，技术替代劳动的进程不断加快，依靠科技进步和提高劳动者技能日益成为农业发展的关键因素。从根本上看，现代农业的发展过程不仅是农民不断减少的过程，而且是农业劳动者技能不断提高的过程。现代农业劳动者不仅要会组织生产，还要善于学习新的农业技术；不仅要懂相关的科学技术，还要熟悉现代科学管理。中国农村劳动力资源丰富，但在传统体制下，大多数农业劳动者主要靠基本的生产技能，主要依靠体力和经验从事农业生产，是典型的生产型农民。因此，必须着力提高农业劳动者专业化、社会化的职业技能，使其逐步成为适应现代农业的商品生产和经营者。

第三章　从中国农业经济增长看中国发展现代农业趋势

农业经济增长反映中国现代农业发展趋势，这些指标包括，第一产业产值增长及其在国民经济总产值的比重，第一产业产值的增长速度，农业劳动力转移，农业现代化表现（机械化、化学化、电气化、水利化），农业资本化、专业化、规模化、科技化、产业化、市场化、资本投入，农业政策条件等，以及农业可持续发展和生态化特征。通过分析这些指标的历史变化状况，可以清晰地看出我国农业发展的现代发展趋势。

第一节　中国农业经济增长的特征

1. 第一产业产值快速增长

1952～2006 年，第一产业产值由 1952 年的 342.9 亿元增长到 2006 年的 24 737.0 亿元，54 年增长 72 倍（图 3-1 和表 3-1）。

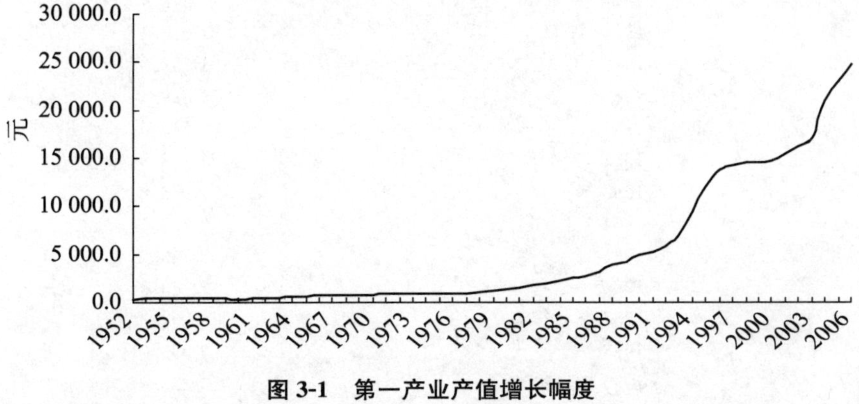

图 3-1　第一产业产值增长幅度

表 3-1　第一产业产值数据

年份	第一产业（亿元）
1952	342.9
1953	378.0
1954	392.0
1955	423.0
1956	443.9
1957	430.0
1958	445.9
1959	383.8
1960	340.7
1961	443.1
1962	453.1
1963	497.5
1964	559.0
1965	653.1
1966	702.2
1967	714.2
1968	726.3
1969	736.2
1970	793.3
1971	826.3
1972	827.4
1973	907.5
1974	945.2
1975	973.1
1976	967.0
1977	942.1
1978	1 018.4
1979	1 258.9
1980	1 359.4
1981	1 545.6
1982	1 763.6
1983	1 960.8
1984	2 295.5
1985	2 543.6
1986	2 763.9
1987	3 204.3
1988	3 833.0
1989	4 228.0
1990	5 017.0
1991	5 288.6
1992	5 800.0

续表

年份	第一产业（亿元）
1993	6 882.1
1994	9 457.2
1995	11 993.0
1996	13 844.2
1997	14 213.2
1998	14 599.6
1999	14 548.1
2000	14 716.2
2001	15 516.2
2002	16 238.6
2003	17 068.3
2004	20 955.8
2005	23 070.4
2006	24 737.0

资料来源：中国农业统计年鉴，2007

2. 第一产业产值的比重不断下降

1952～2006 年，第一产业产值占国内生产总产值的比重由 1952 年的 50.50％下降到 2006 年的 13.73％。这符合世界发达国家现代农业发展的基本规律。随着中国步入现代工业社会，在工业化条件下，中国农业将会在工业化进程的带动下产生质的飞跃（图 3-2 和表 3-2）。

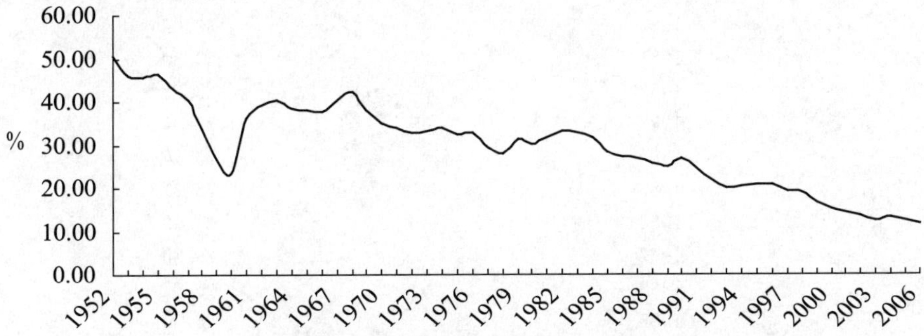

图 3-2　第一产业产值占国内生产总值的比重

表 3-2　第一产业产值占国内生产总产值

年份	第一产业（％）
1952	50.50
1953	45.87
1954	45.63

续表

年份	第一产业（%）
1955	46.26
1956	43.18
1957	40.26
1958	34.12
1959	26.67
1960	23.38
1961	36.16
1962	39.42
1963	40.34
1964	38.45
1965	37.94
1966	37.59
1967	40.26
1968	42.15
1969	37.99
1970	35.22
1971	34.05
1972	32.86
1973	33.35
1974	33.88
1975	32.40
1976	32.85
1977	29.42
1978	28.10
1979	33.17
1980	30.09
1981	33.80
1982	33.23
1983	32.91
1984	33.85
1985	28.27
1986	27.09
1987	26.80
1988	25.67
1989	24.99
1990	26.98
1991	24.41
1992	23.76
1993	19.91
1994	20.26
1995	20.86

续表

年份	第一产业（%）
1996	20.71
1997	19.43
1998	18.71
1999	16.50
2000	15.02
2001	14.36
2002	13.63
2003	12.63
2004	13.13
2005	12.54
2006	13.73

资料来源：中国统计年鉴，2007

3. 农业的地位仍然很重要

1952 年，农业产值占农、林、牧、渔业总产值的比重为 85.89%，2006 年，农业产值占农、林、牧、渔业总产值的比重仍然占据 52.27%的份额，中国农业以农业生产为主导的产业格局不会改变（表 3-3）。

4. 产业结构调整绩效显著

1952～2006 年，中国渔业产值占农、林、牧、渔业总产值的比重增长了 7.19 倍，牧业增长 3.95 倍。农业产值比重下降 39.14%，农业产业结构调整成效显著（图 3-3）。

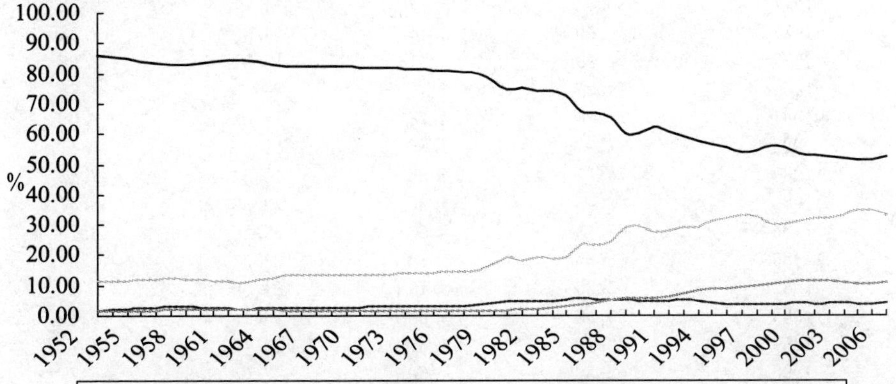

图 3-3　农、林、牧、渔产业结构变化趋势

表 3-3　农、林、牧、渔业产值品第一产业总产值的比重

年份	农业（%）	林业（%）	牧业（%）	渔业（%）
1952	85.89	3.58	13.22	3.31
1953	85.34	3.83	13.42	3.41
1954	84.75	2.11	13.62	3.52
1955	84.11	2.44	13.81	3.64
1956	83.42	2.82	12.00	3.76
1957	82.67	3.26	12.18	3.89
1958	83.11	3.02	13.92	3.94
1959	83.54	2.80	13.67	3.99
1960	83.94	2.60	13.42	2.04
1961	84.33	2.41	13.17	2.10
1962	84.70	2.23	10.92	2.15
1963	83.91	2.37	13.70	2.02
1964	83.06	2.52	12.52	3.90
1965	82.15	2.68	13.39	3.78
1966	82.14	2.70	13.39	3.76
1967	82.14	2.73	13.39	3.75
1968	82.13	2.75	13.38	3.73
1969	82.13	2.78	13.38	3.72
1970	82.12	2.80	13.38	3.70
1971	83.90	2.86	13.53	3.71
1972	83.67	2.92	13.69	3.72
1973	83.45	2.98	13.85	3.72
1974	83.22	3.05	14.00	3.73
1975	80.99	3.11	14.16	3.74
1976	80.67	3.22	14.43	3.68
1977	80.33	3.33	14.71	3.63
1978	79.99	3.44	14.99	3.58
1979	77.39	3.91	17.01	3.68
1980	74.56	4.43	19.23	3.78
1981	75.16	4.78	18.02	2.05
1982	73.91	4.65	19.27	2.17
1983	74.21	4.86	18.51	2.42
1984	72.49	5.25	19.39	2.87
1985	67.13	5.58	23.56	3.73
1986	66.85	5.38	23.37	4.40
1987	65.23	5.10	24.50	5.17
1988	59.88	5.03	29.19	5.89
1989	60.18	4.67	29.44	5.71
1990	62.36	4.60	27.33	5.71
1991	60.79	4.80	28.11	6.30
1992	59.06	4.95	28.80	7.19

续表

年份	农业（%）	林业（%）	牧业（%）	渔业（%）
1993	57.76	4.75	29.00	8.49
1994	56.27	4.06	33.05	8.63
1995	55.41	3.74	33.87	8.97
1996	53.78	3.60	33.26	9.36
1997	54.43	3.48	32.39	9.70
1998	55.96	3.64	30.04	10.36
1999	55.30	3.80	30.04	10.86
2000	53.35	3.96	33.23	13.46
2001	52.98	3.77	33.96	13.30
2002	52.38	3.95	32.31	13.36
2003	53.66	4.31	33.14	10.90
2004	53.46	3.77	34.54	10.23
2005	53.12	3.72	34.69	10.47
2006	52.27	3.89	33.09	10.75

资料来源：中国农业统计年鉴，2007

第二节　农业经济增长的劳动力特征

1. 非农业人口迅速增长，农业人口增长缓慢

1952～2006 年，中国非农业人口迅速增长 5.96 倍，农业人口增长 49.91%。中国农业人口向非农业人口转化速度加快，有利于现代农业发展。

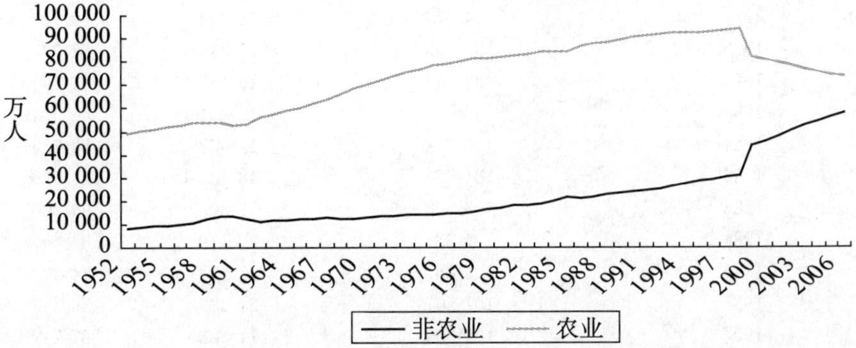

图 3-4　非农业人口与农业人口增长趋势

表 3-4　非农业人口，农业人口数据

年份	年底总人口（万人）	非农业（万人）	农业（万人）
1949	54 167	9 441	44 726
1950	55 196	9 137	46 059
1951	56 300	8 674	47 626
1952	57 482	8 291	49 191
1953	58 796	8 729	50 067
1954	60 266	9 229	51 037
1955	61 465	9 335	52 130
1956	62 828	10 002	52 826
1957	64 653	10 618	54 035
1958	65 994	12 210	53 784
1959	67 207	13 567	53 640
1960	66 207	13 731	52 476
1961	65 859	12 415	53 444
1962	67 295	11 271	56 024
1963	69 172	11 584	57 588
1964	70 499	11 677	58 822
1965	72 538	12 122	60 416
1966	74 542	12 340	62 202
1967	76 368	12 637	63 731
1968	78 534	12 554	65 980
1969	80 671	12 403	68 268
1970	82 992	12 660	70 332
1971	85 229	13 350	71 879
1972	87 177	13 632	73 545
1973	89 211	13 992	75 219
1974	90 859	14 079	76 780
1975	92 420	14 278	78 142
1976	93 717	14 517	79 200
1977	94 974	14 694	80 280
1978	96 259	15 230	81 029
1979	97 542	16 186	81 356
1980	98 705	16 801	81 904
1981	100 072	17 837	82 235
1982	101 654	18 334	83 320
1983	103 008	18 802	84 206
1984	104 357	20 110	84 247
1985	105 851	21 478	84 373
1986	107 507	21 222	86 285
1987	109 300	21 588	87 712
1988	111 026	22 587	88 439

续表

年份	年底总人口（万人）	非农业（万人）	农业（万人）
1989	112 704	23 371	89 333
1990	114 333	23 887	90 446
1991	115 823	24 693	91 130
1992	117 171	25 298	91 873
1993	118 517	26 344	92 173
1994	119 850	27 638	92 212
1995	121 121	28 563	92 558
1996	122 389	29 459	92 930
1997	123 626	30 211	93 415
1998	124 810	30 785	94 025
1999	125 786	43 748	82 038
2000	126 743	45 906	80 837
2001	127 627	48 064	79 563
2002	128 453	50 212	78 241
2003	129 227	52 376	76 851
2004	129 988	54 283	75 705
2005	130 756	56 212	74 544
2006	131 448	57 706	73 742

资料来源：中国农业统计年鉴，2007

2. 乡村劳动人口从业增长速度小于城镇从业人口增长速度

1952～2006 年，中国城镇人口从业增长 10.39 倍，乡村劳动人口从业增长 3.64 倍，乡村劳动人口从业增长明显低于城镇从业人口增长速度（图 3-5 和表 3-5）。这种趋势表明，中国现代农业建设，从业人员不唯数量，唯质量。

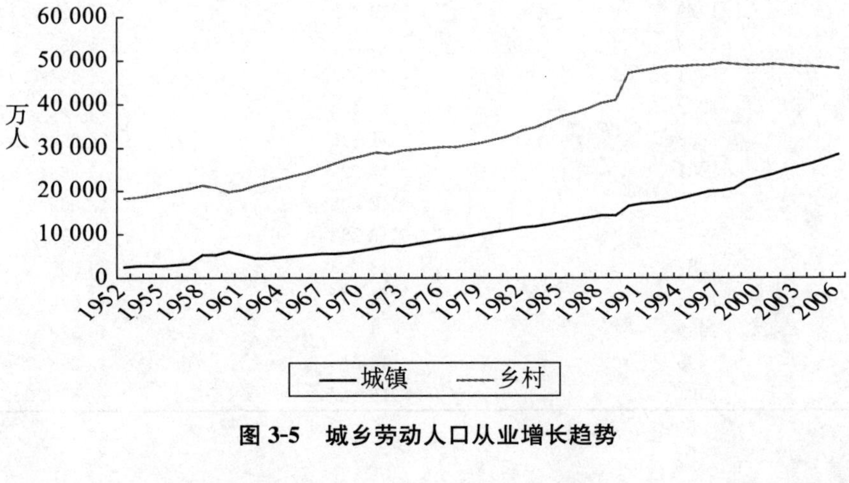

图 3-5 城乡劳动人口从业增长趋势

表 3-5　城乡劳动人口从业人员数据　（单位：万人）

年份	城镇	乡村
1952	2 486	18 243
1953	2 754	18 610
1954	2 744	19 088
1955	2 802	19 526
1956	2 993	20 025
1957	3 205	20 566
1958	5 300	21 300
1959	5 389	20 784
1960	6 119	19 761
1961	5 336	20 254
1962	4 537	21 373
1963	4 603	22 037
1964	4 828	22 908
1965	5 136	23 534
1966	5 354	24 451
1967	5 446	25 368
1968	5 630	26 285
1969	5 825	27 400
1970	6 312	28 120
1971	6 868	28 752
1972	7 200	28 654
1973	7 388	29 264
1974	7 687	29 682
1975	8 222	29 946
1976	8 692	30 142
1977	9 127	30 250
1978	9 514	30 638
1979	9 999	31 025
1980	10 525	31 836
1981	11 053	32 672
1982	11 428	33 867
1983	11 746	34 690
1984	12 229	35 968
1985	12 808	37 065
1986	13 292	37 990
1987	13 783	39 000
1988	14 267	40 067
1989	14 390	40 939
1990	16 616	47 293
1991	16 977	47 822

续表

年份	城镇	乡村
1992	17 241	48 313
1993	17 589	48 784
1994	18 413	48 786
1995	19 093	48 854
1996	19 815	49 035
1997	20 207	49 393
1998	20 678	49 279
1999	22 412	48 982
2000	23 151	48 934
2001	23 940	49 085
2002	24 780	48 960
2003	25 639	48 793
2004	26 476	48 724
2005	27 331	48 494
2006	28 310	48 090

资料来源：中国农业统计年鉴，2007

3. 现代农业发展的方向将不会是劳动密集型产业

1952～2006 年，中国一产劳动就业人口增长 88%，而第二产业与第三产业就业人数分别增长 13.56 倍和 12.09 倍，中国第一产劳动就业人口增长速度远远不及第二产业、第三产业就业人口增长速度表明，中国现代农业发展方向将不会是劳动密集型的农业产业（图 3-6 和表 3-6）。

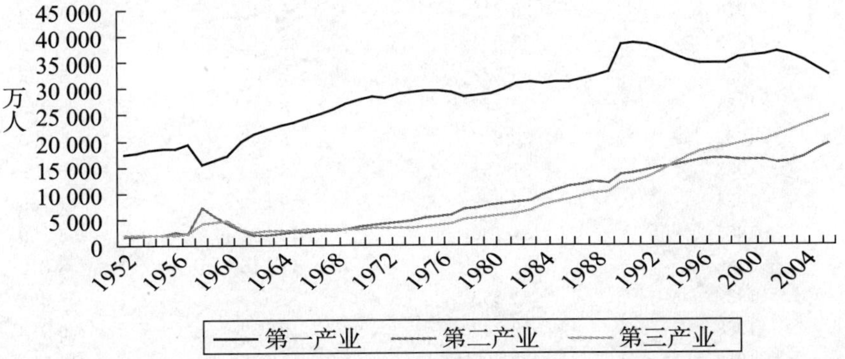

图 3-6　第一产业、第二产业和第三产业就业人数增长趋势

表 3-6 第一、第二和第三产业就业人数 （单位：万人）

年份	按三次产业分		
	第一产业	第二产业	第三产业
1952	17 317	1 531	1 881
1953	17 747	1 715	1 902
1954	18 151	1 882	1 799
1955	18 592	1 913	1 823
1956	18 544	2 468	2 006
1957	19 309	2 142	2 320
1958	15 490	7 076	4 034
1959	16 271	5 402	4 500
1960	17 016	4 112	4 752
1961	19 747	2 856	2 987
1962	21 276	2 059	2 575
1963	21 966	2 038	2 636
1964	22 801	2 183	2 752
1965	23 396	2 408	2 866
1966	24 297	2 600	2 908
1967	25 165	2 661	2 988
1968	26 063	2 743	3 109
1969	27 117	3 030	3 078
1970	27 811	3 518	3 103
1971	28 397	3 990	3 233
1972	28 283	4 276	3 295
1973	28 857	4 492	3 303
1974	29 318	4 712	3 339
1975	29 456	5 152	3 560
1976	29 443	5 611	3 780
1977	29 340	5 831	4 206
1978	28 318	6 945	4 889
1979	28 634	7 214	5 176
1980	29 122	7 707	5 532
1981	29 777	8 013	5 935
1982	30 859	8 346	6 090
1983	31 151	8 679	6 606
1984	30 868	9 590	7 739
1985	31 130	10 384	8 359
1986	31 254	11 216	8 812
1987	31 663	11 726	9 394
1988	32 249	12 152	9 933
1989	33 225	11 976	10 128
1990	38 428	13 654	11 827
1991	38 685	13 867	12 247

续表

年份	按三次产业分		
	第一产业	第二产业	第三产业
1992	38 349	14 226	12 979
1993	37 434	14 868	14 071
1994	36 489	15 254	15 456
1995	35 468	15 628	16 851
1996	34 769	16 180	17 901
1997	34 730	16 495	18 375
1998	34 838	16 440	18 679
1999	35 768	16 421	19 205
2000	36 043	16 219	19 823
2001	36 513	16 284	20 228
2002	36 870	15 780	21 090
2003	36 546	16 077	21 809
2004	35 269	16 920	23 011
2005	33 970	18 084	23 771
2006	32 561	19 225	24 614

资料来源：中国农业统计年鉴，2007

第三节　农业经济增长中的现代化特征

1. 农村用电量快速发展

1952～2006 年，农村用电量增长 8 750.40 倍，农村用电量快速发展，为现代农业建设奠定了基础。

2. 农业机械总动力飞速发展

1952～2006 年，农业机械总动力增长 3 798.88 倍，农业机械总动力飞速发展为中国现代农业机械化建设奠定了良好的基础条件。

3. 化肥施用量数度增长较快，化肥推动型的农业不是中国现代农业发展的方向

中国农业发展 54 年，化肥施用量增长 610.05 倍。化肥使用，提高了农业生产效率，但是，也带来了环境污染，土地肥力下降的负面作用，化肥推动型的农业不是中国现代农业发展的方向（图 3-7 和表 3-7）。

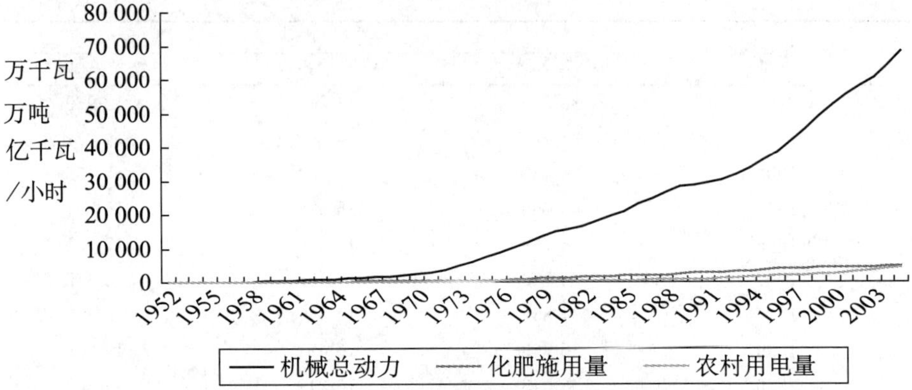

图 3-7　机械化、化学化和电气化发展趋势

表 3-7　机械化、化学化和电气化发展趋势

年份	农业机械总动力（万千瓦）	化肥施用量（折纯量）(万吨)	农村用电量（亿千瓦小时）
1952	18.00	7.80	0.50
1953	26.35	10.67	0.61
1954	38.57	14.59	0.75
1955	56.47	19.95	0.93
1956	82.66	27.28	3.14
1957	121.00	37.30	3.40
1958	174.60	54.60	2.40
1959	253.95	53.80	3.80
1960	363.56	66.20	6.90
1961	524.61	44.80	10.30
1962	757.00	63.00	16.10
1963	857.16	104.30	24.30
1964	970.58	129.00	27.80
1965	1 099.00	194.20	37.10
1966	1 258.61	218.63	44.84
1967	1 443.39	246.13	54.20
1968	1 650.72	277.10	65.51
1969	1 890.45	313.96	79.18
1970	2 165.00	353.20	95.70
1971	2 774.18	364.70	104.50
1972	3 554.78	420.70	132.80
1973	4 555.01	513.10	139.90
1974	5 836.69	485.80	156.10
1975	7 479.00	536.90	183.10
1976	8 694.44	582.80	204.80
1977	10 107.41	648.00	223.90
1978	11 750.00	884.00	253.10

续表

年份	农业机械总动力（万千瓦）	化肥施用量（折纯量）（万吨）	农村用电量（亿千瓦小时）
1979	13 379.00	1 086.30	282.70
1980	14 746.00	1 269.40	320.80
1981	15 680.00	1 334.90	369.90
1982	16 614.00	1 513.40	396.90
1983	18 022.00	1 659.80	428.10
1984	19 497.00	1 739.80	464.00
1985	20 913.00	1 775.80	508.90
1986	22 950.00	1 930.60	586.70
1987	24 836.00	1999.70	658.80
1988	26 575.00	2 143.50	712.00
1989	28 067.00	2 357.10	790.50
1990	28 708.00	2 590.30	844.50
1991	29 389.00	2 805.10	963.20
1992	30 308.00	2 930.20	1 106.90
1993	31 817.00	3 153.90	1 244.80
1994	33 803.00	3 317.90	1 473.90
1995	36 118.00	3 593.70	1 655.70
1996	38 547.00	3 827.90	1 812.70
1997	42 016.00	3 980.70	1 980.10
1998	45 208.00	4 085.60	2 042.10
1999	48 996.10	4 124.30	2 173.40
2000	52 573.60	4 146.40	2 423.30
2001	55 172.10	4 253.80	2 610.80
2002	57 929.90	4 339.40	2 993.40
2003	60 386.50	4 413.60	3 432.90
2004	64 027.90	4 636.60	3 933.00
2005	68 397.80	4 766.20	4 375.70

资料来源：中国农业统计年鉴，2007

第四节　农业经济增长中的资本化特征

中国农业发展仍未步入资本型发展之路，从全国财政用于农业的支出水平看，2006 年比 1952 年增长 1 513.01 倍，年均增长 14.52%，但就中国农业发展的总量资金需求看，显然还是不够的。因此，中国农业发展依然还没有步入资本型发展之路（图 3-8 和表 3-8）。

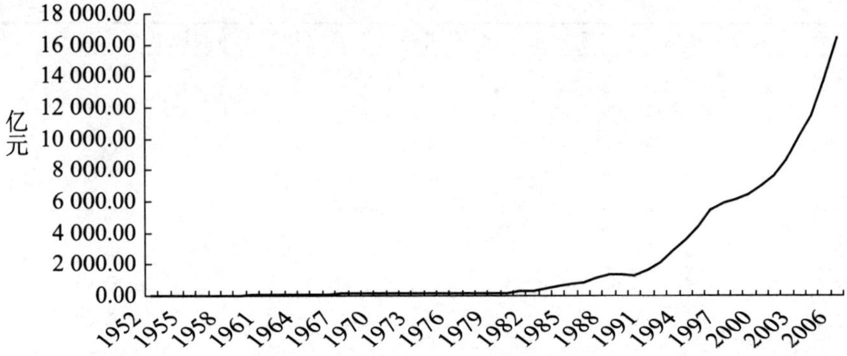

图 3-8　农业资本化增长趋势

表 3-8　全国财政用于农业的支出水平

年份	投资（亿元）
1952	10.83
1953	12.80
1954	15.12
1955	17.87
1956	23.12
1957	24.96
1958	29.49
1959	34.85
1960	43.18
1961	48.66
1962	57.50
1963	67.95
1964	80.30
1965	94.89
1966	112.13
1967	113.70
1968	115.29
1969	116.91
1970	118.55
1971	120.21
1972	123.89
1973	123.60
1974	125.33
1975	127.09
1976	128.87
1977	130.67
1978	132.50

续表

年份	投资（亿元）
1979	156.58
1980	185.03
1981	279.21
1982	334.04
1983	453.18
1984	593.06
1985	714.60
1986	855.23
1987	1 103.18
1988	1 369.43
1989	1 327.04
1990	1 309.79
1991	1 623.54
1992	2 113.08
1993	2 815.14
1994	3 564.58
1995	4 452.14
1996	5 457.59
1997	5 900.68
1998	6 140.21
1999	6 423.73
2000	7 056.81
2001	7 646.87
2002	8 598.94
2003	10 173.63
2004	11 449.20
2005	13 678.50
2006	16 397.00

资料来源：中国农业统计年鉴，2007

第五节　农业经济增长中的专业化特征

中国农业的专业化程度发展并不尽如人意，1952 年到 2006 年，乡镇企业、私营企业、个体工商业就业人数增长 3.64 倍，年增长的速度 3.81％。专业化程度不高，是中国现代农业发展的瓶颈（图 3-9 和表 3-9）。

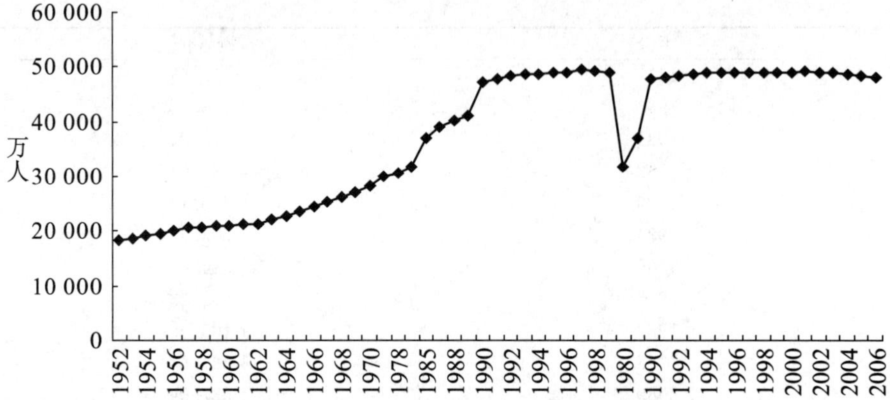

图 3-9　农业经济增长过程中专业化发展趋势

表 3-9　乡镇企业、私营企业、个体工商业就业人数

年份	就业人数（万人）
1952	18 243
1953	18 686
1954	19 139
1955	19 603
1956	20 079
1957	20 566
1958	20 725
1959	20 885
1960	21 046
1961	21 209
1962	21 373
1963	22 070
1964	22 790
1965	23 534
1966	24 387
1967	25 271
1968	26 187
1969	27 136
1970	28 120
1971	29 946
1972	30 638
1973	31 836
1974	37 065
1975	39 000
1976	40 067

续表

年份	就业人数（万人）
1977	40 939
1978	47 293
1979	47 822
1980	48 313
1981	48 784
1982	48 786
1983	48 854
1984	49 035
1985	49 393
1986	49 279
1987	48 982
1988	31 836
1989	37 065
1990	47 708
1991	48 026
1992	48 291
1993	48 546
1994	48 802
1995	49 025
1996	49 028
1997	49 039
1998	49 021
1999	48 982
2000	48 934
2001	49 085
2002	48 960
2003	48 793
2004	48 724
2005	48 494
2006	48 090

资料来源：中国农村统计年鉴，2007

第六节　农业经济增长的规模化发展及特征

1. 劳动生产率

中国农业发展的劳动生产力 54 年间有所提高，但是，无论从总量上还是从增长速度上，仍然与世界差距很大。1952 年，中国劳动生产率为

198.01 元/人，2006 年劳动生产力为 7 597.13 元/人，中国农业劳动生产率 54 年只增长了 37.7 倍（图 3-10 和表 3-10）。

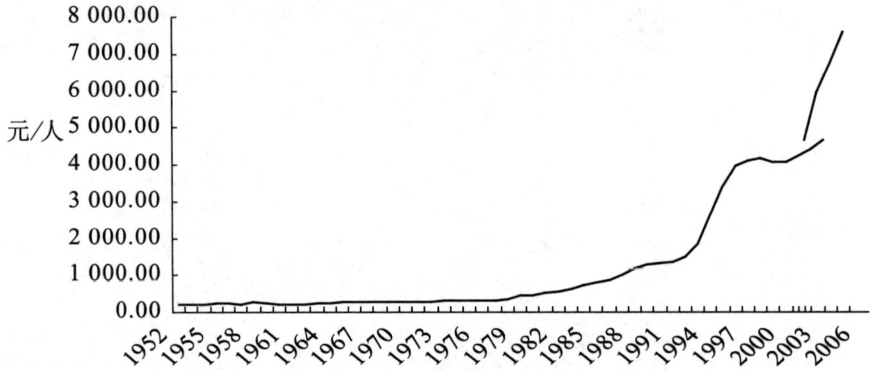

图 3-10　劳动生产率增长趋势

表 3-10　劳动生产率数据

年份	劳动生产率（元/人）
1952	198.01
1953	212.99
1954	215.97
1955	226.44
1956	239.38
1957	222.69
1958	287.86
1959	235.88
1960	200.22
1961	223.38
1962	212.96
1963	226.49
1964	245.16
1965	278.30
1966	289.01
1967	283.81
1968	278.67
1969	273.49
1970	285.25
1971	290.98
1972	292.54
1973	314.48
1974	322.40
1975	329.68

续表

年份	劳动生产率（元/人）
1976	328.43
1977	323.10
1978	359.63
1979	439.65
1980	466.79
1981	519.06
1982	570.85
1983	629.45
1984	743.65
1985	816.45
1986	884.33
1987	1 012.00
1988	1 187.94
1989	1 272.54
1990	1 305.56
1991	1 367.09
1992	1 512.43
1993	1 838.46
1994	2 593.79
1995	3 383.36
1996	3 983.77
1997	4 093.91
1998	4 190.71
1999	4 067.36
2000	4 082.96
2001	4 249.49
2002	4 404.29
2003	4 670.37
2004	5 943.71
2005	6 793.40
2006	7 597.13

资料来源：中国农村统计年鉴，2007

2. 土地生产率

中国农业发展的土地生产率54年间有所提高，但是，无论从总量上还是从增长速度上，仍然与世界差距很大。1952年中国土地生产力为317.74元/公顷，2006年土地生产率为20 309.52元/公顷，中国土地生产率54年只增长了 62.92 倍（图 3-11 和表 3-11）。

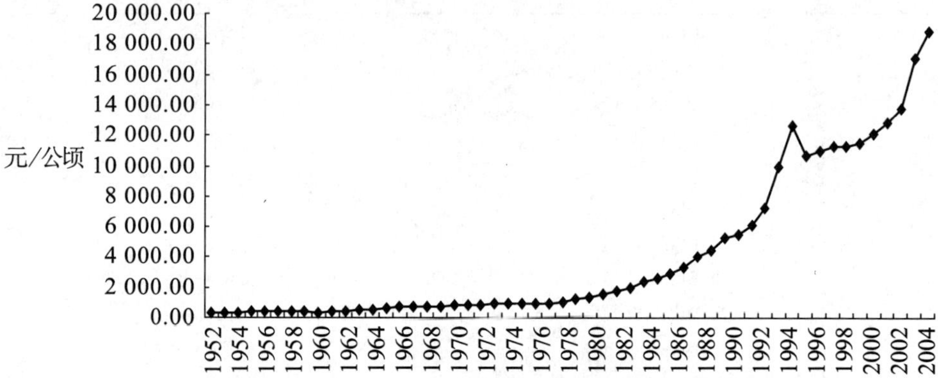

图 3-11　土地生产率增长趋势

表 3-11　土地生产率数据

年份	土地生产率（元/公顷）
1952	317.74
1953	348.29
1954	358.47
1955	382.18
1956	396.96
1957	384.51
1958	417.12
1959	366.99
1960	324.91
1961	426.96
1962	440.32
1963	484.29
1964	543.08
1965	628.51
1966	682.03
1967	696.35
1968	715.19
1969	725.61
1970	784.40
1971	820.56
1972	822.35
1973	905.57
1974	946.03
1975	973.94
1976	972.95
1977	949.24
1978	1 024.66

续表

年份	土地生产率（元/公顷）
1979	1 265.25
1980	1 368.91
1981	1 560.62
1982	1 786.50
1983	1 993.50
1984	2 345.85
1985	2 624.36
1986	2 872.18
1987	3 343.69
1988	4 002.22
1989	4 420.01
1990	5 243.91
1991	5 528.91
1992	6 078.02
1993	7 236.59
1994	9 964.73
1995	12 627.68
1996	10 646.17
1997	10 939.84
1998	11 263.47
1999	11 259.68
2000	11 475.25
2001	12 158.50
2002	12 895.00
2003	13 832.57
2004	17 114.59
2005	18 899.84
2006	20 309.52

资料来源：中国农业统计年鉴，2007

第七节　农业经济增长中的产业化发展

1978 年，中国农业发展的农业企业就业人数跌至历史最低水平，之后缓慢上升，到 2006 年增长 4.8 倍，年均增长 6.72%。从农村企业发展看，改革开放后，农业企业发展并不能适应现代农业发展的需要（图 3-12 和表 3-12）。

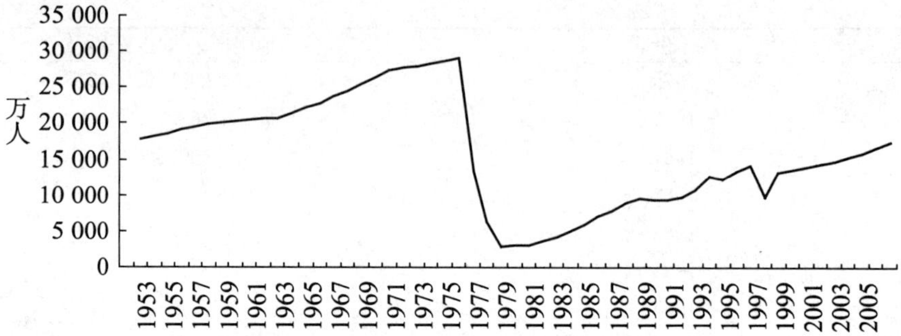

图 3-12　产业化增长趋势

表 3-12　农村企业就业人数

年份	农村企业（万人）
1952	17 711
1953	18 141
1954	18 581
1955	19 032
1956	19 494
1957	19 967
1958	20 121
1959	20 277
1960	20 433
1961	20 591
1962	20 750
1963	21 427
1964	22 126
1965	22 848
1966	23 676
1967	24 535
1968	25 424
1969	26 346
1970	27 301
1971	27 647
1972	27 996
1973	28 351
1974	28 710
1975	29 073
1976	13 483
1977	6 253
1978	2 900
1979	2 987

续表

年份	农村企业（万人）
1980	3 076
1981	3 633
1982	4 291
1983	5 067
1984	5 985
1985	7 068
1986	7 930
1987	8 898
1988	9 641
1989	9 465
1990	9 378
1991	9 725
1992	10 759
1993	12 532
1994	12 333
1995	13 333
1996	14 059
1997	9 758
1998	13 274
1999	13 673
2000	13 959
2001	14 273
2002	14 698
2003	15 327
2004	15 890
2005	16 638
2006	17 312

资料来源：中国农村统计年鉴，2007

第八节　农业经济增长中的农村社会经济发展

1952～2006 年，中国农村社会经济总值增长 196.28 倍，应该看到农村的巨大变化，但是这种变化还是缓慢的（图 3-13 和表 3-13）。

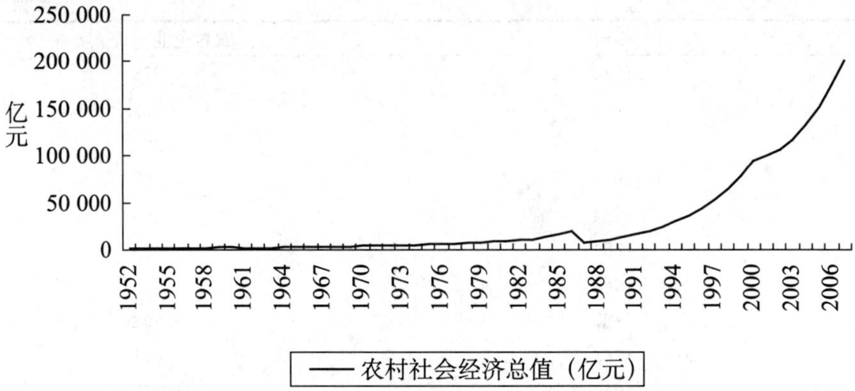

图 3-13　农村社会经济发展趋势

表 3-13　农村社会经济总值

年份	农村社会经济总值（亿元）
1952	1 015
1953	1 241
1954	1 346
1955	1 415
1956	1 639
1957	1 606
1958	2 138
1959	2 548
1960	2 679
1961	1 978
1962	1 800
1963	1 956
1964	2 268
1965	2 695
1966	3 062
1967	2 774
1968	2 648
1969	3 184
1970	3 800
1971	4 203
1972	4 396
1973	4 776
1974	4 859
1975	5 379
1976	5 433
1977	6 003
1978	6 846

续表

年份	农村社会总值（亿元）
1979	7 642
1980	8 496
1981	9 048
1982	9 963
1983	11 052
1984	13 167
1985	16 587
1986	18 961
1987	7 554
1988	9 173
1989	11 140
1990	13 527
1991	16 426
1992	19 947
1993	24 223
1994	29 414
1995	35 719
1996	43 375
1997	52 671
1998	63 960
1999	77 669
2000	94 317
2001	99 721
2002	106 088
2003	116 630
2004	131 719
2005	151 173
2006	175 289
2007	200 239

资料来源：中国农村统计年鉴，2008

第九节　农业科技投入得到了极大的提高

1952～2006 年 54 年间，中国农业科技投入增长 550.48 倍，应该看到，中国农业的科技含量有了极大的提高，但是，与农业发展需求相比，

还很不够（图 3-14 和表 3-14）

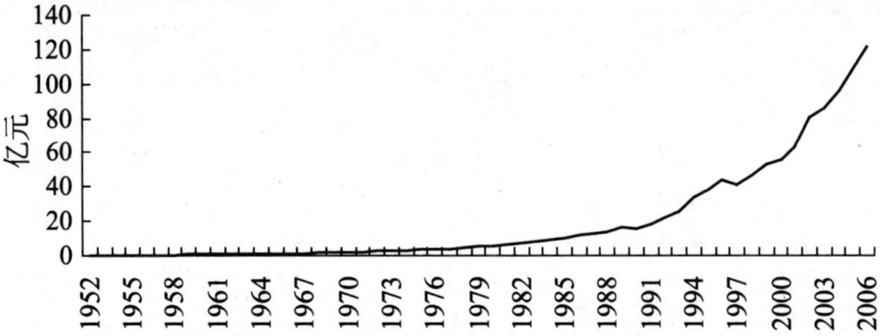

图 3-14　农业科技投入变化趋势

表 3-14　农业科技投入

年份	农业科技投入（亿元）
1952	0.22
1953	0.25
1954	0.28
1955	0.31
1956	0.35
1957	0.40
1958	0.45
1959	0.50
1960	0.56
1961	0.63
1962	0.71
1963	0.80
1964	0.90
1965	3.01
1966	3.14
1967	3.28
1968	3.43
1969	3.61
1970	3.81
1971	2.04
1972	2.29
1973	2.57
1974	2.89
1975	3.25
1976	3.65
1977	4.11

续表

年份	农业科技投入（亿元）
1978	4.62
1979	5.19
1980	5.8
1981	6.6
1982	7.4
1983	8.3
1984	9.3
1985	10.5
1986	13.8
1987	12.5
1988	13.5
1989	16.4
1990	15.6
1991	18.3
1992	22.1
1993	26.0
1994	33.9
1995	38.7
1996	43.6
1997	40.8
1998	46.7
1999	52.8
2000	56.3
2001	62.8
2002	80.8
2003	85.8
2004	96.38
2005	108.33
2006	123.76

资料来源：农业部统计资料，2008

第十节　农业经济增长中的市场化条件

1952～2006 年间，中国农业的市场化率发展速度并不快，54 年间，只增长了 13％，年增长速度不足 0.23％（图 3-15 和表 3-15）。

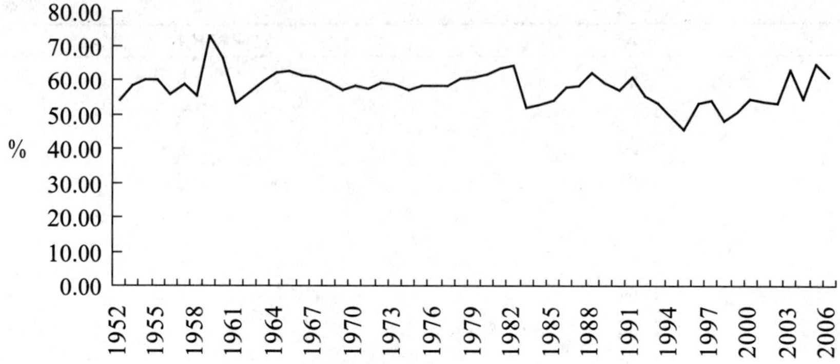

图 3-15　农产品市场化增长趋势

表 3-15　农产品市场化率

年份	商品率（%）
1952	53.93
1953	58.38
1954	60.02
1955	60.07
1956	55.83
1957	58.55
1958	55.13
1959	72.59
1960	66.31
1961	53.32
1962	56.07
1963	59.56
1964	62.13
1965	62.34
1966	63.35
1967	60.71
1968	59.35
1969	56.84
1970	58.37
1971	57.47
1972	59.15
1973	58.81
1974	57.08
1975	58.51
1976	58.11
1977	58.37
1978	60.57

续表

年份	商品率（%）
1979	63.05
1980	63.77
1981	63.26
1982	64.46
1983	52.00
1984	52.70
1985	53.90
1986	58.00
1987	58.20
1988	62.10
1989	59.10
1990	56.84
1991	60.70
1992	55.45
1993	53.40
1994	49.41
1995	45.66
1996	53.11
1997	54.19
1998	48.22
1999	50.60
2000	54.52
2001	53.56
2002	53.08
2003	63.05
2004	54.50
2005	64.82
2006	63.01

资料来源：中国农业统计年鉴，2007

第十一节　农业经济增长中的自由贸易化特征

1952～2006年间，中国农业的农产品出口增长速度很快，54年间，增长154.67倍，年增长速度达到9.8%（图3-16和表3-16）。

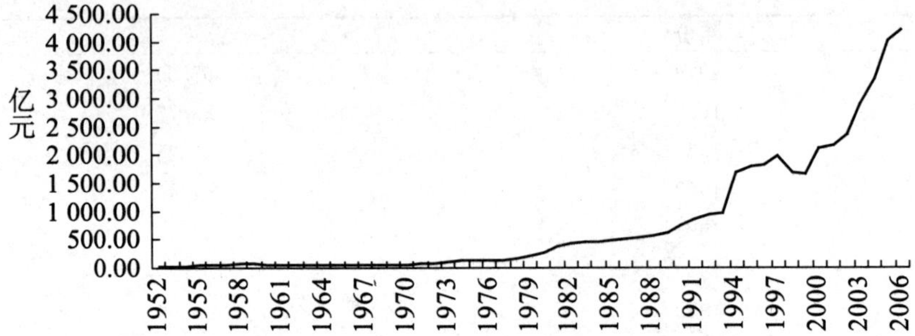

图 3-16　农产品出口数据

表 3-16　农产品出口数据

年份	农产品出口（亿元）
1952	27.10
1953	34.80
1954	40.00
1955	48.70
1956	55.70
1957	54.50
1958	67.00
1959	78.10
1960	63.30
1961	47.80
1962	47.10
1963	50.00
1964	55.40
1965	63.10
1966	66.00
1967	58.80
1968	57.60
1969	59.80
1970	56.80
1971	68.50
1972	82.90
1973	116.90
1974	139.40
1975	143.00
1976	134.80
1977	139.70
1978	167.60
1979	213.70
1980	272.40
1981	373.20
1982	420.00
1983	442.37
1984	465.92

续表

年份	农产品出口（亿元）
1985	490.73
1986	516.86
1987	544.39
1988	573.38
1989	603.91
1990	759.86
1991	859.45
1992	937.70
1993	960.29
1994	1 698.57
1995	1 794.21
1996	1 822.89
1997	1 985.66
1998	1 696.30
1999	1 650.78
2000	2 107.68
2001	2 180.00
2002	2 362.26
2003	2 883.39
2004	3 356.16
2005	4 016.96
2006	4 218.60

资料来源：中国农业统计年鉴，2007

第十二节　农业经济增长中的补贴因素

1978～2006 年，中国农产品的价格补贴增长较快，7 年间增长 13.78 倍，年增长速度达到 40.03％（图 3-17 和表 3-17）。

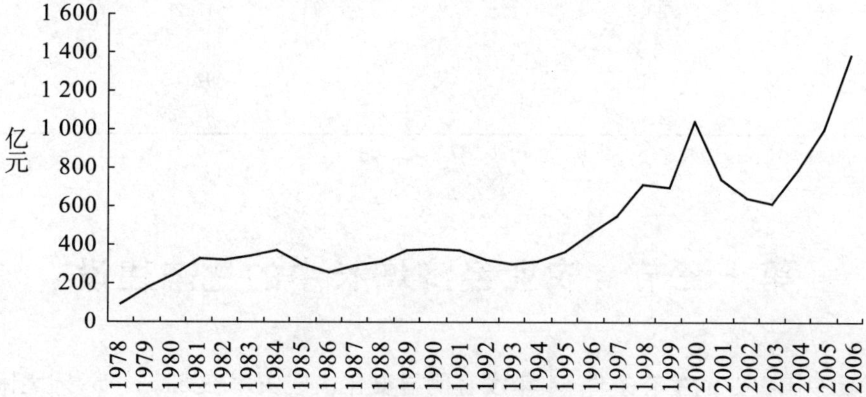

图 3-17　国家补贴增长趋势

表 3-17　农产品的物价补贴（亿元）

年份	物价补贴总计
1978	93.86
1979	180.71
1980	242.07
1981	327.72
1982	318.36
1983	343.61
1984	370
1985	299.49
1986	257.48
1987	294.05
1988	316.95
1989	373.55
1990	378.63
1991	373.77
1992	323.64
1993	299.3
1994	314.47
1995	364.89
1996	453.91
1997	553.96
1998	712.12
1999	697.64
2000	1 042.28
2001	743.51
2002	645.07
2003	617.28
2004	795.8
2005	998.47
2006	1 387.52

资料来源：中国农业统计年鉴，2007

第十三节　农业经济增长中的生态建设

中国农业的生态条件 54 年没有明显变化，成灾率在 54%～59%之间，中国现代农业建设的生态条件依然不容忽视（图 3-18 和表 3-18）。

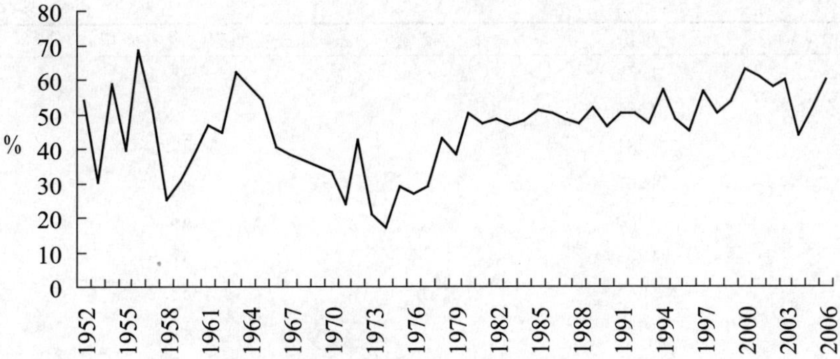

图 3-18　成灾率变化趋势

表 3-18　成灾率数据表

年份	成灾面积占受灾面积（%）
1952	54.1
1953	30.2
1954	58.7
1955	39.4
1956	68.6
1957	53.4
1958	25.3
1959	30.8
1960	38.2
1961	46.7
1962	44.8
1963	62.2
1964	58.4
1965	53.9
1966	40.3
1967	38.37
1968	36.52
1969	34.77
1970	33.1
1971	24
1972	42.5
1973	20.9
1974	16.9
1975	28.9
1976	26.9
1977	29.1
1978	42.9

续表

年份	成灾面积占受灾面积（%）
1979	38.4
1980	50.1
1981	47.1
1982	48.7
1983	46.7
1984	47.9
1985	53.2
1986	50.2
1987	48.4
1988	47.1
1989	52
1990	46.3
1991	50.1
1992	50.4
1993	47.4
1994	57
1995	48.6
1996	45.2
1997	56.7
1998	50.2
1999	53.5
2000	62.9
2001	60.9
2002	58
2003	59.8
2004	43.9
2005	53.4
2006	59.9

资料来源：中国农业年鉴，2007

第十四节　农业经济增长中的农民素质

中国农业发展的农民素质54年变化明显，农民初中受教育程度54年增长13.28%，但这种发展速度与现代农业的要求还有很大的距离（图3-19和表3-19）。

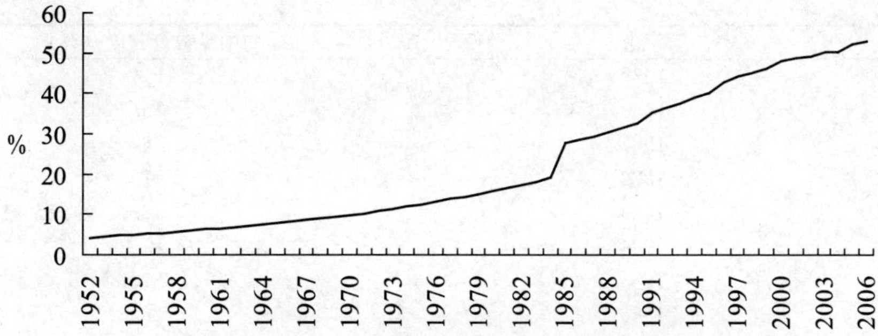

图 3-19　农民初中受教育程度变化趋势

表 3-19　农民初中受教育程度比重

年份	初中受教育程度（%）
1952	4.3
1953	4.5
1954	4.7
1955	4.9
1956	5.1
1957	5.4
1958	5.6
1959	5.9
1960	6.2
1961	6.5
1962	6.8
1963	7.1
1964	7.4
1965	7.8
1966	8.2
1967	8.6
1968	9
1969	9.4
1970	9.8
1971	10.3
1972	10.8
1973	13.3
1974	13.9
1975	12.4
1976	13
1977	13.7
1978	14.3

续表

年份	初中受教育程度（%）
1979	15
1980	15.7
1981	16.5
1982	17.2
1983	18.1
1984	19
1985	27.7
1986	28.6
1987	29.4
1988	30.4
1989	33.4
1990	32.8
1991	35.2
1992	36.2
1993	37.4
1994	38.9
1995	40.1
1996	42.8
1997	44.3
1998	45
1999	46.1
2000	48.1
2001	48.9
2002	49.3
2003	50.2
2004	50.4
2005	52.2
2006	52.8

资料来源：中国农业统计年鉴，2007

第十五节　结论

未来，中国现代农业发展将符合以下特征：首先，农牧渔业产值将持续增长。在此基础上，中国现代农业将是结构更加优化的产业，是资本密集型替代劳动密集型的产业，是集约化规模化经营替代分散化小规模经营的产业，是机械化、电气化和智能化替代手工劳动的产业，是现代农业科学技术替代经验型生产的产业，是纵向一体化的产业，是产业分工完善的产业，是社会化服务健全的产业，是促使城乡二元经济消亡的产业，是促使农村社会体制彻底改变的产业，是国内外更加开放的产业，是完全市场化的产业。其次，农牧渔业总产值在国民经济总产值中所占比重份额不断下降。即中国现代农业发展社会经济发展的工业化、信息化进程相适应。第三，中国现代农业的未来将是懂生产，懂技术，懂市场，会经营的新农民。第四，中国现代农业将是生态型可持续性发展的农业，即现代农业充分考虑农业与生态环境的和谐共处。

第四章　中国现代农业到底离我们有多远[①]

中国现代农业到底离我们有多远，中国现代农业离我们还很遥远。中国现代农业与近代农业的分水岭实际上以2007年中央一号文件建设现代农业为基点。鉴于中国近代农业生产基础以农户为基本单元的特性，造就中国现代农业建设的任重道远。为了求证中国现代农业离我们到底有多远的命题，本节选取了中国农业发展史上两个较为重要的事件（发展目标），一个是农业现代化建设，另一个是中国现代农业建设作为比较，通过不同指标体系的建立，采用综合指数法（层次分析法）测度中国现代农业究竟离我们有多远。

第一节　比较研究的方法

多指标体系综合评价方法是建立在实物指标和价值指标，以及单项指标难以进行横向，或纵向以及全面评价不足的条件基础之上的。多指标体系综合评价方法，是把反映被评价事物的多个指标的信息综合起来，得到一个综合指标，由此来反映被评价事物的整体情况，并进行横向和纵向比较。这样既有全面性，又有综合性。多指标体系综合评价方法是按照综合评分法的思路引进层次分析法，确定权重，运用模糊数学中隶属函数的理论确定分级，进行模糊综合判断的方法。其特点是在众多的评价指标基础上进行加权平均，得出一个无量纲的综合评价值，然后比较各评价对象的综合评价值大小，从中选出最优方案。

我们知道，无论是衡量农业现代化发展水平还是衡量现代农业发展水

① 本章研究中所涉及农业现代化测度的指标体系及数据模拟以中国农业政策分析与决策支持系统中国农业现代化发展与评价子课题的部分分析结果为标准，课题中的数据和分析过程均为作者独立完成。

平，均涉及多指标体系问题。因此，比较研究中国农业现代化和现代农业的方法无疑是多指标体系综合评价方法。

采用综合指标体系法评价中国农业现代化和现代农业发展水平首先要建立评价指标体系。在建立多指标体系中，需要遵循以下规则：第一，指标的系统性。即指标设定，必须全面考虑农业现代化所涉及的各个方面及其内在联系，使得指标之间既具有一定的相关性又具有一定的独立性，通过指标的综合，全面体现农业现代化和现代农业发展现状；第二，指标的综合性。即指标设定既要考虑农业现代化发展和现代农业的典型指标，也要兼顾农业现代化和现代农业的关联性指标，融合多种要素进来；第三，重点性。重点体现农业现代化和现代农业发展水平；第四，代表性原则。即从众多的指标中，选取能够反映农业现代化和现代农业发展水平目标的内容；第五，可比性原则。指标设置既要符合各地的实际，又要体现发展阶段。

多指标综合分析方法。其总体思路为：第一，确立分析原则；第二，确立指标体系；第三，确立指标层次；第四，对指标体系的数据和指标进行相关性检验；第五，用层次分析法确立权重；第六，进行综合指数计算，其结果为农业现代化和现代农业发展水平；第七，对农业现代化和现代农业发展水平进行动态评价；第八，预测农业现代化和现代农业发展水平。

第二节 指标体系的比较

1. 农业现代化评价指标体系

农业现代化建设是一个动态的不断发展的历史过程，因此，推进农业现代化建设是一个长期的过程，需要坚持不懈地努力，使农业现代化的发展水平不断提高，使之向更高水平的阶段迈进。

(1) 指标体系

本研究设定的农业现代化发展水平评价指标体系分为目标层和准则层两大类。目标层测度农业现代化发展水平，准则层分为测度农业现代化发展的一级指标和二级指标体系。

一级指标体系设六组指标，分别是农业投入水平、农业产出水平、农村社会发展水平、农业可持续发展。

二级指标体系15项，其中：指标劳均农业资金投入，劳均农业科技投入，农业劳动力受教育水平（初中以上），劳均耕地面积，单位耕地面积总动力数，有效灌溉率，单位耕地面积有效化肥施用量农业总产值占GDP比重评价农业投入水平。指标人均GDP，劳动生产率，土地生产率，农民人均纯收入评价农业产出水平；指标城镇人口占总人口比重，农村劳动力就业比重评价农村社会发展水平。指标农业成灾率，森林覆盖率评价农业可持续发展（表4-1）。

表4-1 农业现代化评价指标体系

	准则层	指标层
农业现代化发展水平	一、农业投入水平	1. 劳均农业资金投入
		（基本建设、国家、集体、个人固定投资）
		2. 劳均农业科技投入
		3. 农业劳动力受教育水平（初中以上）
		4. 劳均耕地面积
		5. 单位耕地面积总动力数
		6. 有效灌溉率
		7. 单位耕地面积有效化肥施用量
	二、农业产出水平	1. 人均GDP
		2. 劳动生产率
		3. 土地生产率
		4. 农民人均纯收入
	三、农村社会发展水平	1. 城镇人口占总人口比重
		2. 农村劳动力就业比重
	四、农业可持续发展	1. 农业成灾率
		2. 森林覆盖率

资料来源：作者测算 2009.4

(2) 指标体系的内涵

劳均农业资金投入额（元/人）

$$=\frac{\text{农业基本建设投资（农林牧副渔）和固定投资}}{\text{一产从业人员数}}$$

$$\text{农业科技投入占农业总产值比重（\%）}=\frac{\text{农业科技投入}}{\text{农业总产值}}\times 100\%$$

初中以上农业劳动力文化水平占农业劳动人口比重（%）

$$=\frac{\text{初中以上农业劳动力文化水平}}{\text{农业从业人员数}}\times 100\%$$

$$\text{劳均耕地面积（公顷）}=\frac{\text{耕地面积}}{\text{第一产业从业人员数}}$$

$$\text{单位耕地农机总动力}=\frac{\text{农机总动力（千瓦）}}{\text{耕地面积（公顷）}}$$

$$\text{有效灌溉面积比重（\%）}=\frac{\text{灌溉面积}}{\text{耕地总面积}}\times 100\%$$

$$\text{单位耕地面积有效化肥施用量}=\frac{\text{有效化肥施用量（千克）}}{\text{耕地面积}}$$

人均 GDP　　元/人

$$\text{劳动生产率（元/人）}=\frac{\text{农业总产出}}{\text{第一产业从业人员数}}$$

$$\text{土地生产率（元/公顷）}=\frac{\text{农业总产出}}{\text{耕地面积}}$$

农民人均纯收入　元/人

$$\text{城镇人口占总人口比重（\%）}=\frac{\text{城镇人口}}{\text{总人口}}\times 100\%$$

$$\text{农村劳动力就业比重（\%）}=\frac{\text{乡村劳动力（万人）}}{\text{社会就业人数（万人）}}\times 100\%$$

$$\text{农业成灾率（\%）}=\frac{\text{成灾面积}}{\text{受灾面积}}\times 100\%$$

$$\text{森林覆盖率（\%）}=\frac{\text{有林面积}}{\text{国土总面积}}\times 100\%$$

2. 现代农业评价指标体系

中国现代农业的标准定义是“在国民经济中具有较高水平的农业生产能力和较强竞争能力的现代产业，是不断地引进新的生产要素和先进经营管理方式，用现代科技、现代工业产品和现代组织制度和管理方法来经营的科学化、集约化、市场化、社会化、生态化的农业，是保护生态平衡和可持续发展的农业。它既包涵有综合生产能力的创新，诸如有现代科技、现代装备、集约化、可持续发展等特征，又包涵有现代农业制度的创新，诸如有现代管理、专业化、社会化、产业化、标准化等特征，是科学化、集约化、市场化、社会化、生态化的现代产业。”

实践中，专家学者认为，发展中国现代农业必须贯彻以下六项基本原则。一是中国现代农业必须在家庭承包联产承包经营之下走产业化创新模式，农业产业化经营的实质就是科、工、贸、农以及产、供、销一体化的农业经营模式。二是中国现代农业必须走有中国特色的科技创新模式。三是中国现代农业应走有中国特色的城乡一体化的创新模式。四是中国现代农业必须走有中国特色的生态农业的创新模式。五是中国现代农业必须走有中国特色的区域经济发展的创新模式。六是中国现代农业必须走有中国特色的农业生产和农村生活服务体系的现代化的模式。

基于上述中国现代农业的基本认识，我们认为中国现代农业的科学化、集约化、市场化与国际化、社会化、生态化可以概括中国现代农业基本定义和基本原则的内容，并且，通过量化这五个方面的内容，可以较为形象和完整地分析中国现代农业建设和发展的水平，动态特征，阶段成果，未来发展趋势。根据这样的判断，我们建立了现代农业的评价指标体系。

(1) 评价指标体系的确定

现代农业建设水平评价指标体系分为目标层和准则层两大类。目标层测度现代农业发展水平，准则层分为测度现代农业发展的一级指标和二级指标体系。

一级指标体系设五组指标，分别是科学化、集约化、市场化与国际化、社会化和生态化。

二级指标体系 24 项，其中：①第一产业产值占 GDP 比重；②二产产值占 GDP 比重；③三产产值占 GDP 比重；④种植业占农业产值比重；⑤养殖业占农业产值比重；⑥水产业占农业产值比重；⑦林业占农业产值比重；⑧单位耕地面积劳均农机总动力；⑨每单位耕地面积有效化肥施用量；⑩每单位耕地面积用电量，代表科学化指标；⑪乡镇企业、私营企业、个体工商业就业人均农业产值；⑫乡镇企业、私营企业就业人均农业产值；⑬劳均耕地面积；⑭土地生产率；⑮劳动生产率代表集约化指标；⑯农产品综合商品率；⑰农产品出口率；⑱农业补贴率代表市场化与国际化指标；⑲劳均农业投入额；⑳农业科技投入占农业总产值比重；㉑劳均社会总产值比重；㉒城镇人口占总人口比重；㉓农村劳动力初中以上文化程度比重；㉔农业成灾率代表生态化指标（表 4-2）。

表 4-2　现代农业评价指标体系

目标层	指标 1	指标 2	
现代农业建设水平	科学化	1. 第一产业产值占 GDP 比重	逆
		2. 二产产值占 GDP 比重	正
		3. 三产产值占 GDP 比重	正
		4. 种植业占农业产值比重	正
		5. 养殖业占农业产值比重	正
		6. 水产业占农业产值比重	正
		7. 林业占农业产值比重	正
		8. 单位耕地面积劳均农机总动力	正
		9. 每单位耕地面积有效化肥施用量	正
		10. 每单位耕地面积用电量	正
	集约化	1. 农村工商业、企业就业人均农业产值	正
		2. 农村企业就业人均农业产值	正
		3. 劳均耕地面积	正
		4. 土地生产率	正
		5. 劳动生产率	正
	市场化与国际化	1. 农产品综合商品率	正
		2. 农产品出口率	正
		3. 农业补贴率	正
	社会化	1. 劳均农业投入额	正
		2. 农业科技投入占农业总产值比重	正
		3. 劳均社会总产值比重	正
		4. 城镇人口占总人口比重	正
		5. 农村劳动力初中以上文化程度比重	正
	生态化	1. 农业成灾率	逆

(2) 指标含义

科学化指标。根据现代农业科学化指标特征，选用：①第一产业产值占 GDP 比重；②第二产业产值占 GDP 比重；③第三产业产值占 GDP 比重；④种植业占农、林、牧、渔总产值比重；⑤养殖业占农业总产值比重；⑥水产业占农业产值比重；⑦林业占农业产值比重；⑧单位耕地面积劳均农机总动力；⑨每单位耕地面积有效化肥施用量；⑩每单位耕地面积用电量计算科学化指标。具体解释如下：

第一产业比重：第一产业产值占 GDP 的比重 $=\frac{\text{第一产业产值}}{\text{GDP}}\times 100\%$

第二产业比重：第二产业产值占 GDP 的比重 $=\frac{\text{第二产业产值}}{\text{GDP}}\times 100\%$

第三产业比重：第三产业产值占 GDP 的比重 $=\frac{\text{第三产业产值}}{\text{GDP}}\times 100\%$

$$种植业产值占农业产值比重\%=\frac{种植业产值}{农业产值}\times 100\%$$

$$养殖业产值占农业产值比重\%=\frac{养殖业产值}{农业产值}\times 100\%$$

$$水产业产值占农业产值比重\%=\frac{水产产值}{农业产值}\times 100\%$$

$$林业产值占农业产值比重\%=\frac{林业产值}{农业产值}\times 100\%$$

机械化：$单位耕地农机总动力（千瓦/公顷）=\frac{农机总动力}{耕地总面积}$

化学化：$单位耕地面积有效化肥施用量=\frac{有效化肥施用量（千克）}{耕地面积}$

电气化：$单位耕地面积用电量=\frac{农村用电量（亿千瓦小时）}{耕地面积}$

集约化指标。乡镇企业、私营企业、个体工商业就业人均农业产值；乡镇企业、私营企业就业人均农业产值、劳均耕地面积、土地生产率、劳动生产率代表集约化指标。农产品综合商品率、农产品出口率、农业补贴率代表集约化指标。

$$农村工商业企业就业人均农业产值=\frac{农业产值}{乡镇企业、私营企业就业人员}$$

农村企业就业人均农业产值＝农林牧渔总产值/乡镇企业、私营企业、个体工商业就业人员

$$土地生产率（元/公顷）=\frac{农林牧渔总产值}{耕地面积}\times 100\%$$

$$劳动生产率=\frac{农业总产出}{第一产业从业总人员数}$$

市场化与国际化：采用农产品综合商品率、农产品出口率、农业补贴率代表市场化与国际化。其指标体系如下：

$$农产品出口率（\%）=\frac{农产品出口额}{农业产值}\times 100\%$$

$$农产品综合商品率（\%）=\frac{出售农产品价值}{农业产值}\times 100\%$$

$$农业补贴率（\%）=\frac{农业价格补贴}{农业产值}\times 100\%$$

社会化评价指标：采用劳均农业投入额、农业科技投入占农业总产值

比重、劳均社会总产值比重、城镇人口占总人口比重、农村劳动力初中以上文化程度比重。

劳均农业资金投入额（元/人）

$$=\frac{\text{农业基本建设投资（农林牧副渔）和固定投资}}{\text{第一产业从业人员数}}$$

农业科技投入占农林牧渔总产值比重（%）

$$=\frac{\text{农业科技投入}}{\text{农林牧渔总产值}}\times 100\%$$

$$\text{劳均社会总产值比重}=\frac{\text{农村社会总产值}}{\text{乡村就业人口}}\times 100\%$$

城镇人口占总人口比重（%）

$$=\frac{\text{城镇人口}}{\text{总人口}}\times 100\%$$

农村劳动力初中以上文化程度比重（%）

$$=\frac{\text{初中以上农业劳动力文化水平}}{\text{农业从业人员数}}\times 100\%$$

生态化评价指标。采用农业成灾率代表现代农业的生态化指标。

$$\text{农业成灾率（%）}=\frac{\text{农业成灾面积}}{\text{受灾面积}}\times 100\%$$

3. 农业现代化评价指标体系与现代农业评价指标体系的比较

(1) 从研究目标上看

农业现代化的初始含义为实现四化而提出的目标，西方发达资本主义社会 20 世纪 70 年代农业现代化实现的目标即为机械化、化学化、水利化和电气化。随着资本主义社会后现代化时代的到来，特别是知识经济和信息化时代的到来，现代化被赋予更加广泛的内容。对于中国的农业现代化而言，与时俱进，既强调农业生产的产出和投入水平，也强调农村社会发展水平和农业可持续发展水平。因此，在农业现代化指标体系设置中，农业投入水平，农业产出水平是主要因素，农村社会发展水平和农业可持续发展属于次要因素。

对于现代农业而言，强调的是采用现代农业生产技术对传统农业的改造，既包括生产技术的改造，也包括经营管理思想的改造。所以，在指标体系设置中，科学技术成为很重要的一个指标，同时，集约化、市场化与国际化、社会化、生态化也成为现代农业实现的主题，所以，对于现代农业而言，所带来的本身变化是全方位的，他强调的是科学化、集约化、市场化与国际化、社会化和生态化。

(2) 就具体目标而言

在农业现代化设计的二级指标中，农业投入水平表现在劳均农业资金投入、劳均农业科技投入、农业劳动力受教育水平、劳均耕地面积、单位耕地面积总动力数、有效灌溉率、单位耕地面积有效化肥施用量。农业产出水平体现在人均 GDP、劳动生产率、土地生产率、农民人均纯收入。农村社会发展水平体现在城镇人口占总人口比重，农村劳动力就业比重。农业可持续发展表现在农业成灾率，森林覆盖率。在现代农业设计的二级指标中，科学化体现在第一产业产值占 GDP 比重，二产产值占 GDP 比重，三产产值占 GDP 比重，种植业占农业总产值比重，养殖业占农业总产值比重，水产业占农业总产值比重，林业占农业总产值比重，单位耕地面积劳均农机总动力，单位耕地面积有效化肥施用量，单位耕地面积用电量上。其中，一些指标在农业现代化测度中，是作为投入与产出因素使用，在现代农业中把他们整体体现在科学化发展的水平上。集约化体现在农村工商业、企业就业人均农业产值，农村企业就业人均农业产值，劳均耕地面积，土地生产率，劳动生产率上。其中，一些指标在农业现代化测度中，是作为投入与产出因素使用的，在现代农业中把他们体现在集约化发展水平上。市场化与国际化体现在农产品综合商品率，农产品出口率，农业补贴率上。该指标体系反映农业生产的环境，在农业现代化测度中，没有对此项指标的要求。社会化体现在劳均农业投入额，农业科技投入占农业总产值比重，劳均社会总产值比重，城镇人口占总人口比重，农村劳动力初中以上文化程度比重上。现代农业社会化的指标含义大于农业现代化的社会化指标含义，进一步表明现代农业的宽泛性。生态化体现在农业成灾率上。在该指标中，与农业现代化指标体系所代表的指标相同。

综上所述，在测度现代农业发展水平过程中，我们考虑了更多的因素，所涉及的指标反映了更多的方面。当然，现阶段，我们的现代农业指标体系设置并不是百分之百科学，还有待于在实践中，不断摸索。

第三节　数据的获得及其处理

1. 数据的获得

本研究数据主要来源于中国统计年鉴（1980～2003），中国农村统计年鉴（1980～2003），中国住户统计年鉴（1980～2003），中国统计年鉴50年，中国农村统计年鉴50年，中国农业统计年鉴（1980～2003）。

2. 数据处理

本研究采用24年时间序列数据，其始年为1980年，截至年为2003年。在进行指标值相关检验中，考虑到时间序列中短期因素造成的无规律运动，我们对时间序列进行了数据进行了增量增长率计算，描述统计分析，序列平稳性分析，并对指标进行了相关性检验分析。

增量增长率分析：增量差分的计算公式为：

$$\Delta y_t = x_{t-1} + c$$

描述统计分析。建立农业现代化评价指标体系并完成数据收集工作后，为了检验这些数据的统计特性，需要进行指标数据的描述性分析。一般条件下，描述性统计量分析有均值分析、标准差分析、方差分析、权距分析、峰度分析、偏度分析、均值标准误差分析。针对本文数据特性，选择均值与标准差分析。其中均值数学定义是：

$$\bar{x} = \frac{1}{n}\sum_{i=1}^{n} xi$$

标准差分析的数学定义是：

$$SD = \sqrt{\frac{1}{n-1}\sum\nolimits_{i=1}^{n} (xi - \bar{x})^2}$$

指标数据的序列平稳性分析。近年来，检验时间序列的平稳性多采用单位根检验法（unit root test）。由于理论和实践上的原因，本研究用以下形式的回归做迪基—富勒检验：

$$\Delta Y_t = \delta Y_{t-1} + u_t \tag{1}$$

$$\Delta Y_t = \beta_1 + \delta Y_{t-1} + u_t \tag{2}$$

$$\Delta Y_t = \beta_1 + \beta_2 t + \delta Y_{t-1} + u_t \tag{3}$$

其中t是时间或趋势变量，在每一种形式中，虚拟假设都是$\delta = 0$，即存在有一单位根（1式）和另外两个回归的差别在于是否包含常数（截距）和趋势项。即：

$$\Delta Yt = c + \rho Y_{t-1}$$

假设：$\rho = 0$ 不平稳序列

$\rho \neq 0$ 平稳数据序列

$sig < 0.05$

$t = 2.162$

3. 评价指标体系的相关性检验

发展水平评价，往往选择一组评价指标。在评价中，如果选用的评价指标的变化不是线性相关的，那么，就不能客观反映农业现代化水平的变化，而且不同指标的评价结果会相互干扰。为了保证评价的客观性，就需要在评价前，对评价指标的相关性进行检验。

如果某个指标与其他指标没有相关性或者相关性不显著，那么，这个指标就可能不能客观反映现代化水平的变化，应该把它替换掉。我们认为，在指标体系中，1 个合适的指标，至少需要与 3 个以上的其他指标是显著相关的。

评价指标相关性检验的方法是，先计算评价指标之间的相关系数，然后进行 t 测验，根据 t 测验结果判断相关系数的显著性。

(1) 相关系数 (r) 的计算公式

$$r=\frac{\sum(x_i-\bar{x})\times(y_i-\bar{y})}{\sqrt{\sum(x_i-\bar{x})^2\times(y_i-\bar{y})^2}}$$

其中，r 为两个评价指标的相关系数，x_i 和 y 为两个评价指标的数值，x 均值和 y 均值分别为两个评价指标数值的平均数。

如果，$r=0$，则没有相关性，两个指标完全没有关系。

如果，$r=+1$ 或 -1，则两个指标是直线相关。$r=+1$，表示完全正相关，两个指标都是正指标。$r=-1$，表示完全负相关，两个指标中，一个指标是正指标，一个指标是逆指标。

一般地，r 值在 0—+1 或 −1—0 之间。r 值越接近 +1，表示正相关性越强；r 值越接近 −1，表示负相关性越强。

(2) 相关系数的显著性检验 (t 测定)，计算公式：

$$t=\frac{r\times\sqrt{(n-2)}}{\sqrt{(1-r^2)}}$$

其中，r 为两个评价指标的相关系数，t 为显著性检验值，n 为两个评价指标样本总对数，自由度=n−2。

计算方法：先计算 r 值和 t 值，然后查 t 表，查出 P（概率），决定相关系数的显著性。

P 越小，相关系数越显著。$P=0.05$，表示显著相关；$P=0.01$，表示非常显著相关。

4. 评价指标体系的标准化

所谓指标的标准化就是指标的无量纲化，就是通过数学处理方法消除指标之间由于量纲不同带来的影响。不同的指标具有不同的单位，即使同一单位的不同指标数值大小也有很大的差别，这就是所谓的量纲不同。

由于各指标的量纲、数量级、数量变化幅度的差异，如用原始数据进行统计分析，就会将不同性质，不同量纲及不同变化幅度的数值都统计在一起，这样就有可能突出某些数量级特别大的变量，而压低甚至派生出某些数量级很小的变量。因此，需要对原始数均进行标准化处理。

在具体计算中，本书采用直线型标准化比值法对指标进行无量纲化。直线型标准化是将指标实际值转化成不受量纲影响的指标评价时，假设两者之间呈线型关系，指标实际值的变化引起指标评价指一个相应比例的变化。农业现代化发展水平评价指标体系，采用比值法进行无量纲化处理，该方法首先选取一个评价基数值，把被评价方案的指标实际数据与其相比，从而得到一个比例系数。其计算公式为：

$$P_i\begin{cases} c_i - c_{\min} / c_{\max} - c_{\min} \text{(为正作用指标标准化)} \\ c_{\max} - c_i / c_{\mathrm{man}} - c_{\min} \text{(为负作用指标标准化)} \end{cases}$$

C_i 为被评价指标数据值，C_{max} 为某项指标在各评价方案中的最大值，C_{mix} 为某项指标在各评价方案中的最小值，P_i 为被评价方案指标得分值(即评定系数)。

第四节　层次分析法确定指标体系权重

在多指标评价过程中，权数的确定是一个重要的步骤。权数的确定直接影响到评价的结果。目前权数的确定由两种方法。一类是主观赋权法，评价者对指标的重要程度给出人为的评价，通常采用向专家征集意见的方法；另一类就是客观赋权法，即根据指标数值的变异程度所提供的信息来计算相应的权重。主观赋权法虽然带有一定的主观色彩，但是“主观”和“随意”是两个不同的概念，人们对指标重要程度的估计主要来源于客观实际，主观看法的形成往往与评价者所处的客观环境有着直接的联系，因此从某种程度上讲，主观赋权法只要以事实为依据，也很具有一定的客观性。客观赋权法避免了主观因素的影响，使不同的评价者就相同的数据可以得到相同的评价结果，因此被认为是较为科学的确定权数方法，但该方法的缺陷是对具体经济意义重视不够。

本节运用层次分析法求取指标的权重，层次分析（Analytic Hierarchy Process，简称 AHP）法是美国运筹学家 T. L. 萨蒂等人在 70 年代创立的一种多准则决策方法，它把复杂的决策问题表示成一个有序的递阶层次结构，利用人们的判断对决策方案的优劣或影响因素的重要程度进行判断排序，是一种定量和定性相结合的决策分析方法，层次分析法处理问题的基本步骤如下：

1. 建立层次结构模型

把复杂问题有关的各个因素按照不同属性自上而下分解为若干层次，同一层次的诸因素从属于上一层因素或对上一层因素有影响，同时，又支配下一层因素或受下层因素的作用。最上层为目标层，一般只有一个元素，中间层为准则层、子准则层，最下层为方案层。

2. 构造比较判断矩阵

根据层次结构，对上一层元素而言，在其下一层次中所有与它关联的元素之间两两比较其重要性关系，比较结果按表 4-3 的比较尺度定量表示标出，构造比较矩阵，直到最下层，设下同性质的比较因素为 C_i 与 C_j，则表 4-3 比较尺度含义如下。

表 4-3　比较尺度含义

标度内容	含义
1	C_i 与 C_j 影响相同
3	C_i 比 C_j 影响稍强
5	C_i 比 C_j 影响强
7	C_i 比 C_j 影响明显强
9	C_i 比 C_j 影响绝对强
2、4、6、8	C_i 与 C_j 影响之比在上述两相邻等级之间
1　1/2　1/9	C_j 与 C_i 影响之比为上述 C_{ij} 的互反数。

3. 计算权向量

求比较判断矩阵的最大特征根 k。及其对应的特征向量，将特征向量归一化后即为某一层有关元素对上一层相关元素的权重值，其计算方法一般采用数值迭代法，如幂法。

计算判断矩阵每一行元素的乘积 P_i

$$P_i = \prod_{j=1}^{n} b_{ij} \qquad (i=1,\ 2, \ldots\ldots,\ n)$$

计算 P_i 的 n 次方根 D_i

$$D_i = \sqrt[n]{P_i} \qquad (i=1,\ 2, \ldots\ldots,\ n)$$

权重计算

对向量 D_i 归一化，即可得到其权重值

$$M_i = \frac{D_i}{\sum_{i=1}^{n} D_i} \qquad (i=1,\ 2, \ldots\ldots,\ n)$$

一致性检验

$$CI = \lambda_{MAX} - \frac{n}{n-1}$$

一致性指标：随机一致性指标 RI 为同阶矩阵的一致性指标的随机均值，其数值取为（表 4-4）：

表 4-4　*RI* 取值，其中 *n* 为矩阵阶数

N	1	2	3	4	5	6	7	8	9	10	11
RI	0	0	0.58	0.9	1.12	1.24	1.32	1.41	1.45	1.49	1.51

一致性比率 CR 为一致性指标 CI 与同阶的随机一致性指标 RI 之比值。当 $CR = CI/RI < 0.1$ 时称判断矩阵通过了一致性检验，否则应对判断矩阵加以调整。

组合权向量与组合一致性检验。

一般地，若层次结构模型共有 S 层，则第 k 层对第一层的组合权向量为：

$$W^{(K)} = W^{(k)} W^{(K-1)} \qquad (1)$$

其中 $W^{(k)}$ 是以第 k 层对第 $k-1$ 层的权向量为列向量组成的矩阵，于是最下层对最上层的组合权向量为：

$$W^{(s)} = W^{(s)} W^{(s-1)} W^{(s-2)} \ldots W^{(3)} w^{(2)} \qquad (2)$$

然后进行组合一致性检验。设第 P 层的一致性指标为：$CI_1^{(P)} >$，$CI_2^{(P)}$，……，$CI_n^{(p)}$，……"'（n 为第 $p-1$ 层中因素数目），随机一致性指标为 $RI_1^{(P)}$，$RI_2^{(P)}$，……，$PIn^{(p)}$ 令：

$$CI^{(P)} = [CI_1^{(P)},\ CI_2^{(P)},\ \cdots,\ CIn^{(P)}]\ w^{(p-1)} \qquad (3)$$

$$RI^{(p)} = [RI_1^{(p)}, RI_2^{(p)},\ \cdots,\ RIn^{(p)} w^{(p-1)}] \qquad (4)$$

则第 P 层对第一层组成的一致性比率为：

$$CR^{(P)} = CR^{(P-1)} + CI^{(P)} / RI^{(P)}$$

当 $CR^{(p)} < 0.1$ 时，则认为整个层次结构的比较判断矩阵通过了一致性

检验，从而可按组合权向量表示的结果进行决策和排序，否则应重新考虑层次结构模型或重新构造那些一致性比率 CR 较大的判断矩阵。

4. 用层次分析法计算权重

层次分析法通过建立指标体系的递阶层次矩阵，来建立两两判断矩阵，然后进行层次单排序、层次总排序，最终决定各因素的主次。其方法为：

第一，请专家对指标体系指标间重要度进行排序。

第二，构造指标比标判断矩阵，对同级指标两两比较，构造各层次判断矩阵 $B=n\times n$。b_{ij} 表示对于 B 而言，b_i 与 b_j 的相对重要程度，一般 b_{ij} 取 1，2，3……9 及它们的倒数。其中 $b_{ij}=1$，表示 b_i 与 b_j 同样重要，且 $b_{ji}=1$；$b_{ij}=3$，表示 bi 比 b_j 重要一点，且 $b_{ji}=1/3$；$b_{ij}=5$，表示 b_i 比 b_j 重要，且 $b_{ji}=1/5$；$b_{ij}=7$，表示 b_i 比 b_j 重要的多，且 $b_{ji}=1/7$；$b_{ij}=9$，表示 b_i 比 b_j 极端重要，且 $b_{ji}=1/9$.

第三，计算判断矩阵每一行元素的乘积 P_i

$$P_i = \prod_{j=1}^{n} b_{ij} \qquad (i = 1,2,\cdots\cdots,n)$$

第四，计算 Pi 的 n 次方根 Di

$$D_i = n\sqrt{P_i} \qquad (i = 1,2,\cdots\cdots,n)$$

第五，权重计算

对向量 Di 归一化，即可得到其权重值

$$M_i = \frac{D_i}{\sum_{i=1}^{n} D_i} \ (i=1,\ 2,\ \cdots\cdots,\ n)$$

第六，一致性检验，判断矩阵的偏差一致性指标 CI，$CI=\lambda max-n/n-1$，式中：λmax 为判断矩阵的最大特征根。随机一致性比率 CR，$CR=CI/RI$，其中：RI 为平均随机一致性指标，可查有关表得出。$CR<0.1$ 时，认为判断矩阵具有满意的一致性，否则应对判断矩阵进行调整。

5. 农业现代化指标体系权重的确定

本文运用层次分析法求取指标的权重的具体做法是：聘请 20 名国内知名农业现代化研究专家，根据评价指标体系的层次结构逐层对各指标重要度排序，在专家排序的基础上，对指标要素两两之间采用 1—9 标度法标度，确定指标因素间两两重要性的比值，建立判断矩阵，通过矩阵运算和一致性检验，得到每个层次各指标的权数。其中，目标层六组指标权重、准则层 15 组指标的权重如下（表 4-5)：

表 4-5　权重

	权重		权重
一、农业投入	33.57	1. 劳均农业投入水平	7.23
		2. 农业科技投入水平	8.41
		3. 劳动力受教育水平	6.19
		4. 劳均耕地面积	3.31
		5. 农机总动力	3.94
		6. 有效灌溉率	2.93
		7. 单位耕地面积有效化肥施用量	1.57
二、农业产出水平	44.03	8. 人均 GDP	7.88
		9. 劳动生产率	13.03
		10. 土地生产率	12.54
		11. 农民人均收入	10.57
三、农村社会发展水平	13.57	12. 城镇人口比重	7.34
		13. 农村劳动力就业率	6.23
四、农业可持续性发展	8.83	14. 农村成灾率	5.20
		15. 森林覆盖率	3.63
合计			100.00

资料来源：作者测算 2009.4

6. 现代农业指标体系权重的确定

本文运用层次分析法求取指标的权重的具体做法是：聘请 10 名国内知名现代农业专家，根据评价指标体系的层次结构逐层对各指标重要度排序，在专家排序的基础上，对指标要素两两之间采用 1—9 标度法标度，确定指标因素间两两重要性的比值，建立判断矩阵，通过矩阵运算和一致性检验，得到每个层次各指标的权数。其中，目标层六组指标权重、准则层 15 组指标的权重如下（表 4-6）：

表 4-6　现代农业综合评价指标体系

目标层	指标 1	权重	指标 2	权重	特性
现代农业建设水平	科学化	23	1. 第一产业产值占 GDP 比重	1	逆
			2. 第二产业产值占 GDP 比重	2	正
			3. 第三产业产值占 GDP 比重	2	正
			4. 种植业占农业产值比重	1	正
			5. 养殖业占农业产值比重	3	正
			6. 水产业占农业产值比重	2	正
			7. 林业占农业产值比重	2	正
			8. 单位耕地面积劳均农机总动力	4	正
			9. 每单位耕地面积有效化肥施用量	2	正
			10. 每单位耕地面积用电量	4	正

续表

目标层	指标 1	权重	指标 2	权重	特性
	集约化	21	11. 农村工商业、企业就业人均农业产值	2.5	正
			12. 农村企业就业人均农业产值	2.5	正
			13. 劳均耕地面积	6	正
			14. 土地生产率	5	正
			15. 劳动生产率	5	正
	市场化与国际化	19	16. 农产品综合商品率	7	正
			17. 农产品出口率	6	正
			18. 农业补贴率	6	正
	社会化	22	19. 劳均农业投入额	6	正
			20. 农业科技投入占农业总产值比重	6	正
			21. 劳均社会总产值比重	2	正
			22. 城镇人口占总人口比重	4	正
			23. 农村劳动力初中以上文化程度比重	4	正
	生态化	15	24. 农业成灾率	15	逆

资料来源：作者测算 2009.4

第五节 综合评价模型

建立综合评价模型组：该模型组包括目标模型和子模型。

(1) 目标模型

$$AM_t = \sum_{i=1}^{n} (W_1 J_t) + \sum_{i-1}^{m} (W_2 S_t)$$

式中：t 为时期，i 为类指标号，J 和 S 分别表示子系统，W 表示各子系统的权重。

(2) 子模型

$$J_t = \sum_{i=1}^{1n} (W_{11} z_{ai}) + \sum_{i=1}^{2n} (W_{12} Z_{bi}) + \sum_{i=1}^{3n} (W_{13} Z_{ci})$$

式中 W 为各二级子系统的权重，Z_{ai} 为第一个二级于系统变量的标准化值集合，Z_{bi} 为第二个二级子系统变量的标准化值集合。Z_{ci} 为第三个二级子系统变量的标准化值集合。

第六节　评价的基本标准

按照多指标综合分析法的计算结果定义，评价目标实现的指数值为100，指数100为基本标准。按照综合指数法计算模型，二级指标的指数值乘以权重，累加成为一级指标体系指数值，一级指标指数值乘以权重累加得出评价目标的指数值，就是评价目标发展水平指数值，评价目标指数值与基本标准值100的差，为评价目标与实际的差距。

第七节　农业现代化和现代农业的发展水平评价

一、农业现代化发展水平评价

1. 总体发展水平评价

利用多指标综合指数方法，通过建立中国农业现代化评价指标体系，用层次分析法确立权重，根据建立的农业现代化评价模型，对我国农业现代化1980～2003年的发展水平进行了评价，其评价结果如下：

1980年，中国农业现代化的综合发展指数是31.44，1985年是28.22，1990年是28.11，1995年是29.22，2000年是33.45，2003年是33.37，从总体上看，我国农业现代化发展水平呈上升趋势，如图1和表4-7所示。

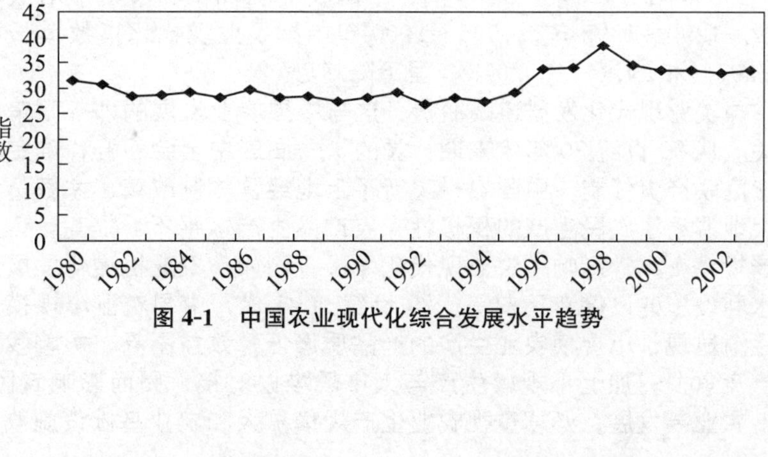

图4-1　中国农业现代化综合发展水平趋势

表 4-7　中国农业现代化综合发展水平指数

年份	农业现代化指数
1980	31.44
1981	30.62
1982	28.47
1983	28.55
1984	29.15
1985	28.22
1986	29.55
1987	28.15
1988	28.44
1989	27.26
1990	28.11
1991	29.10
1992	26.92
1993	28.07
1994	27.25
1995	29.22
1996	33.69
1997	33.88
1998	38.36
1999	34.55
2000	33.45
2001	33.41
2002	32.86
2003	33.37

资料来源：作者测算 2009.4

从农业现代化指数增长趋势来看，从 20 世纪 80 年代～2003 年，中国农业现代化总体发展水平呈缓慢增加的趋势。从 1980 年～2003 年，中国农业现代化发展水平只增加了 6.11%，年增长只有 0.26%。

中国农业现代化发展的道路很不平坦，从 1980～2003 年的 24 年中，中国农业现代化发展水平极不均衡，其总体发展呈平缓上升的趋势，其中 1980～1985 年，1985～1990 年间，中国农业现代化发展水平指数增长率为负数。1990～1995 年，1995～2000 年中国农业现代化指数增长水平分别为 3.97%和 14.45%。2003 年呈下降趋势。

中国农业现代化发展道路曲折，这与中国农业发展的外部政策环境密切相关。从 20 世纪 70 年代末期，党的十一届三中全会召开，确定了农村实行家庭联产责任制，中国农村实行了土地经营体制改革，家庭责任承包制极大地调动了农民生产的积极性，农产品生产水平不断提高。但是，农业生产规模变小，影响了农业现代化发展，例如，农业机械化发展速度变缓，水利设施建设停滞不前等。20 世纪 90 年代，中国农业小规模生产的缺点逐渐显现，小规模农业生产的产品质量低，效益不高，影响我国农产品生产竞争力；加上小规模生产与大市场难以对接，因而影响农民收入。所以，农业要发展，必须重视农业生产规模扩大和农业基础设施改善，所以，农业现代化为各级政府重视，我国农业现代化建设再次得到重视。总体上，中国农业现代化发展需要政府支持。

二、现代农业发展水平评价

1. 现代农业的总体水平评价

1980 年，中国现代农业的综合发展指数是 28.08，1985 年是 29.09，1990 年是 29.99，1995 年是 30.84，2000 年是 33.08，2006 年是 31.79，从总体上看，中国现代农业发展水平呈上升趋势（表 4-8）。

表 4-8　现代农业综合发展水平

年份	现代农业指数
1980	28.08
1981	26.01
1982	25.89
1983	27.11
1984	28.69
1985	29.09
1986	31.69
1987	30.75
1988	28.55
1989	29.93
1990	29.99
1991	30.35
1992	27.45
1993	31.02
1994	27.02
1995	30.84
1996	31.46
1997	32.42
1998	31.78
1999	35.10
2000	33.08
2001	31.37
2002	31.80
2003	32.04
2004	30.93
2005	31.05
2006	31.79

资料来源：作者测算 2009.4

从指数增长率分析，从 20 世纪 80 年代至今，中国现代农业总体发展水平不高。1980～2006 年，中国现代农业发展水平只增加了 13.23%，年增长率只有 0.48%，如图 4-2 所示。

中国现代农业发展的道路曲折，1980～2006 年的 27 年中，总体发展呈波浪式推进，推进速度缓慢，其中，1986 年前后建设水平一度得到提

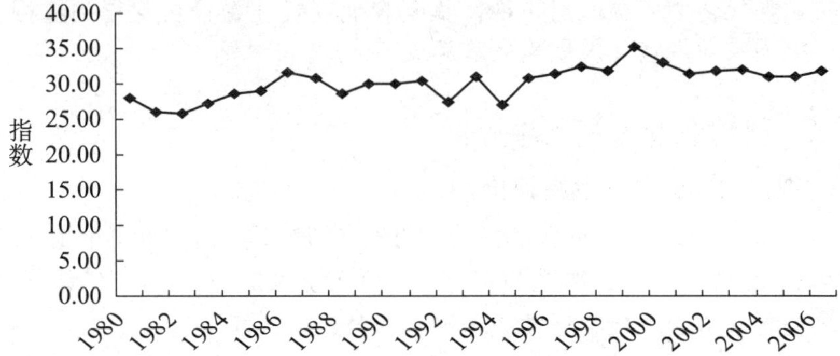

图 4-2　现代农业发展的总体水平

高，随即呈现缓慢发展过程，并且一度下降得很快。直到 2000 年前后，现代农业建设才又出现一股高潮，随后又步入缓慢发展阶段。究其原因，与中国农业发展的外部政策环境密切相关。20 世纪 70 年代末期，党的十一届三中全会召开，确定了农村实行家庭联产承包制，中国农村实行了土地经营体制改革，家庭联产承包制极大地调动了农民生产的积极性，农业生产水平不断提高。然而，这一时期的生产力解放，其基础不是建立在坚实的现代科学技术改造传统农业的基础上，而是建立在经营者劳动热情的释放，主观因素起了决定性的作用，而现代农业建设很大程度上还取决于客观因素，如经营规模的适度扩大，现代科学技术对于传统农业的改造，这不是以人的意志为转移的，是建设现代农业必备的条件。所以，在整个 20 世纪 90 年代，中国现代农业建设的基础条件在进行着缓慢艰难的变化，反映在现代农业发展水平上的曲曲折折。也仅证现代农业的科学化、集约化、市场化与国际化因素越来越成为中国现代农业建设的基础条件。

三、农业现代化和现代农业的发展水平比较

从测度结果看，虽然指标体系不同，但测度结果近似，即中国现代农业和中国农业现代化发展水平值很接近，31.79 和 33.37。这充分表明无论中国现代农业还是中国农业现代化建设发展水平很低。

第八节　农业现代化和现代农业的分类特征

一、农业现代化发展的分类特征

农业现代化发展分类结构主要由农业投入水平，农业产出水平，农村

社会发展水平和农业可持续性发展水平组成。在这四项分类中，农业投入水平指数最高，农业可持续性发展水平指数最低（表4-9）。

表4-9　中国农业现代化分类特征

年份	农业投入水平	农业产出水平	农村社会发展水平	农业可持续性发展水平
1980	14.28	11.46	3.23	1.36
1981	12.34	11.75	3.15	2.34
1982	12.35	12.01	3.14	1.69
1983	11.76	12.76	3.14	1.50
1984	13.30	11.67	3.22	1.50
1985	14.51	9.31	3.28	1.37
1986	14.28	9.25	4.76	1.50
1987	14.38	9.42	2.94	1.50
1988	13.59	9.45	3.37	1.58
1989	14.25	7.86	3.35	1.56
1990	13.67	9.14	3.32	1.72
1991	13.91	9.80	3.29	1.71
1992	12.87	9.13	3.33	1.34
1993	12.89	9.34	3.46	2.14
1994	11.61	10.20	3.56	1.57
1995	12.33	11.08	3.61	1.95
1996	16.95	10.87	3.56	2.25
1997	16.36	11.24	3.84	1.59
1998	17.08	10.86	7.88	1.56
1999	17.39	10.66	3.52	2.01
2000	16.30	10.52	3.78	1.82
2001	16.33	10.53	3.81	1.66
2002	16.55	10.57	3.48	1.15
2003	16.22	11.15	3.55	1.20

资料来源：作者测算 2009.4

从指数增长速度上看，农业现代化发展的四大分类中，农业投入水平指数最高，增长速度较快，2003年比1980年增长13.62，年增长速度为0.52%。20世纪80年代，农业产出水平高于90年代和2000年以后，2003年，农业产出水平与1989年相比，其增长速度呈负数。农村社会发展水平23年中发展平稳，其中，2003年比1980年增长9.99%，年均增长率为1%。农业可持续性发展水平总体呈下降趋势，2003年比1980年，其增长速度为−11.17%，年均增长为−0.54%。

二、现代农业发展的分类特征

农业现代化发展分类结构主要由科学化、集约化、市场化与国际化、

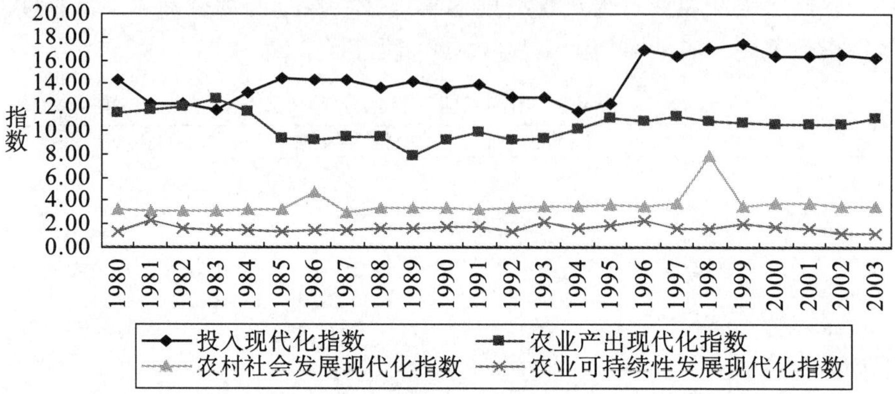

图 4-3 中国农业现代化分类特征

社会化、生态化发展水平组成（图 4-3）。在这五项分类中，农村社会化发展指数最高，其次是市场化与国际化、科学化、生态化和集约化建设速度最慢（表 4-10）。

表 4-10 中国现代农业分类特征

年份	科学化	集约化	市场化与国际化	社会化	生态化
1980	6.58	2.60	6.80	7.51	4.59
1981	6.52	2.47	5.23	6.56	5.22
1982	6.58	2.46	5.10	6.39	5.37
1983	6.41	2.70	6.94	6.11	4.95
1984	6.27	2.69	7.69	6.95	5.09
1985	5.92	2.47	8.65	7.62	4.43
1986	6.52	2.61	10.12	7.72	4.71
1987	6.50	2.74	9.35	7.37	4.79
1988	5.99	2.87	8.32	6.84	4.53
1989	6.79	3.00	8.33	7.26	4.55
1990	6.24	2.67	9.09	6.54	5.44
1991	6.05	2.98	9.80	6.37	5.14
1992	6.13	2.20	9.34	5.87	3.91
1993	5.93	2.21	9.90	6.00	6.97
1994	5.92	2.77	8.64	5.23	4.45
1995	5.94	2.79	9.64	5.50	6.96
1996	5.99	2.64	8.95	8.01	5.86
1997	6.56	2.65	9.84	8.97	4.40
1998	6.62	2.70	9.14	8.83	4.49
1999	6.86	3.17	9.60	9.05	6.41
2000	7.16	2.82	9.08	8.84	5.18
2001	6.84	3.03	9.03	8.92	3.55

续表

年份	科学化	集约化	市场化与国际化	社会化	生态化
2002	6.99	2.95	9.49	8.50	3.87
2003	6.41	4.02	10.03	7.34	4.24
2004	7.15	3.02	7.09	9.03	4.64
2005	6.81	3.93	7.11	9.28	3.91
2006	7.01	3.66	7.75	9.02	4.35

资料来源：作者测算 2009.4

从指数增长速度上看，现代农业发展水平的五大分类指数值中，集约化增长速度最快，2006 年比 1980 年增长 40.73%，年增长速度为 1.32%。社会化值增长速度次之，2006 年比 1980 年增长 20.14%，年增长速度为 0.71%。市场化与国际化增长 14.02%，年增长速度为 0.51%，科学化增长 6.43%，年增长速度为 0.24%。生态化负增长 5.10%，年均负增长 0.20%。

(1) 科学化动态发展特征

1980～2006 年，主导中国现代农业发展因素之一的科学化因素增长 6.43%，年增长速度为 0.24%。其中，增长较为迅速的是 1980～1990 年和 1998～2006 年，1980～1990 年，科学化因素增长 3.17，年均增长 0.35%，1998～2006 年，科学化因素速度增长 5.49%，年均增长 1.07%。而 1990 年到 1998 年这一区间是下降的，原因在于，由于农产品生产的数量相对饱和，导致消费市场疲软，农民收入得不到有效提升，科学技术应用处以低潮（图 4-4）。

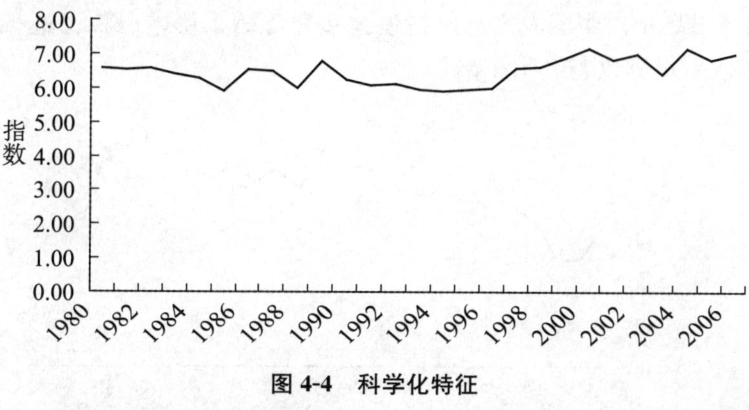

图 4-4　科学化特征

(2) 集约化动态发展特征

1980～2006 年，主导中国现代农业发展因素之一的集约化因素增长速度最快，2006 年比 1980 年增长 40.73%，年增长速度为 1.32%。其中，增长较为迅速的是 1980～1989 年和 2002～2006 年，1980～1989 年，集约化因素增长 15.45%，年均增长 1.61%，2002～2006 年，集约化因素速度增长 24.21%，年均增长 6.49%。而 1989 年到 2002 年这一区间是下降的，原因在于，由于农产品生产的数量相对饱和，导致消费市场疲软，农民收入得不到有效提升，集约化进程受到阻碍（图 4-5）。

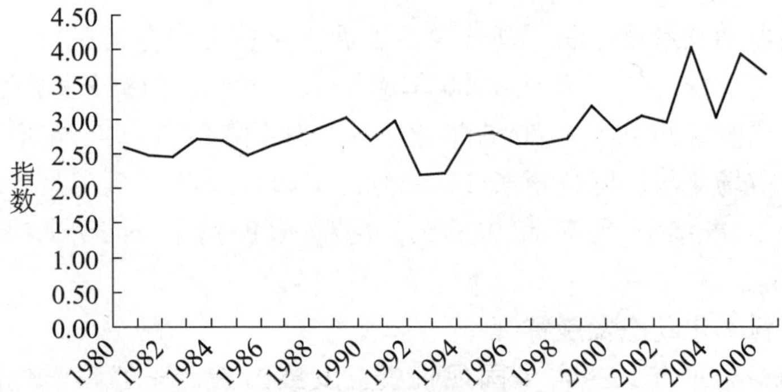

图 4-5　集约化特征

（3）市场化与国际化动态发展特征

1980～2006 年，主导中国现代农业发展因素之一的市场化与国际化增长 14.02%，年增长速度为 0.51%，其中，增长较为迅速的是 1980～2004 年，市场化与国际化动因素增长 4.32%，年均增长 0.66%，而 2004 年以后是下降的，原因在于，2004 年以后，特别是近年来，针对农产品质量问题，国际市场上对中国农产品出口设置多重障碍，影响出口，这种状况在 2005 年以后得到改善（图 4-6）。

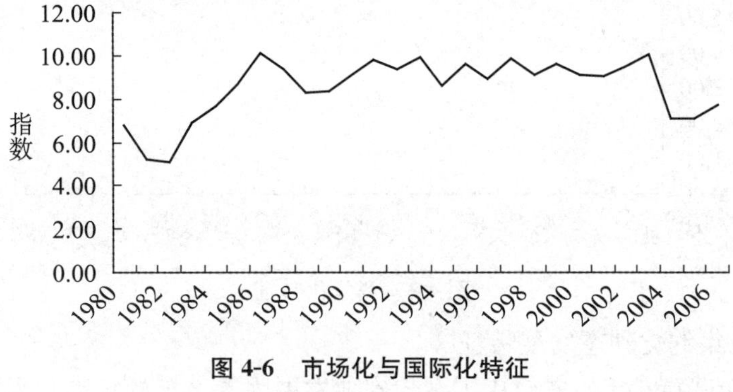

图 4-6　市场化与国际化特征

（4）社会化动态发展特征

1980～2006年，主导中国现代农业发展因素之一的社会化指标增长20.14%，年增长速度为0.71%。其中，增长较为迅速的是1980～1986年和1996～2006年，增长速度分别为2.93%，年均增长0.48%，12.54%，年均增长1.19%。而1986年到1996年这一区间是下降的，原因在于，80年代的家庭责任联产承包制在这段时期内受到农产品市场疲软的挑战，“农民、农村、农业”三农问题异常突出，直接导致了用现代科学技术改造传统农业的现代农业得以重新认知（图4-7）。

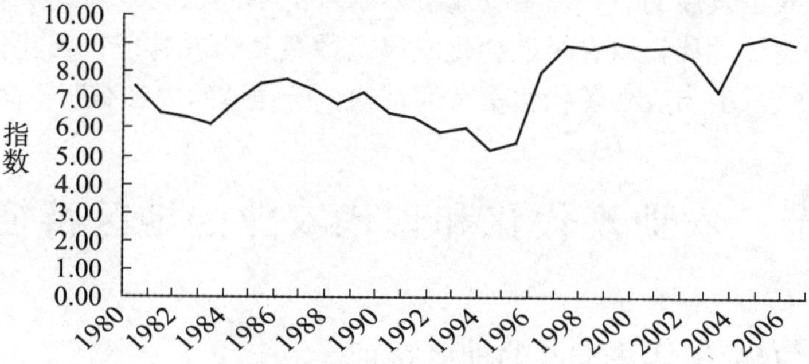

图4-7　社会化特征

（5）生态化动态发展特征

1980～2006年，主导中国现代农业发展因素之一的生态化负增长5.10%，年均负增长0.20%。这表明，在现代农业建设中，生态环境问题逐渐成为中国现代农业建设过程中的突出问题（图4-8）。

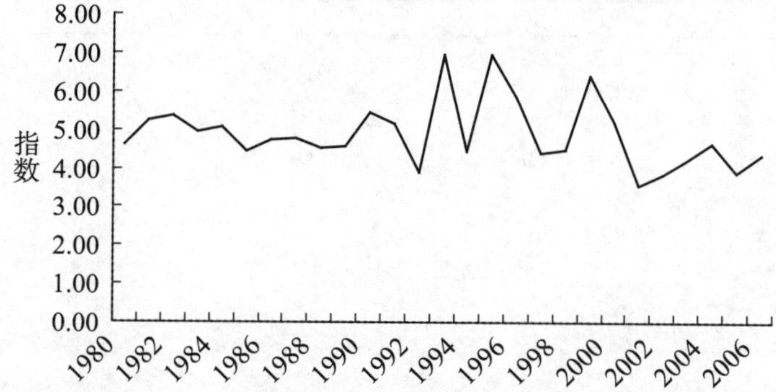

图4-8　生态化特征

三、现代农业与农业现代化发展的分类特征比较

农业现代化分类结构主要由农业投入水平，农业产出水平，农村社会发展水平和农业可持续性发展水平组成。在这四项分类中，农业投入水平指数最高，农业可持续性发展水平指数最低。

现代农业分类结构主要由科学化、集约化、市场化与国际化、社会化、生态化发展水平组成。在这五项分类中，农村社会化发展指数最高，其次是市场化与国际化，科学化，生态化和集约化建设速度最慢。

现代农业发展的特色在于农业投入水平的不断加强，而现代农业更强调农业的整体功能，以农村社会化发展指数最高为其特征，因此，从本质上讲，现代农业与农业现代化是有区别的，所强调的内容有所不同。

第九节　农业现代化和现代农业的地区特征比较

一、农业现代化发展的地区特征

从发展水平上看，上海、北京、天津、浙江、广东、福建、江苏、辽宁、海南和黑龙江农业现代化发展水平位于全国前 10 名。内蒙古、四川、广西、陕西、宁夏、青海、重庆、甘肃、云南和贵州位于后 10 名。东部沿海和东北地区的农业现代化发展水平较高（表 4-11）。

表 4-11　全国农业现代化地区综合发展水平排序

项目	指数平均
上海	74.95
北京	66.36
天津	56.19
浙江	45.02
广东	44.42
福建	41.66
江苏	40.97
辽宁	39.10
海南	36.60
黑龙江	32.91
山东	31.10
河北	30.41

续表

项目	指数平均
吉林	29.99
湖北	29.78
湖南	27.92
江西	27.87
新疆	27.74
西藏	27.58
安徽	25.05
山西	24.85
河南	24.22
内蒙古	23.36
四川	21.35
广西	21.18
陕西	21.10
宁夏	18.84
青海	17.30
重庆	15.49
甘肃	15.43
云南	13.84
贵州	12.68

资源来源：作者测算 2009.4

从指数增长率看，从1980～2003年，河北、福建、新疆、浙江、河南、山东、海南、湖北、山西和江苏10省区农业现代化发展水平增长速度较高，分别是42.51%、40.89%、28.03%、27.66%、27.12%、27.03%、23.08%、22.28%、18.49%和17.27%。年增长速度分别为1.55%、1.50%、1.08%、1.07%、1.05%、1.05%、0.99%、0.91%、0.88%和0.74%。吉林、云南、宁夏、甘肃、湖南、黑龙江、青海、贵州、西藏农业现代化发展速度为负数。

从发展动态特征上看，上海、北京和天津的农业现代化发展水平一直处于前三名。浙江农业现代化发展水平处于第四位。广东农业现代化发展水平在20世纪80年代、90年代分别位处于第五名。2000年以后，被浙江和福建赶上。福建在20世纪80年代农业现代化发展水平很低，90年代开始快速发展，2003年排名第五位。2003年，江苏农业现代化发展水平排名第7位，辽宁第8位。山东第9位，海南第10位。

1980年，农业现代化发展水平处于倒数10位的省份依次为河南、四川、青海、广西、宁夏、陕西、甘肃、贵州、云南、海南和重庆。2003年，农业现代化发展处于后10位的省份依次为安徽、广西、四川、陕西、宁夏、青海、甘肃、重庆、云南、西藏和贵州（表4-12）。

表 4-12 中国地区农业现代化发展水平

序号	1980		1985		1990		1995		2000		2003	
	地区	指数	地区	指数	地区	指数	地区	指数	地区	指数	地区	指数
1	上海	72.65	上海	74.98	上海	75.37	上海	73.13	上海	77.12	上海	85.19
2	北京	64.08	北京	70.3	北京	65.98	北京	66.25	北京	68.62	北京	74
3	天津	53.51	天津	52.99	天津	54.21	天津	56.27	天津	59.19	天津	57.39
4	浙江	41.18	浙江	44.44	浙江	40.64	福建	45.36	浙江	50.98	浙江	52.57
5	广东	40.91	西藏	37.62	广东	39.36	浙江	43.88	广东	50.41	福建	49.48
6	黑龙江	39.03	江苏	37.4	福建	39.28	广东	42.75	江苏	47.16	广东	43.89
7	辽宁	39.01	辽宁	36.75	江苏	36.47	江苏	42.41	福建	45.35	江苏	42.32
8	西藏	36.32	广东	36.36	辽宁	36.31	辽宁	37.19	辽宁	41.98	辽宁	39.22
9	江苏	35.72	黑龙江	34.73	海南	32.04	海南	34.37	海南	39.43	山东	37.87
10	福建	35.12	福建	34.5	黑龙江	30.94	河北	32.37	黑龙江	38.22	海南	37.74
11	吉林	34.67	山东	30.11	河北	28.25	山东	31.5	西藏	34.46	河北	37.08
12	湖南	31.64	湖北	30.09	山东	26.77	湖北	28.49	吉林	34.15	新疆	35.36
13	山东	29.81	吉林	30.03	湖北	26.36	新疆	27.99	山东	32.17	湖北	35
14	湖北	28.44	湖南	29.24	江西	26.18	吉林	26.97	湖北	30.96	吉林	32.88
15	新疆	27.62	新疆	26.14	新疆	25.96	江西	26.41	河北	30.21	黑龙江	30.76
16	江西	26.72	江西	26.03	吉林	25.34	黑龙江	26.09	新疆	30.1	江西	29.04
17	内蒙古	26.33	河北	24.55	西藏	24.78	河南	24.99	江西	29.3	河南	28.97
18	河北	26.02	山西	22.91	湖南	24.18	湖南	24.44	山西	28.85	山西	28.57
19	安徽	24.47	安徽	22.52	安徽	23.74	山西	23.99	陕西	28.14	湖南	28.53
20	山西	23.36	河南	21.21	山西	22.54	内蒙古	23.01	湖南	27.68	内蒙古	28.38
21	河南	22.79	内蒙古	20.99	河南	22.05	安徽	22.2	安徽	27.17	安徽	26.91
22	四川	22.59	四川	20.28	陕西	21.1	四川	21.54	内蒙古	24.08	广西	23.34
23	青海	22.41	青海	19.6	内蒙古	20.85	广西	21.1	河南	23.5	四川	23.15
24	广西	22.29	广西	17.82	广西	18.17	陕西	21.05	宁夏	21.39	陕西	20.61
25	宁夏	21.88	陕西	17.33	四川	17.78	宁夏	17.83	广西	20.5	宁夏	20.23
26	陕西	18.06	宁夏	17.2	甘肃	17.61	甘肃	16.83	四川	17.96	青海	16.84
27	甘肃	17.68	甘肃	14.82	宁夏	15.79	西藏	14.34	青海	16.92	甘肃	16.11
28	贵州	16.33	云南	13.22	青海	12.44	青海	13.04	甘肃	16.9	重庆	15.09
29	云南	15.87	贵州	11.97	贵州	12.03	云南	10.71	云南	15.35	云南	14.79
30	海南		海南	0	云南	9.8	重庆	9.74	贵州	15.21	西藏	13.19
31	重庆		重庆		重庆		贵州		重庆	14.3	贵州	12.14

资料来源：作者测算 2009.4。

二、现代农业发展的地区特征

从发展水平上看，上海、北京、广东、安徽、天津、福建、黑龙江、辽宁、吉林现代农业发展水平位于全国前 10 名。山西、云南、河南、新疆、陕西、宁夏、贵州、甘肃、青海、重庆位于后10 名（表 4-13)。

表 4-13 现代农业发展的区域发展的总体水平

省（直辖市）	指数平均
上海	56.08
北京	47.28
广东	45.17
安徽	44.63
天津	44.48
福建	43.27
黑龙江	39.84
辽宁	36.44
吉林	34.62
江苏	34.20
江西	33.61
湖北	32.79
山东	32.64
西藏	32.24
海南	31.95
广西	31.24
湖南	30.62
河北	30.60
四川	29.79
内蒙古	29.31
浙江	28.69
山西	28.60
云南	28.56
河南	27.35
新疆	26.77
陕西	26.77
宁夏	26.59
贵州	24.60
甘肃	22.88
青海	22.51
重庆	20.46

资料来源：作者测算 2009.4

从指数增长率看，1980～2006 年，宁夏、青海、安徽、新疆、陕西、山西、甘肃、河北、江西和河南 10 省区现代农业发展水平增长速度最高，分别是 63.19 %、45.56 %、42.96 %、41.57 %、40.30 %、37.19 %、36.88 %、33.73 %、33.46 %和 31.99%。年增长速度分别为 1.90%、1.45%、1.38%、1.35%、1.31%、1.22%、1.21%、1.12%和 1.12%。

表 4-14　现代农业发展的区域指数增长率

省（直辖市）	指数平均	指数年均
宁夏	63.19	1.90
青海	45.56	1.45
安徽	42.96	1.38
新疆	41.57	1.35
陕西	40.30	1.31
山西	37.19	1.22
甘肃	36.88	1.21
河北	33.73	1.12
江西	33.46	1.12
河南	31.99	1.07
山东	27.50	0.94
云南	25.65	0.88
重庆	21.81	2.22
贵州	20.36	0.72
内蒙古	19.15	0.68
浙江	18.82	0.67
江苏	18.35	0.65
西藏	13.80	0.50
四川	12.80	0.46
吉林	12.56	0.46
湖南	9.88	0.36
海南	8.69	0.44
黑龙江	8.14	0.30
上海	7.21	0.27
福建	7.12	0.26
北京	5.00	0.19
辽宁	3.21	0.12
广西	2.13	0.08
天津	0.83	0.03
湖北	−4.06	−0.16
广东	−10.53	−0.43

资料来源：作者测算 2009.4

从发展动态特征上看，1980 年，上海、北京、天津、安徽、广东、黑龙江、福建、辽宁、吉林和湖北的现代农业发展水平处于前 10 名。2006 年，上海、安徽、北京、福建、广东、天津、吉林、黑龙江、江西和辽宁的现代农业发展水平处于前 10 名。上海、安徽、北京、福建、广东、天津、吉林、黑龙江和辽宁现代农业建设发展的速度较为稳定。

表 4-15　区域现代农业发展动态特征

1980		1985		1990		1995		2000		2006	
地区	指数	地区	指数	地区	指数	地区	指数	地区	指数	地区	指数
上海	54.30	上海	62.51	上海	59.46	上海	47.76	广东	53.88	上海	58.22
广东	47.71	北京	47.27	北京	49.44	北京	47.51	上海	50.81	安徽	50.76
北京	45.78	天津	46.92	安徽	46.00	安徽	46.60	安徽	50.42	北京	48.07
天津	42.16	安徽	42.69	福建	45.56	天津	45.86	北京	49.33	福建	43.74
福建	40.83	广东	41.19	黑龙江	44.60	福建	43.80	天津	47.18	广东	42.69
黑龙江	37.75	黑龙江	39.86	天津	42.97	黑龙江	41.37	福建	46.14	天津	42.51
吉林	36.42	福建	37.27	广东	41.74	广东	41.02	黑龙江	40.73	吉林	41.00
安徽	35.50	辽宁	35.91	辽宁	37.52	江苏	38.06	辽宁	37.23	黑龙江	40.82
辽宁	35.40	吉林	35.87	吉林	34.98	辽宁	35.61	湖北	36.88	江西	39.63
湖北	34.84	湖北	33.08	江苏	34.14	江西	34.88	山东	36.27	辽宁	36.53
广西	33.43	湖南	32.03	海南	34.14	山东	33.50	江苏	35.43	江苏	36.47
江苏	30.81	江西	31.85	江西	33.12	西藏	33.21	广西	33.99	山东	36.43
西藏	30.52	西藏	31.14	湖北	30.99	河北	32.37	四川	33.98	西藏	34.73
江西	29.69	广西	30.93	湖南	30.21	吉林	32.03	江西	33.92	海南	34.63
湖南	28.81	江苏	30.63	山东	30.13	湖北	31.81	湖南	33.14	广西	34.14
内蒙古	28.62	河北	30.40	西藏	30.06	广西	31.00	河北	33.11	内蒙古	34.10
山东	28.57	山东	29.94	山西	29.64	湖南	30.05	山西	32.85	河北	34.09
浙江	28.20	新疆	27.87	宁夏	29.44	河南	29.25	吉林	32.77	云南	33.72
四川	27.61	云南	27.45	新疆	29.00	浙江	28.81	内蒙古	32.69	浙江	33.51
云南	26.84	四川	27.00	内蒙古	28.92	内蒙古	28.62	云南	32.14	宁夏	33.46
贵州	25.80	山西	26.73	四川	28.86	山西	28.37	海南	31.24	湖北	33.43
河北	25.49	河南	26.65	广西	28.71	云南	27.73	新疆	30.99	河南	32.38
河南	24.54	浙江	26.17	浙江	28.44	陕西	27.40	宁夏	30.66	湖南	31.65
山西	22.98	内蒙古	26.17	云南	28.31	海南	27.35	河南	30.51	陕西	31.53
陕西	22.48	陕西	23.50	陕西	27.11	四川	26.17	西藏	30.22	山西	31.53
新疆	21.62	贵州	23.47	河北	27.10	宁夏	26.08	陕西	29.16	四川	31.15
宁夏	20.50	甘肃	22.71	河南	25.70	甘肃	24.89	甘肃	28.39	贵州	31.05
甘肃	19.43	宁夏	22.03	青海	23.61	新疆	23.57	浙江	28.39	新疆	30.61
青海	16.99	青海	21.72	贵州	21.60	贵州	22.71	贵州	27.19	甘肃	26.59
海南		海南		甘肃	19.38	青海	21.83	青海	24.46	青海	24.74
重庆		重庆		重庆		重庆		重庆	23.20	重庆	24.12

资料来源：作者测算 2009.4

三、现代农业与农业现代化发展的区域特征比较

农业现代化发展的地区特征是上海、北京、天津、浙江、广东、福建、江苏、辽宁、海南和黑龙江农业现代化发展水平位于全国前10名。内蒙古、四川、广西、陕西、宁夏、青海、重庆、甘肃、云南和贵州位于后10名。东部沿海和东北地区的农业现代化发展水平较高。

现代农业发展的地区特征是上海、北京、广东、安徽、天津、福建、黑龙江、辽宁和吉林现代农业发展水平位于全国前10名。山西、云南、河南、新疆、陕西、宁夏、贵州、甘肃、青海和重庆位于后10名。

现代农业与农业现代化区域特征高度一致，均表现出东部地区发展水平价高，中西部地区发展水平价低的趋势。

第十节　农业现代化和现代农业的分类区域特征

一、农业现代化分类区域特征

1. 农业投入水平变化及差异特征

从发展水平上看（表4-16），上海、天津、北京、江苏、河北、浙江、广东、辽宁、福建和山西农业投入水平位于全国前10名。广西、内蒙古、宁夏、甘肃、海南、贵州、青海、云南、西藏和重庆位于后10名。

表4-16　地区农业投入水平排序

省（直辖市）	指数平均
全国	14.99
上海	29.94
天津	25.99
北京	23.27
江苏	18.90
河北	18.41
浙江	17.35
广东	16.61
辽宁	16.52
福建	16.41
山西	15.65
山东	15.25
安徽	14.82
黑龙江	14.75
河南	14.70
陕西	13.63
湖北	13.57
江西	13.06
吉林	12.95

续表

省（直辖市）	指数平均
新疆	12.60
湖南	12.51
四川	11.85
广西	11.82
内蒙古	11.49
宁夏	11.25
甘肃	11.12
海南	10.32
贵州	8.11
青海	7.94
云南	7.64
西藏	6.59
重庆	5.92

资料来源：作者测算 2009.4

从指数增长速度上看（表 4-17）：农业投入指数增长速度前 10 名的省份分别是河南、云南、江西、陕西、广西、河北、安徽、山西、浙江和四川。增长水平分别是 36.02%、67.02%、64.70%、59.29%、58.37%、56.40%、52.08%、47.33%、38.63%、38.56%和 34.87%。

农业投入指数增长速度后 10 名的省份分别是山东（2.67%），甘肃（－1.59%)、上海（－4.19%)、江苏（－6.23%)、吉林（－12.57%)、黑龙江（－15.44%)、天津（－15.54%)、西藏（－17.77%)、广东（－20.21%)和北京（－30.32%)。农业投入水平高的地区，其增长速度低于农业投入水平低的地区。

表 4-17　农业投入水平指数增长

省（直辖市）	增长率（%）	年增长率（%）
全国	36.02	1.35
河南	67.02	2.26
云南	64.70	2.19
江西	59.29	2.04
陕西	58.37	2.02
广西	56.40	1.96
河北	52.08	1.84
安徽	47.33	1.70
山西	38.63	1.43
浙江	38.56	1.43
四川	34.87	1.31
湖南	31.48	1.20

续表

省（直辖市）	增长率（%）	年增长率（%）
湖北	31.08	1.18
贵州	21.22	1.12
辽宁	20.96	1.03
福建	20.03	0.84
青海	19.23	0.83
海南	18.25	0.80
宁夏	12.50	0.77
新疆	7.93	0.51
重庆	6.34	0.33
内蒙古	4.23	0.18
山东	2.67	0.11
甘肃	−1.59	−0.07
上海	−4.19	−0.19
江苏	−6.23	−0.28
吉林	−12.57	−0.58
黑龙江	−15.44	−0.73
天津	−15.54	−0.73
西藏	−17.77	−0.85
广东	−20.21	−0.98
北京	−30.32	−1.56

资料来源：作者测算 2009.4

农业投入水平的地区差异，1980 年，北京、上海、天津、广东、黑龙江、江苏、福建、吉林和浙江农业投入水平位居前 10 名。2003 年，河北、福建、河南、辽宁、山西和安徽农业投入水平进入前 10 名。1980 年，西藏、江西、四川、青海、广西、陕西、贵州、云南、海南和重庆的农业投入水平排名后 10 名。2003 年，宁夏、新疆、四川、陕西、青海、贵州、甘肃、云南、西藏和重庆的农业投入水平排名后 10 名（表 4-18）。

表 4-18　地区农业投入水平指数增长

1980		1985		1990		1995		2000		2003	
地区	指数	地区	指数	地区	指数	地区	指数	地区	指数	地区	指数
北京	33.05	北京	29.18	上海	30.07	上海	30.54	上海	30.43	上海	28.21
上海	29.44	上海	28.74	天津	25.59	天津	24.32	天津	27.01	北京	23.02
天津	26.07	天津	25.33	北京	21.16	北京	18.82	河北	23.71	浙江	22.06
广东	21.10	黑龙江	18.79	江苏	19.91	江苏	18.24	北京	22.36	天津	22.02
黑龙江	18.88	江苏	17.92	河北	17.84	河北	17.70	江苏	20.98	河北	21.27
江苏	17.32	浙江	17.92	陕西	17.29	浙江	15.46	辽宁	20.15	福建	19.97

续表

1980		1985		1990		1995		2000		2003	
地区	指数	地区	指数	地区	指数	地区	指数	地区	指数	地区	指数
福建	16.64	广东	17.88	浙江	16.20	陕西	14.58	山西	19.78	河南	18.93
吉林	16.18	辽宁	17.65	海南	15.70	辽宁	14.13	浙江	19.23	辽宁	18.90
浙江	15.92	福建	17.11	辽宁	15.30	甘肃	13.90	河南	19.22	山西	18.62
山东	15.83	山东	16.18	福建	15.14	广东	13.40	福建	17.66	安徽	18.28
内蒙古	15.66	吉林	15.92	山西	15.11	山西	13.30	安徽	17.61	海南	17.77
辽宁	15.63	河北	14.61	安徽	13.71	福建	13.08	山东	17.44	湖北	17.04
河北	13.98	湖南	14.32	山东	13.69	安徽	13.04	广东	17.26	广东	16.84
山西	13.43	湖北	13.93	河南	13.61	河南	12.55	湖北	17.23	内蒙古	16.32
湖北	13.00	山西	13.67	广东	13.50	山东	12.03	黑龙江	16.08	山东	16.25
新疆	12.68	四川	13.28	吉林	12.87	海南	12.03	新疆	15.93	江苏	16.24
安徽	12.41	河南	12.88	黑龙江	12.82	江西	11.74	江西	15.11	江西	16.23
宁夏	12.19	江西	12.67	江西	11.58	湖北	10.84	陕西	14.46	黑龙江	15.97
湖南	11.99	新疆	12.59	湖北	11.48	黑龙江	10.51	宁夏	14.04	湖南	15.77
甘肃	11.71	安徽	12.51	新疆	11.45	新疆	10.04	湖南	14.03	广西	15.39
河南	11.34	甘肃	11.89	广西	11.34	广西	9.94	吉林	13.86	吉林	14.15
西藏	10.53	广西	11.62	宁夏	10.92	吉林	9.26	内蒙古	13.82	宁夏	13.71
江西	10.19	内蒙古	11.47	四川	10.78	湖南	9.13	广西	13.82	新疆	13.68
四川	10.07	宁夏	11.33	湖南	10.18	四川	8.95	海南	13.79	四川	13.58
青海	9.97	青海	10.16	甘肃	9.61	内蒙古	8.08	甘肃	12.69	陕西	13.52
广西	9.84	西藏	10.14	内蒙古	9.51	宁夏	7.84	四川	12.54	青海	11.88
陕西	8.54	陕西	9.39	贵州	7.05	贵州	6.14	青海	10.9	甘肃	11.52
贵州	8.09	贵州	8.43	青海	5.85	云南	4.41	贵州	10.43	云南	11.06
云南	6.71	云南	7.70	云南	5.62	青海	3.51	云南	9.07	贵州	9.80
海南	0	海南	0	西藏	5.26	西藏	2.32	西藏	8.76	西藏	8.66
重庆	0	重庆	0	重庆	1.74	重庆	1.89	重庆	6.03	重庆	6.28

资料来源：作者测算 2009.4

2. 农业产出水平变化及差异特征

从发展水平上看（表 4-19），上海、北京、浙江、广东、福建、天津、江苏、海南、西藏和辽宁农业产出水平位于全国前 10 名。四川、内蒙古、重庆、青海、山西、宁夏、云南、陕西、贵州和甘肃位于农业产出水平的后 10 位。

表 4-19　农业产出水平排序

省份	指数平均
全国	8.77
上海	32.39
北京	31.16
浙江	21.70
广东	20.41

续表

省份	指数平均
福建	20.13
天津	19.78
江苏	17.27
海南	15.33
西藏	14.78
辽宁	14.08
山东	12.33
湖南	11.58
湖北	11.07
江西	9.77
吉林	9.56
黑龙江	9.09
新疆	8.88
河北	8.47
安徽	7.19
河南	6.88
广西	6.51
四川	6.39
内蒙古	6.37
重庆	5.72
青海	4.78
山西	4.24
宁夏	3.76
云南	3.41
陕西	3.39
贵州	2.24
甘肃	1.66

资料来源：作者测算 2009.4

从发展（指数）增长率上看（表 4-20），新疆、北京、福建、山东、天津、上海、江苏、广东、河北和海南的农业产出水平（指数）增长位居前10名，广西、陕西、湖南、安徽、甘肃、宁夏、云南、青海、西藏和贵州农业产出指数增长水平位居后10位。发展水平与增长速度存在差异。

表 4-20 地区农业产出水平指数增长率

省份	增长率（%）	年增长率（%）
新疆	94.74	2.94
北京	93.66	2.92
福建	60.93	2.09
山东	50.67	1.80
天津	50.48	1.79
上海	41.17	1.51
江苏	36.42	1.36
广东	33.83	1.28
河北	28.70	1.10
海南	28.30	1.68
内蒙古	24.67	0.96
浙江	20.79	0.82
重庆	16.96	2.65
吉林	14.65	0.60
湖北	9.22	0.38
全国	−4.43	−0.20
辽宁	−7.18	−0.32
河南	−18.51	−0.89
山西	−19.90	−0.96
黑龙江	−28.75	−1.46
四川	−30.62	−1.58
江西	−33.47	−1.76
广西	−35.44	−1.88
陕西	−37.81	−2.04
湖南	−38.97	−2.12
安徽	−41.91	−2.33
甘肃	−42.66	−2.39
宁夏	−46.16	−2.66
云南	−62.14	−4.13
青海	−80.03	−6.76
西藏	−84.30	−7.73
贵州	−87.89	−8.77

资料来源：作者测算 2009.4

农业产出水平的地区差异。从表 4-21 可以看出，1980 年，上海、浙江、北京、西藏、天津、广东、湖南、江苏、辽宁和福建农业产出水平排名前 10 名。2003 年，福建、山东、新疆和海南的农业产出水平指数排名进入前 10 位。

表 4-21　地区农业产出指数差异

1980		1985		1990		1995		2000		2003	
地区	指数	地区	指数	地区	指数	地区	指数	地区	指数	地区	指数
上海	31.03	上海	33.13	北京	32.80	北京	34.13	上海	35.08	上海	43.80
浙江	20.08	北京	29.56	上海	32.41	上海	31.41	北京	32.84	北京	38.48
北京	19.87	浙江	20.88	广东	21.03	广东	24.65	福建	27.18	天津	26.09
西藏	18.87	西藏	20.68	浙江	18.96	福建	24.21	浙江	23.80	浙江	24.26
天津	17.34	天津	17.06	天津	18.44	浙江	23.95	广东	21.97	福建	23.43
广东	15.71	江苏	15.77	西藏	17.04	天津	20.48	天津	21.80	广东	21.03
湖南	15.57	广东	14.64	福建	16.29	江苏	18.70	海南	19.24	江苏	20.93
江苏	15.34	福建	14.38	江苏	14.57	海南	16.23	江苏	18.97	山东	17.58
辽宁	14.87	湖南	11.80	辽宁	12.26	西藏	16.03	辽宁	13.97	新疆	16.97
福建	14.56	山东	11.27	海南	11.10	辽宁	14.21	山东	12.80	海南	15.59
江西	12.24	湖北	11.15	湖北	9.88	山东	12.44	湖北	10.83	辽宁	13.80
山东	11.67	辽宁	10.91	山东	9.85	黑龙江	11.84	吉林	10.65	湖北	12.60
湖北	11.53	江西	9.11	湖南	9.35	湖北	11.49	河北	10.33	河北	12.36
黑龙	11.26	安徽	7.96	江西	8.40	湖南	11.37	湖南	9.96	吉林	11.76
吉林	10.26	吉林	6.89	黑龙江	7.77	新疆	9.97	江西	9.94	湖南	9.50
四川	9.94	河北	6.75	新疆	7.68	江西	9.76	新疆	9.82	江西	8.14
安徽	9.78	黑龙江	6.66	吉林	7.40	河北	9.59	内蒙古	8.44	黑龙江	8.02
河北	9.61	新疆	6.56	河北	5.80	吉林	9.13	四川	7.30	河南	7.70
河南	9.45	河南	6.12	安徽	5.66	广西	7.82	河南	7.17	内蒙古	7.30
广西	8.93	青海	5.09	内蒙古	5.53	安徽	7.38	安徽	6.77	四川	6.89
新疆	8.71	四川	5.04	广西	4.96	内蒙古	6.84	黑龙江	6.51	重庆	6.33
青海	8.31	内蒙古	4.59	河南	4.90	河南	6.66	广西	6.20	广西	5.77
宁夏	6.45	陕西	4.40	青海	4.82	四川	5.50	重庆	5.72	安徽	5.68
山西	6.14	山西	4.30	四川	4.37	青海	4.70	西藏	4.96	山西	4.92
云南	6.00	广西	4.20	山西	3.91	山西	4.24	山西	3.24	陕西	3.67
陕西	5.90	宁夏	2.95	云南	3.57	宁夏	2.88	宁夏	2.72	宁夏	3.47
内蒙	5.85	云南	2.94	宁夏	3.04	云南	2.84	云南	2.71	西藏	2.96
贵州	5.74	贵州	1.76	陕西	2.54	陕西	2.83	青海	2.63	甘肃	2.86
甘肃	4.99	甘肃	0.43	贵州	1.27	贵州	2.34	陕西	2.53	云南	2.27
海南	0	海南	0	甘肃	0.44	甘肃	0.20	甘肃	1.73	青海	1.66
重庆	0	重庆	0	重庆	0	重庆	0	贵州	0.87	贵州	0.70

资料来源：作者测算 2009.4

3. 农村社会发展水平变化及差异特征

从发展水平上看（表 4-22）：上海、北京、天津、黑龙江、辽宁、吉林、新疆、广东、西藏和内蒙古为前10名，山东、甘肃、湖南、安徽、河南、四川、广西、重庆、贵州和云南为后10名。

表4-22　地区农村社会发展水平排序

省（直辖市）	指数平均值
全国	3.04
上海	10.87
北京	10.35
天津	9.28
黑龙江	6.63
辽宁	6.62
吉林	5.34
新疆	5.23
广东	4.83
西藏	4.45
内蒙古	4.37
山西	3.82
青海	3.72
江苏	3.59
湖北	3.32
浙江	3.12
宁夏	3.06
江西	2.55
陕西	2.34
河北	2.25
海南	2.24
福建	2.14
山东	2.12
甘肃	1.69
湖南	1.60
安徽	1.58
河南	1.35
四川	1.34
广西	0.92
重庆	0.89
贵州	0.81
云南	0.67

资料来源：作者测算 2009.4

从指数增长率方面看（表4-23），福建、广东、山东、甘肃、江苏、浙江、湖北、四川、安徽和河北农村社会发展水平增长率分别位于前10

名。其中，福建的农村社会发展水平指数增长率达 23.4%。

表 4-23　地区农村社会发展水平指数增长率

省（直辖市）	增长率（%）	年增长率（%）
全国	10.42	0.43
福建	234.77	5.39
广东	128.62	3.66
山东	121.65	3.52
甘肃	102.78	3.52
江苏	90.93	3.12
浙江	84.23	2.85
湖北	63.08	2.69
四川	59.93	2.15
安徽	43.73	2.06
河北	36.74	1.59
江西	25.70	1.37
重庆	23.09	1.00
河南	21.56	0.85
山西	12.06	0.62
陕西	11.35	0.50
海南	9.77	0.47
上海	9.20	0.38
北京	8.41	0.35
内蒙古	−3.84	−0.17
宁夏	−4.46	−0.20
湖南	−5.50	−0.25
天津	−6.34	−0.28
广西	−9.56	−0.44
青海	−13.50	−0.63
辽宁	−14.63	−0.69
新疆	−16.48	−0.78
吉林	−17.57	−0.84
贵州	−19.27	−0.93
黑龙江	−25.40	−1.27
云南	−63.55	−4.29
西藏	−86.53	−8.35

资料来源：作者测算 2009.4

农村社会发展水平的地区差异。从表 4-24 可以看出，1980 年，农村社会发展指数以浙江、福建、广东、湖南、吉林、广西、江西、黑龙江、云南和上海位居前 10 名。2003 年，农村社会发展指数以福建、广东、浙江、吉林、上海、江西、湖南、黑龙江、北京和山西位居前 10 名，北京和山西替换了广西和云南，成为农村社会发展水平增长较快的地区。

表 4-24 农村社会发展水平的地区差异

1980		1985		1990		1995		2000		2003	
地区	指数	地区	指数	地区	指数	地区	指数	地区	指数	地区	指数
浙江	3.05	浙江	2.86	黑龙江	3.5	福建	3.1	广东	3.42	福建	2.94
福建	2.98	黑龙江	2.28	浙江	3.06	浙江	3	湖南	3.23	广东	2.61
广东	2.61	广东	2.28	福建	2.93	黑龙江	2.99	浙江	3.14	浙江	2.34
湖南	2.5	湖北	2.2	江西	2.89	海南	2.93	海南	3.02	吉林	2.23
吉林	2.48	福建	2.17	云南	2.74	广东	2.77	福建	2.79	上海	2.13
广西	2.38	云南	2.11	海南	2.44	江西	2.72	云南	2.75	江西	2.11
江西	2.25	上海	2.06	广东	2.4	吉林	2.5	北京	2.62	湖南	1.77
黑龙江	2.18	江西	1.96	湖北	2.09	广西	2.45	西藏	2.58	黑龙江	1.76
云南	2.13	湖南	1.92	辽宁	2.01	湖南	2.35	广西	2.51	北京	1.66
上海	2.05	新疆	1.83	陕西	2	云南	2.28	四川	2.48	山西	1.45
辽宁	1.99	吉林	1.75	湖南	1.95	北京	2.28	贵州	2.36	湖北	1.43
湖北	1.49	广西	1.63	四川	1.83	天津	2.24	江西	2.23	海南	1.32
陕西	1.37	陕西	1.44	内蒙古	1.81	山东	2.08	黑龙江	2.01	山东	1.3
四川	1.37	山东	1.33	上海	1.68	湖北	2.07	湖北	1.79	广西	1.15
贵州	1.33	辽宁	1.28	山西	1.55	陕西	2.05	陕西	1.74	安徽	1.15
北京	1.17	河北	1.25	江苏	1.55	四川	2.04	辽宁	1.72	河南	1.14
山东	1.08	河南	1.21	安徽	1.53	河北	2.04	河南	1.63	河北	1.13
安徽	1.03	天津	1.19	青海	1.48	辽宁	1.97	甘肃	1.43	云南	1.09
河南	1.01	山西	1.15	宁夏	1.46	安徽	1.97	山东	1.41	辽宁	0.95
天津	0.96	四川	1.14	吉林	1.44	西藏	1.87	天津	1.34	陕西	0.9
江苏	0.78	贵州	1.12	北京	1.4	河南	1.76	新疆	1.33	江苏	0.79
河北	0.73	甘肃	1.06	河南	1.3	贵州	1.74	吉林	1.21	内蒙古	0.74
西藏	0.73	西藏	1.03	贵州	1.27	内蒙古	1.71	河北	1.21	四川	0.73
内蒙古	0.63	北京	0.97	广西	1.22	江苏	1.69	安徽	1.2	西藏	0.73
新疆	0.61	安徽	0.91	山东	1.2	山西	1.66	山西	1.15	天津	0.72
山西	0.6	内蒙古	0.88	天津	1.06	新疆	1.25	重庆	1.02	贵州	0.7
青海	0.31	江苏	0.65	新疆	1.05	青海	1.2	内蒙古	0.99	甘肃	0.13
甘肃	0.2	青海	0.59	甘肃	1.02	甘肃	1.07	江苏	0.95	宁夏	0.06
宁夏	0.11	宁夏	0.12	西藏	0.88	宁夏	0.7	宁夏	0.57	新疆	0.02
海南	0	海南	0	河北	0.62	上海	0.09	上海	0.52	重庆	0
重庆	0	重庆	0	重庆	0	重庆	0	青海	0.11	青海	0

资料来源：作者测算 2009.4

4. 农业可持续性发展水平变化特征

从发展水平上看（表 4-25）：福建、浙江、广东、江西、黑龙江、湖南、吉林、云南、广西和辽宁位于全国前 10 名，河北、江苏、山西、天津、内蒙古、新疆、甘肃、青海、宁夏和重庆位于后10名。

表4-25 地区农业可持续性发展水平排序

省（直辖市）	指数平均
全国	1.37
福建	2.98
浙江	2.86
广东	2.57
江西	2.49
黑龙江	2.44
湖南	2.22
吉林	2.14
云南	2.12
广西	1.93
辽宁	1.89
湖北	1.82
四川	1.77
西藏	1.76
上海	1.75
陕西	1.73
海南	1.62
北京	1.58
贵州	1.53
安徽	1.46
山东	1.38
河南	1.29
河北	1.27
江苏	1.22
山西	1.15
天津	1.14
内蒙古	1.12
新疆	1.03
甘肃	0.97
青海	0.85
宁夏	0.77
重庆	0.24

资料来源：作者测算2009.4

从增长率方面看（表4-26），山西、河北、北京、山东、内蒙古、河南、安徽、上海、江苏和广东的农业可持性发展增长率水平处于全国前10位，甘肃、陕西、四川、贵州、海南、宁夏、云南、广西、辽宁和新疆农业可持性发展水平处于全国后10位。

表 4-26　地区农业可持续性发展水平指数增长率

省（直辖市）	增长率（%）	年增长率（%）
全国	−4.64	−0.21
山西	142.27	3.92
河北	54.12	1.90
北京	41.45	1.52
山东	20.86	0.83
内蒙古	17.49	0.70
河南	11.88	0.49
安徽	11.55	0.48
上海	3.47	0.15
江苏	2.40	0.10
广东	0.29	0.01
西藏	0.24	0.01
福建	−1.38	−0.06
湖北	−4.26	−0.19
江西	−6.47	−0.29
吉林	−10.02	−0.46
黑龙江	−19.14	−0.92
浙江	−23.42	−1.15
天津	−24.83	−1.23
湖南	−29.15	−1.49
甘肃	−32.53	−1.70
陕西	−33.91	−1.78
四川	−46.45	−2.68
贵州	−47.37	−2.75
海南	−48.51	−2.88
宁夏	−48.96	−2.89
云南	−49.00	−3.11
广西	−51.63	−3.17
辽宁	−52.36	−4.33
新疆	−96.65	−13.72
重庆		
青海		

资料来源：作者测算 2009.4

农业可持续性发展水平的地区差异。在 1980 年，浙江、福建、广东、湖南、吉林、广西、江西、黑龙江、云南和上海农业可持续性发展水平指数位于前 10 位，2003 年，北京和山西农业可持续性发展水平步入前 10 名，广西和云南的农业可持续性发展水平指数从 20 世纪 80 年代的前 10 名中退出。

表 4-27 农业可持续性发展水平地区指数差异

1980		1985		1990		1995		2000		2003	
地区	指数	地区	指数	地区	指数	地区	指数	地区	指数	地区	指数
浙江	3.05	浙江	2.86	黑龙江	3.5	福建	3.1	广东	3.42	福建	2.94
福建	2.98	黑龙江	2.28	浙江	3.06	浙江	3	湖南	3.23	广东	2.61
广东	2.61	广东	2.28	福建	2.93	黑龙江	2.99	浙江	3.14	浙江	2.34
湖南	2.5	湖北	2.2	江西	2.89	海南	2.93	海南	3.02	吉林	2.23
吉林	2.48	福建	2.17	云南	2.74	广东	2.77	福建	2.79	上海	2.13
广西	2.38	云南	2.11	海南	2.44	江西	2.72	云南	2.75	江西	2.11
江西	2.25	上海	2.06	广东	2.4	吉林	2.5	北京	2.62	湖南	1.77
黑龙江	2.18	江西	1.96	湖北	2.09	广西	2.45	西藏	2.58	黑龙江	1.76
云南	2.13	湖南	1.92	辽宁	2.01	湖南	2.35	广西	2.51	北京	1.66
上海	2.05	新疆	1.83	陕西	2	云南	2.28	四川	2.48	山西	1.45
辽宁	1.99	吉林	1.75	湖南	1.95	北京	2.28	贵州	2.36	湖北	1.43
湖北	1.49	广西	1.63	四川	1.83	天津	2.24	江西	2.23	海南	1.32
陕西	1.37	陕西	1.44	内蒙古	1.81	山东	2.08	黑龙江	2.01	山东	1.3
四川	1.37	山东	1.33	上海	1.68	湖北	2.07	湖北	1.79	广西	1.15
贵州	1.33	辽宁	1.28	山西	1.55	陕西	2.05	陕西	1.74	安徽	1.15
北京	1.17	河北	1.25	江苏	1.55	四川	2.04	辽宁	1.72	河南	1.14
山东	1.08	河南	1.21	安徽	1.53	河北	2.04	河南	1.63	河北	1.13
安徽	1.03	天津	1.19	青海	1.48	辽宁	1.97	甘肃	1.43	云南	1.09
河南	1.01	山西	1.15	宁夏	1.46	安徽	1.97	山东	1.41	辽宁	0.95
天津	0.96	四川	1.14	吉林	1.44	西藏	1.87	天津	1.34	陕西	0.9
江苏	0.78	贵州	1.12	北京	1.4	河南	1.76	新疆	1.33	江苏	0.79
河北	0.73	甘肃	1.06	河南	1.3	贵州	1.74	吉林	1.21	内蒙古	0.74
西藏	0.73	西藏	1.03	贵州	1.27	内蒙古	1.71	河北	1.21	四川	0.73
内蒙古	0.63	北京	0.97	广西	1.22	江苏	1.69	安徽	1.2	西藏	0.73
新疆	0.61	安徽	0.91	山东	1.2	山西	1.66	山西	1.15	天津	0.72
山西	0.6	内蒙古	0.88	天津	1.06	新疆	1.25	重庆	1.02	贵州	0.7
青海	0.31	江苏	0.65	新疆	1.05	青海	1.2	内蒙古	0.99	甘肃	0.13
甘肃	0.2	青海	0.59	甘肃	1.02	甘肃	1.07	江苏	0.95	宁夏	0.06
宁夏	0.11	宁夏	0.12	西藏	0.88	宁夏	0.7	宁夏	0.57	新疆	0.02
海南	0	海南	0	河北	0.62	上海	0.09	上海	0.52	重庆	0
重庆	0	重庆	0	重庆	0	重庆	0	青海	0.11	青海	0

资料来源：作者测算 2009.4

二、现代农业区域分类特征

现代农业发展分类结构主要由科学化、集约化、市场化与国际化、社会化和生态化组成。在这五项分类中，社会化水平指数最高，生态化发展水平指数最低。

表 4-28　区域现代农业分类特征

省份	科学化水平	集约化水平	市场化与国际化水平	社会化水平	生态化水平
上海	12.86	6.57	11.05	19.94	5.33
北京	12.39	8.38	3.66	17.01	5.50
天津	10.85	5.43	8.85	15.35	3.68
安徽	9.73	5.50	9.48	8.82	10.92
广东	8.35	5.85	12.71	8.61	9.61
福建	7.84	5.90	9.62	8.01	11.77
河北	7.67	2.82	7.77	7.79	4.40
山东	7.59	3.78	8.51	8.06	4.57
辽宁	7.19	4.79	6.98	10.41	6.88
江苏	7.06	4.85	8.89	9.41	3.80
青海	6.61	2.68	5.24	5.45	2.25
山西	6.50	2.23	7.51	8.45	3.65
湖北	6.41	3.72	7.95	6.17	8.41
宁夏	6.06	3.11	8.33	6.77	2.12
广西	5.97	2.58	9.26	5.93	7.46
江西	5.92	3.46	7.54	6.61	9.93
河南	5.90	2.47	7.71	6.78	4.37
西藏	5.88	14.29	3.62	3.33	7.03
黑龙江	5.87	7.27	7.22	10.02	9.20
湖南	5.82	3.95	6.69	7.52	6.46
浙江	5.81	2.59	7.71	6.82	5.62
内蒙古	5.65	5.70	6.32	7.63	3.82
甘肃	5.59	1.85	5.85	6.63	2.71
四川	5.56	2.33	8.04	7.19	6.54
云南	5.54	1.90	8.17	4.83	8.02
陕西	5.41	1.84	6.00	6.59	6.70
吉林	5.37	5.21	6.84	8.85	8.19
新疆	5.09	6.44	3.91	8.39	2.67
贵州	4.85	1.72	7.67	4.88	5.41
海南	2.69	3.93	2.66	6.88	10.04
重庆	0.33	0.87	8.85	1.14	5.35

资料来源：作者测算 2009.4

1. 科学化区域发展水平、动态变化及差异特征

从发展水平上看（表 4-29 所示），上海、北京、天津、安徽、广东、福建、河北、山东、辽宁和江苏位于全国前 10 名。指数分别为 12.86、12.39、10.85、9.73、8.35、7.84、7.67、7.59、7.19 和 7.06。

表 4-29　区域现代农业科学化发展水平排序

省份	科学化水平
上海	12.86
北京	12.39
天津	10.85
安徽	9.73
广东	8.35
福建	7.84
河北	7.67
山东	7.59
辽宁	7.19
江苏	7.06
青海	6.61
山西	6.50
湖北	6.41
宁夏	6.06
广西	5.97
江西	5.92
河南	5.90
西藏	5.88
黑龙江	5.87
湖南	5.82
浙江	5.81
内蒙古	5.65
甘肃	5.59
四川	5.56
云南	5.54
陕西	5.41
吉林	5.37
新疆	5.09
贵州	4.85
海南	2.69
重庆	0.33

资料来源：作者测算 2009.4

从指数增长速度上看（表 4-30）：农业投入指数增长速度前 10 名的省份分别是安徽、江西、山东、河北、河南、海南、西藏、江苏、天津和浙江。增长水平分别是 46.25、39.01、38.07、34.64、32.97、32.22、31.06、30.01、19.70 和 19.41。

表 4-30　科学化水平指数增长

省（直辖市）	增长率（%）	年增长率（%）
安徽	46.25	1.47
江西	39.01	1.27
山东	38.07	1.25
河北	34.64	1.15
河南	32.97	1.10
海南	32.22	1.48
西藏	31.06	1.05
江苏	30.01	1.01
天津	19.70	0.69
浙江	19.41	0.68
湖北	17.60	0.63
广东	9.39	0.35
宁夏	8.61	0.32
重庆	8.21	0.88
青海	6.77	0.25
四川	0.15	0.01
云南	−1.48	−0.06
辽宁	−2.56	−0.10
北京	−2.58	−0.10
贵州	−3.51	−0.14
山西	−4.57	−0.18
福建	−5.77	−0.23
黑龙江	−6.18	−0.24
内蒙古	−9.86	−0.40
吉林	−10.06	−0.41
甘肃	−11.85	−0.48
陕西	−12.25	−0.50
上海	−13.86	−0.57
广西	−14.47	−0.60
新疆	−16.26	−0.68
湖南	−25.29	−1.12

资料来源：作者测算 2009.4

从动态发展看，1980 年，上海、北京、天津、福建、广东、安徽、辽宁、湖南、河北和山东现代农业科学化水平位居前 10 名。2008 年，北京、上海、安徽、天津、河北、广东、山东、福建、江苏和江西现代农业科学化水平进入前 10 名（表 4-31）。

表 4-31　区域现代农业科学化水平区域动态发展

1980		1985		1990		1995		2000		2006	
地区	指数	地区	指数	地区	指数	地区	指数	地区	指数	地区	指数
上海	13.01	上海	15.41	上海	14.42	上海	12.04	北京	12.32	北京	12.29
北京	12.62	北京	12.99	北京	13.20	北京	11.69	天津	12.08	上海	11.21
天津	9.00	天津	10.69	天津	11.78	天津	11.19	安徽	11.95	安徽	12.00
福建	8.91	安徽	6.92	安徽	8.90	安徽	9.93	上海	11.65	天津	10.77
广东	8.76	青海	6.75	福建	7.75	广东	7.92	广东	9.92	河北	9.61
安徽	8.75	山西	6.61	辽宁	7.60	山东	7.34	河北	9.67	广东	9.58
辽宁	7.60	河北	6.43	江苏	7.47	福建	7.21	山东	9.27	山东	9.44
湖南	7.39	辽宁	6.42	山东	7.34	河北	7.02	福建	8.26	福建	8.39
河北	7.14	甘肃	6.36	广东	7.18	江苏	6.91	江苏	7.68	江苏	8.35
山东	6.83	黑龙江	6.22	河北	6.78	辽宁	6.84	河南	7.43	江西	7.70
山西	6.79	宁夏	6.19	青海	6.54	青海	6.38	山西	7.41	湖北	7.61
广西	6.67	福建	6.15	山西	6.12	山西	6.14	辽宁	7.26	西藏	7.41
湖北	6.47	内蒙古	6.03	宁夏	5.78	广西	5.74	湖北	7.19	辽宁	7.41
青海	6.43	江苏	5.95	广西	5.61	湖北	5.67	浙江	6.91	河南	7.37
江苏	6.42	广东	5.94	西藏	5.54	宁夏	5.56	青海	6.84	浙江	6.88
内蒙古	6.37	云南	5.78	黑龙江	5.45	河南	5.33	宁夏	6.67	青海	6.86
吉林	6.13	山东	5.77	四川	5.40	西藏	5.32	广西	6.41	山西	6.48
黑龙江	6.07	湖北	5.77	浙江	5.29	江西	5.30	江西	6.36	宁夏	6.30
陕西	6.06	广西	5.68	甘肃	5.28	黑龙江	5.23	湖南	6.34	云南	5.87
甘肃	5.97	陕西	5.64	江西	5.25	浙江	5.22	黑龙江	6.31	内蒙古	5.75
云南	5.96	西藏	5.50	吉林	5.11	四川	5.18	云南	6.07	广西	5.71
宁夏	5.80	江西	5.49	河南	5.11	甘肃	5.17	陕西	5.99	黑龙江	5.69
浙江	5.77	湖南	5.44	内蒙古	5.08	湖南	5.08	甘肃	5.99	四川	5.54
西藏	5.66	四川	5.44	陕西	5.04	云南	5.03	四川	5.97	湖南	5.52
贵州	5.62	吉林	5.36	湖南	4.97	吉林	4.96	西藏	5.86	吉林	5.52
新疆	5.56	新疆	5.26	湖北	4.94	内蒙古	4.92	新疆	5.79	贵州	5.42
河南	5.54	贵州	5.26	新疆	4.94	陕西	4.84	内蒙古	5.79	陕西	5.32
江西	5.54	河南	5.23	云南	4.85	新疆	4.49	吉林	5.64	甘肃	5.26
四川	5.53	浙江	4.82	海南	4.67	海南	4.36	贵州	5.24	海南	5.11
海南	−1.58	海南	−2.70	贵州	4.49	贵州	4.13	海南	5.10	新疆	4.65
重庆	−1.58	重庆	−2.70	重庆	−2.43	重庆	−2.40	重庆	4.62	重庆	4.50

资料来源：作者测算 2009.4

2. 集约化区域发展水平、动态变化及差异特征

从发展水平上看，北京、黑龙江、上海、新疆、福建、广东、内蒙古、安徽、天津和吉林集约化水平位于全国前 10 名。

表 4-32 区域现代农业集约化水平排序

省份	指数平均
北京	8.38
黑龙江	7.27
上海	6.57
新疆	6.44
福建	5.90
广东	5.85
内蒙古	5.70
安徽	5.50
天津	5.43
吉林	5.21
江苏	4.85
辽宁	4.79
湖南	3.95
海南	3.93
山东	3.78
湖北	3.72
江西	3.46
宁夏	3.11
河北	2.82
青海	2.68
浙江	2.59
广西	2.58
河南	2.47
四川	2.33
山西	2.23
云南	1.90
甘肃	1.85
陕西	1.84
贵州	1.72
重庆	0.87
西藏	14.29

资料来源：作者测算 2009.4

从发展（指数）增长率上看（表 4-33），北京、福建、天津、内蒙古、新疆、甘肃、河北、山东、辽宁和上海位居前 10 名，重庆、安徽、广东、云南、江西、青海、浙江、贵州、湖南和西藏位居后10位，现代农业发展水平与增长速度存在差异。

表 4-33　区域现代农业集约化水平指数增长率

省份	增长率（%）	年增长率（%）
北京	237.67	4.79
福建	165.88	3.83
天津	162.30	3.78
内蒙古	153.58	3.64
新疆	130.71	3.27
甘肃	124.41	3.16
河北	116.01	3.01
山东	94.88	2.60
辽宁	86.53	2.43
上海	85.63	2.41
吉林	81.03	2.31
江苏	78.51	2.25
河南	62.80	1.89
广西	57.09	1.75
山西	54.77	1.69
黑龙江	52.64	1.64
四川	51.25	1.60
宁夏	48.82	1.54
湖北	48.09	1.52
海南	46.26	2.02
陕西	38.42	1.26
重庆	28.94	2.86
安徽	22.54	0.78
广东	21.71	0.76
云南	18.16	0.64
江西	5.53	0.21
青海	−0.09	0.00
浙江	−3.73	−0.15
贵州	−12.01	−0.49
湖南	−14.28	−0.59
西藏	−59.35	−3.40

资料来源：作者测算 2009.4

从动态发展看，1980 年，黑龙江、安徽、上海、广东、吉林、湖北、新疆、江苏、江西和辽宁现代农业集约化水平位居前 10 名。2008 年，北京、上海、安徽、天津、河北、广东、山东、福建、江苏和江西现代农业集约化水平进入前 10 名（表 4-34）。

表 4-34 区域现代农业集约化水平区域动态发展

1980		1985		1990		1995		2000		2006	
地区	指数	地区	指数	地区	指数	地区	指数	地区	指数	地区	指数
黑龙江	6.12	北京	6.25	北京	8.66	北京	9.37	北京	8.95	北京	11.51
浙江	5.58	上海	6.15	黑龙江	7.86	黑龙江	8.06	福建	8.14	上海	9.47
上海	5.1	黑龙江	6.14	新疆	7.44	福建	7.36	上海	7.16	黑龙江	9.34
广东	4.64	浙江	5.65	广东	6.37	广东	6.48	新疆	7.06	海南	9.04
吉林	4.28	广东	5.26	内蒙古	6.26	新疆	5.95	内蒙古	7.04	新疆	8.88
湖南	4.18	新疆	4.29	上海	6.17	浙江	5.82	吉林	6.58	内蒙古	8.36
新疆	3.85	江苏	4.29	海南	6.11	天津	5.73	天津	6.51	天津	8.12
江苏	3.67	内蒙古	4.17	福建	5.4	上海	5.5	黑龙江	6.36	吉林	7.75
江西	3.54	吉林	3.94	浙江	5.04	内蒙古	5.43	浙江	5.64	福建	7.5
辽宁	3.54	湖南	3.85	天津	4.47	辽宁	4.93	广东	5.6	辽宁	6.6
北京	3.41	天津	3.61	吉林	4.47	江苏	4.91	辽宁	5.43	江苏	6.55
内蒙古	3.3	湖北	3.57	辽宁	4.41	吉林	4.16	江苏	5.09	广东	5.65
湖北	3.15	山东	3.44	湖北	4.3	湖北	3.87	海南	4.36	山东	5.53
天津	3.1	江西	3.18	青海	4.17	湖南	3.64	湖北	3.91	浙江	5.38
山东	2.84	福建	3.13	江苏	4.12	山东	3.54	山东	3.69	河北	4.83
福建	2.82	辽宁	3.12	湖南	3.97	海南	3.54	江西	3.55	湖北	4.66
宁夏	2.8	宁夏	2.82	江西	3.86	江西	3.15	河北	3.4	宁夏	4.16
青海	2.68	安徽	2.74	宁夏	3.43	河北	2.93	宁夏	3.38	河南	3.91
广西	2.42	青海	2.52	云南	3.36	宁夏	2.83	湖南	2.92	广西	3.79
安徽	2.4	河南	2.19	山东	3.3	青海	2.78	甘肃	2.68	江西	3.74
河南	2.4	山西	2.06	广西	3.12	广西	2.71	四川	2.56	湖南	3.58
四川	2.35	河北	2.05	安徽	2.71	安徽	2.55	安徽	2.47	四川	3.56
河北	2.24	四川	1.93	贵州	2.46	山西	2.37	山西	2.46	安徽	2.94
云南	1.94	广西	1.93	山西	2.24	河南	2.32	广西	2.34	甘肃	2.92
陕西	1.75	陕西	1.64	河南	2.16	四川	2.02	河南	2.26	青海	2.68
贵州	1.68	云南	1.63	河北	2.03	陕西	1.69	青海	1.93	山西	2.6
山西	1.68	贵州	1.6	四川	2.02	贵州	1.56	陕西	1.9	陕西	2.43
甘肃	1.3	甘肃	1.3	陕西	1.87	云南	1.41	云南	1.7	云南	2.3
海南	0	海南	0	甘肃	1.58	甘肃	0.95	重庆	1.51	重庆	2.07
重庆	0	重庆	0	重庆	0	重庆	0	贵州	1.2	贵州	1.48
西藏	18.04	西藏	17.9	西藏	17.21	西藏	16.02	西藏	8.65	西藏	7.33

资料来源：作者测算 2009.4

3. 市场化与国际化区域发展水平、动态变化及差异特征

从发展水平上看（表 4-35）：广东、上海、福建、安徽、广西、江苏、重庆、天津、山东和宁夏为前 10 名，吉林、湖南、内蒙古、陕西、甘肃、

青海、新疆、北京、西藏和海南为后10名。

表 4-35 区域现代农业市场化与国际化发展水平排序

省（直辖市）	指数平均值
广东	12.71
上海	11.05
福建	9.62
安徽	9.48
广西	9.26
江苏	8.89
重庆	8.85
天津	8.85
山东	8.51
宁夏	8.33
云南	8.17
四川	8.04
湖北	7.95
河北	7.77
河南	7.71
浙江	7.71
贵州	7.67
江西	7.54
山西	7.51
黑龙江	7.22
辽宁	6.98
吉林	6.84
湖南	6.69
内蒙古	6.32
陕西	6.00
甘肃	5.85
青海	5.24
新疆	3.91
北京	3.66
西藏	3.62
海南	2.66

资料来源：作者测算 2009.4

从指数增长率方面看（表 4-36），青海、浙江、新疆、黑龙江、山西、宁夏、甘肃、陕西、湖北和江西发展水平增长率位于前10名。

表 4-36 区域现代农业市场化与国际化发展水平指数增长率

省（直辖市）	增长率（%）	年增长率（%）
青海	52.61倍	16.55
浙江	6.76倍	8.20
新疆	185.83	4.12

续表

省（直辖市）	增长率（%）	年增长率（%）
黑龙江	148.36	3.56
山西	147.40	3.55
宁夏	126.13	3.19
甘肃	100.34	2.71
陕西	71.47	2.10
湖北	52.72	1.64
江西	44.24	1.42
云南	39.54	1.29
辽宁	28.18	0.96
重庆	26.75	2.67
贵州	18.12	0.64
吉林	15.73	0.56
山东	14.20	0.51
河北	11.75	0.43
河南	4.50	0.17
内蒙古	1.88	0.07
西藏	0.00	0.00
安徽	−8.55	−0.34
江苏	−15.86	−0.66
四川	−17.46	−0.74
湖南	−18.50	−0.78
福建	−19.53	−0.83
广东	−20.23	−0.87
广西	−20.35	−0.87
天津	−21.97	−0.95
海南	−23.64	−1.41
上海	−24.13	−1.06
北京	−61.79	−3.63

资料来源：作者测算 2009.4

从动态发展看，1980 年，上海、广东、广西、天津、安徽、四川、江苏、贵州、湖南和福建位居前 10 名。2006 年，浙江、宁夏、贵州、山西、云南、重庆、广东、上海、甘肃和安徽位居前 10 名（表 4-37）。

表 4-37　区域现代农业市场化与国际化发展水平的地区差异

1980		1985		1990		1995		2000		2003	
地区	指数	地区	指数	地区	指数	地区	指数	地区	指数	地区	指数
上海	11.86	上海	15.73	福建	13.09	江苏	11.22	广东	16.45	浙江	10.58
广东	11.71	天津	12.47	上海	13.09	浙江	11.05	重庆	10.89	宁夏	10.22
广西	9.98	广东	11.75	浙江	12.64	福建	10.74	浙江	10.57	贵州	10.09
天津	9.34	广西	10.49	广东	11.81	宁夏	10.61	宁夏	10.52	山西	10.04
安徽	9.13	河北	10.28	吉林	10.30	江西	9.98	黑龙江	10.07	云南	9.62
四川	9.10	福建	10.20	广西	9.65	河南	9.93	福建	9.71	重庆	9.55
江苏	8.88	浙江	10.20	宁夏	9.23	云南	9.60	山西	9.66	广东	9.34
贵州	8.55	江苏	9.49	江苏	9.14	广东	9.49	广西	9.58	上海	9.00
湖南	8.12	湖南	8.83	黑龙江	9.02	天津	9.37	四川	9.45	甘肃	8.64
福建	7.82	吉林	8.70	湖南	8.84	上海	9.24	上海	9.00	安徽	8.35
河南	6.91	辽宁	8.64	河北	8.79	湖南	9.00	天津	8.90	黑龙江	8.12
云南	6.89	河南	8.38	安徽	8.79	山东	8.85	青海	8.88	江西	8.00
山东	6.82	山东	8.36	辽宁	8.17	广西	8.75	山东	8.75	广西	7.95
内蒙古	6.41	安徽	8.27	山东	8.16	安徽	8.38	江苏	8.71	山东	7.79
河北	5.63	江西	8.18	天津	8.00	河北	8.36	云南	8.59	青海	7.52
江西	5.54	云南	7.83	山西	7.83	黑龙江	7.86	湖南	7.93	四川	7.51
吉林	5.25	四川	7.48	四川	7.76	陕西	7.39	甘肃	7.74	江苏	7.47
北京	5.12	贵州	7.40	河南	7.67	湖北	7.33	内蒙古	7.53	陕西	7.47
辽宁	4.90	湖北	7.20	江西	7.48	贵州	7.22	河南	7.29	天津	7.29
湖北	4.72	黑龙江	6.73	湖北	7.00	山西	7.05	江西	7.23	河南	7.22
宁夏	4.52	宁夏	6.44	云南	6.99	辽宁	7.05	湖北	7.09	湖 北	7.20
陕西	4.35	山西	6.15	贵州	6.27	甘肃	6.65	安徽	7.08	湖南	6.62
甘肃	4.31	北京	5.99	陕西	5.85	内蒙古	6.54	贵州	7.02	内蒙古	6.53
山西	4.06	内蒙古	5.55	新疆	5.62	吉林	6.40	陕西	6.48	西藏	6.42
黑龙江	3.27	陕西	5.47	内蒙古	5.33	青海	5.88	辽宁	6.41	福建	6.29
新疆	1.87	新疆	5.13	北京	4.88	四川	5.22	吉林	6.02	河北	6.29
浙江	1.36	甘肃	4.51	青海	4.40	西藏	3.62	河北	5.98	辽宁	6.28
青海	0.14	青海	4.01	甘肃	3.87	新疆	1.92	新疆	4.26	吉林	6.07
海南		海南		海南	3.84	北京	1.57	西藏	1.97	新疆	5.34
重庆		重庆		重庆		海南	0.00	北京	1.93	海南	2.84

资料来源：作者测算 2009.4

4. 社会化区域发展水平、动态变化及差异特征

从发展水平上看（表 4-38）：上海、北京、天津、辽宁、黑龙江、江苏、吉林、安徽、广东和山西位于全国前 10 名，甘肃、江西、陕西、湖北、广西、青海、贵州、云南、西藏和重庆位于后 10 名。

表 4-38　区域现代农业社会化发展水平排序

省（直辖市）	指数平均
上海	19.94
北京	17.01
天津	15.35
辽宁	10.41
黑龙江	10.02
江苏	9.41
吉林	8.85
安徽	8.82
广东	8.61
山西	8.45
新疆	8.39
山东	8.06
福建	8.01
河北	7.79
内蒙古	7.63
湖南	7.52
四川	7.19
海南	6.88
浙江	6.82
河南	6.78
宁夏	6.77
甘肃	6.63
江西	6.61
陕西	6.59
湖北	6.17
广西	5.93
青海	5.45
贵州	4.88
云南	4.83
西藏	3.33
重庆	1.14

资料来源：作者测算 2009.4

从增长率方面看（表 4-39），北京、天津、河北、山西、内蒙古、辽宁、吉林、黑龙江、上海和江苏处于全国前 10 位，重庆、四川、贵州、云南、西藏、陕西、甘肃、青海、宁夏和新疆处于全国后 10 位。

表 4-39　区域现代农业社会化发展水平指数增长率

省（直辖市）	增长率（%）	年增长率（%）
北京	−17.39	−0.73
天津	−29.42	−1.33

续表

省（直辖市）	增长率（%）	年增长率（%）
河北	20.12	0.71
山西	31.53	1.06
内蒙古	6.13	0.23
辽宁	−6.35	−0.25
吉林	−1.96	−0.08
黑龙江	−17.17	−0.72
上海	16.41	0.59
江苏	18.33	0.65
浙江	43.71	1.40
安徽	18.53	0.66
福建	−0.30	−0.01
江西	52.43	1.63
山东	18.31	0.65
河南	32.23	1.08
湖北	23.04	0.80
湖南	27.22	0.93
广东	−27.26	−1.22
广西	42.36	1.37
海南	22.35	1.07
重庆	16.18	1.68
四川	50.81	1.59
贵州	57.69	1.77
云南	113.46	2.96
西藏	48.35	1.53
陕西	99.47	2.69
甘肃	21.86	0.76
青海	−2.01	−0.08
宁夏	24.20	0.84
新疆	34.03	1.13

资料来源：作者测算 2009.4

从动态发展看，1980 年，北京、上海、天津、黑龙江、广东、辽宁、吉林、内蒙古、福建和江苏位于前 10 位。2006 年，浙江、新疆、江苏和山西进入前 10 名（表 4-40）。

表 4-40 区域现代农业社会化发展水平地区指数差异

1980		1985		1990		1995		2000		2006	
地区	指数	地区	指数	地区	指数	地区	指数	地区	指数	地区	指数
北京	20.47	上海	18.96	上海	20.62	上海	20.57	上海	21.26	上海	21.05
上海	18.09	北京	18.27	北京	17.60	北京	16.15	北京	17.34	北京	16.91
天津	17.64	天津	16.22	天津	15.19	天津	13.93	天津	15.32	天津	12.45
黑龙江	13.03	辽宁	11.95	海南	10.32	江苏	8.83	辽宁	11.47	浙江	11.39
广东	12.54	黑龙江	11.47	辽宁	9.55	辽宁	8.72	江苏	10.90	新疆	11.37

续表

1980		1985		1990		1995		2000		2006	
地区	指数	地区	指数	地区	指数	地区	指数	地区	指数	地区	指数
辽宁	11.34	吉林	10.29	黑龙江	9.54	黑龙江	8.24	浙江	10.29	江苏	10.97
吉林	10.72	广东	9.40	吉林	8.62	甘肃	8.15	黑龙江	10.09	山西	10.86
内蒙古	9.70	江苏	8.72	江苏	8.53	海南	7.78	新疆	9.87	黑龙江	10.79
福建	9.34	浙江	8.48	山西	8.31	浙江	7.44	山东	9.74	辽宁	10.62
江苏	9.27	福建	8.28	新疆	7.82	新疆	6.73	河北	9.54	吉林	10.51
新疆	8.48	山西	8.02	福建	7.53	山西	6.53	广东	9.37	海南	10.42
山东	8.39	湖北	7.74	浙江	7.50	吉林	6.35	山西	9.31	内蒙古	10.29
山西	8.26	新疆	7.66	广东	7.09	河北	6.23	湖北	9.19	山东	9.93
浙江	7.92	山东	7.65	山东	7.04	山东	5.93	吉林	9.09	福建	9.31
河北	7.58	四川	7.35	四川	6.90	广东	5.87	海南	9.07	湖北	9.15
湖北	7.44	河北	7.10	河北	6.83	四川	5.69	内蒙古	8.78	广东	9.12
宁夏	6.96	甘肃	7.06	陕西	6.80	湖北	5.56	福建	8.64	河北	9.11
甘肃	6.95	内蒙古	6.96	宁夏	6.52	福建	5.55	宁夏	8.27	陕西	8.89
青海	6.81	青海	6.67	湖北	6.25	陕西	5.24	陕西	8.17	宁夏	8.65
安徽	6.79	湖南	6.57	河南	6.21	内蒙古	5.19	河南	8.02	江西	8.62
河南	5.97	河南	6.55	内蒙古	6.07	江西	5.07	甘肃	7.49	甘肃	8.47
湖南	5.93	江西	6.50	安徽	5.90	河南	4.96	四川	7.45	四川	8.40
江 西	5.66	安徽	6.42	甘肃	5.32	安徽	4.92	江西	7.44	安徽	8.04
四川	5.57	广西	6.33	湖南	5.23	宁夏	4.54	湖南	7.26	云南	7.92
广西	5.47	宁夏	6.12	江西	5.23	广西	3.98	安徽	7.21	河南	7.89
贵州	4.90	贵州	4.95	广西	5.05	湖南	3.86	青海	6.50	广西	7.78
陕西	4.46	陕西	4.80	青海	4.06	贵州	2.97	广西	6.44	贵 州	7.73
西藏	4.26	云南	4.12	贵州	3.63	青海	2.48	云南	5.88	湖南	7.54
云南	3.71	西藏	3.27	西藏	3.38	云南	2.47	贵州	5.62	青海	6.67
海南	0.00	海南	0.00	云南	3.18	西藏	0.82	西藏	4.88	西藏	6.32

资料来源：作者测算 2009.4

5. 生态化区域发展水平、动态变化及差异特征

从发展水平上看（表 4-41）：福建、安徽、海南、江西、广东、黑龙江、湖北、吉林、云南和广西位于全国前 10 名，河北、河南、内蒙古、江苏、天津、山西、甘肃、新疆、青海和宁夏位于后 10 名。

表 4-41　区域现代农业生态化发展水平排序

省（直辖市）	指数平均
福建	11.77
安徽	10.92
海南	10.04
江西	9.93
广东	9.61
黑龙江	9.20
湖北	8.41

续表

省（直辖市）	指数平均
吉林	8.19
云南	8.02
广西	7.46
西藏	7.03
辽宁	6.88
陕西	6.70
四川	6.54
湖南	6.46
浙江	5.62
北京	5.50
贵州	5.41
重庆	5.35
上海	5.33
山东	4.57
河北	4.40
河南	4.37
内蒙古	3.82
江苏	3.80
天津	3.68
山西	3.65
甘肃	2.71
新疆	2.67
青海	2.25
宁夏	2.12

资料来源：作者测算 2009.4

从增长率方面看（表 4-42），北京、天津、河北、山西、内蒙古、辽宁、吉林、黑龙江、上海和江苏处于全国前 10 位，重庆、四川、贵州、云南、西藏、陕西、甘肃、青海、宁夏和新疆处于全国后 10 位。

表 4-42 区域现代农业生态化发展水平指数增长率

省（直辖市）	增长率（%）	年增长率（%）
北京	29.62	1.00
天津	25.93	0.89
河北	46.22	1.47
山西	−29.43	−1.33
内蒙古	11.64	0.42
辽宁	−29.88	−1.36
吉林	−45.43	−2.30
黑龙江	−25.78	−1.14
上海	19.95	0.70

续表

省（直辖市）	增长率（%）	年增长率（%）
江苏	21.59	0.75
浙江	−10.70	−0.43
安徽	76.84	2.22
福建	2.47	0.09
江西	22.95	0.80
山东	1.52	0.06
河南	61.36	1.86
湖北	−16.33	−0.68
湖南	−20.37	−0.87
广东	−10.60	−0.43
广西	0.14	0.01
海南	−24.64	−1.48
重庆	28.27	2.80
四川	21.37	0.75
贵州	25.29	0.87
云南	−3.79	−0.15
西藏	182.24	4.07
陕西	26.99	0.92
甘肃	45.83	1.46
青海	6.78	0.25
宁夏	877.96	9.17
新疆	−80.21	−6.04

资料来源：作者测算 2009.4

从动态发展看（表 4-43），1980 年，福建、浙江、海南、湖南、广东、吉林、江西、黑龙江、广西和云南位于前 10 位，2006 年，福建、江西、浙江、广东、广西、湖南、云南、上海、陕西和安徽水平步入前 10 名。

表 4-43　区域现代农业生态化发展水平地区指数差异

1980		1985		1990		1995		2000		2003	
地区	指数	地区	指数	地区	指数	地区	指数	地区	指数	地区	指数
福建	11.95	海南	11.54	黑龙江	12.73	福建	12.95	广东	12.54	福建	12.25
浙江	11.88	浙江	11.44	浙江	11.92	浙江	12.36	浙江	11.92	江西	11.58
海南	11.86	福建	9.52	福建	11.80	黑龙江	11.98	湖南	11.57	浙江	10.61
湖南	10.14	黑龙江	9.30	江西	11.30	海南	11.67	福建	11.38	广东	8.99
广东	10.06	广东	8.84	云南	9.93	江西	11.37	海南	11.02	广西	8.91
吉林	10.04	江西	8.51	重庆	9.63	广东	11.26	云南	9.90	湖南	8.08
江西	9.42	云南	8.10	广东	9.30	吉林	10.15	江西	9.33	云南	8.02
黑龙江	9.26	湖北	8.08	海南	9.20	广西	9.81	广西	9.22	上海	7.49
广西	8.90	湖南	8.05	湖南	8.01	湖南	9.65	西藏	8.86	陕西	7.43
云南	8.33	吉林	7.59	辽宁	7.79	云南	9.22	北京	8.78	安徽	7.30
辽宁	8.01	广西	6.49	湖北	7.68	北京	8.72	四川	8.56	西藏	7.26

续表

1980		1985		1990		1995		2000		2003	
地区	指数	地区	指数	地区	指数	地区	指数	地区	指数	地区	指数
上海	6.25	上海	6.26	陕西	7.55	重庆	8.60	贵州	8.11	海南	7.22
湖北	6.12	陕西	5.95	四川	6.78	陕西	8.24	黑龙江	7.90	黑龙江	6.88
重庆	5.93	重庆	5.92	吉林	6.48	湖北	8.22	辽宁	6.66	贵州	6.32
陕西	5.85	辽宁	5.78	内蒙古	6.19	辽宁	8.07	湖北	6.62	四川	6.13
四川	5.05	新疆	5.52	安徽	5.76	四川	8.06	陕西	6.61	河南	5.99
贵州	5.04	四川	4.80	广西	5.28	山东	7.83	河南	5.50	辽宁	5.62
北京	4.16	山东	4.72	上海	5.16	河北	7.82	吉林	5.45	吉林	5.48
安徽	4.13	河北	4.54	山西	5.13	安徽	7.74	山东	4.83	北京	5.39
河南	3.71	西藏	4.47	北京	5.08	西藏	7.44	安徽	4.73	湖北	5.12
山东	3.69	河南	4.30	江苏	4.87	贵州	6.83	河北	4.52	重庆	4.73
天津	3.07	贵州	4.26	贵州	4.75	河南	6.70	甘肃	4.49	河北	4.25
河北	2.91	天津	3.94	河南	4.55	内蒙古	6.54	天津	4.37	宁夏	4.12
内蒙古	2.84	安徽	3.91	宁夏	4.48	山西	6.27	山西	4.02	天津	3.87
西藏	2.57	山西	3.89	青海	4.44	江苏	6.19	新疆	4.01	山东	3.74
江苏	2.56	北京	3.77	山东	4.29	天津	5.64	内蒙古	3.57	内蒙古	3.18
山西	2.20	甘肃	3.49	西藏	3.93	新疆	4.49	江苏	3.05	江苏	3.12
新疆	1.87	内蒙古	3.46	天津	3.53	青海	4.30	重庆	2.99	山西	1.55
青海	0.94	江苏	2.19	甘肃	3.33	甘肃	3.98	宁夏	1.81	甘肃	1.30
甘肃	0.89	青海	1.77	新疆	3.18	宁夏	2.55	上海	1.74	青海	1.00

资料来源：作者测算 2009.4

三、现代农业与农业现代化区域分类特征比较

1. 农业现代化

(1) 农业投入水平变化及差异特征。从发展水平上看，上海、天津、北京、江苏、河北、浙江、广东、辽宁、福建和山西农业投入水平位于全国前10名。广西、内蒙古、宁夏、甘肃、海南、贵州、青海、云南、西藏和重庆位于后10名。

农业投入水平的地区差异，1980年，北京、上海、天津、广东、黑龙江、江苏、福建、吉林和浙江农业投入水平位居前10名。2003年，河北、福建、河南、辽宁、山西和安徽农业投入水平进入前十名。1980年，西藏、江西、四川、青海、广西、陕西、贵州、云南、海南和重庆的农业投入水平排名后10名。2003年，宁夏、新疆、四川、陕西、青海、贵州、甘肃、云南、西藏和重庆的农业投入水平进入后10名。

(2) 农业产出水平变化及差异特征。从发展水平上看，上海、北京、浙江、广东、福建、天津、江苏、海南、西藏和辽宁农业产出水平位于全

国前10名。四川、内蒙古、重庆、青海、山西、宁夏、云南、陕西、贵州和甘肃位于农业产出水平的后10位。

农业产出水平的地区差异。从表6-11可以看出，1980年，上海、浙江、北京、西藏、天津、广东、湖南、江苏、辽宁和福建农业产出水平排名前10名。2003年，福建、山东、新疆和海南的农业产出水平指数排名进入前10位。

(3) 农村社会发展水平变化及差异特征。从发展水平上看：上海、北京、天津、黑龙江、辽宁、吉林、新疆、广东、西藏和内蒙古为前10名，山东、甘肃、湖南、安徽、河南、四川、广西、重庆、贵州和云南为后10名。

农村社会发展水平的地区差异。1980年，农村社会发展指数以浙江、福建、广东、湖南、吉林、广西、江西、黑龙江和云南、上海位居前10名。2003年，农村社会发展指数以福建、广东、浙江、吉林、上海、江西、湖南、黑龙江、北京和山西位居前10名，北京和山西替换了广西、云南，成为农村社会发展水平增长较快的地区。

(4) 农业可持续性发展水平变化特征。从发展水平上看：福建、浙江、广东、江西、黑龙江、湖南、吉林、云南、广西和辽宁位于全国前10名，河北、江苏、山西、天津、内蒙古、新疆、甘肃、青海、宁夏和重庆位于后10名。

农业可持续性发展水平的地区差异。在1980年，浙江、福建、广东、湖南、吉林、广西、江西、黑龙江、云南和上海农业可持续性发展水平指数位于前10位，2003年，北京、山西农业可持续性发展水平步入前10名，广西和云南的农业可持续性发展水平指数从20世纪80年代的前10名中退出。

2. 现代农业

(1) 科学化区域发展水平、动态变化及差异特征。从发展水平上看，上海、北京、天津、安徽、广东、福建、河北、山东、辽宁和江苏位于全国前10名。指数分别为12.86、12.39、10.85、9.73、8.35、7.84、7.67、7.59、7.19和7.06。

从动态发展看，1980年，上海、北京、天津、福建、广东、安徽、辽宁、湖南、河北和山东现代农业科学化水平位居前10名。2008年，北京、上海、安徽、天津、河北、广东、山东、福建、江苏和江西现代农业科学化水平进入前10名。

(2) 集约化区域发展水平、动态变化及差异特征。从发展水平上看，北京、黑龙江、上海、新疆、福建、广东、内蒙古、安徽、天津和吉林集约化水平位于全国前10名。

从动态发展看，1980年，黑龙江、安徽、上海、广东、吉林、湖北、新疆、江苏、江西和辽宁现代农业集约化水平位居前10名。2008年，北京、上海、安徽、天津、河北、广东、山东、福建、江苏和江西现代农业集约化水平进入前10名。

(3) 市场化与国际化区域发展水平、动态变化及差异特征。从发展水平上看，广东、上海、福建、安徽、广西、江苏、重庆、天津、山东、宁夏为前10名，吉林、湖南、内蒙古、陕西、甘肃、青海、新疆、北京、西藏和海南为后10名。

从动态发展看，1980年，上海、广东、广西、天津、安徽、四川、江苏、贵州、湖南和福建位居前10名。2006年，浙江、宁夏、贵州、山西、云南、重庆、广东、上海、甘肃和安徽位居前10名。

(4) 社会化区域发展水平、动态变化及差异特征。从发展水平上看，上海、北京、天津、辽宁、黑龙江、江苏、吉林、安徽、广东和山西位于全国前10名，甘肃、江西、陕西、湖北、广西、青海、贵州、云南、西藏和重庆位于后10名。

从动态发展看，1980年，北京、上海、天津、黑龙江、广东、辽宁、吉林、内蒙古、福建和江苏位于前10位，2006年，浙江、新疆、江苏和山西进入前10名。

(5) 生态化区域发展水平、动态变化及差异特征。从发展水平上看，福建、安徽、海南、江西、广东、黑龙江、湖北、吉林、云南和广西位于全国前10名，河北、河南、内蒙古、江苏、天津、山西、甘肃、新疆、青海和宁夏位于后10名。

从动态发展看，1980年，福建、浙江、海南、湖南、广东、吉林、江西、黑龙江、广西和云南位于前10位，2006年，福建、江西、浙江、广东、广西、湖南、云南、上海、陕西和安徽水平步入前10名。

第十一节　农业现代化和现代农业发展阶段的比较与评价

一、农业现代化发展阶段评价

为了了解我国农业现代化发展速度与水平，有必要对我国农业现代化发展和现代农业发展进行监测与评价。鉴于农业现代化和现代农业发展是一个动态的过程，因此在评价方法上采用动态评价法，即在一定的时段内，选取特定的数据，采用农业现代化发展阶段的特征指标，借鉴世界银行对农业现代化发展阶段评价数据，对中国农业现代化发展的5个阶段进行赋值。根据对14个特征指标值进行定量测算，对2003年我国农业现代化发展阶段的总体水平进行评价，从而对我国农业现代化发展动态作出判断。

1. 农业现代化动态监测与评价模型

农业现代化动态监测与监测模型是由以下程序组成：特征指标的选择；特征指标值的确定；特征指标标准化计算；农业现代化动态监测值的确定；农业现代化动态监测模型。

特征指标的选择。评价中国农业现代化发展阶段需要设定特征性指标值，中国农业现代化发展阶段特征指标由14项指标组成。14项指标分别如下所述：

(1) 劳均农业资金投入额（元/人）——反映农业现代化的投入水平；

(2) 农业科技投入占农业总产值比重（%）——反映农业现代化的科技水平；

(3) 农村劳动力初中以上文化程度比重（%）——反映农村劳动力文化水平；

(4) 劳均耕地面积（公顷/第一产业从业人员数）——反映农业现代化的规模水平；

(5) 单位耕地面积劳均农机总动力（千瓦/公顷）——反映农业现代化的机械化水平；

(6) 有效灌溉率（%）——反映农业现代化的水利化程度；

(7) 每单位耕地面积有效化肥施用量（千克/公顷）——反映农业现代化的化学化水平；

(8) 人均GDP（元/人）——反映城乡经济发展的总体水平；

(9) 劳动生产率（元/第一产业从业人员数）——反映农业现代化的单位劳动力产出水平；

(10) 土地生产率（元/公顷）——反映农业现代化的单位土地产出水平；

(11) 农民人均纯收入（元）——反映农民的经济收入水平；

(12) 城镇人口占总人口比重（%）——反映农村城镇化的水平比重；

(13) 农业从业人员比重（%）——反映从事农业的就业人数占全部就业人数的比重；

(14) 森林覆盖率 (%) ——反映农业的生态环境优劣水平。

特征指标值的确定。根据《世界发展报告》1970 年、1980 年、1990 年、2000 年、2003 年和 2004 年中的有关数据以及中国农业现代化发展现状，我们拟定了上述指标的 14 项标准值，如表 4-44 所示。

表 4-44　特征指标标准值

类别	金额	单位
1. 劳均农业投入额	30 000.00	元
2. 农业科技投入占农业总产值比重	10.00	%
3. 农村劳动力初中以上文化程度比重	90.00	%
4. 劳均耕地面积	30.00	公顷/第一产业从业人员数
5. 单位耕地面积劳均农机总动力	30.00	千瓦/公顷
6. 有效灌溉率	90.00	%
7. 每单位耕地面积有效化肥施用量（千克/公顷）	365.00	千克/公顷
8. 人均 GDP	28 311.30	元/人（1980 年美国人均 GDP）
9. 劳动生产率	18 000.00	元/第一产业从业人员数
10. 土地生产率	40 000.00	元/公顷
11. 农民人均纯收入	13 000.00	元/乡村总人口
12. 城镇人口占总人口比重	75.00	%
13. 农业从业人员比重	5.00	%
14. 森林覆盖率	50.00	%

资料来源：作者测算 2009.4

2. 特征指标标准化计算

首先对特征指标进行标准化：

正向指标：$M_i^k = lnd_i^k / SInd_i^k \times 100\%$

式中：M_i^k 为第 k 次农业现代化指标 i 的实现程度，Ind_i^k 为指标 i 的实际值，SInd_i^k 为 i 指标标准值。

逆向指标：$MI_i^k = 1 / (\mathrm{Ind}_i{}^k / \mathrm{SInd}_i{}^k) \times 100\%$

当 $k=1$ 时，$n=12$；当 $k=2$ 时，$n=14$。$n \leqslant 12$ 或 $n \leqslant 14$。

3. 农业现代化动态监测与评价监测值的确定

中国农业现代化动态监测分为 5 个阶段，包括初始期、起步期、发展期、成熟期、实现过渡期。5 个阶段赋值见表 4-45 所示。

4. 农业现代化动态监测与评价模型

农业现代化动态监测与评价 (MI^k) 计算公式：

$$MI^k = \sum_{i=1}^{n} MI_i^k / n$$

当 $k=1$ 时，$n=12$；$k=2$ 时，$n=14$。由于计算时有的指标缺项，所以 $n \leqslant 12$ 或 $n \leqslant 14$ 。

表 4-45　农业现代化动态监测值的确定

	5. 实现过渡期	4. 成熟期	3. 发展期	2. 起步期	1. 初始期
1. 劳均农业投入额	≧100	60～100	30～60	10～30	<10
阶段赋值	5	4	3	2	1
2. 农业科技投入占农业总产值比重	≧70	50～70	20%～50%	5%～20%	<5
阶段赋值	5	4	3	2	1
3. 农村劳动力初中以上文化程度比重	≧90	70～90	50～70	20～50	<20
阶段赋值	5	4	3	2	1
4. 劳均耕地面积	≧100	75～100	45～75	10～45	<10
阶段赋值	5	4	3	2	1
5. 单位耕地面积劳均农机总动力	≧80	60～80	40～60	5～40	<5
阶段赋值	5	4	3	2	1
6. 有效灌溉率	≧100	75～100	50～75	20～50	<20
阶段赋值	5	4	3	2	1
7. 每单位耕地面积有效化肥施用量	≧100	75～100	50～75	20～50	<20
阶段赋值	5	4	3	2	1
8. 人均 GDP	≧100	60～100	30～60	10～30	<10
阶段赋值	5	4	3	2	1
9. 劳动生产率	≧100	60～100	30～60	10～30	<10
阶段赋值	5	4	3	2	1
10. 土地生产率	≧100	60～100	30～60	10～30	<10
阶段赋值	5	4	3	2	1
11. 农民人均纯收入	≧100	60～100	30～60	50～80	<80
阶段赋值	5	4	3	2	1
12. 城镇人口占总人口比重	≧90	60～90	30～60	10～30	<10
阶段赋值	5	4	3	2	1
13. 农业从业人员比重	<10	10%～30%	30～50	50～80	<80
阶段赋值	5	4	3	2	1
14. 森林覆盖率	≧70	70～50	50～30	10～30	<10
阶段赋值	5	4	3	2	1

资料来源：作者测算 2009.4

5. 农业现代化动态监测与评价阶段指标值

用标准值对 14 项特征指标值进行标准化，得出我国 2003 年农业现代化建设发展的阶段指标值，如表 4-46 所示。

表 4-46　中国农业现代化动态监测与评价指标值

项目	1	2	3	4	5	6	7	8	9	10	11	12	13	14	总分
指标	30 000	10	90	30	30	90	365	28 311.3	18 000	40 000	13 000	75	5	50	
北京	85.29	6.80	99.31	1.30	46.94	76.49	150.98	113.24	73.72	85.39	43.09	100.32	64.18	42.68	70.69
天津	44.37	5.45	81.09	1.93	42.18	82.75	102.57	93.72	59.55	46.38	35.12	81.73	25.50	16.27	51.33
河北	14.58	5.25	81.83	1.30	39.83	75.31	119.45	37.13	31.88	36.87	21.95	27.31	10.15	41.47	38.88
山西	5.62	5.25	80.64	2.14	15.40	29.17	59.04	26.26	21.30	14.95	17.69	39.38	11.29	27.61	25.41
内蒙古	6.84	6.09	70.62	4.25	7.69	40.75	36.45	31.70	34.01	11.99	17.44	57.24	9.16	25.90	25.72
辽宁	15.36	6.29	81.78	1.95	12.62	41.26	75.74	50.36	39.66	30.52	22.57	59.68	13.36	64.18	36.81
吉林	6.78	5.40	73.12	3.53	7.40	30.99	60.45	32.98	46.49	19.78	19.46	62.35	9.97	77.42	32.58
黑龙江	5.17	5.76	77.03	4.70	5.16	20.11	29.52	41.03	33.76	10.78	19.30	67.08	9.80	79.95	29.22
上海	115.82	6.91	83.07	1.26	13.47	102.64	156.09	165.02	73.98	88.10	51.18	105.60	52.33	9.27	73.20
江苏	32.83	5.45	75.91	1.31	20.60	87.06	187.03	59.37	43.61	50.04	32.61	39.54	14.44	9.47	47.09
浙江	58.81	6.80	66.58	0.77	33.49	76.82	121.95	71.16	33.52	65.19	41.45	27.57	16.88	108.53	52.11
安徽	4.31	6.16	68.46	1.02	20.52	63.39	133.82	22.80	18.31	26.83	16.37	26.36	9.11	50.24	33.41
福建	12.21	7.51	69.57	0.61	23.22	76.43	241.19	52.91	34.77	85.40	28.72	31.05	11.78	134.13	57.82
江西	7.00	6.94	66.36	0.97	14.17	72.49	105.90	23.59	21.56	33.41	18.90	31.63	9.97	118.61	37.96
山东	17.14	5.23	79.26	1.11	36.60	69.67	156.11	48.25	39.02	52.66	24.23	30.40	10.65	26.41	42.62
河南	6.08	5.26	79.99	0.79	29.21	67.10	161.53	26.74	18.97	35.84	17.20	23.87	8.31	27.02	36.28
湖北	7.49	5.37	72.74	1.37	11.74	48.13	156.97	31.83	35.61	38.86	19.74	45.40	11.09	55.18	38.68
湖南	6.00	6.17	72.51	0.63	23.17	77.54	134.59	26.68	18.50	43.80	19.48	24.75	8.72	82.04	38.90
广东	14.45	6.08	75.39	0.65	19.50	47.81	178.81	60.80	30.34	69.62	31.19	29.83	13.21	105.14	48.77
广西	2.96	6.07	69.98	0.93	13.04	38.86	116.04	21.08	17.87	28.87	16.11	21.09	8.36	77.42	31.33
海南	7.27	9.06	76.06	1.17	10.03	26.76	126.25	29.37	40.29	51.86	19.91	49.21	8.40	89.04	38.91

续表

项目	1	2	3	4	5	6	7	8	9	10	11	12	13	14	总分
重庆	5.44		58.93	0.96	9.88	30.75	83.56	25.46	18.38	28.76	17.04	29.54	10.16	0.00	22.78
四川	7.13	7.43	59.44	0.84	10.31	45.50	93.40	22.67	18.42	32.91	17.15	28.02	9.17	49.60	28.71
贵州	2.08	5.43	46.88	1.15	5.56	16.61	44.94	12.73	11.53	15.08	12.04	23.02	7.98	47.60	18.04
云南	3.31	6.23	43.91	1.21	8.31	26.16	57.22	20.00	14.10	17.53	13.05	26.35	6.87	73.31	22.68
西藏	2.24	6.92	4.84	1.42	16.66	47.92	24.11	24.27	16.51	17.43	13.01	24.17	7.68	49.60	18.34
陕西	5.22	5.23	72.87	1.42	9.65	33.32	92.19	22.89	18.64	19.71	12.89	33.21	9.59	61.10	28.42
甘肃	3.59	5.07	58.76	2.03	8.93	23.58	40.68	17.74	19.90	14.72	12.87	28.05	8.47	9.84	18.16
青海	7.16	5.94	38.54	1.35	17.55	36.37	33.80	25.70	12.01	13.39	13.80	46.58	9.24	0.90	18.74
宁夏	13.88	6.02	59.07	2.53	14.16	40.09	60.67	23.63	19.97	11.82	15.72	39.68	9.65	4.66	22.97
新疆	10.27	4.64	55.48	3.39	8.03	83.97	61.58	34.26	67.52	29.89	16.20	67.30	9.08	2.26	32.42
全国	17.31	5.88	67.74	1.61	17.90	52.77	103.31	41.79	31.73	36.40	21.85	42.82	10.48	52.23	35.99

1. 劳均农业投入额；2. 农业科技投入占农业总产值比重；3. 农村劳动力初中以上文化程度比重；4. 劳均耕地面积；5. 单位耕地面积劳均农机总动力；6. 有效灌溉率；7. 每单位耕地面积有效化肥施用量（千克/公顷）；8. 人均 GDP；9. 劳动生产率；10. 土地生产率；11. 农民人均纯收入；12. 城镇人口占总人口比重；13. 农业从业人员比重；14. 森林覆盖率；15. 总体阶段。

资料来源：作者测算 2009.4

6. 我国农业现代化动阶段性评价结果

14 项特征指标标准化值与阶段值进行比较测算，得出我国 2003 年农业现代化建设阶段发展结果，总体上，我国农业现代化处于发展期，如表 4-47 所示。

表 4-47　农业现代化发展阶段值确定

	1	2	3	4	5	6	7	8	9	10	11	12	13	14	总体阶段
标准值	30 000	10	90	30	30	90	365	28 311.3	18 000	40 000	13 000	75	5	50	
北京	4	2	5	1	3	4	5	5	4	4	3	5	4	3	4
天津	3	2	4	1	3	4	5	4	3	3	3	5	2	2	3
河北	2	2	4	1	3	4	5	3	3	3	2	2	2	3	3
山西	1	2	4	1	2	2	3	2	3	2	2	2	2	2	2
内蒙古	1	2	4	2	2	3	2	3	3	2	2	4	1	2	2
辽宁	2	2	4	1	2	3	4	3	3	3	2	4	2	4	3
吉林	1	2	4	1	2	2	3	3	3	2	2	4	1	5	3
黑龙江	1	2	4	2	2	2	2	3	3	2	2	4	1	5	3
上海	5	2	4	1	2	5	5	5	4	4	3	5	4	1	4
江苏	3	2	4	1	2	4	5	3	3	3	3	3	2	1	3
浙江	3	2	3	1	3	4	5	4	3	3	3	2	2	5	3
安徽	1	2	3	1	2	3	5	2	2	2	2	2	1	3	2
福建	2	2	3	1	2	4	5	3	3	4	3	2	2	5	3
江西	1	2	3	1	2	4	5	2	2	3	2	2	1	5	3
山东	2	2	4	1	3	3	5	3	3	3	3	2	2	2	3

续表

指标	1	2	3	4	5	6	7	8	9	10	11	12	13	14	总体阶段
河南	1	2	4	1	2	3	5	2	2	3	2	2	1	2	2
湖北	1	2	4	1	2	3	5	3	3	3	2	3	2	3	3
湖南	1	2	4	1	2	4	5	2	2	3	2	2	1	5	3
广东	2	2	4	1	2	3	5	4	3	4	3	2	2	5	3
广西	1	2	3	1	2	2	5	2	2	2	2	2	1	5	2
海南	1	2	4	1	2	2	5	2	3	3	2	3	1	5	3
重庆	1	2	3	1	2	2	4	2	2	2	2	2	2	1	2
四川	1	2	3	1	2	3	4	2	2	3	2	2	1	3	2
贵州	1	2	2	1	2	1	2	2	2	2	2	2	1	3	2
云南	1	2	2	1	2	2	3	2	2	2	2	2	1	5	2
西藏	1	2	1	1	2	3	2	2	2	2	2	2	1	3	2
陕西	1	2	4	1	2	2	4	2	2	2	2	2	1	4	2
甘肃	1	2	3	2	2	2	2	2	2	2	2	2	1	1	2
青海	1	2	2	1	2	2	2	2	2	2	2	3	1	1	2
宁夏	2	2	3	2	2	2	3	2	2	2	2	3	1	1	2
新疆	2	2	3	2	2	4	3	3	4	2	2	4	1	1	3
全国合计	2	2	4	1	2	3	5	3	3	3	2	3	2	4	3

1. 劳均农业投入额；2. 农业科技投入占农业总产值比重；3. 农村劳动力初中以上文化程度比重；4. 劳均耕地面积；5. 单位耕地面积劳均农机总动力；6. 有效灌溉率；7. 每单位耕地面积有效化肥施用量（千克/公顷）；8. 人均 GDP；9. 劳动生产率；10. 土地生产率；11. 农民人均纯收入；12. 城镇人口占总人口比重；13. 农业从业人员比重；14. 森林覆盖率。

资料来源：作者测算 2009.4

经过测算，在14项动态监测农业现代化发展水平的指标中，单位耕地面积有效化肥施用量指标已达到农业现代化的实现过渡期，表明我国农业现代化化学程度已达到农业现代化实现水平。农村劳动力初中以上文化程度指标已达到农业现代化发展的成熟期，表明我国农业现代化发展具有良好的人力资源。有效灌溉率、人均GDP、劳动生产率、土地生产率、城市化率、森林覆盖率六项指标达到农业现代化的发展期，表明农业现代化建设在技术、生产率、城市化率和产出以及环境建设方面达到一定水平。农业现代化投入、农业科技投入、农机总动力、农民人均纯收入、农业从业人员比重五项指标在农业现代化发展中处于起步期，中国农业现代化建设需要加强这些领域的建设。耕地面积在我国农业现代化建设中，处于农业现代化发展的初始期，农业生产规模化程度不高是制约我国农业现代化发展的重要因素。

7. 各省（直辖市）农业现代化动态监测与评价结果

经过测算，2003年，北京、上海农业现代化发展水平处于最高阶段一成熟期，占全国农业现代化阶段总体水平的3.23%。天津、浙江、广东、福建、河北、辽宁、江苏、山东、湖北、湖南、海南和江西处于农业现代化发展的发展期，占全国农业现代化阶段总体水平的41.94%。吉林、黑龙江、新疆、内蒙古、河南、广西、安徽、四川、山西、陕西、宁夏、云南、重庆、西藏、甘肃、青海和贵州处于农业现代化发展的起步期，占全国农业现代化阶段总体水平的54.84%。各省（直辖市）农业现代化发展的总体阶段如表4-48所示。

表4-48 各省（直辖市）农业现代化发展的总体阶段表

指标	1	2	3	4	5	6	7	8	9	10	11	12	13	14	总体阶段
上海	5	2	4	1	2	5	5	1	4	4	3	5	4	1	4
北京	4	2	5	1	3	4	5	5	4	4	3	5	4	3	4
天津	3	2	4	1	3	4	5	4	3	3	3	5	2	2	3
河北	2	2	4	1	3	4	5	3	3	3	2	2	2	3	3
山西	1	2	4	1	2	2	3	2	3	2	2	2	2	2	2
内蒙古	1	2	4	2	1	3	2	3	3	2	2	4	1	2	2
辽宁	2	2	4	1	2	3	4	3	3	3	2	4	2	4	3
吉林	1	2	4	1	1	2	3	3	3	2	2	4	1	5	2
黑龙江	1	2	4	2	1	2	2	3	3	2	2	4	1	5	2
上海	5	2	4	1	2	5	5	1	4	4	3	5	4	1	3
江苏	3	2	4	1	2	4	5	3	3	3	3	3	2	1	3
浙江	3	2	3	1	3	4	5	4	3	3	3	2	2	5	3

续表

指标	1	2	3	4	5	6	7	8	9	10	11	12	13	14	总体阶段
安徽	1	2	3	1	2	3	5	2	2	2	2	2	1	3	2
福建	2	2	3	1	2	4	5	3	3	4	3	2	2	5	3
江西	1	2	3	1	2	4	5	2	2	3	2	2	1	5	3
山东	2	2	4	1	3	3	5	3	3	3	3	2	2	2	3
河南	1	2	4	1	2	3	5	2	2	3	2	2	1	2	2
湖北	1	2	4	1	2	3	5	3	3	3	2	3	2	3	3
湖南	1	2	4	1	2	4	5	2	2	3	2	2	1	5	3
广东	2	2	4	1	2	3	5	4	3	4	3	2	2	5	3
广西	1	2	3	1	2	2	5	2	2	2	2	2	1	5	2
海南	1	2	4	1	2	2	5	2	3	3	2	3	1	5	3
重庆	1	2	3	1	1	2	4	2	2	2	2	2	2	1	2
四川	1	2	3	1	2	3	4	2	2	3	2	2	1	3	2
贵州	1	2	2	1	1	1	2	2	2	2	2	2	1	3	2
云南	1	2	2	1	1	2	3	2	2	2	2	2	1	5	2
西藏	1	2	1	1	2	3	2	2	2	2	2	2	1	3	2
陕西	1	2	4	1	1	2	4	2	2	2	2	2	1	4	2
甘肃	1	2	3	2	1	2	2	2	2	2	2	2	1	1	2
青海	1	2	2	1	2	2	2	2	2	2	2	3	1	1	2
宁夏	2	2	3	2	2	2	3	2	2	2	2	3	1	1	2
新疆	2	2	3	2	1	4	3	3	4	2	2	4	1	1	2
合计	2	2	4	1	2	3	5	3	3	3	2	3	2	4	3

资料来源：作者测算 2009.4

1. 劳均农业投入额；2. 农业科技投入占农业总产值比重；3. 农村劳动力初中以上文化程度比重；4. 劳均耕地面积；5. 单位耕地面积劳均农机总动力；6. 有效灌溉率；7. 每单位耕地面积有效化肥施用量（千克/公顷）；8. 人均 GDP；9. 劳动生产率；10. 土地生产率；11. 农民人均纯收入；12. 城镇人口占总人口比重；13. 农业从业人员比重；14. 森林覆盖率；15. 总体阶段。

在农业现代化发展中，上海和北京的农业现代化发展水平高，是因为这两个地区分别有 5 项指标达到农业现代化发展水平的实现过渡期。其中，北京的农村劳动力初中以上文化程度、每单位耕地面积有效化肥施用量、人均 GDP、城镇人口占总人口比重达到农业现代化发展的实现过渡期。上海的劳均农业投入、有效灌溉率、每单位耕地面积有效化肥施用量、人均 GDP、城镇人口占总人口比重达到农业现代化的实现过渡期。因此，北京和上海的农业现代化发展水平高。北京和上海的劳均耕地面积发展阶段水平很低，制约了农业现代化的整体发展。

处于农业现代化发展期的天津、浙江、广东、福建、河北、辽宁、江苏、山东、湖北、湖南、海南和江西 12 个省市大体上只有两项指标达到农业现代化实现过渡期，由于其他指标发展水平不高，因此，总体发展阶段水平处于发展期。其中，天津每单位耕地面积有效化肥施用量，城镇人口占总人口比重两项指标达到实现过渡期，浙江、广东、福建每单位耕地面积有效化肥施用量、森林覆盖率达到实现过渡期。

处于农业现代化发展的起步期的吉林、黑龙江、新疆、内蒙古、河南、广西、安徽、四川、山西、陕西、宁夏、云南、重庆、西藏、甘肃、青海和贵州 17 个省市各指标发展水平都很低，处于成熟期的指标几乎没有。例如，河南只有一项指标（单位耕地面积有效化肥施用量）达到农业现代化实现过渡期，一项指标（农村劳动力初中以上文化程度比重）达到成熟期，两项指标达到发展期，七项指标为起步期，三项指标为初始期。因此，这些地区的农业现代化的建设需要从各方面增加农业投入，建立农业现代化建设的专项资金，吸纳社会各方面的资金投入农业现代化建设，以加快这些地区的农业现代化的发展。

二、现代农业阶段性发展评价

现代农业阶段性评价是由以下程序组成：特征指标的选择；特征指标值的确定；特征指标标准化计算；农业现代化动态监测值的确定；农业现代化动态评价。

1. 特征指标的选择

评价中国现代农业发展阶段需要设定特征性指标值，中国现代农业发展阶段特征指标由 10 项指标组成。10 项指标分别如下所述：

(1) 第一产业产值占 GDP 比重　　反映现代农业的科学化水平

(2) 单位耕地面积劳均农机总动力（千瓦/公顷）
反映现代农业的科学化水平

(3) 土地生产率　　反映现代农业的集约化水平

(4) 化肥施用量（吨/公顷）　反映现代农业的科学化水平

(5) 劳均耕地面积　　反映现代农业的集约化水平

(6) 劳动生产率　　反映现代农业的集约化水平

(7) 劳均农业投入额　　反映现代农业的社会化水平

(8) 农业科技投入占农业总产值比重
反映现代农业的社会化水平

(9) 城镇人口占总人口比重　反映现代农业的社会化水平

(10) 农村劳动力初中以上文化程度比重
反映现代农业的社会化水平

2. 特征指标值的确定

根据《世界发展报告》1970 年、1980 年、1990 年、2000 年、2003 年和 2004 年中的有关数据以及中国农业现代化发展现状，我们拟定了上述指标的 14 项标准值，如表 4-49 所示。

表 4-49　特征指标标准值

指标	标准值	单位
1. 第一产业产值占 GDP 比重	1.6	%
2. 农业机械总动力（千瓦时/千公顷）	30	千瓦时/千公顷
3. 土地生产率	100 000	元/公顷
4. 化肥施用量（吨/公顷）	110	千克/公顷
5. 劳均耕地面积	61	公顷/第一产业从业人员数
6. 劳动生产率	18 000	元/第一产业从业人员数
7. 劳均农业投入额	30 000	元
8. 农业科技投入占农业总产值比重	5	%
9. 城镇人口占总人口比重	80	%
10. 农村劳动力初中以上文化程度比重	90	%

资料来源：作者测算 2009.4

3. 特征值标标准化计算

首先对特征指标进行标准化：

正向指标：$Mik=\frac{\text{lndik}}{\text{SIndik}}\times 100\%$

式中：Mik 为第 k 次农业现代化指标 i 的实现程度，$Indik$ 为指标 i 的实际值，$SIndik$ 为 i 指标标准值。

逆向指标：$MIik=\frac{1}{(\text{Indik} \ / \ \text{SIndik})}\times 100\%$

当 $k=1$ 时，$n=12$；当 $k=2$ 时，$n=14$。$n\leqslant 12$ 或 $n\leqslant 14$。

4. 现代农业阶段性评价监测值的确定

中国农业现代化动态监测分为 5 个阶段，包括初始期、起步期、发展期、成熟期、实现过渡期。5 个阶段赋值见表 4-50 所示。

表 4-50　现代农业阶段性评价值的确定

	标准值	5. 现代农业实现过渡期	4. 现代农业成熟期	3. 现代农业发展期	2. 现代起步期	1. 传统农业
1. 第一产业产值占 GDP 比重	1.6	≧ 100	60～100	30～60	10～30	<10
		5	4	3	2	1

续表

	标准值	5. 现代农业实现过渡期	4. 现代农业成熟期	3. 现代农业发展期	2. 现代起步期	1. 传统农业
2. 农业机械总动力（千瓦时/千公顷）	30	≧100	60～100	30～60	10～30	＜10
		5	4	3	2	1
3. 土地生产率	100 000	≧100	60～100	30～60	10～30	＜10
		5	4	3	2	1
4. 化肥施用量（吨/公顷）	110	≧100	60～100	30～60	10～30	＜10
		5	4	3	2	1
5. 劳均耕地面积	61	≧100	60～100	30～60	10～30	＜10
		5	4	3	2	1
6. 劳动生产率	18 000	≧100	60～100	30～60	10～30	＜10
		5	4	3	2	1
7. 劳均农业投入额	30 000	≧100	60～100	30～60	10～30	＜10
		5	4	3	2	1
8. 农业科技投入占农业总产值比重	5	≧100	60～100	30～60	10～30	＜10
		5	4	3	2	1
9. 城镇人口占总人口比重	80	≧100	60～100	30～60	10～30	＜10
		5	4	3	2	1
10. 农村劳动力初中以上文化程度比重	90	≧100	60～100	30～60	10～30	＜10
		5	4	3	2	1

资料来源：作者测算 2009.4

5. 现代农业阶段性评价模型

农业现代化阶段性评价（MIk）计算公式：

$$MI^k = \sum_{i=1}^{n} MI_i^k / n$$

当 $k=1$ 时，$n=12$；$k=2$ 时，$n=14$。由于计算时有的指标缺项，所以 $n \leqslant 12$ 或 $n \leqslant 14$ 。

6. 现代农业阶段性评价指标值

用标准值对 10 项特征指标值进行标准化，得出现代农业发展的阶段指标值，如表 4-51 所示。

表 4-51　现代农业阶段性评价指标值

指标	1	2	3	4	5	6	7	8	9	10
	N	A	A	A/N	A	A	A	A	A	A
标准值	1.6	30	100 000	110	60.6	18 000	30 000	5	80	90
全国	8	10	4	54	1	1	1	7	29	51

续表

指标	1	2	3	4	5	6	7	8	9	10
	N	A	A	A/N	A	A	A	A	A	A
北京	39	38	13	28	1	4	10	8	84	79
天津	29	32	7	56	1	3	6	9	73	65
河北	9	21	5	48	1	1	2	7	21	62
山西	12	10	2	66	1	1	1	8	31	63
内蒙古	6	4	2	53	2	2	1	7	46	52
辽宁	12	9	5	54	1	2	2	8	53	62
吉林	7	5	3	63	2	2	1	7	52	58
黑龙江	10	4	2	67	3	2	1	8	60	59
上海	70	19	11	21	1	3	15	10	88	64
江苏	10	15	8	25	1	2	5	8	28	56
安徽	11	22	11	29	0	2	6	8	22	49
浙江	6	11	4	43	1	1	1	8	19	49
福建	8	15	15	27	0	2	2	9	23	45
江西	6	9	6	44	0	1	1	7	26	45
山东	8	20	7	33	1	2	2	8	22	57
河南	6	15	5	42	0	1	1	7	18	59
湖南	7	8	6	40	1	1	1	7	34	54
湖北	6	13	8	33	0	1	1	7	19	52
广东	11	14	12	26	0	2	2	8	21	54
广西	5	8	5	53	0	1	1	7	16	51
海南	4	8	12	44	1	3	1	9	43	61
重庆	10	9	8	36	1	2	1	0	24	55
四川	6	6	5	54	0	1	1	9	20	42
贵州	5	3	2	69	1	1	0	7	17	36
云南	6	5	2	64	1	1	0	7	19	30
西藏	5	8	3	48	3	2	1	6	19	3
陕西	8	6	2	56	1	1	1	8	25	44
甘肃	7	5	2	64	1	1	0	8	23	44
青海	9	9	2	75	1	1	1	6	40	30
宁夏	8	7	2	60	2	1	1	8	34	38
新疆	6	5	3	56	2	2	1	7	60	40

1. 第一产业产值占 GDP 比重；2. 农业机械总动力（千瓦时/千公顷）；3. 土地生产率；4. 化肥施用量（吨/公顷）；5. 劳均耕地面积；6. 劳动生产率；7. 劳均农业投入额；8. 农业科技投入占农业总产值比重；9. 城镇人口占总人口比重；10. 农村劳动力初中以上文化程度比重。

7. 区域现代农业阶段评价结果

10 项特征指标标准化值与阶段值进行比较测算，得出区域 1952～2006 年现代农业阶段性评价结果，总体上，区域现代农业发展处于起步期，如表 4-52 所示。

表 4-52　现代农业发展阶段值确定

年份标准值	1	2	3	4	5	6	7	8	9	10	总分
	N	A	A	A/N	A	A	A	A	A	A	
	1.6	30	100 000	110	60.6	18 000	30 000	5	80	90	
北京	3	3	2	2	1	1	2	1	5	4	2.4
天津	2	3	1	3	1	1	1	1	5	4	2.2
河北	1	2	1	3	1	1	1	1	2	4	1.7
山西	2	1	1	4	1	1	1	1	3	4	1.9
内蒙古	1	1	1	3	1	1	1	1	3	3	1.6
辽宁	2	1	1	3	1	1	1	1	3	3	1.7
吉林	1	1	1	4	1	1	1	1	3	3	1.7
黑龙江	1	1	1	4	1	1	1	1	3	3	1.7
上海	4	2	2	2	1	1	2	2	4	4	2.4
江苏	2	2	1	2	1	1	1	1	2	3	1.6
安徽	2	2	2	2	1	1	1	1	2	3	1.7
浙江	1	2	1	3	1	1	1	1	2	3	1.6
福建	1	2	2	2	1	1	1	1	2	3	1.6
江西	1	1	1	3	1	1	1	1	2	3	1.5
山东	1	2	1	3	1	1	1	1	2	3	1.6
河南	1	2	1	3	1	1	1	1	2	3	1.6
湖南	1	1	1	3	1	1	1	1	3	3	1.6
湖北	1	2	1	3	1	1	1	1	2	3	1.6
广东	2	2	2	2	1	1	1	1	2	3	1.7
广西	1	1	1	3	1	1	1	1	2	3	1.5
海南	1	1	2	3	1	1	1	1	3	4	1.8
重庆	1	1	1	3	1	1	1	1	2	3	1.5
四川	1	1	1	3	1	1	1	1	2	3	1.5
贵州	1	1	1	4	1	1	1	1	2	3	1.6
云南	1	1	1	4	1	1	1	1	2	3	1.6
西藏	1	1	1	3	1	1	1	1	2	1	1.3
陕西	1	1	1	3	1	1	1	1	2	2	1.4
甘肃	1	1	1	4	1	1	1	1	2	2	1.5
青海	1	1	1	4	1	1	1	1	3	2	1.6
宁夏	1	1	1	4	1	1	1	1	3	2	1.6
新疆	1	1	1	3	1	1	1	1	4	2	1.6

1. 第一产业产值占 GDP 比重；2. 农业机械总动力（千瓦时/千公顷）；3. 土地生产率；4. 化肥施用量（吨/公顷）；5. 劳均耕地面积；6. 劳动生产率；7. 劳均农业投入额；8. 农业科技投入占农业总产值比重；9. 城镇人口占总人口比重；10. 农村劳动力初中以上文化程度比重。

三、现代农业与农业现代化阶段性发展比较

现代农业与农业现代化阶段性动态监测与评价结果显示，2003 年，我国农业现代化处于发展期。2006 年，我国现代农工业建设处于起步期。现

代农业比农业现代化建设相差一个阶段，事实上，我国正式提出现代农业建设的时间在 2007 年，而在 20 世纪 70 年代就提出了建设农业现代化的方针政策。虽然，在测算农业现代化的指标值设定中，我们吸收了农业现代化所反映的时代概念，但是，较之于现代农业建设，现代农业所包含的内容更能够体现中国大力解决“三农”问题的内涵。所以，清楚地认识到我国现代农业刚刚起步，离发展期和成熟期还有很长的一段距离，有助于我们脚踏实地地建设我国的现代农业。

第十二节　农业现代化与现代农业发展水平预测

一、预测方法

采用中国农业现代化和现代农业发展水平定量评价的研究结果，利用外推法预测中国农业现代化和现代农业实现水平，这样可以预期中国农业现代化和现代农业实现的时间。总体上，中国农业现代化和现代农业实现水平预测，只是根据农业现代化和现代农业发展近 10 年的平均增长率进行外推，这种方法，在理论上是成立的，但在实践中，却不能完全模拟现实中可能发生的农业现代化和现代农业进程。

二、建立模型的思路

按照简单外推原理，假定农业现代化序列 yt 在每个时期上的增长量是常量，拟合的趋势线为：$yt = c_1 + c_2 t$，其中 t 时间，yt 是 y 在 t 期的值。通常 t 在基期（第一个观察值）选择为 1 且每增加一个时期增加 1。

假定序列 yt，以同样百分比的增长速度增长可能比以同样的增长量增长更现实些。这个假定隐含着的变化规律为指数增长曲线：$yt = f\ (t) = Aert$，这里 A 和 r 可通过 $y\ (t)$ 和 yt 之间的相关性最大化来确定。$T+1$ 期的预测值可由下式给出：$\hat{y}_{T+1} = Ae^{r(T+1)}$，$T+L$ 期的预测由下式给出：$\hat{y}_{T+1} = Ae^{r(T+l)}$，参数 A 和 r 通过对方程两边取对数并拟合对数线性回归方程。$\log Yt = c_1 + c_2 t$ 来估计，其中 $c_1 = \mathrm{Iog}A$，$c_2 = r$。

1. 模型框架

根据上述分析，模型的公式如下：

$$Yt = C_1 + C_2 t \tag{1}$$

$$Yt = f(t) = Aert \tag{2}$$

2. 模型假定

本模型主要的假设是：第一，农业现代化和现代农业增长速度有一定的规律；第二，超常规发展基本不存在。

3. 数据来源

预测所使用的数据主要来自本研究的农业现代化和现代农业测算结果。

三、农业现代化建设水平预测

1. 数据结构

测算出 1990～2003 年中国农业现代化发展综合指数的年均增长率，以 2003 年中国农业现代化发展为基期，推算 2020 年中国农业现代化发展水平。

2. 预测结果

根据上述方法预测，中国农业现代化未来实现水平是：到 2020 年，全国农业现代化发展水平是 40.82，离全面实现农业现代化目标仍然存在很大差距。

3. 区域特征

根据上述方法预测，中国区域农业现代化未来实现水平的结果预测是：2014 年上海率先实现农业现代化。2020 年，北京农业现代化实现水平为 89.07，浙江为 73.55，福建为 68.70，天津为 68.19，新疆为 63.90，山东为 63.33，河北为 61.51，湖北为 59.71，吉林为 52.33。上述省份农业现代化实现水平基本达到半数值以上，是农业现代化实现较快的区域。

2020 年，江苏、河南、广东、内蒙古、山西、海南、辽宁、湖南、黑龙江、四川、江西、宁夏、安徽、广西、青海、甘肃、陕西、云南、重庆、贵州和西藏等省市区农业现代化实现的程度分别是 47.98、47.78、46.69、46.50、44.50、44.44、40.40、36.61、35.52、35.49、32.96、32.73、32.15、31.04、24.26、24.12、22.83、19.86、16.56、14.96 和 4.89。西藏农业现代化实现水平最低（表 4-53 和表 4-54）。

表 4-53　中国农业现代化实现水平测算结果

指数	1980	1981	1982	1983	1984	1985	1986	1987	1988	1989	1990	1991	1992	1993	1994	1995	1996	1997	1998	1999	2000	2001	2002	2003
全国	26.80	26.80	26.80	26.80	26.80	26.80	24.92	24.82	26.35	25.78	25.44	26.75	24.47	25.97	24.96	27.03	31.24	31.48	35.74	33.41	32.59	32.05	31.00	31.02
北京	64.08	61.72	63.14	67.55	67.85	70.30	67.96	68.98	63.39	58.28	65.98	68.93	61.75	65.63	66.36	66.25	67.24	65.21	58.86	68.98	68.62	70.15	71.51	74.00
天津	53.51	52.21	56.34	56.16	55.29	52.99	53.90	56.64	55.82	52.66	54.21	55.85	50.60	51.33	50.06	56.27	62.38	58.95	68.93	60.83	59.19	58.75	58.38	57.39
河北	26.02	26.71	25.69	23.81	24.98	24.55	24.07	24.61	28.25	27.09	25.96	28.60	25.51	26.72	25.97	31.50	38.02	37.39	45.70	38.77	38.22	37.86	36.67	37.08
山西	23.36	23.39	22.48	21.53	23.60	22.91	22.98	22.25	24.45	24.17	24.18	23.41	21.37	21.44	19.47	23.01	30.54	27.85	33.72	28.46	28.14	26.87	28.26	28.57
内蒙古	26.33	23.27	22.91	21.88	23.05	20.99	20.34	20.23	19.95	18.79	21.10	19.34	18.94	20.62	19.24	21.10	24.21	26.49	31.27	29.99	27.68	27.45	26.99	28.38
辽宁	39.01	38.22	38.04	38.12	38.39	36.75	37.52	37.49	38.91	33.79	36.31	38.39	35.60	38.47	36.97	37.19	42.70	40.94	47.47	43.71	41.98	42.52	40.73	39.22
吉林	34.67	32.80	31.72	33.01	33.40	30.03	28.83	28.92	28.54	25.82	26.77	27.33	24.42	24.34	24.55	26.09	29.20	30.91	35.73	35.17	30.96	31.49	32.14	32.88
黑龙江	39.03	35.75	35.17	35.43	35.68	34.73	35.37	33.86	29.72	29.77	30.94	30.86	29.48	28.03	28.41	32.37	37.92	37.18	33.98	33.35	30.10	31.10	30.89	30.76
上海	72.65	70.78	69.67	69.93	72.99	74.98	77.15	75.54	77.06	69.12	75.37	70.39	76.10	72.34	74.51	73.13	84.91	73.93	73.75	77.59	77.12	76.50	78.08	85.19
江苏	35.72	36.14	36.46	38.60	38.77	37.40	39.83	40.08	40.71	36.83	39.28	39.14	36.68	39.03	39.27	42.41	47.21	45.89	49.58	47.17	45.35	44.90	44.46	42.32
浙江	41.18	41.52	41.29	41.56	43.64	44.44	44.63	46.06	41.68	36.94	40.64	44.51	38.33	42.30	42.12	45.36	48.63	48.08	53.11	49.09	50.41	51.12	51.33	52.57
安徽	24.47	22.74	24.16	24.22	24.29	22.52	22.87	22.94	23.77	23.31	22.05	19.90	20.78	23.99	21.29	23.99	29.72	29.79	34.77	29.97	27.17	27.95	27.66	26.91
福建	35.12	34.27	34.23	35.96	36.98	34.50	35.31	37.07	35.20	35.03	36.47	39.18	37.06	40.01	42.12	42.75	49.98	49.74	55.60	51.59	50.98	51.20	50.12	49.48
江西	26.72	27.51	27.07	26.79	27.64	26.03	25.44	25.33	24.04	23.24	24.78	26.93	24.06	26.88	25.66	26.97	32.84	32.66	35.98	31.72	30.21	30.72	30.52	29.04
山东	29.81	30.12	29.73	32.14	31.48	30.11	29.89	30.59	27.19	26.52	26.36	29.70	25.75	27.15	27.49	28.49	34.51	33.82	39.61	35.73	34.46	34.40	33.40	37.87
河南	22.79	23.01	22.30	22.62	22.82	21.21	20.58	21.57	19.97	22.96	20.85	21.72	19.70	20.96	17.27	22.20	28.35	27.63	35.17	30.21	29.30	29.47	29.73	28.97
湖北	28.44	28.55	28.67	28.57	30.11	30.09	28.61	28.51	25.15	25.33	26.18	25.87	23.75	24.78	26.14	27.99	32.27	35.47	38.82	36.11	34.15	33.36	32.84	35.00
湖南	31.64	31.99	30.70	32.08	30.81	29.24	29.09	28.73	24.03	23.29	22.54	25.31	23.25	24.29	23.57	24.44	27.61	30.54	35.15	28.91	28.85	28.16	27.30	28.53
广东	40.91	37.34	36.81	36.63	37.18	36.36	88.76	39.66	41.90	39.28	39.36	44.74	41.44	45.08	42.81	43.88	47.23	47.65	50.20	47.66	47.16	45.78	44.34	43.89
广西	22.29	21.46	21.11	20.61	19.88	17.82	17.46	17.30	16.45	17.09	17.78	20.26	19.27	19.41	19.19	21.05	24.71	25.89	31.09	26.24	23.50	22.83	22.32	23.34
海南									32.53	31.25	32.04	33.63	33.04	33.54	35.03	34.37	43.40	37.00	41.56	41.13	39.43	39.96	39.96	37.74
重庆																		14.58	18.49	15.32	15.21	15.22	14.50	15.09
四川	22.59	21.98	21.44	21.87	22.77	20.28	21.17	21.29	18.19	18.50	17.61	19.49	17.04	17.57	15.95	17.83	24.06	23.70	29.24	24.84	24.08	24.25	23.42	23.15
贵州	16.33	15.24	14.44	13.91	14.39	11.97	10.74	10.63	10.49	10.34	9.80	10.05	8.75	10.63	8.77	10.71	13.84	15.35	20.74	15.41	14.30	13.94	11.35	12.14
云南	15.87	15.49	14.83	14.47	14.67	13.22	12.35	11.99	10.34	10.86	12.03	11.87	10.72	12.20	9.30	9.74	16.76	16.43	22.20	16.20	15.35	15.91	14.68	14.79
西藏	36.32	37.89	35.06	34.30	35.07	37.62	34.30	37.38	27.75	25.94	28.25	32.47	27.53	26.36	23.99	24.99	23.50	28.25	33.24	14.03	16.92	14.68	12.86	13.19
陕西	18.06	17.49	17.03	15.71	16.70	17.33	15.16	15.50	23.40	25.57	23.74	23.52	20.49	23.23	18.29	21.54	26.63	25.17	32.64	22.99	21.39	22.53	21.68	20.61
甘肃	17.68	16.86	16.63	15.23	16.97	14.82	13.74	12.80	13.28	13.73	12.44	12.42	11.67	12.33	10.99	16.83	16.55	15.66	22.41	18.61	17.96	18.07	16.58	16.11
青海	22.41	21.70	21.24	20.17	21.04	19.60	17.97	16.80	16.75	14.79	15.79	14.25	12.86	13.24	14.53	13.04	11.30	18.02	21.77	18.76	16.90	17.99	17.37	16.84
宁夏	21.88	19.76	19.40	19.04	19.52	17.20	18.54	18.09	17.09	18.73	18.17	17.92	15.25	14.61	12.74	14.34	18.53	21.16	25.80	21.51	20.50	21.15	21.00	20.23
新疆	27.62	25.94	26.43	24.96	26.02	26.14	25.97	25.07	25.96	25.76	25.34	26.63	23.83	24.12	23.04	26.41	30.01	31.30	35.35	32.10	32.17	30.77	29.47	35.36
总指数	31.44	30.62	30.37	30.46	31.09	30.10	31.51	30.02	29.30	28.08	28.96	29.98	27.72	28.92	28.07	30.11	34.71	33.88	38.36	34.55	33.45	33.41	32.86	33.37

资料来源：作者测算 2009.4

表 4-54 中国农业现代化实现水平预测

2005		2010		2014		2015		2020	
地区	指数	地区	指数	地区	指数	地区	指数	地区	指数
全国	32.04	全国	34.73	全国	37.05	全国	37.65	全国	40.82
上海	87.76	上海	94.54	上海	100.33	上海	101.83	上海	109.69
北京	75.63	北京	79.87	北京	83.43	北京	84.34	北京	89.07
天津	58.57	天津	61.61	浙江	65.33	浙江	66.63	浙江	73.55
浙江	54.69	浙江	60.36	天津	64.17	天津	64.82	福建	68.70
福建	51.43	福建	56.64	福建	61.19	福建	62.38	天津	68.19
广东	44.68	山东	46.80	山东	52.82	山东	54.44	新疆	63.90
江苏	42.95	河北	45.67	新疆	51.86	新疆	53.70	山东	63.33
山东	40.23	广东	45.34	河北	51.45	河北	53.00	河北	61.51
辽宁	39.36	新疆	45.12	湖北	49.45	湖北	51.03	湖北	59.71
河北	39.35	江苏	44.57	江苏	45.90	江苏	46.24	吉林	52.33
海南	38.66	湖北	43.61	广东	45.87	广东	46.01	江苏	47.98
新疆	37.91	海南	40.50	吉林	44.42	吉林	45.65	河南	47.78
湖北	37.27	吉林	39.82	海南	42.03	海南	42.42	广东	46.69
吉林	34.73	辽宁	39.70	河南	40.05	河南	41.24	内蒙古	46.50
黑龙江	31.28	河南	35.60	辽宁	39.98	内蒙古	40.22	山西	44.50
河南	30.73	内蒙古	34.78	内蒙古	39.06	辽宁	40.05	海南	44.44
山西	30.10	山西	34.29	山西	38.06	山西	39.06	辽宁	40.40
内蒙古	30.08	黑龙江	32.64	黑龙江	33.76	黑龙江	34.05	湖南	36.61
江西	29.45	湖南	31.62	湖南	33.53	湖南	34.03	黑龙江	35.52
湖南	29.39	江西	30.51	江西	31.38	江西	31.60	四川	35.49
安徽	27.48	安徽	28.96	四川	30.52	四川	31.30	宁夏	32.96
四川	24.35	四川	27.61	安徽	30.19	安徽	30.51	江西	32.73
广西	24.14	广西	26.25	广西	28.07	广西	28.54	安徽	32.15
宁夏	21.15	宁夏	24.52	宁夏	27.60	宁夏	28.43	广西	31.04
陕西	21.03	陕西	21.61	陕西	22.09	陕西	22.21	青海	24.26
青海	17.48	青海	19.50	青海	21.28	青海	21.75	甘肃	24.12
甘肃	16.75	甘肃	18.91	甘肃	20.85	甘肃	21.36	陕西	22.83
重庆	15.39	云南	16.67	云南	17.88	云南	18.20	云南	19.86
云南	15.28	重庆	15.77	重庆	16.08	重庆	16.16	重庆	16.56
西藏	12.57	贵州	13.25	贵州	13.91	贵州	14.08	贵州	14.96
贵州	12.48	西藏	9.18	西藏	7.13	西藏	6.70	西藏	4.89

资料来源：作者测算 2009.4

四、现代农业建设水平预测

1. 全国总体水平

采用现代农业发展水平定量评价的研究结果，利用外推法预测现代农业实现水平，这样可以预测现代农业实现的时间问题。从总体上看，现代农业实现水平预测，只是根据现代农业发展近 10 年的平均增长率进行外推，这种方法，在理论上是成立的，但在实践中，却有待于实践进行检验。

根据上述方法预测，到20世纪50年代即2050年，中国现代农业实现水平可以达到68.2%（图4-9和表4-55）。

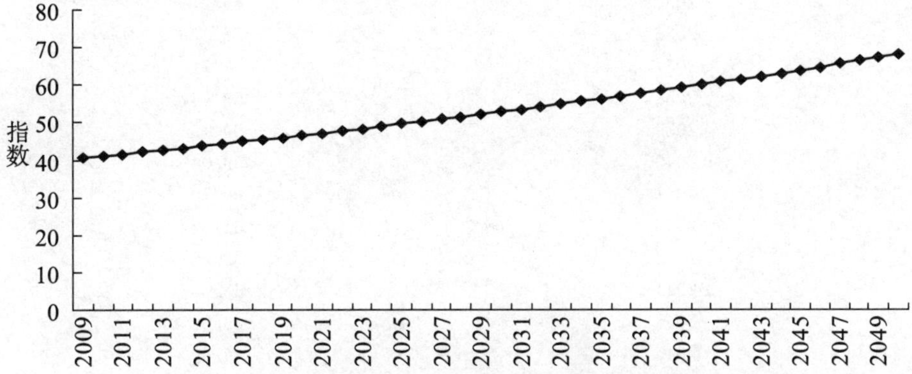

图4-9　中国现代农业建设与发展水平预测

表4-55　中国现代农业建设与发展水平预测值

年代	平均指数
2009	40.51
2010	41.02
2011	41.54
2012	42.07
2013	42.61
2014	43.15
2015	43.70
2016	44.25
2017	44.82
2018	45.39
2019	45.97
2020	46.55
2021	47.14
2022	47.74
2023	48.35
2024	48.96
2025	49.59
2026	50.22
2027	50.86
2028	51.50
2029	52.16
2030	52.82
2031	53.49
2032	54.17

续表

年代	平均指数
2033	54.86
2034	55.56
2035	56.27
2036	56.98
2037	57.71
2038	58.44
2039	59.19
2040	59.94
2041	60.70
2042	61.47
2043	62.26
2044	63.05
2045	63.85
2046	64.66
2047	65.49
2048	66.32
2049	67.16
2050	68.02

资料来源：作者测算 2009.4

2. 区域特征

未来中国现代农业实现水平的区域特征预测结果是：2050 年，现代农业实现的程度浙江是 85.38、安徽是 80.07、上海是 73.14、山东是 69.19、北京是 65.22、江西是 64.56、河北是 62.64、吉林是 62.53、黑龙江是 61.36。上述省份现代农业实现水平基本达到综合指数值 100 的半数值以上，是现代农业实现较快的区域（表 4-56）。

表 4-56　区域现代农业建设水平预测

地区	2007	2030	2035	2040	2045	2050
北京	48.40	56.77	58.78	60.85	63.00	65.22
天津	42.72	47.70	48.86	50.05	51.27	52.51
河北	34.57	47.51	50.91	54.55	58.46	62.64
山西	31.99	44.89	48.32	52.01	55.99	60.27
内蒙古	34.54	46.44	49.53	52.82	56.33	60.07
辽宁	36.78	42.80	44.23	45.72	47.25	48.83
吉林	41.40	51.61	54.15	56.81	59.60	62.53
黑龙江	41.20	50.98	53.40	55.93	58.58	61.36
上海	58.52	65.93	67.67	69.44	71.27	73.14
江苏	36.77	44.34	46.19	48.11	50.11	52.19
安徽	51.28	65.08	68.54	72.19	76.02	80.07
浙江	34.23	55.81	62.07	69.03	76.77	85.38

续表

地区	2007	2030	2035	2040	2045	2050
福建	43.99	50.09	51.52	53.00	54.51	56.08
江西	40.07	51.72	54.67	57.79	61.08	64.56
山东	36.96	51.69	55.60	59.80	64.33	69.19
河南	32.77	43.07	45.70	48.50	51.46	54.61
湖南	31.88	37.63	39.01	40.44	41.92	43.46
湖北	33.49	34.89	35.20	35.51	35.83	36.15
广东	42.65	41.70	41.49	41.29	41.09	40.89
广西	34.32	38.71	39.73	40.78	41.86	42.97
海南	34.79	38.70	39.61	40.53	41.48	42.46
重庆	24.39	31.38	33.15	35.01	36.99	39.07
四川	31.40	37.87	39.44	41.08	42.79	44.57
贵州	31.38	40.04	42.21	44.51	46.93	49.48
云南	34.02	41.78	43.68	45.68	47.76	49.94
西藏	34.68	33.42	33.15	32.89	32.63	32.37
陕西	31.71	36.06	37.08	38.13	39.22	40.33
甘肃	26.86	33.70	35.41	37.20	39.08	41.06
青海	24.97	30.88	32.34	33.87	35.48	37.15
宁夏	33.52	35.06	35.41	35.75	36.10	36.46
新疆	30.81	35.59	36.73	37.90	39.11	40.36

资料来源：作者测算 2009.4

五、现代农业与农业现代化预测结果比较

到 2020 年，全国农业现代化发展水平是 40.82，离全面实现农业现代化目标仍然存在很大差距。在区域上，2014 年上海率先实现农业现代化。2020 年，北京农业现代化实现水平为 89.07，浙江为 73.55，福建为 68.70，天津为 68.19，新疆为 63.90，山东为 63.33，河北为 61.51，湖北为 59.71，吉林为 52.33。上述省份农业现代化实现水平基本达到半数值以上，是农业现代化实现较快的区域。2020 年，江苏、河南、广东、内蒙古、山西、海南、辽宁、湖南、黑龙江、四川、江西、宁夏、安徽、广西、青海、甘肃、陕西、云南、重庆、贵州和西藏等省市区农业现代化实现的程度分别是 47.98，47.78，46.69，46.50，44.50，44.44，40.40，36.61，35.52，35.49，32.96，32.73，32.15，31.04，24.26，24.12，22.83，19.86，16.56，14.96 和 4.89。西藏农业现代化实现水平最低。

到 20 世纪 50 年代，即 2050 年，中国现代农业实现水平可以达到 68.2。区域上，2050 年，现代农业实现化程度最高的省份分别是浙江 (85.38)、安徽 (80.07)、上海 (73.14)、山东 (69.19)、北京 (65.22)、

江西（64.56）、河北（62.64）、吉林（62.53）、黑龙江（61.36）。与农业现代化建设相比，现代农业建设表现出更加慢长的建设过程。从综合指数值上看，有些地区如上海和北京实现农业现代化的时间似乎指日可待，但是，对于现代农业而言，则没有一个地区表现出这样的状况。因此，我们认为，中国现代农业建设还需要经历一个漫长的过程，这种过程是渐进行的，是动态发展的。不可否认，到21世纪末，我国能够建设真正意义上的现代农业。

第五章 中国现代农业在世界现代农业中的地位

在世界经济发展中，农业的地位很重要，无论是联合国粮农组织还是世界银行，对于世界农业发展的关注程度很高。以下评价指标常见于这些组织的世界农业发展报告中。第一产业国内生产总值、第二产业国内生产总值、第三产业国内生产总值、研究与发展经费支出占国内生产总值比重、公共教育经费支出占国内生产总值比重、每百万人从事研究与开发的研究人员数、万人拥有专利数、大学生粗入学率、小学生净入学率、平均每个农业经济活动人口耕地面积（公顷/人)、平均每千公顷耕地上拖拉机使用量（台/千公顷)、平均每千公顷耕地上化肥施用量（吨/千公顷)、全员劳动生产率、劳均谷物产量、劳均林产品产量、劳均肉类产量、劳均渔类产量、农产品出口额、人均国民总收入（美元)、城市人口比重、第一产业就业构成、第二产业就业构成、第三产业就业构成、医疗支出占国内生产总值的比重。从上述指标设立可以看出，国际组织中衡量农业产业的世界农业，既强调行业的特殊性，如农业的生产能力，产出率，农业生产效率。也强调农业的社会性、科学性和国际化性，如专利数、科技人员数、教育水平，农产品出口额、人均国民总收入，全民医疗状况。把农业置身于整个社会经济发展状况下讨论，这些成熟的统计指标为世界现代农业发展研究奠定了基础。本研究采用综合指数法针对世界现代农业发展进行了比较研究。

第一节 世界现代农业比较研究的评价指标体系

现代农业发展的一个重要水平就是技术、管理、经营的科学化，生产的集约化、市场化的国际化和农业生产的社会化。因此，我们可以用这四方面的尺度，判断世界农业发展的特性。在农业发展科学化的水平研究中，我们采用第一产业国内生产总值构成，第二产业国内生产总值构成，第三产业国内生产总值构成，研究与发展经费支出占国内生产总值比重，公共教育经费支出占国内生产总值比重，每百万人从事研究与开发的研究人员数，万人拥有专利数，大学生粗入学率，小学生净入学率来判断。在世界农业发展的集约化水平中，采用平均每个农业经济活动人口耕地面积(公顷/人)，平均每千公顷耕地上拖拉机使用量（台/千公顷)，平均每千公顷耕地上化肥施用量，全员劳动生产率，主要谷物产量，劳均谷物产量，劳均林产品产量，劳均肉类产量，劳均渔类产量来判断。在世界农业市场化与国际化水平中，采用农产品出口额来判断。在世界农业社会化水平中，采用人均国民总收入（美元)，城市人口比重，第一产业就业构成，第二产业就业构成，第三产业就业构成，医疗支出占国内生产总值的比重来判断。由此，我们建立了一整套评价世界现代农业发展水平的指标体系。

第二节　世界现代农业发展水平评价的指标体系

把世界现代农业发展评价指标体系分为目标层和准则层两大类。目标层测度世界现代农业发展水平，准则层分为测度世界现代农业发展的一级指标和二级指标体系。

一级指标体系设四组指标，分别是世界现代农业发展科学化水平，世界现代农业发展集约化水平，世界现代农业发展的市场化与国际化水平，世界现代农业发展的社会化水平。

二级指标体系 24 项，其中：①第一产业国内生产总值；②第二产业国内生产总值；③第三产业国内生产总值；④研究与发展经费支出占国内生产总值比重（%)；⑤公共教育经费支出占国内生产总值比重（%)；⑥每百万人从事研究与开发的研究人员数；⑦万人拥有专利数；⑧大学生粗入学率；⑨小学生净入学率评价世界现代农业发展科学化水平；⑩平均每个农业经济活动人口耕地面积（公顷/人)；⑪平均每千公顷耕地上拖拉机使用量（台/千公顷)；⑫平均每千公顷耕地上化肥施用量（吨/千公顷)；⑬全员劳动生产率；⑭劳均谷物产量；⑮劳均林产品产量；⑯劳均肉类产量；⑰劳均渔类产量评价世界现代农业发展集约化水平；⑱农产品出口额评价市场化与国际化发展水平；⑲人均国民总收入（美元)；⑳城市人口比重；㉑第一产业就业构成（%)；㉒第二产业就业构成（%)；㉓第三产业就业构成（%)；㉔医疗支出占国内生产总值的比重（%）评价世界现代农业发展的社会化水平（表5-1）。

表5-1　世界农业发展水平评价指标体系

目标层	指标1	指标2
现代农业建设水平	1. 科学化	1. 第一产业国内生产总值
		2. 第二产业国内生产总值
		3. 第三产业国内生产总值
		4. 研究与发展经费支出占国内生产总值比重（%）
		5. 公共教育经费支出占国内生产总值比重（%）
		6. 每百万人从事研究与开发的研究人员数
		7. 万人拥有专利数
		8. 大学生粗入学率
		9. 小学生净入学率
	2. 集约化	10. 平均每个农业经济活动人口耕地面积（公顷/人）
		11. 平均每千公顷耕地上拖拉机使用量（台/千公顷）
		12. 平均每千公顷耕地上化肥施用量（吨/千公顷）
		13. 全员劳动生产率
		14. 劳均谷物产量
		15. 劳均林产品产量
		16. 劳均肉类产量
		17. 劳均渔类产量
	3. 市场化与国际化	18. 农产品出口额
	4. 社会化	19. 人均国民总收入（美元）
		20. 城市人口比重
		21. 第一产业就业构成（%）
		22. 第二产业就业构成（%）
		23. 第三产业 就业构成（%）
		24. 医疗支出占国内生产总值的比重（%）

资料来源：作者测算 2009.4

第三节　指标体系构成

1. 农业科学化指标体系

第一产业国内生产总值构成（%）

$$第一产业国内生产总值=\frac{第一产业国内生产总值}{国内生产总值}\times100\%$$

第二产业国内生产总值构成（%）

$$第二产业国内生产总值=\frac{第二产业国内生产总值}{国内生产总值}\times100\%$$

第三产业国内生产总值构成（%）

$$第三产业国内生产总值=\frac{第三产业国内生产总值}{国内生产总值}\times 100\%$$

研究与发展经费支出占国内生产总值比重（%）

研究与发展经费支出占国内生产总值比重（%）

$$=\frac{研究与发展经费支出}{国内生产总值}\times 100\%$$

公共教育经费支出占国内生产总值比重（%）

公共教育经费支出占国内生产总值比重（%）

$$=\frac{公共教育经费支出}{国内生产总值比重}\times 100\%$$

每百万人从事研究与开发的研究人员数

每百万人从事研究与开发的研究人员数

$$=\frac{人口数}{从事研究与开发的研究人员数}$$

万人拥有专利数

$$万人拥有专利数=\frac{专利数}{人口数}$$

大学生粗入学率

$$大学生粗入学率=\frac{大学生入学数}{15-18\ 岁初中毕业生}$$

小学生净入学率

$$小学生净入学率=\frac{小学生入学人数}{6-7\ 岁儿童数}$$

2. 农业生产集约化指标体系

平均每个农业经济活动人口耕地面积（公顷/人）

$$平均每个农业经济活动人口耕地面积（公顷/人）=\frac{耕地面积}{农业经济活动人口}$$

平均每千公顷耕地上拖拉机使用量（台/千公顷）

$$平均每千公顷耕地上拖拉机使用量（台/千公顷）=\frac{耕地面积}{拖拉机使用量}$$

平均每千公顷耕地上化肥施用量

$$平均每千公顷耕地上化肥施用量=\frac{化肥施用量}{平均每千公顷耕地}$$

全员劳动生产率

$$全员劳动生产率=\frac{国内生产总值}{社会就业人员}$$

主要谷物产量

劳均林产品产量

$$劳均林产品产量=\frac{林产品产量}{社会就业人员}$$

劳均肉类产量

$$劳均肉类产量=\frac{肉类产量}{社会就业人员}$$

劳均渔类产量

$$劳均渔类产量=\frac{渔类产量}{社会就业人员}$$

3. 市场化与国际化

农产品出口额

4. 社会化

人均国民总收入（美元）

$$人均国民总收入=\frac{国民经济总值}{全国人口}$$

城市人口比重

$$城市人口比重=\frac{总人口}{农村人口}$$

第一产业就业构成（%）

$$第一产业就业构成=\frac{社会就业总人口}{第一产业就业人口}\times 100\%$$

第二产业就业构成（%）

$$第二产业就业构成=\frac{社会就业总人口}{第二产业就业人口}\times 100\%$$

第三产业就业构成（%）

$$第三产业就业构成=\frac{社会就业总人口}{第三产业就业人口}\times 100\%$$

医疗支出占国内生产总值的比重（%）

$$医疗支出占国内生产总值的比重（\%）=\frac{医疗支出}{国内生产总值}\times 100\%$$

第四节 数据获得及其处理

本研究数据来源于国际统计年鉴（2008）。选取了中国、印度、日本、韩国、菲律宾、泰国、土耳其、埃及、南非、加拿大、墨西哥、美国、阿根廷、巴西、保加利亚、捷克、法国、德国、意大利、俄罗斯、英国、澳大利亚和新西兰23个国家，一些小的国家就没有在计算之中。

第五节 评价指标体系权重的确定

本节运用层次分析法求取指标的权重，目标层四组指标权重、准则层24组指标的权重如表5-2所示：

表5-2 世界现代农业发展水平的测算指标体系

<table>
<tr><th>目标</th><th>指标1</th><th>权重</th><th>指标2</th><th>权重</th><th>性质</th></tr>
<tr><td rowspan="18">现代农业建设水平</td><td rowspan="9">科学化</td><td rowspan="9">27</td><td>1. 第一产业国内生产总值</td><td>1</td><td>逆</td></tr>
<tr><td>2. 第二产业国内生产总值</td><td>2</td><td>正</td></tr>
<tr><td>3. 第三产业国内生产总值</td><td>3.1</td><td>正</td></tr>
<tr><td>4. 研究与发展经费支出占国内生产总值比重（%）</td><td>3.8</td><td>正</td></tr>
<tr><td>5. 公共教育经费支出占国内生产总值比重（%）</td><td>3.8</td><td>正</td></tr>
<tr><td>6. 每百万人从事研究与开发的研究人员数</td><td>3.8</td><td>正</td></tr>
<tr><td>7. 万人拥有专利数</td><td>3.2</td><td>正</td></tr>
<tr><td>8. 大学生粗入学率</td><td>3.1</td><td>正</td></tr>
<tr><td>9. 小学生净入学率</td><td>3.2</td><td>正</td></tr>
<tr><td rowspan="8">集约化</td><td rowspan="8">25</td><td>10. 平均每个农业经济活动人口耕地面积（公顷/人）</td><td>3.2</td><td>正</td></tr>
<tr><td>11. 平均每千公顷耕地上拖拉机使用量（台/千公顷）</td><td>3.2</td><td>正</td></tr>
<tr><td>12. 平均每千公顷耕地上化肥施用量（吨/千公顷）</td><td>3.1</td><td>正</td></tr>
<tr><td>13. 全员劳动生产率</td><td>3.5</td><td>正</td></tr>
<tr><td>14. 劳均谷物产量</td><td>2.9</td><td>正</td></tr>
<tr><td>15. 劳均林产品产量</td><td>2.9</td><td>正</td></tr>
<tr><td>16. 劳均肉类产量</td><td>3.3</td><td>正</td></tr>
<tr><td>17. 劳均渔类产量</td><td>2.9</td><td>正</td></tr>
<tr><td>市场化与国际化</td><td>24</td><td>18. 农产品出口额</td><td>24</td><td>正</td></tr>
</table>

续表

目标	指标 1	权重	指标 2	权重	性质
	社会化	24	19. 人均国民总收入（美元）	4	正
			20. 城市人口比重	6	正
			21. 第一产业就业构成（%）	2	逆
			22. 第二产业就业构成（%）	4	正
			23. 第三产业 就业构成（%）	4	正
			24. 医疗支出占国内生产总值的比重（%）	4	正

资料来源：作者测算 2009.4

第六节 指标的标准化与计算模型

指标的标准。

指标的标准化采用比值法进行无量纲化处理，该方法首先选取一个评价基数值，把被评价方案的指标实际数据与其相比，从而得到一个比例系数。其计算公式为：

$$P_i=\begin{cases}(c_i-c_{\min})\ /\ (c_{\max}-c_{\min})\ (\text{为正作用指标标准化})\\(c_{\max}-c_i)\ /\ (c_{\text{man}}-c_{\min})\ (\text{为负作用指标标准化})\end{cases}$$

C_i 为被评价指标数据值，C_0 为某项指标评价基准数据。P_i 为被评价方案指标得分值（即评定系数）。

现代农业的综合评价模型（实证模型）

$$MA=\sum_{i=1}^{24}Y_i\times W_i$$

式中：MA 代表总体实现程度，W_i 为指标权重。

第七节 世界现代农业发展总体水平及中国所处的地位

通过综合指数法测算，世界现代农业发展总体水平最好的是美国，指数值达到 81.13，其次为法国，指数值 62.66，第三是加拿大，指数值为 58.27。其余位居前 10 名的名次依次为德国 54.85，澳大利亚 52.31，英国 50.02，意大利 47.87，日本 46.71，韩国 36.55，巴西 33.19。10 名以后的国家排序依次为捷克 32.42，俄罗斯 31.46，墨西哥 29.93，南非 27.68，保加利亚 25.88，土耳其 22.15，阿根廷 19.94，泰国 19.40。中国位于第

19 名，指数值 17.60，中国以后的国家有菲律宾 15.97，埃及 12.59，印度 12.51。

美国现代农业发展水平引领世界潮流的地位不可动摇，欧洲法国的现代农业发展水平处于世界第二级，澳大利亚现代农业发展水平与欧洲的德国、意大利和北美的加拿大同属第三级水平。亚洲的日本、韩国和欧洲的意大利同属第四级水平。与世界现代农业发展水平相比，中国现代农业发展水平相对落后（图 5-1）。

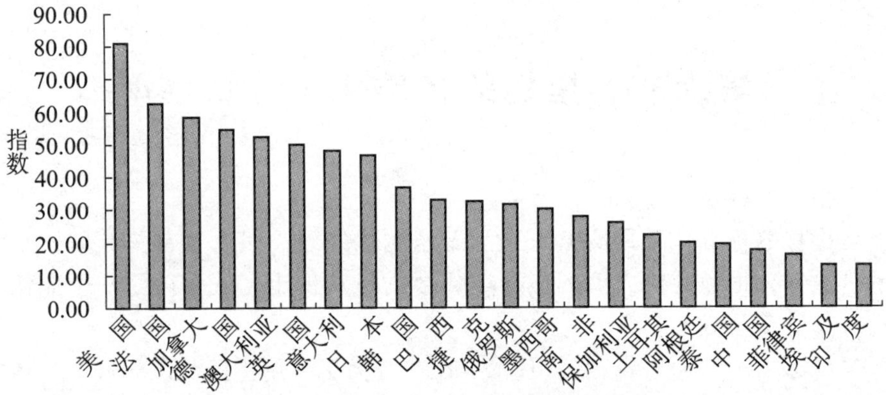

图 5-1 世界现代农业发展总体水平

第八节 世界现代农业发展的分类水平及中国的名次

科学化。综合指数法测算结果显示，世界现代农业科学化发展水平最好的是美国，指数值达到 19.68，其次为日本 18.84，韩国第三 18.46。后续依次为法国 18.34，加拿大 17.78，澳大利亚 17.42，英国 17.40，德国 14.77，意大利 14.41，俄罗斯 14.21，中国位居 19 位，指数为 6.31。

除美国的世界一级地位外，在农业科学化水平上，亚洲的日本与韩国分别位居第二和第三，中国的排名依然很落后。

集约化。综合指数法测算结果显示，世界现代农业集约化发展水平最好的是美国 17.7，加拿大 17.28，澳大利亚 12.41，法国 11.57，意大利 10.39，日本 9.88，德国 8.91，英国 8.68，阿根廷 6.57，泰国 5.7。中国位于 21 位，指数为 1.2。

除美国的世界一级地位外，在农业集约化水平上，加拿大、澳大利亚、法国、意大利、日本的发展水平位于世界前列。在此项目上，中国的排名世界的21位，差距很显著。

市场化与国际化。综合指数法测算结果显示，世界现代农业市场化与国际化发展水平最好的是美国，指数为24，其次是法国，指数为16.1，第三是德国，指数为12.51，其后依次为巴西7.85，意大利7.74，加拿大6.56，英国6.4，中国6.28，澳大利亚5.54，阿根廷5.11。

除美国的世界一级地位外，在农业市场化与国际化水平上，法国、德国、阿根廷、意大利、加拿大、英国、中国、澳大利亚、巴西位居前10名，中国在市场和国际化上，排名第8位，是唯一一项排在世界前10位的水平值。

社会化。综合指数法测算结果显示，世界现代农业社会化发展水平最好的是美国，指数值达到19.75，其次为德国，指数值为18.66，日本第三，指数值为17.65，后续依次为英国17.55，澳大利亚16.94，加拿大16.66，法国16.65，阿根廷15.38，意大利15.32，捷克14.63。在此项目上，中国的排名位于世界的20位，指数为3.81，差距很显著。

除美国的世界一级地位外，在农业社会化水平上，德国、日本、英国、澳大利亚、加拿大、法国、阿根廷、意大利、捷克的排名位于世界前10位，在该项目上，中国的排位很落后，位于第20位（表5-3)。

表5-3　世界现代农业发展的分类水平

国别	科学化	集约化	市场化与国际化	社会化
美国	19.68	17.70	24.00	19.75
日本	18.84	9.88	0.35	17.65
韩国	18.46	4.06	0.43	13.60
法国	18.34	11.57	16.10	16.65
加拿大	17.78	17.28	6.56	16.66
澳大利亚	17.42	12.41	5.54	16.94
英国	17.40	8.68	6.40	17.55
德国	14.77	8.91	12.51	18.66
意大利	14.41	10.39	7.74	15.32
俄罗斯	14.21	4.60	0.60	12.05
捷克	12.93	4.50	0.37	14.63
保加利亚	11.36	4.51	0.00	10.01
墨西哥	11.27	3.95	3.09	11.62
巴西	10.30	3.33	7.85	11.71
南非	9.59	4.31	0.88	12.91

续表

国别	科学化	集约化	市场化与国际化	社会化
泰国	8.23	5.70	3.73	1.74
土耳其	7.45	4.38	1.57	8.75
菲律宾	7.21	2.78	0.42	5.56
中国	6.31	1.20	6.28	3.81
印度	4.67	2.57	2.23	3.04
埃及	3.00	0.69	0.05	8.84
阿根廷	−7.13	6.57	5.11	15.38

资料来源：作者测算 2009.4

第九节　世界现代农业发展的区域水平

区域上，作为独处大洋洲的澳大利亚现代农业排名第一，欧洲排名第二，美洲因南美因素排名第三，亚洲排名第三，非洲排名第四。

在亚洲区域内，中国现代农业的发展水平不仅落后于日本、韩国，也落后于土耳其、泰国。在非洲，南非的现代农业比埃及的现代农业先进的多。在美洲，阿根廷的现代农业较为落后（表 5-4）。

表 5-4　世界现代农业发展的区域水平

区域	国家	指数
亚洲	日本	46.71
	韩国	36.55
	土耳其	22.15
	泰国	19.40
	中国	17.60
	菲律宾	15.97
	印度	12.51
	合计	24.41
非洲	南非	27.68
	埃及	12.59
	合计	20.14
美洲	美国	81.13
	加拿大	58.27
	巴西	33.19
	墨西哥	29.93
	阿根廷	19.94
	合计	35.36

续表

区域	国家	指数
欧洲	法国	62.66
	德国	54.85
	英国	50.02
	意大利	47.87
	捷克	32.42
	保加利亚	25.88
	合计	45.62
俄罗斯	俄罗斯	31.46
大洋洲	澳大利亚	52.31

资料来源：作者测算 2009.4

第十节 结论及政策建议

现代农业发展与农业现代化水平发展息息相关，农业现代化发展的前提条件是工业化发展水平。20 世纪 70 年代前后，发达国家包括美国、欧盟、加拿大、澳大利亚和日本、韩国，完成了国家工业化和农业化发展水平，后现代化时刻的现代农业发展无疑是全面的，扎实的。总体上，美国农业代表世界先进农业的潮流，一部分欧盟国家农业属于世界现代农业的二级范畴，一部分属于世界现代农业的三级、四级范畴。亚洲的日本和韩国属于第四级的范畴，但属于亚洲的一级范畴。通过这样的侧度，我们认识到中国现代农业发展的艰巨性和漫长性。所以，在中国现代农业建设中，既要吸取发达国家的经验，还要结合自身农业发展特点，创建中国特色的现代农业。

第六章　从集约化和规模化程度上看中国现代农业离我们有多远

为了研究从集约化和规模化程度上看中国离现代农业有多远的命题，本章依据边际效益理论，建立了中国农业生产，畜牧业生产边际效益分析模型，采用农产品成本年鉴中的投入产出数据，从农业生产和畜牧业生产外部和内部（拟向和横向）两个方面，模拟了各种农作物和饲养家畜的规模边际效益及其拐点，从而求证出中国发展现代农业在规模化与集约化方面的差距。

第一节　测度中国发展现代农业规模化问题的理论

一、边际效益与新古典生产函数

长期以来，新古典生产函数已经普遍用于描述农业生产关系。图 1 表示新古典生产函数。随着投入新 X1 使用的增加，起初投入的生产力也增加，函数上升，即开始时以递增速率增长，然后出现一个“拐点”，这时函数从以递增速率增长转为以递减速率增长。换句话说，函数在拐点之前凸向水平轴，而在拐点之后凹向水平轴。拐点标志着递增边际报酬的结束和递减边际报酬的开始。最后，函数达到一最大值并开始下降。过最大点后，可变投入 X1 用量的增加导致总产量（TPP）的下降。

二、新古典函数的边际物资产量（MPP）和平均物质产量（APP）

MPP 函数随投入 X1 使用的增加而变化。起初，随着投入 X1 生产力的增加，其边际产量也增加，相应的 MPP 函数必定上升（图 6-1），拐点标志最高边际产量。正是在拐点，投入 X1 单位增量的生产力最大。拐点之后，X1 的边际产量下降，MPP 函数必定也下降，X1 的边际产量在产出最大点为零，在更高水平为负。所以，MPP 函数在产出最大点为零，随后为负。

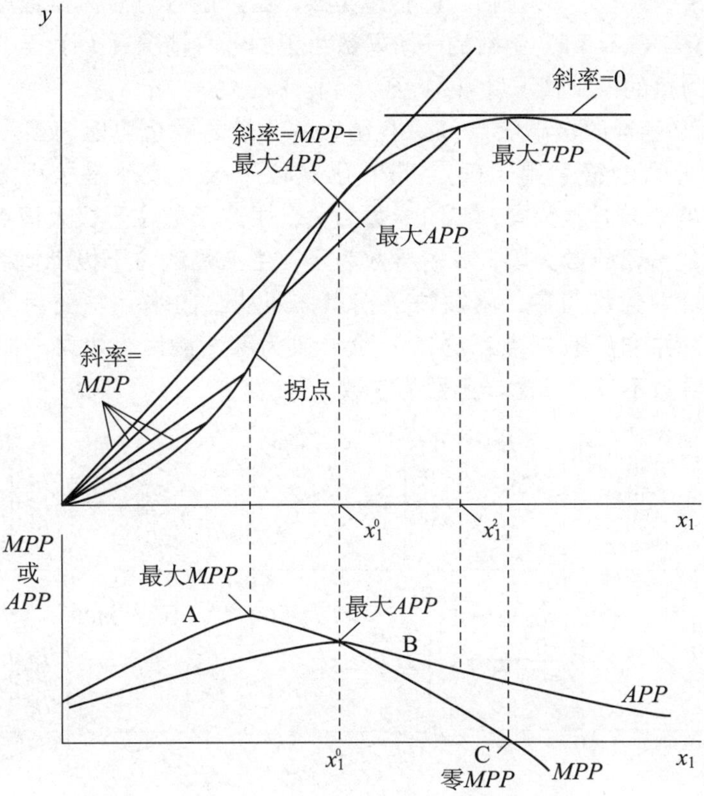

图 6-1　新古典三阶段生产函数

三、边际物资产量模型（符号、斜率和曲率）

对生产函数反复微分，就可能精确地确定相应 *MPP* 函数的形状。对于生产函数

$$Y=f(x)$$

一阶导数代表相应的 MPP 函数：

$$dy/dx=f'(x)=f_1=MPP$$

把 x_1 值代入函数 $f'(x)$。如果 $f'(x)$（即 dy/dx 或 *MPP*）为正，投入递增单位产生附加产出。由于生产函数达到极大值之后 *MPP* 为负，$f'(x)$ 的正号表明基础生产函数有一正斜率，且尚未达到极大值。如果 $f(x)$ 为负，生产函数下降，已经达到其极大值。生产函数一阶导数的符号表明生产函数的斜率，为正还是为负，以及 *MPP* 位于水平轴以上还是

以下。如果 MPP 为零，则 $f'(x)$ 也为零，生产函数可能为常数或位于极大值。图 6-2 表示 TPP 函数的一阶导数为正的七种情况［(a) 至 (g)］和一阶导数为负的三种情况［(h) 至 (j)］。

在 TPP 函数的极小值点，TPP 函数的一阶导数也可能为零。TPP 函数的二阶导数的符号用于确定 TPP 函数位于极大值还是极小值。如果 TPP 函数的一阶导数为零，二阶导数为负，生产函数位于极大值点。如果 TPP 函数的一阶导数为零，二阶导数为正，生产函数位于极小值点。如果一阶和二阶导数均为零，函数位于拐点，即从凸向水平轴变为凹向水平轴。然而，并非所有拐点都必须一阶导数为零。最后，如果一阶导数为零，二阶导数不存在，生产函数为常数。

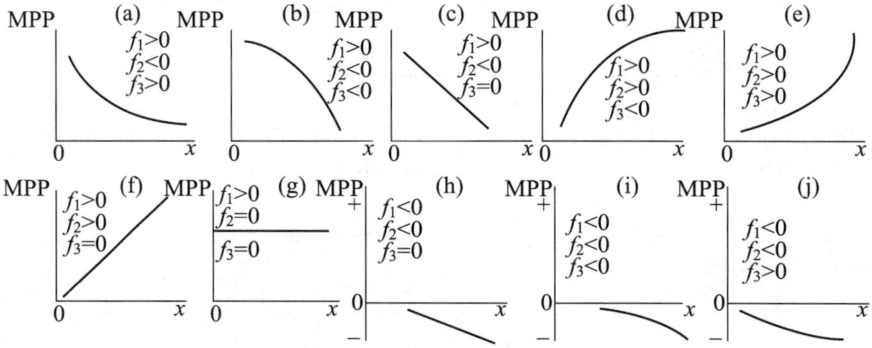

图 6-2　生产函数 Y＝*f*（*x*）的可能 *MPP*，f_1＝*MPP*；f_2＝*MPP* 的斜率；f3＝MPP 的曲率

生产函数的二阶导数为 *MPP* 函数的二阶导数，即 *MPP* 函数的斜率。二阶导数［d^2y/dx^2 或 $f''(x)$ 或 f_2］是对生产函数再次微分得到的：

$$d_2y/dx2=f''(x)=f^2=dMPP/dx$$

如果方程对一特定 x 值为正，则 MPP 在那个特定点上升。负号表示 MPP 在那个特定点下降。如果 $f''(x)$ 为零，MPP 可能在那个点有极大值。在图 6-2 中，MPP 函数的一阶导数（TPP 函数的二阶导数）在（d）、（e）和（*f*）中为正，在（a）、（b）、（c）、（h）、（i）和（j）中为负，在（g）中为零。

MPP 函数的二阶导数代表 MPP 的曲率，而且是原生产函数（TPP 函数）的三阶导数。它是通过对原生产函数再次微分而得到的：

$$d^3y/dx^3=f'''(x)=d^2MPP/dx^2$$

对于特定 x 值，$f'''(x)$ 的符号表明 MPP 在那个特定点的变化速率。如果，$f'''(x)$ 为正，则 MPP 正以递增速率增长［图 6-2（e）］或正以递减速率下降［(a) 或 (j)］。负号表示 MPP 正以递减速率增长［(d)］或正以递减速率下降［ (b) 和 (i)］。如果 $f'''(x)$ 为零，则 MPP 斜率为常数，无曲率［ (f)、(g) 和 (h)］。

四、边际产值与边际因素成本

边际产值 (*VMP*) 定义为 1 附加单位 X 得到的产出单位增量值，这时 Y 以一个不变市场价格出售。VMP 是在不变产品价格假设下，*TVP* 函数斜率的代名词。换句话说，VMP 是 $\Delta TVP/\Delta x$ 的另一名称。由于 $TVP = p^0 TPP$，VMP 必等于 $P^0 \Delta TPP/\Delta x$。但 $\Delta TPP/\Delta x = MPP$，所以，VMP 必等于 $p^0 MPP$。

"边际因素成本" (*MFC*) 有时称为 "边际资源成本" (*MRC*)，定义为与购买一附加单位投入有关的投入成本的增加。*MFC* 是 *TFC* 函数斜率的另一名称。注意，如果假定投入价格在 V^0 不变，那么 $MFC = V^0$ (图 6-3)。

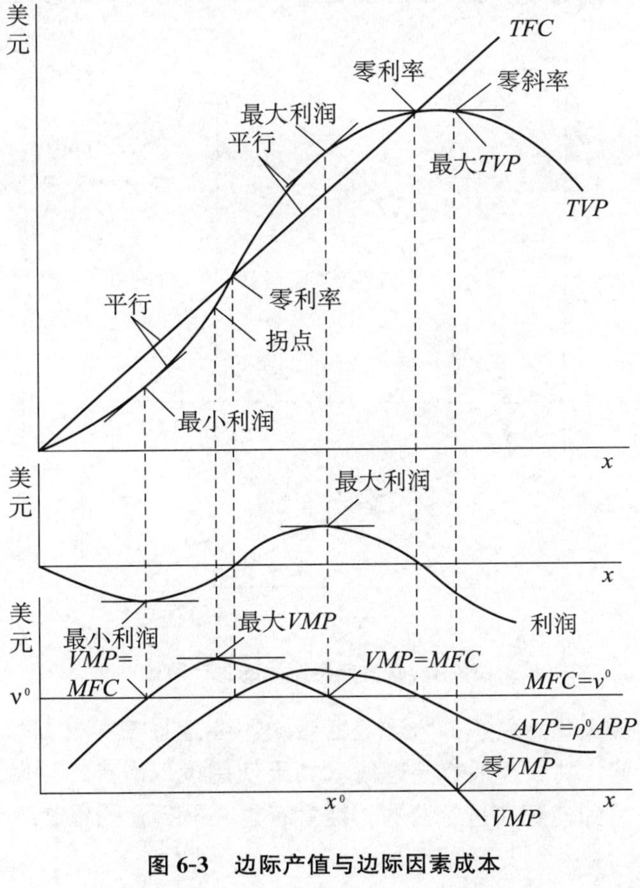

图 6-3　边际产值与边际因素成本

五、新古典生产函数的三个阶段

新古典生产函数可以分为三个生产阶段或时期（图 6-4）。这些阶段用罗马数字Ⅰ、Ⅱ、Ⅲ来命名。第Ⅰ阶段和第Ⅱ阶段习惯上称为不合理生产阶段。这个术语表明，农场经营者决不会在这个时期内选择投入使用水平，除非他的行为是不合理的。不合理行为描述一个经营者选择的目标与纯收益或利润的最大化不一致。第Ⅱ阶段有时称为合理阶段，或生产的经济区。这个术语表明，以利润最大化作为目标的合理经营者将会被发现在这个区域内经营。然而，在某些情况下，例如，当可用于购买投入的美元有限时，合理经营者并不总是在生产函数的第Ⅱ阶段内经营。

新古典生产函数的第Ⅰ阶段包括的投入水平从零单位直到使用水平 $MPP=APP$，第Ⅱ阶段包括的区域从点 $MPP=APP$ 到生产函数达到其极大值且 MPP 为零的点。第Ⅲ阶段包括的区域生产函数递减，MPP 为负。

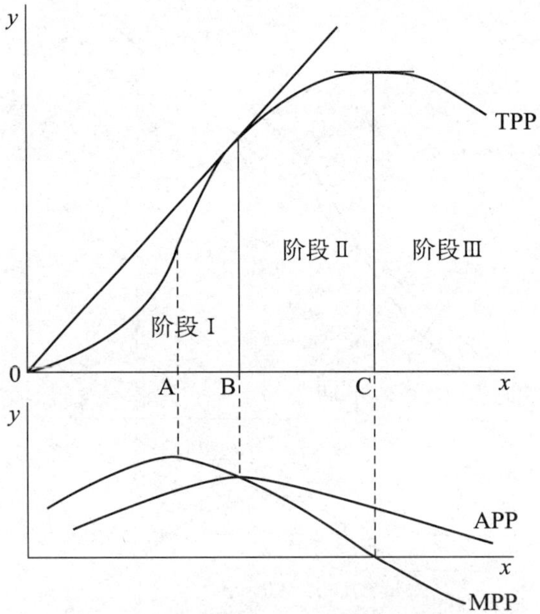

图 6-4　新古典生产函的生产阶段

对利润最大化感兴趣的合理经营者决不会选择在第Ⅱ阶段（图 6-4 点 C 以外）经营，其原因很容易理解。如果使用投入时产出下降，使用投入就毫无意义。即使肥料是免费的，经营者也决不会施肥超过产出最大点。

降低投入使用水平，产出可能增加，成本可能下降。通过降低投入使用量，以使其在第Ⅱ阶段经营，经营者将总是获得较大的纯收益。

也容易看出，如果产出价格不变，并且有充分的资金可用于购买 x，经营者就不会选择在第 1 阶段的第一部分 *MPP* 递增的区域内生产（图 6-4 线 *OA*）。在这个区域内，随着越来越多投入的使用，投入的边际产量在递增。递减边际报酬尚未出现，每一追加投入单位产生的附加纯收益将越来越大。尽管对于最初几个单位来说，单位增量的 *MPP* 可能仍低于单位增量的成本（正如常 MFC 函数所示），但仍有追加收益。

如果产出价格不变，并且有充分资金可用于购买附加单位 x，则难以看出为什么经营者不会选择在第Ⅰ阶段第二部分经营的原因，这时 *MPP* 在递减，但 APP 在递增（图 6-4 线 AB）。然而，应用定义 $AVP=P0APP$ $=$P0y/x，则总产值（*TVP*）可以定义为

$$TVP=\mathrm{x}AVP=xp0y/\mathrm{X}=\mathrm{P}0TPP$$

选择任何一个投入使用水平，并称之为 x^*。现在从水平轴 *AVP* 曲线上的相应点作一垂线。假定使用总产量为 x^*，*AVP* 曲线在 x^* 的值就代表出售单位 *X* 产出得到的平均收入。如果产出价格不变，*AVP* 可以看作是以单位 *X* 表示的平均收入。现在从 *AVP* 曲线的那一点向纵轴作一水平线，水平线的长度就代表 x^* 使用的总量，即 x^*，这时就形成了一个矩形，以坐标轴为其底边和侧边。对于 $X=x^*$，这一矩形的面积等 *TVP*。这是因为，矩形的长为 x^*，高为 *AVP*。

现在从 x^* 向 *MFC* 作一直线，就形成了另一个矩形。假定投入价格不变，$V0=MEC$。由于 $V0$ 不变，$V0$ 就等于单位 *X* 的平均成本；或 $TFC=V0X$，$AFC=(V0X)/X=V0=dTFC/dx=MFC$。那么 *TFC* 在 $x=x^*$ 就等于第二个矩形的面积。

利润等于报酬减去成本。

$$\text{Ⅱ}=TVP-TFC$$

在图 6-3 中，第一个矩形为 *TVP*，第二矩形为 *TFC*。现在设投入价格低于 *VMP* 的最大值，但高于 *AVP* 的最大值。这些条件描述第 1 阶段的第二部分。经营者使 *VMP* 和 *MFC* 相等，求出要找的利润最大化投入使用水平 X^*。然而，由于 *AVP* 小于 *VMP*，代表 TVP 的第一个矩形必将小于代表 *TFC* 的第二个矩形。这说明

$$\text{Ⅱ}=TVP-TFC<0$$

此外，在生产函数的第Ⅰ阶段内的每一点，均有 $TVP<TFC$。如果继

续在第Ⅰ阶段经营，经营者会损失金钱。如果投入价格高于最大AVP，投入单位增量就不可能产生足以补偿递增成本的报酬。在这样的情况下，合理的解将是使用0投入单位。如果以下两个事件随便哪一个发生，这种情况均将被补救：①投入价格下降到最大APP以下的水平；或者②产出价格增加，使AVP上升。新技术也可能引起APP增加，结果可能是AVP增加。

如果在第Ⅰ阶段MFC低于AVP，经营者增加投入使用；利润将总是增加。然而，经营者不可能总是能够得到购买投入需要的资金。在特殊情况下，如果购买投入X的资金有限，经营者就可能在第Ⅰ阶段经营。在这种情况下，利润最大化投入使用水平就会出现在第Ⅱ阶段。在第Ⅰ阶段内的许多点，收入超过成本，经营者把可用投入用于购买x并在第Ⅰ阶段生产，即使不能达到第Ⅱ阶段中的利润最大化点，也可能境况较好。然而，假定投入和产出价格为正，经营者决不会想在生产函数的第Ⅱ阶段内经营，或就这种意义上来说，不在第Ⅱ阶段利润最大化投入使用水平的点的右方经营。利润最大化点是最希望得到的，但利润最大化点左方的其他点也可以为经营者产生正利润。

第二节　测度中国现代农业规模化问题的模型

一、柯布道格拉斯生产函数形式：

$$y=Ax_1{}^a x_2^b x_3^c$$

其中，y为产出，A为常数，x_1为耕地（亩），x_2为劳动力费用（元/亩），x_3为物质费用（包括物质费用、期间费用和税收，元/亩）。

有相应的边际产出：

$$MPPx_1=\partial y/\partial x_1=a_1x_1{}^{a_1-1}x_2{}^{b_2}x_3{}^{c_3}$$

$$MPPx_2=\partial y/\partial x_2=b_2x_1{}^{a_1}x_2{}^{b_2-1}x_3{}^{c_3}$$

$$MPPx_3=\partial y/\partial x_3=c_3x_1{}^{a_1}x_2{}^{b_2}x_3{}^{c_3-1}$$

边际收入回归形式为：

$$Ix_1=\partial y/\partial x_1=Aa_1{}^{x_2{}^{b_2}}x_3{}^{c_3}/x_1{}^{a_1-1}$$

其中，$x_2{}^b$　$x_3{}^C$为不变数。

$$Ix_2=\partial y/\partial x_2=Ab_2\ \frac{x_1{}^{b_1}x_3{}^{c_3}}{x_2{}^{b_2-1}}$$

其中，$x_1{}^a$、$x_3{}^C$ 为不变数。

$$Ix_3=\partial y/\partial x_3=Ac_3x_1{}^{a_1}x_2{}^{b_2}/x_3{}^{c_3-1}$$

其中，$x_2{}^b$、$x_1{}^a$ 为不变数。

二、中国现代农业规模边际效益分析的一般条件

中国现代农业到底采用什么样的生产方式，集约型的大规模，或适中集约，或小规模。规模化经营的主要问题是土地、资本、劳动力的规模化问题，通过不同规模条件下的土地、资本、劳动力的边际效益分析，能够有效分析中国现代农业最适规模问题。

1. 数据来源

数据来自农产品成本年鉴和中国畜牧业统计年鉴（2000～2004 年）。对象主要是农户，畜牧业生产中有专业户和养殖企业数据。农产品包括稻米、小麦、玉米；畜产品包括生猪、肉禽、蛋禽、肉羊、肉牛、奶牛、水产品。

2. 一般条件概述

(1) 混合农户大、中、小规模农业生产的投入与产出数据，在该条件下，求出：

物质费用、劳动力资金投入不变，土地投入不同的规模边际及其拐点。

耕地、劳动力资金投入不变，物资资本投入不同的规模边际及其拐点。

耕地、物资费用不变，劳动力投入不同的规模边际及其拐点。

(2) 归类小规模投入产出数据，在该条件下，求出：

物质费用、劳动力资金投入不变，土地投入不同的规模边际及其拐点。

耕地、劳动力资金投入不变，物资资本投入不同的规模边际及其拐点。

耕地、物资费用不变，劳动力投入不同的规模边际及其拐点。

(3) 归类中规模投入产出数据，在该条件下，求出：

物质费用、劳动力资金投入不变，土地投入不同的规模边际及其拐点。

耕地、劳动力资金投入不变，物资资本投入不同的规模边际及其拐点。

耕地、物资费用不变，劳动力投入不同的规模边际及其拐点。

(4) 归类大规模投入产出数据，在该条件下，求出：

物质费用、劳动力资金投入不变，土地投入不同的规模边际及其拐点。

耕地、劳动力资金投入不变，物资资本投入不同的规模边际及其拐点。

耕地、物资费用不变，劳动力投入不同的规模边际及其拐点。

第三节　中国种植业集约化和规模化问题研究

一、中国种植业规模化生产现状

在中国，种植业规模化经营的程度较之养殖业更小，这是由中国农村土地承包责任制相关的，20 世纪 80 年代，这种土地制度创造了中国农业生产的奇迹，但是伴随社会快速发展，这种小农经营的土地制度越来越难以适应现代社会对农产品生产的需求。农产品生产的无序化、市场信息的不对称造成农产品数量相对饱和，质量进一步恶化，农业生产的效益不断下降，家庭经营的农民收入难以提高。20 世纪 80 年代初，地方政府认为小农经济适应中国农业发展的认识遭到挑战。

2007 年，国务院一号文件号召中国发展现代农业，要求农业装备现代化、经营现代化、管理现代化。为了实现现代农业，目前的农业生产经营形式需不需要改革的问题成为中国实现现代农业的关键。为了寻找中国农业现代化经营之路，本研究根据中国不同规模农户生产成本数据测算了种植业规模边际效益，计算出不同规模条件下土地、劳动力、资金投入的效益空间和拐点。从一个侧面说明现代农业规模经营的路径。为了更好地理解中国小农经营的农耕土地状况，我们测算了全国及 31 个省市自治区农户土地拥有数量。

1. 农村人口人均租用土地数量

根据中国统计年鉴，2007 年，中国仍然拥有 7.28 亿农村人口，占中国总人口的 55%。中国农村人均经营耕地面积是 2.16 亩（1 公顷＝15 亩），上海仅有 0.3 亩，黑龙江达到 11.8 亩，虽然有较大的区域差异，中国农业生产的小农经济性非常显著（表 6-1）。

表 6-1　农村人均土地拥有量　（亩/人）

地区	耕地面积	山林面积	园林面积	草地面积	水产养殖面积
全国	2.16	0.32	0.10	3.85	0.04
北京	0.54	0.05	0.18		0.30
天津	1.20	0.01	0.02		0.04
河北	1.93	0.10	0.07		
山西	2.32		0.18	0.01	
内蒙古	8.57	0.32	0.10	124.13	

续表

地区	耕地面积	山林面积	园林面积	草地面积	水产养殖面积
辽宁	3.32	0.21	0.08		0.04
吉林	6.84		0.04		
黑龙江	11.18	0.03	0.01	0.02	
上海	0.30		0.04		0.07
江苏	1.09	0.01	0.02		0.17
浙江	0.64	0.44	0.16		0.08
安徽	1.73	0.30	0.04		0.15
福建	0.80	1.25	0.29		0.08
江西	1.52	0.98	0.06		0.05
山东	1.52	0.04	0.09		0.01
河南	1.63	0.04	0.04		0.01
湖北	1.60	0.61	0.05		0.12
湖南	1.19	0.56	0.07	0.03	0.05
广东	0.67	0.26	0.11		0.09
广西	1.32	0.59	0.16	0.03	0.03
海南	0.97	0.80	0.42		0.02
重庆	1.01	0.31	0.05	0.01	0.02
四川	1.03	0.27	0.05		0.02
贵州	1.07	0.26	0.03	0.02	
云南	1.45	0.61	0.23	0.01	
西藏	2.02			0.11	
陕西	1.92	0.28	0.29	0.14	
甘肃	2.57	0.66	0.11	0.15	
青海	2.09	0.21	0.02	22.72	
宁夏	4.49	0.14	0.06	0.60	0.04
新疆	4.33	0.03	0.22	6.77	

资料来源：中国统计年鉴，2008

2. 农户经营土地数及其比重

(1) 农村人口数及其比重

如前所述，中国农村人口占总人口的55.06%，包括农村人口密集度最大的贵州71.76%和西藏71.7%，也包括农村人口密集度最小的上海11.3% (6-2)。

表 6-2　全国及区域农村人口及其比重 (2007)

地区	总人口	农村人口	
	年底（万人）	人口（万人）	比重（%）
全国	132 129	72 750	55.06
北京	1 633	253	15.5
天津	1 115	264	23.69

续表

地区	总人口	农村人口	
	年底（万人）	人口（万人）	比重（%）
河北	6 943	4 148	59.75
山西	3 393	1 899	55.97
内蒙古	2 405	1 199	49.85
辽宁	4 298	1 754	40.80
吉林	2 730	1 279	46.84
黑龙江	3 824	1 763	46.10
上海	1 858	210	11.30
江苏	7 625	3 569	46.80
浙江	5 060	2 166	42.80
安徽	6 118	3 750	61.30
福建	3 581	1 837	51.30
江西	4 368	2 630	60.20
山东	9 367	4 988	53.25
河南	9 360	6 146	65.66
湖北	5 699	3 174	55.70
湖南	6 355	3 784	59.55
广东	9 449	3 483	36.86
广西	4 768	3 040	63.76
海南	845	446	52.80
重庆	2 816	1 455	51.66
四川	8 127	5 234	64.40
贵州	3 762	2 700	71.76
云南	4 514	3 088	68.40
西藏	284	204	71.70
陕西	3 748	2 226	59.38
甘肃	2 617	1 790	68.41
青海	552	331	59.93
宁夏	610	341	55.98
新疆	2 095	1 275	60.85

资料来源：中国统计年鉴，2009.4

(2) 区域耕地面积及其比重

2007 年，全国耕地面积 1.217 35 亿公顷，其中，黑龙江耕地面积 1 184千万公顷，占全国耕地面积比重的 9.72 %，北京跟地面积 23.22 万公顷，占全国耕地面积 0.19% (表 6-3)。

表 6-3　区域耕地面积及其占全国的比重 (2007)

地区	耕地面积（1 000 公顷）	占全国比重（%）
全国	121 735.2	100
北京	232.19	0.19

续表

地区	耕地面积（1 000 公顷）	占全国比重（%）
天津	443.68	0.36
河北	6 315.14	5.19
山西	4 053.45	3.33
内蒙古	7 146.28	5.87
辽宁	4 085.17	3.36
吉林	5 535.02	4.55
黑龙江	11 838.37	9.72
上海	259.63	0.21
江苏	4 763.78	3.91
浙江	1 917.54	1.58
安徽	5 728.15	4.71
福建	1 333.08	1.10
江西	2 826.75	2.32
山东	7 507.06	6.17
河南	7 926.03	6.51
湖北	4 663.36	3.83
湖南	3 788.97	3.11
广东	2 847.60	2.34
广西	4 214.70	3.46
海南	727.50	0.60
重庆	2 239.08	1.84
四川	5 950.12	4.89
贵州	4 487.46	3.69
云南	6 072.36	4.99
西藏	361.14	0.30
陕西	4 049.05	3.33
甘肃	4 659.75	3.83
青海	542.20	0.45
宁夏	1 106.34	0.91
新疆	4 114.23	3.38

资料来源：作者测算 2009.4

(3) 农户经营耕地面积及占总耕地面积的比重

从农村人口，农村人均耕地面积，全国及区域耕地面积，我们可以推算出农民人均经营耕地面积总数及其占总耕地面积的比重。在全国水平上，86.00% 的耕地面积为农民个人经营。区域水平上，超出 74.19% 的地区 50% 以上的耕地为农民个人经营，从而再一次证实中国农业生产经营的小农经济特性（表 6-4）。

表 6-4　农民人均经营土地总数及其比重（1 000 公顷）

地区	耕地面积	比重（%）
全国	104 697.28	86.00
北京	91.88	39.57
天津	211.91	47.76
河北	5 326.86	84.35
山西	2 941.27	72.56
内蒙古	6 850.07	95.86
辽宁	3 875.54	94.87
吉林	5 831.96	105.36
黑龙江	13 144.97	111.04
上海	41.95	16.16
江苏	2 598.82	54.55
浙江	926.33	48.31
安徽	4 330.64	75.60
福建	983.56	73.78
江西	2 670.03	94.46
山东	5 067.40	67.50
河南	6 698.49	84.51
湖北	3 395.70	72.82
湖南	3 012.89	79.52
广东	1 544.32	54.23
广西	2 672.63	63.41
海南	287.36	39.50
重庆	977.59	43.66
四川	3 604.68	60.58
贵州	1 923.38	42.86
云南	2 978.28	49.05
西 藏	274.53	76.02
陕西	2 847.82	70.33
甘肃	3 070.82	65.90
青海	460.43	84.92
宁夏	1 021.27	92.31
新疆	3 680.11	89.45

资料来源：作者测算 2009.4

二、水稻生产规模化问题研究

6.3.2.1　早籼稻生产规模化问题研究

边际效益生产函数回归形式

$I=21.05L_{土地}^{0.93763}L_{劳动力}^{0.157028}K_{物资投入}^{0.516566}$

$R^2=0.774046$

数据结构

样本量为 36 个不同规模观察总和，时间序列从 2000～2003 年，其中，总收入平均值为 1 175.267 元，水稻平均种植面积 3.215 亩，人工费用平均值为 134.146 元/亩，物质投入费用平均值为 159.256 元/亩（表 6-5）。

表 6-5　早籼稻规模边际效益分析基础数据表

年份	地区	总收入（元）	面积（亩）	人工（元/亩）	费用（元/亩）
2003	浙江	867.43	1.93	87.36	164.50
2003	安徽	1 243.19	3.20	119.84	146.50
2003	福建	933.68	2.11	153.44	157.20
2003	江西	1 611.93	4.22	147.84	145.10
2003	湖北	1 340.16	3.64	141.12	142.60
2003	湖南	1 228.43	3.57	153.44	157.00
2003	广东	1 339.97	3.02	119.8	177.00
2003	广西	1 675.15	3.83	149.00	199.00
2003	海南	1 386.87	3.95	124.32	125.00
2002	浙江	867.85	2.14	88.00	174.40
2002	安徽	847.00	2.81	117.70	147.70
2002	福建	992.19	2.34	154.00	163.70
2002	江西	1 436.18	4.17	151.80	142.50
2002	湖北	1 052.30	2.99	119.90	138.50
2002	湖南	1 084.08	3.58	148.50	162.40
2002	广东	1 224.92	2.97	122.10	176.90
2002	广西	1 563.58	3.81	144.10	189.10
2002	海南	1 215.40	3.66	129.80	130.40
2001	浙江	779.96	1.86	145.25	171.50
2001	安徽	1 112.91	3.09	126.00	158.80
2001	福建	936.44	2.29	211.58	158.80
2001	江西	1 416.20	4.07	141.00	139.10
2001	湖北	1 137.63	3.16	133.12	142.50
2001	湖南	1 082.57	3.13	131.04	166.20
2001	广东	1 093.28	2.88	126.88	173.50
2001	广西	1 435.41	3.60	140.40	199.20
2001	海南	1 263.76	3.87	127.92	129.10
2000	浙江	908.65	2.34	96.00	188.50
2000	安徽	739.22	2.84	122.00	132.00
2000	福建	935.21	2.55	136.00	165.20
2000	江西	1 219.30	4.28	143.00	142.60
2000	湖北	862.67	2.93	138.00	150.30
2000	湖南	1 100.46	3.57	127.00	164.90
2000	广东	1 417.80	3.30	130.00	184.60
2000	广西	1 568.37	3.91	152.00	204.90

续表

年份	地区	总收入	面积	人工	费用
2000	海南	1 389.52	4.19	130.00	122.40
	平均	1 175.27	3.22	134.15	159.30

来源：作者测算 2009.4

1. 总体条件下的最适规模

(1) 物质费用、劳动力资金投入不变，土地投入不同，规模农业规模边际效益、利润空间及其拐点。

土地规模边际效益函数回归形式：

$$\partial I/\partial L_{土地}=21.05\times0.937\ 63\times134.145\ 8^{0.157\ 028}\times159.256\ 4^{0.516\ 566}/L_{土地}^{(1-0.937\ 63)}$$

土地规模边际效益、利润空间及其拐点。

在每亩劳动力投入和物质投入状况分别为 134.15 元和 159.26 元的不变条件下，在 63 000 亩土地上，每增加 1 亩土地的规模边际效益为 0，该点视为规模边际效益拐点。小于 63 000 亩土地投入的规模边际效益为递增，大于 63 000 亩土地投入水平的规模边际效益为递减。从实际土地投入为 3.22 亩的水平看，早籼稻生产的土地投入规模边际效益很大（表 6-6）。

表 6-6　土地规模边际效益、利润空间及其拐点

每增加 1 亩地边际总收入	耕地（亩）	劳动力（元/亩）	物质投入（元/亩）	成本费用合计（元/亩）	规模边际效益增减及其拐点
297.82	50 000.00	134.15	159.26	293.40	4.42
294.46	60 000.00	134.15	159.26	293.40	1.06
294.15	61 000.00	134.15	159.26	293.40	0.75
293.86	62 000.00	134.15	159.26	293.40	0.45
293.56	63 000.00	134.15	159.26	293.40	0.16
293.27	64 000.00	134.15	159.26	293.40	−0.13

资料来源：作者测算 2009.4

(2) 耕地、物资费用不变，劳动力投入不同，劳动力规模边际效益、利润空间及其拐点。

劳动力投入规模边际效益函数回归形式

$$\partial I/\partial L_{劳动力}=21.05\times0.157\ 028\times3.2^{0.937\ 63}\times159.256\ 4^{0.516\ 566}/L_{劳动力}^{(1-0.157\ 028)}$$

劳动力投入规模边际效益、利润空间及其拐点。

在耕地为 3.22 亩，每亩物质费用实际为 159.26 元的不变条件下，劳动力投入规模边际效益、利润空间及其拐点是：在每亩劳动力投入 84.00

元条件下，每增加 1 元劳动力投入的规模边际效益为零，该点是劳动力投入规模边际效益的拐点，每亩劳动力投入水平小于 84.00 元，劳动力的规模边际效益递增，大于 84.00 元的劳动力投入水平，规模边际效益递减。从实际平均劳动力投入 134.15 元的水平看，早籼稻生产的劳动力规模边际效益没有任何增长空间（表 6-7）。

表 6-7　劳动力规模边际效益、利润空间及其拐点

每亩增加 1 元劳动力边际总收入	耕地（亩）	劳动力（元/亩）	物质投入（元/亩）	规模边际效益增减及其拐点
5.02	3.22	50.00	159.26	1.80
4.30	3.22	60.00	159.26	1.09
3.78	3.22	70.00	159.26	0.56
3.37	3.22	80.00	159.26	0.16
3.34	3.22	81.00	159.26	0.12
3.31	3.22	82.00	159.26	0.09
3.27	3.22	83.00	159.26	0.06
3.24	3.22	84.00	159.26	0.02
3.21	3.22	85.00	159.26	−0.01

资料来源：作者测算 2009.4

（3）耕地、劳动力资金投入不变，物资资本投入不同，物资投入规模边际效益、利润空间及其拐点：

物质费用投入规模边际效益函数回归形式：

$$\partial I/\partial K_{物质费用}=21.05\times0.516\,566\times83.2^{0.937\,63}\times134.145\,8^{0.157\,028}/K_{物质费用}^{(1-0.516\,566)}$$

物质投入规模边际效益、利润空间及其拐点。

在耕地为 3.22 亩，每亩劳动力投入实际为 134.15 元的不变条件下，物质投入规模边际效益、利润空间及其拐点是：在每亩物质费用投入 570 元条件下，每增加 1 元物资费用投入的规模边际效益为零，该点是物质费用投入规模边际效益的拐点，每亩物质投入水平小于 570 元，物质费用的规模边际效益递增，大于 570 元的物质投入水平，规模边际效益递减。从实际平均物质投入 159.26 元的水平看，早籼稻生产的物资投入规模边际效益空间还很大（表 6-8）。

表 6-8　物资投入规模边际效益、利润空间及其拐点

每亩增加 1 元物质费用规模边际效益增减	土地投入（亩）	劳动力投入（元/亩）	物质成本投入（元/亩）	规模边际效益增减及其拐点
7.6	3.22	134.15	100	4.4
5.4	3.22	134.15	200	2.2

续表

每亩增加1元物质费用规模边际效益增减	土地投入（亩）	劳动力投入（元/亩）	物质成本投入（元/亩）	规模边际效益增减及其拐点
4.5	3.22	134.15	300	1.2
3.9	3.22	134.15	400	0.7
3.5	3.22	134.15	500	0.3
3.3	3.22	134.15	550	0.1
3.3	3.22	134.15	560	0.1
3.3	3.22	134.15	570	0.0
2.6	3.22	134.15	900	−0.6

资料来源：作者测算 2009.4

4. 大规模生产的边际效益

大规模的边际效益生产函数回归形式：

$I=10.776\ 23L_{土地}^{0.939\ 601}L_{劳动力}^{0.501\ 776}L_{物质费用}^{0.216\ 134}$

$R^2=0.821\ 58$

数据结构样本量为10，其中，总收入平均值为1 453.085元，种植面积为4.027 6亩，人工费用为141.094元/亩，物质投入为153.869元/亩(表6-9)。

表6-9 大规模的边际效益分析基础数据表

年份	地区	总收入（元）	面积（亩）	人工（元/亩）	费用（元/亩）
2000	江西	1 219.30	4.27	143.00	142.60
2003	江西	1 611.93	4.22	147.84	145.05
2000	海南	1 389.52	4.18	130.00	122.40
2002	江西	1 436.18	4.17	151.80	142.45
2001	江西	1 416.20	4.07	141.00	139.14
2003	海南	1 386.87	3.95	124.32	125.04
2000	广西	1 568.37	3.91	152.00	204.88
2001	海南	1 263.76	3.87	127.92	129.08
2003	广西	1 675.15	3.83	148.96	199.00
2002	广西	1 563.58	3.81	144.10	189.05
	平均	1 453.09	4.03	141.09	153.87

资料来源：作者测算 2009.4

(1) 物质费用、劳动力资金投入不变，土地投入不同，大规模的边际效益土地边际效益、利润空间及其拐点。

大规模的边际效益土地边际效益函数回归形式

$$\partial I/\partial L_{土地}=10.776\ 23\times0.939\ 601\times141.094^{0.501\ 776}\times153.869^{0.216\ 134}/L_{土地}^{1-0.939\ 601}$$

土地边际效益、利润空间及其拐点。

在每亩劳动力投入和物质投入状况分别为 141.094 元和 153.869 元的不变条件下，每增加 1 亩土地，其边际效益利润空间及其拐点是：在 27 亩土地上，每增加 1 亩土地的边际效益为 0，该点视为边际效益拐点。小于 27 亩土地投入的边际效益为递增，大于 27 亩土地投入水平的边际效益为递减。从实际土地 4.03 亩的水平看，早籼稻大规模生产的土地边际效益空间很大（表 6-10）。

表 6-10　大规模生产的土地边际效益、利润空间及其拐点

每增加 1 亩地边际总收入	耕地（亩）	劳动力（元/亩）	物质投入（元/亩）	成本费用合计（元/亩）	边际效益增减及其拐点
313.55	10	141.09	153.87	294.96	18.58
300.70	20	141.09	153.87	294.96	5.73
299.81	21	141.09	153.87	294.10	4.84
298.96	22	141.09	153.87	294.96	4.00
298.16	23	141.09	153.87	294.96	3.20
297.40	24	141.09	153.87	294.10	2.43
296.66	25	141.09	153.87	294.10	1.70
295.96	26	141.09	153.87	294.96	0.10
295.29	27	141.09	153.87	294.96	0.33
294.64	28	141.09	153.87	294.96	−0.32

资料来源：作者测算 2009.4

(2) 耕地、物资费用不变，劳动力投入不同，大规模的边际效益、利润空间及其拐点：

劳动力投入边际效益函数回归形式：

$$\partial I/\partial L_{劳动力}=10.776\,23\times0.501\,776\times4.027\,629\,255^{0.939\,601}\times153.869^{0.216\,134}/L_{劳动力}^{1-0.501\,776}$$

劳动力投入边际效益、利润空间及其拐点。

在耕地面积为 4.027 亩，每亩物质费用为 153.869 元的不变条件下，劳动力投入边际效益、利润空间及其拐点是：在每亩劳动力投入 220 元条件下，每增加 1 元劳动力投入的边际效益为零，该点是劳动力投入边际效益的拐点，每亩劳动力投入水平小于 220 元，边际效益递增，大于 220 元的劳动力投入水平，边际效益递减。从实际劳动力投入 153.869 元的水平看，早籼稻大规模生产的劳动力边际效益空间很大（表 6-11）。

表 6-11　大规模生产的劳动力边际效益、利润空间及其拐点

增加 1 元劳动力的边际收益	耕地（亩）	劳动力（元/亩）	物质投入（元/亩）	每增加 1 元劳动力增加净收入
6.00	4.03	100	153.87	2.00
4.24	4.03	200	153.87	0.22
4.14	4.03	210	153.87	0.11
4.05	4.03	220	153.87	0.02
4.00	4.03	230	153.87	−0.07
3.88	4.03	240	153.87	−0.15
3.80	4.03	250	153.87	−0.23
3.72	4.03	260	153.87	−0.30
3.65	4.03	270	153.87	−0.37
3.59	4.03	280	153.87	−0.44

资料来源：作者测算 2009.4

(3) 耕地、劳动力资金投入不变，物资资本投入不同，大规模物质费用投入边际效益、利润空间及其拐点

物质费用投入边际效益函数回归形式：

$$\partial I/\partial L_{物质费用}=10.77623\times0.216134\times4.027629255^{0.939601}\times141.094^{0.501776}/L_{物质费用}^{1-0.216134}$$

物质投入边际效益、利润空间及其拐点（表 6-12）：

在耕地面积为 4.027 亩，每亩劳动力投入为 141.094 元的不变条件下，物质投入边际效益、利润空间及其拐点是：在每亩物质费用投入 62 元条件下，每增加 1 元物资费用投入的边际效益为零，该点是物质费用投入边际效益的拐点，每亩物质费用投入水平小于 62 元，物质费用的边际效益递增，大于 62 元的物质投入水平，边际效益递减。从实际平均物质投入 153.869 元的水平看，早籼稻大规模生产的物质投入边际效益空间不大。

表 6-12　大规模生产的物质费用投入边际效益、利润空间及其拐点

增加 1 元物质费用的边际收益	土地（亩）	劳动力（元/亩）	物资投入（元/亩）	每增加 1 元物质费用增加净收入
4.81	4.03	141.09	50	0.79
4.17	4.03	141.09	60	0.15
4.12	4.03	141.09	61	0.09
4.07	4.03	141.09	62	0.04
4.02	4.03	141.09	63	−0.01
3.97	4.03	141.09	64	−0.06
3.92	4.03	141.09	65	−0.11
3.87	4.03	141.09	66	−0.16

续表

增加1元物质费用的边际收益	土地（亩）	劳动力（元/亩）	物资投入（元/亩）	每增加1元物质费用增加净收入
3.83	4.03	141.09	67	−0.21
3.78	4.03	141.09	68	−0.24

资料来源：作者测算 2009.4

3. 中等规模生产的边际效益

中等规模生产的规模边际效益生产函数回归形式：

$I=47.587\ 02L_{土地}^{0.941\ 3}L_{劳动力}^{0.167\ 168}L_{物质}^{0.264\ 539}$

R＝0.916 06

数据结构：样本量为16，其中，收入总产值为1 228.95元，种植面积为3.37亩，人工费用为134.96元/亩，物质投入费用为160.56元/亩（6-13)。

表6-13　中等规模生产的规模边际效益分析基础数据

年份	地区	总收入（元）	面积（亩）	人工（元/亩）	费用（元/亩）
2002	海南	1 215.40	3.66	129.80	130.37
2003	湖北	1 340.14	3.64	141.12	142.57
2001	广西	1 435.41	3.60	140.40	199.22
2002	湖南	1 084.08	3.58	148.50	162.41
2003	湖南	1 228.43	3.57	153.44	156.95
2000	湖南	1 100.46	3.57	127.00	164.88
2000	平均	1 177.90	3.46	130.00	161.69
2003	平均	1 368.38	3.41	133.28	157.09
2000	广东	1 417.80	3.30	130.00	184.59
2002	平均	1 189.95	3.26	130.90	158.36
2003	安徽	1 243.19	3.20	119.84	146.45
2001	平均	1 188.96	3.20	165.00	159.84
2001	湖北	1 137.63	3.16	133.12	142.51
2001	湖南	1 082.57	3.13	131.04	166.18
2001	安徽	1 112.91	3.09	126.00	158.75
2003	广东	1 339.97	3.02	119.84	177.04
	平均	1 228.95	3.37	134.96	160.56

资料来源：作者测算 2009.4

(1) 物质费用、劳动力资金投入不变，土地投入不同，中等规模生产的规模土地边际效益、利润空间及其拐点

中等规模生产的规模土地边际效益函数回归形式：

$\partial I/\partial L_{土地}=47.587\ 02\times 0.941\ 3\times 134.955^{0.167\ 168}\times 160.556\ 3^{0.264\ 539}/L_{土地}^{1-0.941\ 3}$

土地边际效益、利润空间及其拐点。

在劳动力投入和物质投入状况分别为134.96元和160.56元的不变条件下，每增加1亩土地，其边际效益利润空间及其拐点是：在111亩土地上，每增加1亩土地的边际效益为0，该点视为边际效益拐点。小于111亩土地投入的边际效益为递增，大于111亩土地投入水平的边际效益为递减。从实际土地面积为3.37亩的水平看，早籼稻中等规模生产的土地投入边际效益的空间非常大（表6-14）。

表6-14　中等规模生产的土地边际效益、利润空间及其拐点

每增加1亩地边际总收入	耕地（亩）	劳动力（元/亩）	物质投入（元/亩）	成本费用合计（元/亩）	边际效益增减及其拐点
340.48	10	134.96	160.56	295.51	44.97
326.90	20	134.96	160.56	295.51	31.39
309.79	50	134.96	160.56	295.51	14.27
301.36	80	134.96	160.56	295.51	5.84
295.77	110	134.96	160.56	295.51	0.26
295.62	111	134.96	160.56	295.51	0.11
295.46	112	134.96	160.56	295.51	−0.05
295.31	113	134.96	160.56	295.51	−0.20
295.15	114	134.96	160.56	295.51	−0.36
295.00	115	134.96	160.56	295.51	−0.51

资料来源：作者测算2009.4

（2）耕地、物资费用不变，劳动力投入不同，中等规模生产劳动力边际效益、利润空间及其拐点

劳动力投入边际效益函数回归形式：

$$\partial I/\partial L_{劳动力}=47.58702\times0.167168\times3.36616121^{0.9413}\times160.5563^{0.264539}/L_{劳动力}^{1-0.167168}$$

劳动力投入边际效益、利润空间及其拐点。

在耕地面积为3.366亩，物质费用实际为160.55元的不变条件下，劳动力投入边际效益、利润空间及其拐点是：在劳动力增加投入54元条件下，每增加1元劳动力投入的边际效益为零，该点是劳动力投入边际效益的拐点，投入水平小于54元，劳动力的边际效益递增，投入水平大于54元，边际效益递减。从早籼稻中等规模生产实际每亩劳动力投入134.95元的水平看，早籼稻中等规模劳动力的边际效益空间不大（表6-15）。

表 6-15　中等规模生产劳动力边际效益、利润空间及其拐点

增加 1 元劳动力的边际收益	土地（亩）	劳动力（元/亩）	物资投入（元/亩）	每增加 1 元劳动力增加净收入
14.04	3.37	10	160.56	10.68
7.88	3.37	20	160.56	4.52
5.62	3.37	30	160.56	2.26
4.43	3.37	40	160.56	1.06
4.01	3.37	45	160.56	0.65
3.80	3.37	48	160.56	0.44
3.62	3.37	51	160.56	0.25
3.45	3.37	54	160.56	0.08
3.30	3.37	57	160.56	−0.07
3.16	3.37	60	160.56	−0.21

资料来源：作者测算 2009.4

（3）耕地、劳动力资金投入不变，物资资本投入不同，中等规模生产物质费用投入边际效益、利润空间及其拐点

物质费用投入边际效益函数回归形式：

$$\partial I/\partial L_{物质费用}=47.587\,02\times0.264\,539\times3.366\,161\,21^{0.941\,3}\times134.955^{0.167\,168}/L_{物质费用}^{1-0.264\,539}$$

物质投入边际效益、利润空间及其拐点（表 6-16）。

在耕地面积为 3.37 亩，每亩劳动力投入为 134.96 元不变条件下，物质投入边际效益、利润空间及其拐点是：在每亩物质费用投入 86 元条件下，每增加 1 元物资费用投入的边际效益为零，该点是物质费用投入边际效益的拐点，每亩物质费用投入水平小于 86 元，边际效益递增，大于 86 元，边际效益递减。从早籼稻中等规模生产实际每亩物质投入 160.56 元的水平看，早籼稻中等规模物质投入的边际效益没有任何空间。

表 6-16　中等规模生产物质费用投入边际效益、利润空间及其拐点

增加 1 元物质费用的边际收益	土地（亩）	劳动力（元/亩）	物资投入（元/亩）	每增加 1 元物质费用增加净收入
5.04	3.37	134.96	50	1.68
4.41	3.37	134.96	60	1.04
3.94	3.37	134.96	70	0.57
3.57	3.37	134.96	80	0.20
3.41	3.37	134.96	85	0.05
3.38	3.37	134.96	86	0.02
3.36	3.37	134.96	87	−0.01

续表

增加1元物质费用的边际收益	土地（亩）	劳动力（元/亩）	物资投入（元/亩）	每增加1元物质费用增加净收入
3.33	3.37	134.96	88	−0.04
3.30	3.37	134.96	89	−0.07
3.27	3.37	134.96	90	−0.09

资料来源：作者测算 2009.4

4. 小规模生产的边际效益

小规模生产边际效益生产函数回归形式：

$I=6.093\ 173L_{土地}^{0.961\ 03}L_{劳动力}^{0.322\ 347}L_{物质费用}^{0.493\ 768}$

$R^2=0.722\ 319$

数据结构样本量为 14，其中，总收入为 931.48 元，种植面积为 2.50 亩，人工费用为 129.87 元/亩，物质投入为 161.62 元/亩（表 6-17）。

表 6-17　小规模生产规模边际效益基础数据

年份	地区	总收入（元）	面积（亩）	人工（元/亩）	费用（元/亩）
2002	湖北	1 052.30	2.99	119.90	138.53
2002	广东	1 224.92	2.97	122.10	176.89
2000	湖北	862.67	2.92	138.00	150.32
2001	广东	1 093.28	2.87	126.88	173.47
2000	安徽	739.22	2.84	122.00	132.00
2002	安徽	847.00	2.81	117.70	147.66
2000	福建	935.21	2.54	136.00	165.15
2000	浙江	908.64	2.34	96.00	188.50
2002	福建	992.19	2.34	154.00	163.72
2001	福建	936.44	2.29	211.58	158.78
2002	浙江	867.85	2.13	88.00	174.37
2003	福建	933.68	2.11	153.44	157.19
2003	浙江	867.43	1.93	87.36	164.51
2001	浙江	779.96	1.86	145.25	171.53
	平均	931.48	2.50	129.87	161.62

资料来源：作者测算 2009.4

（1）物质费用、劳动力资金投入不变，土地投入不同，小规模生产土地边际效益、利润空间及其拐点

小规模生产土地边际效益函数回归形式：

$$\partial I/\partial L_{土地}=6.093\ 173\times0.961\ 03\times129.872\ 1^{0.322\ 347}\times161.615\ 7^{0.493\ 768}/L_{土地}^{1-0.961\ 03}$$

土地边际效益、利润空间及其拐点。

在每亩劳动力投入和物质投入分别为 129.87 元和 161.62 元的不变条件下，每增加 1 亩土地，其边际效益利润空间及其拐点是：在 82 亩土地上，每增加 1 亩土地的边际效益为 0，该点视为边际效益拐点。小于 82 亩土地投入的边际效益为递增，大于 82 亩土地投入水平的边际效益为递减。从早籼稻小规模生产实际土地投入 2.50 亩的水平看，早籼稻小规模生产土地投入的空间边际效益非常大（表 6-18）。

表 6-18　小规模生产的土地边际效益、利润空间及其拐点

每增加 1 亩地边际总收入	耕地（亩）	劳动力（元/亩）	物质投入（元/亩）	成本费用合计（元/亩）	边际效益增减及其拐点
297.26	50	129.87	161.62	291.49	5.77
295.15	60	129.87	161.62	291.49	3.67
293.39	70	129.87	161.62	291.49	1.90
291.86	80	129.87	161.62	291.49	0.38
291.72	81	129.87	161.62	291.49	0.24
291.58	82	129.87	161.62	291.49	0.10
291.45	83	129.87	161.62	291.49	−0.04
291.31	84	129.87	161.62	291.49	−0.18
291.18	85	129.87	161.62	291.49	−0.31
291.04	86	129.87	161.62	291.49	−0.44

资源来源：作者测算 2009.4

(2) 耕地、物资费用不变，劳动力投入不同，小规模劳动力边际效益、利润空间及其拐点

劳动力投入边际效益函数回归形式：

$$\partial I/\partial L_{劳动力}=6.093\,173\times 0.322\,347\times 2.496\,05^{0.961\,03}\times 161.615\,7^{0.493\,768}/L_{劳动力}^{1-0.322\,347}$$

劳动力投入边际效益、利润空间及其拐点（表 6-19）。

在耕地面积为 2.496 亩，每亩物质费用为 161.62 元的不变条件下，劳动力投入边际效益、利润空间及其拐点是：在每亩劳动力投入 104 元条件下，每增加 1 元劳动力投入的边际效益为零，该点是劳动力投入边际效益的拐点，每亩土地投入水平小于 104 元，劳动力的边际效益递增，大于 104 元，边际效益递减。从早籼稻小规模平均劳动力投入 129.87 元的水平看，早籼稻小规模生产已经不具备劳动力边际效益空间（表 6-19）。

表 6-19　小规模生产的劳动力边际效益、利润空间及其拐点

每亩增加 1 元劳动力边际总收入	耕地（亩）	劳动力（元/亩）	物质投入（元/亩）	每增加 1 元劳动力增加净收入
2.57	2.50	100	161.62	0.08
2.55	2.50	101	161.62	0.06
2.54	2.50	102	161.62	0.04
2.52	2.50	103	161.62	0.02
2.50	2.50	104	161.62	0.01
2.49	2.50	105	161.62	−0.01
2.47	2.50	106	161.62	−0.02
2.46	2.50	107	161.62	−0.04
2.44	2.50	108	161.62	−0.06
2.43	2.50	109	161.62	−0.07

资料来源：作者测算 2009.4

(3) 耕地、劳动力资金投入不变，物资资本投入不同，小规模物质费用投入边际效益、利润空间及其拐点

物质费用投入边际效益函数回归形式：

$$\partial I/\partial L_{物质费用}=6.093\,173\times0.493\,768\times2.496\,05^{0.961\,03}\times129.872\,1^{0.322\,347}/L_{物质费用}^{1-0.493768}$$

物质投入边际效益、利润空间及其拐点（表 6-20）。

在耕地面积为 2.50 亩，每亩劳动力投入为 129.87 元不变条件下，物质投入边际效益、利润空间及其拐点是：在每亩物质投入 180 元条件下，每增加 1 元物资投入的边际效益为零，该点是物质投入边际效益的拐点，投入水平小于 180 元，物质费用的边际效益递增，大于 180 元，边际效益递减。从早籼稻小规模生产物质投入 161.62 元的水平看，早籼稻小规模生产的物质投入水平有一定的边际效益空间（表 6-20）。

表 6-20　小规模生产的物质费用投入边际效益、利润空间及其拐点

每亩增加 1 元物质费用边际效益增减	土地投入（亩）	劳动力投入（元/亩）	物质成本投入（元/亩）	每增加 1 元物质费用增加净收入
3.38	2.50	129.87	100	0.88
3.22	2.50	129.87	110	0.73
3.08	2.50	129.87	120	0.59
2.96	2.50	129.87	130	0.46
2.85	2.50	129.87	140	0.35
2.75	2.50	129.87	150	0.26
2.66	2.50	129.87	160	0.17

续表

每亩增加1元物质费用边际效益增减	土地投入（亩）	劳动力投入（元/亩）	物质成本投入（元/亩）	每增加1元物质费用增加净收入
2.58	2.50	129.87	170	0.09
2.51	2.50	129.87	180	0.01
2.44	2.50	129.87	190	−0.05

资料来源：作者测算 2009.4

5. 结论

(1) 在总体条件下，早籼稻生产的土地投入、物资投入规模边际效益空间很大。而劳动力规模边际效益没有任何增长空间。这表明，早籼稻生产适宜大规模生产。

(2) 在大规模条件下，早籼稻大规模生产的土地、劳动力边际效益空间很大。而物质投入边际效益空间不大，这表明目前我国大规模的早籼稻生产仍然有进行大规模生产的效益空间。

(3) 在中规模条件下，早籼稻除有较大的土地投入边际效益外，均不具备的劳动力和物质投入的边际效益，这表明目前我国中等规模的早籼稻生产仍然有进行大规模生产的效益空间。

(4) 在小规模条件下，早籼稻生产具备土地投入、劳动力投入、物质投入的边际效益空间。这表明我国早籼稻生产需要走大规模生产之路。

(二) 中籼稻生产规模化问题研究

边际效益生产函数回归形式

$I=34.08L_{土地}^{0.92327}L_{劳动力}^{0.19059}K_{物资费用}^{0.35248}$

$R^2=0.906673$

数据结构

样本量为39个不同规模观察总和，时间序列从2000～2003年，其中，总收入平均值为1 566.67元，水稻平均种植面积3.26亩，人工费用平均值为172.73元/亩，物质投入费用平均值为156.39元/亩（表6-21）。

表6-21 规模农业规模边际效益分析基础数据表

年份	地区	总收入（元）	面积（亩）	人工（元/亩）	费用（元/亩）
2003	江苏	1 389.40	2.79	95.20	213.73
2003	安徽	1 748.15	3.96	137.76	172.10
2003	福建	1 939.20	4.36	141.12	145.15
2003	河南	1 895.79	3.86	112.00	134.48
2003	湖北	2 160.95	4.32	156.80	169.28

续表

年份	地区	总收入（元）	面积（亩）	人工（元/亩）	费用（元/亩）
2003	湖南	1 777.04	3.65	120.96	160.68
2003	四川	1 170.00	2.16	215.04	149.35
2003	贵州	1 687.88	3.11	286.72	207.06
2003	重庆	1 130.30	2.07	227.36	140.12
2003	陕西	1 352.05	3.05	228.48	120.00
2002	江苏	1 356.88	2.61	100.10	192.07
2002	安徽	1 850.28	3.70	143.00	174.98
2002	福建	1 473.34	3.52	128.70	132.45
2002	河南	1 645.91	3.62	100.10	139.49
2002	湖北	2 113.78	4.18	141.90	170.51
2002	湖南	1 862.57	4.03	136.40	162.66
2002	四川	1 099.43	2.10	223.30	143.77
2002	贵州	1 356.61	3.01	277.20	181.91
2002	重庆	962.00	2.11	226.60	139.75
2002	陕西	1 335.64	2.94	232.10	125.71
2001	江苏	1 431.53	2.73	113.36	193.32
2001	安徽	1 716.61	3.61	146.64	167.33
2001	福建	1 833.81	3.76	130.00	132.62
2001	河南	2 043.31	4.60	108.16	164.96
2001	湖北	1 976.85	3.92	150.80	162.61
2001	四川	1 108.14	2.29	216.32	148.56
2001	贵州	1 832.44	3.14	263.12	154.59
2001	重庆	910.15	1.98	211.12	129.36
2001	陕西	1 442.56	3.00	247.52	125.60
2000	江苏	1 512.18	3.04	122.00	193.94
2000	安徽	1 918.37	4.04	151.00	171.72
2000	福建	1 320.15	3.18	131.00	130.44
2000	河南	1 823.26	4.55	94.00	142.62
2000	湖北	1 693.98	3.65	163.00	176.53
2000	四川	1 397.22	2.96	220.00	145.60
2000	贵州	1 653.33	2.71	241.00	172.74
2000	重庆	1 013.16	2.27	201.00	131.47
2000	重庆	1 013.16	2.27	201.00	131.47
2000	陕西	1 599.32	3.29	223.00	123.62
	平均	1 566.67	3.26	172.73	156.39

资料来源：作者测算 2009.4

1. 总体条件下的最适规模

(1) 物质费用、劳动力资金投入不变，土地投入不同，规模农业规模边际效益、利润空间及其拐点

土地规模边际效益函数回归形式：

$$\partial I/\partial L_{土地}=34.08\times 0.923\,27\times 172.733\,7^{0.190\,59}\times 156.391\,6^{0.352\,48}/L_{土地}^{1-0.923\,27}$$

土地规模边际效益、利润空间及其拐点（表 6-22）：

在每亩劳动力投入和物质投入状况分别为 172.73 元和 156.39 元的不变条件下，在 223 亩土地上，每增加 1 亩土地的规模边际效益为 0，该点视为规模边际效益拐点。小于 223 亩土地投入的规模边际效益为递增，大于 223 亩土地投入水平的规模边际效益为递减。从实际土地使用为 3.26 亩的水平看，中籼稻生产土地投入的规模边际效益空间很大。

表 6-22　土地规模边际效益、利润空间及其拐点

每增加 1 亩地边际总收入	耕地（亩）	劳动力（元/亩）	物质投入（元/亩）	成本费用合计（元/亩）	规模边际效益增减及其拐点
350.08	100.00	172.73	156.39	329.13	20.96
331.95	200.00	172.73	156.39	329.13	2.83
330.71	210.00	172.73	156.39	329.13	1.58
329.53	220.00	172.73	156.39	329.13	0.41
329.30	222.00	172.73	156.39	329.13	0.18
329.19	223.00	172.73	156.39	329.13	0.06
329.08	224.00	172.73	156.39	329.13	−0.05

资料来源：作者测算 2009.4

(2) 耕地、物资费用不变，劳动力投入不同，劳动力规模边际效益、利润空间及其拐点

劳动力投入规模边际效益函数回归形式：

$$\partial I/\partial L_{劳动力}=34.08\times 0.190\,59\times 3.3^{0.923\,27}\times 156.391\,6^{0.352\,48}/L_{劳动力}^{1-0.190\,59}$$

劳动力投入规模边际效益、利润空间及其拐点。

在耕地为 3.26 亩，每亩物质费用实际为 156.39 元的不变条件下，劳动力投入规模边际效益、利润空间及其拐点是：在每亩劳动力投入 81 元条件下，每增加 1 元劳动力投入的规模边际效益为零，该点是劳动力投入规模边际效益的拐点，每亩土地投入水平小于 81 元，劳动力的规模边际效益递增，大于 81 元的劳动力投入水平，规模边际效益递减。从实际平均劳动力投入 172.73 元的水平看，中籼稻生产的劳动力规模边际效益没有任何增长空间（表 6-23)。

表 6-23　劳动力规模边际效益、利润空间及其拐点

每亩增加 1 元劳动力边际总收入	耕地（亩）	劳动力（元/亩）	物质投入（元/亩）	规模边际效益增减及其拐点
4.84	3.26	50.00	156.39	1.58
4.17	3.26	60.00	156.39	0.91
3.68	3.26	70.00	156.39	0.42
3.31	3.26	80.00	156.39	0.05
3.27	3.26	81.00	156.39	0.01
3.24	3.26	82.00	156.39	−0.02

资料来源：作者测算 2009.4

(3) 耕地、劳动力资金投入不变，物资资本投入不同，物资投入规模边际效益、利润空间及其拐点

物质费用投入规模边际效益函数回归形式：

$$\partial I/\partial L_{物质费用}=34.08\times 0.352\,48\times 3.3^{0.923\,27}\times 172.73^{0.157\,028}/K_{物质费用}^{1-0.352\,48}$$

物质投入规模边际效益、利润空间及其拐点（表 6-24）。

在耕地为 3.26 亩，每亩劳动力投入实际为 172.73 元的不变条件下，物质投入规模边际效益、利润空间及其拐点是：在每亩物质费用投入 183 元条件下，每增加 1 元物资费用投入的规模边际效益为零，该点是物质费用投入规模边际效益的拐点，每亩物质投入水平小于 183 元，物质费用的规模边际效益递增，大于 183 元的物质投入水平，规模边际效益递减。从实际平均物质投入 156.39 元的水平看，中籼稻生产的物资投入规模边际效益空间还较大（表 6-24）。

表 6-24　物资投入规模边际效益、利润空间及其拐点

每亩增加 1 元物质费用规模边际效益增减	土地投入（亩）	劳动力投入（元/亩）	物质成本投入（元/亩）	规模边际效益增减及其拐点
3.7	3.26	172.73	150	0.46
3.6	3.26	172.73	160	0.31
3.4	3.26	172.73	170	0.17
3.4	3.26	172.73	175	0.11
3.3	3.26	172.73	180	0.05
3.3	3.26	172.73	182	0.02
3.3	3.26	172.73	183	0.01
3.3	3.26	172.73	184	0.00
3.2	3.26	172.73	185	−0.01

来源：作者测算 2009.4

2. 大规模生产的边际效益

大规模的边际效益生产函数回归形式：

$$I=40.22875L_{土地}^{0.901957}L_{劳动力}^{0.245172}L_{物质费用}^{0.27052}$$

$$R^2=0.992$$

数据结构

样本量为12，其中，总收入平均值为1 930.53元，种植面积平均值为4.11亩，人工费用平均值为133.57元/亩，物质投入费用平均值为158.64元/亩（表6-25）。

表6-25 大规模生产的规模边际效益分析基础数据表

年份	地区	总收入（元）	面积（元/亩）	人工（元/亩）	费用（元/亩）
2001	河南	2 043.31	4.60	108.16	164.96
2000	河南	1 823.26	4.55	94.00	142.62
2003	福建	1 939.20	4.36	141.12	145.15
2003	湖北	2 160.95	4.32	156.80	169.28
2002	湖北	2 113.78	4.18	141.90	170.51
2000	安徽	1 918.37	4.04	151.00	171.72
2002	湖南	1 862.57	4.03	136.40	162.66
2003	安徽	1 748.15	3.96	137.76	172.10
2001	湖北	1 976.85	3.92	150.80	162.61
2003	河南	1 895.79	3.86	112.00	134.48
2001	福建	1 833.81	3.76	130.00	132.62
2002	安徽	1 850.28	3.70	143.00	174.98
	平均	1 930.53	4.11	133.58	158.64

资料来源：作者测算 2009.4

(1) 物质费用、劳动力资金投入不变，土地投入不同，大规模的边际效益土地边际效益、利润空间及其拐点

大规模的边际效益土地边际效益函数回归形式：

$$\partial I/\partial L_{土地}=40.22875\times0.901957\times133.5883^{0.245172}\times158.6408^{0.27052}/L_{土地}^{1-0.901957}$$

土地边际效益、利润空间及其拐点。

在每亩劳动力投入和物质投入状况分别为133.58元和158.64元的不变条件下，每增加1亩土地，其边际效益利润空间及其拐点是：在140亩土地上，每增加1亩土地的边际效益为0，该点视为边际效益拐点。小于5 900亩土地投入的边际效益为递增，大于140亩土地投入水平的边际效益

为递减。从实际土地 4.11 亩的水平看，中籼稻大规模生产具有较大的土地边际效益空间（表 6-26）。

表 6-26　大规模生产的土地边际效益、利润空间及其拐点

每增加 1 亩地边际总收入	耕地（亩）	劳动力（元/亩）	物质投入（元/亩）	成本费用合计（元/亩）	边际效益增减及其拐点
302.04	100	133.58	158.64	292.22	9.82
299.23	110	133.58	158.64	292.22	7.01
296.69	120	133.58	158.64	292.22	4.47
294.37	130	133.58	158.64	292.22	2.15
292.24	140	133.58	158.64	292.22	0.02
290.27	150	133.58	158.64	292.22	−1.95
288.44	160	133.58	158.64	292.22	−3.78
286.73	170	133.58	158.64	292.22	−5.49
285.13	180	133.58	158.64	292.22	−7.09
283.62	190	133.58	158.64	292.22	−8.60

资料来源：作者测算 2009.4

(2) 耕地、物资费用不变，劳动力投入不同，大规模的边际效益、利润空间及其拐点

劳动力投入边际效益函数回归形式：

$$\partial I/\partial L_{劳动力}=40.228\,75\times0.245\,172\times4.107\,94^{0.901\,957}\times158.640\,8^{0.270\,52}/L_{劳动力}^{1-0.245\,172}$$

劳动力投入边际效益、利润空间及其拐点。

在耕地面积为 4.107 亩，每亩物质费用为 158.64 元的不变条件下，劳动力投入边际效益、利润空间及其拐点是：在每亩劳动力投入 106 元条件下，每增加 1 元劳动力投入的边际效益为零，该点是劳动力投入边际效益的拐点，每亩土地投入水平小于 106 元，劳动力的边际效益递增，大于 106 元的劳动力投入水平，边际效益递减。从实际劳动力投入 133.57 元来看，因此，中籼稻大规模生产的劳动力的边际效益空间不大（表 6-27）。

表 6-27　大规模生产的劳动力际效益、利润空间及其拐点

增加 1 元劳动力的边际收益	耕地（亩）	劳动力（元/亩）	物质投入（元/亩）	每增加 1 元劳动力增加净收入
4.30	4.11	100	158.64	0.19
4.26	4.11	101	158.64	0.16
4.23	4.11	102	158.64	0.12
4.20	4.11	103	158.64	0.09
4.17	4.11	104	158.64	0.06
4.14	4.11	105	158.64	0.03
4.11	4.11	106	158.64	0.00

续表

增加 1 元劳动力的边际收益	耕地（亩）	劳动力（元/亩）	物质投入（元/亩）	每增加 1 元劳动力增加净收入
4.08	4.11	107	158.64	−0.03
4.05	4.11	108	158.64	−0.05
4.03	4.11	109	158.64	−0.08

资料来源：作者测算 2009.4

(3) 耕地、劳动力资金投入不变，物资资本投入不同，大规模物质费用投入边际效益、利润空间及其拐点

物质费用投入边际效益函数回归形式：

$$\partial I/\partial L_{物质费用}=40.228\,75\times 0.270\,52\times 4.107\,94^{0.901\,957}\times 133.578\,3^{0.245\,172}/L_{物质费用}^{1-0.270\,52}$$

物质投入边际效益、利润空间及其拐点。

在耕地面积为 4.107 亩，每亩劳动力投入为 133.58 元条件下，物质投入边际效益、利润空间及其拐点是：在每亩物质费用投入 113 元条件下，每增加 1 元物资费用投入的边际效益为零，该点是物质费用投入边际效益的拐点，每亩土地投入水平小于 113 元，物质费用的边际效益递增，大于 113 元的物质投入水平，边际效益递减。从实际平均物质投入 158.64 元的水平看，中籼稻大规模的物质投入水平的边际效益空间不大（表 6-28）。

表 6-28　大规模生产的物质费用投入边际效益、利润空间及其拐点）　单位

增加 1 元物质费用的边际收益	土地（亩）	劳动力（元/亩）	物资投入（元/亩）	每增加 1 元物质费用增加净收入
4.49	4.11	133.58	100	0.38
4.19	4.11	133.58	110	0.08
4.16	4.11	133.58	111	0.05
4.14	4.11	133.58	112	0.03
4.11	4.11	133.58	113	0.00
4.08	4.11	133.58	114	−0.03
4.06	4.11	133.58	115	−0.05
4.03	4.11	133.58	116	−0.08
4.01	4.11	133.58	117	−0.10
3.98	4.11	133.58	118	−0.13

资料来源：作者测算 2009.4

5. 中等规模生产的边际效益

中等规模生产的规模边际效益生产函数回归形式：

$$I=67.77247L_{土地}^{0.90852}L_{劳动力}^{0.15897}L_{物质费用}^{0.25851}$$

数据结构

样本量为 12，其中，总收入平均值为 1 563.00 元，种植面积平均值为 3.28 亩，人工费用平均值为 180.68 元/亩，物质投入费用平均值为 156.79 元/亩（表 6-29）。

表 6-29　中等规模生产的规模边际效益分析基础数据

年份	地区	总收入（元）	面积（亩）	人工（元/亩）	费用（元/亩）
2000	湖北	1 693.98	3.65	163.00	176.53
2003	湖南	1 777.04	3.65	120.96	160.68
2002	河南	1 645.91	3.62	100.10	139.49
2001	安徽	1 716.61	3.61	146.64	167.33
2002	福建	1 473.34	3.52	128.70	132.45
2000	陕西	1 599.32	3.29	223.00	123.62
2000	福建	1 320.15	3.18	131.00	130.44
2001	贵州	1 832.44	3.14	263.12	154.59
2003	贵州	1 687.88	3.11	286.72	207.06
2003	陕西	1 352.05	3.05	228.48	120.00
2000	江苏	1 512.18	3.04	122.00	193.94
2002	贵州	1 356.61	3.01	277.20	181.91
	平均	1 563.00	3.28	180.68	156.79

资料来源：作者测算 2009.4

（1）物质费用、劳动力资金投入不变，土地投入不同，中等规模生产的规模土地边际效益、利润空间及其拐点

中等规模生产的规模土地边际效益函数回归形式：

$$\partial I/\partial L_{土地}=67.77247\times0.90852\times180.6813^{0.15897}\times156.7913^{0.25851}/L_{土地}^{1-0.90852}$$

土地边际效益、利润空间及其拐点：

在劳动力投入和物质投入状况分别为 180.68 元和 156.79 元的不变条件下，每增加 1 亩土地，其边际效益利润空间及其拐点是：在 111 亩土地上，每增加 1 亩土地的边际效益为 0，该点视为边际效益拐点。小于 111 亩土地投入的边际效益为递增，大于 111 亩土地投入水平的边际效益为递减。从实际土地 3.28 亩的水平看，中籼稻中等规模生产的规模土地投入的空间边际效益非常大（表 6-30）。

表 6-30　中等规模生产的土地边际效益、利润空间及其拐点

每增加 1 亩地边际总收入	耕地（亩）	劳动力（元/亩）	物质投入（元/亩）	成本费用合计（元/亩）	边际效益增减及其拐点
340.97	100	180.68	156.79	337.47	3.50
338.01	110	180.68	156.79	337.47	0.54
337.73	111	180.68	156.79	337.47	0.26
337.46	112	180.68	156.79	337.47	−0.01
337.18	113	180.68	156.79	337.47	−0.29
336.91	114	180.68	156.79	337.47	−0.56
336.64	115	180.68	156.79	337.47	−0.83
336.38	116	180.68	156.79	337.47	−1.10
336.11	117	180.68	156.79	337.47	−1.36
335.85	118	180.68	156.79	337.47	−1.62

资料来源：作者测算 2009.4

(2) 耕地、物资费用不变，劳动力投入不同，中等规模生产劳动力边际效益、利润空间及其拐点

劳动力投入边际效益函数回归形式

$$\partial I/\partial L_{劳动力}=67.77247\times 0.15897\times 3.279^{0.90852}\times 156.7913^{0.25851}/L_{劳动力}^{1-0.15897}$$

劳动力投入边际效益、利润空间及其拐点。

在耕地面积为 3.279 亩，物质费用实际为 156.791 元的不变条件下，劳动力投入边际效益、利润空间及其拐点是：在劳动力增加投入 70 元条件下，每增加 1 元劳动力投入的边际效益为零，该点是劳动力投入边际效益的拐点，每亩土地投入水平小于 70 元，劳动力的边际效益递增，大于 70 元的劳动力投入水平，边际效益递减。从实际平均每亩劳动力投入 180.68 元，中籼稻中等规模的劳动力的边际效益空间不大（表 6-31）。

表 6-31　中等规模生产的劳动力边际效益、利润空间及其拐点

增加 1 元劳动力的边际收益	土地（亩）	劳动力（元/亩）	物资投入（元/亩）	每增加 1 元劳动力增加净收入
4.36	3.28	50	156.79	1.08
3.74	3.28	60	156.79	0.46
3.50	3.28	65	156.79	0.22
3.45	3.28	66	156.79	0.17
3.41	3.28	67	156.79	0.13
3.37	3.28	68	156.79	0.09
3.33	3.28	69	156.79	0.05

续表

增加1元劳动力的边际收益	土地（亩）	劳动力（元/亩）	物资投入（元/亩）	每增加1元劳动力增加净收入
3.29	3.28	70	156.79	0.01
3.25	3.28	71	156.79	−0.03
3.21	3.28	72	156.79	−0.07

资料来源：作者测算 2009.4

(3) 耕地、劳动力资金投入不变，物资资本投入不同，中等规模生产物质费用投入边际效益、利润空间及其拐点

物质费用投入边际效益函数回归形式：

$$\partial I/\partial L_{物质费用}=67.77247\times0.25851\times3.279^{0.90852}\times180.6813^{0.15897}/L_{物质费用}^{1-0.25851}$$

投入边际效益、利润空间及其拐点。

在耕地面积为3.279亩，每亩劳动力投入为180.68元的不变条件下，物质投入边际效益、利润空间及其拐点是：在每亩物质费用投入125元条件下，每增加1元物资费用投入的边际效益为0，该点是物质费用投入边际效益的拐点，每亩土地投入水平小于125元，物质费用的边际效益递增，大于125元的物质投入水平，边际效益递减。从实际平均物质投入156.79元的水平看，中籼稻中等规模农业的物质边际效益空间不大（表6-32）。

表6-32　中等规模生产的物质费用投入边际效益、利润空间及其拐点

增加1元物质费用的边际收益	土地（元）	劳动力（元/亩）	物资投入（元/亩）	每增加1元物质费用增加净收入
3.87	3.28	180.68	100	0.59
3.61	3.28	180.68	110	0.33
3.38	3.28	180.68	120	0.10
3.36	3.28	180.68	121	0.08
3.34	3.28	180.68	122	0.06
3.32	3.28	180.68	123	0.04
3.30	3.28	180.68	124	0.02
3.28	3.28	180.68	125	0.00
3.26	3.28	180.68	126	−0.02
3.24	3.28	180.68	127	−0.04

资料来源：作者测算 2009.4

3. 小规模的边际效益

小规模生产边际效益生产函数回归形式：

$$I=6.571552^{0.957625}_{土地}L^{0.314905}_{劳动力}L^{0.507483}_{物质费用}$$

$R^2=0.913\ 579$

数据结构

样本量为 14，其中，总收入平均值为 1 242.84 元，种植面积平均值为 2.48 亩，人工费用平均值为 197.86 元/亩，物质投入费用平均值为 153.65 元/亩（表 6-33）。

表 6-33　小规模生产的规模边际效益分析基础数据

年份	地区	总收入（元）	面积（亩）	人工（元/亩）	费用（元/亩）
2001	陕西	1 442.56	3.00	247.52	125.60
2000	四川	1 397.22	2.96	220.00	145.60
2002	陕西	1 335.64	2.94	232.10	125.71
2003	江苏	1 389.40	2.79	95.20	213.73
2001	江苏	1 431.53	2.73	113.36	193.32
2000	贵州	1 653.33	2.71	241.00	172.74
2002	江苏	1 356.88	2.61	100.10	192.07
2001	四川	1 108.14	2.29	216.32	148.56
2000	重庆	1 013.16	2.27	201.00	131.47
2003	四川	1 170.00	2.16	215.04	149.35
2002	重庆	962.00	2.11	226.60	139.75
2002	四川	1 099.43	2.10	223.30	143.77
2003	重庆	1 130.30	2.07	227.36	140.12
2001	重庆	910.15	1.98	211.12	129.36
	平均	1 242.84	2.48	197.86	153.65

资料来源：作者测算 2009.4

（1）物质费用、劳动力资金投入不变，土地投入不同，小规模生产土地边际效益、利润空间及其拐点

小规模生产土地边际效益函数回归形式：

$$\partial I/\partial L_{土地}=6.571\ 552\times 0.957\ 625\times 197.858\ 6^{0.314\ 905}\times 153.653\ 6^{0.507\ 483}/L_{土地}^{1-0.957\ 625}$$

土地边际效益、利润空间及其拐点。

在每亩劳动力投入和物质投入状况分别为 197.86 元和 153.65 元的不变条件下，每增加 1 亩土地，其边际效益利润空间及其拐点是：在 105 亩土地上，每增加 1 亩土地的边际效益为 0，该点视为边际效益拐点。小于 105 亩土地投入的边际效益为递增，大于 105 亩土地投入水平的边际效益为递减。从实际土地 2.48 亩的水平看，中籼稻小规模生产土地投入的空间边际效益非常大（表 6-34）。

表 6-34 小规模生产土地边际效益、利润空间及其拐点

每增加 1 亩地边际总收入	耕地（亩）	劳动力（元/亩）	物质投入（元/亩）	成本费用合计（元/亩）	边际效益增减及其拐点
352.27	100	197.86	153.65	351.51	0.76
352.13	101	197.86	153.65	351.51	0.61
351.98	102	197.86	153.65	351.51	0.47
351.83	103	197.86	153.65	351.51	0.32
351.69	104	197.86	153.65	351.51	0.18
351.55	105	197.86	153.65	351.51	0.03
351.40	106	197.86	153.65	351.51	−0.11
351.27	107	197.86	153.65	351.51	−0.25
351.13	108	197.86	153.65	351.51	−0.39
350.99	109	197.86	153.65	351.51	−0.52

资料来源：作者测算 2009.4

(2) 耕地、物资费用不变，劳动力投入不同，小规模劳动力边际效益、利润空间及其拐点

劳动力投入边际效益函数回归形式：

$$\partial I/\partial L_{劳动力}=6.571\,552\times 0.314\,905\times 2.479\,244\,907^{0.957\,625}\times 153.653\,6^{0.507\,483}/L_{劳动力}^{1-0.314\,905}$$

劳动力投入边际效益、利润空间及其拐点。

在耕地面积为 2.48 亩，每亩物质费用为 153.65 元的不变条件下，劳动力投入边际效益、利润空间及其拐点是：在每亩劳动力增加投入 113 元条件下，每增加 1 元劳动力投入的边际效益为零，该点是劳动力投入边际效益的拐点，每亩土地投入水平小于 113 元，劳动力的边际效益递增，大于 113 元的劳动力投入水平，边际效益递减。从实际平均每亩劳动力投入 197.85 元的水平看，因此，中籼稻小规模生产增加劳动力的边际效益空间不大（表 6-35）。

表 6-35 小规模劳动力边际效益、利润空间及其拐点

每亩增加 1 元劳动力边际总收入	耕地（亩）	劳动力（元/亩）	物质投入（元/亩）	每增加 1 元劳动力增加净收入
2.71	2.48	100	153.65	0.23
2.54	2.48	110	153.65	0.06
2.52	2.48	111	153.65	0.04
2.51	2.48	112	153.65	0.03
2.49	2.48	113	153.65	0.01

续表

每亩增加1元劳动力边际总收入	耕地　（亩）	劳动力（元/亩）	物质投入（元/亩）	每增加1元劳动力增加净收入
2.48	2.48	114	153.65	−0.00
2.46	2.48	115	153.65	−0.02
2.45	2.48	116	153.65	−0.03
2.43	2.48	117	153.65	−0.05
2.42	2.48	118	153.65	−0.06

资料来源：作者测算 2009.4

(3) 耕地、劳动力资金投入不变，物资资本投入不同，小规模物质费用投入边际效益、利润空间及其拐点

物质费用投入边际效益函数回归形式：

$$\partial I/\partial L_{物质费用}=6.571\ 552\times0.507\ 483\times2.479\ 244\ 907^{0.957\ 625}\times197.858\ 6^{0.314\ 905}/L_{物质费用}^{1-507\ 483}$$

物质投入边际效益、利润空间及其拐点：

在耕地面积为2.48亩，每亩劳动力投入为197.85元条件下，物质投入边际效益、利润空间及其拐点是：在每亩物质费用投入310元条件下，每增加1元物资费用投入的边际效益为零，该点是物质费用投入边际效益的拐点，每亩土地投入水平小于310元，物质费用的边际效益递增，大于310元的物质投入水平，边际效益递减。从实际平均物质投入153.65元的水平看，中籼稻小规模的物质投入水平的边际效益空间较大（表6-36）。

表6-36　小规模物质费用投入边际效益、利润空间及其拐点

每亩增加1元物质费用边际效益增减	土地投入（亩）	劳动力投入（元/亩）	物质成本投入（元/亩）	每增加1元物质费用增加净收入
4.35	2.48	197.86	100	1.87
3.57	2.48	197.86	150	1.09
3.09	2.48	197.86	200	0.61
2.77	2.48	197.86	250	0.29
2.53	2.48	197.86	300	0.05
2.49	2.48	197.86	310	0.01
2.45	2.48	197.86	320	−0.02
2.42	2.48	197.86	330	−0.06
2.38	2.48	197.89	340	−0.10
2.35	2.48	197.86	350	−0.13

资料来源：作者测算 2009.4

4. 结论

(1) 在总体条件下，中籼稻生产的土地投入、物资投入规模边际效益

空间很大，而劳动力规模边际效益没有任何增长空间。这表明，中籼稻大规模生产的潜力很大。

(2) 在大规模条件下，中籼稻大规模生产的土地边际效益空间很大，而劳动力物质投入边际效益空间不大，这表明中籼稻生产在原有所谓大规模生产的基础上，仍然有扩大规模的潜力。

(3) 在中规模条件下，中籼稻除有较大的土地投入边际效益外，均不具备劳动力和物质投入的边际效益，这表明中籼稻中等规模生产仍然没有满足规模化生产的需求。

(4) 在小规模条件下，中籼稻生产的土地投入、物资投入规模边际效益空间很大，而劳动力规模边际效益没有任何增长空间，进一步反证我国中籼稻生产规模效益不经济的问题。

(三) 晚籼稻生产的规模化问题研究

生产函数回归形式

$I=6.372\ 078L_{土地}^{0.936\ 42}L_{劳动力}^{0.244\ 353}K_{物资投入}^{0.643\ 186}$

$R^2=0.788\ 228$

数据结构

样本量为 35 个不同规模观察总和，时间序列从 2000～2003 年，其中，总收入平均值为 1 607.71 元，水稻平均种植面积 3.70 亩，人工费用平均值为 129.93 元/亩，物质投入费用平均值为 156.41 元/亩 (表 6-37)。

表 6-37 规模农业规模边际效益分析基础数据表

年份	地区	总收入（元）	面积（亩）	人工（元/亩）	费用（元/亩）
2003	浙江	1 389.99	2.21	94.08	195.48
2003	安徽	4 898.35	9.90	107.52	164.63
2003	福建	1 541.23	2.94	147.84	157.37
2003	江西	2 689.64	5.31	150.08	143.97
2003	湖北	1 788.50	3.19	141.12	154.31
2003	湖南	1 812.90	3.83	125.44	164.01
2003	广东	1 778.10	3.33	122.08	179.88
2003	广西	1 511.04	3.27	147.84	190.37
2003	海南	1 418.56	4.24	119.84	118.46
2002	浙江	1 023.41	2.21	89.10	171.40
2002	安徽	962.32	2.42	139.70	133.88
2002	福建	1 235.90	3.03	140.80	152.72
2002	江西	2 173.46	5.28	151.80	137.78
2002	湖北	1 290.59	3.19	130.90	140.79
2002	湖南	1 433.58	3.91	133.10	156.77

续表

年份	地区	总收入（元）	面积（亩）	人工（元/亩）	费用（元/亩）
2002	广东	1 451.83	3.37	122.10	172.34
2002	广西	1 422.17	3.54	148.50	182.03
2002	海南	1 092.54	4.16	126.50	124.51
2001	浙江	1 127.54	2.31	94.64	183.95
2001	安徽	1 372.22	3.15	120.64	133.41
2001	福建	1 244.78	3.02	128.96	148.69
2001	江西	2 436.36	5.32	145.60	135.90
2001	湖北	1 190.60	2.80	138.32	144.52
2001	湖南	1 842.36	3.80	135.20	159.42
2001	广东	1 497.65	3.28	126.88	166.76
2001	海南	1 260.41	4.33	127.92	124.57
2000	浙江	1 261.50	2.59	102.00	196.27
2000	安徽	1 538.48	3.37	141.00	159.03
2000	福建	1 358.26	3.08	133.00	152.11
2000	江西	2 332.92	5.39	141.00	135.70
2000	湖北	1 351.66	3.05	151.00	149.08
2000	湖南	1 693.39	3.69	133.00	157.57
2000	广东	1 457.93	3.42	122.00	185.07
2000	广西	1 334.74	3.28	141.00	186.22
2000	海南	1 054.96	4.46	127.00	115.26
	平均	1 607.71	3.70	129.93	156.41

资料来源：作者测算 2009.4

1. 总体条件下的最适规模

(1) 物质费用、劳动力资金投入不变，土地投入不同，规模农业规模边际效益、利润空间及其拐点

土地规模边际效益函数回归形式：

$$\partial I/\partial L_{土地}=6.372\ 078\times 0.936\ 42\times 129.928\ 6^{0.244\ 353}\times 156.406\ 6^{0.643\ 186}/L_{土地}^{1-936\ 42}$$

土地规模边际效益、利润空间及其拐点。

在每亩劳动力投入和物质投入状况分别为 129.93 元和 156.41 元的不变条件下，在 7 500 亩土地上，每增加 1 亩土地的规模边际效益为 0，该点视为规模边际效益拐点。小于 7 500 亩土地投入的规模边际效益为递增，大于 7 500 亩土地投入水平的规模边际效益为递减。从实际土地 3.7 亩的水平看，晚籼稻农业土地投入的规模边际效益很大（表 6-38）。

表 6-38　土地规模边际效益、利润空间及其拐点

每增加 1 亩地边际总收入	耕地（亩）	劳动力（元/亩）	物质投入（元/亩）	成本费用合计（元/亩）	规模边际效益增减及其拐点
325.70	1 000.00	129.93	156.41	286.34	39.36
294.02	5 000.00	129.93	156.41	286.34	7.68
290.63	6 000.00	129.93	156.41	286.34	4.30
287.80	7 000.00	129.93	156.41	286.34	1.46
286.54	7 500.00	129.93	156.41	286.34	0.20
286.30	7 600.00	129.93	156.41	286.34	−0.04

资料来源：作者测算 2009.4

(2) 耕地、物资费用不变，劳动力投入不同，劳动力规模边际效益、利润空间及其拐点

劳动力投入规模边际效益函数回归形式

$$\partial I/\partial L_{劳动力}=6.372\ 07\times 0.244\ 353\times 3.7^{0.936\ 42}\times 156.406\ 6^{0.516\ 566}/L_{劳动力}^{1-0.244\ 353}$$

劳动力投入规模边际效益、利润空间及其拐点。

在耕地为 3.7 亩，每亩物质费用实际为 156.41 元的不变条件下，劳动力投入规模边际效益、利润空间及其拐点是：在每亩劳动力投入 118.00 元条件下，每增加 1 元劳动力投入的规模边际效益为零，该点是劳动力投入规模边际效益的拐点，每亩土地投入水平小于 118.00 元，劳动力的规模边际效益递增，大于 118.00 元的劳动力投入水平，规模边际效益递减。从实际平均劳动力投入 129.93 元的水平，晚籼稻生产的劳动力规模边际效益没有增长空间(表 6-39)。

表 6-39　劳动力规模边际效益、利润空间及其拐点

每亩增加 1 元劳动力边际总收入	耕地（亩）	劳动力（元/亩）	物质投入（元/亩）	规模边际效益增减及其拐点
4.22	3.70	100.00	156.41	0.51
3.92	3.70	110.00	156.41	0.22
3.79	3.70	115.00	156.41	0.09
3.77	3.70	116.00	156.41	0.06
3.74	3.70	117.00	156.41	0.04
3.72	3.70	118.00	156.41	0.02
3.70	3.70	119.00	156.41	−0.01

资料来源：作者测算 2009.4

(3) 耕地、劳动力资金投入不变，物资资本投入不同，物资投入规模边际效益、利润空间及其拐点。

物质费用投入规模边际效益函数回归形式：

$$\partial I/\partial K_{物质费用}=6.37207\times0.643186\times3.7^{0.93642}\times129.9286^{0.244353}/K_{物质费用}^{1-0.643186}$$

物质投入规模边际效益、利润空间及其拐点。

在耕地为 3.7 亩，每亩劳动力投入实际为 129.93 元的不变条件下，物质投入规模边际效益、利润空间及其拐点是：在每亩物质费用投入1 150元条件下，每增加 1 元物资费用投入的规模边际效益为零，该点是物质费用投入规模边际效益的拐点，每亩物质投入水平小于 1 150 元，物质费用的规模边际效益递增，大于 1 150 元的物质投入水平，规模边际效益递减。从实际平均物质投入 156.41 元的水平看，晚籼稻生产的物资投入规模边际效益空间还很大（表 6-40）。

表 6-40　物资投入规模边际效益、利润空间及其拐点

每亩增加 1 元物质费用规模边际效益增减	土地投入	劳动力投入	物质成本投入	规模边际效益增减及其拐点
5.0	3.70	129.93	500	1.29
3.9	3.70	129.93	1 000	0.20
3.8	3.70	129.93	1 100	0.07
3.8	3.70	129.93	1 110	0.05
3.7	3.70	129.93	1 120	0.04
3.7	3.70	129.93	1 130	0.03
3.7	3.70	129.93	1 140	0.02
3.7	3.70	129.93	1 150	0.01
3.7	3.70	129.93	1 160	0.00

资料来源：作者测算 2009.4

2. 大规模的边际效益

大规模的边际效益生产函数回归形式：

$I=24.25202L_{土地}^{0.9002}L_{劳动力}^{0.257547}L_{物质费用}^{0.369269}$

$R^2=0.992$

数据结构

样本量为 9，其中，总收入平均值为 2 150.80 元，种植面积平均值为 5.38 亩，人工费用平均值为 133.03 元/亩，物质投入费用平均值为 133.42 元/亩（表 6-41）。

表 6-41　大规模的边际效益分析基础数据表

年份	地区	总收入	面积	人工	费用
2003	安徽	4 898.35	9.90	107.52	164.63
2000	江西	2 332.92	5.39	141.00	135.70

续表

年份	地区	总收入（元）	面积（亩）	人工（元/亩）	费用（元/亩）
2001	江西	2 436.36	5.32	145.60	135.90
2003	江西	2 689.64	5.31	150.08	143.97
2002	江西	2 173.46	5.28	151.80	137.78
2000	海南	1 054.96	4.46	127.00	115.26
2001	海南	1 260.41	4.33	127.92	124.57
2003	海南	1 418.56	4.24	119.84	118.46
2002	海南	1 092.54	4.16	126.50	124.51
	平均	2 150.80	5.38	133.03	133.42

资料来源：作者测算 2009.4

(1) 物质费用、劳动力资金投入不变，土地投入不同，大规模的边际效益土地边际效益、利润空间及其拐点

大规模的边际效益土地边际效益函数回归形式：

$$\partial I/\partial L_{土地}=24.252\,02\times 0.900\,2\times 133.028\,9^{0.257\,547}\times 133.42^{0.369\,269}/L_{土地}^{1-0.900\,2}$$

土地边际效益、利润空间及其拐点。

在每亩劳动力投入和物质投入状况分别为 133.028 9 元和 133.42 元的不变条件下，每增加 1 亩土地，其边际效益利润空间及其拐点是：在 280 亩土地上，每增加 1 亩土地的边际效益为 0，该点视为边际效益拐点。小于 280 亩土地投入的边际效益为递增，大于 280 亩土地投入水平的边际效益为递减。从实际土地 5.38 亩的水平看，晚籼稻大规模种植具有较大的土地边际效益（表 6-42）。

表 6-42 大规模的边际效益土地边际效益、利润空间及其拐点

每增加 1 亩地边际总收入	耕地（亩）	劳动力（元/亩）	物质投入（元/亩）	成本费用合计（元/亩）	边际效益增减及其拐点
295.99	100	133.03	133.42	266.45	29.54
276.21	200	133.03	133.42	266.45	9.76
270.13	250	133.03	133.42	266.49	3.68
269.07	260	133.03	133.42	266.45	2.62
268.06	270	133.03	133.42	266.45	1.61
267.09	280	133.03	133.42	266.45	0.64
266.15	290	133.03	133.42	266.45	−0.29
265.26	300	133.03	133.42	266.45	−1.19
264.39	310	133.03	133.42	266.45	−2.06
263.55	320	133.03	133.42	266.45	−2.90

资料来源：作者测算 2009.4

(2) 耕地、物资费用不变，劳动力投入不同，大规模的边际效益、利

润空间及其拐点

劳动力投入边际效益函数回归形式：

$$\partial I/\partial L_{劳动力}=24.252\,02\times0.257\,547\times5.375\,97^{0.900\,2}\times133.42^{0.369\,269}/L_{劳动力}^{1-0.257\,547}$$

劳动力投入边际效益、利润空间及其拐点

在耕地面积为 5.38 亩，每亩物质费用为 133.42 元的不变条件下，劳动力投入边际效益、利润空间及其拐点是：在每亩劳动力投入 107 元条件下，每增加 1 元劳动力投入的边际效益为零，该点是劳动力投入边际效益的拐点，每亩土地投入水平小于 107 元，劳动力的边际效益递增，大于 107 元的劳动力投入水平，边际效益递减。从实际每亩劳动力投入 133.02 元的水平上看，晚籼稻大规模的边际效益增加劳动力的边际效益空间不大(表 6-43)。

表 6-43　大规模的边际效益边劳动力际效益、利润空间及其拐点

增加 1 元劳动力的边际收益	耕地（亩）	劳动力（元/亩）	物质投入（元/亩）	每增加 1 元劳动力增加净收入
5.66	5.38	100	133.42	0.29
5.62	5.38	101	133.42	0.25
5.58	5.38	102	133.42	0.20
5.54	5.38	103	133.42	0.16
5.50	5.38	104	133.42	0.12
5.46	5.38	105	133.42	0.09
5.42	5.38	106	133.42	0.05
5.39	5.38	107	133.42	0.01
5.35	5.38	108	133.42	−0.03
5.31	5.38	109	133.42	−0.06

资料来源：作者测算 2009.4

(3) 耕地、劳动力资金投入不变，物资资本投入不同，大规模物质费用投入边际效益、利润空间及其拐点

物质费用投入边际效益函数回归形式：

$$\partial I/\partial L_{物质费用}=24.252\,02\times0.369\,269\times5.375\,97^{0.900\,2}\times133.028\,9^{0.257\,547}/L_{物质费用}^{1-0.369\,269}$$

物质投入边际效益、利润空间及其拐点。

在耕地面积为 5.375 亩，每亩劳动力投入为 133.02 元条件下，物质投入边际效益、利润空间及其拐点是：在每亩物质费用投入 180 元条件下，每增加 1 元物资费用投入的边际效益为零，该点是物质费用投入边际效益

的拐点，每亩土地投入水平小于180元，物质费用的边际效益递增，大于180元的物质投入水平，边际效益递减。从实际平均物质投入133.42元的水平看，晚籼稻大规模物质投入水平的边际效益空间较大（表6-44）。

表6-44 大规模物质费用投入边际效益、利润空间及其拐点

增加1元物质费用的边际收益	土地（亩）	劳动力（元/亩）	物资投入（元/亩）	每增加1元物质费用增加净收入
7.86	5.38	133.03	100	2.48
6.08	5.38	133.09	150	0.71
5.84	5.38	133.03	160	0.46
5.62	5.38	133.03	170	0.25
5.42	5.38	133.03	180	0.05
5.24	5.38	133.03	190	−0.14
5.07	5.38	133.03	200	−0.30
4.92	5.38	133.03	210	−0.46
4.78	5.38	133.03	220	−0.60
4.65	5.38	133.03	230	−0.73

资料来源：作者测算2009.4

3. 中等规模的边际效益

中等规模生产的规模边际效益生产函数回归形式：

$$I=44.292\,48L_{土地}^{0.923\,72}L_{劳动力}^{0.186\,2}L_{物质费用}^{0.288\,92}$$

$$R^2=0.\ 441\,47$$

数据结构

样本量为18，其中，总收入平均值为1 540.905元，种植面积平均值为3.480 2亩，人工费用平均值为132.518元/亩，物质投入费用平均值为165.020 5元/亩（表6-45）。

表6-45 中等规模生产的规模边际效益分析基础数据

年份	地区	总收入（元）	面积（亩）	人工（亩/元）	费用（元/亩）
2002	湖南	1 433.58	3.91	133.10	156.77
2003	湖南	1 812.90	3.83	125.44	164.01
2001	湖南	1 842.36	3.80	135.20	159.42
2000	平均	1 581.86	3.76	132.00	159.58
2002	平均	1 460.41	3.71	130.90	152.47
2000	湖南	1 693.39	3.69	133.00	157.57
2002	广西	1 422.17	3.54	148.50	182.03
2001	广西	1 443.27	3.42	136.24	182.10
2000	广东	1 457.93	3.42	122.00	185.07
2002	广东	1 451.83	3.37	122.10	172.34
2000	安徽	1 538.48	3.37	141.00	159.03
2003	广东	1 778.10	3.33	122.08	179.88

续表

年份	地区	总收入（元）	面积（亩）	人工（元/亩）	费用（元/亩）
2001	广东	1 497.65	3.28	126.88	166.76
2000	广西	1 334.74	3.28	141.00	186.22
2003	广西	1 511.04	3.27	147.84	190.37
2002	湖北	1 290.59	3.19	130.90	140.79
2003	湖北	1 788.50	3.19	141.12	154.31
2001	安徽	1 372.22	3.15	120.64	133.41
	平均	1 540.91	3.48	132.52	165.02

资料来源：作者测算 2009.4

(1) 物质费用、劳动力资金投入不变，土地投入不同，中等规模生产的规模土地边际效益、利润空间及其拐点

中等规模生产的规模土地边际效益函数回归形式：

$$\partial I/\partial L_{土地}=44.292\,48\times 0.923\,72\times 132.518\,9^{0.186\,2}\times 165.020\,5^{0.288\,92}/L_{土地}^{1-0.923\,72}$$

土地边际效益、利润空间及其拐点

在劳动力投入和物质投入状况分别为 132.52 元和 165.02 元的不变条件下，每增加 1 亩土地，其边际效益利润空间及其拐点是：在 190 亩土地上，每增加 1 亩土地的边际效益为 0，该点视为边际效益拐点。小于 190 亩土地投入的边际效益为递增，大于 190 亩土地投入水平的边际效益为递减。从实际土地 3.48 亩的水平看，晚籼稻中等规模生产的规模土地投入的空间边际效益非常大（表 4-46）。

表 6-46　中等规模生产的规模土地边际效益、利润空间及其拐点

每增加 1 亩地边际总收入	耕地（亩）	劳动力（元/亩）	物质投入（元/亩）	成本费用合计元/亩	边际效益增减及其拐点
329.71	50	132.52	165.02	297.54	32.17
312.73	100	132.52	165.02	297.54	15.19
303.21	150	132.52	165.02	297.54	5.67
301.72	160	132.52	165.02	297.54	4.18
300.32	170	132.52	165.02	297.54	2.79
299.02	180	132.52	165.02	297.54	1.48
297.79	190	132.52	165.02	297.54	0.25
296.62	200	132.52	165.02	297.54	−0.91
295.52	210	132.52	165.02	297.54	−2.02
294.48	220	132.52	165.02	297.54	−3.06

资料来源：作者测算 2009.4

(2) 耕地、物资费用不变，劳动力投入不同，中等规模生产劳动力边

际效益、利润空间及其拐点

劳动力投入边际效益函数回归形式：

$$\partial I/\partial L_{劳动力}=44.292\ 48\times 0.186\ 2\times 3.480\ 2^{0.923\ 72}\times 165.020\ 5^{0.288\ 92}/L_{劳动力}^{1-0.186\ 2}$$

劳动力投入边际效益、利润空间及其拐点：

在耕地面积为3.48亩，物质费用实际为165.02元的不变条件下，劳动力投入边际效益、利润空间及其拐点是：在劳动力增加投入72元条件下，每增加1元劳动力投入的边际效益为零，该点是劳动力投入边际效益的拐点，每亩土地投入水平小于72元，劳动力的边际效益递增，大于72元的劳动力投入水平，边际效益递减。从中等规模实际平均每亩劳动力投入132.51元的水平看，晚籼稻中等规模劳动力规模的边际效益空间不大（表6-47）。

表6-47　中等规模生产劳动力边际效益、利润空间及其拐点

增加1元劳动力的边际收益	土地（亩）	劳动力（元/亩）	物资投入（元/亩）	每增加1元劳动力增加净收入
4.73	3.48	50	165.02	1.25
4.08	3.48	60	165.02	0.60
3.60	3.48	70	165.02	0.12
3.55	3.48	71	165.02	0.07
3.51	3.48	72	165.02	0.03
3.47	3.48	73	165.02	−0.01
3.44	3.48	74	165.02	−0.04
3.40	3.48	75	165.02	−0.08
3.36	3.48	76	165.02	−0.12
3.33	3.48	77	165.02	−0.15

资料来源：作者测算2009.4

（3）耕地、劳动力资金投入不变，物资资本投入不同，中等规模生产物质费用投入边际效益、利润空间及其拐点

物质费用投入边际效益函数回归形式：

$$\partial I/\partial L_{物质费用}=44.292\ 48\times 0.288\ 92\times 3.480\ 2^{0.923\ 72}\times 132.518\ 9^{0.186\ 2}/L_{物质费用}^{1-0.288\ 92}$$

物质投入边际效益、利润空间及其拐点：

在耕地面积为3.48亩，每亩劳动力投入为132.51元条件下，物质投入边际效益、利润空间及其拐点是：在每亩物质费用投入113元条件下，每增加1元物资费用投入的边际效益为零，该点是物质费用投入边际效益的拐点，每亩土地投入水平小于113元，物质费用的边际效益递增，大于

113 元的物质投入水平，边际效益递减。从实际物质投入 165.02 元的水平看，晚籼稻中等规模农业的物质边际效益空间不大（表 6-48）。

表 6-48　中等规模生产物质费用投入边际效益、利润空间及其拐点

增加 1 元物质费用的边际收益	土地（亩）	劳动力（元/亩）	物资投入（元/亩）	每增加 1 元物质费用增加净收入
3.81	3.48	132.52	100	0.33
3.56	3.48	132.52	110	0.08
3.53	3.48	132.52	111	0.05
3.51	3.48	132.52	112	0.03
3.49	3.48	132.52	113	0.01
3.47	3.48	132.52	114	−0.01
3.45	3.48	132.52	115	−0.03
3.42	3.48	132.52	116	−0.06
3.40	3.48	132.52	117	−0.08
3.38	3.48	132.52	118	−0.10

资料来源：作者测算 2009.4

4. 小规模生产的边际效益

小规模生产边际效益生产函数回归形式：

$$I=21.838\ 53L_{土地}^{0.919\ 5}L_{劳动力}^{0.237\ 72}L_{物质费用}^{0.382\ 844}$$

$$R^2=0.756\ 281$$

数据结构

样本量为 11，其中，总收入平均值为 1 244.29 元，种植面积平均值为 2.70 亩，人工费用平均值为 123.59 元/亩，物质投入费用平均值为 162.32 元/亩（表 6-49）。

表 6-49　小规模生产的规模边际效益分析基础数据

年份	地区	总收入（元）	面积（亩）	人工（元/亩）	费用（元/亩）
2000	福建	1 358.26	3.08	133.00	152.11
2000	湖北	1 351.66	3.05	151.00	149.08
2002	福建	1 235.90	3.03	140.80	152.72
2001	福建	1 244.78	3.02	128.96	148.69
2003	福建	1 541.23	2.94	147.84	157.37
2001	湖北	1 190.60	2.80	138.32	144.52
2000	浙江	1 261.50	2.59	102.00	196.27
2002	安徽	962.32	2.42	139.70	133.88
2001	浙江	1 127.54	2.31	94.64	183.95
2002	浙江	1 023.41	2.21	89.10	171.40
2003	浙江	1 389.99	2.21	94.08	195.48
	平均	1 244.29	2.70	123.59	162.32

资料来源：作者测算 2009.4

（1）物质费用、劳动力资金投入不变，土地投入不同，小规模生产土地边际效益、利润空间及其拐点

小规模生产土地边际效益函数回归形式：

$$\partial I/\partial L_{土地}=21.83853\times 0.9195\times 123.5855^{0.23772}\times 162.3155^{0.382844}/L_{土地}^{1-0.9195}$$

土地边际效益、利润空间及其拐点。

在每亩劳动力投入和物质投入状况分别为 123.58 元和 162.32 元的不变条件下，每增加 1 亩土地，其边际效益利润空间及其拐点是：在 220 亩土地上，每增加 1 亩土地的边际效益为 0，该点视为边际效益拐点。小于 220 亩土地投入的边际效益为递增，大于 220 亩土地投入水平的边际效益为递减。从实际土地 2.70 亩的水平看，晚籼稻小规模生产土地投入的空间边际效益非常大（表 6-50）。

表 6-50　小规模生产的土地边际效益、利润空间及其拐点

每增加 1 亩地边际总收入	耕地（亩）	劳动力 元/亩	物质投入 元/亩	成本费用合计 元/亩	边际效益增减及其拐点
305.70	100	123.59	162.32	285.90	19.80
289.11	200	123.59	162.32	285.90	3.21
287.98	210	123.59	162.32	285.90	2.08
286.90	220	123.59	162.32	285.90	1.00
285.88	230	123.56	162.32	285.90	−0.02
284.90	240	123.59	162.32	285.90	−1.00
283.97	250	123.59	162.32	285.90	−1.93
283.07	260	123.59	162.32	285.90	−2.83
282.21	270	123.59	162.32	285.90	−3.69
281.39	280	123.59	162.32	285.90	−4.51

资料来源：作者测算 2009.4

（2）耕地、物资费用不变，劳动力投入不同，小规模劳动力边际效益、利润空间及其拐点

劳动力投入边际效益函数回归形式：

$$\partial I/\partial L_{劳动力}=21.83853\times 0.23772\times 2.6967^{0.9195}\times 162.3155^{0.382844}/L_{劳动力}^{1-23772}$$

劳动力投入边际效益、利润空间及其拐点。

在耕地面积为 2.70 亩，每亩物质费用为 162.31 元的不变条件下，劳动力投入边际效益、利润空间及其拐点是：在每亩劳动力增加投入 100 元条件

下，每增加 1 元劳动力投入的边际效益为零，该点是劳动力投入边际效益的拐点，每亩土地投入水平小于 100 元，劳动力的边际效益递增，大于 100 元的劳动力投入水平，边际效益递减。从小规模实际平均每亩劳动力投入 123.58 元的水平来看，晚籼稻小规模生产增加劳动力的边际效益空间不大(表 6-51)。

表 6-51 小规模生产的劳动力边际效益、利润空间及其拐点

每亩增加 1 元劳动力边际总收入	耕地（亩）	劳动力（元/亩）	物质投入（元/亩）	每增加 1 元劳动力增加净收入
4.60	2.70	50	162.32	1.90
4.00	2.70	60	162.32	1.30
3.56	2.70	70	162.32	0.86
3.21	2.70	80	162.32	0.52
2.94	2.70	90	162.32	0.24
2.71	2.70	100	162.32	0.01
2.52	2.70	110	162.32	−0.18
2.36	2.70	120	162.32	−0.34
2.22	2.70	130	162.32	−0.48
2.10	2.70	140	162.32	−0.60

资料来源：作者测算 2009.4

(3) 耕地、劳动力资金投入不变，物资资本投入不同，小规模物质费用投入边际效益、利润空间及其拐点

物质费用投入边际效益函数回归形式：

$$\partial I/\partial L_{物质费用}=21.838\,53\times 0.382\,844\times 2.696\,7^{0.919\,5}\times 123.585\,5^{0.237\,72}/L_{物质费用}^{1-382\,844}$$

物质投入边际效益、利润空间及其拐点。

在耕地面积为 2.70 亩，每亩劳动力投入为 123.58 元条件下，物质投入边际效益、利润空间及其拐点是：在每亩物质费用投入 170 元条件下，每增加 1 元物资费用投入的边际效益为 0，该点是物质费用投入边际效益的拐点，每亩土地投入水平小于 170 元，物质费用的边际效益递增，大于 170 元的物质投入水平，边际效益递减。从规模农业实际平均物质投入 162.31 元的水平看，小规模生产物质投入水平较高，物质投入水平还有一定的边际效益空间（表 6-52）。

表 6-52 小规模生产的物质费用投入边际效益、利润空间及其拐点

每亩增加 1 元物质费用边际效益增减	土地投入（亩）	劳动力投入（元/亩）	物质成本投入（元/亩）	每增加 1 元物质费用增加净收入
3.81	2.70	123.59	100	1.12
3.60	2.70	123.59	110	0.90

续表

每亩增加1元物质费用边际效益增减	土地投入（亩）	劳动力投入（元/亩）	物质成本投入（元/亩）	每增加1元物质费用增加净收入
3.41	2.70	123.59	120	0.71
3.24	2.70	123.59	130	0.55
3.10	2.70	123.59	140	0.40
2.97	2.70	123.59	150	0.27
2.85	2.70	123.59	160	0.16
2.75	2.70	123.59	170	0.05
2.65	2.70	123.59	180	−0.04
2.57	2.70	123.59	190	−0.13

资料来源：作者测算 2009.4

4. 结论

（1）在总体条件下，晚籼稻生产的土地投入、物资投入规模边际效益空间很大。而劳动力规模边际效益没有任何增长空间。这表明，中籼稻生产适宜大规模生产。

（2）在大规模条件下，晚籼稻大规模生产的土地边际效益空间很大。而劳动力物质投入边际效益空间不大，这表明晚籼稻大规模生产仍然有扩大规模的效益空间。

（3）在中规模条件下，晚籼稻除有较大的土地投入边际效益外，均不具备的劳动力和物质投入的边际效益，这也表明晚籼稻中等规模生产也有扩大规模的效益空间。

（4）在小规模条件下，晚籼稻生产的土地投入、物资投入规模边际效益空间很大。而劳动力规模边际效益没有任何增长空间。这表明，晚籼稻小规模生产需要向大规模生产方向发展。

（四）梗稻规模化生产的问题研究

边际效益生产函数回归形式：

$$I=9.080\,963\,L_{\text{土地}}^{0.944\,611}L_{\text{劳动力}}^{0.074\,789}K_{\text{物资投入}}^{0.728\,506}$$

$$R^2=0.982\,696$$

数据结构

样本量为63个不同规模观察总和，时间序列从2000年到2003年，其中，总收入平均值为5 387.89元，水稻平均种植面积8.90亩，人工费用平均值为149.65元/亩，物质投入费用平均值为220.15元/亩（表6-53）。

表 6-53　粳稻规模生产边际效益分析基础数据表

年份	地区	总收入（元）	面积（亩）	人工（元/亩）	费用（元/亩）
2003	天津	30 692.97	37.71	153.42	281.19
2003	河北	4 108.44	5.27	192.64	293.51
2003	山西	1 448.54	2.94	162.26	211.72
2003	内蒙古	9 748.59	15.12	124.29	228.15
2003	辽宁	8 303.62	11.26	118.77	267.95
2003	吉林	7 359.82	13.77	120.95	198.74
2003	黑龙江	12 832.31	25.91	76.16	199.58
2003	上海	1 855.89	2.52	81.68	221.65
2003	江苏	2 521.40	3.50	107.41	258.73
2003	浙江	2 163.50	3.03	90.85	228.47
2003	安徽	1 476.81	2.57	136.44	148.43
2003	山东	2 868.41	4.25	179.24	246.73
2003	河南	2 953.54	5.23	234.23	209.70
2003	湖北	815.88	1.38	139.14	150.64
2003	云南	1 680.46	2.44	278.39	198.65
2003	宁夏	2 657.95	3.40	192.87	266.15
2002	天津	5 375.49	6.54	126.48	347.99
2002	河北	3 479.22	5.13	206.80	284.38
2002	山西	2 068.62	3.19	199.10	203.34
2002	内蒙古	8 092.09	13.69	173.75	260.12
2002	辽宁	6 687.96	10.99	118.82	245.43
2002	吉林	6 552.03	13.93	110.02	196.46
2002	黑龙江	12 751.13	33.04	84.70	184.31
2002	上海	1 504.37	2.69	80.28	210.74
2002	江苏	2 364.57	3.69	112.10	235.83
2002	浙江	1 905.65	3.43	93.37	215.05
2002	安徽	2 218.78	5.21	121.09	137.49
2002	山东	2 634.27	4.47	157.39	248.98
2002	河南	3 997.46	6.99	205.80	214.92
2002	湖北	606.06	1.47	125.19	138.39
2002	云南	1 682.24	2.68	269.16	183.17
2002	宁夏	3 118.84	4.57	184.63	271.65
2001	天津	3 414.42	4.31	146.76	313.47
2001	河北	5 306.46	8.60	190.32	248.29
2001	山西	1 970.60	2.98	224.51	201.61
2001	辽宁	9 012.79	14.19	112.32	241.53
2001	吉林	5 213.22	9.30	111.25	185.91
2001	黑龙江	8 298.89	16.25	94.65	185.84
2001	上海	1 729.53	2.74	86.28	217.66
2001	江苏	2 369.54	3.36	110.29	239.14
2001	浙江	2 039.15	3.37	99.93	214.11

续表

年份	地区	总收入（元）	面积（亩）	人工（元/亩）	费用（元/亩）
2001	安徽	1 336.82	2.68	143.68	148.88
2001	山东	3 345.73	4.69	146.75	222.52
2001	河南	4 376.10	6.69	183.13	194.99
2001	湖北	633.47	1.52	145.36	150.47
2001	云南	1 658.28	2.32	295.72	179.38
2001	宁夏	3 931.84	5.23	182.95	264.03
2000	北京	71 911.06	115.11	91.00	257.83
2000	天津	7 997.90	12.41	187.06	245.57
2000	河北	4 791.18	8.88	182.93	287.35
2000	山西	2 074.31	3.25	210.00	192.40
2000	辽宁	7 800.27	12.89	104.96	243.15
2000	吉林	4 132.13	7.41	98.06	201.05
2000	黑龙江	7 529.58	14.93	84.02	195.84
2000	上海	1 642.12	2.77	83.85	217.08
2000	江苏	2 749.60	4.35	117.95	247.74
2000	浙江	2 028.68	3.90	123.94	191.79
2000	安徽	1 071.23	2.43	142.10	153.84
2000	山东	3 063.23	4.66	156.06	235.67
2000	河南	3 060.01	7.45	205.00	170.03
2000	湖北	768.35	1.89	154.33	168.12
2000	云南	1 640.06	2.45	283.56	189.20
2000	宁夏	4 013.77	5.79	171.85	276.39
	平均	5 387.89	8.90	149.65	220.15

资料来源：作者测算 2009.4

1. 总体条件下的最适规模

(1) 物质费用、劳动力资金投入不变，土地投入不同，规模农业规模边际效益、利润空间及其拐点

土地规模边际效益函数回归形式：

$$\partial I/\partial L_{土地}=9.096\,83\times0.944\,611\times149.65^{0.074\,789}\times220.15^{0.728\,506}/L_{土地}^{1-0.944\,611}$$

土地规模边际效益、利润空间及其拐点。

在每亩劳动力投入和物质投入状况分别为 149.65 元和 220.15 元的不变条件下，在 17 000 亩土地上，每增加 1 亩土地的规模边际效益为 0，该点视为规模边际效益拐点。小于 17 000 亩土地投入的规模边际效益为递增，大于 17 000 亩土地投入水平的规模边际效益为递减。从实际土地 8.9 亩的水平看，粳稻规模农业土地投入的规模边际效益非常大（表 6-54）。

表 6-54　土地规模边际效益、利润空间及其拐点

每增加 1 亩地边际总收入	耕地（亩）	劳动力（元/亩）	物质投入（元/亩）	成本费用合计元/亩	规模边际效益增减及其拐点
558.9	10	149.65	220.15	369.8	189.12
492.0	100	149.65	220.15	369.8	122.20
433.1	1 000	149.65	220.15	369.8	63.29
381.2	10 000	149.65	220.15	369.8	11.43
372.8	15 000	149.65	220.15	369.8	2.96
370.2	17 000	149.65	220.15	369.8	0.39
369.0	18 000	149.65	220.15	369.8	−0.78
366.9	20 000	149.65	220.15	369.8	−2.93
358.7	30 000	149.65	220.15	369.8	−11.08

资料来源：作者测算 2009.4

(2) 耕地、物资费用不变，劳动力投入不同，劳动力规模边际效益、利润空间及其拐点

劳动力投入规模边际效益函数回归形式：

$$\partial I/\partial L_{劳动力}=9.09683\times0.074789\times8.9^{0.944611}\times220.15^{0.728506}/L_{劳动力}^{1-0.074789}$$

劳动力投入规模边际效益、利润空间及其拐点。

在耕地为 8.9 亩，每亩物质费用实际为 200.15 元的不变条件下，劳动力投入规模边际效益、利润空间及其拐点是：在每亩劳动力投入 40 元条件下，每增加 1 元劳动力投入的规模边际效益为 0，该点是劳动力投入规模边际效益的拐点，每亩土地投入水平小于 40 元，劳动力的规模边际效益递增，大于 40 元的劳动力投入水平，规模边际效益递减。从实际平均劳动力投入 149.65 元的水平看，粳稻生产已没有劳动力的边际规模效益大（表 6-55)。

表 6-55　劳动力规模边际效益、利润空间及其拐点

每亩增加 1 元劳动力边际总收入	耕地（亩）	劳动力（元/亩）	物质投入（元/亩）	规模边际效益增减及其拐点
9.0	8.9	40	220.15	0.1
8.8	8.9	41	220.15	−0.1
8.6	8.9	42	220.15	−0.3
8.4	8.9	43	220.15	−0.5
8.2	8.9	44	220.15	−0.7
8.1	8.9	45	220.15	−0.8
7.9	8.9	46	220.15	−1
2.6	8.9	150	220.15	−6.2

资料来源：作者测算 2009.4

(3) 耕地、劳动力资金投入不变，物资资本投入不同，物资投入规模边际效益、利润空间及其拐点

物质费用投入规模边际效益函数回归形式：

$\partial I/\partial L_{物质费用}=9.09683\times0.728506\times8.9^{0.944611}\times149.62^{0.074789}/K_{物质费用}^{1-0.074789}$

物质投入规模边际效益、利润空间及其拐点。

在耕地为 8.9 亩，每亩劳动力投入实际为 149.65 元的不变条件下，物质投入规模边际效益、利润空间及其拐点是：在每亩物质费用投入 2 600 元条件下，每增加 1 元物资费用投入的规模边际效益为 0，该点是物质费用投入规模边际效益的拐点，每亩物质投入水平小于 2 600 元，物质费用的规模边际效益递增，大于 2 600 元的物质投入水平，规模边际效益递减。从实际平均物质投入 220.15 元的水平看，粳稻生产的物资投入规模边际效益空间还很大（表 6-56）。

表 6-56　物资投入规模边际效益、利润空间及其拐点

每亩增加 1 元物质费用规模边际效益增减	土地投入（亩）	劳动力投入（元/亩）	物质成本投入（元/亩）	规模边际效益增减及其拐点
11.6	8.9	149.65	1 000	2.73
9.6	8.9	149.65	2 000	0.73
9.5	8.9	149.65	2 100	0.61
9.4	8.9	149.65	2 200	0.49
9.3	8.9	149.65	2 300	0.38
9.2	8.9	149.65	2 400	0.27
9.1	8.9	149.65	2 500	0.17
9.0	8.9	149.65	2 600	0.07
8.9	8.9	149.65	2 700	−0.02
8.8	8.9	149.65	2 800	−0.11
8.7	8.9	149.65	2 900	−0.19

资料来源：作者测算 2009.4

4. 大规模的边际效益

大规模的边际效益生产函数回归形式::

$I=4.8044L_{土地}^{0.9191}L_{劳动力}^{0.2802}L_{物质费用}^{0.6873}$

$R^2=0.992$

数据结构样本量为 15，其中，总收入平均值为 14 371.4 元 ，种植面积平均值为 24.08 亩，人工费用平均值为 116.96 元/亩，物质投入费用平均值为 228.71 元/亩（表 6-57）。

表 6-57　大规模生产的边际效益分析基础数据表

年份	地区	总收入（元）	面积（亩）	人工（元/亩）	费用（元/亩）
2000	北京	71 911.06	115.11	91	257.83
2003	天津	30 693.00	37.70	153.46	281.26

续表

年份	地区	总收入（元）	面积（亩）	人工（元/亩）	费用（元/亩）
2002	黑龙江	12 751.1	33.0	84.80	184.52
2003	黑龙江	12 832.3	25.9	76.19	199.66
2001	黑龙江	8 298.9	16.3	94.36	185.30
2003	内蒙古	9 748.6	15.1	124.46	228.45
2000	黑龙江	7 529.6	14.9	84.19	196.23
2001	辽宁	9 012.8	14.2	112.25	241.40
2002	吉林	6 552.0	13.9	110.25	196.90
2003	吉林	7 359.8	13.8	120.70	198.31
2002	内蒙古	8 092.1	13.7	173.62	259.92
2000	辽宁	7 800.3	12.9	104.88	242.96
2000	天津	7 997.9	12.4	187.21	245.77
2003	辽宁	8 303.6	11.3	118.35	267.00
2002	辽宁	6 688.0	11.0	118.70	245.20
	平均	14 371.4	24.08	116.96	228.71

资料来源：作者测算 2009.4

(1) 物质费用、劳动力资金投入不变，土地投入不同，大规模的边际效益土地边际效益、利润空间及其拐点

大规模的边际效益土地边际效益函数回归形式：

$$\partial I/\partial L_{土地}=4.804\,4\times 0.919\,1\times 116.961\,5^{0.280\,2}\times 228.710\,8^{0.687\,3}/L_{土地}^{1-0.919\,1}$$

土地边际效益、利润空间及其拐点。

在每亩劳动力投入和物质投入状况分别为 116.9 元和 228.71 元的不变条件下，每增加 1 亩土地，其边际效益利润空间及其拐点是：在 6 000 亩土地上，每增加 1 亩土地的边际效益为 0，该点视为边际效益拐点。小于 6 000亩土地投入的边际效益为递增，大于 6 000 亩土地投入水平的边际效益为递减。从实际土地 24.08 亩的水平看，粳稻大规模种植具有较大的土地边际效益空间（表 6-58）。

表 6-58　大规模生产的土地边际效益、利润空间及其拐点

每增加 1 亩地边际总收入	耕地（亩）	劳动力（元/亩）	物质投入（元/亩）	成本费用合计（元/亩）	边际效益增减及其拐点
401.36	1 000	116.96	228.71	345.67	55.69
379.48	2 000	116.96	228.71	345.67	33.81
367.24	3 000	116.96	228.71	345.67	21.57
358.80	4 000	116.96	228.71	345.67	13.13
352.38	5 000	116.96	228.71	345.67	6.71
347.22	6 000	116.96	228.71	345.67	1.55
342.92	7 000	116.96	228.71	345.67	−2.75

续表

每增加1亩地边际总收入	耕地（亩）	劳动力（元/亩）	物质投入（元/亩）	成本费用合计（元/亩）	边际效益增减及其拐点
339.24	8 000	116.96	228.71	345.67	−6.43
338.90	8 100	116.96	228.71	345.67	−6.77
338.56	8 200	116.96	228.71	345.67	−7.11
401.36	1 000	116.96	228.71	345.67	55.69

资料来源：作者测算 2009.4

(2) 耕地、物资费用不变，劳动力投入不同，大规模的边际效益、利润空间及其拐点

劳动力投入边际效益函数回归形式：

$\partial I/\partial L_{劳动力}=4.804\,4\times0.280\,2\times24.08^{0.919\,1}\times228.710\,8^{0.687\,3}/L_{劳动力}^{1-0.280\,2}$

劳动力投入边际效益、利润空间及其拐点。

在耕地面积为24.08亩，每亩物质费用为228.71元的不变条件下，劳动力投入边际效益、利润空间及其拐点是：在每亩劳动力投入180元条件下，每增加1元劳动力投入的边际效益为0，该点是劳动力投入边际效益的拐点，每亩土地投入水平小于180元，劳动力的边际效益递增，大于180元的劳动力投入水平，边际效益递减。从大规模实际平均每亩劳动力投入116.96元的水平看，粳稻大规模的边际效益增加劳动力的边际效益空间不大（表6-59）。

表6-59　大规模生产的劳动力际效益、利润空间及其拐点

每亩增加1元劳动力边际总收入	耕地（亩）	劳动力（元/亩）	物质投入（元/亩）	每增加1元劳动力增加净收入
38.12	24.08	100	228.71	14.03
35.59	24.08	110	228.71	11.51
33.43	24.08	120	228.71	9.35
31.56	24.08	130	228.71	7.48
29.92	24.08	140	228.71	5.84
28.47	24.08	150	228.71	4.39
27.18	24.08	160	228.71	3.10
26.02	24.08	170	228.71	1.94
24.97	24.08	180	228.71	0.89
24.02	24.08	190	228.71	−0.06

资料来源：作者测算 2009.4

(3) 耕地、劳动力资金投入不变，物资资本投入不同，大规模物质费用投入边际效益、利润空间及其拐点

物质费用投入边际效益函数回归形式：

$\partial I/\partial L_{物质费用}=4.8044\times0.6873\times24.08^{0.09191}\times116.9615^{0.2802}/L_{物质费用}^{1-0.6873}$

物质投入边际效益、利润空间及其拐点。

在耕地面积为24.08亩，每亩劳动力投入为116.96元条件下，物质投入边际效益、利润空间及其拐点是：在每亩物质费用投入1 400元条件下，每增加1元物资费用投入的边际效益为0，该点是物质费用投入边际效益的拐点，每亩土地投入水平小于1 400元，物质费用的边际效益递增，大于1 400元的物质投入水平，边际效益递减。从实际平均物质投入228.71元的水平看，大规模生产粳稻的物质投入水平的边际效益空间很大（表6-60)。

表6-60　大规模物质费用投入边际效益、利润空间及其拐点

每亩增加1元物质费用边际效益增减	土地投入	劳动力投入	物质成本投入	每增加1元物质费用增加净收入
26.93	24.08	116.96	1 000	2.85
26.14	24.08	116.96	1 100	2.06
25.44	24.08	116.96	1 200	1.35
24.81	24.08	116.96	1 300	0.73
24.24	24.08	116.96	1 400	0.16
23.72	24.08	116.96	1 500	−0.36
23.25	24.08	116.96	1 600	−0.83
22.81	24.08	116.96	1 700	−1.27
22.41	24.08	116.96	1 800	−1.67
22.03	24.08	116.96	1 900	−2.05

资料来源：作者测算2009.4

2. 中等规模的边际效益

中等规模生产的规模边际效益生产函数回归形式：:

$I=14.676L_{土地}^{0.8856}L_{劳动力}^{0.1349}K_{物资投入}^{0.6117}$

$R^2=0.944249$

数据结构

样本量为14，其中，总收入平均值为4068.40元，种植面积平均值为6.69亩，人工费用平均值为172.40元/亩，物质投入费用平均值为237.04元/亩（表6-61)。

表6-61　中等规模生产的规模边际效益分析基础数据

年份	地区	总收入（元）	土地（亩）	劳动力（元/亩）	物质费用（元/亩）
2001	吉林	5 213.2	9.3	111.26	185.90
2000	河北	4 791.2	8.9	182.52	286.71
2001	河北	5 306.5	8.6	190.33	248.29
2000	河南	3 060	7.5	203.64	168.89

续表

年份	地区	总收入（元）	土地（亩）	劳动力（元/亩）	物质费用（元/亩）
2000	吉林	4 132.1	7.4	98.19	201.32
2002	河南	3 997.5	7	205.5	214.61
2001	河南	4 376.1	6.7	182.85	194.70
2002	天津	5 375.5	6.5	127.26	350.14
2000	宁夏	4 013.8	5.8	171.55	275.91
2003	河北	4 108.4	5.3	191.55	291.85
2003	河南	2 953.5	5.2	235.58	210.90
2001	宁夏	3 931.8	5.2	184	265.56
2002	安徽	2 218.8	5.2	121.33	137.75
2002	河北	3 479.2	5.1	208.02	286.06
	平均	4 068.4	6.69	172.40	237.04

资料来源：作者测算 2009.4

(1) 物质费用、劳动力资金投入不变，土地投入不同，中等规模生产的规模土地边际效益、利润空间及其拐点

中等规模生产的规模土地边际效益函数回归形式：

$\partial I/\partial L_{土地}=14.676\ 79\times 0.885\ 6\times 172.397\ 5^{0.134\ 9}\times 237.043\ 3^{0.611\ 7}/L_{土地}^{1-0.885\ 6}$

土地边际效益、利润空间及其拐点。

在劳动力投入和物质投入状况分别为 172.39 元和 237.04 元的不变条件下，每增加 1 亩土地，其边际效益利润空间及其拐点是：在 170 亩土地上，每增加 1 亩土地的边际效益为 0，该点视为边际效益拐点。小于 170 亩土地投入的边际效益为递增，大于 170 亩土地投入水平的边际效益为递减。从实际土地 6.69 亩的水平看，中等规模粳稻生产不再具备规模土地投入的空间边际效益（表 6-62）。

表 6-62　中等规模生产的土地边际效益、利润空间及其拐点

每增加 1 亩地边际总收入	耕地（亩）	劳动力（元/亩）	物质投入（元/亩）	成本费用合计（元/亩）	边际效益增减及其拐点
436.51	100	172.40	237.04	409.44	27.07
431.78	110	172.40	237.04	409.44	22.33
427.50	120	172.40	237.04	409.44	18.06
423.61	130	172.40	237.04	409.44	14.17
420.03	140	172.40	237.04	409.44	10.59
416.73	150	172.40	237.04	409.44	7.29
413.67	160	172.40	237.04	409.44	4.23
410.81	170	172.40	237.04	409.44	1.37
408.13	180	172.40	237.04	409.44	−1.31
405.62	190	172.40	237.04	409.44	−3.82

资料来源：作者测算 2009.4

(2) 耕地、物资费用不变，劳动力投入不同，中等规模生产劳动力边际效益、利润空间及其拐点

劳动力投入边际效益函数回归形式：

$$\partial I/\partial L_{劳动力}=14.676\ 79\times 0.134\ 9\times 6.692^{0.885\ 6}\times 237.043\ 3^{0.611\ 7}/L_{劳动力}^{1-0.134\ 9}$$

劳动力投入边际效益、利润空间及其拐点。

在耕地面积为 6.69 亩，物质费用实际为 237.04 元的不变条件下，劳动力投入边际效益、利润空间及其拐点是：在劳动力增加投入 80 元条件下，每增加 1 元劳动力投入的边际效益为零，该点是劳动力投入边际效益的拐点，每亩土地投入水平小于 80 元，劳动力的边际效益递增，大于 80 元的劳动力投入水平，边际效益递减。从中等规模生产实际平均每亩劳动力投入达到 172.39 元的水平来看，粳稻中等规模劳动力的边际效益空间不大（表 6-63）。

表 6-63　中等规模生产劳动力边际效益、利润空间及其拐点

每亩增加 1 元物质费用边际效益增减	土地投入（亩）	劳动力投入（元/亩）	物质成本投入（元/亩）	每增加 1 元物质费用增加净收入
41.30	6.69	10	237.04	34.61
22.68	6.69	20	237.04	15.98
15.97	6.69	30	237.04	9.28
12.45	6.69	40	237.04	5.76
10.27	6.69	50	237.04	3.57
8.77	6.69	60	237.04	2.74
7.67	6.69	70	237.04	0.10
6.84	6.69	80	237.04	0.14
6.17	6.69	90	237.04	−0.52
5.64	6.69	100	237.04	−1.06

资料来源：作者测算 2009.4

(3) 耕地、劳动力资金投入不变，物资资本投入不同，中等规模生产物质费用投入边际效益、利润空间及其拐点

物质费用投入边际效益函数回归形式：

$$\partial I/\partial L_{物质费用}=14.676\ 79\times 0.611\ 7\times 6.692^{0.885\ 6}\times 172.294\ 5^{0.134\ 9}/L_{物质费用}^{1-0.611\ 7}$$

物质投入边际效益、利润空间及其拐点。

在耕地面积为 6.69 亩，每亩劳动力投入为 172.3975 元条件下，物质投入边际效益、利润空间及其拐点是：在每亩物质费用投入 970 元条件下，每增加 1 元物资费用投入的边际效益为 0，该点是物质费用投入边际效益的拐点，每亩土地投入水平小于 970 元，物质费用的边际效益递增，大于

970 元的物质投入水平，边际效益递减。从实际平均物质投入 237.04 元的水平看，粳稻中等规模生产的物质投入边际效益很高（表 6-64）。

表 6-64 中等规模生产的物质费用投入边际效益、利润空间及其拐点

每亩增加 1 元物质费用边际效益增减	土地投入（亩）	劳动力投入（元/亩）	物质成本投入（元/亩）	每增加 1 元物质费用增加净收入
8.68	6.69	172.40	500	1.99
8.09	6.69	172.40	600	1.39
7.62	6.69	172.40	700	0.92
7.23	6.69	172.40	800	0.54
6.91	6.69	172.40	900	0.22
6.77	6.69	172.40	950	0.07
6.74	6.69	172.40	960	0.05
6.71	6.69	172.40	970	0.02
6.69	6.69	172.40	980	−0.01
6.66	6.69	172.40	990	−0.03

资料来源：作者测算 2009.4

3. 小规模的边际效益

小规模生产边际效益生产函数回归形式：:

$I=7.900\,326L_{土地}^{0.901\,7}L_{劳动力}^{0.189\,1}L_{物质费用}^{0.644\,7}$

$R^2=0.923\,249$

数据结构

样本量为 34，其中，总收入平均值为 1 967.90 元，种植面积平均值为 3.12 亩，人工费用平均值为 154.36 元/亩，物质投入费用平均值为 209.12 元/亩（表 6-65）。

表 6-65 小规模的边际效益生产边际效益

年份	地区	总收入（元）	土地（亩）	劳动力（元/亩）	物质费用（元/亩）
2001	山东	3 345.7	4.7	146.45	222.04
2000	山东	3 063.2	4.7	154.72	233.66
2002	宁夏	3 118.8	4.6	183.43	269.87
2002	山东	2 634.3	4.5	156.33	247.33
2000	江苏	2 749.6	4.3	119.33	250.63
2001	天津	3 414.4	4.3	147.12	314.21
2003	山东	2 868.4	4.3	177.16	243.86
2000	浙江	2 028.7	3.9	123.95	191.79
2002	江苏	2 364.6	3.7	111.78	235.19
2003	江苏	2 521.4	3.5	107.40	258.71
2002	浙江	1 905.6	3.4	94.21	216.94

续表

年份	地区	总收入（元）	土地（亩）	劳动力（元/亩）	物质费用（元/亩）
2003	宁夏	2 657.9	3.4	192.85	266.15
2001	浙江	2 039.1	3.4	99.06	212.21
2001	江苏	2 369.5	3.4	109.00	236.32
2000	山西	2 074.3	3.3	206.82	189.48
2002	山西	2 068.6	3.2	198.47	202.72
2003	浙江	2 163.5	3.0	91.77	230.77
2001	山西	1 970.6	3.0	223.00	200.27
2003	山西	1 448.5	2.9	164.52	214.66
2000	上海	1 642.1	2.8	82.96	214.75
2001	上海	1 729.5	2.7	87.56	220.89
2002	上海	1 504.4	2.7	80.00	209.96
2001	安徽	1 336.8	2.7	142.63	147.78
2002	云南	1 682.2	2.7	267.15	181.81
2003	安徽	1 476.8	2.6	134.85	146.73
2003	上海	1 855.9	2.5	82.32	223.44
2000	云南	1 640.1	2.5	277.88	185.40
2003	云南	1 680.5	2.4	283.04	201.96
2000	安徽	1 071.2	2.4	143.88	155.75
2001	云南	1 658.3	2.3	298.30	180.96
2000	湖北	768.3	1.9	153.53	167.21
2001	湖北	633.5	1.5	147.27	152.47
2002	湖北	606.1	1.5	122.67	135.60
2003	湖北	815.9	1.4	137.14	148.50
	平均	1 967.89	3.12	154.37	209.12

资料来源：作者测算 2009.4

(1) 物质费用、劳动力资金投入不变，土地投入不同，小规模生产土地边际效益、利润空间及其拐点

小规模生产土地边际效益函数回归形式：

$$\partial I/\partial L_{土地}=7.900\,326\times0.901\,7\times154.368\,6^{0.189\,1}\times96.196\,25^{0.644\,7}/L_{土地}^{1+0.901\,7}$$

土地边际效益、利润空间及其拐点。

在每亩劳动力投入和物质投入状况分别为 154.37 元和 209.12 元的不变条件下，每增加 1 亩土地，其边际效益利润空间及其拐点是：在 114 亩土地上，每增加 1 亩土地的边际效益为 0，该点视为边际效益拐点。小于 114 亩土地投入的边际效益为递增，大于 114 亩土地投入水平的边际效益为递减。从实际土地 3.11 亩的水平看，粳稻小规模生产土地投入的边际效

益空间很大（表 6-66）。

表 6-66　小规模生产的土地边际效益、利润空间及其拐点

每增加 1 亩地边际总收入	耕地（亩）	劳动力（元/亩）	物质投入（元/亩）	成本费用合计（元/亩）	边际效益增减及其拐点
368.45	100	154.37	209.12	363.49	4.96
365.01	110	154.37	209.12	363.49	1.53
364.69	111	154.37	209.12	363.49	1.20
364.37	112	154.37	209.12	363.49	0.88
364.05	113	154.37	209.12	363.49	0.56
363.74	114	154.37	209.12	363.49	0.25
363.42	115	154.37	209.12	363.49	−0.06
363.12	116	154.37	209.12	363.49	−0.37
362.81	117	154.37	209.12	363.49	−0.68
362.51	118	154.37	209.12	363.49	−0.98

资料来源：作者测算 2009.4

（2）耕地、物资费用不变，劳动力投入不同，小规模劳动力边际效益、利润空间及其拐点

劳动力投入边际效益函数回归形式：

$$\partial I/\partial L_{劳动力}=7.900\ 326\times 0.189\ 1\times 3.12^{0.901\ 7}\times 209.118\ 2^{0.644\ 7}/L_{劳动力}^{1-0.189\ 1}$$

劳动力投入边际效益、利润空间及其拐点。

在耕地面积为 3.12 亩，每亩物质费用为 209.11 元的不变条件下，劳动力投入边际效益、利润空间及其拐点是：在每亩劳动力增加投入 100 元条件下，每增加 1 元劳动力投入的边际效益为零，该点是劳动力投入边际效益的拐点，每亩土地投入水平小于 100 元，劳动力的边际效益递增，大于 100 元的劳动力投入水平，边际效益递减。从小规模实际平均每亩劳动力投入 154.36 元的水平看，粳稻小规模生产的劳动力边际效益空间不大（表 6-67）。

表 6-67　小规模生产的劳动力边际效益、利润空间及其拐点

每亩增加 1 元劳动力边际总收入	耕地（亩）	劳动力（元/亩）	物质投入（元/亩）	每增加 1 元劳动力增加净收入
5.48	3.12	50	209.12	2.36
4.73	3.12	60	209.12	1.61
4.17	3.12	70	209.12	1.05
3.74	3.12	80	209.12	0.62
3.40	3.12	90	209.12	0.28
3.12	3.12	100	209.12	0.00
3.10	3.12	101	209.12	−0.02

续表

每亩增加 1 元劳动力边际总收入	耕地（亩）	劳动力（元/亩）	物质投入（元/亩）	每增加 1 元劳动力增加净收入
3.07	3.12	102	209.12	−0.05
3.05	3.12	103	209.12	−0.07
3.03	3.12	104	209.12	−0.10

资料来源：作者测算 2009.4

(3) 耕地、劳动力资金投入不变，物资资本投入不同，小规模物质费用投入边际效益、利润空间及其拐点

物质费用投入边际效益函数回归形式：

$\partial I/\partial L_{物质费用}=7.900\ 326\times 0.644\ 7\times 3.12^{-0.179\ 73}\times 154.368\ 6^{0.189\ 1}/L_{物质费用}^{1-0.644\ 7}$

物质投入边际效益、利润空间及其拐点。

在耕地面积为 3.12 亩，每亩劳动力投入为 154.37 元条件下，物质投入边际效益、利润空间及其拐点是：在每亩物质费用投入 1 040 元条件下，每增加 1 元物资费用投入的边际效益为零，该点是物质费用投入边际效益的拐点，每亩土地投入水平小于 1 040 元，物质费用的边际效益递增，大于 1 040 元的物质投入水平，边际效益递减。从实际平均物质投入 209.11 元的水平看，粳稻小规模生产的物质投入水平的边际效益空间很大（表 6-68）。

表 6-68　小规模生产的物质费用投入边际效益、利润空间及其拐点

每亩增加 1 元物质费用边际效益增减	土地投入（亩）	劳动力投入（元/亩）	物质成本投入（元/亩）	每增加 1 元物质费用增加净收入
3.17	3.12	154.37	1 000	0.05
3.16	3.12	154.37	1 010	0.04
3.15	3.12	154.37	1 020	0.03
3.14	3.12	154.37	1 030	0.03
3.13	3.12	154.37	1 040	0.01
3.12	3.12	154.37	1 050	−0.00
3.11	3.12	154.37	1 060	−0.02
3.09	3.12	154.37	1 070	−0.03
3.08	3.12	154.37	1 080	−0.04
3.07	3.12	154.37	1 090	−0.05

资料来源：作者测算 2009.4

4. 结论

(1) 在总体条件下，粳稻生产具备土地投入、劳动力投入、物质投入的边际效益空间。这表明，目前，我国粳稻生产的规模化集约程度产量不足，粳稻生产在土地、劳动力和物质投入上都存在很大的边际效益空间、间接地

证明，我国当前粳稻生产规模化经济的现实。粳稻适宜大规模生产。

（2）在大规模条件下，粳稻生产的土地投入、物资投入规模边际效益空间很大。而劳动力规模边际效益没有任何增长空间。在这种状况下，进一步提高粳稻生产的规模面积，是当前大规模生产进一步体现规模效益的正确方式。

（3）在中规模条件下，粳稻生产的土地投入、物资投入规模边际效益空间很大，而劳动力规模边际效益没有任何增长空间。这表明在目前条件下，我国中等规模梗稻生产还存在扩大规模化生产的效益空间。

（4）在小规模条件下，粳稻生产的土地投入、物资投入规模边际效益空间很大，而劳动力规模边际效益没有增长空间。这表明，小规模梗稻生产要加快向大规模化生产的步伐。

三、小麦生产规模化问题研究

农业生产函数回归形式：

$I=2.762\,952\,9L_{土地}^{0.962\,92}L_{劳动力}^{0.172\,754}K_{物资投入}^{0.793\,451}$

$R^2=0.9819922$

数据结构

样本量为 92 个不同规模观察总和，其中，总收入平均值为 4 314.09 元，种植面积平均值为 12.87 亩，人工费用平均值为 103.36 元/亩，物质投入费用平均值为 161.80 元/亩（表 6-69）。

表 6-69　小麦规模化生产的边际效益分析基础数据表

年份	地区	总收入（元）	面积（亩）	人工（元/亩）	费用（元/亩）
2000	北京	133 152.98	353.77	40.00	268.43
2002	北京	49 351.89	151.06	46.20	230.87
2001	北京	41 651.27	138.88	48.88	231.09
2003	北京	42 269.54	121.72	49.28	220.60
2003	黑龙江	7 609.18	35.59	17.92	112.36
2002	黑龙江	2 618.09	11.78	19.80	114.88
2000	新疆	4 936.49	11.17	69.00	217.19
2000	浙江	1 980.76	10.55	28.00	156.38
2001	新疆	4 460.68	9.73	82.16	214.42
2003	新疆	4 063.64	9.60	80.64	210.72
2002	新疆	3 872.37	8.37	82.50	215.02
2000	黑龙江	1 133.22	8.24	21.00	120.65
2001	黑龙江	1 001.84	7.55	16.64	115.33
2001	宁夏	2 467.12	6.77	104.00	187.73
2002	西藏	2 901.93	6.58	284.90	99.55
2003	西藏	3 225.71	6.58	285.71	124.85

续表

年份	地区	总收入（元）	面积（亩）	人工（元/亩）	费用（元/亩）
2003	甘肃	2 379.17	6.15	140.00	209.37
2000	青海	1 716.80	6.12	170.00	154.38
2000	甘肃	2 073.00	6.11	127.00	231.25
2001	青海	1 561.82	5.88	172.64	151.07
2002	青海	1 316.86	5.88	177.10	142.52
2001	甘肃	2 294.46	5.84	139.36	229.21
2000	河南	1 745.57	5.61	93.00	163.33
2002	河南	1 770.62	5.57	88.00	161.33
2003	青海	1 452.19	5.41	180.32	141.06
2001	河南	2 013.78	5.41	92.56	153.34
2000	天津	2 002.20	5.38	32.00	224.15
2000	山西	1 359.09	5.31	80.00	167.54
2002	甘肃	1 837.44	5.18	160.60	201.69
2003	河南	2 035.40	5.10	87.36	149.95
2001	内蒙古	1 930.63	4.82	94.64	237.47
2003	天津	1 874.42	4.81	43.68	220.69
2003	安徽	1 235.17	4.78	70.56	132.63
2002	天津	1 646.83	4.68	41.80	227.63
2001	天津	1 552.79	4.63	40.56	220.27
2002	宁夏	1 558.06	4.53	121.00	216.52
2000	河北	1 663.89	4.49	86.00	230.82
2002	内蒙古	1 807.75	4.45	108.90	251.84
2001	山东	1 653.21	4.43	97.76	205.14
2003	河北	1 830.34	4.42	76.16	222.27
2002	河北	1 641.51	4.41	83.60	230.83
2000	安徽	1 194.70	4.37	94.00	143.54
2002	山东	1 536.44	4.35	102.30	213.28
2000	江苏	1 067.98	4.34	63.00	166.15
2002	安徽	1 234.23	4.33	88.00	137.05
2000	山东	1 420.44	4.31	101.00	201.43
2001	山西	1 161.96	4.28	83.20	176.15
2000	宁夏	1 587.97	4.26	108.00	202.54
2001	安徽	1 360.38	4.21	84.24	134.74
2000	内蒙古	1 721.71	4.19	96.00	226.96
2003	宁夏	1 467.51	4.14	116.48	209.64
2001	陕西	1 130.76	4.14	106.08	128.38
2000	陕西	925.15	4.06	109.00	133.06
2001	河北	1 519.08	4.06	83.20	220.43
2002	山西	1 212.88	4.04	93.50	172.07
2002	陕西	1 134.52	3.87	102.30	145.09
2003	山西	1 307.43	3.85	84.00	171.28

续表

年份	地区	总收入（元）	面积（亩）	人工（元/亩）	费用（元/亩）
2003	江苏	1 223.91	3.76	60.48	163.77
2003	陕西	1 062.06	3.75	103.04	143.08
2003	山东	1 645.08	3.73	92.96	205.36
2002	江苏	1 050.82	3.57	63.80	165.89
2003	内蒙古	1 472.98	3.57	101.92	226.55
2001	江苏	1 142.73	3.52	62.40	160.84
2003	湖北	578.77	3.09	115.36	109.81
2002	湖北	567.14	2.97	112.20	125.26
2000	湖北	446.44	2.82	116.00	126.99
2000	云南	471.32	2.51	138.00	98.65
2002	浙江	619.00	2.50	51.70	136.96
2001	湖北	489.91	2.46	123.76	115.92
2002	云南	481.53	2.45	145.20	99.66
2001	浙江	622.15	2.15	48.88	141.31
2001	云南	427.09	1.96	148.72	96.11
2000	四川	376.61	1.59	175.00	102.19
2001	贵州	295.53	1.57	125.84	97.32
2000	贵州	292.76	1.56	132.00	97.87
2001	四川	341.31	1.55	176.80	100.02
2000	辽宁	615.54	1.42	109.00	215.84
2002	四川	348.84	1.31	188.10	103.43
2003	四川	295.46	1.29	168.00	102.64
2002	贵州	214.96	1.26	132.00	90.26
2003	贵州	206.91	1.19	133.28	107.64
2000	上海	222.32	1.12	28.00	162.24
2000	重庆	183.54	1.00	184.00	74.62
2003	上海	181.59	0.85	34.72	111.87
2002	重庆	150.82	0.82	214.50	72.68
2001	重庆	150.85	0.77	202.80	70.87
2003	重庆	154.49	0.74	208.32	71.56
2002	上海	138.09	0.63	30.80	123.99
2001	上海	123.33	0.50	30.16	135.89
2003	云南	41.69	0.18	148.96	106.62
	平均	4 314.09	12.87	103.36	161.80

资料来源：作者测算 2009.4

1. 总体条件下的最适规模

(1) 物质费用、劳动力资金投入不变，土地投入不同，规模农业规模边际效益、利润空间及其拐点

土地规模边际效益函数回归形式：

$$\partial I/\partial L_{土地}=2.792\ 952\ 9\times 0.962\ 92\times 103.36^{0.172\ 754}\times 161.80^{0.793\ 451}/L_{土地}^{1-0.962\ 92}$$

土地规模边际效益、利润空间及其拐点。

在每亩劳动力投入和物质投入状况分别为 103.36 元和 161.80 元的不变条件下，每增加 1 亩土地，其规模边际效益利润空间及其拐点是：在 569 亩土地上，每增加 1 亩土地的规模边际效益为 0，该点视为规模边际效益拐点。小于 569 亩土地投入的规模边际效益为递增，大于 569 亩土地投入水平的规模边际效益为递减。从实际土地 12.87 亩的水平看，小麦规模生产土地投入的边际效益空间很大（表 6-70）。

表 6-70　土地规模边际效益、利润空间及其拐点

每增加 1 亩地边际总收入	耕 地（亩）	劳动力（元/亩）	物质投入（元/亩）	成本费用合计（元/亩）	规模边际效益增减及其拐点
308.0	10	103.36	161.80	265.2	42.87
282.8	100	103.36	161.80	265.2	17.66
275.6	200	103.36	161.80	265.2	10.48
271.5	300	103.36	161.80	265.2	6.37
268.6	400	103.36	161.80	265.2	3.49
266.4	500	103.36	161.80	265.2	1.27
265.5	550	103.36	161.80	265.2	0.33
265.3	560	103.36	161.80	265.2	0.16
265.2	569	103.36	161.80	265.2	0.00
264.6	600	103.36	161.80	265.2	−0.52

资料来源：作者测算 2009.4

（2）耕地、物资费用不变，劳动力投入不同，劳动力规模边际效益、利润空间及其拐点。

劳动力投入规模边际效益函数回归形式：

$$\partial I/\partial L_{劳动力}=2.7629529\times12.87^{0.96292}\times161.80^{0.793451}\times140.24^{0.620164}/L_{劳动力}^{1-0.172754}$$

劳动力投入规模边际效益、利润空间及其拐点

在耕地为 12.87 亩，每亩物质费用实际为 161.8 元的不变条件下，劳动力投入规模边际效益、利润空间及其拐点是：在每亩劳动力投入 48 元条件下，每增加 1 元劳动力投入的规模边际效益为 0，该点是劳动力投入规模边际效益的拐点，每亩土地投入水平小于 48 元，劳动力的规模边际效益递增，大于 48 元的劳动力投入水平，规模边际效益递减。从实际平均劳动力投入 103.36 元的水平看，小麦生产的劳动力边际效益已经没有增长空间（表 6-71）。

表 6-71 劳动力规模边际效益、利润空间及其拐点

每亩增加 1 元劳动力边际总收入	耕地（亩）	劳动力（元/亩）	物质投入（元/亩）	规模边际效益增减及其拐点
47.1	12.87	10	161.80	34.2
26.5	12.87	20	161.80	13.7
19.0	12.87	30	161.80	6.1
15.0	12.87	40	161.80	2.1
13.6	12.87	45	161.80	0.7
13.3	12.87	46	161.80	0.4
13.1	12.87	47	161.80	0.2
12.9	12.87	48	161.80	0.0
12.6	12.87	49	161.80	−0.2

资料来源：作者测算 2009.4

(3) 耕地、劳动力资金投入不变，物资资本投入不同，物资投入规模边际效益、利润空间及其拐点

物质费用投入规模边际效益函数回归形式：

$$\partial I/\partial K_{物质费用}=2.762\,952\,9\times 0.793\,451\times 12.87^{0.962\,92}\times 103.36^{0.172\,754}/L_{物质费用}^{1-0.793\,451}$$

物质投入规模边际效益、利润空间及其拐点。

在耕地为 12.87 亩，每亩劳动力投入实际为 103.36 元的不变条件下，物质投入规模边际效益、利润空间及其拐点是：物质费用投入 800 元条件下，每增加 1 元物资费用投入的规模边际效益为 0，该点是物质费用投入规模边际效益的拐点，每亩土地投入水平小于 800 元，物质费用的规模边际效益递增，大于 800 元的物质投入水平，规模边际效益递减。从实际平均物质投入 161.8 元的水平看，小麦物质投入水平规模边际效益空间还很高（表 6-72）。

表 6-72 物资投入规模边际效益、利润空间及其拐点

每亩增加 1 元物质费用规模边际效益增减	土地投入（亩）	劳动力投入（元/亩）	物质成本投入（元/亩）	规模边际效益增减及其拐点
22.1	12.87	103.36	100	9.22
17.1	12.87	103.36	200	4.19
15.7	12.87	103.36	300	2.84
14.8	12.87	103.36	400	1.95
14.2	12.87	103.36	500	1.29
13.7	12.87	103.36	600	0.78
13.2	12.87	103.36	700	0.36
12.9	12.87	103.36	800	0.01
12.6	12.87	103.36	900	−0.30
12.3	12.87	103.36	1 000	−0.56

资料来源：作者测算 2009.4

2. 大规模生产的边际效益

大规模的边际效益生产函数回归形式：:

$I=6.719\ 408L_{土地}^{0.969\ 616}L_{劳动力}^{0.287\ 591}L_{物质费用}^{0.532\ 94}$

$$R^2=0.992$$

数据结构

样本量为 4，其中，总收入平均值为 66 606.42 元，种植面积平均值为 191.35 亩，人工费用平均值为 46.09 元/亩，物质投入费用平均值为 237.75 元/亩。

表 6-73　大规模生产的边际效益分析基础数据表

年费	地区	总收入（元）	面积（亩）	人工（元/亩）	费用（元/亩）
2000	北京	133 153.00	353.77	40.00	268.43
2002	北京	49 351.89	151.06	46.20	230.87
2001	北京	41 651.27	138.88	48.88	231.09
2003	北京	42 269.54	121.72	49.28	220.60
	平均	66 606.42	191.36	46.09	237.75

资料来源：作者测算 2009.4

(1) 物质费用、劳动力资金投入不变，土地投入不同，大规模的边际效益土地边际效益、利润空间及其拐点

大规模的边际效益土地边际效益函数回归形式：

$\partial I/\partial L_{土地}=6.719\ 408\times0.969\ 616\times46.09^{0.287\ 591}\times237.747\ 5^{0.532\ 94}/L_{土地}^{1-0.969\ 616}$

土地边际效益、利润空间及其拐点。

在每亩劳动力投入和物质投入状况分别为 46.09 元和 237.75 元的不变条件下，每增加 1 亩土地，其边际效益利润空间及其拐点是：在 2 900 亩土地上，每增加 1 亩土地的边际效益为 0，该点视为边际效益拐点。小于 2 900亩土地投入的边际效益为递增，大于 2 900 亩土地投入水平的边际效益为递减。从实际土地 191.35 亩的水平看，小麦大规模生产的土地边际效益空间很大 (表 6-7)。

表 6-74　大规模生产的土地边际效益、利润空间及其拐点

每增加 1 亩地边际总收入	耕地（亩）	劳动力（元/亩）	物质投入（元/亩）	成本费用合计（元/亩）	边际效益增减及其拐点
293.46	1 000	46.09	237.75	283.84	9.62
287.34	2 000	46.09	237.75	283.84	3.50
285.40	2 500	46.09	237.75	283.84	1.56
285.06	2 600	46.09	237.75	283.84	1.22
284.73	2 700	46.09	237.75	283.84	0.90

续表

每增加1亩地边际总收入	耕地（亩）	劳动力（元/亩）	物质投入（元/亩）	成本费用合计（元/亩）	边际效益增减及其拐点
284.42	2 800	46.09	237.75	283.84	0.58
284.12	2 900	46.09	237.75	283.84	0.28
283.82	3 000	46.09	237.75	283.84	−0.01
283.54	3 100	46.09	237.75	283.84	−0.30
283.27	3 200	46.09	237.75	283.84	−0.57

资料来源：作者测算 2009.4

(2) 耕地、物资费用不变，劳动力投入不同，大规模的边际效益、利润空间及其拐点

劳动力投入边际效益函数回归形式：

$$\partial I/\partial L_{劳动力}=6.719\ 408\times 0.287\ 591\times 191.358\ 316\ 3^{0.969\ 616}\times 237.747\ 5^{0.532\ 94}/L_{劳动力}^{1-0.287\ 591}$$

劳动力投入边际效益、利润空间及其拐点。

在耕地面积为 191.36 亩，每亩物质费用为 237.75 元的不变条件下，劳动力投入边际效益、利润空间及其拐点是：在每亩劳动力投入 120 元条件下，每增加 1 元劳动力投入的边际效益为 0，该点是劳动力投入边际效益的拐点，每亩土地劳动力投入水平小于 120 元，边际效益递增，大于 120 元的劳动力投入水平，边际效益递减。从实际每亩劳动力投入 46.09 元的水平看，小麦大规模生产劳动力的边际效益空间较大（表 6-75）。

表 6-75　大规模生产的劳动力际效益、利润空间及其拐点

每亩增加1元劳动力边际总收入	耕地（亩）	劳动力（元/亩）	物质投入（元/亩）	每增加1元劳动力增加净收入
218.84	191.36	100	237.75	27.48
204.48	191.36	110	237.75	13.12
192.19	191.36	120	237.75	0.83
191.05	191.36	121	237.75	−0.31
189.94	191.36	122	237.75	−1.42
188.83	191.36	123	237.75	−2.52
187.75	191.36	124	237.75	−3.61
186.68	191.36	125	237.75	−4.68
185.62	191.36	126	237.75	−5.74
184.58	191.36	127	237.75	−6.78

资料来源：作者测算 2009.4

(3) 耕地、劳动力资金投入不变，物资资本投入不同，大规模物质费用投入边际效益、利润空间及其拐点

物质费用投入边际效益函数回归形式：

$$\partial I/\partial L_{物质费用}=6.719\,408\times 0.532\,94\times 191.358\,316\,3^{0.969\,616}\times 46.09^{0.287\,591}/L_{物质费用}^{1-0.532\,94}$$

物质投入边际效益、利润空间及其拐点。

在耕地面积为191.35亩，每亩劳动力投入为46.09元条件下，物质投入边际效益、利润空间及其拐点是：在每亩物质费用投入115元条件下，每增加1元物资费用投入的边际效益为零，该点是物质费用投入边际效益的拐点，每亩土地投入水平小于115元，物质费用的边际效益递增，大于115元的物质投入水平，边际效益递减。从实际物质投入237.74元的水平看，小麦大规模生产物质投入水平的边际效益已经不存在（表6-76）。

表6-76　大规模生产的物质费用投入边际效益、利润空间及其拐点

每亩增加1元物质费用边际效益增减	土地投入（亩）	劳动力投入（元/亩）	物质成本投入（元/亩）	每增加1元物质费用增加净收入
204.57	191.36	46.09	100	13.21
195.66	191.36	46.09	110	4.31
194.84	191.36	46.09	111	3.48
194.02	191.36	46.09	112	2.67
193.22	191.36	46.09	113	1.86
192.43	191.36	46.09	114	1.07
191.64	191.36	46.09	115	0.29
190.87	191.36	46.09	116	−0.49
190.11	191.36	46.09	117	−1.25
189.35	191.36	46.09	118	−2.01

资料来源：作者测算2009.4

2. 中等规模的边际效益

中等规模生产的规模边际效益生产函数回归形式::

$$I=5.307\,861L_{土地}^{0.932\,338}L_{劳动力}^{0.253\,446}L_{物质费用}^{0.640\,112}$$

$$R^2=0.944249$$

数据结构

样本量为4，其中，总收入平均值为4286.13元，种植面积平均值为17.27亩，人工费用平均值为33.68元/亩，物质投入费用平均值为150.2元/亩（表6-77）。

表 6-77 中等规模生产的规模边际效益分析基础数据

年份	地区	总收入（元）	种植面积（亩）	人工费用（元/亩）	物质投入（元/亩）
2003	黑龙江	7 609.18	35.59	17.92	112.36
2002	黑龙江	2 618.09	11.78	19.80	114.88
2000	新疆	4 936.49	11.17	69.00	217.19
2000	浙江	1 980.76	10.55	28.00	156.38
	平均	4 286.13	17.27	33.68	150.20

资料来源：作者测算 2009.4

(1) 物质费用、劳动力资金投入不变，土地投入不同，中等规模生产的规模土地边际效益、利润空间及其拐点

中等规模生产的规模土地边际效益函数回归形式：

$$\partial I/\partial L_{土地}=5.307\,861\times 0.932\,338\times 33.68^{0.253\,446}\times 150.202\,5^{0.640\,112}/L_{土地}^{1-0.932\,338}$$

土地边际效益、利润空间及其拐点。

在劳动力投入和物质投入状况分别为 33.68 元和 150.20 元的不变条件下，每增加 1 亩土地，其边际效益利润空间及其拐点是：在 1280 亩土地上，每增加 1 亩土地的边际效益为 0，该点视为边际效益拐点。小于 1280 亩土地投入的边际效益为递增，大于 1280 亩土地投入水平的边际效益为递减。从实际土地 17.27 亩的水平看，小麦中等规模生产的规模土地投入的边际效益空间非常大（表 6-78）。

表 6-78 中等规模生产的规模土地边际效益、利润空间及其拐点

每增加 1 亩地边际总收入	耕地（亩）	劳动力（元/亩）	物质投入（元/亩）	成本费用合计（元/亩）	边际效益增减及其拐点
187.04	1 000	33.68	150.20	183.88	3.16
185.84	1 100	33.68	150.20	183.88	1.95
184.75	1 200	33.68	150.20	183.88	0.86
184.24	1 250	33.68	150.20	183.88	0.35
184.14	1 260	33.68	150.20	183.88	0.25
184.04	1 270	33.68	150.20	183.88	0.16
183.94	1 280	33.68	150.20	183.88	0.06
183.84	1 290	33.68	150.20	183.88	−0.04
183.75	1 300	33.68	150.20	183.88	−0.14
183.65	1 310	33.68	150.20	183.88	−0.23

资料来源：作者测算 2009.4

(2) 耕地、物资费用不变，劳动力投入不同，中等规模生产劳动力边际效益、利润空间及其拐点

劳动力投入边际效益函数回归形式：

$$\partial I/\partial L_{劳动力}=5.307\,861\times 0.253\,446\times 17.273\,561\,7^{0.932\,338}\times 150.202\,5^{0.640\,112}/L_{劳动力}^{1-0.253\,446}$$

劳动力投入边际效益、利润空间及其拐点。

在耕地面积为 17.27 亩，物质费用实际为 150.20 元的不变条件下，劳动力投入边际效益、利润空间及其拐点是：在劳动力增加投入 80 元条件下，每增加 1 元劳动力投入的边际效益为零，该点是劳动力投入边际效益的拐点，每亩土地投入水平小于 80 元，劳动力的边际效益递增，大于 80 元的劳动力投入水平，边际效益递减。从小麦中等规模生产实际平均每亩劳动力投入 33.68 元的水平看，小麦中等规模生产劳动力的边际效益空间较大（表 6-79）。

表 6-79　中等规模生产的劳动力边际效益、利润空间及其拐点

每亩增加 1 元物质费用边际效益增减	土地投入（亩）	劳动力投入（元/亩）	物质成本投入（元/亩）	每增加 1 元物质费用增加净收入
25.55	17.27	50	150.20	8.28
22.30	17.27	60	150.20	5.03
19.88	17.27	70	150.20	2.60
17.99	17.27	80	150.20	0.72
17.19	17.27	85	150.20	−0.08
16.48	17.27	90	150.20	−0.80
15.82	17.27	95	150.20	−1.45
15.23	17.27	100	150.20	−2.04
14.68	17.27	105	150.20	−2.59
14.18	17.27	110	150.20	−3.09

资料来源：作者测算 2009.4

(3) 耕地、劳动力资金投入不变，物资资本投入不同，中等规模生产物质费用投入边际效益、利润空间及其拐点

物质费用投入边际效益函数回归形式：

$$\partial I/\partial L_{物质费用}=5.307\,861\times 0.640\,112\times 17.273\,561\,7^{0.932\,338}\times 33.68^{0.253\,446}/L_{物质费用}^{1-0.640\,112}$$

物质投入边际效益、利润空间及其拐点。

在耕地面积为 17.27 亩，每亩劳动力投入为 33.68 元条件下，物质投入边际效益、利润空间及其拐点是：在每亩物质费用投入 200 元条件下，每增加 1 元物资费用投入的边际效益为零，该点是物质费用投入边际效益的拐点，每亩土地投入水平小于 200 元，物质费用的边际效益递增，大于 200 元的物质投入水平，边际效益递减。从实际物质投入150.20 元的水平

看，小麦中等规模生产的物质边际效益空间不大（表 6-80）。

表 6-80 中等规模生产的物质费用投入边际效益、利润空间及其拐点

每亩增加 1 元物质费用边际效益增减	土地投入（亩）	劳动力投入（元/亩）	物质成本投入（元/亩）	每增加 1 元物质费用增加净收入
22.50	17.27	33.68	100	5.23
19.44	17.27	33.68	150	2.17
19.10	17.27	33.68	160	1.72
18.59	17.27	33.68	170	1.31
18.21	17.27	33.68	180	0.94
17.86	17.27	33.68	190	0.58
17.53	17.27	33.68	200	0.26
17.23	17.27	33.68	210	−0.05
16.94	17.27	33.68	220	−0.33
16.67	17.27	33.68	230	−0.60

资料来源：作者测算 2009.4

3. 小规模生产的边际效益

小规模生产边际效益生产函数回归形式：:

$I=2.608\,225L_{土地}^{0.949\,2}L_{劳动力}^{0.290\,213}L_{物质费用}^{0.720\,53}$

$R^2=0.84249$

数据结构

样本量为 82，其中，总收入平均值为 1 276.81 元，种植面积平均值为 3.94 亩，人工费用平均值为 109.55 元/亩，物质投入费用平均值为 158.65 元/亩（表 6-81）。

表 6-81 小规模生产的规边际效益分析基础数据

年份	地区	总收入（元/亩）	土地（亩）	劳动力（元/亩）	物质费用（元/亩）
2001	新疆	4 460.68	9.73	82.16	214.42
2003	新疆	4 063.64	9.60	80.64	210.72
2002	新疆	3 872.37	8.37	82.50	215.02
2000	黑龙江	1 133.22	8.24	21.00	120.65
2001	黑龙江	1 001.84	7.55	16.64	115.33
2001	宁夏	2 467.13	6.77	104.00	187.73
2002	西藏	2 901.93	6.58	284.90	99.55
2003	西藏	3 225.71	6.58	285.71	124.85
2003	甘肃	2 379.18	6.15	140.00	209.37
2000	青海	1 716.80	6.12	170.00	154.38
2000	甘肃	2 073.10	6.11	127.00	231.25
2001	青海	1 561.82	5.88	172.64	151.07
2002	青海	1 316.86	5.88	177.10	142.52

续表

年份	地区	总收入（元）	土地（亩）	劳动力（元/亩）	物质费用（元/亩）
2001	甘肃	2 294.46	5.84	139.36	229.21
2000	河南	1 745.57	5.61	93.00	163.33
2002	河南	1 770.62	5.57	88.00	161.33
2003	青海	1 452.20	5.41	180.32	141.06
2001	河南	2 013.78	5.41	92.56	153.34
2000	天津	2 002.20	5.38	32.00	224.15
2000	山西	1 359.09	5.31	80.00	167.54
2002	甘肃	1 837.44	5.18	160.60	201.69
2003	河南	2 035.40	5.10	87.36	149.95
2001	内蒙古	1 930.63	4.82	94.64	237.47
2003	天津	1 874.42	4.81	43.68	220.69
2003	安徽	1 235.18	4.78	70.56	132.63
2002	天津	1 646.83	4.68	41.80	227.63
2001	天津	1 552.79	4.63	40.56	220.27
2002	宁夏	1 558.06	4.53	121.00	216.52
2000	河北	1 663.89	4.49	86.00	230.82
2002	内蒙古	1 807.75	4.45	108.90	251.84
2001	山东	1 653.21	4.43	97.76	205.14
2003	河北	1 830.34	4.42	76.16	222.27
2002	河北	1 641.51	4.41	83.60	230.83
2000	安徽	1 194.70	4.37	94.00	143.54
2002	山东	1 536.44	4.35	102.30	213.28
2000	江苏	1 067.98	4.34	63.00	166.15
2002	安徽	1 234.23	4.33	88.00	137.05
2000	山东	1 420.44	4.31	101.00	201.43
2001	山西	1 161.96	4.28	83.20	176.15
2000	宁夏	1 587.97	4.26	108.00	202.54
2001	安徽	1 360.38	4.21	84.24	134.74
2000	内蒙古	1 721.71	4.19	96.00	226.96
2003	宁夏	1 467.51	4.14	116.48	209.64
2001	陕西	1 130.77	4.14	106.08	128.38
2000	陕西	925.15	4.06	109.00	133.06
2001	河北	1 519.08	4.06	83.20	220.43
2002	山西	1 212.88	4.04	93.50	172.07
2002	陕西	1 134.52	3.87	102.30	145.09
2003	山西	1 307.43	3.85	84.00	171.28
2003	江苏	1 223.91	3.76	60.48	163.77
2003	陕西	1 062.06	3.75	103.04	143.08
2003	山东	1 645.08	3.73	92.96	205.36
2002	江苏	1 050.82	3.57	63.80	165.89
2003	内蒙古	1 472.98	3.57	101.92	226.55

续表

年份	地区	总收入（元）	土地（亩）	劳动力（元/亩）	物质费用（元/亩）
2001	江苏	1 142.73	3.52	62.40	160.84
2003	湖北	578.77	3.09	115.36	109.81
2002	湖北	567.14	2.97	112.20	125.26
2000	湖北	446.44	2.82	116.00	126.99
2000	云南	471.32	2.51	138.00	98.65
2002	浙江	619.00	2.50	51.70	136.96
2001	湖北	489.91	2.46	123.76	115.92
2002	云南	481.53	2.45	145.20	99.66
2001	浙江	622.15	2.15	48.88	141.31
2001	云南	427.09	1.96	148.72	96.11
2000	四川	376.61	1.59	175.00	102.19
2001	贵州	295.53	1.57	125.84	97.32
2000	贵州	292.76	1.56	132.00	97.87
2001	四川	341.31	1.55	176.80	100.02
2000	辽宁	615.54	1.42	109.00	215.84
2002	四川	348.84	1.31	188.10	103.43
2003	四川	295.46	1.29	168.00	102.64
2002	贵州	214.96	1.26	132.00	90.26
2003	贵州	206.91	1.19	133.28	107.64
2000	上海	222.32	1.12	28.00	162.24
2000	重庆	183.54	1.00	184.00	74.62
2003	上海	181.59	0.85	34.72	111.87
2002	重庆	150.82	0.82	214.50	72.68
2001	重庆	150.85	0.77	202.80	70.87
2003	重庆	154.49	0.74	208.32	71.56
2002	上海	138.09	0.63	30.80	123.99
2001	上海	123.33	0.50	30.16	135.89
2003	云南	41.69	0.18	148.96	106.62
0	0	1 276.81	3.95	109.55	158.66

资料来源：作者测算 2009.4

(1) 物质费用、劳动力资金投入不变，土地投入不同，小规模生产土地边际效益、利润空间及其拐点

小规模生产土地边际效益函数回归形式：

$\partial I/\partial L_{土地}=2.608\ 225\times 0.949\ 2\times 109.550\ 6^{0.290\ 213}\times 158.659\ 4^{0.720\ 53}/L_{土地}^{1-949\ 2}$

土地边际效益、利润空间及其拐点。

在每亩劳动力投入和物质投入状况分别为 109.55 元和 158.66 元的不变条件下，每增加 1 亩土地，其边际效益利润空间及其拐点是：在 640 亩土地上，每增加 1 亩土地的边际效益为 0，该点视为边际效益拐点。小于

640 亩土地投入的边际效益为递增，大于 640 亩土地投入水平的边际效益为递减。从实际土地 3.94 亩的水平看，小麦小规模生产土地投入的边际效益空间非常大（表 6-82）。

表 6-82 小规模生产的土地边际效益、利润空间及其拐点

每增加 1 亩地边际总收入	耕地（亩）	劳动力（元/亩）	物质投入（元/亩）	成本费用合计（元/亩）	边际效益增减及其拐点
294.80	100	109.55	158.66	268.21	26.59
284.60	200	109.55	158.66	268.21	16.39
278.80	300	109.55	158.66	268.21	10.59
274.75	400	109.55	158.66	268.21	6.54
271.66	500	109.55	158.66	268.21	3.45
269.15	600	109.55	158.66	268.21	0.94
268.49	630	109.55	158.66	268.21	0.28
268.27	640	109.55	158.66	268.21	0.06
268.06	650	109.55	158.66	268.21	−0.15
267.85	660	109.55	158.66	268.21	−0.36

资料来源：作者测算 2009.4

(2) 耕地、物资费用不变，劳动力投入不同，小规模劳动力边际效益、利润空间及其拐点

劳动力投入边际效益函数回归形式：

$$\partial I/\partial L_{劳动力}=2.608\ 225\times0.290\ 213\times3.949^{0.949\ 2}\times158.659\ 4^{0.720\ 53}/L_{劳动力}^{1-0.290\ 213}$$

劳动力投入边际效益、利润空间及其拐点。

在耕地面积为 3.94 亩，每亩物质费用为 158.65 元的不变条件下，劳动力投入边际效益、利润空间及其拐点是：在每亩劳动力增加投入 104 元条件下，每增加 1 元劳动力投入的边际效益为零，该点是劳动力投入边际效益的拐点，每亩土地投入水平小于 104 元，劳动力的边际效益递增，大于 104 元的劳动力投入水平，边际效益递减。从小麦小规模实际平均每亩劳动力投入 158.65 元的水平来看，小麦小规模生产不存在劳动力的边际效益（表 6-83）。

表 6-83 小规模生产的劳动力边际效益、利润空间及其拐点

每亩增加 1 元劳动力边际总收入	耕地（亩）	劳动力（元/亩）	物质投入（元/亩）	每增加 1 元劳动力增加净收入
4.09	3.95	100	158.66	0.14
4.06	3.95	101	158.66	0.11
4.03	3.95	102	158.66	0.08
4.00	3.95	103	158.66	0.05

续表

每亩增加1元劳动力边际总收入	耕地（亩）	劳动力（元/亩）	物质投入（元/亩）	每增加1元劳动力增加净收入
3.97	3.95	104	158.66	0.02
3.95	3.95	105	158.66	−0.00
3.92	3.95	106	158.66	−0.03
3.89	3.95	107	158.66	−0.06
3.87	3.95	108	158.66	−0.08
3.84	3.95	109	158.66	−0.11

资料来源：作者测算 2009.4

(3) 耕地、劳动力资金投入不变，物资资本投入不同，小规模物质费用投入边际效益、利润空间及其拐点

物质费用投入边际效益函数回归形式：

$$\partial I/\partial L_{物质费用}=2.608\,225\times0.720\,53\times3.949^{0.949\,2}\times109.550\,6^{0.290\,213}/L_{物质费用}^{1-0.720\,53}$$

物质投入边际效益、利润空间及其拐点。

在耕地面积为3.95亩，每亩劳动力投入为109.55元条件下，物质投入边际效益、利润空间及其拐点是：在每亩物质费用投入970元条件下，每增加1元物资费用投入的边际效益为0，该点是物质费用投入边际效益的拐点，每亩土地投入水平小于970元，物质费用的边际效益递增，大于970元的物质投入水平，边际效益递减。从规模农业实际平均物质投入158.65元的水平看，小麦小规模生产的物质投入边际效益空间较大（表6-84）。

表6-84　小规模生产的物质费用投入边际效益、利润空间及其拐点

每亩增加1元物质费用边际效益增减	土地投入（亩）	劳动力投入（元/亩）	物质成本投入（元/亩）	每增加1元物质费用增加净收入
4.76	3.95	109.55	500	0.81
4.53	3.95	109.55	600	0.58
4.34	3.95	109.55	700	0.39
4.18	3.95	109.55	800	0.23
4.04	3.95	109.55	900	0.09
3.98	3.95	109.55	950	0.03
3.97	3.95	109.55	960	0.02
3.96	3.95	109.55	970	0.01
3.95	3.95	109.55	980	−0.00
3.94	3.95	109.55	990	−0.01

资料来源：作者测算 2009.4

4. 结论

1. 在总体条件下，小麦生产的土地投入、物资投入规模边际效益空间

很大。而劳动力规模边际效益没有任何增长空间。这表明，小麦生产适宜大规模生产。

2. 在大规模条件下，小麦生产的土地投入、劳动力规模边际效益空间很大。而物资投入规模边际效益没有任何增长空间。这表明在目前条件下，我国大规模小麦生产的规模还存在扩大规模化生产的效益空间。

3. 在中规模条件下，小麦生产的土地投入、劳动力规模边际效益空间很大。而物资投入规模边际效益没有任何增长空间。这表明在目前条件下，我国中等规模小麦生产还存在扩大规模化生产的效益空间。

4. 在小规模条件下，小麦生产的土地投入、物资投入规模边际效益空间很大。而劳动力规模边际效益没有任何增长空间。这表明，小规模小麦生产要加快向大规模化生产的步伐。

四、玉米生产规模化问题研究

农业生产函数回归形式：

$I=25.552\,368L_{\text{土地}}^{0.899\,525}L_{\text{劳动力}}^{0.087\,218}K_{\text{物资投入}}^{0.501\,64}$

$R^2=0.964\,445\,2$

数据结构

样本量为89个不同规模观察总和，其中，总收入平均值为3 328.61元，种植面积平均值为9.82亩，人工费用平均值为127.22元/亩，物质投入费用平均值为140.24元/亩（表6-85）。

表6-85　玉米生产规模边际效益分析基础数据表

年份	地区	总收入（元）	面积（亩）	人工费用（元/亩）	物质费用（元/亩）
2000	北京	47 290.04	180.18	33.00	189.22
2002	北京	33 054.16	112.89	46.20	160.94
2001	北京	36 524.96	101.53	42.64	157.01
2003	北京	31 587.93	87.71	49.28	154.85
2003	黑龙江	4 580.52	15.30	52.64	110.91
2002	吉林	5 514.69	14.58	94.60	149.64
2003	吉林	6 056.88	13.94	92.96	151.44
2001	吉林	4 401.23	13.74	90.48	144.13
2002	黑龙江	3 776.52	13.58	61.60	105.32
2001	黑龙江	3 791.05	13.21	62.40	107.57
2000	吉林	3 387.10	11.61	86.00	159.10
2000	黑龙江	3 143.94	11.10	63.00	110.58
2003	内蒙古	4 896.62	10.11	99.68	170.49
2003	辽宁	4 249.13	9.34	80.64	138.66

续表

年份	地区	总收入（元）	面积（亩）	人工费用（元/亩）	物质费用（元/亩）
2002	辽宁	3 614.93	9.27	81.40	147.70
2002	内蒙古	3 898.57	9.22	106.70	156.49
2001	辽宁	3 325.22	8.83	79.04	139.10
2001	内蒙古	4 054.25	8.32	110.24	186.19
2000	辽宁	2 012.14	7.78	71.00	133.42
2001	新疆	4 107.89	7.22	105.04	200.34
2000	内蒙古	2 411.58	7.11	108.00	166.31
2003	新疆	3 717.77	6.30	95.20	210.94
2002	新疆	2 863.18	5.76	96.80	203.35
2000	新疆	2 840.62	5.53	103.00	215.74
2003	山西	2 435.47	5.42	143.36	125.52
2003	天津	2 278.84	5.05	62.72	112.92
2001	山西	1 627.71	4.55	130.00	127.95
2002	天津	1 743.10	4.52	66.00	119.10
2002	山西	1 737.45	4.48	136.40	128.65
2003	广西	1 402.52	4.26	141.12	151.23
2001	天津	1 638.39	4.18	62.40	114.22
2000	天津	1 264.14	4.09	70.00	132.61
2000	山西	1 299.69	4.00	126.00	132.42
2000	云南	1 173.80	3.81	188.00	135.30
2003	河北	1 641.30	3.80	94.08	120.34
2001	河北	1 267.15	3.73	94.64	118.41
2003	山东	1 767.74	3.66	105.28	128.86
2002	河北	1 248.41	3.65	99.00	127.50
2003	陕西	1 112.00	3.64	138.88	103.61
2002	山东	1 454.69	3.62	112.20	155.38
2002	陕西	1 051.17	3.60	139.70	117.11
2002	云南	1 289.48	3.50	196.90	154.41
2000	陕西	901.81	3.48	150.00	96.06
2000	河北	1 057.33	3.47	92.00	110.34
2003	云南	1 384.55	3.37	190.40	155.29
2001	山东	1 466.79	3.36	105.04	117.67
2002	河南	1 276.72	3.26	123.20	115.50
2001	云南	1 228.42	3.26	191.36	147.25
2001	广西	1 044.29	3.23	135.20	153.87
2001	河南	1 242.39	3.22	128.96	105.98
2000	广西	803.56	3.08	130.00	154.82
2002	宁夏	1 255.13	3.07	124.30	138.33
2001	湖北	1 095.46	3.07	150.80	129.02
2001	宁夏	1 390.41	3.06	121.68	130.94
2001	陕西	831.22	3.05	147.68	102.12

续表

年份	地区	总收入（元）	面积（亩）	人工费用（元/亩）	物质费用（元/亩）
2003	湖北	1 186.85	3.04	163.52	171.51
2000	山东	1 142.49	3.04	105.00	118.83
2002	湖北	1 029.83	3.02	143.00	145.94
2003	甘肃	1 869.41	2.92	209.44	249.57
2003	贵州	1 002.01	2.81	187.04	165.40
2000	贵州	862.44	2.79	168.00	131.70
2002	甘肃	1 441.24	2.78	206.80	247.74
2003	宁夏	1 418.96	2.77	114.24	144.07
2003	河南	971.23	2.77	127.68	103.86
2000	湖北	745.69	2.74	150.00	118.68
2001	贵州	873.20	2.65	163.28	139.84
2002	广西	825.36	2.57	128.70	173.65
2001	甘肃	1 426.43	2.49	219.44	273.46
2000	河南	734.89	2.47	121.00	89.32
2000	甘肃	1 133.82	2.38	204.00	284.96
2002	贵州	836.82	2.29	177.10	164.36
2003	安徽	342.18	2.11	96.32	85.57
2003	江苏	572.16	2.07	92.96	125.70
2000	宁夏	806.70	2.04	110.00	137.86
2001	江苏	871.56	2.01	113.36	119.99
2002	安徽	754.00	1.98	107.80	92.89
2002	江苏	834.13	1.85	108.90	130.13
2001	湖南	1 012.42	1.84	174.72	133.45
2000	安徽	551.77	1.82	97.00	82.28
2001	安徽	650.55	1.79	100.88	89.93
2003	四川	647.23	1.63	225.12	113.03
2000	四川	477.56	1.56	211.00	105.35
2001	四川	443.44	1.53	226.72	101.07
2000	江苏	560.44	1.52	132.00	118.97
2002	四川	590.48	1.47	234.30	115.93
2001	重庆	549.71	1.43	221.52	110.24
2002	重庆	559.03	1.41	235.40	123.46
2000	重庆	421.36	1.40	209.00	115.11
2003	重庆	588.81	1.29	228.48	125.23
	平均	3 328.61	9.82	127.22	140.24

资料来源：作者测算 2009.4

1. 总体条件下的最适规模

(1) 物质费用、劳动力资金投入不变，土地投入不同，规模农业规模边际效益、利润空间及其拐点

土地规模边际效益函数回归形式：

$\partial I/\partial L_{土地}=25.552\ 368\times 0.899\ 525\times 127.22^{0.087\ 218}\times 140.24^{0.501\ 64}/L_{土地}^{1-0.899\ 525\ 4}$

土地规模边际效益、利润空间及其拐点。

在每亩劳动力投入和物质投入状况分别为 127.22 元和 140.24 元的不变条件下，每增加 1 亩土地，其规模边际效益利润空间及其拐点是：在 80 亩土地上，每增加 1 亩土地的规模边际效益为 0，该点视为规模边际效益拐点。小于 80 亩土地投入的规模边际效益为递增，大于 80 亩土地投入水平的规模边际效益为递减。从实际土地 9.82 亩的水平看，玉米生产的土地投入规模边际效益空间较大（表 6-86）。

表 6-86　土地规模边际效益、利润空间及其拐点

每增加 1 亩地边际总收入	耕地（亩）	劳动力（元/亩）	物质投入（元/亩）	成本费用（元/亩）	规模边际效益增减及其拐点
418.7	1.00	127.22	140.24	267.5	151.29
332.3	10.00	127.22	140.24	267.5	64.80
309.9	20.00	127.22	140.24	267.5	42.45
297.5	30.00	127.22	140.24	267.5	30.08
289.1	40.00	127.22	140.24	267.5	21.60
282.7	50.00	127.22	140.24	267.5	15.19
277.5	60.00	127.22	140.24	267.5	10.06
273.3	70.00	127.22	140.24	267.5	5.80
269.6	80.00	127.22	140.24	267.5	2.15
266.4	90.00	127.22	140.24	267.5	−1.02

资料来源：作者测算 2009.4

（2）耕地、物资费用不变，劳动力投入不同，劳动力规模边际效益、利润空间及其拐点

劳动力投入规模边际效益函数回归形式：

$\partial I/\partial L_{劳动力}=25.552\ 368\times 0.087\ 218\times 9.82^{0.899\ 252}\times 140.24^{0.504\ 64}/L_{劳动力}^{1-0.087\ 218}$

劳动力投入规模边际效益、利润空间及其拐点。

在耕地为 9.82 亩，每亩物质费用实际为 140.24 元的不变条件下，劳动力投入规模边际效益、利润空间及其拐点是：在每亩劳动力投入 28 元条件下，每增加 1 元劳动力投入的规模边际效益为零，该点是劳动力投入规模边际效益的拐点，每亩劳动力投入水平小于 28 元，规模边际效益递增，大于 28 元的劳动力投入水平，规模边际效益递减。从实际平均劳动力投入 127.22 元的水平看，玉米生产的劳动力投入边际效益空间不大（表 6-87）。

表 6-87　劳动力规模边际效益、利润空间及其拐点

每亩增加1元劳动力边际总收入	耕地（亩）	劳动力（元/亩）	物质投入（元/亩）	规模边际效益增减及其拐点
25.4	9.82	10.00	140.24	15.6
13.5	9.82	20.00	140.24	3.7
11.0	9.82	25.00	140.24	1.2
10.6	9.82	26.00	140.24	0.8
10.3	9.82	27.00	140.24	0.4
9.9	9.82	28.00	140.24	0.1
9.6	9.82	29.00	140.24	−0.2
9.3	9.82	30.00	140.24	−0.5

资料来源：作者测算 2009.4

(3) 耕地、劳动力资金投入不变，物资资本投入不同，物资投入规模边际效益、利润空间及其拐点

物质费用投入规模边际效益函数回归形式：

$\partial I/\partial L_{物质费用}=25.552\ 368\times 0.501\ 64\times 9.82^{0.899\ 525}\times 127.22^{0.087\ 218}/K_{物质费用}^{1-0.501\ 64}$

物质投入规模边际效益、利润空间及其拐点。

在耕地为 9.82 亩，每亩劳动力投入实际为 127.22 元的不变条件下，物质投入规模边际效益、利润空间及其拐点是：在每亩物质费用投入 245 元条件下，每增加 1 元物资费用投入的规模边际效益为零，该点是物质费用投入规模边际效益的拐点，每亩土地投入水平小于 245 元，物质费用的规模边际效益递增，大于 245 元的物质投入水平，规模边际效益递减。从实际平均物质投入 140.24 元的水平看，玉米生产的物质投入边际效益空间较大（表 6-88）。

表 6-88　物资投入规模边际效益、利润空间及其拐点

每亩增加1元物质费用规模边际效益增减	土地投入（亩）	劳动力投入（元/亩）	物质成本投入（元/亩）	规模边际效益增减及其拐点
15.4	9.82	127.22	100	5.56
10.9	9.82	127.22	200	1.07
10.6	9.82	127.22	210	0.81
10.4	9.82	127.22	220	0.57
10.2	9.82	127.22	230	0.34
9.9	9.82	127.22	240	0.13
9.8	9.82	127.22	245	0.02
9.7	9.82	127.22	250	−0.08

资料来源：作者测算 2009.4

2. 大规模生产的边际效益

大规模的边际效益生产函数回归形式::

$I=10.428\ 38L_{土地}^{0.903\ 594}L_{劳动力}^{0.030\ 39}L_{物质费用}^{0.728\ 112}$

$R^2=0.992$

数据结构

样本量为 13，其中，总收入平均值为 14 461.97 元，种植面积平均值为 46.11 亩，人工费用平均值为 67.26 元/亩，物质投入费用平均值为 143.93 元/亩（表 6-89）。

表 6-89 大规模生产的边际效益分析基础数据表

年份	地区	总收入（元）	面积（亩）	人工（元/亩）	费用（元/亩）
2000	北京	47 290.04	180.18	33.00	189.22
2002	北京	33 054.16	112.89	46.20	160.94
2001	北京	36 524.96	101.53	42.64	157.01
2003	北京	31 587.93	87.71	49.28	154.85
2003	黑龙江	4 580.52	15.30	52.64	110.91
2002	吉林	5 514.69	14.58	94.60	149.64
2003	吉林	6 056.88	13.94	92.96	151.44
2001	吉林	4 401.23	13.74	90.48	144.13
2002	黑龙江	3 776.52	13.58	61.60	105.32
2001	黑龙江	3 791.05	13.21	62.40	107.57
2000	吉林	3 387.10	11.61	86.00	159.10
2000	黑龙江	3 143.94	11.10	63.00	110.58
2003	内蒙古	4 896.62	10.11	99.68	170.49
	平均	14 461.97	46.11	67.27	143.94

资料来源：作者测算 2009.4

(1) 物质费用、劳动力资金投入不变，土地投入不同，大规模的边际效益土地边际效益、利润空间及其拐点

大规模的边际效益土地边际效益函数回归形式：

$$\partial I/\partial L_{土地}=10.428\ 38\times 0.903\ 594\times 67.267\ 69^{0.030\ 349}\times 143.938\ 5^{0.728\ 112}/L_{土地}^{1-0.903\ 594}$$

土地边际效益、利润空间及其拐点。

在每亩劳动力投入和物质投入状况分别为 67.27 元和 143.93 元的不变条件下，每增加 1 亩土地，其边际效益利润空间及其拐点是：在 730 亩土地上，每增加 1 亩土地的边际效益为 0，该点视为边际效益拐点。小于 730 亩土地投入的边际效益为递增，大于 730 亩土地投入水平的边际效益为递减。从实际土地规模为 46.11 亩的水平看，玉米大规模生产具有较大的土

地边际效益空间（表6-90）。

表 6-90　大规模生产的土地边际效益、利润空间及其拐点

每增加 1 亩地边际总收入	耕地（亩）	劳动力（元/亩）	物质投入（元/亩）	成本费用合计（元/亩）	边际效益增减及其拐点
256.00	100	67.27	143.94	211.21	44.80
239.45	200	67.27	143.94	211.21	28.25
230.28	300	67.27	143.94	211.21	19.07
223.98	400	67.27	143.94	211.21	12.77
219.21	500	67.27	143.94	211.21	8.00
215.39	600	67.27	143.94	211.21	4.18
212.21	700	67.27	143.94	211.21	1.01
211.64	720	67.27	143.94	211.21	0.43
211.36	730	67.27	143.94	211.21	0.15
211.08	740	67.27	143.94	211.21	−0.13

资料来源：作者测算 2009.4

（2）耕地、物资费用不变，劳动力投入不同，大规模的边际效益、利润空间及其拐点

劳动力投入边际效益函数回归形式：

$$\partial I/\partial L_{劳动力}=10.42838\times0.030349\times46.111^{0.903594}\times143.9385^{0.728112}/L_{劳动力}^{1-0.030349}$$

劳动力投入边际效益、利润空间及其拐点。

在耕地面积为46.11亩，每亩物质费用为143.93元的不变条件下，劳动力投入边际效益、利润空间及其拐点是：在每亩劳动力投入8元条件下，每增加1元劳动力投入的边际效益为0，该点是劳动力投入边际效益的拐点，每亩劳动力投入水平小于8元，边际效益递增，大于8元的劳动力投入水平，边际效益递减。从实际每亩劳动力投入67.26元的水平来看，玉米大规模生产劳动力投入已不再有边际效益空间（表6-91）。

表 6-91　大规模生产的劳动力际效益、利润空间及其拐点

每亩增加 1 元劳动力边际总收入	耕地（亩）	劳动力（元/亩）	物质投入（元/亩）	每增加 1 元劳动力增加净收入
375.98	46.11	1	143.94	329.87
191.99	46.11	2	143.94	145.88
129.58	46.11	3	143.94	83.46
98.03	46.11	4	143.94	51.92
78.96	46.11	5	143.94	32.85
66.17	46.11	6	143.94	20.05
56.98	46.11	7	143.94	10.87

续表

每亩增加 1 元劳动力边际总收入	耕地（亩）	劳动力（元/亩）	物质投入（元/亩）	每增加 1 元劳动力增加净收入
50.06	46.11	8	143.94	3.95
44.66	46.11	9	143.94	−1.46
40.32	46.11	10	143.94	−5.79

资料来源：作者测算 2009.4

(3) 耕地、劳动力资金投入不变，物资资本投入不同，大规模物质费用投入边际效益、利润空间及其拐点

物质费用投入边际效益函数回归形式：

$$\partial I/\partial L_{物质费用}=10.428\ 38\times 0.728\ 112\times 46.111^{0.903\ 594}\times 67.267\ 69^{0.030\ 349}/L_{物质费用}^{1-0.728\ 112}$$

物质投入边际效益、利润空间及其拐点。

在耕地面积为 46.11 亩，每亩劳动力投入为 67.26 元条件下，物质投入边际效益、利润空间及其拐点是：在每亩物质费用投入 710 元条件下，每增加 1 元物资费用投入的边际效益为 0，该点是物质费用投入边际效益的拐点，每亩物质投入水平小于 710 元，边际效益递增，大于 710 元的物质投入水平，边际效益递减。从实际物质投入 143.93 元的水平看，玉米大规模生产物质投入水平的边际效益空间较大（表 6-92）。

表 6-92　大规模生产的物质费用投入边际效益、利润空间及其拐点

每亩增加 1 元物质费用边际效益增减	土地投入（亩）	劳动力投入（元/亩）	物质成本投入（元/亩）	每增加 1 元物质费用增加净收入
78.62	46.11	67.27	100	32.51
65.11	46.11	67.27	200	19.00
58.32	46.11	67.27	300	12.21
53.93	46.11	67.27	400	7.82
50.76	46.11	67.27	500	4.64
48.30	46.11	67.27	600	2.19
46.32	46.11	67.27	700	0.21
46.14	46.11	67.27	710	0.03
45.96	46.11	67.27	720	−0.15
45.79	46.11	67.27	730	−0.32

资料来源：作者测算 2009.4

3. 中等规模的边际效益

中等规模生产的规模边际效益生产函数回归形式：

$$I=22.800\ 42L_{土地}^{0.864\ 9}L_{劳动力}^{0.036\ 73}L_{物质费用}^{0.623\ 839}$$

$R^2=0.884\ 249$

数据结构

样本量为 20 个，其中，总收入平均值为 2 626.12 元，种植面积平均值为 6.26 亩，人工费用平均值为 98.753 元/亩，物质投入费用平均值为 152.143 元/亩（表 6-93）。

表 6-93　中等规模生产的规模边际效益分析基础数据

年份	地区	总收入（元）	种植面积（亩）	人工费用（元/亩）	物质投入（元/亩）
2003	辽宁	4 249.13	9.34	80.64	138.66
2002	辽宁	3 614.93	9.27	81.40	147.70
2002	内蒙古	3 898.57	9.22	106.70	156.49
2001	辽宁	3 325.22	8.83	79.04	139.10
2001	内蒙古	4 054.25	8.32	110.24	186.19
2000	辽宁	2 012.14	7.78	71	133.42
2001	新疆	4 107.89	7.22	105.04	200.34
2000	内蒙古	2 411.58	7.11	108	166.31
2003	新疆	3 717.77	6.30	95.20	210.94
2002	新疆	2 863.18	5.76	96.80	203.35
2000	新疆	2 840.62	5.53	103	215.74
2003	山西	2 435.48	5.42	143.36	125.52
2003	天津	2 278.85	5.05	62.72	112.92
2001	山西	1 627.71	4.55	130	127.95
2002	天津	1 743.10	4.52	66	119.10
2002	山西	1 737.45	4.48	136.40	128.65
2003	广西	1 402.52	4.26	141.12	151.23
2001	天津	1 638.39	4.18	62.40	114.22
2000	天津	1 264.14	4.09	70	132.61
2000	山西	1 299.69	4.00	126	132.42
	平均	2 626.13	6.26	98.75	152.14

资料来源：作者测算 2009.4

（1）物质费用、劳动力资金投入不变，土地投入不同，中等规模生产的规模土地边际效益、利润空间及其拐点

中等规模生产的规模土地边际效益函数回归形式：

$\partial I/\partial L_{土地}=22.800\ 42\times 0.864\ 9\times 98.753^{0.036\ 73}\times 152.143^{0.623\ 839}/L_{土地}^{1-0.864\ 9}$

土地边际效益、利润空间及其拐点。

在劳动力投入和物质投入状况分别为 98.75 元和 152.14 元的不变条件下，每增加 1 亩土地，其边际效益利润空间及其拐点是：在 270 亩土地上，每增加 1 亩土地的边际效益为 0，该点视为边际效益拐点。小于 270 亩土

地投入的边际效益为递增，大于 270 亩土地投入水平的边际效益为递减。从实际土地 6.26 亩的水平看，玉米中等规模生产的规模土地投入的边际效益空间非常大（表 6-94）。

表 6-94　中等规模生产的规模土地边际效益、利润空间及其拐点

每增加 1 亩地边际总收入	耕地（亩）	劳动力（元/亩）	物质投入（元/亩）	成本费用合计（元/亩）	边际效益增减及其拐点
287.97	100	98.75	152.14	250.90	37.07
262.22	200	98.75	152.14	250.90	11.33
254.44	250	98.75	152.14	250.90	3.54
253.09	260	98.75	152.14	250.90	2.20
251.81	270	98.75	152.14	250.90	0.91
250.57	280	98.75	152.14	250.90	−0.32
249.39	290	98.75	152.14	250.90	−1.51
248.25	300	98.75	152.14	250.90	−2.65
247.15	310	98.75	152.14	250.90	−3.75
246.09	320	98.75	152.14	250.90	−4.80

资料来源：作者测算 2009.4

（2）耕地、物资费用不变，劳动力投入不同，中等规模生产劳动力边际效益、利润空间及其拐点

劳动力投入边际效益函数回归形式：

$$\partial I/\partial L_{劳动力}=22.800\,42\times 0.036\,73\times 6.261\,4^{0.864\,9}\times 152.143^{0.623\,839}/L_{劳动力}^{1-0.036\,73}$$

劳动力投入边际效益、利润空间及其拐点：

在耕地面积为 6.26 亩，物质费用实际为 152.143 元的不变条件下，劳动力投入边际效益、利润空间及其拐点是：在劳动力投入 16 元条件下，每增加 1 元劳动力投入的边际效益为 0，该点是劳动力投入边际效益的拐点，每亩劳动力投入水平小于 16 元，边际效益递增，大于 16 元的劳动力投入水平，边际效益递减。从每亩劳动力投入 98.75 元的现实水平看，玉米中等规模生产的劳动力的边际效益空间已不存在（表 6-95）。

表 6-95　中等规模生产的劳动力边际效益、利润空间及其拐点

每亩增加 1 元物质费用边际效益增减	土地投入（亩）	劳动力投入（元/亩）	物质成本投入（元/亩）	每增加 1 元物质费用增加净收入
10.24	6.26	10	152.14	3.97
9.34	6.26	11	152.14	3.08
8.59	6.26	12	152.14	2.33
7.95	6.26	13	152.14	1.69
7.40	6.26	14	152.14	1.14
6.93	6.26	15	152.14	0.66

续表

每亩增加 1 元物质费用边际效益增减	土地投入（亩）	劳动力投入（元/亩）	物质成本投入（元/亩）	每增加 1 元物质费用增加净收入
6.51	6.26	16	152.14	0.25
6.14	6.26	17	152.14	−0.12
5.81	6.26	18	152.14	−0.45
5.52	6.26	19	152.14	−0.75

资料来源：作者测算 2009.4

(3) 耕地、劳动力资金投入不变，物资资本投入不同，中等规模生产物质费用投入边际效益、利润空间及其拐点

物质费用投入边际效益函数回归形式：

$\partial I/\partial L_{物质费用}=22.800\,42\times0.623\,839\times6.261\,4^{0.864\,9}\times98.753^{0.036\,73}/L_{物质费用}^{1-0.623\,839}$

物质投入边际效益、利润空间及其拐点。

在耕地面积为 6.26 亩，每亩劳动力投入为 98.75 元条件下，物质投入边际效益、利润空间及其拐点是：在每亩物质费用投入 940 元条件下，每增加 1 元物资费用投入的边际效益为 0，该点是物质费用投入边际效益的拐点，每亩物质投入水平小于 940 元，物质费用的边际效益递增，大于 940 的物质投入水平，边际效益递减。从规模农业实际平均物质投入 152.14 元的水平看，玉米中等规模生产的物质边际效益空间较大（表 6-96）。

表 6-96　中等规模生产物质费用投入边际效益、利润空间及其拐点

每亩增加 1 元物质费用边际效益增减	土地投入（亩）	劳动力投入（元/亩）	物质成本投入（元/亩）	每增加 1 元物质费用增加净收入
7.94	6.26	98.75	500	1.68
7.42	6.26	98.75	600	1.16
7.00	6.26	98.75	700	0.74
6.66	6.26	98.75	800	0.40
6.37	6.26	98.75	900	0.11
6.34	6.26	98.75	910	0.08
6.32	6.26	98.75	920	0.05
6.29	6.26	98.75	930	0.03
6.27	6.26	98.75	940	0.00
6.24	6.26	98.75	950	−0.02

资料来源：作者测算 2009.4

4. 小规模生产的边际效益

小规模生产边际效益生产函数回归形式：

$I=15.265\,36L_{土地}^{0.915\,49}L_{劳动力}^{0.026\,273}L_{物质费用}^{0.666\,273}$

$R^2=0.874\,249$

数据结构

样本量为56，其中，总收入平均值为994.96元，种植面积平均值为2.67亩，人工费用平均值为151.30元/亩，物质投入费用平均值为135.12元/亩（表6-97）。

表6-97　小规模生产的规模边际效益分析数据

年份	地区	总收入（元）	种植面积（亩）	人工费用（元/亩）	物质投入（元/亩）
2000	云南	1 173.80	3.81	188.00	135.30
2003	河北	1 641.30	3.80	94.08	120.34
2001	河北	1 267.15	3.73	94.64	118.41
2003	山东	1 767.74	3.66	105.28	128.86
2002	河北	1 248.41	3.65	99.00	127.5
2003	陕西	1 112.00	3.64	138.88	103.61
2002	山东	1 454.69	3.62	112.20	155.38
2002	陕西	1 051.17	3.60	139.70	117.11
2002	云南	1 289.48	3.50	196.90	154.41
2000	陕西	901.81	3.48	150.00	96.06
2000	河北	1 057.33	3.47	92.00	110.34
2003	云南	1 384.55	3.37	190.40	155.29
2001	山东	1 466.79	3.36	105.04	117.67
2002	河南	1 276.72	3.26	123.20	115.50
2001	云南	1 228.42	3.26	191.36	147.25
2001	广西	1 044.29	3.23	135.20	153.87
2001	河南	1 242.39	3.22	128.96	105.98
2000	广西	803.56	3.08	130.00	154.82
2002	宁夏	1 255.13	3.07	124.30	138.33
2001	湖北	1 095.46	3.07	150.80	129.02
2001	宁夏	1 390.41	3.06	121.68	130.94
2001	陕西	831.22	3.05	147.68	102.12
2003	湖北	1 186.85	3.04	163.52	171.51
2000	山东	1 142.49	3.04	105.00	118.83
2002	湖北	1 029.83	3.02	143.00	145.94
2003	甘肃	1 869.41	2.92	209.44	249.57
2003	贵州	1 002.01	2.81	187.04	165.40
2000	贵州	862.44	2.79	168.00	131.70
2002	甘肃	1 441.24	2.78	206.80	247.74
2003	宁夏	1 418.96	2.77	114.24	144.07
2003	河南	971.23	2.77	127.68	103.86
2000	湖北	745.69	2.74	150.00	118.68
2001	贵州	873.20	2.65	163.28	139.84
2002	广西	825.36	2.57	128.70	173.65
2001	甘肃	1 426.43	2.49	219.44	273.46
2000	河南	734.89	2.47	121.00	89.32

续表

年份	地区	总收入（元）	种植面积（亩）	人工费用（元/亩）	物质投入（元/亩）
2000	甘肃	1 133.82	2.38	204.00	284.96
2002	贵州	836.82	2.29	177.10	164.36
2003	安徽	342.18	2.11	96.32	85.57
2003	江苏	572.16	2.07	92.96	125.70
2000	宁夏	806.70	2.04	110.00	137.86
2001	江苏	871.56	2.01	113.36	119.99
2002	安徽	754.00	1.98	107.80	92.89
2002	江苏	834.13	1.85	108.90	130.13
2001	湖南	1 012.42	1.84	174.72	133.45
2000	安徽	551.77	1.82	97.00	82.28
2001	安徽	650.55	1.79	100.88	89.93
2003	四川	647.23	1.63	225.12	113.03
2000	四川	477.56	1.56	211.00	105.35
2001	四川	443.44	1.53	226.72	101.07
2000	江苏	560.44	1.52	132.00	118.97
2002	四川	590.48	1.47	234.30	115.93
2001	重庆	549.71	1.43	221.52	110.24
2002	重庆	559.03	1.41	235.40	123.46
2000	重庆	421.37	1.40	209.00	115.11
2003	重庆	588.81	1.29	228.48	125.23
	平均	994.97	2.67	151.30	135.13

资料来源：作者测算 2009.4

（1）物质费用、劳动力资金投入不变，土地投入不同，小规模生产土地边际效益、利润空间及其拐点

小规模生产土地边际效益函数回归形式：

$$\partial I/\partial L_{土地}=15.265\,36\times 0.915\,49\times 151.303\,9^{0.026\,273}\times 135.128\,4^{0.666\,273}/L_{土地}^{1-0.915\,49}$$

土地边际效益、利润空间及其拐点。

在每亩劳动力投入和物质投入状况分别为 151.30 元和 135.12 元的不变条件下，每增加 1 亩土地，其边际效益利润空间及其拐点是：在 90 亩土地上，每增加 1 亩土地的边际效益为 0，该点视为边际效益拐点。小于 90 亩土地投入的边际效益为递增，大于 90 亩土地投入水平的边际效益为递减。从实际土地 2.66 亩的水平看，玉米小规模生产的土地投入边际效益空间非常大（表 6-98）。

表 6-98 小规模生产的土地边际效益、利润空间及其拐点

每增加 1 亩地边际总收入	耕地（亩）	劳动力（元/亩）	物质投入（元/亩）	成本费用合计（元/亩）	边际效益增减及其拐点
344.97	10	151.30	135.13	286.43	58.54
325.34	20	151.30	135.13	286.43	38.91
314.38	30	151.30	135.13	286.43	27.95
306.83	40	151.30	135.13	286.43	20.40
301.10	50	151.30	135.13	286.43	14.67
296.50	60	151.30	135.13	286.43	10.06
292.66	70	151.30	135.13	286.43	6.23
289.37	80	151.30	135.13	286.43	2.94
286.51	90	151.30	135.13	286.43	0.08
283.97	100	151.30	135.13	286.43	−2.46

资料来源：作者测算 2009.4

(2) 耕地、物资费用不变，劳动力投入不同，小规模劳动力边际效益、利润空间及其拐点

劳动力投入边际效益函数回归形式：

$$\partial I/\partial L_{劳动力}=15.265\ 36\times 0.026\ 273\times 2.665^{0.915\ 49}\times 135.128\ 4^{0.666\ 273}/L_{劳动力}^{1-0.026\ 273}$$

劳动力投入边际效益、利润空间及其拐点。

在耕地面积为 2.66 亩，每亩物质费用为 135.12 元的不变条件下，劳动力投入边际效益、利润空间及其拐点是：在每亩劳动力增加投入 10 元条件下，每增加 1 元劳动力投入的边际效益为 0，该点是劳动力投入边际效益的拐点，每亩劳动力投入水平小于 10 元，边际效益递增，大于 10 元的劳动力投入水平，边际效益递减。从玉米小规模生产实际平均每亩劳动力投入 151.3 元的水平来看，玉米小规模生产已没有劳动力的边际效益空间(表 6-99)。

表 6-99 小规模生产的劳动力边际效益、利润空间及其拐点

每亩增加 1 元劳动力边际总收入	耕地（亩）	劳动力（元/亩）	物质投入（元/亩）	每增加 1 元劳动力增加净收入
5.40	2.67	5	135.13	2.73
4.52	2.67	6	135.13	1.85
3.89	2.67	7	135.13	1.22
3.41	2.67	8	135.13	0.75
3.04	2.67	9	135.13	0.38
2.75	2.67	10	135.13	0.08
2.50	2.67	11	135.13	−0.16

续表

每亩增加 1 元劳动力边际总收入	耕地（亩）	劳动力（元/亩）	物质投入（元/亩）	每增加 1 元劳动力增加净收入
2.30	2.67	12	135.13	−0.36
2.13	2.67	13	135.13	−0.54
1.98	2.67	14	135.13	−0.69

资料来源：作者测算 2009.4

(3) 耕地、劳动力资金投入不变，物资资本投入不同，小规模物质费用投入边际效益、利润空间及其拐点

物质费用投入边际效益函数回归形式：

$$\partial I/\partial L_{物质费用}=15.265\ 36\times 0.666\ 273\times 2.665^{0.915\ 49}\times 151.303\ 9^{0.026\ 273}/L_{物质费用}^{1-0.666\ 273}$$

物质投入边际效益、利润空间及其拐点。

在耕地面积为 2.67 亩，每亩劳动力投入为 151.3 元条件下，物质投入边际效益、利润空间及其拐点是：在每亩物质费用投入 1 200 元条件下，每增加 1 元物资费用投入的边际效益为 0，该点是物质费用投入边际效益的拐点，每亩物质费用投入水平小于 1 200 元，边际效益递增，大于1 200元的物质投入水平，边际效益递减。从小规模生产实际平均物质投入 135.12 元的水平看，玉米小规模的物质投入水平的边际效益空间较大（表 6-100)。

表 6-100　小规模生产的物质费用投入边际效益、利润空间及其拐点

每亩增加 1 元物质费用边际效益增减	土地投入（亩）	劳动力投入（元/亩）	物质成本投入（元/亩）	每增加 1 元物质费用增加净收入
3.58	2.67	151.30	500	0.91
3.37	2.67	151.30	600	0.70
3.20	2.67	151.30	700	0.53
3.06	2.67	151.30	800	0.39
2.94	2.67	151.30	900	0.28
2.84	2.67	151.30	1 000	0.17
2.75	2.67	151.30	1 100	0.09
2.67	2.67	151.30	1 200	0.01
2.60	2.67	151.30	1 300	−0.06
2.54	2.67	151.30	1 400	−0.13

资料来源：作者测算 2009.4

5. 结论

(1) 在总体条件下，玉米生产的土地投入、物资投入规模边际效益空间很大，而劳动力规模边际效益没有任何增长空间。这表明，玉米适宜大

规模生产。

(2) 在大规模条件下，玉米生产的土地投入、物资投入规模边际效益空间很大，而劳动力规模边际效益没有任何增长空间。这表明在目前条件下，我国大规模玉米生产的规模还存在扩大规模化生产的效益空间。

(3) 在中规模条件下，玉米生产的土地投入、物资投入规模边际效益空间很大。而劳动力规模边际效益没有任何增长空间。这表明在目前条件下，我国中等规模玉米生产还存在扩大规模化生产的效益空间。

(4) 在小规模条件下，玉米生产的土地投入、物资投入规模边际效益空间很大。而劳动力规模边际效益没有任何增长空间。这表明，小规模玉米生产要加快向大规模生产的转变步伐。

五、大豆生产规模化问题研究

农业生产函数回归形式：

$I=19.80L_{土地}^{0.795\,09}L_{劳动力}^{0.163\,962}K_{物资投入}^{0.562\,123}$

$R^2=0.953\,445$

数据结构

样本量为 53 个不同规模观察总和，其中，总收入平均值为 1278.83 元，种植面积平均值为 4.63 亩，人工费用平均值为 78.83 元/亩，物质投入费用平均值为 78.21 元/亩（表 6-101）。

表 6-101　大豆生产规模边际效益分析基础数据表

年份	地区	总收入（元）	面积（亩）	人工费用（元/亩）	物质费用（元/亩）
2002	黑龙江	8 265.20	29.59	37.40	91.50
2003	黑龙江	7 639.10	23.57	32.48	97.96
2001	黑龙江	4 256.86	19.48	37.44	95.56
2000	内蒙古	3 492.74	18.83	52.00	94.31
2000	黑龙江	3 412.75	15.87	34.00	93.12
2001	内蒙古	3 109.66	15.77	60.32	107.17
2000	辽宁	3 356.44	12.11	59.00	93.61
2003	吉林	4 853.07	10.84	69.44	96.34
2002	内蒙古	2 040.64	9.99	59.40	77.84
2001	辽宁	2 411.88	8.38	65.52	94.91
2002	吉林	2 820.37	8.29	72.60	94.74
2000	吉林	1 937.15	6.18	71.00	114.79
2001	吉林	1 193.03	4.51	56.16	100.69
2002	辽宁	1 287.24	3.71	63.80	96.03
2003	辽宁	1 505.20	3.09	66.08	103.82

续表

年份	地区	总收入（元）	面积（亩）	人工费用（元/亩）	物质费用（元/亩）
2000	河南	877.77	2.89	86.00	51.47
2000	安徽	722.99	2.73	75.00	57.73
2001	安徽	615.29	2.53	68.64	51.15
2000	陕西	509.47	2.42	73.00	58.03
2003	内蒙古	815.52	2.18	86.24	110.34
2002	安徽	634.29	2.17	77.00	47.30
2003	安徽	502.74	2.10	78.40	52.52
2001	陕西	388.59	1.89	68.64	58.38
2000	湖北	596.39	1.83	74.00	90.71
2002	陕西	442.61	1.71	69.30	61.91
2000	山西	290.94	1.56	80.00	70.32
2001	河南	374.62	1.56	83.20	52.45
2001	云南	397.08	1.52	140.40	71.32
2003	陕西	425.44	1.49	68.32	59.43
2000	河北	420.47	1.47	69.00	84.14
2002	湖北	548.76	1.42	81.40	103.76
2002	河南	383.99	1.41	81.40	58.16
2000	江苏	357.78	1.40	78.00	79.17
2003	湖北	619.68	1.39	75.04	101.41
2003	山东	641.33	1.37	77.28	73.65
2000	山东	397.36	1.35	72.00	70.35
2002	山东	447.45	1.32	84.70	81.66
2001	江苏	347.74	1.24	79.04	79.93
2002	山西	398.37	1.20	101.20	66.95
2003	云南	332.01	1.19	128.80	70.43
2002	江苏	416.45	1.18	90.20	70.38
2001	山东	361.49	1.13	86.32	74.05
2003	河南	270.76	1.10	78.40	49.80
2002	河北	363.91	1.09	78.10	83.57
2003	河北	548.61	1.07	80.64	103.91
2003	山西	390.69	1.05	118.72	96.05
2003	江苏	332.86	1.04	78.40	88.50
2000	云南	277.90	0.98	142.00	59.21
2001	山西	208.92	0.97	125.84	80.71
2001	河北	237.33	0.86	66.56	71.77
2001	湖北	71.58	0.43	62.40	58.66
2003	重庆	126.06	0.38	147.84	48.52
2002	重庆	101.57	0.37	129.80	44.71
	平均	1 278.83	4.63	78.83	78.21

资料来源：作者测算 2009.4

1. 总体条件下的最适规模

(1) 物质费用、劳动力资金投入不变，土地投入不同，规模农业规模边际效益、利润空间及其拐点

土地规模边际效益函数回归形式：

$$\partial I/\partial L_{土地}=19.8\times 0.795\,09\times 78.83^{0.163\,962}\times 78.21^{0.562\,123}/L_{土地}^{1-0.795\,09}$$

土地规模边际效益、利润空间及其拐点。

在每亩劳动力投入和物质投入状况分别为 78.83 元和 78.21 元的不变条件下，每增加 1 亩土地，其规模边际效益利润空间及其拐点是：在 68 亩土地上，每增加 1 亩土地的规模边际效益为 0，该点视为规模边际效益拐点。小于 68 亩土地投入的规模边际效益为递增，大于 68 亩土地投入水平的规模边际效益为递减。从实际土地 4.63 亩的水平看，大豆生产土地投入的边际效益空间较大（表 6-102）。

表 6-102　土地规模边际效益、利润空间及其拐点

每增加 1 亩地边际总收入	耕地（亩）	劳动力（元/亩）	物质投入（元/亩）	成本费用合计（元/亩）	规模边际效益增减及其拐点
233.0	10	78.83	78.21	157.0	75.99
202.2	20	78.83	78.21	157.0	45.14
186.1	30	78.83	78.21	157.0	29.02
175.4	40	78.83	78.21	157.0	18.37
167.6	50	78.83	78.21	157.0	10.53
161.4	60	78.83	78.21	157.0	4.38
158.8	65	78.83	78.21	157.0	1.76
158.3	66	78.83	78.21	157.0	1.26
157.8	67	78.83	78.21	157.0	0.78
157.3	68	78.83	78.21	157.0	0.30
156.9	69	78.83	78.21	157.0	−0.17

资料来源：作者测算 2009.4

(2) 耕地、物资费用不变，劳动力投入不同，劳动力规模边际效益、利润空间及其拐点

劳动力投入规模边际效益函数回归形式：

$$\partial I/\partial L_{劳动力}=19.8\times 0.163\,962\times 4.63^{0.795\,09}\times 78.21^{0.562\,123}/L_{劳动力}^{1-0.163\,962}$$

劳动力投入规模边际效益、利润空间及其拐点。

在耕地为 4.63 亩，每亩物质费用实际为 78.21 元的不变条件下，劳动力投入规模边际效益、利润空间及其拐点是：在每亩劳动力投入 50 元条件下，每增加 1 元劳动力投入的规模边际效益为 0，该点是劳动力投入规模边际效益的拐点，每亩劳动力投入水平小于 50 元，规模边际效益递增，大

于 50 元的劳动力投入水平，规模边际效益递减。从实际平均劳动力投入 78.83 元的水平看，大豆生产的劳动力投入边际效益空间不大（表 6-103）。

表 6-103　劳动力规模边际效益、利润空间及其拐点

每亩增加 1 元劳动力边际总收入	耕地（亩）	劳动力（元/亩）	物质投入（元/亩）	规模边际效益增减及其拐点
18.6	4.63	10	78.21	13.9
10.4	4.63	20	78.21	5.8
7.4	4.63	30	78.21	2.8
5.8	4.63	40	78.21	1.2
4.8	4.63	50	78.21	0.2
4.1	4.63	60	78.21	−0.5
3.6	4.63	70	78.21	−1.0
3.3	4.63	80	78.21	−1.4
3.5	5.63	90	78.21	−2.2

资料来源：作者测算 2009.4

（3）耕地、劳动力资金投入不变，物资资本投入不同，物资投入规模边际效益、利润空间及其拐点

物质费用投入规模边际效益函数回归形式：

$$\partial I/\partial K_{物质费用}=19.8\times 0.562\,123\times 4.63^{0.795\,09}\times 78.83^{0.163\,962}\ /L_{物质费用}^{1-0.562\,123}$$

物质投入规模边际效益、利润空间及其拐点。

在耕地为 4.63 亩，每亩劳动力投入实际为 78.83 元的不变条件下，物质投入规模边际效益、利润空间及其拐点是：在每亩物质费用投入 600 元条件下，每增加 1 元物资费用投入的规模边际效益为 0，该点是物质费用投入规模边际效益的拐点，每亩物质费用投入水平小于 600 元，规模边际效益递增，大于 600 元的物质投入水平，规模边际效益递减。从实际平均物质投入 78.21 元的水平看，大豆生产的物质投入边际效益很大（表 6-104）。

表 6-104　物资投入规模边际效益、利润空间及其拐点

每亩增加 1 元物质费用规模边际效益增减	土地投入（亩）	劳动力投入（元/亩）	物质成本投入（元/亩）	规模边际效益增减及其拐点
13.9	4.63	78.83	50	9.26
10.2	4.63	78.83	100	5.62
8.6	4.63	78.83	150	3.96
7.6	4.63	78.83	200	2.94
6.3	4.63	78.83	300	1.71
5.6	4.63	78.83	400	0.96
5.1	4.63	78.83	500	0.44

续表

每亩增加1元物质费用规模边际效益增减	土地投入（亩）	劳动力投入（元/亩）	物质成本投入（元/亩）	规模边际效益增减及其拐点
4.7	4.63	78.83	600	0.05
4.4	4.63	78.83	700	−0.26

资料来源：作者测算 2009.4

2. 大规模生产的边际效益

大豆大规模生产的边际效益生产函数回归形式：

$I=6.399\,9L_{土地}^{0.932\,27}L_{劳动力}^{0.141\,237}{}_{物质费用}^{0.725\,51}$

$R^2=0.992$

数据结构

样本量为8，其中，总收入平均值为4 367.76元，种植面积平均值为9.76亩，人工费用平均值为69.44元/亩，物质投入费用平均值为96.34元/亩（表6-105）。

表6-105 大规模生产的边际效益分析基础数据表

年份	地区	总收入（元）	面积（亩）	人工费用（元/亩）	物质费用（元/亩）
2002	黑龙江	8 265.20	29.59	37.4	91.5
2003	黑龙江	7 639.10	23.57	32.48	97.96
2001	黑龙江	4 256.86	19.48	37.44	95.56
2000	内蒙古	3 492.74	18.83	52	94.31
2000	黑龙江	3 412.75	15.87	34	93.12
2001	内蒙古	3 109.66	15.77	60.32	107.17
2000	辽宁	3 356.44	12.11	59	93.61
2003	吉林	4 853.07	10.84	69.44	96.34
	平均	4 367.76	9.76	69.44	96.34

资料来源：作者测算 2009.4

（1）物质费用、劳动力资金投入不变，土地投入不同，大规模的边际效益土地边际效益、利润空间及其拐点

大规模生产的土地边际效益函数回归形式：

$\partial I/\partial L_{土地}=6.399\,9\times(0.932\,27)\times69.44^{0.141\,237}\times96.34^{0.725\,51}/L_{土地}^{1-0.932\,27}$

土地边际效益、利润空间及其拐点。

在每亩劳动力投入和物质投入状况分别为69.44元和96.34元的不变条件下，每增加1亩土地，其边际效益利润空间及其拐点是：在5 900亩土地上，每增加1亩土地的边际效益为0，该点视为边际效益拐点。小于5 900亩土地投入的边际效益为递增，大于5 900亩土地投入水平的边际效

益为递减。从实际土地 9.76 亩的水平看，大豆大规模生产具有较大的土地边际效益空间（表 6-106）。

表 6-106　大规模生产的土地边际效益、利润空间及其拐点

每增加 1 亩地边际总收入	耕地（亩）	劳动力（元/亩）	物质投入（元/亩）	成本费用合计（元/亩）	边际效益增减及其拐点
187.03	1 000	69.44	96.34	165.78	21.25
178.45	2 000	69.44	96.34	165.78	12.67
173.62	3 000	69.44	96.34	165.78	7.84
170.27	4 000	69.44	96.34	165.78	4.49
167.71	5 000	69.44	96.34	165.78	1.93
166.63	5 500	69.44	96.34	165.78	0.85
166.03	5 800	69.44	96.34	165.78	0.25
165.84	5 900	69.44	96.34	165.78	0.06
165.65	6 000	69.44	96.34	165.78	−0.13
165.47	6 100	69.44	96.34	165.78	−0.31

资料来源：作者测算 2009.4

(2) 耕地、物资费用不变，劳动力投入不同，大规模的边际效益、利润空间及其拐点

劳动力投入边际效益函数回归形式：

$$\partial I/\partial L_{劳动力}=6.399\,9\times 0.141\,237\times 9.756^{0.932\,27}\times 96.34^{0.725\,51}/L_{劳动力}^{1-0.141\,237}$$

劳动力投入边际效益、利润空间及其拐点。

在耕地面积为 9.76 亩，每亩物质费用为 96.34 元的不变条件下，劳动力投入边际效益、利润空间及其拐点是：在每亩劳动力投入 35 元条件下，每增加 1 元劳动力投入的边际效益为 0，该点是劳动力投入边际效益的拐点，每亩劳动力投入水平小于 35 元，边际效益递增，大于 35 元的劳动力投入水平，边际效益递减。从实际每亩劳动力投入 69.44 元的水平来看，大豆大规模的劳动力的边际效益空间不存在（表 6-107）。

表 6-107　大规模生产的劳动力边际效益、利润空间及其拐点

增加 1 元劳动力的边际收益	耕地（亩）	劳动力（元/亩）	物质投入（元/亩）	每增加 1 元劳动力增加净收入
28.77	9.76	10	96.34	19.01
15.86	9.76	20	96.34	6.11
11.20	9.76	30	96.34	1.44
10.89	9.76	31	96.34	1.13
10.59	9.76	32	96.34	0.84

续表

增加1元劳动力的边际收益	耕地（亩）	劳动力（元/亩）	物质投入（元/亩）	每增加1元劳动力增加净收入
10.32	9.76	33	96.34	0.56
10.06	9.76	34	96.34	0.30
9.81	9.76	35	96.34	0.05
9.58	9.76	36	96.34	−0.18
9.35	9.76	37	96.34	−0.40

资料来源：作者测算 2009.4

(3) 耕地、劳动力资金投入不变，物资资本投入不同，大规模物质费用投入边际效益、利润空间及其拐点

物质费用投入边际效益函数回归形式：

$\partial I/\partial L_{物质费用}=6.399\,9\times 0.725\,51\times 9.756^{0.932\,27}\times 69.44^{0.141\,237}/L_{物质费用}^{1-0.725\,51}$

物质投入边际效益、利润空间及其拐点。

在耕地面积为9.76亩，每亩劳动力投入为69.44元条件下，物质投入边际效益、利润空间及其拐点是：在每亩物质费用投入1 350元条件下，每增加1元物资费用投入的边际效益为0，该点是物质费用投入边际效益的拐点，每亩物质投入水平小于1 350元，边际效益递增，大于1 350元的物质投入水平，边际效益递减。从实际物质投入96.34元的水平看，大豆大规模生产物质投入水平的边际效益空间很大（表6-108）。

表6-108　大规模生产的物质费用投入边际效益、利润空间及其拐点

增加1元物质费用的边际收益	土地（亩）	劳动力（元/亩）	物资投入（元/亩）	每增加1元物质费用增加净收入
10.61	9.76	69.44	1 000	0.85
10.34	9.76	69.44	1 100	0.58
10.09	9.76	69.44	1 200	0.34
9.87	9.76	69.44	1 300	0.12
9.77	9.76	69.44	1 350	0.02
9.67	9.76	69.44	1 400	−0.08
9.58	9.76	69.44	1 450	−0.17
9.49	9.76	69.44	1 500	−0.26
9.41	9.76	69.44	1 550	−0.35
9.33	9.76	69.44	1 600	−0.43

资料来源：作者测算 2009.4

3. 中等规模生产的规模边际效益

中等规模生产的规模边际效益生产函数回归形式：

$I=3.844\,021L_{土地}^{0.906\,9}L_{劳动力}^{0.246\,9}L_{物质费用}^{0.729\,8}$

$R^2=0.894\ 249$

数据结构

样本量为 7，其中，总收入平均值为 1 885.072 元，种植面积平均值为 6.307 524 亩，人工费用平均值为 64.937 14 元/亩，物质投入费用平均值为 97.545 71 元/亩（表 6-109）。

表 6-109　中等规模生产的规模边际效益分析基础数据

年份	地区	总收入（元）	面积（亩）	人工费用（元/亩）	物质费用（元/亩）
2002	内蒙古	2040.64	9.99	59.40	77.84
2001	辽宁	2411.88	8.38	65.52	94.91
2002	吉林	2820.37	8.29	72.60	94.74
2000	吉林	1937.15	6.18	71	114.79
2001	吉林	1193.03	4.51	56.16	100.69
2002	辽宁	1287.24	3.71	63.80	96.03
2003	辽宁	1505.20	3.09	66.08	103.82
	平均	1885.07	6.31	64.94	97.55

资料来源：作者测算 2009.4

（1）物质费用、劳动力资金投入不变，土地投入不同，中等规模生产的规模土地边际效益、利润空间及其拐点

中等规模生产的规模土地边际效益函数回归形式：

$\partial I/\partial L_{土地}=3.844\ 021\times 0.906\ 9\times 64.937\ 1^{0.246\ 9}\times 97.545\ 7^{0.729\ 8}/L_{土地}^{1-0.906\ 9}$

土地边际效益、利润空间及其拐点。

在劳动力投入和物质投入状况分别为 64.94 元和 97.55 元的不变条件下，每增加 1 亩土地，其边际效益利润空间及其拐点是：在 302 亩土地上，每增加 1 亩土地的边际效益为 0，该点视为边际效益拐点。小于 302 亩土地投入的边际效益为递增，大于 302 亩土地投入水平的边际效益为递减。从实际土地 6.31 亩的水平看，大豆中等规模生产的土地投入边际效益空间非常大（表 6-110）。

表 6-110　中等规模生产的土地边际效益、利润空间及其拐点

每增加 1 亩地边际总收入	耕地（亩）	劳动力（元/亩）	物质投入（元/亩）	成本费用合计（元/亩）	边际效益增减及其拐点
180.12	100	64.94	97.55	162.48	17.63
168.86	200	64.94	97.55	162.48	6.38
162.60	300	64.94	97.55	162.48	0.12
162.55	301	64.94	97.55	162.48	0.07
162.50	302	64.94	97.55	162.48	0.02
162.45	303	64.94	97.55	162.48	−0.03

续表

每增加 1 亩地边际总收入	耕地（亩）	劳动力（元/亩）	物质投入（元/亩）	成本费用合计（元/亩）	边际效益增减及其拐点
162.40	304	64.94	97.55	162.48	−0.08
162.35	305	64.94	97.55	162.48	−0.13
162.30	306	64.94	97.55	162.48	−0.18
162.26	307	64.94	97.55	162.48	−0.23

资料来源：作者测算 2009.4

（2）耕地、物资费用不变，劳动力投入不同，中等规模生产劳动力边际效益、利润空间及其拐点

劳动力投入边际效益函数回归形式：

$$\partial I/\partial L_{劳动力}=3.844\,021\times 0.246\,9\times 6.307\,5^{0.906\,9}\times 94.545\,7^{0.729\,8}/L_{劳动力}^{1-0.246\,9}$$

劳动力投入边际效益、利润空间及其拐点。

在耕地面积为 6.31 亩，物质费用实际为 162.48 元的不变条件下，劳动力投入边际效益、利润空间及其拐点是：在劳动力增加投入 62 元条件下，每增加 1 元劳动力投入的边际效益为 0，该点是劳动力投入边际效益的拐点，每亩劳动力投入水平小于 62 元，劳动力的边际效益递增，大于 62 元的劳动力投入水平，边际效益递减。从实际每亩劳动力投入 97.55 元的水平来看，大豆中等规模生产的劳动力的边际效益空间不大（表 6-111）。

表 6-111　中等规模生产劳动力边际效益、利润空间及其拐点

增加 1 元劳动力的边际收益	土地（亩）	劳动力（元/亩）	物资投入（元/亩）	每增加 1 元劳动力增加净收入
7.50	6.31	50	97.55	1.20
6.54	6.31	60	97.55	0.23
6.46	6.31	61	97.55	0.15
6.38	6.31	62	97.55	0.07
6.30	6.31	63	97.55	−0.00
6.23	6.31	64	97.55	−0.08
6.16	6.31	65	97.55	−0.15
6.09	6.31	66	97.55	−0.22
6.02	6.31	67	97.55	−0.29
5.95	6.31	68	97.55	−0.36

资料来源：作者测算 2009.4

（3）耕地、劳动力资金投入不变，物资资本投入不同，中等规模生产物质费用投入边际效益、利润空间及其拐点

物质费用投入边际效益函数回归形式：

$$\partial I/\partial L_{物质费用}=3.844\,021\times 0.729\,8\times 6.307\,5^{0.906\,9}\times 64.937\,1^{0.246\,9}/L_{物质费用}^{1-0.729\,8}$$

物质投入边际效益、利润空间及其拐点。

在耕地面积为 6.31 亩，每亩劳动力投入为 64.94 元条件下，物质投入边际效益、利润空间及其拐点是：在每亩物质费用投入 1 090 元条件下，每增加 1 元物资费用投入的边际效益为 0，该点是物质费用投入边际效益的拐点，每亩劳动力投入水平小于 1 090 元，边际效益递增，大于1 090元的物质投入水平，边际效益递减。从实际物质投入 97.54 元的水平看，大豆中等规模生产的物质边际效益空间很大（表 6-112）。

表 6-112　中等规模生产的物质费用投入边际效益、利润空间及其拐点

增加 1 元物质费用的边际收益	土地（亩）	劳动力（元/亩）	物资投入（元/亩）	每增加 1 元物质费用增加净收入
6.46	6.31	64.94	1 000	0.16
6.38	6.31	64.94	1 050	0.07
6.36	6.31	64.94	1 060	0.06
6.35	6.31	64.94	1 070	0.04
6.33	6.31	64.94	1 080	0.02
6.32	6.31	64.94	1 090	0.01
6.30	6.31	64.94	1 100	−0.01
6.28	6.31	64.94	1 110	−0.02
6.27	6.31	64.94	1 120	−0.04
6.25	6.31	64.94	1 130	−0.05

资料来源：作者测算 2009.4

4. 小规模生产的边际效益

小规模生产的边际效益生产函数回归形式：：

$$I=12.468\,4L_{土地}^{0.904\,681}L_{劳动力}^{0.182\,3}L_{物质费用}^{0.550\,9}$$

$$R^2=0.894\,249$$

数据结构样本量为 38 个小规模每亩平均数据，其中，总收入平均值为 426.23 元，种植面积平均值为 1.447 亩，人工费用平均值为 87.93 元/亩，物质投入费用平均值为 70.86 元/亩（表 6-113）。

表 6-113　小规模生产的规模边际效益分析基础数据

年份	地区	总收入（元）	面积（亩）	人工费用（元/亩）	物质费用（元/亩）
2000	河南	877.77	2.89	86	51.47
2000	安徽	722.99	2.73	75	57.73
2001	安徽	615.29	2.53	68.64	51.15

续表

年份	地区	总收入（元）	面积（亩）	人工费用（元/亩）	物质费用（元/亩）
2000	陕西	509.47	2.42	73.00	58.03
2003	内蒙古	815.52	2.18	86.24	110.34
2002	安徽	634.29	2.17	77.00	47.30
2003	安徽	502.74	2.10	78.40	52.52
2001	陕西	388.59	1.89	68.64	58.38
2000	湖北	596.39	1.83	74.00	90.71
2002	陕西	442.61	1.71	69.30	61.91
2000	山西	290.94	1.56	80.00	70.32
2001	河南	374.62	1.56	83.20	52.45
2001	云南	397.08	1.52	140.40	71.32
2003	陕西	425.44	1.49	68.32	59.43
2000	河北	420.47	1.47	69.00	84.14
2002	湖北	548.76	1.42	81.40	103.76
2002	河南	383.99	1.41	81.40	58.16
2000	江苏	357.78	1.40	78.00	79.17
2003	湖北	619.68	1.39	75.04	101.41
2003	山东	641.33	1.37	77.28	73.65
2000	山东	397.36	1.35	72.00	70.35
2002	山东	447.45	1.329	84.70	81.66
2001	江苏	347.74	1.24	79.04	79.93
2002	山西	398.37	1.20	101.20	66.95
2003	云南	332.01	1.19	128.80	70.43
2002	江苏	416.45	1.18	90.20	70.38
2001	山东	361.49	1.13	86.32	74.05
2003	河南	270.76	1.10	78.40	49.80
2002	河北	363.91	1.09	78.10	83.57
2003	河北	548.61	1.07	80.64	103.91
2003	山西	390.69	1.05	118.72	96.05
2003	江苏	332.86	1.04	78.40	88.5
2000	云南	277.90	0.98	142.00	59.21
2001	山西	208.92	0.97	125.84	80.71
2001	河北	237.33	0.86	66.56	71.77
2001	湖北	71.58	0.43	62.40	58.66
2003	重庆	126.06	0.38	147.84	48.52
2002	重庆	101.57	0.37	129.80	44.71
	平均	426.23	1.45	87.93	70.86

资料来源：作者测算 2009.4

（1）物质费用、劳动力资金投入不变，土地投入不同，小规模生产土地边际效益、利润空间及其拐点

小规模生产土地边际效益函数回归形式：

$$\partial I/\partial L_{土地}=12.4684\times0.9046\times87.9268^{0.1823}\times70.8555^{0.5509}/L_{土地}^{1-0.9049}$$

土地边际效益、利润空间及其拐点。

在每亩劳动力投入和物质投入状况分别为87.92元和70.855元的不变条件下，每增加1亩土地，其边际效益利润空间及其拐点是：在230亩土地上，每增加1亩土地的边际效益为0，该点视为边际效益拐点。小于230亩土地投入的边际效益为递增，大于230亩土地投入水平的边际效益为递减。从实际土地1.44亩的水平看，大豆小规模生产的土地投入边际效益空间非常大（表6-114）。

表6-114　小规模生产的边际效益生产土地边际效益、利润空间及其拐点

每增加1亩地边际总收入	耕地（亩）	劳动力（元/亩）	物质投入（元/亩）	成本费用合计（元/亩）	边际效益增减及其拐点
172.10	100	87.93	70.86	158.78	13.32
161.10	200	87.93	70.86	158.78	2.32
160.35	210	87.93	70.86	158.78	1.57
159.64	220	87.93	70.86	158.78	0.86
158.97	230	87.93	70.86	158.78	0.18
158.32	240	87.93	70.86	158.78	−0.46
157.71	250	87.93	70.86	158.78	−1.07
157.12	260	87.93	70.86	158.78	−1.66
156.56	270	87.93	70.86	158.78	−2.23
156.01	280	87.93	70.86	158.78	−2.77

资料来源：作者测算2009.4

（2）耕地、物资费用不变，劳动力投入不同，小规模劳动力边际效益、利润空间及其拐点

劳动力投入边际效益函数回归形式：

$$\partial I/\partial L_{劳动力}=12.4684\times0.1823\times1.4474^{0.9046}\times70.8555^{0.5509}/L_{劳动力}^{1-0.1823}$$

劳动力投入边际效益、利润空间及其拐点。

在耕地面积为1.45亩，每亩物质费用为70.86元的不变条件下，劳动力投入边际效益、利润空间及其拐点是：在每亩劳动力增加投入46元条件下，每增加1元劳动力投入的边际效益为0，该点是劳动力投入边际效益的拐点，每亩劳动力投入水平小于46元，劳动力的边际效益递增，大于46元的劳动力投入水平，边际效益递减。从小规模实际平均每亩劳动力投入87.92元的水平来看，大豆小规模生产劳动力的边际效益空间不存在（表6-115）。

表 6-115　小规模生产的劳动力边际效益、利润空间及其拐点

每亩增加1元劳动力边际总收入	耕地（亩）	劳动力（元/亩）	物质投入（元/亩）	每增加1元劳动力增加净收入
5.06	1.45	10	70.86	3.61
2.87	1.45	20	70.86	1.42
2.06	1.45	30	70.86	0.61
1.63	1.45	40	70.86	0.18
1.48	1.45	45	70.86	0.03
1.45	1.45	46	70.86	0.01
1.43	1.45	47	70.86	−0.02
1.40	1.45	48	70.86	−0.04
1.38	1.45	49	70.86	−0.07
1.36	1.45	50	70.86	−0.09

资料来源：作者测算 2009.4

(3) 耕地、劳动力资金投入不变，物资资本投入不同，小规模物质费用投入边际效益、利润空间及其拐点

物质费用投入边际效益函数回归形式：

$$\partial I/\partial L_{物质费用}=12.4684\times 0.5509\times 1.4474^{0.9046}\times 87.9268^{0.1823}/L_{物质费用}^{1-0.5509}$$

物质投入边际效益、利润空间及其拐点。

在耕地面积为1.45亩，每亩劳动力投入为87.92元条件下，物质投入边际效益、利润空间及其拐点是：在每亩物质费用投入410元条件下，每增加1元物资费用投入的边际效益为0，该点是物质费用投入边际效益的拐点，每亩物质投入水平小于410元，边际效益递增，大于410元的物质投入水平，边际效益递减。从实际平均物质投入70.85元的水平看，大豆小规模生产物质投入水平的边际效益空间较大（表6-116）。

表 6-116　小规模生产的物质费用投入边际效益、利润空间及其拐点

每亩增加1元物质费用边际效益增减	土地投入（亩）	劳动力投入（元/亩）	物质成本投入（元/亩）	每增加1元物质费用增加净收入
2.75	1.45	87.93	100	1.30
2.01	1.45	87.93	200	0.56
1.68	1.45	87.93	300	0.23
1.47	1.45	87.93	400	0.03
1.46	1.45	87.93	410	0.01
1.44	1.45	87.93	420	−0.01
1.43	1.45	87.93	430	−0.02
1.41	1.45	87.93	440	−0.04
1.40	1.45	87.93	450	−0.05
1.38	1.45	87.93	460	−0.06

资料来源：作者测算 2009.4

5. 结论

(1) 在总体条件下，大豆生产的土地投入、物资投入规模边际效益空间很大，而劳动力规模边际效益没有任何增长空间。这表明，大豆生产适宜大规模生产。

(2) 在大规模生产条件下，大豆生产的土地投入、物资投入规模边际效益空间很大，而劳动力规模边际效益没有任何增长空间。这表明在目前条件下，我国大规模大豆生产的规模还存在扩大规模化生产的效益空间。

(3) 在中规模条件下，大豆生产的土地投入、物资投入规模边际效益空间很大，而劳动力规模边际效益没有任何增长空间。这表明在目前条件下，我国中等规模大豆生产还存在扩大规模化生产的效益空间。

(4) 在小规模条件下，大豆生产的土地投入、物资投入规模边际效益空间很大，而劳动力规模边际效益没有任何增长空间。这表明，小规模大豆生产要加快向大规模化生产的步伐。

六、花生生产规模化问题研究

花生规模生产函数回归形式：

$I=39.345\,48L_{土地}^{0.958647}\,L_{劳动力}^{0.140222}\,K_{物资投入}^{0.353827}$

$R^2=0.730\,588$

数据结构

样本量为 57 个不同规模观察总和，其中，总收入平均值为 1 252.14 元，种植面积平均值为 2.11 亩，人工费用平均值为 156.13 元/亩，物质投入费用平均值为 195.76 元/亩（表 6-117）。

表 6-117　花生规模边际效益分析基础数据表

年份	地区	总收入（元）	面积（亩）	人工费用（元/亩）	物质费用（元/亩）
2002	辽宁	5 548.14	9.75	118.80	206.28
2003	辽宁	6 366.47	9.73	120.96	198.42
2000	辽宁	5 301.96	8.50	121.00	223.63
2000	河南	1 463.24	4.10	152.00	141.41
2003	河南	1 164.02	3.53	143.36	143.91
2002	陕西	1 926.11	3.49	179.30	204.94
2001	辽宁	1 769.17	3.33	123.76	220.42
2002	河南	1 628.03	3.30	146.30	133.64
2001	陕西	1 087.63	3.13	160.16	166.60
2000	陕西	1 263.59	3.12	85.00	190.61
2003	陕西	2 188.93	2.97	194.88	219.42

续表

年份	地区	总收入（元）	面积（亩）	人工费用（元/亩）	物质费用（元/亩）
2001	海南	1 552.10	2.96	190.32	115.01
2003	海南	1 694.90	2.85	189.28	101.55
2001	河南	1 025.46	2.66	177.84	164.36
2000	海南	1 279.20	2.64	191.00	100.68
2002	海南	1 364.32	2.39	199.10	113.51
2000	广西	1 115.82	2.36	146.00	183.93
2001	广西	839.00	2.26	147.68	163.13
2003	山东	1 737.95	2.15	175.84	209.87
2000	江苏	1 021.08	1.95	171.00	196.62
2002	广西	645.92	1.91	139.70	138.40
2001	山东	968.39	1.81	159.12	207.07
2000	山东	1 067.34	1.77	160.00	231.70
2002	山东	1 134.07	1.74	170.50	216.57
2003	江苏	818.95	1.62	137.76	170.59
2003	广东	899.12	1.59	144.48	166.44
2001	江苏	846.83	1.53	145.60	169.99
2000	河北	740.84	1.45	137.00	2377.68
2000	广东	671.39	1.43	139.00	159.63
2002	江苏	856.15	1.42	154.00	149.08
2001	贵州	521.82	1.41	99.84	121.79
2002	贵州	615.78	1.40	105.60	102.72
2002	广东	717.42	1.37	160.60	162.56
2001	广东	606.24	1.33	145.60	159.98
2002	安徽	607.36	1.27	119.90	117.57
2003	河北	8 855.36	1.24	143.36	182.00
2002	河北	594.98	1.21	138.60	169.41
2003	湖北	647.61	1.16	171.36	143.71
2000	贵州	411.57	1.15	106.00	113.87
2003	广西	607.69	1.14	147.84	177.79
2003	安徽	398.76	1.11	114.24	119.48
2001	河北	506.60	1.10	143.52	189.34
2002	福建	943.68	1.10	187.00	198.42
2003	贵州	439.12	1.08	150.08	92.44
2001	安徽	414.31	1.06	120.64	120.97
2000	安徽	435.64	1.04	115.00	102.49
2002	湖北	609.25	1.01	121.00	141.03
2003	福建	783.49	0.99	178.08	186.65
2001	福建	606.90	0.96	180.96	195.53
2000	福建	505.44	0.88	216.00	179.84
2001	湖北	404.04	0.85	249.60	148.08
2002	四川	268.20	0.66	139.70	98.13

续表

年份	地区	总收入（元）	面积（亩）	人工费用（元/亩）	物质费用（元/亩）
2003	四川	236.95	0.58	148.96	92.57
2000	四川	241.59	0.54	241.00	134.85
2001	四川	157.50	0.47	242.32	132.66
2002	重庆	121.19	0.36	185.90	89.12
2003	重庆	127.15	0.30	206.08	100.37
	平均	1 252.14	2.11	156.13	195.76

资料来源：作者测算 2009.4

1. 总体条件下的最适规模

(1) 物质费用、劳动力资金投入不变，土地投入不同，规模农业规模边际效益、利润空间及其拐点

土地规模边际效益函数回归形式：

$$\partial I/\partial L_{土地}=39.345\,48\times 0.958\,647\times 156.13^{0.140\,222}\times 195.76^{0.353\,827}/L_{土地}^{1-0.958\,647}$$

土地规模边际效益、利润空间及其拐点。

在每亩劳动力投入和物质投入状况分别为 156.13 元和 195.76 元的不变条件下，每增加 1 亩土地，其规模边际效益利润空间及其拐点是：在 3 800亩土地上，每增加 1 亩土地的规模边际效益为 0，该点视为规模边际效益拐点。小于 3 800 亩土地投入的规模边际效益为递增，大于 3 800 亩土地投入水平的规模边际效益为递减。从实际土地 2.11 亩的水平看，土地投入的边际效益空间很大（表 6-118）。

表 6-118　土地规模边际效益、利润空间及其拐点

每增加 1 亩地边际总收入	耕地（亩）	劳动力（元/亩）	物质投入（元/亩）	成本费用合计（元/亩）	规模边际效益增减及其拐点
450.5	10	156.13	195.76	351.9	98.56
409.5	100	156.13	195.76	351.9	57.65
372.3	1 000	156.13	195.76	351.9	20.45
361.8	2 000	156.13	195.76	351.9	9.93
355.8	3 000	156.13	195.76	351.9	3.91
354.9	3 200	156.13	195.76	351.9	2.97
354.0	3 400	156.13	195.76	351.9	2.08
353.1	3 600	156.13	195.76	351.9	1.24
352.3	3 800	156.13	195.76	351.9	0.45
351.6	4 000	156.13	195.76	351.9	−0.29

资料来源：作者测算 2009.4

(2) 耕地、物资费用不变，劳动力投入不同，劳动力规模边际效益、利润空间及其拐点

劳动力投入规模边际效益函数回归形式：

$$\partial I/\partial L_{劳动力}=39.345\,48\times 0.140\,222\times 2.11^{0.958\,647}\times 195.73^{0.562\,123}/L_{劳动力}^{1-0.140\,222}$$

劳动力投入规模边际效益、利润空间及其拐点。

在耕地为 2.11 亩，每亩物质费用实际为 195.76 元的不变条件下，劳动力投入规模边际效益、利润空间及其拐点是：在每亩劳动力投入 60 元条件下，每增加 1 元劳动力投入的规模边际效益为 0，该点是劳动力投入规模边际效益的拐点，每亩劳动力投入水平小于 60 元，规模边际效益递增，大于 60 元的劳动力投入水平，规模边际效益递减。从实际平均劳动力投入 156.13 元的水平看，劳动力投入的边际效益空间不存在（表 6-119）。

表 6-119　劳动力规模边际效益、利润空间及其拐点

每亩增加 1 元劳动力边际总收入	耕地（亩）	劳动力（元/亩）	物质投入（元/亩）	规模边际效益增减及其拐点
10.1	2.11	10	195.76	7.97
5.6	2.11	20	195.76	3.45
3.9	2.11	30	195.76	1.81
3.1	2.11	40	195.76	0.95
2.5	2.11	50	195.76	0.42
2.2	2.11	60	195.76	0.05
1.9	2.11	70	195.76	−0.22
1.7	2.11	80	195.76	−0.42

资料来源：作者测算 2009.4

（3）耕地、劳动力资金投入不变，物资资本投入不同，物资投入规模边际效益、利润空间及其拐点

物质费用投入规模边际效益函数回归形式：

$$\partial I/\partial L_{物质费用}=39.345\,48\times 0.353\,827\times 2.11^{0.958\,647}\times 156.13^{0.140\,222}/L_{物质费用}^{1-0.353\,827}$$

物质投入规模边际效益、利润空间及其拐点。

在耕地为 2.11 亩，每亩劳动力投入实际为 156.13 元的不变条件下，物质投入规模边际效益、利润空间及其拐点是：在每亩物质费用投入 160 元条件下，每增加 1 元物资费用投入的规模边际效益为 0，该点是物质费用投入规模边际效益的拐点，每亩物质投入水平小于 160 元，物质费用的规模边际效益递增，大于 160 元的物质投入水平，规模边际效益递减。从实际平均物质投入 195.76 元的水平看，物质投入水平的边际效益空间不存在（表 6-120）。

表 6-120 物资投入规模边际效益、利润空间及其拐点

每亩增加1元物质费用规模边际效益增减	土地投入（亩）	劳动力投入（元/亩）	物质成本投入（元/亩）	规模边际效益增减及其拐点
2.9	2.11	156.13	100	0.84
2.8	2.11	156.13	110	0.66
2.6	2.11	156.13	120	0.51
2.5	2.11	156.13	130	0.38
2.4	2.11	156.13	140	0.26
2.3	2.11	156.13	150	0.16
2.2	2.11	156.13	160	0.07
2.1	2.11	156.13	170	−0.02

资料来源：作者测算 2009.4

2. 中等规模生产的边际效益

中等规模生产的规模边际效益生产函数回归形式：

$I=1.682\,174L_{土地}^{0.932\,1}L_{劳动力}^{0.394\,2}L_{物质费用}^{0.725\,8}$

$R^2=0.884\,249$

数据结构

样本量为19，其中，总收入平均值为2 121.90元，种植面积平均值为3.96亩，人工费用平均值为155.93元，物质投入费用平均值为168.49元/亩（表6-121）。

表 6-121 中等规模生产的规模边际效益分析基础数据

年份	地区	总收入（元）	面积（亩）	人工费用（元/亩）	物质费用（元/亩）
2002	辽宁	5 548.14	9.75	118.80	206.28
2003	辽宁	6 366.47	9.73	120.96	198.42
2000	辽宁	5 301.96	8.50	121.00	223.63
2000	河南	1 463.24	4.10	152.00	141.41
2003	河南	1 164.02	3.53	143.36	143.91
2002	陕西	1 926.11	3.49	179.30	204.94
2001	辽宁	1 769.17	3.33	123.76	220.42
2002	河南	1 628.03	3.30	146.30	133.64
2001	陕西	1 087.64	3.13	160.16	166.60
2000	陕西	1 263.59	3.12	85.00	190.61
2003	陕西	2 188.93	2.97	194.88	219.42
2001	海南	1 552.10	2.96	190.32	115.01
2003	海南	1 694.90	2.85	189.28	101.55
2001	河南	1 025.46	2.66	177.84	164.36
2000	海南	1 279.20	2.64	191.00	100.68
2002	海南	1 364.32	2.39	199.10	113.51
2000	广西	1 115.82	2.36	146.00	183.93

续表

年份	地区	总收入（元）	面积（亩）	人工费用（元/亩）	物质费用（元/亩）
2001	广西	839.00	2.26	147.68	163.13
2003	山东	1 737.95	2.15	175.84	209.87
0	平均	2 121.90	3.96	155.93	168.49

资料来源：作者测算 2009.4

（1）物质费用、劳动力资金投入不变，土地投入不同，中等规模生产的规模土地边际效益、利润空间及其拐点

中等规模生产的规模土地边际效益函数回归形式：

$\partial I/\partial L_{土地}=1.682\ 174\times 0.932\ 1\times 155.925\ 3^{0.394\ 2}\times 168.490\ 5^{0.725\ 8}/L_{土地}^{1-0.932\ 1}$

土地边际效益、利润空间及其拐点。

在劳动力投入和物质投入状况分别为 3.96 元和 155.93 元的不变条件下，每增加 1 亩土地，其边际效益利润空间及其拐点是：在 270 亩土地上，每增加 1 亩土地的边际效益为 0，该点视为边际效益拐点。小于 270 亩土地投入的边际效益为递增，大于 270 亩土地投入水平的边际效益为递减。从实际土地 3.96 亩的水平看，中等规模生产的土地边际效益空间非常大（表 6-122）。

表 6-122　中等规模生产的土地边际效益、利润空间及其拐点

每增加 1 亩地边际总收入	耕地（亩）	劳动力（元/亩）	物质投入（元/亩）	成本费用合计（元/亩）	边际效益增减及其拐点
347.13	100	155.93	168.49	324.42	22.71
331.19	200	155.93	168.49	324.42	6.77
330.10	210	155.93	168.49	324.42	5.68
329.06	220	155.93	168.49	324.42	4.64
328.07	230	155.93	168.49	324.42	3.65
327.12	240	155.93	168.49	324.42	2.71
326.22	250	155.93	168.49	324.42	1.80
325.35	260	155.93	168.49	324.42	0.93
324.52	270	155.93	168.49	324.42	0.10
323.72	280	155.93	168.49	324.42	−0.70

资料来源：作者测算 2009.4

（2）耕地、物资费用不变，劳动力投入不同，中等规模生产劳动力边际效益、利润空间及其拐点

劳动力投入边际效益函数回归形式：

$\partial I/\partial L_{劳动力}=1.682\ 174\times 0.394\ 2\times 3.958\ 2^{0.932\ 1}\times 168.490\ 5^{0.725\ 8}/L_{劳动力}^{1-0.394\ 2}$

劳动力投入边际效益、利润空间及其拐点。

在耕地面积为 3.958 亩，物质费用实际为 168.49 元的不变条件下，劳动力投入边际效益、利润空间及其拐点是：在劳动力增加投入 202 元条件下，每增加 1 元劳动力投入的边际效益为 0，该点是劳动力投入边际效益的拐点，每亩劳动力投入水平小于 202 元，边际效益递增，大于 202 元的劳动力投入水平，边际效益递减。从中等规模生产实际平均每亩劳动力投入 155.93 元的水平来看，劳动力的边际效益空间较大（表 6-123）。

表 6-123 中等规模生产的劳动力边际效益、利润空间及其拐点

每亩增加 1 元劳动力边际总收入	耕地（亩）	劳动力（元/亩）	物质投入（元/亩）	每增加 1 元劳动力增加净收入
6.07	3.96	100	168.49	2.11
3.99	3.96	200	168.49	0.03
3.98	3.96	201	168.49	0.02
3.97	3.96	202	168.49	0.01
3.95	3.96	203	168.49	−0.00
3.94	3.96	204	168.49	−0.02
3.93	3.96	205	168.49	−0.03
3.92	3.96	206	168.49	−0.04
3.91	3.96	207	168.49	−0.05
3.90	3.96	208	168.49	−0.06

资料来源：作者测算 2009.4

（3）耕地、劳动力资金投入不变，物资资本投入不同，中等规模生产物质费用投入边际效益、利润空间及其拐点

物质费用投入边际效益函数回归形式：

$$\partial I/\partial L_{物质费用}=1.682\,174\times 0.725\,8\times 3.958\,2^{0.932\,1}\times 155.925\,3^{0.394\,2}/L_{物质费用}^{1-0.725\,8}$$

物质投入边际效益、利润空间及其拐点。

在耕地面积为 3.96 亩，每亩劳动力投入为 155.92 元条件下，物质投入边际效益、利润空间及其拐点是：在每亩物质费用投入 2 090 元条件下，每增加 1 元物资费用投入的边际效益为 0，该点是物质费用投入边际效益的拐点，每亩物质费用投入水平小于 2 090 元，边际效益递增，大于 2 090 元的物质投入水平，边际效益递减。从实际平均物质投入 168.49 元的水平看，中等规模生产的物质边际效益空间很大（表 6-124）。

表 6-124　中等规模生产的物质费用投入边际效益、利润空间及其拐点

每亩增加 1 元物质费用边际效益增减	土地投入（亩）	劳动力投入（元/亩）	物质成本投入（元/亩）	每增加 1 元物质费用增加净收入
4.85	3.96	155.93	1 000	0.89
4.01	3.96	155.93	2 000	0.05
3.98	3.96	155.93	2 050	0.03
3.98	3.96	155.93	2 060	0.02
3.97	3.96	155.93	2 070	0.01
3.97	3.96	155.93	2 080	0.01
3.96	3.96	155.93	2 090	0.00
3.96	3.96	155.93	2 100	−0.00
3.95	3.96	155.93	2 110	−0.01
3.95	3.96	155.93	2 120	−0.01

资料来源：作者测算 2009.4

3. 小规模生产的边际效益

小规模生产边际效益生产函数回归形式：：

$I=40.317\ 27L_{土地}^{0.926\ 2}L_{劳动力}^{0.209\ 7}L_{物质费用}^{0.283\ 7}$

$R^2=0.894\ 249$

数据结构

样本量为 38。其中，总收入平均值为 817.25 元，种植面积平均值为 1.18 亩，人工费用平均值为 156.24 元/亩，物质投入费用平均值为 209.40 元/亩（表 6-125）。

表 6-125　小规模生产规模边际效益分析基础数据表

年份	地区	总收入（元）	面积（亩）	人工费用（元/亩）	物质费用（元/亩）
2000	江苏	1 021.08	1.95	171.00	196.62
2002	广西	645.92	1.91	139.70	138.40
2001	山东	968.39	1.81	159.12	207.07
2000	山东	1 067.34	1.77	160.00	231.70
2002	山东	1 134.07	1.74	170.50	216.57
2003	江苏	818.95	1.62	137.76	170.59
2003	广东	899.12	1.59	144.48	166.44
2001	江苏	846.83	1.53	145.60	169.99
2000	河北	740.84	1.45	137.00	2 377.68
2000	广东	671.39	1.43	139.00	159.63
2002	江苏	856.15	1.42	154.00	149.08
2001	贵州	521.82	1.41	99.84	121.79
2002	贵州	615.78	1.41	105.60	102.72
2002	广东	717.42	1.37	160.60	162.56
2001	广东	606.24	1.33	145.60	159.98
2002	安徽	607.36	1.27	119.90	117.57

续表

年份	地区	总收入（元）	面积（亩）	人工费用（元/亩）	物质费用（元/亩）
2003	河北	8 855.36	1.24	143.36	182.00
2002	河北	594.98	1.21	138.60	169.41
2003	湖北	647.61	1.16	171.36	143.71
2000	贵州	411.57	1.15	106.00	113.87
2003	广西	607.69	1.14	147.84	177.79
2003	安徽	398.76	1.11	114.24	119.48
2001	河北	506.61	1.10	143.52	189.34
2002	福建	943.68	1.10	187.00	198.42
2003	贵州	439.12	1.08	150.08	92.44
2001	安徽	414.31	1.06	120.64	120.97
2000	安徽	435.64	1.04	115.00	102.49
2002	湖北	609.25	1.01	121.00	141.03
2003	福建	783.49	0.99	178.08	186.65
2001	福建	606.90	0.96	180.96	195.53
2000	福建	505.44	0.88	216.00	179.84
2001	湖北	404.04	0.85	249.60	148.08
2002	四川	268.20	0.66	139.70	98.13
2003	四川	236.95	0.58	148.96	92.57
2000	四川	241.59	0.54	241.00	134.85
2001	四川	157.50	0.47	242.32	132.66
2002	重庆	121.19	0.36	185.90	89.12
2003	重庆	127.16	0.30	206.08	100.37
	平均	817.26	1.18	156.24	209.40

资料来源：作者测算 2009.4

(1) 物质费用、劳动力资金投入不变，土地投入不同，小规模生产土地边际效益、利润空间及其拐点

小规模生产土地边际效益函数回归形式：

$\partial I/\partial L_{土地}=40.317\ 27\times 0.926\ 2\times 156.235\ 3^{0.209\ 7}\times 209.398\ 4^{0.283\ 7}/L_{土地}^{1-0.926\ 2}$

土地边际效益、利润空间及其拐点。

在每亩劳动力投入和物质投入状况分别为 156.2 元和 209.40 元的不变条件下，每增加 1 亩土地，其边际效益利润空间及其拐点是：在 54 亩土地上，每增加 1 亩土地的边际效益为 0，该点视为边际效益拐点。小于 54 亩土地投入的边际效益为递增，大于 54 亩土地投入水平的边际效益为递减。从实际土地投入 1.18 亩的水平看，花生小规模生产土地投入的边际效益空间很大（表 6-126）。

表 6-126 小规模生产土地边际效益、利润空间及其拐点

每增加 1 亩地边际总收入	耕地（亩）	劳动力（元/亩）	物质投入（元/亩）	成本费用合计（元/亩）	边际效益增减及其拐点
414.12	10	156.24	209.40	365.63	48.49
393.47	20	156.24	209.40	365.63	27.84
381.88	30	156.24	209.40	365.63	16.24
373.86	40	156.24	209.40	365.63	8.22
367.75	50	156.24	209.40	365.63	2.12
367.21	51	156.24	209.40	365.63	1.58
366.69	52	156.24	209.40	365.63	1.05
366.17	53	156.24	209.40	365.63	0.54
365.67	54	156.24	209.40	365.63	0.04
365.17	55	156.24	209.40	365.63	−0.46

资料来源：作者测算 2009.4

(2) 耕地、物资费用不变，劳动力投入不同，小规模劳动力边际效益、利润空间及其拐点

劳动力投入边际效益函数回归形式：

$\partial I/\partial L_{劳动力}=40.317\,27\times0.209\,7\times1.184\,4^{0.926\,2}\times209.398\,4^{0.283\,7}/L_{劳动力}^{1-0.209\,7}$

劳动力投入边际效益、利润空间及其拐点。

在耕地面积为 1.18 亩，每亩物质费用为 209.39 元的不变条件下，劳动力投入边际效益、利润空间及其拐点是：在每亩劳动力增加投入 90 元条件下，每增加 1 元劳动力投入的边际效益为 0，该点是劳动力投入边际效益的拐点，每亩劳动力投入水平小于 90 元，边际效益递增，大于 90 元的劳动力投入水平，边际效益递减。从实际平均每亩劳动力投入 156.23 元的水平来看，花生小规模生产劳动力的边际效益空间不存在（表 6-127）。

表 6-127 小规模生产劳动力边际效益、利润空间及其拐点

每亩增加 1 元劳动力边际总收入	耕地（亩）	劳动力（元/亩）	物质投入（元/亩）	每增加 1 元劳动力增加净收入
7.30	1.18	10	209.40	6.12
4.22	1.18	20	209.40	3.04
3.07	1.18	30	209.40	1.88
2.44	1.18	40	209.40	1.26
2.05	1.18	50	209.40	0.86
1.77	1.18	60	209.40	0.59
1.57	1.18	70	209.40	0.39
1.41	1.18	80	209.40	0.23
1.29	1.18	90	209.40	0.10
1.18	1.18	100	209.40	−0.00

资料来源：作者测算 2009.4

(3) 耕地、劳动力资金投入不变，物资资本投入不同，小规模物质费用投入边际效益、利润空间及其拐点

物质费用投入边际效益函数回归形式：

$\partial I/\partial L_{物质费用}=40.31727\times0.2837\times1.1844^{0.9262}\times156.2353^{0.2097}/L_{物质费用}^{1-0.2837}$

物质投入边际效益、利润空间及其拐点。

在耕地面积为1.18亩，每亩劳动力投入为156.23元条件下，物质投入边际效益、利润空间及其拐点是：在每亩物质费用投入120元条件下，每增加1元物资费用投入的边际效益为0，该点是物质费用投入边际效益的拐点，每亩物质费用投入水平小于120元，边际效益递增，大于120元的物质投入水平，边际效益递减。从实际平均物质投入209.39元的水平看，花生小规模生产物质投入水平的边际效益空间不存在（表6-128）。

表6-128　小规模生产的物质费用投入边际效益、利润空间及其拐点

每亩增加1元物质费用边际效益增减	土地投入（亩）	劳动力投入（元/亩）	物质成本投入（元/亩）	每增加1元物质费用增加净收入
1.43	1.18	156.24	100	0.24
1.33	1.18	156.24	110	0.15
1.25	1.18	156.24	120	0.07
1.18	1.18	156.24	130	−0.00
1.12	1.18	156.24	140	−0.06
1.07	1.18	156.24	150	−0.12
1.02	1.18	156.24	160	−0.17
0.98	1.18	156.24	170	−0.21
0.94	1.18	156.24	180	−0.25
0.90	1.18	156.24	190	−0.28

资料来源：作者测算2009.4

4. 结论

(1) 在总体条件下，花生生产除有较大的土地投入边际效益外，均不具备的劳动力和物质投入的边际效益，这表明，花生生产适宜大规模生产。

(2) 在中规模条件下，花生生产的土地投入、物资投入规模边际效益空间很大，而劳动力规模边际效益没有任何增长空间，这表明在目前条件下，我国中等规模花生生产还存在扩大规模化生产的效益空间。

(3) 在小规模条件下，花生生产除有较大的土地投入边际效益外，均不具备的劳动力和物质投入的边际效益。这表明，小规模花生生产要加快向大规模化生产的步伐。

七、油菜籽生产规模化问题研究

农业生产函数回归形式：

$I=12.57274L_{土地}^{0.95808}L_{劳动力}^{0.257262}K_{物资投入}^{0.39581}$

$R^2=0.880273$

数据结构

样本量为64个不同规模观察总和，其中，总收入平均值为555.28元，种植面积平均值为2.17亩，人工费用平均值为134.01元/亩，物质投入费用平均值为90.04元/亩（表6-129）。

表6-129　油菜籽规模生产边际效益分析基础数据表

年份	地区	总收入（元）	面积（亩）	人工费用（元/亩）	物质费用（元/亩）
2000	青海	1 252.62	6.14	115.00	119.04
2003	内蒙古	2 304.00	6.00	56.00	51.30
2000	浙江	1 795.32	5.26	131.00	109.86
2003	青海	1 858.46	5.13	142.24	111.90
2001	青海	1 114.30	5.00	125.84	120.55
2002	青海	1 336.20	4.79	136.40	114.42
2002	内蒙古	440.34	3.78	44.00	40.36
2002	贵州	671.82	3.09	147.40	87.16
2003	江西	662.12	3.03	104.16	73.80
2002	湖北	483.64	2.81	107.80	90.45
2001	江西	495.32	2.77	95.68	71.79
2003	湖北	635.90	2.73	119.84	98.04
2002	安徽	570.76	2.71	106.70	94.40
2002	江西	418.52	2.70	96.80	76.38
2000	湖南	529.69	2.69	110.00	54.11
2000	湖北	427.40	2.69	116.00	104.60
2000	安徽	580.55	2.65	115.00	98.57
2000	江西	426.60	2.65	90.00	72.20
2002	湖南	387.08	2.53	101.20	60.68
2001	安徽	637.11	2.50	116.48	88.28
2001	湖南	538.28	2.48	112.32	55.40
2000	贵州	459.16	2.43	161.00	100.18
2001	贵州	492.25	2.43	168.48	98.10
2003	安徽	615.27	2.36	104.16	82.94
2001	湖北	443.45	2.31	139.36	94.09
2003	贵州	559.63	2.26	144.48	102.29
2003	西藏	1 430.45	2.26	309.23	141.12
2002	西藏	866.55	2.26	289.30	85.79

续表

年份	地区	总收入（元）	面积（亩）	人工费用（元/亩）	物质费用（元/亩）
2003	甘肃	821.91	2.23	140.00	102.04
2003	湖南	499.30	2.23	88.48	56.89
2001	江苏	576.08	2.04	112.32	104.72
2000	江苏	569.44	1.98	121.00	106.11
2003	云南	683.03	1.90	178.08	129.00
2002	甘肃	563.76	1.88	158.40	110.38
2003	江苏	652.89	1.86	110.88	99.81
2000	云南	514.47	1.84	169.00	108.07
2003	陕西	627.14	1.72	187.04	92.97
2001	陕西	477.38	1.70	147.68	77.05
2002	江苏	427.52	1.68	105.60	104.82
2002	云南	522.47	1.64	168.30	126.22
2000	陕西	351.58	1.64	136.00	74.79
2002	陕西	472.28	1.59	179.30	85.71
2001	浙江	369.34	1.57	95.68	96.24
2002	上海	266.83	1.48	90.20	78.98
2003	浙江	366.92	1.45	81.76	90.97
2001	上海	320.76	1.43	89.44	74.61
2001	云南	434.56	1.40	168.48	123.52
2000	上海	387.75	1.31	91.00	95.34
2000	河南	194.82	1.31	61.00	70.54
2002	浙江	203.64	1.29	88.00	99.32
2000	甘肃	385.74	1.29	137.00	141.70
2001	甘肃	306.31	1.23	126.88	110.69
2003	四川	347.78	1.04	204.96	88.87
2003	河南	202.72	0.96	52.64	52.25
2002	四川	285.55	0.94	213.40	102.88
2003	上海	175.08	0.90	89.60	73.99
2001	四川	185.67	0.81	210.08	82.20
2000	四川	179.64	0.80	200.00	82.82
2001	河南	124.28	0.71	59.28	62.24
2002	河南	164.99	0.68	71.50	86.38
2003	重庆	150.39	0.61	215.04	68.39
2002	重庆	109.50	0.57	221.10	68.39
2000	重庆	92.37	0.52	203.00	70.80
2001	重庆	90.97	0.50	198.64	64.85
	平均	555.28	2.17	134.01	90.04

资料来源：作者测算 2009.4

1. 总体条件下的最适规模

(1) 物质费用、劳动力资金投入不变，土地投入不同，规模农业规模

边际效益、利润空间及其拐点

土地规模边际效益函数回归形式：

$$\partial I/\partial L_{土地}=12.57274\times0.95908\times134.01^{0.257262}\times90.04^{0.39581}/L_{土地}^{1-0.95908}$$

土地规模边际效益、利润空间及其拐点。

在每亩劳动力投入和物质投入状况分别为134.01元和90.04元的不变条件下，每增加1亩土地，其规模边际效益利润空间及其拐点是：在18亩土地上，每增加1亩土地的规模边际效益为0，该点视为规模边际效益拐点。小于18亩土地投入的规模边际效益为递增，大于18亩土地投入水平的规模边际效益为递减。从实际土地投入2.17亩的水平看，油菜籽土地投入的边际效益空间很大（表6-130）。

表6-130　土地规模边际效益、利润空间及其拐点

每增加1亩地边际总收入	耕地（亩）	劳动力（元/亩）	物质投入（元/亩）	成本费用合计（元/亩）	规模边际效益增减及其拐点
229.7	10.00	134.01	90.04	224.0	5.66
228.8	11.00	134.01	90.04	224.0	4.77
228.0	12.00	134.01	90.04	224.0	3.95
227.3	13.00	134.01	90.04	224.0	3.21
226.6	14.00	134.01	90.04	224.0	2.52
225.9	15.00	134.01	90.04	224.0	1.88
225.3	16.00	134.01	90.04	224.0	1.29
224.8	17.00	134.01	90.04	224.0	0.73
224.2	18.00	134.01	90.04	224.0	0.20
223.8	19.00	134.01	90.04	224.0	−0.29

资料来源：作者测算2009.4

（2）耕地、物资费用不变，劳动力投入不同，劳动力规模边际效益、利润空间及其拐点

劳动力投入规模边际效益函数回归形式：

$$\partial I/\partial L_{劳动力}=12.27274\times0.257262\times2.17^{0.95908}\times90.04^{0.562123}/L_{土地}^{1-0.257262}$$

劳动力投入规模边际效益、利润空间及其拐点。

在耕地为2.17亩，每亩物质费用实际为90.04元的不变条件下，劳动力投入规模边际效益、利润空间及其拐点是：在每亩劳动力投入50元条件下，每增加1元劳动力投入的规模边际效益为0，该点是劳动力投入规模边际效益的拐点，每亩劳动力投入水平小于50元，规模边际效益递增，大于50元的劳动力投入水平，规模边际效益递减。从实际平均劳动力投入134.01元的水平看，油菜籽生产劳动力投入的规模边际效益不存在（表6-131）。

表 6-131　劳动力规模边际效益、利润空间及其拐点

每亩增加 1 元劳动力边际总收入	耕地（亩）	劳动力（元/亩）	物质投入（元/亩）	规模边际效益增减及其拐点
7.3	2.17	10	90.04	5.1
4.4	2.17	20	90.04	2.2
3.2	2.17	30	90.04	1.1
2.6	2.17	40	90.04	0.4
2.2	2.17	50	90.04	0.0
2.8	3.17	60	90.04	−0.4

资料来源：作者测算 2009.4

(3) 耕地、劳动力资金投入不变，物资资本投入不同，物资投入规模边际效益、利润空间及其拐点

物质费用投入规模边际效益函数回归形式：

$\partial I/\partial L_{物质费用}=12.57274\times0.39581\times2.17^{0.958647}\times134.01^{0.257262}/K_{物质费用}^{1-0.39581}$

物质投入规模边际效益、利润空间及其拐点。

在耕地为 2.17 亩，每亩劳动力投入实际为 134.01 元的不变条件下，物质投入规模边际效益、利润空间及其拐点是：在每亩物质费用投入 100 元条件下，每增加 1 元物资费用投入的规模边际效益为 0，该点是物质费用投入规模边际效益的拐点，每亩物质费用投入水平小于 100 元，规模边际效益递增，大于 100 元的物质投入水平，规模边际效益递减。从实际平均物质投入 90.04 元的水平看，油菜籽生产物质投入水平的规模边际效益空间不存在（表 6-132）。

表 6-132　物资投入规模边际效益、利润空间及其拐点

每亩增加 1 元物质费用规模边际效益增减	土地投入（亩）	劳动力投入（元/亩）	物质成本投入（元/亩）	规模边际效益增减及其拐点
9.2	2.17	134.01	10	7.02
6.0	2.17	134.01	20	3.87
4.7	2.17	134.01	30	2.56
4.0	2.17	134.01	40	1.80
3.5	2.17	134.01	50	1.30
3.1	2.17	134.01	60	0.94
2.8	2.17	134.01	70	0.66
2.6	2.17	134.01	80	0.44
2.4	2.17	134.01	90	0.26
2.3	2.17	134.01	100	0.11
2.2	2.17	134.01	110	−0.02

资料来源：作者测算 2009.4

2. 中等规模生产的边际效益

中等规模生产的规模边际效益生产函数回归形式::

$I=7.048\ 931L_{土地}^{0.952\ 78}L_{劳动力}^{0.182\ 42}L_{物质费用}^{0.641\ 08}$

$R^2=0.844\ 249$

数据结构

样本量为31，其中，总收入平均值为784.84元，种植面积平均值为3.12亩，人工费用平均值为127.31元/亩，物质投入费用平均值为89.08元/亩（表6-133）。

表6-133　中等规模生产边际效益分析基础数据

年份	地区	总收入（元）	面积（亩）	人工费用（元/亩）	物质费用（元/亩）
2000	青海	1 252.62	6.14	115.00	119.04
2003	内蒙古	2 304.00	6.00	56.00	51.30
2000	浙江	1 795.32	5.26	131.00	109.86
2003	青海	1 858.46	5.13	142.24	111.90
2001	青海	1 114.30	5.00	125.84	120.55
2002	青海	1 336.20	4.79	136.40	114.42
2002	内蒙古	440.34	3.78	44.00	40.36
2002	贵州	671.82	3.09	147.40	87.16
2003	江西	662.14	3.03	104.16	73.80
2002	湖北	483.64	2.81	107.80	90.45
2001	江西	495.32	2.77	95.68	71.79
2003	湖北	635.90	2.73	119.84	98.04
2002	安徽	570.76	2.71	106.70	94.40
2002	江西	418.52	2.70	96.80	76.38
2000	湖南	529.69	2.69	110.00	54.11
2000	湖北	427.40	2.69	116.00	104.60
2000	安徽	580.55	2.65	115.00	98.57
2000	江西	426.60	2.65	90.00	72.20
2002	湖南	387.08	2.53	101.20	60.68
2001	安徽	637.12	2.50	116.48	88.28
2001	湖南	538.28	2.48	112.32	55.40
2000	贵州	459.16	2.43	161.00	100.18
2001	贵州	492.26	2.43	168.48	98.10
2003	安徽	615.28	2.36	104.16	82.94
2001	湖北	443.45	2.31	139.36	94.09
2003	贵州	559.63	2.26	144.48	102.29
2003	西藏	1 430.45	2.26	309.23	141.12
2002	西藏	866.55	2.26	289.30	85.79
2003	甘肃	821.91	2.23	140.00	102.04
2003	湖南	499.30	2.23	88.48	56.89

续表

年份	地区	总收入（元）	面积（亩）	人工费用（元/亩）	物质费用（元/亩）
2001	江苏	576.08	2.04	112.32	104.72
	平均	784.84	3.13	127.31	89.08

资料来源：作者测算 2009.4

（1）物质费用、劳动力资金投入不变，土地投入不同，中等规模生产的规模土地边际效益、利润空间及其拐点

中等规模生产的规模土地边际效益函数回归形式：

$$\partial I/\partial L_{土地}=7.048\,931\times 0.952\,78\times 137.311\,9^{0.182\,42}\times 89.079\,03^{0.641\,08}/L_{土地}^{1-0.952\,78}$$

土地边际效益、利润空间及其拐点。

在劳动力投入和物质投入状况分别为 127.31 元和 89.08 元的不变条件下，每增加 1 亩土地，其边际效益利润空间及其拐点是：在 400 亩土地上，每增加 1 亩土地的边际效益为 0，该点视为边际效益拐点。小于 400 亩土地投入的边际效益为递增，大于 400 亩土地投入水平的边际效益为递减。从实际土地投入 3.13 亩的水平看，油菜籽中等规模生产的土地投入边际效益空间非常大（表 6-134）。

表 6-134　中等规模生产的土地边际效益、利润空间及其拐点

每增加 1 亩地边际总收入	耕地（亩）	劳动力（元/亩）	物质投入（元/亩）	成本费用合计（元/亩）	边际效益增减及其拐点
232.60	100	127.31	89.08	216.39	16.21
225.11	200	127.31	89.08	216.39	8.72
220.84	300	127.31	89.08	216.39	4.45
217.86	400	127.31	89.08	216.39	1.47
215.58	500	127.31	89.08	216.39	−0.81
213.73	600	127.31	89.08	216.39	−2.66
212.18	700	127.31	89.08	216.39	−4.21
210.85	800	127.31	89.08	216.39	−5.55
209.68	900	127.31	89.08	216.39	−6.71
208.64	1 000	127.31	89.08	216.39	−7.76

资料来源：作者测算 2009.4

（2）耕地、物资费用不变，劳动力投入不同，中等规模生产劳动力边际效益、利润空间及其拐点

劳动力投入边际效益函数回归形式：

$$\partial I/\partial L_{劳动力}=7.048\,931\times 0.182\,42\times 3.125\,930\,495^{0.952\,78}\times 89.079\,03^{0.641\,08}/L_{劳动力}^{1-0.182\,42}$$

劳动力投入边际效益、利润空间及其拐点。

在耕地面积为 3.13 亩，物质费用实际为 89.08 元的不变条件下，劳动力投入边际效益、利润空间及其拐点是：在劳动力增加投入 40 元条件下，每增加 1 元劳动力投入的边际效益为 0，该点是劳动力投入边际效益的拐点，每亩劳动力投入水平小于 40 元，边际效益递增，大于 40 元的劳动力投入水平，边际效益递减。从实际每亩劳动力投入 127.31 元的水平来看，油菜籽中等规模生产已不具有劳动力的边际效益空间（表 6-135）。

表 6-135　中等规模生产劳动力边际效益、利润空间及其拐点

每亩增加 1 元物质费用边际效益增减	土地投入（亩）	劳动力投入（元/亩）	物质成本投入（元/亩）	每增加 1 元物质费用增加净收入
10.30	3.13	10	89.08	7.18
5.85	3.13	20	89.08	2.72
4.20	3.13	30	89.08	1.07
3.32	3.13	40	89.08	0.19
3.01	3.13	45	89.08	−0.11
2.77	3.13	50	89.08	−0.36
2.56	3.13	55	89.08	−0.57
2.38	3.13	60	89.08	−0.74
2.23	3.13	65	89.08	−0.89
2.10	3.13	70	89.08	−1.03

资料来源：作者测算 2009.4

（3）耕地、劳动力资金投入不变，物资资本投入不同，中等规模生产物质费用投入边际效益、利润空间及其拐点

物质费用投入边际效益函数回归形式：

$$\partial I/\partial L_{物质费用}=7.048\,931\times 0.641\,08\times 3.125\,930\,495^{-0.17973}\times 127.311\,9^{0.182\,42}/L_{物质费用}^{1-0.641\,08}$$

物质投入边际效益、利润空间及其拐点。

在耕地面积为 3.125 亩，每亩劳动力投入为 127.31 元条件下，物质投入边际效益、利润空间及其拐点是：在每亩物质费用投入 650 元条件下，每增加 1 元物资费用投入的边际效益为零，该点是物质费用投入边际效益的拐点，每亩物质费用投入水平小于 650 元，边际效益递增，大于 650 的物质投入水平，边际效益递减。从实际平均物质投入 89.07 元的水平看，油菜籽中等规模生产物质边际效益空间很大（表 6-136）。

表 6-136 中等规模生产物质费用投入边际效益、利润空间及其拐点

每亩增加 1 元物质费用边际效益增减	土地投入（亩）	劳动力投入（元/亩）	物质成本投入（元/亩）	每增加 1 元物质费用增加净收入
6.21	3.13	127.31	100	3.08
4.84	3.13	127.31	200	1.71
4.18	3.13	127.31	300	1.06
3.77	3.13	127.31	400	0.65
3.48	3.13	127.31	500	0.36
3.26	3.13	127.31	600	0.14
3.17	3.13	127.31	650	0.04
3.09	3.13	127.31	700	－0.04
3.01	3.13	127.31	750	－0.12
2.94	3.13	127.31	800	－0.18

资料来源：作者测算 2009.4

3. 小规模生产的边际效益

小规模生产边际效益生产函数回归形式::

$I = 12.124\,28 L_{土地}^{0.962\,31} L_{劳动力}^{0.083\,59} L_{物质费用}^{0.618\,17}$

$R^2 = 0.864\,249$

数据结构样本量为 33，其中，总收入平均值为 339.62 元，种植面积平均值为 1.27 亩，人工费用平均值为 140.30 元/亩，物质投入费用平均值为 90.93 元/亩（表 6-137）。

表 6-137 小规模生产的规模边际效益分析基础数据

年份	地区	总收入（元）	面积（亩）	人工费用（元/亩）	物质费用（元/亩）
2000	江苏	569.44	1.98	121.00	106.11
2003	云南	683.03	1.90	178.08	129.00
2002	甘肃	563.76	1.88	158.40	110.38
2003	江苏	652.89	1.86	110.88	99.81
2000	云南	514.47	1.84	169.00	108.07
2003	陕西	627.14	1.72	187.04	92.97
2001	陕西	477.38	1.70	147.68	77.05
2002	江苏	427.52	1.68	105.60	104.82
2002	云南	522.47	1.64	168.30	126.22
2000	陕西	351.58	1.64	136.00	74.79
2002	陕西	472.28	1.59	179.30	85.71
2001	浙江	369.34	1.57	95.68	96.24
2002	上海	266.84	1.48	90.20	78.98
2003	浙江	366.93	1.45	81.76	90.97
2001	上海	320.76	1.43	89.44	74.61

续表

年份	地区	总收入（元）	面积（亩）	人工费用（元/亩）	物质费用（元/亩）
2001	云南	434.56	1.40	168.48	123.52
2000	上海	387.75	1.31	91.00	95.34
2000	河南	194.82	1.31	61.00	70.54
2002	浙江	203.64	1.29	88.00	99.32
2000	甘肃	385.74	1.29	137.00	141.70
2001	甘肃	306.31	1.23	126.88	110.69
2003	四川	347.78	1.04	204.96	88.87
2003	河南	202.72	0.96	52.64	52.25
2002	四川	285.55	0.94	213.40	102.88
2003	上海	175.08	0.90	89.60	73.99
2001	四川	185.67	0.81	210.08	82.20
2000	四川	179.64	0.80	200.00	82.82
2001	河南	124.28	0.71	59.28	62.24
2002	河南	164.99	0.68	71.50	86.38
2003	重庆	150.39	0.61	215.04	68.39
2002	重庆	109.50	0.57	221.10	68.39
2000	重庆	92.37	0.52	203.00	70.80
2001	重庆	90.97	0.50	198.64	64.85
	平均	339.62	1.28	140.30	90.94

资料来源：作者测算 2009.4

(1) 物质费用、劳动力资金投入不变，土地投入不同，小规模生产土地边际效益、利润空间及其拐点

小规模生产土地边际效益函数回归形式：

$$\partial I/\partial L_{土地}=12.12428\times0.96231\times140.3018^{0.08359}\times90.93636^{0.61817}/L_{土地}^{1-0.96231}$$

土地边际效益、利润空间及其拐点。

在每亩劳动力投入和物质投入状况分别为 140.3 元和 90.93 元的不变条件下，每增加 1 亩土地，其边际效益利润空间及其拐点是：在 290 亩土地上，每增加 1 亩土地的边际效益为 0，该点视为边际效益拐点。小于 290 亩土地投入的边际效益为递增，大于 290 亩土地投入水平的边际效益为递减。从实际土地投入 1.28 亩的水平看，小规模生产土地投入的空间边际效益非常大（表 6-138）。

表 6-138 小规模生产的土地边际效益、利润空间及其拐点

每增加 1 亩地边际总收入	耕地（亩）	劳动力（元/亩）	物质投入（元/亩）	成本费用合计（元/亩）	边际效益增减及其拐点
240.93	100	140.30	90.94	231.24	9.70

续表

每增加 1 亩地边际总收入	耕地（亩）	劳动力（元/亩）	物质投入（元/亩）	成本费用合计（元/亩）	边际效益增减及其拐点
234.72	200	140.30	90.94	231.24	3.48
232.75	250	140.30	90.94	231.24	1.52
232.41	260	140.30	90.94	231.24	1.17
232.08	270	140.30	90.94	231.24	0.84
231.76	280	140.30	90.94	231.24	0.52
231.46	290	140.30	90.94	231.24	0.22
231.16	300	140.30	90.94	231.24	−0.08
230.88	310	140.30	90.94	231.24	−0.36
230.60	320	140.30	90.94	231.24	−0.64

资料来源：作者测算 2009.4

(2) 耕地、物资费用不变，劳动力投入不同，小规模劳动力边际效益、利润空间及其拐点

劳动力投入边际效益函数回归形式：

$$\partial I/\partial L_{劳动力}=12.12428\times 0.08359\times 1.2796^{0.96231}\times 90.93636^{0.61817}/L_{劳动力}^{1-0.08359}$$

劳动力投入边际效益、利润空间及其拐点。

在耕地面积为 1.279 亩，每亩物质费用为 90.93 元的不变条件下，劳动力投入边际效益、利润空间及其拐点是：在每亩劳动力增加投入 21 元条件下，每增加 1 元劳动力投入的边际效益为 0，该点是劳动力投入边际效益的拐点，每亩劳动力投入水平小于 21 元，边际效益递增，大于 21 元的劳动力投入水平，边际效益递减。从实际平均每亩劳动力投入 140.3 元的水平来看，油菜籽小规模生产劳动力边际效益空间不存在。

表 6-139　小规模生产的劳动力边际效益、利润空间及其拐点

每亩增加 1 元劳动力边际总收入	耕地（亩）	劳动力（元/亩）	物质投入（元/亩）	每增加 1 元劳动力增加净收入
2.53	1.28	10	90.94	1.25
1.34	1.28	20	90.94	0.06
1.28	1.28	21	90.94	0.00
1.23	1.28	22	90.94	−0.05
1.18	1.28	23	90.94	−0.10
1.13	1.28	24	90.94	−0.15
1.09	1.28	25	90.94	−0.19
1.05	1.28	26	90.94	−0.23
1.01	1.28	27	90.94	−0.26
0.99	1.28	28	90.94	−0.29

资料来源：作者测算 2009.4

(3) 耕地、劳动力资金投入不变，物资资本投入不同，小规模物质费用投入边际效益、利润空间及其拐点

物质费用投入边际效益函数回归形式：

$$\partial I/\partial L_{物质费用}=12.12428\times0.61817\times1.2796^{0.96231}\times140.3018^{0.08359}/L_{物质费用}^{1-0.61817}$$

物质投入边际效益、利润空间及其拐点。

在耕地面积为1.27亩，每亩劳动力投入为140.3元条件下，物质投入边际效益、利润空间及其拐点是：在每亩物质费用投入500元条件下，每增加1元物资费用投入的边际效益为0，该点是物质费用投入边际效益的拐点，每亩物质费用投入水平小于500元，边际效益递增，大于500元，边际效益递减。从实际平均物质投入90.93元的水平看，油菜籽生产的物质投入水平边际效益空间较大（表6-140）。

表6-140　小规模生产的物质费用投入边际效益、利润空间及其拐点

每亩增加1元物质费用边际效益增减	土地投入（亩）	劳动力投入（元/亩）	物质成本投入（元/亩）	每增加1元物质费用增加净收入
2.48	1.23	140.30	100	1.20
1.90	1.23	140.30	200	0.62
1.63	1.23	140.30	300	0.35
1.46	1.23	140.30	400	0.18
1.34	1.23	140.30	500	0.06
1.25	1.23	140.30	600	−0.03
1.18	1.23	140.30	700	−0.10
1.12	1.23	140.30	800	−0.16
1.07	1.23	140.30	900	−0.21
1.03	1.23	140.30	1 000	−0.25

资料来源：作者测算2009.4

4. 结论

(1) 在总体条件下，油菜籽生产的土地投入的边际效益空间很大，而物资投入和劳动力规模边际效益没有任何增长空间，这表明，油菜籽生产适宜大规模生产。

(2) 在中规模条件下，油菜籽生产的土地投入、物资投入规模边际效益空间很大，而劳动力规模边际效益没有任何增长空间，这表明在目前条件下，我国中等规模油菜籽生产还存在扩大规模化生产的效益空间。

(3) 在小规模条件下，油菜籽生产的土地投入、物资投入规模边际效益空间很大，而劳动力规模边际效益没有任何增长空间，这表明，小规模

油菜籽生产要加快向大规模化生产的步伐。

八、棉花生产规模化问题研究

生产函数回归形式：

$I=55.0421L_{土地}^{0.90272}L_{劳动力}^{0.012325}K_{物资投入}^{0.531522}$

$R^2=0.958232$

数据结构

样本量为53个不同规模观察总和，其中，总收入平均值为4178.64元，种植面积平均值为4.29亩，人工费用平均值为306.81元/亩，物质投入费用平均值为228.38元/亩（表6-141）。

表 6-141　棉花规模化生产边际效益分析基础数据表

年份	地区	总收入（元）	面积（亩）	人工费用（元/亩）	物质费用（元/亩）
2000	新疆	15 859.09	16.75	196.00	341.10
2003	新疆	24 339.37	16.24	213.92	339.47
2002	新疆	12 581.55	14.12	214.50	290.42
2001	新疆	9 527.79	13.29	205.92	321.17
2001	甘肃	11 118.48	9.86	201.76	416.35
2001	辽宁	6 360.59	9.84	274.56	216.34
2003	甘肃	14 562.78	8.76	264.32	404.81
2003	湖北	9 622.16	8.11	285.60	254.98
2000	甘肃	11 235.28	7.68	222.00	388.47
2001	浙江	5 102.38	7.16	254.80	200.00
2002	甘肃	7 313.59	7.12	244.20	382.96
2003	陕西	5 392.02	5.42	325.92	216.02
2003	浙江	4 540.24	4.65	217.28	258.02
2003	湖南	5 837.33	4.54	309.12	202.73
2000	湖南	2 621.32	4.14	364.00	232.19
2001	湖南	2 697.81	3.99	365.04	220.44
2001	陕西	2 770.92	3.95	294.32	176.98
2002	湖南	3 573.57	3.87	317.90	195.86
2002	陕西	3 426.73	3.75	308.00	200.98
2000	辽宁	2 356.34	3.75	262.00	223.31
2000	浙江	2 943.86	3.54	220.00	249.10
2003	河北	4 609.77	3.53	266.56	230.53
2003	江苏	3 179.33	3.47	330.40	195.32
2002	浙江	2 987.72	3.41	250.80	206.41
2003	山东	4 436.92	3.39	328.16	239.43
2001	山东	2 619.04	3.36	303.68	223.43
2002	河北	2 944.84	3.36	239.80	219.83

续表

年份	地区	总收入（元）	面积（亩）	人工费用（元/亩）	物质费用（元/亩）
2002	江苏	3 476.49	3.32	365.20	175.97
2003	河南	2 102.29	3.14	267.68	142.72
2002	山东	2 972.16	2.98	321.20	251.96
2001	河北	1 978.98	2.93	225.68	220.49
2000	湖北	2 016.18	2.74	393.00	218.06
2001	河南	1 738.60	2.71	296.40	142.23
2002	湖北	2 261.36	2.70	361.90	218.60
2000	河北	2 625.11	2.64	225.00	209.52
2003	安徽	2 623.96	2.57	324.80	223.47
2001	湖北	1 653.45	2.54	444.08	204.11
2002	河南	1 917.54	2.52	312.40	144.57
2001	江苏	1 861.43	2.50	340.08	173.58
2003	辽宁	2 765.51	2.48	231.84	210.14
2001	安徽	1 519.94	2.47	286.00	197.94
2003	江西	3 368.98	2.43	524.16	310.80
2002	安徽	2 228.36	2.42	297.00	186.84
2000	江苏	2 149.58	2.42	340.00	180.40
2000	安徽	1 894.61	2.38	271.00	204.00
2000	山东	2 295.93	2.36	315.00	228.58
2000	江西	1 951.08	2.16	467.00	281.63
2000	河南	1 463.75	2.10	297.00	162.93
2001	江西	1 482.29	2.07	454.48	253.26
2002	江西	1 954.23	2.01	463.10	237.61
2000	陕西	1 446.20	1.77	263.00	217.20
2002	辽宁	1 055.72	1.53	265.10	201.15
2001	四川	163.58	0.66	432.64	153.67
2000	四川	386.40	0.65	400.00	160.98
2002	四川	153.77	0.22	540.10	199.16
2000	上海	72.94	0.11	129.00	99.57
2003	四川	41.02	0.07	353.92	160.07
	平均	4 178.64	4.29	306.81	228.38

资料来源：作者测算 2009.4

1. 总体条件下的最适规模

(1) 物质费用、劳动力资金投入不变，土地投入不同，规模农业规模边际效益、利润空间及其拐点

土地规模边际效益函数回归形式：

$\partial I/\partial L_{土地}=55.0421\times0.90272\times306.81^{0.012325}\times228.38^{0.531522}/L_{土地}^{1-0.90272}$

土地规模边际效益、利润空间及其拐点。

在每亩劳动力投入和物质投入状况分别为 306.81 元和 228.38 元的不

变条件下，每增加 1 亩土地，其规模边际效益利润空间及其拐点是：在 390 亩土地上，每增加 1 亩土地的规模边际效益为 0，该点视为规模边际效益拐点。小于 390 亩土地投入的规模边际效益为递增，大于 390 亩土地投入水平的规模边际效益为递减。从实际土地投入 4.26 亩的水平看，棉花生产土地投入的边际效益空间很大（表 6-142）。

表 6-142　土地规模边际效益、利润空间及其拐点

每增加 1 亩地边际总收入	耕地（亩）	劳动力（元/亩）	物质投入（元/亩）	成本费用合计（元/亩）	规模边际效益增减及其拐点
764.40	10	306.81	228.38	535.20	229.17
611.00	100	306.81	228.38	535.20	75.78
571.10	200	306.81	228.38	535.20	35.94
549.00	300	306.81	228.38	535.20	13.85
545.60	320	306.81	228.38	535.20	10.41
542.40	340	306.81	228.38	535.20	7.20
539.40	360	306.81	228.38	535.20	4.20
536.60	380	306.81	228.38	535.20	1.37
535.20	390	306.81	228.38	535.20	0.01
533.90	400	306.81	228.38	535.20	－1.30

资料来源：作者测算 2009.4

（2）耕地、物资费用不变，劳动力投入不同，劳动力规模边际效益、利润空间及其拐点

劳动力投入规模边际效益函数回归形式：

$\partial I/\partial L_{劳动力}=55.0421\times0.012325\times4.29^{0.90272}\times228.38^{0.531522}/L_{劳动力}^{1-0.012325}$

劳动力投入规模边际效益、利润空间及其拐点。

在耕地为 4.26 亩，每亩物质费用实际为 228.38 元的不变条件下，劳动力投入规模边际效益、利润空间及其拐点是：在每亩劳动力投入 10 元条件下，每增加 1 元劳动力投入的规模边际效益为 0，该点是劳动力投入规模边际效益的拐点，每亩劳动力投入水平小于 10 元，规模边际效益递增，大于 10 元的劳动力投入水平，规模边际效益递减。从实际平均劳动力投入 306.81 元的水平看，棉花生产的劳动力投入规模边际效益空间不存在（表 6-139）。

表 6-143　劳动力规模边际效益、利润空间及其拐点

每增加 1 亩地边际总收入	耕地（亩）	劳动力（元/亩）	物质投入（元/亩）	规模边际效益增减及其拐点
7.70	4.29	6	228.38	3.40
6.60	4.29	7	228.38	2.30

续表

每增加 1 亩地边际总收入	耕地（亩）	劳动力（元/亩）	物质投入（元/亩）	规模边际效益增减及其拐点
5.80	4.29	8	228.38	1.50
5.20	4.29	9	228.38	0.90
4.70	4.29	10	228.38	0.40
5.10	5.29	11	228.38	−0.20

资料来源：作者测算 2009.4

(3) 耕地、劳动力资金投入不变，物资资本投入不同，物资投入规模边际效益、利润空间及其拐点

物质费用投入规模边际效益函数回归形式：

$\partial I/\partial K_{物质费用}=55.042\ 1\times0.531\ 522\times4.26^{0.902\ 72}\times306.81^{0.012\ 325}/K_{物质费用}^{1-0.531\ 522}$

物质投入规模边际效益、利润空间及其拐点。

在耕地为 4.26 亩，每亩劳动力投入实际为 306.81 元的不变条件下，物质投入规模边际效益、利润空间及其拐点是：在每亩物质费用投入1 100 元条件下，每增加 1 元物资费用投入的规模边际效益为 0，该点是物质费用投入规模边际效益的拐点，每亩物质费用投入水平小于 1 100 元，规模边际效益递增，大于 1 100 元的物质投入水平，规模边际效益递减。从实际平均物质投入 228.38 元的水平看，棉花生产物质投入水平的规模边际效益空间很大（表 6-144）。

表 6-144　物资投入规模边际效益、利润空间及其拐点

每增加 1 亩地边际总收入	耕地（亩）	劳动力（元/亩）	物质投入（元/亩）	规模边际效益增减及其拐点
13.50	4.29	306.81	100	9.20
6.40	4.29	306.81	500	2.10
5.80	4.29	306.81	600	1.50
5.40	4.29	306.81	700	1.10
5.10	4.29	306.81	800	0.80
4.80	4.29	306.81	900	0.50
4.60	4.29	306.81	1000	0.30
4.40	4.29	306.81	1100	0.10
4.20	4.29	306.81	1200	−0.10

资料来源：作者测算 2009.4

2. 中等规模的边际效益

中等规模生产的规模边际效益生产函数回归形式：

$I=2.231\ 55L_{土地}^{0.911\ 4}L_{劳动力}^{0.365\ 6}L_{物质费用}^{0.722\ 1}$

$R^2=0.9249$

数据结构

样本量为12，其中，总收入平均值为11 084.59，种植面积平均值为10.36亩，人工费用平均值为241.96元，物质投入费用平均值为314.34元（表6-145）。

表6-145　中等规模生产的规模边际效益分析基础数据

年份	地区	总收入（元）	面积（亩）	人工费用（元/亩）	物质费用（元/亩）
2000	新疆	15 859.09	16.75	196	341.10
2003	新疆	24 339.37	16.24	213.92	339.47
2002	新疆	12 581.55	14.12	214.50	290.42
2001	新疆	9 527.79	13.29	205.92	321.17
2001	甘肃	11 118.48	9.86	201.76	416.35
2001	辽宁	6 360.59	9.84	274.56	216.34
2003	甘肃	14 562.78	8.76	264.32	404.81
2003	湖北	9 622.16	8.11	285.60	254.98
2000	甘肃	11 235.28	7.68	222	388.47
2001	浙江	5 102.38	7.16	254.80	200
2002	甘肃	7 313.59	7.12	244.20	382.96
2003	陕西	5 392.02	5.42	325.92	216.02
		11 084.59	10.36	241.96	314.34

资料来源：作者测算2009.4

（1）物质费用、劳动力资金投入不变，土地投入不同，中等规模生产的规模土地边际效益、利润空间及其拐点

中等规模生产的规模土地边际效益函数回归形式：

$\partial I/\partial L_{土地}=2.23155\times0.9114\times241.958^{0.3656}\times314.3408^{0.7221}/L_{土地}^{1-0.9114}$

土地边际效益、利润空间及其拐点。

在劳动力投入和物质投入状况分别为241.96元和314.34元的不变条件下，每增加1亩土地，其边际效益利润空间及其拐点是：在480亩土地上，每增加1亩土地的边际效益为0，该点视为边际效益拐点。小于480亩土地投入的边际效益为递增，大于480亩土地投入水平的边际效益为递减。从实际土地投入10.36亩的水平看，棉花中等规模生产的土地投入边际效益空间非常大（表6-146）。

表6-146　中等规模生产的土地边际效益、利润空间及其拐点

每增加1亩地边际总收入	耕地（亩）	劳动力（元/亩）	物质投入（元/亩）	成本费用合计（元/亩）	边际效益增减及其拐点
640.28	100	241.96	314.34	556.30	83.98

续表

每增加 1 亩地边际总收入	耕地（亩）	劳动力（元/亩）	物质投入（元/亩）	成本费用合计（元/亩）	边际效益增减及其拐点
602.14	200	241.96	314.34	556.30	45.84
580.90	300	241.96	314.34	556.30	24.59
566.27	400	241.96	314.34	556.30	9.97
560.39	450	241.96	314.34	556.30	4.09
559.30	460	241.96	314.34	556.30	3.00
558.24	470	241.96	314.34	556.30	1.94
557.20	480	241.96	314.34	556.30	0.90
556.18	490	241.96	314.34	556.30	−0.12
555.17	500	241.96	314.34	556.30	−1.11

资料来源：作者测算 2009.4

(2) 耕地、物资费用不变，劳动力投入不同，中等规模生产劳动力边际效益、利润空间及其拐点

劳动力投入边际效益函数回归形式：

$\partial I/\partial L_{劳动力}=2.231\,55\times0.365\,6\times10.36^{0.911\,4}\times314.340\,8^{0.722\,1}/L_{劳动力}^{1-0.365\,6}$

劳动力投入边际效益、利润空间及其拐点。

在耕地面积为 10.36 亩，物质费用实际为 314.34 元的不变条件下，劳动力投入边际效益、利润空间及其拐点是：在劳动力增加投入 350 元条件下，每增加 1 元劳动力投入的边际效益为 0，该点是劳动力投入边际效益的拐点，每亩劳动力投入水平小于 350 元，边际效益递增，大于 350 元的劳动力投入水平，边际效益递减。从中等规模生产实际平均每亩劳动力投入 241.95 元的水平来看，棉花中等规模生产的劳动力边际效益空间已不存在（表 6-147）。

表 6-147 中等规模生产劳动力边际效益、利润空间及其拐点

每亩增加 1 元物质费用边际效益增减	土地投入（亩）	劳动力投入（元/亩）	物质成本投入（亩）	每增加 1 元物质费用增加净收入
23.56	10.36	100	314.34	13.20
18.22	10.36	150	314.34	7.85
15.18	10.36	200	314.34	4.81
13.17	10.36	250	314.34	2.81
11.74	10.36	300	314.34	1.37
10.64	10.36	350	314.34	0.28
9.78	10.36	400	314.34	−0.58
9.07	10.36	450	314.34	−1.29
8.49	10.36	500	314.34	−1.87
7.99	10.36	550	314.34	−2.37

资料来源：作者测算 2009.4

(3) 耕地、劳动力资金投入不变，物资资本投入不同，中等规模生产物质费用投入边际效益、利润空间及其拐点

物质费用投入边际效益函数回归形式：

$\partial I/\partial L_{物质费用}=2.23155\times0.7221\times10.36^{0.9114}\times241.958^{0.3656}/L_{物质费用}^{1-0.7221}$

物质投入边际效益、利润空间及其拐点。

在耕地面积为 10.36 亩，每亩劳动力投入为 241.958 元条件下，物质投入边际效益、利润空间及其拐点是：在每亩物质费用投入 3 500 元条件下，每增加 1 元物资费用投入的边际效益为 0，该点是物质费用投入边际效益的拐点，每亩物质费用投入水平小于 3 500 元，边际效益递增，大于 3 500元的物质投入水平，边际效益递减。从实际平均物质投入 314.34 元的水平看，棉花中等规模生产的物质边际效益空间很大（表 6-148）。

表 6-148　中等规模生产物质费用投入边际效益、利润空间及其拐点

每亩增加 1 元物质费用边际效益增减	土地投入（亩）	劳动力投入（元/亩）	物质成本投入（元/亩）	每增加 1 元物质费用增加净收入
17.97	10.36	241.96	500	7.61
14.82	10.36	241.96	1 000	4.46
13.24	10.36	241.96	1 500	2.88
12.23	10.36	241.96	2 000	1.86
11.49	10.36	241.96	2 500	1.13
10.92	10.36	241.96	3 000	0.56
10.47	10.36	241.96	3 500	0.10
10.08	10.36	241.96	4 000	−0.28
9.76	10.36	241.96	4 500	−0.60
9.48	10.36	241.96	5 000	−0.88

资料来源：作者测算 2009.4

3. 小规模生产的边际效益

小规模生产边际效益生产函数回归形式：:

$I=8.138127L_{土地}^{0.92451}L_{劳动力}^{0.18817}L_{物质费用}^{0.6616}$

$R^2=0.94524$

样本量为 45，其中，总收入平均值为 2337.05 元，种植面积平均值为 2.67 亩，人工费用平均值为 324.11 元/亩，物质投入费用平均值为 205.46 元/亩（表 6-149）。

表 6-149　小规模生产的边际效益分析基础数据

年份	地区	总收入（元）	面积（亩）	人工费用（元/亩）	物质费用（元/亩）
2003	浙江	4 540.24	4.65	217.28	258.02

续表

年份	地区	总收入（元）	面积（亩）	人工费用（元/亩）	物质费用（元/亩）
2003	湖南	5 837.33	4.54	309.12	202.73
2000	湖南	2 621.32	4.14	364.00	232.19
2001	湖南	2 697.81	3.99	365.04	220.44
2001	陕西	2 770.92	3.95	294.32	176.98
2002	湖南	3 573.57	3.88	317.90	195.86
2002	陕西	3 426.73	3.75	308.00	200.98
2000	辽宁	2 356.34	3.75	262.00	223.31
2000	浙江	2 943.86	3.54	220.00	249.10
2003	河北	4 609.77	3.53	266.56	230.53
2003	江苏	3 179.33	3.47	330.40	195.32
2002	浙江	2 987.72	3.41	250.80	206.41
2003	山东	4 436.92	3.39	328.16	239.43
2001	山东	2 619.04	3.36	303.68	223.43
2002	河北	2 944.84	3.36	239.80	219.83
2002	江苏	3 476.49	3.32	365.20	175.97
2003	河南	2 102.29	3.14	267.68	142.72
2002	山东	2 972.16	2.98	321.20	251.96
2001	河北	1 978.98	2.93	225.68	220.49
2000	湖北	2 016.18	2.74	393.00	218.06
2001	河南	1 738.60	2.71	296.40	142.23
2002	湖北	2 261.36	2.70	361.90	218.60
2000	河北	2 625.12	2.64	225.00	209.52
2003	安徽	2 623.96	2.57	324.80	223.47
2001	湖北	1 653.46	2.54	444.08	204.11
2002	河南	1 917.54	2.52	312.40	144.57
2001	江苏	1 861.43	2.50	340.08	173.58
2003	辽宁	2 765.51	2.48	231.84	210.14
2001	安徽	1 519.94	2.47	286.00	197.94
2003	江西	3 368.98	2.43	524.16	310.80
2002	安徽	2 228.36	2.42	297.00	186.84
2000	江苏	2 149.58	2.42	340.00	180.40
2000	安徽	1 894.61	2.38	271.00	204.00
2000	山东	2 295.93	2.37	315.00	228.58
2000	江西	1 951.08	2.16	467.00	281.63
2000	河南	1 463.75	2.10	297.00	162.93
2001	江西	1 482.29	2.07	454.48	253.26
2002	江西	1 954.23	2.01	463.10	237.61
2000	陕西	1 446.20	1.77	263.00	217.20
2002	辽宁	1 055.72	1.53	265.10	201.15
2001	四川	163.58	0.66	432.64	153.67
2000	四川	386.40	0.65	400.00	160.98

续表

年份	地区	总收入（元）	面积（亩）	人工费用（元/亩）	物质费用（元/亩）
2002	四川	153.77	0.22	540.10	199.16
2000	上海	72.94	0.11	129.00	99.57
2003	四川	41.02	0.07	353.92	160.07
	平均	2 337.05	2.67	324.11	205.46

资料来源：作者测算 2009.4

（1）物质费用、劳动力资金投入不变，土地投入不同，小规模生产土地边际效益、利润空间及其拐点

小规模生产土地边际效益函数回归形式：

$\partial I/\partial L_{土地}=8.138\,127\times0.924\,5\times324.107^{0.188\,1}\times205.461^{0.661\,6}/L_{土地}^{1-0.924\,5}$

土地边际效益、利润空间及其拐点。

在每亩劳动力投入和物质投入状况分别为 324.11 元和 205.46 元的不变条件下，每增加 1 亩土地，其边际效益利润空间及其拐点是：在 113 亩土地上，每增加 1 亩土地的边际效益为 0，该点视为边际效益拐点。小于 113 亩土地投入的边际效益为递增，大于 113 亩土地投入水平的边际效益为递减。从实际土地投入 2.67 亩的水平看，棉花小规模生产土地投入的边际效益空间非常大（表 6-150）。

表 6-150　小规模生产的土地边际效益、利润空间及其拐点

每增加 1 亩地边际总收入	耕地（亩）	劳动力（元/亩）	物质投入（元/亩）	成本费用合计（元/亩）	边际效益增减及其拐点
534.81	100	324.11	205.46	529.57	5.25
530.98	110	324.11	205.46	529.57	1.41
530.62	111	324.11	205.46	529.57	1.05
530.26	112	324.11	205.46	529.57	0.69
529.90	113	324.11	205.46	529.57	0.33
529.55	114	324.11	205.46	529.57	−0.02
529.20	115	324.11	205.46	529.57	−0.37
528.86	116	324.11	205.46	529.57	−0.71
528.51	117	324.11	205.46	529.57	−1.06
528.17	118	324.11	205.46	529.57	−1.40

资料来源：作者测算 2009.4

（2）耕地、物资费用不变，劳动力投入不同，小规模劳动力边际效益、利润空间及其拐点

劳动力投入边际效益函数回归形式：

$\partial I/\partial L_{劳动力}=8.138\,127\times0.188\,1\times2.672^{0.924\,5}\times205.461^{0.661\,6}/L_{劳动力}^{1-0.188\,1}$

劳动力投入边际效益、利润空间及其拐点。

在耕地面积为 2.67 亩，每亩物质费用为 205.46 元的不变条件下，劳动力投入边际效益、利润空间及其拐点是：在每亩劳动力增加投入 118 元条件下，每增加 1 元劳动力投入的边际效益为 0，该点是劳动力投入边际效益的拐点，每亩劳动力投入水平小于 118 元，边际效益递增，大于 118 元的劳动力投入水平，边际效益递减。从小规模实际平均每亩劳动力投入 324.11 元的水平来看，棉花小规模生产劳动力的边际效益空间不大（表 6-151）。

表 6-151　小规模生产的劳动力边际效益、利润空间及其拐点

每亩增加 1 元劳动力边际总收入	耕地（亩）	劳动力（元/亩）	物质投入（元/亩）	每增加 1 元劳动力增加净收入
3.07	2.67	100	205.46	0.39
2.84	2.67	110	205.46	0.16
2.74	2.67	115	205.46	0.06
2.72	2.67	116	205.46	0.04
2.70	2.67	117	205.46	0.03
2.68	2.67	118	205.46	0.01
2.66	2.67	119	205.46	−0.01
2.64	2.67	120	205.46	−0.03
2.63	2.67	121	205.46	−0.05
2.61	2.67	122	205.46	−0.06

资料来源：作者测算 2009.4

(3) 耕地、劳动力资金投入不变，物资资本投入不同，小规模物质费用投入边际效益、利润空间及其拐点

物质费用投入边际效益函数回归形式：

$$\partial I/\partial L_{物质费用}=8.138\,127\times 0.661\,6\times 2.672^{0.924\,5}\times 324.11^{0.188\,1}/L_{物质费用}^{1-0.661\,6}$$

物质投入边际效益、利润空间及其拐点。

在耕地面积为 2.67 亩，每亩劳动力投入为 324.11 元条件下，物质投入边际效益、利润空间及其拐点是：在每亩物质费用投入 2 900 元条件下，每增加 1 元物资费用投入的边际效益为 0，该点是物质费用投入边际效益的拐点，每亩物质费用投入水平小于 2 900 元，边际效益递增，大于 2 900 元的物质投入水平，边际效益递减。从实际物质投入 205.46 元的水平看，棉花小规模生产的物质投入水平的边际效益空间很大（表 6-152）。

表 6-152　小规模生产的物质费用投入边际效益、利润空间及其拐点

每亩增加 1 元物质费用边际效益增减	土地投入（亩）	劳动力投入（元/亩）	物质成本投入（元/亩）	每增加 1 元物质费用增加净收入
3.83	2.67	324.11	1 000	1.16
3.03	2.67	324.11	2 000	0.36
2.81	2.67	324.11	2 500	0.14
2.77	2.67	324.11	2 600	0.10
2.74	2.67	324.11	2 700	0.07
2.71	2.67	324.11	2 800	0.03
2.67	2.67	324.11	2 900	0.00
2.64	2.67	324.11	3 000	−0.03
2.61	2.67	324.11	3 100	−0.06
2.59	2.67	324.11	3 200	−0.09

资料来源：作者测算 2009.4

4. 结论

（1）在总体条件下，棉花生产的土地投入、物资投入规模边际效益空间很大，而劳动力规模边际效益没有任何增长空间。这也表明棉花生产适宜大规模生产。

（2）在中规模条件下，棉花生产的土地投入、物资投入规模边际效益空间很大，而劳动力规模边际效益空间不大。这表明在目前条件下，我国中等规模棉花生产的规模还存在扩大规模化生产的效益空间。

（3）在小规模条件下，棉花生产的土地投入、物资投入规模边际效益空间很大，而劳动力规模边际效益没有任何增长空间。这表明，小规模棉花生产要加快向大规模化生产的步伐。

九、苹果生产规模化问题研究

农业生产函数回归形式：

$I=12.65686L_{土地}^{0.949959}\mathrm{L}_{劳动力}^{0.27916}\mathrm{L}_{物资投入}^{0.495163}$

$R^2=0.91972$

数据结构

样本量为 36 个不同规模观察总和，其中，总收入平均值为 8 307 元，种植面积平均值为 5.44 亩，人工费用平均值为 411.01 元/亩，物质投入费用平均值为 428.85 元/亩（表 6-153）。

表 6-153 苹果规模化生产的边际效益分析基础数据表

年份	地区	总收入（元）	面积（亩）	人工费用（元/亩）	物质费用（元/亩）
2000	辽宁	47 840.98	26.77	319.00	497.00
2001	辽宁	33 415.90	19.58	314.08	423.01
2002	辽宁	19 794.17	12.19	303.60	482.56
2000	北京	21 449.98	11.75	609.00	441.18
2002	陕西	16 628.98	9.10	321.20	486.75
2003	辽宁	11 259.47	8.24	320.32	504.99
2001	宁夏	8 886.69	8.08	255.84	271.32
2002	宁夏	8 754.87	7.69	283.80	278.37
2000	宁夏	8 919.93	7.43	232.00	322.79
2003	宁夏	8 984.24	7.21	338.24	277.55
2000	陕西	8 255.14	6.02	297.00	305.10
2001	陕西	8 089.68	5.80	287.04	458.27
2003	陕西	9 135.55	5.48	342.72	544.44
2001	山西	6 244.97	4.28	529.36	382.08
2002	山西	5 253.07	4.09	414.70	361.81
2000	山西	5 820.63	3.94	520.00	371.26
2000	河南	3 358.43	3.73	404.00	271.76
2003	河南	4 473.30	3.49	487.20	311.40
2003	天津	6 294.57	3.47	359.52	443.23
2003	山西	4 979.32	3.19	428.96	313.01
2001	天津	3 865.03	3.09	309.92	419.99
2003	河北	5 442.18	2.71	412.16	462.10
2001	河南	2 700.90	2.57	502.32	278.01
2001	山东	6 565.38	2.52	510.64	902.03
2002	河南	2 705.29	2.45	498.30	297.16
2000	山东	5 494.32	2.36	631.00	875.76
2002	河北	3 455.43	2.30	402.60	323.46
2001	河北	2 957.89	2.25	420.16	307.42
2000	河北	2 704.75	2.02	498.00	404.02
2002	湖北	2 393.00	2.00	407.00	292.40
2002	天津	2 364.71	1.90	319.00	218.00
2003	甘肃	1 346.59	1.74	449.12	325.44
2000	甘肃	1 208.36	1.71	445.00	581.11
2001	甘肃	1 433.10	1.67	443.04	583.50
2003	山东	5 462.31	1.62	695.52	1 053.34
2002	甘肃	1 112.76	1.58	486.20	366.96
	平均	8 307.00	5.44	411.04	428.85

资料来源：作者测算 2009.4

1. 总体条件下的最适规模

(1) 物质费用、劳动力资金投入不变，土地投入不同，规模农业规模

边际效益、利润空间及其拐点

土地规模边际效益函数回归形式：

$$\partial I/\partial L_{土地}=12.65686\times0.949959\times411.01^{0.27916}\times428.85^{0.495163}/L_{土地}^{1-0.949959}$$

土地规模边际效益、利润空间及其拐点。

在每亩劳动力投入和物质投入状况分别为 411.01 元和 428.85 元的不变条件下，每增加 1 亩土地，其规模边际效益利润空间及其拐点是：在 5 900亩土地上，每增加 1 亩土地的规模边际效益为 0，该点视为规模边际效益拐点。小于 5 900 亩土地投入的规模边际效益为递增，大于 5 900 亩土地投入水平的规模边际效益为递减。从实际土地投入 5.44 亩的水平看，苹果生产土地投入的边际效益空间很大（表 6-154）。

表 6-154　土地规模边际效益、利润空间及其拐点

每增加 1 亩地边际总收入	耕地（亩）	劳动力（元/亩）	物质投入（元/亩）	成本费用合计（元/亩）	规模边际效益增减及其拐点
1 030.5	100	411.04	428.85	839.9	190.64
918.4	1 000	411.04	428.85	839.9	78.48
887.1	2 000	411.04	428.85	839.9	47.17
869.3	3 000	411.04	428.85	839.9	29.36
856.8	4 000	411.04	428.85	839.9	16.93
847.3	5 000	411.04	428.85	839.9	7.42
843.3	5 500	411.04	428.85	839.9	3.39
840.3	5 900	411.04	428.85	839.9	0.43
839.6	6 000	411.04	428.85	839.9	−0.28

资料来源：作者测算 2009.4

(2) 耕地、物资费用不变，劳动力投入不同，劳动力规模边际效益、利润空间及其拐点

劳动力投入规模边际效益函数回归形式：

$$\partial I/\partial L_{劳动力}=12.65686\times0.27916\times5.44^{0.949959}\times428.85^{0.495163}/L_{劳动力}^{1-0.027916}$$

劳动力投入规模边际效益、利润空间及其拐点。

在耕地为 5.44 亩，每亩物质费用实际为 428.85 元的不变条件下，劳动力投入规模边际效益、利润空间及其拐点是：在每亩劳动力投入 330 元条件下，每增加 1 元劳动力投入的规模边际效益为 0，该点是劳动力投入规模边际效益的拐点，每亩劳动力投入水平小于 330 元，规模边际效益递增，大于 330 元，规模边际效益递减。从实际平均劳动力投入 411 元的水平看，苹果生产劳动力投入的规模边际效益空间不大（表 6-155）。

表 6-155　劳动力规模边际效益、利润空间及其拐点

每增加 1 亩地边际总收入	耕地（亩）	劳动力（元/亩）	物质投入（元/亩）	规模边际效益增减及其拐点
355.40	5.44	1	428.85	350.00
120.20	5.44	5	428.85	114.70
97.70	5.44	6	428.85	92.20
67.60	5.44	10	428.85	62.10
12.90	5.44	100	428.85	7.40
7.80	5.44	200	428.85	2.40
5.80	5.44	300	428.85	0.40
5.70	5.44	310.00	428.85	0.20
5.60	5.44	320	428.85	0.10
5.40	5.44	330.00	428.85	0.00
5.30	5.44	340	428.85	−0.10

资料来源：作者测算 2009.4

（3）耕地、劳动力资金投入不变，物资资本投入不同，物资投入规模边际效益、利润空间及其拐点

物质费用投入规模边际效益函数回归形式：

$$\partial I/\partial K_{物质费用}=12.65686\times0.495163\times5.44^{0.949959}\times411.01^{0.27916}/L_{物质费用}^{1-0.495163}$$

物质投入规模边际效益、利润空间及其拐点。

在耕地为 5.44 亩，每亩劳动力投入实际为 411.01 元的不变条件下，物质投入规模边际效益、利润空间及其拐点是：在每亩物质费用投入 800 元条件下，每增加 1 元物资费用投入的规模边际效益为 0，该点是物质费用投入规模边际效益的拐点，每亩物质费用投入水平小于 800 元，规模边际效益递增，大于 800 元，规模边际效益递减。从实际平均物质投入 428.85 元的水平看，苹果生产物质投入水平的边际效益空间较大（表 6-156）。

表 6-156　物资投入规模边际效益、利润空间及其拐点

每增加 1 亩地边际总收入	耕地（亩）	劳动力（元/亩）	物质投入（元/亩）	规模边际效益增减及其拐点
16.50	5.44	411.04	100	11.00
11.60	5.44	411.04	200	6.20
9.40	5.44	411.04	300	4.00
8.20	5.44	411.04	400	2.70
7.30	5.44	411.04	500	1.90
6.70	5.44	411.04	600	1.20
6.20	5.44	411.04	700	0.70
5.80	5.44	411.04	800	0.30
5.40	5.44	411.04	900	0.00

资料来源：作者测算 2009.4

2. 中等规模生产的边际效益

中等规模生产的规模边际效益生产函数回归形式：

$I=6.656\ 901L_{土地}^{0.906\ 26}L_{劳动力}^{0.190\ 94}L_{物质费用}^{0.723\ 403}$

$R^2=0.744\ 249$

数据结构

样本量为13，其中，总收入平均值为16 262.74元，种植面积平均值为10.41亩，人工费用平均值为324.91元/亩，物质投入费用平均值为407.17元/亩（表6-157）。

表6-157　中等规模生产的规模边际效益分析基础数据

年份	地区	总收入（元）	面积（亩）	人工费用（元/亩）	物质费用（元/亩）
2000	辽宁	47 840.98	26.77	319.00	497.00
2001	辽宁	33 415.90	19.58	314.08	423.01
2002	辽宁	19 794.17	12.19	303.60	482.56
2000	北京	21 449.98	11.75	609.00	441.18
2002	陕西	16 628.98	9.10	321.20	486.75
2003	辽宁	11 259.47	8.24	320.32	504.99
2001	宁夏	8 886.69	8.09	255.84	271.32
2002	宁夏	8 754.87	7.69	283.80	278.37
2000	宁夏	8 919.93	7.43	232.00	322.79
2003	宁夏	8 984.24	7.21	338.24	277.55
2000	陕西	8 255.14	6.02	297.00	305.10
2001	陕西	8 089.68	5.81	287.04	458.27
2003	陕西	9 135.55	5.48	342.72	544.44
	平均	16 262.74	10.41	324.91	407.18

资料来源：作者测算 2009.4

（1）物质费用、劳动力资金投入不变，土地投入不同，中等规模生产的规模土地边际效益、利润空间及其拐点

中等规模生产的规模土地边际效益函数回归形式：

$\partial I/\partial L_{土地}=6.656\ 901\times0.906\ 26\times324.91^{0.190\ 9}\times407.17^{0.723\ 4}/L_{土地}^{1-0.906\ 26}$

土地边际效益、利润空间及其拐点。

在劳动力投入和物质投入状况分别为324.91元和407.17元的不变条件下，每增加1亩土地，其边际效益利润空间及其拐点是：在1 050亩土地上，每增加1亩土地的边际效益为0，该点视为边际效益拐点。小于1 050亩土地投入的边际效益为递增，大于1 050亩土地投入水平的边际效益为递减。从实际土地投入10.41亩的水平看，苹果中等规模生产的土地投入边际效益空间非常大（表6-158）。

表 6-158　中等规模生产的土地边际效益、利润空间及其拐点

每增加 1 亩地边际总收入	耕地（亩）	劳动力（元/亩）	物质投入（元/亩）	成本费用合计（元/亩）	边际效益增减及其拐点
735.92	1 000	324.91	407.18	732.09	3.83
735.23	1 010	324.91	407.18	732.09	3.14
734.55	1 020	324.91	407.18	732.09	2.46
733.88	1 030	324.91	407.18	732.09	1.79
733.21	1 040	324.91	407.18	732.09	1.12
732.56	1 050	324.91	407.18	732.09	0.47
731.91	1 060	324.91	407.18	732.09	−0.18
731.26	1 070	324.91	407.18	732.09	−0.83
730.63	1 080	324.91	407.18	732.09	−1.46
729.99	1 090	324.91	407.18	732.09	−2.10

资料来源：作者测算 2009.4

（2）耕地、物资费用不变，劳动力投入不同，中等规模生产劳动力边际效益、利润空间及其拐点

劳动力投入边际效益函数回归形式：

$\partial I/\partial L_{劳动力}=6.656\,901\times 0.190\,94\times 10.41^{0.906\,2}\times 407.17^{0.723\,4}/L_{劳动力}^{1-0.190\,94}$

劳动力投入边际效益、利润空间及其拐点。

在耕地面积为 10.41 亩，物质费用实际为 407.17 元的不变条件下，劳动力投入边际效益、利润空间及其拐点是：在劳动力增加投入 220 元条件下，每增加 1 元劳动力投入的边际效益为 0，该点是劳动力投入边际效益的拐点，每亩劳动力投入水平小于 220 元，边际效益递增，大于 220 元，边际效益递减。从中等规模生产实际平均每亩劳动力投入 324.91 元的水平来看，苹果中等规模生产劳动力的边际效益空间不存在（表 6-159）。

表 6-159　中等规模生产的劳动力边际效益、利润空间及其拐点

每亩增加 1 元物质费用边际效益增减	土地投入（亩）	劳动力投入（元/亩）	物质成本投入（元/亩）	每增加 1 元物质费用增加净收入
19.77	10.41	100	407.18	9.36
11.29	10.41	200	407.18	0.87
10.85	10.41	210	407.18	0.44
10.45	10.41	220	407.18	0.04
10.08	10.41	230	407.18	−0.33
9.74	10.41	240	407.18	−0.67
9.42	10.41	250	407.18	−0.99
9.13	10.41	260	407.18	−1.28
8.85	10.41	270	407.18	−1.56
8.60	10.41	280	407.18	−1.81

资料来源：作者测算 2009.4

(3) 耕地、劳动力资金投入不变，物资资本投入不同，中等规模生产物质费用投入边际效益、利润空间及其拐点

物质费用投入边际效益函数回归形式：

$\partial I/\partial L_{物质费用}=6.656\,901\times0.723\,403\times10.41^{0.906\,2}\times324.91^{0.190\,9}/L_{物质费用}^{1-0.723\,403}$

物质投边际效益、利润空间及其拐点。

在耕地面积为10.41亩，每亩劳动力投入为324.91元条件下，物质投入边际效益、利润空间及其拐点是：在每亩物质费用投入7 100元条件下，每增加1元物资费用投入的边际效益为0，该点是物质费用投入边际效益的拐点，每亩物质费用投入水平小于7 100元，边际效益递增，大于7 100元，边际效益递减。从实际平均物质投入407.17元的水平看，苹果中等规模生产的物质边际效益空间很大（表6-160）。

表6-160　中等规模生产的物质费用投入边际效益、利润空间及其拐点

每亩增加1元物质费用边际效益增减	土地投入（亩）	劳动力投入（元/亩）	物质成本投入（元/亩）	每增加1元物质费用增加净收入
17.97	10.41	324.91	1 000	7.56
14.84	10.41	324.91	2 000	4.42
13.26	10.41	324.91	3 000	2.85
12.25	10.41	324.91	4 000	1.84
11.51	10.41	324.91	5 000	1.10
10.95	10.41	324.91	6 000	0.54
10.49	10.41	324.91	7 000	0.08
10.45	10.41	324.91	7 100	0.04
10.41	10.41	324.91	7 200	−0.00
10.37	10.41	324.91	7 300	−0.04

资料来源：作者测算2009.4

3. 小规模生产的边际效益

小规模生产边际效益生产函数回归形式：:

$I=11.078\,19L_{土地}^{0.909\,6}L_{劳动力}^{0.120\,323}L_{物质费用}^{0.693\,241}$

$R^2=0.742\,49$

数据结构样本量为23，其中，总收入平均值为3 810.27元，种植面积平均值为2.63亩，人工费用平均值为459.72元/亩，物质投入费用平均值为441.10元/亩（表6-161）。

表 6-161　小规模生产的规模边际效益分析基础数据表

年份	地区	总收入（元）	面积（亩）	人工费用（元/亩）	物质费用（元/亩）
2001	山西	6 244.96	4.28	529.36	382.08
2002	山西	5 253.07	4.10	414.70	361.81
2000	山西	5 820.63	3.94	520.00	371.26
2000	河南	3 358.43	3.73	404.00	271.76
2003	河南	4 473.30	3.49	487.20	311.40
2003	天津	6 294.57	3.47	359.52	443.23
2003	山西	4 979.32	3.19	428.96	313.01
2001	天津	3 865.03	3.09	309.92	419.99
2003	河北	5 442.18	2.71	412.16	462.10
2001	河南	2 700.90	2.57	502.32	278.01
2001	山东	6 565.38	2.52	510.64	902.03
2002	河南	2 705.30	2.45	498.30	297.16
2000	山东	5 494.33	2.36	631.00	875.76
2002	河北	3 455.43	2.30	402.60	323.46
2001	河北	2 957.89	2.25	420.16	307.42
2000	河北	2 704.75	2.02	498.00	404.02
2002	湖北	2 393.00	2.00	407.00	292.40
2002	天津	2 364.71	1.90	319.00	218.00
2003	甘肃	1 346.59	1.74	449.12	325.44
2000	甘肃	1 208.36	1.71	445.00	581.11
2001	甘肃	1 433.10	1.67	443.04	583.50
2003	山东	5 462.31	1.62	695.52	1053.34
2002	甘肃	1 112.76	1.58	486.20	366.96
	平均	3 810.27	2.64	459.73	441.10

资料来源：作者测算 2009.4

(1) 物质费用、劳动力资金投入不变，土地投入不同，小规模生产土地边际效益、利润空间及其拐点

小规模生产土地边际效益函数回归形式：

$\partial I/\partial L_{土地}=11.078\,19\times 0.909\,6\times 459.72^{0.120\,323}\times 441.09^{0.693\,241}/L_{劳动力}^{1-0.909\,63}$

土地边际效益、利润空间及其拐点。

在每亩劳动力投入和物质投入分别为 459.72 元和 441.097 元的不变条件下，每增加 1 亩土地，其边际效益利润空间及其拐点是：在 170 亩土地上，每增加 1 亩土地的边际效益为 0，该点视为边际效益拐点。小于 170 亩土地投入的边际效益为递增，大于 170 亩土地投入水平的边际效益为递减。从实际土地投入 2.63 亩的水平看，苹果小规模生产土地投入边际效益

空间非常大（表 6-162）。

表 6-162 小规模生产的土地边际效益、利润空间及其拐点

每增加 1 亩地边际总收入	耕地（亩）	劳动力（元/亩）	物质投入（元/亩）	成本费用合计（元/亩）	边际效益增减及其拐点
946.63	100	459.73	441.10	900.82	45.80
938.51	110	459.73	441.10	900.82	37.68
931.15	120	459.73	441.10	900.82	30.33
924.44	130	459.73	441.10	900.82	23.62
918.27	140	459.73	441.10	900.82	17.44
912.56	150	459.73	441.10	900.82	11.73
907.25	160	459.73	441.10	900.82	6.42
902.29	170	459.73	441.10	900.82	1.47
897.64	180	459.73	441.10	900.82	−3.18
893.26	190	459.73	441.10	900.82	−7.56

资料来源：作者测算 2009.4

（2）耕地、物资费用不变，劳动力投入不同，小规模劳动力边际效益、利润空间及其拐点

劳动力投入边际效益函数回归形式：

$$\partial I/\partial L_{劳动力}=11.078\,19\times0.120\,323\times2.64^{0.909\,6}\times96.196\,25^{-1.518\,55}/L_{土地}^{1-0.120\,323}$$

劳动力投入边际效益、利润空间及其拐点。

在耕地面积为 2.63 亩，每亩物质费用为 441.10 元的不变条件下，劳动力投入边际效益、利润空间及其拐点是：在每亩劳动力增加投入 150 元条件下，每增加 1 元劳动力投入的边际效益为 0，该点是劳动力投入边际效益的拐点，每亩劳动力投入水平小于 150 元，边际效益递增，大于 150 元的劳动力投入水平，边际效益递减。从小规模实际平均每亩劳动力投入 459.72 元的水平看，苹果小规模生产劳动力的边际效益空间不大（表 6-16）。

表 6-163 小规模生产的劳动力边际效益、利润空间及其拐点

每亩增加 1 元劳动力边际总收入	耕地（亩）	劳动力（元/亩）	物质投入（元/亩）	每增加 1 元劳动力增加净收入
3.82	2.64	100	441.10	1.18
3.51	2.64	110	441.10	0.87
3.25	2.64	120	441.10	0.62
3.03	2.64	130	441.10	0.39
2.84	2.64	140	441.10	0.20
2.67	2.64	150	441.10	0.04
2.53	2.64	160	441.10	−0.11

续表

每亩增加 1 元劳动力边际总收入	耕地（亩）	劳动力（元/亩）	物质投入（元/亩）	每增加 1 元劳动力增加净收入
2.39	2.64	170	441.10	−0.24
2.28	2.64	180	441.10	−0.36
2.17	2.64	190	441.10	−0.47

资料来源：作者测算 2009.4

(3) 耕地、劳动力资金投入不变，物资资本投入不同，小规模物质费用投入边际效益、利润空间及其拐点

物质费用投入边际效益函数回归形式：

$\partial I/\partial L_{物质费用}=11.078\,19\times0.693\,241\times2.64^{0.909\,6}\times47.76^{0.141\,237}/L_{物质费用}^{1-0.693\,241}$

物质投入边际效益、利润空间及其拐点

在耕地面积为 2.63 亩，每亩劳动力投入为 459.72 元条件下，物质投入边际效益、利润空间及其拐点是：在每亩物质费用投入 6 400 元条件下，每增加 1 元物资费用投入的边际效益为 0，该点是物质费用投入边际效益的拐点，每亩物质费用投入水平小于 6 400 元，边际效益递增，大于 6 400 元的物质投入水平，边际效益递减。从实际物质投入 441.09 元的水平看，苹果小规模生产物质投入水平的边际效益空间很大（表 6-164）。

表 6-164　小规模生产的物质费用投入边际效益、利润空间及其拐点

每亩增加 1 元物质费用边际效益增减	土地投入（亩）	劳动力投入（元/亩）	物质成本投入（元/亩）	每增加 1 元物质费用增加净收入
4.66	2.64	459.73	1 000	2.02
3.77	2.64	459.73	2 000	1.13
3.33	2.64	459.73	3 000	0.69
3.05	2.64	459.73	4 000	0.41
2.85	2.64	459.73	5 000	0.21
2.69	2.64	459.73	6 000	0.05
2.65	2.64	459.73	6 300	0.01
2.64	2.64	459.73	6 400	0.00
2.63	2.64	459.73	6 500	−0.01
2.61	2.64	459.73	6 600	−0.02

资料来源：作者测算 2009.4

4. 结论

(1) 在总体条件下，苹果生产的土地投入的边际效益空间很大，物资投入的边际效益还有一定的空间，而劳动力规模边际效益没有任何增长空间，这表明，苹果生产适宜大规模生产。

(2) 在中规模条件下，苹果生产的土地投入、物资投入规模边际效益空间很大，而劳动力规模边际效益没有任何增长空间，这表明在目前条件下，我国中等规模苹果生产还存在扩大规模化生产的效益空间。

(3) 在小规模条件下，苹果生产的土地投入、物资投入规模边际效益空间很大，而劳动力规模边际效益没有任何增长空间，这表明，小规模苹果生产要加快向大规模化生产的步伐。

十、陆地番茄生产的规模化问题研究

农业生产函数回归形式：

$I=14.519\ 13L_{土地}^{0.936\ 34}\mathrm{L}_{劳动力}^{0.388\ 373}\mathrm{L}_{物资投入}^{0.424\ 222}$

$R^2=0.810\ 493$

数据结构

样本量为 103 个不同规模观察总和，其中，总收入平均值为 4 770.08 元，种植面积平均值为 1.53 亩，人工费用平均值为 642.18 元/亩，物质投入费用平均值为 681.28 元/亩（表 6-165）。

表 6-165　陆地番茄规模边际效益分析基础数据表

年份	地区	总收入（元）	面积（亩）	人工费用（元/亩）	物质费用（元/亩）
2003	天津	24 464.62	25.82	548.80	195.47
2003	厦门	50 778.00	10.50	666.40	601.50
2002	厦门	28 560.00	5.67	632.50	519.50
2003	乌鲁木齐	16 133.35	5.00	488.32	933.97
2002	乌鲁木齐	11 446.70	4.50	432.30	884.01
2001	乌鲁木齐	8 786.35	4.33	510.64	834.99
2000	乌鲁木齐	10 739.60	4.00	453.00	781.24
2001	厦门	19 593.00	3.50	780.00	1 102.10
2003	福州	29 475.62	3.40	800.80	718.83
2003	哈尔滨	2 858.52	3.00	250.88	486.83
2002	哈尔滨	8 373.84	3.00	311.30	507.14
2001	哈尔滨	10 004.67	3.00	310.96	496.09
2002	福州	14 198.73	2.97	946.00	702.00
2003	大连	5 560.24	2.53	295.68	552.41
2002	石家庄	9 610.83	2.07	728.20	412.77
2003	太原	5 563.73	1.78	739.20	613.00
2001	福州	12 399.78	1.73	1 079.52	1 359.10
2003	沈阳	3 092.50	1.67	232.96	698.50
2002	太原	4 023.60	1.50	737.00	632.33

续表

年份	地区	总收入（元）	面积（亩）	人工费用（元/亩）	物质费用（元/亩）
2001	沈阳	2 327.00	1.50	217.36	699.52
2000	沈阳	2 127.38	1.50	214.00	666.85
2002	广州	2 946.31	1.40	676.50	614.09
2002	沈阳	2 515.63	1.38	233.20	702.30
2000	北京	5 120.87	1.38	377.00	429.94
2001	太原	2 833.60	1.33	681.20	415.00
2000	大连	3 509.00	1.33	282.00	433.73
2003	石家庄	4 788.18	1.32	679.84	454.57
2000	石家庄	4 890.27	1.31	747.00	513.97
2001	大连	4 476.01	1.31	270.40	308.50
2002	大连	3 462.43	1.27	264.00	306.50
2001	石家庄	4 939.20	1.20	780.00	547.08
2001	广州	4 135.15	1.17	613.60	595.78
2001	北京	3 444.78	1.14	485.68	634.47
2000	福州	6 774.50	1.13	1 163.00	1412.00
2003	广州	3 175.18	1.01	708.96	699.60
2003	呼和浩特	3 190.66	1.00	311.36	830.63
2003	青岛	4 085.00	1.00	940.80	698.50
2002	呼和浩特	3 017.00	1.00	330.00	701.30
2002	青岛	4 725.00	1.00	1 111.00	517.00
2001	呼和浩特	4 981.00	1.00	312.00	757.30
2001	青岛	5 600.00	1.00	873.60	668.00
2000	呼和浩特	2 750.00	1.00	200.00	717.00
2000	哈尔滨	976.20	1.00	262.00	491.68
2000	青岛	6 800.00	1.00	880.00	676.00
2000	广州	3 000.80	1.00	515.00	776.82
2003	北京	2 506.24	0.97	474.88	598.46
2001	南宁	3 316.00	0.97	867.36	694.92
2000	海口	3 579.65	0.96	1 110.00	1283.10
2000	合肥	1 706.34	0.95	651.00	495.91
2003	南宁	2 572.20	0.93	579.04	460.50
2003	南昌	2 874.93	0.90	744.80	908.89
2003	海口	4 320.67	0.90	616.00	809.99
2000	天津	3 234.65	0.90	522.00	367.60
2000	重庆	1 873.96	0.89	830.00	458.83
2002	北京	2 552.17	0.88	469.70	520.90
2003	贵阳	1 919.50	0.88	461.44	533.31
2000	太原	2 545.00	0.83	715.00	580.00
2000	南昌	3 501.00	0.80	1 438.00	1251.91
2000	武汉	1 208.10	0.80	264.00	709.42
2000	银川	1 901.00	0.80	585.00	504.98

续表

年份	地区	总收入（元）	面积（亩）	人工费用（元/亩）	物质费用（元/亩）
2001	天津	2 058.42	0.75	588.64	224.00
2001	海口	2 568.24	0.74	993.20	915.20
2000	济南	2 745.26	0.73	717.00	856.64
2002	海口	3 223.71	0.73	814.00	860.93
2001	济南	2 146.83	0.72	764.40	657.92
2002	武汉	1 565.76	0.70	218.90	551.20
2002	重庆	3 015.33	0.69	628.10	535.08
2001	武汉	1 041.54	0.68	256.88	580.97
2002	济南	2 427.41	0.67	800.80	719.31
2002	贵阳	839.80	0.67	418.00	269.10
2003	重庆	2 453.11	0.66	576.80	528.83
2003	武汉	1 500.98	0.66	210.56	655.25
2000	贵阳	722.34	0.64	535.00	333.33
2002	银川	2 116.83	0.63	247.50	743.28
2002	南宁	742.44	0.61	487.30	430.16
2002	天津	1 617.12	0.60	660.00	233.50
2001	南昌	3 324.42	0.60	1 276.08	1238.64
2000	南宁	531.66	0.60	625.00	535.81
2001	西安	1 813.80	0.59	952.64	893.85
2003	昆明	1 498.46	0.59	873.60	965.39
2001	重庆	2 807.28	0.58	651.04	510.88
2000	长沙	3 060.00	0.57	520.00	656.99
2000	西安	1 834.30	0.56	974.00	955.42
2003	郑州	1 773.27	0.55	786.24	602.34
2003	银川	1 808.60	0.55	299.04	896.49
2003	济南	1 796.16	0.53	758.24	634.78
2002	郑州	1 844.79	0.53	830.50	642.25
2002	长春	640.00	0.50	528.00	475.28
2001	银川	1 023.00	0.50	736.32	572.13
2000	厦门	2 187.50	0.50	900.00	1134.70
2003	西安	1 467.50	0.49	1 187.20	1023.55
2002	西安	1 808.16	0.48	1 076.90	930.05
2002	昆明	1 264.86	0.48	1 036.20	956.19
2001	贵阳	589.51	0.47	561.60	338.25
2002	南昌	2 331.62	0.43	1 016.40	1097.45
2003	长春	638.00	0.40	659.68	733.92
2003	合肥	1 935.00	0.40	939.68	582.45
2001	昆明	1 515.99	0.39	765.44	811.00
2001	合肥	1 445.33	0.38	736.32	893.82
2002	合肥	1 628.60	0.35	783.20	933.87
2001	郑州	1 359.16	0.35	878.80	781.34

续表

年份	地区	总收入（元）	面积（亩）	人工费用（元/亩）	物质费用（元/亩）
2003	长沙	1 705.67	0.33	565.60	1032.50
2000	郑州	1 034.20	0.26	908.00	768.75
	平均	4 770.08	1.53	642.18	681.28

资料来源：作者测算 2009.4

2. 总体条件下的最适规模

(1) 物质费用、劳动力资金投入不变，土地投入不同，规模农业规模边际效益、利润空间及其拐点

土地规模边际效益函数回归形式：

$\partial I/\partial L_{土地}=14.519\ 13\times 0.936\ 34\times 642.18^{0.388\ 373}\times 681.28^{0.424\ 222}/L_{土地}^{1-0.936\ 34}$

土地规模边际效益、利润空间及其拐点。

在每亩劳动力投入和物质投入状况分别为 642.18 元和 681.28 元的不变条件下，每增加 1 亩土地，其规模边际效益利润空间及其拐点是：在 59 000亩土地上，每增加 1 亩土地的规模边际效益为 0，该点视为规模边际效益拐点。小于 59 000 亩土地投入的规模边际效益为递增，大于 59 000 亩土地投入水平的规模边际效益为递减。从实际土地投入 1.53 亩的水平看，陆地番茄生产土地投入的边际效益空间很大（表 6-166）。

表 6-166 土地规模边际效益、利润空间及其拐点

每增加 1 亩地边际总收入	耕地（亩）	劳动力（元/亩）	物质投入（元/亩）	成本费用合计（元/亩）	规模边际效益增减及其拐点
1 482.9	10 000	642.18	681.28	1 323.5	159.44
1 418.9	20 000	642.18	681.28	1 323.5	95.43
1 382.7	30 000	642.18	681.28	1 323.5	59.27
1 357.6	40 000	642.18	681.28	1 323.5	34.18
1 338.5	50 000	642.18	681.28	1 323.5	15.03
1 330.4	55 000	642.18	681.28	1 323.5	6.93
1 324.5	59 000	642.18	681.28	1 323.5	1.00
1 323.0	60 000	642.18	681.28	1 323.5	−0.42

资料来源：作者测算 2009.4

(2) 耕地、物资费用不变，劳动力投入不同，劳动力规模边际效益、利润空间及其拐点

劳动力投入规模边际效益函数回归形式：

$\partial I/\partial L_{劳动力}=14.519\ 13\times 0.388\ 373\times 1.53^{0.936\ 34}\times 681.28^{0.424\ 222}/L_{劳动力}^{1-0.388\ 373}$

劳动力投入规模边际效益、利润空间及其拐点。

在耕地为 1.53 亩，每亩物质费用实际为 681.28 元的不变条件下，劳

动力投入规模边际效益、利润空间及其拐点是：在每亩劳动力投入 1 400 元条件下，每增加 1 元劳动力投入的规模边际效益为 0，该点是劳动力投入规模边际效益的拐点，每亩劳动力投入水平小于 1 400 元，规模边际效益递增，大于 1 400 元，规模边际效益递减。从实际平均劳动力投入 642.18 元的水平看，陆地番茄生产劳动力投入的规模边际效益空间较大（表 6-167）。

表 6-167　劳动力规模边际效益、利润空间及其拐点

每增加 1 亩地边际总收入	耕地（亩）	劳动力（元/亩）	物质投入（元/亩）	规模边际效益增减及其拐点
2.0	1.53	1 000	681.28	0.43
1.8	1.53	1 100	681.28	0.31
1.8	1.53	1 200	681.28	0.22
1.7	1.53	1 300	681.28	0.14
1.6	1.53	1 400	681.28	0.06
1.5	1.53	1 500	681.28	0.00

资料来源：作者测算 2009.4

（3）耕地、劳动力资金投入不变，物资资本投入不同，物资投入规模边际效益、利润空间及其拐点

物质费用投入规模边际效益函数回归形式：

$\partial I/\partial K_{物质费用}=14.519\ 13\times 0.424\ 222\times 1.53^{0.936\ 34}\times 642.18^{0.388\ 373}/K_{物质费用}^{1-0.424\ 222}$

物质投入规模边际效益、利润空间及其拐点。

在耕地为 1.53 亩，每亩劳动力投入实际为 642.18 元的不变条件下，物质投入规模边际效益、利润空间及其拐点是：在每亩物质费用投入1 700 元条件下，每增加 1 元物资费用投入的规模边际效益为 0，该点是物质费用投入规模边际效益的拐点，每亩物质费用投入水平小于 1 700 元，规模边际效益递增，大于 1 700 元的物质投入水平，规模边际效益递减。从实际平均物质投入 681.28 元的水平看，陆地番茄生产物质投入水平的边际效益空间较大（表 6-168）。

表 6-168　物资投入规模边际效益、利润空间及其拐点

每增加 1 亩地边际总收入	耕地（亩）	劳动力（元/亩）	物质投入（元/亩）	规模边际效益增减及其拐点
8.0	1.53	642.18	100	6.45
3.2	1.53	642.18	500	1.63
2.1	1.53	642.18	1 000	0.59
1.7	1.53	642.18	1 500	0.15

续表

每增加 1 亩地边际总收入	耕地（亩）	劳动力（元/亩）	物质投入（元/亩）	规模边际效益增减及其拐点
1.6	1.53	642.18	1 700	0.03
1.5	1.53	642.18	1 800	−0.02

资料来源：作者测算 2009.4

2. 大规模生产的边际效益

大规模的边际效益生产函数回归形式：:

$I=1.159\ 668L_{土地}^{0.928}L_{劳动力}^{0.601\ 9}L_{物质费用}^{0.604\ 1}$

$R^2=0.992$

数据结构样本量为 13，其中，总收入平均值为 18 434.52 元，种植面积平均值为 6.3 亩，人工费用平均值为 515.491 元/亩，物质投入费用平均值为 671.805 元/亩（表 6-169）。

表 6-169　大规模生产的边际效益分析基础数据表

年份	地区	总收入（元）	面积（亩）	人工费用（元/亩）	物质费用（元/亩）
2003	天津	24 464.62	25.82	548.80	195.47
2003	厦门	50 778	10.50	666.40	601.50
2002	厦门	28 560	5.67	632.50	519.50
2003	乌鲁木齐	16 133.35	5	488.32	933.97
2002	乌鲁木齐	11 446.7	4.5	432.30	884.01
2001	乌鲁木齐	8 786.35	4.33	510.64	834.99
2000	乌鲁木齐	10 739.60	4	453	781.24
2001	厦门	19 593	3.50	780	1 102.10
2003	福州	29 475.62	3.40	800.80	718.83
2003	哈尔滨	2 858.52	3	250.88	486.83
2002	哈尔滨	8 373.84	3	311.30	507.14
2001	哈尔滨	10 004.67	3	310.96	496.09
	平均	18 434.52	6.31	515.50	671.81

资料来源：作者测算 2009.4

（1）物质费用、劳动力资金投入不变，土地投入不同，大规模的边际效益土地边际效益、利润空间及其拐点

大规模的边际效益土地边际效益函数回归形式：

$\partial I/\partial L_{土地}=1.159\ 668\times 0.912\ 8\times 515.491^{0.601\ 9}\times 671.805^{0.604\ 1}/L_{土地}^{1-0.912\ 8}$

土地边际效益、利润空间及其拐点。

在每亩劳动力投入和物质投入状况分别为 515.49 元和 671.81 元的不变条件下，每增加 1 亩土地，其边际效益利润空间及其拐点是：在2 100亩土地上，每增加 1 亩土地的边际效益为 0，该点视为边际效益拐点。小于 2

100 亩土地投入的边际效益为递增，大于 2 100 亩土地投入水平的边际效益为递减。从实际土地投入 6.3 亩的水平看，陆地番茄大规模生产具有较大的土地边际效益空间（表 6-170）。

表 6-170　大规模生产的土地边际效益、利润空间及其拐点

每增加 1 亩地边际总收入	耕地（亩）	劳动力（元/亩）	物质投入（元/亩）	成本费用合计（元/亩）	边际效益增减及其拐点
1 269.71	1 000	515.49	671.81	1 187.30	82.41
1 195.25	2 000	515.49	671.81	1 187.30	7.95
1 190.17	2 100	515.49	671.81	1 187.30	2.87
1 185.35	2 200	515.49	671.81	1 187.30	−1.94
1 180.77	2 300	515.49	671.81	1 187.30	−6.53
1 176.40	2 400	515.49	671.81	1 187.30	−10.90
1 172.22	2 500	515.49	671.81	1 187.30	−15.08
1 168.21	2 600	515.49	671.81	1 187.30	−19.08
1 164.38	2 700	515.49	671.81	1 187.30	−22.92
1 160.69	2 800	515.49	671.81	1 187.30	−26.61
1 269.71	1 000	515.49	671.81	1 187.30	82.41

资料来源：作者测算 2009.4

(2) 耕地、物资费用不变，劳动力投入不同，大规模的边际效益、利润空间及其拐点

劳动力投入边际效益函数回归形式：

$\partial I/\partial L_{劳动力}=1.159\,668\times 0.601\,9\times 6.309^{0.912\,8}\times 671.805^{0.640\,1}/L_{劳动力}^{1-0.601\,9}$

劳动力投入边际效益、利润空间及其拐点。

在耕地面积为 6.3 亩，每亩物质费用为 671.80 元的不变条件下，劳动力投入边际效益、利润空间及其拐点是：在每亩劳动力投入 5 200 元条件下，每增加 1 元劳动力投入的边际效益为 0，该点是劳动力投入边际效益的拐点，每亩劳动力投入水平小于 478.50 元，边际效益递增，大于 5 200 元，边际效益递减。从实际每亩劳动力投入 5 200 元的水平看，陆地番茄大规模生产劳动力的边际效益空间很大（表 6-171）。

表 6-171　大规模生产的劳动力际效益、利润空间及其拐点

每亩增加 1 元劳动力边际总收入	耕地（亩）	劳动力（元/亩）	物质投入（元/亩）	每增加 1 元劳动力增加净收入
9.29	6.31	2 000	671.81	2.98
7.91	6.31	3 000	671.81	1.60
7.05	6.31	4 000	671.81	0.74
6.45	6.31	5 000	671.81	0.14
6.40	6.31	5 100	671.81	0.09

续表

每亩增加1元劳动力边际总收入	耕地（亩）	劳动力（元/亩）	物质投入（元/亩）	每增加1元劳动力增加净收入
6.35	6.31	5 200	671.81	0.04
6.30	6.31	5 300	671.81	−0.01
6.26	6.31	5 400	671.81	−0.05
6.21	6.31	5 500	671.81	−0.10
6.17	6.31	5 600	671.81	−0.14

资料来源：作者测算 2009.4

（3）耕地、劳动力资金投入不变，物资资本投入不同，大规模物质费用投入边际效益、利润空间及其拐点

物质费用投入边际效益函数回归形式：

$\partial I/\partial L_{物质费用}=1.159\ 668\times 0.640\ 1\times 6.309^{0.912\ 8}\times 515.491^{0.601\ 9}/L_{物质费用}^{1-0.640\ 1}$

物质投入边际效益、利润空间及其拐点。

在耕地面积为6.3亩，每亩劳动力投入为515.4元条件下，物质投入边际效益、利润空间及其拐点是：在每亩物质费用投入3600元条件下，每增加1元物资费用投入的边际效益为0，该点是物质费用投入边际效益的拐点，每亩物质费用投入水平小于3 600元，边际效益递增，大于3 600元的物质投入水平，边际效益递减。从实际平均物质投入671.8元的水平看，陆地番茄大规模生产物质投入水平的边际效益空间较大（表6-172）。

表6-172 大规模生产的物质费用投入边际效益、利润空间及其拐点

每亩增加1元物质费用边际效益增减	土地投入（亩）	劳动力投入（元/亩）	物质成本投入（元/亩）	每增加1元物质费用增加净收入
10.49	6.31	515.49	1 000	4.18
7.97	6.31	515.49	2 000	1.66
6.79	6.31	515.49	3 000	0.48
6.70	6.31	515.49	3 100	0.39
6.62	6.31	515.49	3 200	0.31
6.54	6.31	515.49	3 300	0.23
6.46	6.31	515.49	3 400	0.15
6.39	6.31	515.49	3 500	0.08
6.32	6.31	515.49	3 600	0.01
6.25	6.31	515.49	3 700	−0.06

资料来源：作者测算 2009.4

3. 中等规模生产的边际效益

中等规模生产的规模边际效益生产函数回归形式：：

$I=11.491\ 95L_{土地}^{0.928\ 1}L_{劳动力}^{0.444\ 5}L_{物质费用}^{0.380\ 1}$

$R^2=0.944\ 249$

数据结构

样本量为34，其中，总收入平均值为4 698.20元，种植面积平均值为1.36亩，人工费用平均值为572.36元/亩，物质投入费用平均值为643.58元/亩（表6-173）。

表6-173　中等规模生产边际效益分析基础数据

年份	地区	总收入（元）	面积（亩）	人工费用（元/亩）	物质费用（元/亩）
2002	福州	14 198.73	2.97	946.00	702.00
2003	大连	5 560.24	2.53	295.68	552.41
2002	石家庄	9 610.83	2.07	728.20	412.77
2003	太原	5 563.73	1.78	739.20	613.00
2001	福州	12 399.78	1.73	1 079.52	1 359.10
2003	沈阳	3 092.50	1.67	232.96	698.50
2002	太原	4 023.60	1.50	737.00	632.33
2001	沈阳	2 326.10	1.50	217.36	699.52
2000	沈阳	2 127.38	1.50	214.00	666.85
2002	广州	2 946.31	1.40	676.50	614.09
2002	沈阳	2 515.63	1.38	233.20	702.30
2000	北京	5 120.87	1.38	377.00	429.94
2001	太原	2 833.60	1.33	681.20	415.00
2000	大连	3 508.10	1.33	282.00	433.73
2003	石家庄	4 788.18	1.32	679.84	454.57
2000	石家庄	4 890.27	1.31	747.00	513.97
2001	大连	4 476.01	1.31	270.40	308.50
2002	大连	3 462.43	1.27	264.00	306.50
2001	石家庄	4 939.20	1.20	780.00	547.08
2001	广州	4 135.15	1.17	613.60	595.78
2001	北京	3 444.78	1.14	485.68	634.47
2000	福州	6 774.50	1.13	1 163.00	1 412.00
2003	广州	3 175.18	1.01	708.96	699.60
2003	呼和浩特	3190.66	1.00	311.36	830.63
2003	青岛	4 085.00	1.00	940.80	698.50
2002	呼和浩特	3 017.00	1.00	330.00	701.30
2002	青岛	4 725.00	1.00	1 111.00	517.00
2001	呼和浩特	4 981.00	1.00	312.00	757.30
2001	青岛	5 600.00	1.00	873.60	668.00
2000	呼和浩特	2 750.00	1.00	200.00	717.00
2000	哈尔滨	976.20	1.00	262.00	491.68
2000	青岛	6 800.00	1.00	880.00	676.00
2000	广州	3 000.80	1.00	515.00	776.82
	平均	4 698.20	1.36	572.37	643.58

资料来源：作者测算 2009.4

(1) 物质费用、劳动力资金投入不变，土地投入不同，中等规模生产的规模土地边际效益、利润空间及其拐点

中等规模生产的规模土地边际效益函数回归形式：

$\partial I/\partial L_{土地}=11.49196\times0.9281\times572.3655^{0.4445}\times643.583^{0.3801}/L_{土地}^{(1-0.9281)}$

土地边际效益、利润空间及其拐点。

在劳动力投入和物质投入状况分别为 572.37 元和 643.58 元的不变条件下，每增加 1 亩土地，其边际效益利润空间及其拐点是：在 1 900 亩土地上，每增加 1 亩土地的边际效益为 0，该点视为边际效益拐点。小于 1 900亩土地投入的边际效益为递增，大于 1 900 亩土地投入水平的边际效益为递减。从实际土地投入 1.36 亩的水平看，陆地番茄中等规模生产的土地投入边际效益空间非常大 (表 6-174)。

表 6-174　中等规模生产的土地边际效益、利润空间及其拐点

每增加 1 亩地边际总收入	耕地（亩）	劳动力（元/亩）	物质投入（元/亩）	成本费用合计（元/亩）	边际效益增减及其拐点
1 276.70	1 000	572.37	643.58	1 215.95	60.75
1 240.03	1 500	572.37	643.58	1 215.95	24.08
1 234.29	1 600	572.37	643.58	1 215.95	18.34
1 228.92	1 700	572.37	643.58	1 215.95	12.97
1 223.88	1 800	572.37	643.58	1 215.95	7.93
1 219.13	1 900	572.37	643.58	1 215.95	3.19
1 214.65	2 000	572.37	643.58	1 215.95	−1.30
1 210.39	2 100	572.37	643.58	1 215.95	−5.55
1 206.35	2 200	572.37	643.58	1 215.95	−9.59
1 202.51	2 300	572.37	643.58	1 215.95	−13.44

资料来源：作者测算 2009.4

(2) 耕地、物资费用不变，劳动力投入不同，中等规模生产劳动力边际效益、利润空间及其拐点

劳动力投入边际效益函数回归形式：

$\partial I/\partial L_{劳动力}=11.49195\times0.4445\times1.36^{0.9281}\times643.583^{0.3801}/L_{劳动力}^{1-0.4445}$

劳动力投入边际效益、利润空间及其拐点。

在耕地面积为 1.36 亩，物质费用实际为 643.5 元的不变条件下，劳动力投入边际效益、利润空间及其拐点是：在劳动力增加投入 1 500 元条件下，每增加 1 元劳动力投入的边际效益为 0，该点是劳动力投入边际效益的拐点，每亩劳动力投入水平小于 1 500 元，边际效益递增，大于1 500 元，边际效益递减。从中等规模生产实际平均每亩劳动力投入达到 572.3

元的水平看，陆地番茄中等规模生产劳动力的边际效益空间较大（表 6-175）。

表 6-175　中等规模生产的劳动力边际效益、利润空间及其拐点

每亩增加 1 元物质费用边际效益增减	土地投入（亩）	劳动力投入（元/亩）	物质成本投入（元/亩）	每增加 1 元物质费用增加净收入
1.71	1.36	1 000	643.58	0.35
1.63	1.36	1 100	643.58	0.26
1.55	1.36	1 200	643.58	0.19
1.48	1.36	1 300	643.58	0.12
1.42	1.36	1 400	643.58	0.06
1.37	1.36	1 500	643.58	0.01
1.32	1.36	1 600	643.58	−0.04
1.28	1.36	1 700	643.58	−0.08
1.24	1.36	1 800	643.58	−0.12
1.20	1.36	1 900	643.58	−0.16

资料来源：作者测算 2009.4

(3) 耕地、劳动力资金投入不变，物资资本投入不同，中等规模生产物质费用投入边际效益、利润空间及其拐点

物质费用投入边际效益函数回归形式：

$$\partial I/\partial L_{物质费用}=11.491\,95\times 0.380\,1\times 1.36^{0.928\,1}\times 572.365\,5^{0.444\,5}/L_{物质费用}^{(1-0.380\,1)}$$

物质投边际效益、利润空间及其拐点。

在耕地面积为 1.36 亩，每亩劳动力投入为 572.36 元条件下，物质投入边际效益、利润空间及其拐点是：在每亩物质费用投入 900 元条件下，每增加 1 元物资费用投入的边际效益为 0，该点是物质费用投入边际效益的拐点，每亩物质费用投入水平小于 900 元，边际效益递增，大于 900 元，边际效益递减。从实际平均物质投入 643.5 元的水平看，陆地番茄中等规模生产的物质边际效益空间较大（表 6-176）。

表 6-176　中等规模生产的物质费用投入边际效益、利润空间及其拐点

每亩增加 1 元物质费用边际效益增减	土地投入（亩）	劳动力投入（元/亩）	物质成本投入（元/亩）	每增加 1 元物质费用增加净收入
2.08	1.36	572.37	500	0.72
1.86	1.36	572.37	600	0.49
1.69	1.36	572.37	700	0.33
1.55	1.36	572.37	800	0.19
1.44	1.36	572.37	900	0.08
1.35	1.36	572.37	1 000	−0.00
1.27	1.36	572.37	1 100	−0.09

续表

每亩增加1元物质费用边际效益增减	土地投入（亩）	劳动力投入（元/亩）	物质成本投入（元/亩）	每增加1元物质费用增加净收入
1.21	1.36	572.37	1 200	−0.15
1.15	1.36	572.37	1 300	−0.21
1.10	1.36	572.37	1 400	−0.26

资料来源：作者测算 2009.4

4. 小规模的边际效益

小规模生产边际效益生产函数回归形式：:

$I=23.022\ 41L_{土地}^{0.903\ 4}L_{劳动力}^{0.237\ 2}L_{物质费用}^{0.489\ 6}$

$R^2=0.652\ 49$

数据结构样本量为58，其中，总收入平均值为1 983.85元，种植面积平均值为0.64亩，人工费用平均值为708.12元/亩，物质投入费用平均值为704.68元/亩（表6-177）。

表6-177　小规模生产边际效益分析基础数据表

年份	地区	总收入（元）	面积（亩）	人工费用（元/亩）	物质费用（元/亩）
2003	北京	2 506.24	0.97	474.88	598.46
2001	南宁	3 316.00	0.97	867.36	694.92
2000	海口	3 579.65	0.96	1 110.00	1 283.10
2000	合肥	1 706.34	0.95	651.00	495.91
2003	南宁	2 572.20	0.93	579.04	460.50
2003	南昌	2 874.93	0.90	744.80	908.89
2003	海口	4 320.67	0.90	616.00	809.99
2000	天津	3 234.65	0.90	522.00	367.60
2000	重庆	1 873.96	0.89	830.00	458.83
2002	北京	2 552.17	0.88	469.70	520.90
2003	贵阳	1 919.50	0.88	461.44	533.31
2000	太原	2 545.00	0.83	715.00	580.00
2000	南昌	3 501.00	0.80	1 438.00	1 251.91
2000	武汉	1 208.10	0.80	264.00	709.42
2000	银川	1 901.00	0.80	585.00	504.98
2001	天津	2 058.42	0.75	588.64	224.00
2001	海口	2 568.24	0.74	993.20	915.20
2000	济南	2 745.26	0.73	717.00	856.64
2002	海口	3 223.71	0.73	814.00	860.93
2001	济南	2 146.83	0.72	764.40	657.92
2002	武汉	1 565.76	0.70	218.90	551.20
2002	重庆	3 015.33	0.69	628.10	535.08
2001	武汉	1 041.54	0.68	256.88	580.97

续表

年份	地区	总收入（元）	面积（亩）	人工费用（元/亩）	物质费用（元/亩）
2002	济南	2 427.41	0.67	800.80	719.31
2002	贵阳	839.80	0.67	418.00	269.10
2003	重庆	2 453.11	0.66	576.80	528.83
2003	武汉	1 500.98	0.66	210.56	655.25
2000	贵阳	722.35	0.64	535.00	333.33
2002	银川	2 116.83	0.63	247.50	743.28
2002	南宁	742.44	0.61	487.30	430.16
2002	天津	1 617.12	0.60	660.00	233.50
2001	南昌	3 324.42	0.60	1 276.08	1 238.64
2000	南宁	531.66	0.60	625.00	535.81
2001	西安	1 813.80	0.59	952.64	893.85
2003	昆明	1 498.46	0.59	873.60	965.39
2001	重庆	2 807.28	0.58	651.04	510.88
2000	长沙	3 060.00	0.57	520.00	656.99
2000	西安	1 834.30	0.56	974.00	955.42
2003	郑州	1 773.27	0.55	786.24	602.34
2003	银川	1 808.60	0.55	299.04	896.49
2003	济南	1 796.16	0.53	758.24	634.78
2002	郑州	1 844.79	0.53	830.50	642.25
2002	长春	640.00	0.50	528.00	475.28
2001	银川	1 023.00	0.50	736.32	572.13
2000	厦门	2 187.50	0.50	900.00	1134.70
2003	西安	1 467.50	0.49	1187.20	1 023.55
2002	西安	1 808.16	0.48	1 076.90	930.05
2002	昆明	1 264.86	0.48	1 036.20	956.19
2001	贵阳	589.51	0.47	561.60	338.25
2002	南昌	2 331.62	0.43	1 016.40	1 097.45
2003	长春	638.00	0.40	659.68	733.92
2003	合肥	1 935.00	0.40	939.68	582.45
2001	昆明	1 515.99	0.39	765.44	811.00
2001	合肥	1 445.33	0.38	736.32	893.82
2002	合肥	1 628.60	0.35	783.20	933.87
2001	郑州	1 359.16	0.35	878.80	781.34
2003	长沙	1 705.67	0.33	565.60	1 032.50
2000	郑州	1 034.21	0.26	908.00	768.75
	平均	1 983.85	0.64	708.12	704.68

资料来源：作者测算 2009.4

（1）物质费用、劳动力资金投入不变，土地投入不同，小规模生产土地边际效益、利润空间及其拐点

小规模生产土地边际效益函数回归形式：

$$\partial I/\partial L_{土地}=23.02241\times0.9034\times708.121^{0.2372}\times704.6812^{0.4896}/L_{土地}^{1-0.9034}$$

土地边际效益、利润空间及其拐点。

在每亩劳动力投入和物质投入状况分别为 708.12 元和 704.68 元的不变条件下，每增加 1 亩土地，其边际效益利润空间及其拐点是：在 290 亩土地上，每增加 1 亩土地的边际效益为 0，该点视为边际效益拐点。小于 290 亩土地投入的边际效益为递增，大于 290 亩土地投入水平的边际效益为递减。从实际耕地投入 0.64 亩的水平看，陆地番茄小规模生产耕地投入的边际效益空间较大（表 6-178）。

表 6-178　小规模生产的土地边际效益、利润空间及其拐点

每增加 1 亩地边际总收入	耕地（亩）	劳动力（元/亩）	物质投入（元/亩）	成本费用合计（元/亩）	边际效益增减及其拐点
1 569.16	100	708.12	704.68	1 412.80	156.36
1 467.55	200	708.12	704.68	1 412.80	54.75
1 436.27	250	708.12	704.68	1 412.80	23.46
1 430.84	260	708.12	704.68	1 412.80	18.03
1 425.63	270	708.12	704.68	1 412.80	12.83
1 420.63	280	708.12	704.68	1 412.80	7.83
1 415.82	290	708.12	704.68	1 412.80	3.02
1 411.20	300	708.12	704.68	1 412.80	−1.61
1 406.73	310	708.12	704.68	1 412.80	−6.07
1 402.43	320	708.12	704.68	1 412.80	−10.37

资料来源：作者测算 2009.4

（2）耕地、物资费用不变，劳动力投入不同，小规模劳动力边际效益、利润空间及其拐点

劳动力投入边际效益函数回归形式：

$$\partial I/\partial L_{劳动力}=23.02241\times0.2372\times0.64^{0.9034}\times704.6812^{0.4896}/L_{劳动力}^{(1-0.2372)}$$

劳动力投入边际效益、利润空间及其拐点。

在耕地面积为 0.64 亩，每亩物质费用为 704.68 元的不变条件下，劳动力投入边际效益、利润空间及其拐点是：在每亩劳动力增加投入 600 元条件下，每增加 1 元劳动力投入的边际效益为 0，该点是劳动力投入边际效益的拐点，每亩劳动力投入水平小于 600 元，边际效益递增，大

于 600 元，边际效益递减。从小规模实际每亩劳动力投入 708.12 元的水平来看，陆地番茄小规模生产劳动力的边际效益空间不存在（表 6-179）。

表 6-179　小规模生产的劳动力边际效益、利润空间及其拐点

每亩增加 1 元劳动力边际总收入	耕地（亩）	劳动力（元/亩）	物质投入（元/亩）	每增加 1 元劳动力增加净收入
2.70	0.64	100	704.68	2.06
1.59	0.64	200	704.68	0.95
1.17	0.64	300	704.68	0.53
0.94	0.64	400	704.68	0.30
0.79	0.64	500	704.68	0.15
0.69	0.64	600	704.68	0.05
0.61	0.64	700	704.68	—0.03
0.55	0.64	800	704.68	—0.09
0.51	0.64	900	704.68	—0.14
0.47	0.64	1000	704.68	—0.17

资料来源：作者测算 2009.4

(3) 耕地、劳动力资金投入不变，物资资本投入不同，小规模物质费用投入边际效益、利润空间及其拐点

物质费用投入边际效益函数回归形式：

$$\partial I/\partial L_{物质费用}=23.02241\times 0.4896\times 0.64^{0.9034}\times 708.121^{0.2372}/L_{物质费用}^{(1-0.4896)}$$

物质投入边际效益、利润空间及其拐点。

在耕地面积为 0.64 亩，每亩劳动力投入为 708.12 元条件下，物质投入边际效益、利润空间及其拐点是：在每亩物质费用投入 2 600 元条件下，每增加 1 元物资费用投入的边际效益为 0，该点是物质费用投入边际效益的拐点，每亩物质费用投入水平小于 2600 元，边际效益递增，大于 2600 元的物质投入水平，边际效益递减。从实际物质投入 704.68 元的水平看，陆地番茄小规模生产物质投入水平的边际效益空间较大（表 6-180）。

表 6-180　小规模生产的物质费用投入边际效益、利润空间及其拐点

每亩增加 1 元物质费用边际效益增减	土地投入（亩）	劳动力投入（元/亩）	物质成本投入（元/亩）	每增加 1 元物质费用增加净收入
1.05	0.64	708.12	1 000	0.41
0.74	0.64	708.12	2 000	0.10

续表

每亩增加1元物质费用边际效益增减	土地投入（亩）	劳动力投入（元/亩）	物质成本投入（元/亩）	每增加1元物质费用增加净收入
0.72	0.64	708.12	2 100	0.08
0.70	0.64	708.12	2 200	0.06
0.69	0.64	708.12	2 300	0.05
0.67	0.64	708.12	2 400	0.03
0.66	0.64	708.12	2 500	0.02
0.65	0.64	708.12	2 600	0.01
0.64	0.64	708.12	2 700	−0.01
0.62	0.64	708.12	2 800	−0.02

资料来源：作者测算 2009.4

5. 结论

（1）在总体条件下，陆地番茄生产具备土地投入、劳动力投入、物质投入的边际效益空间。这表明，陆地番茄生产适宜大规模生产。

（2）在大规模条件下，陆地番茄生产具备土地投入、劳动力投入、物质投入的边际效益空间。这表明在目前条件下，我国大规模陆地番茄生产的规模还存在扩大规模化生产的效益空间。

（3）在中规模条件下，陆地番茄生产具备土地投入、劳动力投入、物质投入的边际效益空间。这表明在目前条件下，我国中等规模番茄生产还存在扩大规模化生产的效益空间。

（4）在小规模条件下，陆地番茄生产的土地投入、物资投入规模边际效益空间很大。而劳动力规模边际效益没有任何增长空间。这表明，小规模陆地番茄生产要加快向大规模化生产的步伐。

十一、陆地黄瓜生产的规模化问题研究

农业生产函数回归形式：

$$I=10.082\,74L_{土地}{}^{0.923\,984}\mathrm{L}_{劳动力}^{0.371\,504}\mathrm{K}_{物资投入}^{0.482\,548}$$

$$R^2=0.845\,573$$

数据结构

样本量为109个不同规模观察总和，其中，总收入平均值为2 677.66元，种植面积平均值为1.14亩，人工费用平均值为528.18元/亩，物质投入费用平均值为613.97元/亩（表6-181）。

表 6-181　陆地黄瓜生产的规模边际效益分析基础数据表

年份	地区	总收入（元）	面积（亩）	人工费用（元/亩）	物质费用（元/亩）
2001	乌鲁木齐	19 350.02	6.90	489.84	721.15
2000	北京	8 917.75	6.28	326.00	130.60
2002	乌鲁木齐	9 153.37	5.67	454.30	910.21
2003	乌鲁木齐	12 911.91	4.83	418.88	942.35
2000	乌鲁木齐	11 658.48	4.83	460.00	602.80
2003	福州	12 882.87	3.90	464.80	695.45
2001	太原	6 600.00	2.67	722.80	553.50
2000	大连	5 003.21	2.40	250.00	414.17
2003	大连	3 546.13	2.28	285.60	508.70
2000	长春	937.46	2.25	453.00	338.88
2002	哈尔滨	3 630.55	2.20	348.70	501.76
2002	福州	4 066.77	2.13	359.70	507.37
2003	哈尔滨	3 943.82	2.00	295.68	605.16
2003	兰州	5 663.58	1.72	800.80	947.30
2003	贵阳	5 750.00	1.67	504.00	693.50
2002	太原	4 478.13	1.67	788.70	665.30
2003	太原	4 776.14	1.61	784.00	585.60
2001	福州	4 309.50	1.60	334.88	599.75
2002	厦门	3 675.05	1.55	385.00	702.00
2001	厦门	3 096.00	1.50	312.00	680.00
2002	贵阳	3 302.72	1.44	462.00	520.00
2001	大连	3 213.51	1.38	260.00	408.23
2003	青岛	4 914.67	1.33	996.80	1 186.20
2003	长沙	4 416.00	1.30	414.40	770.26
2003	广州	3 767.67	1.30	484.96	320.68
2002	大连	1 865.22	1.28	279.40	509.25
2003	天津	2 821.36	1.24	473.76	340.22
2003	长春	1 901.07	1.23	724.64	586.60
2002	广州	2 859.14	1.23	567.60	516.67
2001	北京	2 812.42	1.20	390.00	496.34
2001	长沙	3 800.00	1.20	364.00	638.83
2001	石家庄	2 960.10	1.15	800.80	457.80
2003	北京	2 313.75	1.13	412.16	637.21
2002	天津	3 242.48	1.06	619.30	373.22
2000	厦门	2 480.63	1.05	450.00	993.70

续表

年份	地区	总收入（元）	面积（亩）	人工费用（元/亩）	物质费用（元/亩）
2002	长春	1 442.40	1.03	618.20	308.40
2000	石家庄	3 110.04	1.03	767.00	482.14
2002	北京	2 468.74	1.01	412.50	510.95
2003	呼和浩特	2 862.45	1.00	303.52	836.26
2003	沈阳	1 695.00	1.00	236.32	772.41
2002	呼和浩特	3 246.00	1.00	330.00	726.90
2002	青岛	4 620.00	1.00	1 012.00	643.00
2002	兰州	4 250.00	1.00	745.80	1 211.88
2001	呼和浩特	4 822.00	1.00	353.60	786.90
2001	哈尔滨	1 108.34	1.00	361.92	489.00
2001	青岛	2 976.00	1.00	634.40	964.00
2000	呼和浩特	2 800.00	1.00	200.00	656.00
2000	哈尔滨	1 425.00	1.00	330.00	721.97
2000	福州	1 964.70	1.00	383.00	637.04
2000	青岛	2 520.00	1.00	910.00	718.00
2003	厦门	1 930.41	0.89	408.80	648.67
2002	石家庄	2 696.70	0.88	786.50	486.33
2002	沈阳	1 305.75	0.88	234.30	776.45
2002	南宁	570.31	0.88	501.60	399.71
2001	沈阳	1 380.24	0.88	218.40	790.03
2000	沈阳	1 326.94	0.88	211.00	777.04
2000	太原	1 721.67	0.83	740.00	573.00
2000	天津	1 431.67	0.83	533.00	441.08
2003	石家庄	3 041.00	0.80	769.44	534.14
2000	长沙	1 310.00	0.80	450.00	729.38
2001	海口	3 260.80	0.79	764.40	813.00
2000	南宁	477.80	0.78	650.00	451.19
2003	银川	1 316.50	0.75	209.44	564.67
2002	银川	1 190.25	0.75	352.00	618.08
2003	武汉	1 138.76	0.73	206.08	691.83
2000	合肥	667.57	0.73	609.00	267.07
2002	海口	2 370.36	0.71	990.00	881.01
2002	长沙	2 091.60	0.67	390.50	558.13
2000	海口	2 832.72	0.66	1 250.00	1 347.70

续表

年份	地区	总收入（元）	面积（亩）	人工费用（元/亩）	物质费用（元/亩）
2001	银川	1 027.90	0.65	341.12	591.38
2003	南昌	734.34	0.65	234.08	158.63
2001	南宁	812.29	0.64	650.00	454.49
2000	济南	1 483.44	0.63	507.00	667.15
2001	武汉	1 224.08	0.63	223.60	709.35
2001	广州	1 774.91	0.60	505.44	514.00
2001	兰州	2 573.21	0.60	504.40	1 430.08
2000	银川	987.73	0.60	361.00	499.78
2002	武汉	782.16	0.59	251.90	633.15
2003	海口	1 574.02	0.58	537.60	694.31
2000	广州	1 694.34	0.57	500.00	567.66
2001	西安	1 882.92	0.54	955.76	795.01
2000	武汉	319.74	0.53	147.00	473.43
2001	济南	1 705.01	0.51	591.76	678.24
2002	济南	1 360.25	0.50	619.30	638.68
2002	西安	1 446.82	0.49	1 172.60	762.64
2003	济南	1 231.44	0.45	624.96	590.46
2003	合肥	1 948.50	0.40	917.28	565.58
2002	南昌	341.67	0.40	239.80	207.50
2001	昆明	426.69	0.39	353.60	409.31
2002	昆明	865.30	0.37	576.40	703.31
2003	昆明	681.89	0.37	740.32	685.83
2000	昆明	689.10	0.36	610.00	617.55
2003	郑州	967.01	0.33	542.08	586.18
2003	南宁	326.67	0.33	450.24	358.76
2001	贵阳	861.67	0.33	530.40	258.00
2002	合肥	1 309.75	0.33	746.90	836.99
2003	西安	708.67	0.31	1 270.08	829.89
2002	郑州	662.65	0.30	612.70	643.71
2001	南昌	328.00	0.30	326.56	258.65
2000	西安	749.40	0.27	923.00	829.76
2003	重庆	705.82	0.26	331.52	520.30
2001	重庆	719.31	0.25	419.12	306.61
2001	合肥	644.50	0.20	691.60	679.93
2000	贵阳	500.00	0.20	540.00	259.50
2000	南昌	172.83	0.17	432.00	370.54
2001	郑州	446.80	0.16	553.28	650.76
2000	重庆	254.61	0.15	505.00	316.65
2002	重庆	228.13	0.15	436.70	498.26
2000	郑州	317.82	0.11	739.00	796.86
	平均	2677.66	1.14	523.18	613.97

资料来源：作者测算 2009.4

1. 总体条件下的最适规模

(1) 物质费用、劳动力资金投入不变，土地投入不同，规模农业规模边际效益、利润空间及其拐点

土地规模边际效益函数回归形式：

$$\partial I/\partial L_{土地}=10.08274\times 0.923954\times 528.18^{0.371504}\times 613.97^{0.482548}/L_{土地}^{(1-0.923984)}$$

土地规模边际效益、利润空间及其拐点。

在每亩劳动力投入和物质投入状况分别为 528.18 元和 613.97 元的不变条件下，每增加 1 亩土地，其规模边际效益利润空间及其拐点是：在3 400亩土地上，每增加 1 亩土地的规模边际效益为 0，该点视为规模边际效益拐点。小于 3 400 亩土地投入的规模边际效益为递增，大于 3 400 亩土地投入水平的规模边际效益为递减。从实际土地投入 1.14 亩的水平看，陆地黄瓜生产土地投入的边际效益空间很大（表 6-182）。

表 6-182　土地规模边际效益、利润空间及其拐点

每增加 1 亩地边际总收入	耕地（亩）	劳动力（元/亩）	物质投入（元/亩）	成本费用合计（元/亩）	规模边际效益增减及其拐点
1 249.1	1 000	523.18	613.97	1 137.1	111.96
1 185.0	2 000	523.18	613.97	1137.1	47.85
1 176.4	2 200	523.18	613.97	1 137.1	39.29
1 168.7	2 400	523.18	613.97	1 137.1	31.54
1 161.6	2 600	523.18	613.97	1 137.1	24.45
1 155.1	2 800	523.18	613.97	1 137.1	17.92
1 149.0	3 000	523.18	613.97	1 137.1	11.88
1 143.4	3 200	523.18	613.97	1 137.1	6.26
1 138.1	3 400	523.18	613.97	1 137.1	1.00
1 135.6	3 500	523.18	613.97	1 137.1	−1.51

资料来源：作者测算 2009.4

(2) 耕地、物资费用不变，劳动力投入不同，劳动力规模边际效益、利润空间及其拐点

劳动力投入规模边际效益函数回归形式：

$$\partial I/\partial L_{劳动力}=10.08274\times 0.371504\times 1.14^{0.923984}\times 613.97^{0.482548}/L_{劳动力}^{(1-0.371504)}$$

劳动力投入规模边际效益、利润空间及其拐点。

在耕地为 1.14 亩，每亩物质费用实际为 613.97 元的不变条件下，劳动力投入规模边际效益、利润空间及其拐点是：在每亩劳动力投入 1 100

元条件下，每增加 1 元劳动力投入的规模边际效益为 0，该点是劳动力投入规模边际效益的拐点，每亩劳动力投入水平小于 1 100 元，规模边际效益递增，大于 1 100 元的劳动力投入水平，规模边际效益递减。从实际平均劳动力投入 523.18 元的水平看，陆地黄瓜生产劳动力投入的边际效益空间较大（表 6-183）。

表 6-183　劳动力规模边际效益、利润空间及其拐点

每增加 1 亩地边际总收入	耕地（亩）	劳动力（元/亩）	物质投入（元/亩）	规模边际效益增减及其拐点
5.2	1.14	100	613.97	4.1
3.4	1.14	200	613.97	2.2
1.9	1.14	500	613.97	0.7
1.2	1.14	1 000	613.97	0.1
1.2	1.14	1 100	613.97	0.0
1.1	1.14	1 200	613.97	−0.1

资料来源：作者测算 2009.4

（3）耕地、劳动力资金投入不变，物资资本投入不同，物资投入规模边际效益、利润空间及其拐点

物质费用投入规模边际效益函数回归形式：

$$\partial I/\partial K_{\text{物质费用}} = 10.08274 \times 0.482548 \times 1.14^{0.923984} \times 528.18^{0.388373} / K_{\text{物质费用}}^{(1-0.482548)}$$

物质投入规模边际效益、利润空间及其拐点。

在耕地为 1.14 亩，每亩劳动力投入实际为 528.18 元的不变条件下，物质投入规模边际效益、利润空间及其拐点是：在每亩物质费用投入1 700 元条件下，每增加 1 元物资费用投入的规模边际效益为 0，该点是物质费用投入规模边际效益的拐点，每亩物质费用投入水平小于 1 700 元，规模边际效益递增，大于 1 700 元的物质投入水平，规模边际效益递减。从实际平均物质投入 613.97 元的水平看，陆地黄瓜生产的物质投入水平的规模边际效益空间较大（表 6-184）。

表 6-184　物资投入规模边际效益、利润空间及其拐点

每增加 1 亩地边际总收入	耕地（亩）	劳动力（元/亩）	物质投入（元/亩）	规模边际效益增减及其拐点
1.8	1.14	523.18	800	0.6
1.7	1.14	523.18	900	0.5
1.6	1.14	523.18	1000	0.4
1.5	1.14	523.18	1 100	0.4

续表

每增加1亩地边际总收入	耕地（亩）	劳动力（元/亩）	物质投入（元/亩）	规模边际效益增减及其拐点
1.4	1.14	523.18	1 200	0.3
1.4	1.14	523.18	1 300	0.2
1.3	1.14	523.18	1 400	0.2
1.3	1.14	523.18	1 500	0.1
1.2	1.14	523.18	1 600	0.1
1.2	1.14	523.18	1 700	0.1
1.2	1.14	523.18	1 800	0.0

资料来源：作者测算 2009.4

2. 大规模的规模边际效益

大规模的边际效益生产函数回归形式：

$I = 2.249\ 741 L_{土地}^{0.913\ 6} L_{劳动力}^{0.415\ 8} L_{物质费用}^{0.686\ 6}$

$R^2 = 0.992$

数据结构样本量为13，其中，总收入平均值为7892.48元，种植面积平均值为3.71亩，人工费用平均值为409.946元/亩，物质投入费用平均值为571.7元/亩（表6-185）。

表6-185　大规模生产边际效益分析基础数据表

年份	地区	总收入（元）	面积（亩）	人工费用（元/亩）	物质费用（元/亩）
2001	乌鲁木齐	19 350.02	6.90	489.84	721.15
2000	北京	8 917.75	6.28	326.00	130.60
2002	乌鲁木齐	9 153.37	5.67	454.30	910.21
2003	乌鲁木齐	12 911.91	4.83	418.88	942.35
2000	乌鲁木齐	11 658.48	4.83	460.00	602.80
2003	福州	12 882.87	3.90	464.80	695.45
2001	太原	6 600	2.67	722.80	553.50
2000	大连	5 003.21	2.40	250	414.17
2003	大连	3 546.13	2.28	285.60	508.70
2000	长春	937.46	2.25	453.00	338.88
2002	哈尔滨	3 630.55	2.20	348.70	501.76
2002	福州	4 066.77	2.13	359.70	507.37
2003	哈尔滨	3 943.82	2	295.68	605.16
	平均	7 892.49	3.72	409.95	571.70

资料来源：作者测算 2009.4

(1) 物质费用、劳动力资金投入不变，土地投入不同，大规模的土地边际效益、利润空间及其拐点

土地边际效益函数回归形式：

$$\partial I/\partial L_{土地} = 2.249\,741 \times 0.913\,6 \times 409.946\,2^{0.425\,8} \times 571.7^{0.686\,6} / L_{土地}^{(1-0.913\,6)}$$

土地边际效益、利润空间及其拐点。

在每亩劳动力投入和物质投入状况分别为 409.94 元和 571.7 元的不变条件下，每增加 1 亩土地，其边际效益利润空间及其拐点是：在 3 020 亩土地上，每增加 1 亩土地的边际效益为 0，该点视为边际效益拐点。小于 3 020亩土地投入的边际效益为递增，大于 3 020 亩土地投入水平的边际效益为递减。从实际土地投入 3.72 亩的水平看，陆地黄瓜大规模生产具有较大的土地边际效益（表 6-186）。

表 6-186　大规模生产土地边际效益、利润空间及其拐点

每增加 1 亩地边际总收入	耕地（亩）	劳动力（元/亩）	物质投入（元/亩）	成本费用合计（元/亩）	边际效益增减及其拐点
1 080.16	1 000	409.95	571.7	981.65	98.52
1017.40	2 000	409.95	571.7	981.65	35.76
982.40	3 000	409.95	571.7	981.65	0.75
982.11	3 010	409.95	571.7	981.65	0.47
981.83	3 020	409.95	571.7	981.65	0.19
981.55	3 030	409.95	571.7	981.65	−0.09
981.27	3 040	409.95	571.7	981.65	−0.37
980.99	3 050	409.95	571.7	981.65	−0.65
980.72	3 060	409.95	571.7	981.65	−0.93
980.44	3 070	409.95	571.7	981.65	−1.21
1 080.16	1 000	409.95	571.7	981.65	98.52

资料来源：作者测算 2009.4

（2）耕地、物资费用不变，劳动力投入不同，大规模的边际效益、利润空间及其拐点

劳动力投入边际效益函数回归形式：

$$\partial I/\partial L_{劳动力} = 2.249\,741 \times 0.425\,8 \times 3.72 \times^{0.913\,6} \times 571.7^{0.686\,6} / KL_{劳动力}^{(1-0.425\,8)}$$

劳动力投入边际效益、利润空间及其拐点

在耕地面积为 3.71，每亩物质费用为 571.7 元的不变条件下，劳动力投入边际效益、利润空间及其拐点是：在每亩劳动力投入 1 200 元条件下，每增加 1 元劳动力投入的边际效益为 0，该点是劳动力投入边际效益的拐点，每亩劳动力投入水平小于 1 200 元，边际效益递增，大于 1 200 元的劳动力投入水平，边际效益递减。从实际每亩劳动力投入 409.94 元的水平看，陆地黄瓜大规模生产劳动力的边际效益空间较大（表 6-187）。

表 6-187 大规模生产劳动力边际效益、利润空间及其拐点

每亩增加 1 元劳动力边际总收入	耕地（亩）	劳动力（元/亩）	物质投入（元/亩）	每增加 1 元劳动力增加净收入
6.44	3.72	500	571.7	2.72
5.79	3.72	600	571.7	2.07
5.29	3.72	700	571.7	1.57
4.89	3.72	800	571.7	1.17
4.57	3.72	900	571.7	0.85
4.29	3.72	1 000	571.7	0.58
4.06	3.72	1 100	571.7	0.34
3.86	3.72	1 200	571.7	0.14
3.68	3.72	1 300	571.7	−0.03
3.53	3.72	1 400	571.7	−0.19

资料来源：作者测算 2009.4

(3) 耕地、劳动力资金投入不变，物资资本投入不同，大规模物质费用投入边际效益、利润空间及其拐点

物质费用投入边际效益函数回归形式：

$$\partial I/\partial L_{物质费用} = 2.249\ 741 \times 0.686\ 6 \times 3.72 \times^{0.913\ 6} \times 409.964\ 2^{0.425\ 8} /L_{物质费用}^{(1-0.686\ 6)}$$

物质投入边际效益、利润空间及其拐点。

在耕地面积为 3.71 亩，每亩劳动力投入为 409.94 元条件下，物质投入边际效益、利润空间及其拐点是：在每亩物质费用投入 8 100 元条件下，每增加 1 元物资费用投入的边际效益为 0，该点是物质费用投入边际效益的拐点，每亩物质费用投入水平小于 8 100 元，边际效益递增，大于 8 100 元的物质投入水平，边际效益递减。从实际物质投入 571.7 元的水平看，陆地黄瓜大规模生产物质投入水平的边际效益空间很大（表 6-188）。

表 6-188 大规模生产物质费用投入边际效益、利润空间及其拐点

每亩增加 1 元物质费用边际效益增减	土地投入（亩）	劳动力投入（元/亩）	物质成本投入（元/亩）	每增加 1 元物质费用增加净收入
7.18	3.72	409.95	1 000	3.47
5.78	3.72	409.95	2 000	2.06
5.09	3.72	409.95	3 000	1.37
4.65	3.72	409.95	4 000	0.93
4.34	3.72	409.95	5 000	0.62

续表

每亩增加1元物质费用边际效益增减	土地投入（亩）	劳动力投入（元/亩）	物质成本投入（元/亩）	每增加1元物质费用增加净收入
4.10	3.72	409.95	6 000	0.38
3.90	3.72	409.95	7 000	0.19
3.74	3.72	409.95	8 000	0.03
3.73	3.72	409.95	8 100	0.01
3.72	3.72	409.95	8 200	−0.00

资料来源：作者测算 2009.4

3. 中等规模的边际效益

中等规模生产的规模边际效益生产函数回归形式：

$$I = 25.540\,05 L_{土地}^{0.909\,6} L_{劳动力}^{0.170\,3} L_{物质费用}^{0.532\,7}$$

$$R^2 = 0.732\,49$$

数据结构

样本量为38，其中，总收入平均值为3 235.94元，种植面积平均值为1.21亩，人工费用平均值为519.12元/亩，物质投入费用平均值为651.18元/亩（表6-189）。

表6-189　中等规模生产的规模边际效益分析基础数据

年份	地区	总收入（元）	面积（亩）	人工费用（元/亩）	物质费用（元/亩）
2003	兰州	5 663.58	1.72	800.80	947.30
2003	贵阳	5750.00	1.67	504.00	693.50
2002	太原	4 478.13	1.67	788.70	665.30
2003	太原	4 776.14	1.61	784.00	585.60
2001	福州	4 309.50	1.60	334.88	599.75
2002	厦门	3 675.05	1.55	385.00	702.00
2001	厦门	3 096.00	1.50	312.00	680.00
2002	贵阳	3 302.72	1.44	462.00	520.00
2001	大连	3 213.51	1.38	260.00	408.23
2003	青岛	4 914.67	1.33	996.80	1 186.20
2003	长沙	4 416.00	1.30	414.40	770.26
2003	广州	3 767.67	1.30	484.96	320.68
2002	大连	1 865.22	1.28	279.40	509.25
2003	天津	2 821.37	1.24	473.76	340.22
2003	长春	1 901.07	1.23	724.64	586.60
2002	广州	2 859.14	1.23	567.60	516.67
2001	北京	2 812.42	1.20	390.00	496.34
2001	长沙	3 800.00	1.20	364.00	638.83
2001	石家庄	2 960.10	1.15	800.80	457.80
2003	北京	2 313.75	1.13	412.16	637.21
2002	天津	3 242.48	1.06	619.30	373.22
2000	厦门	2 480.63	1.05	450.00	993.70

续表

年份	地区	总收入（元）	面积（亩）	人工费用（元/亩）	物质费用（元/亩）
2002	长春	1 442	1.03	618.2	308.40
2000	石家庄	3 110	1.03	767.0	482.14
2002	北京	2 469	1.01	412.5	510.95
2003	呼和浩特	2 863	1.00	303.5	836.26
2003	沈阳	1695	1.00	236.3	772.41
2002	呼和浩特	3 246	1.00	330.0	726.90
2002	青岛	4 620	1.00	1 012.0	643.00
2002	兰州	4 250	1.00	745.8	1 211.88
2001	呼和浩特	4 822	1.00	353.6	786.90
2001	哈尔滨	1 108	1.00	361.9	489.00
2001	青岛	2976	1.00	634.4	964.00
2000	呼和浩特	2 800	1.00	200.0	656.00
2000	哈尔滨	1 425	1.00	330.0	721.97
2000	福州	1 965	1.00	383.0	637.04
2000	青岛	2 520	1.00	910.0	718.00
	平均	3 236	1.21	519.1	651.18

资料来源：作者测算 2009.4

(1) 物质费用、劳动力资金投入不变，土地投入不同，中等规模生产的规模土地边际效益、利润空间及其拐点

中等规模生产的规模土地边际效益函数回归形式：

$$\partial I/\partial L_{土地} = 25.540\ 05 \times 0.909\ 6 \times 519.120\ 5^{0.170\ 3} \times 651.175^{0.532\ 7} / L_{土地}^{(1-0.909\ 6)}$$

土地边际效益、利润空间及其拐点。

在劳动力投入和物质投入状况分别为 519.12 元和 651.18 元的不变条件下，每增加 1 亩土地，其边际效益利润空间及其拐点是：在 700 亩土地上，每增加 1 亩土地的边际效益为 0，该点视为边际效益拐点。小于 700 亩土地投入的边际效益为递增，大于 700 亩土地投入水平的边际效益为递减。从实际土地投入 1.21 亩的水平看，陆地黄瓜中等规模生产土地投入的边际效益空间非常大（表 6-190）。

表 6-190　中等规模生产的土地边际效益、利润空间及其拐点

每增加 1 亩地边际总收入	耕地（亩）	劳动力（元/亩）	物质投入（元/亩）	成本费用合计（元/亩）	边际效益增减及其拐点
1 402.79	100	519.12	651.18	1 170.30	232.50
1 317.68	200	519.12	651.18	1 170.30	147.38
1 270.31	300	519.12	651.18	1 170.30	100.01
1 237.73	400	519.12	651.18	1 170.30	67.43

续表

每增加1亩地边际总收入	耕地（亩）	劳动力（元/亩）	物质投入（元/亩）	成本费用合计（元/亩）	边际效益增减及其拐点
1 213.04	500	519.12	651.18	1 170.30	42.74
1 193.23	600	519.12	651.18	1 170.30	22.93
1 176.74	700	519.12	651.18	1 170.30	6.44
1 162.63	800	519.12	651.18	1 170.30	−7.67
1 150.33	900	519.12	651.18	1 170.30	−19.97
1 139.44	1 000	519.12	651.18	1 170.30	−30.86

资料来源：作者测算 2009.4

(2) 耕地、物资费用不变，劳动力投入不同，中等规模生产劳动力边际效益、利润空间及其拐点

劳动力投入边际效益函数回归形式：

$$\partial I/\partial L_{劳动力} = 25.540\,05 \times 0.170\,3 \times 1.21^{0.909\,6} \times 651.175^{0.532\,7} / L_{劳动力}^{(1-0.170\,3)}$$

劳动力投入边际效益、利润空间及其拐点。

在耕地面积为1.213亩，物质费用实际为651.17元的不变条件下，劳动力投入边际效益、利润空间及其拐点是：在劳动力增加投入360元条件下，每增加1元劳动力投入的边际效益为0，该点是劳动力投入边际效益的拐点，每亩劳动力投入水平小于360元，边际效益递增，大于360元的劳动力投入水平，边际效益递减。从中等规模生产实际平均每亩劳动力投入达到519.12元的水平看，陆地黄瓜中等规模生产劳动力的边际效益空间不大（表6-191）。

表6-191　中等规模生产劳动力边际效益、利润空间及其拐点

每亩增加1元物质费用边际效益增减	土地投入（亩）	劳动力投入（元/亩）	物质成本投入（元/亩）	每增加1元物质费用增加净收入
3.59	1.21	100	651.18	2.37
2.02	1.21	200	651.18	0.80
1.44	1.21	300	651.18	0.23
1.40	1.21	310	651.18	0.19
1.37	1.21	320	651.18	0.15
1.33	1.21	330	651.18	0.12
1.30	1.21	340	651.18	0.09
1.27	1.21	350	651.18	0.05
1.24	1.21	360	651.18	0.03
1.21	1.21	370	651.18	−0.00

资料来源：作者测算 2009.4

(3) 耕地、劳动力资金投入不变，物资资本投入不同，中等规模生产物质费用投入边际效益、利润空间及其拐点

物质费用投入边际效益函数回归形式：

$$\partial I/\partial L_{物质费用}=25.540\,05\times 0.532\,7\times 1.21^{0.909\,6}\times 519.120\,5^{0.170\,3}/L_{物质费用}^{(1-0.532\,7)}$$

物质投入边际效益、利润空间及其拐点。

在耕地面积为 1.213 亩，每亩劳动力投入为 519.12 元条件下，物质投入边际效益、利润空间及其拐点是：在每亩物质费用投入 2 500 元条件下，每增加 1 元物资费用投入的边际效益为 0，该点是物质费用投入边际效益的拐点，每亩物质费用投入水平小于 2 500 元，边际效益递增，大于 2 500 元，边际效益递减。从实际平均物质投入 651.17 元的水平看，陆地黄瓜中等规模生产物质边际效益空间很大（表 6-192）。

表 6-192　中等规模生产物质费用投入边际效益、利润空间及其拐点

每亩增加 1 元物质费用边际效益增减	土地投入（亩）	劳动力投入（元/亩）	物质成本投入（元/亩）	每增加 1 元物质费用增加净收入
1.87	1.21	519.12	1 000	0.65
1.35	1.21	519.12	2 000	0.14
1.32	1.21	519.12	2 100	0.11
1.29	1.21	519.12	2 200	0.08
1.26	1.21	519.12	2 300	0.05
1.24	1.21	519.12	2 400	0.03
1.22	1.21	519.12	2 500	0.00
1.19	1.21	519.12	2 600	−0.02
1.17	1.21	519.12	2 700	−0.04
1.15	1.21	519.12	2 800	−0.06

资料来源：作者测算 2009.4

4. 小规模的边际效益

小规模生产边际效益生产函数回归形式：:

$I=5.265\,02L_{土地}^{0.885\,4}L_{劳动力}^{0.413}L_{物质费用}^{0.523\,2}$

$R^2=0.943\,2$

数据结构样本量为 59，其中，总收入平均值为 1 178.516 元，种植面积平均值为 0.53 亩，人工费用平均值为 550.67 元/亩，物质投入费用平均值为 599.95 元/亩（表 6-193）。

表 6-193　小规模生产边际效益分析基数据表

年份	地区	总收入（元）	面积（亩）	人工费用（元/亩）	物质费用（元/亩）
2003	厦门	1 930.41	0.89	408.8	648.7
2002	石家庄	2 696.70	0.88	786.5	486.3
2002	沈阳	1 305.75	0.88	234.3	776.5
2002	南宁	570.31	0.88	501.6	399.7
2001	沈阳	1 380.24	0.88	218.4	790.0
2000	沈阳	1 326.94	0.88	211.0	777.0
2000	太原	1 721.67	0.83	740.0	573.0
2000	天津	1 431.67	0.83	533.0	441.1
2003	石家庄	3 041.00	0.80	769.4	534.1
2000	长沙	1 310.00	0.80	450.0	729.4
2001	海口	3 260.80	0.79	764.4	813.0
2000	南宁	477.80	0.78	650.0	451.2
2003	银川	1 316.50	0.75	209.4	564.7
2002	银川	1 190.25	0.75	352.0	618.1
2003	武汉	1 138.76	0.73	206.1	691.8
2000	合肥	667.57	0.73	609.0	267.1
2002	海口	2 370.36	0.71	990.0	881.0
2002	长沙	2 091.60	0.67	390.5	558.1
2000	海口	2 832.72	0.66	1 250.0	1 348.0
2001	银川	1 027.90	0.65	341.1	591.4
2003	南昌	734.34	0.65	234.1	158.6
2001	南宁	812.29	0.64	650.0	454.5
2000	济南	1 483.44	0.63	507.0	667.2
2001	武汉	1 224.08	0.63	223.6	709.4
2001	广州	1 774.91	0.60	505.4	514.0
2001	兰州	2 573.21	0.60	504.4	1 430.0
2000	银川	987.73	0.60	361.0	499.8
2002	武汉	782.16	0.59	251.9	633.2
2003	海口	1 574.02	0.58	537.6	694.3
2000	广州	1 694.35	0.57	500.0	567.7
2001	西安	1 882.93	0.54	955.8	795.0
2000	武汉	319.74	0.53	147.0	473.4
2001	济南	1 705.01	0.51	591.7	678.2
2002	济南	1 360.25	0.50	619.3	638.7
2002	西安	1 446.82	0.49	1 172.6	762.6
2003	济南	1 231.44	0.45	625.0	590.5
2003	合肥	1 948.50	0.40	917.3	565.6
2002	南昌	341.67	0.40	239.80	207.50
2001	昆明	426.69	0.39	353.60	409.30
2002	昆明	865.30	0.37	576.40	703.30
2003	昆明	681.89	0.37	740.30	685.80

续表

年份	地区	总收入（元）	面积（亩）	人工费用（元/亩）	物质费用（元/亩）
2000	昆明	689.10	0.36	610.00	617.60
2003	郑州	967.01	0.33	542.08	586.20
2003	南宁	326.67	0.33	450.24	358.80
2001	贵阳	861.67	0.33	530.40	258.00
2002	合肥	1 309.75	0.33	746.90	837.00
2003	西安	708.67	0.31	1 270.08	829.90
2002	郑州	662.65	0.30	612.70	643.70
2001	南昌	328.00	0.30	326.56	258.70
2000	西安	749.40	0.27	923.00	829.80
2003	重庆	705.82	0.26	331.52	520.30
2001	重庆	719.30	0.25	419.12	306.60
2001	合肥	644.50	0.20	691.60	679.90
2000	贵阳	500.00	0.20	540.00	259.50
2000	南昌	172.83	0.17	432.00	370.50
2001	郑州	446.80	0.16	553.28	650.80
2000	重庆	254.61	0.15	505.00	316.70
2002	重庆	228.13	0.15	436.70	498.30
2000	郑州	317.82	0.11	739.00	796.90
	平均	1 178.52	0.53	550.67	600.00

资料来源：作者测算 2009.4

(1) 物质费用、劳动力资金投入不变，土地投入不同，小规模生产土地边际效益、利润空间及其拐点

小规模生产土地边际效益函数回归形式：

$$\partial I/\partial L_{土地} = 5.265\,02 \times 0.885\,4 \times 550.670\,5^{0.413} \times 599.955^{0.523\,2} / L_{土地}^{(1-0.885\,4)}$$

土地边际效益、利润空间及其拐点。

在每亩劳动力投入和物质投入状况分别为 550.67 元和 599.95 元的不变条件下，每增加 1 亩土地，其边际效益利润空间及其拐点是：在 40 亩土地上，每增加 1 亩土地的边际效益为 0，该点视为边际效益拐点。小于 40 亩土地投入的边际效益为递增，大于 40 亩土地投入水平的边际效益为递减。从实际土地投入 0.53 亩的水平看，陆地黄瓜小规模生产土地投入的边际效益空间较大（表 6-194）。

表 6-194　小规模生产土地边际效益、利润空间及其拐点

每增加 1 亩地边际总收入	耕地（亩）	劳动力（元/亩）	物质投入（元/亩）	成本费用合计（元/亩）	边际效益增减及其拐点
1 380.01	10	550.67	599.96	1 150.63	229.38
1 274.67	20	550.67	599.96	1 150.63	124.05
1 216.82	30	550.67	599.96	1 150.63	66.20

续表

每增加1亩地边际总收入	耕地（亩）	劳动力（元/亩）	物质投入（元/亩）	成本费用合计（元/亩）	边际效益增减及其拐点
1 177.38	40	550.67	599.96	1 150.63	26.75
1 147.67	50	550.67	599.96	1 150.63	−2.96
1 123.95	60	550.67	599.96	1 150.63	−26.69
1 104.27	70	550.67	599.96	1150.63	−46.35
1 087.51	80	550.67	599.96	1150.63	−63.11
1 072.94	90	550.67	599.96	1 150.63	−77.69
1 060.07	100	550.67	599.96	1 150.63	−90.56

资料来源：作者测算 2009.4

(2) 耕地、物资费用不变，劳动力投入不同，小规模劳动力边际效益、利润空间及其拐点

劳动力投入边际效益函数回归形式：

$$\partial I/\partial L_{劳动力} = 5.265\,02 \times 0.413 \times 0.53^{0.885\,4} \times 599.955^{0.523\,2} / L_{劳动力}^{(1-0.413)}$$

劳动力投入边际效益、利润空间及其拐点。

在耕地面积为0.53亩，每亩物质费用为599.95元的不变条件下，劳动力投入边际效益、利润空间及其拐点是：在每亩劳动力增加投入1 200元条件下，每增加1元劳动力投入的边际效益为0，该点是劳动力投入边际效益的拐点，每亩劳动力投入水平小于1 200元，边际效益递增，大于1 200元，边际效益递减。从小规模实际平均每亩劳动力投入550.67元的水平看，陆地黄瓜小规模生产劳动力的边际效益空间较大（表6-195）。

表6-195　小规模生产劳动力边际效益、利润空间及其拐点

每亩增加1元劳动力边际总收入	耕地（亩）	劳动力（元/亩）	物质投入（元/亩）	每增加1元劳动力增加净收入
0.92	0.53	500	599.96	0.39
0.61	0.53	1 000	599.96	0.08
0.58	0.53	1 100	599.96	0.05
0.55	0.53	1 200	599.96	0.02
0.52	0.53	1 300	599.96	−0.01
0.50	0.53	1 400	599.96	−0.03
0.48	0.53	1 500	599.96	−0.05
0.46	0.53	1 600	599.96	−0.07
0.45	0.53	1 700	599.96	−0.08
0.43	0.53	1 800	599.96	−0.10

资料来源：作者测算 2009.4

(3) 耕地、劳动力资金投入不变，物资资本投入不同，小规模物质费

用投入边际效益、利润空间及其拐点

物质费用投入边际效益函数回归形式：

$$\partial I/\partial L_{物质费用}=5.265\,02\times 0.523\,2\times 0.53^{0.885\,4}\times 550.670\,5^{0.413}/L_{物质费用}^{(1-0.523\,2)}$$

物质投入边际效益、利润空间及其拐点。

在耕地面积为0.530亩，每亩劳动力投入为550.67元条件下，物质投入边际效益、利润空间及其拐点是：在每亩物质费用投入2 300元条件下，每增加1元物资费用投入的边际效益为0，该点是物质费用投入边际效益的拐点，每亩物质费用投入水平小于2 300元，边际效益递增，大于2 300元的物质投入水平，边际效益递减。从实际物质投入599.95元的水平看，陆地黄瓜小规模生产物质投入水平的边际效益空间很大（表6-196）。

表6-196　小规模生产物质费用投入边际效益、利润空间及其拐点

每亩增加1元物质费用边际效益增减	土地投入（亩）	劳动力投入（元/亩）	物质成本投入（元/亩）	每增加1元物质费用增加净收入
0.79	0.53	550.67	1 000	0.26
0.57	0.53	550.67	2 000	0.04
0.56	0.53	550.67	2 100	0.03
0.54	0.53	550.67	2 200	0.01
0.53	0.53	550.67	2 300	0.00
0.52	0.53	550.67	2 400	−0.01
0.51	0.53	550.67	2 500	−0.02
0.50	0.53	550.67	2 600	−0.03
0.49	0.53	550.67	2 700	−0.04
0.48	0.53	550.67	2 800	−0.05

资料来源：作者测算2009.4

5. 结论

(1) 在总体条件下，陆地黄瓜生产具备土地投入、劳动力投入、物质投入的边际效益空间。这表明，陆地黄瓜生产适宜大规模生产。

(2) 在大规模条件下，陆地黄瓜生产具备土地投入、劳动力投入、物质投入的边际效益空间。这表明在目前条件下，我国大规模陆地黄瓜生产的规模还存在扩大规模化生产的效益空间。

(3) 在中规模条件下，陆地黄瓜生产的土地投入、物资投入规模边际效益空间很大。而劳动力规模边际效益没有任何增长空间。这表明在目前条件下，我国中等规模陆地黄瓜生产还存在扩大规模化生产的效益空间。

(4) 在小规模条件下，陆地黄瓜生产具备土地投入、劳动力投入、物质投入的边际效益空间。这表明，小规模陆地黄瓜生产要加快向大规模化生产的步伐。

十二、种植业集约化规模化生产离现代农业的差距

1. 总体

总体上，种植业规模边际效益及拐点、劳动力投入边际效益及拐点、物资投入边际效益及拐点很好地反映了目前我国种植业规模不经济的现实。在种植业土地规模边际效益测算与实际差异值方面，最高值达到38 561.09倍，最低值也有7.15倍，且没有负效应。即在目前生产规模和各种生产方式条件下，提高种植业土地经营规模，向集约化方向发展存在着巨大的土地效益空间。在劳动力投入规模边际效益测算与实际差异上，85%的生产方式出现了负值。在物质投入规模边际效益测算与实际差异上，99.92%的生产方式为正值，表明现阶段我国种植业生产方式在物资投入方面，还有巨大的规模经济效益空间，而劳动力的负值反证了目前我国种植业规模不经济的现实，如图6-4所示。

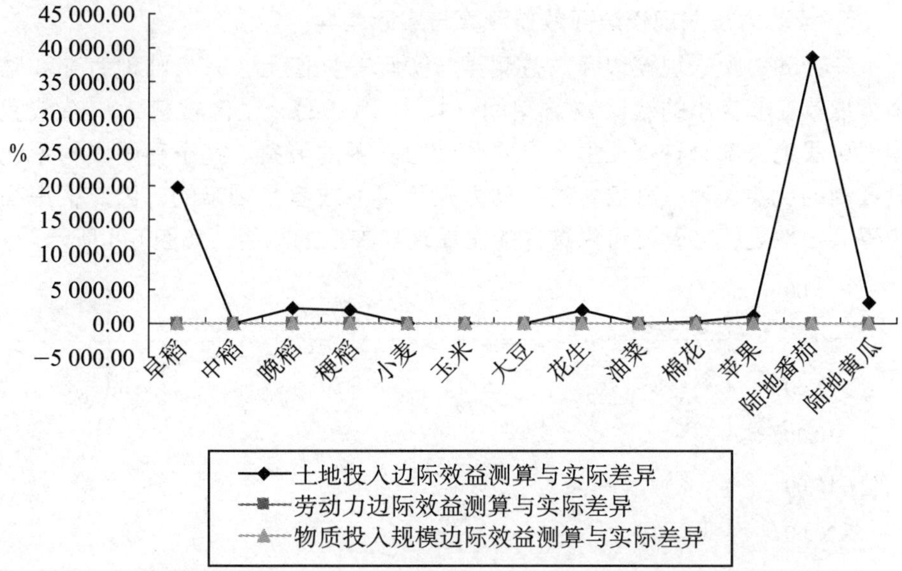

图6-4 种植业规模边际效益、利润空间、拐点趋势

2. 种植业土地规模边际效益测算与实际差异

在种植业土地规模边际效益测算与实际差异上，陆地番茄、早稻、陆

地黄瓜、晚稻、梗稻、花生、苹果土地规模边际效益测算与实际差异最高，差异倍数分别是 38 561.09 倍、19 625.17 倍、2 981.46 倍、2 026.03 倍、1 909.11 倍、1 799.95 倍和 1 083.56 倍，表明这些种植业的现实土地规模经营水平太低，是规模不经济的具体表现，如图 6-5 所示。

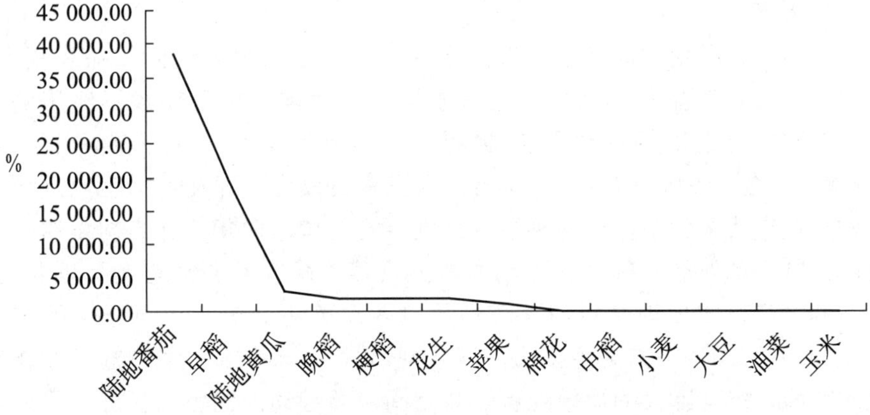

图 6-5　种植业规模边际效益测算与实际差异值

3. 劳动力投入规模边际效益测算与实际差异

在劳动力投入规模边际效益测算与实际差异值上，只有陆地番茄和陆地黄瓜具备非常小的边际效益空间（1.18，1.08），生产规模太小造成我国现阶段绝大部分种植业生产方式劳动力资源的浪费。鉴于我国农村承包责任制的现实，消减种植业的劳动力是不可能或者是困难的，因此，提高种植业土地规模经营是可供选择的发展现代农业的路径，如图 6-6 所示。

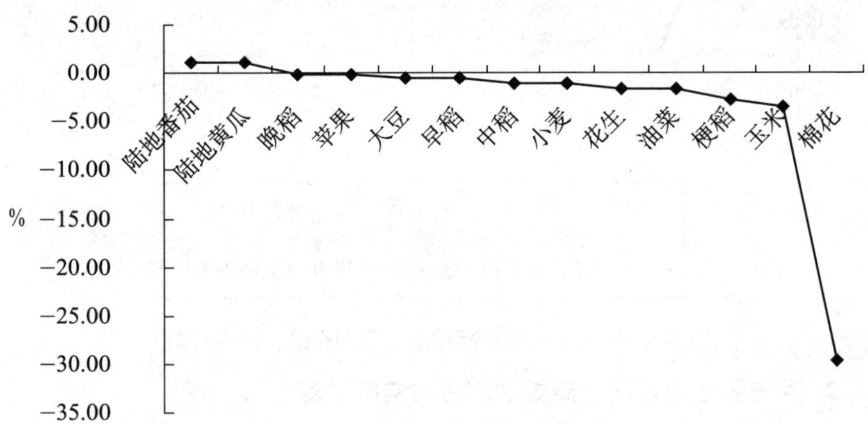

图 6-6　劳动力投入规模边际效益测算与实际差异值

4. 物资投入规模边际效益测算与实际差异

在物资投入规模边际效益测算与实际差异值上，只有花生不具备物资投入边际效益（—0.02 倍），表明现阶段我国种植业生产方式在物资投入效益上，还有巨大的规模经济效益空间，如图 6-7、表 6-197 和表 6-198 所示。

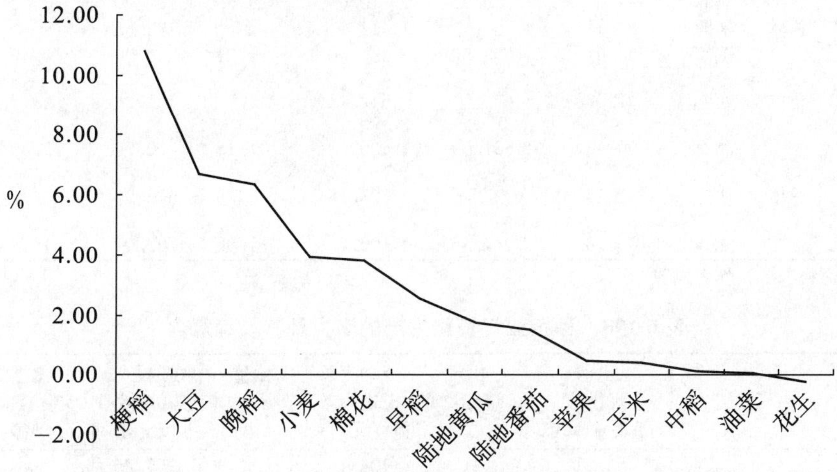

图 6-7　物资投入规模边际效益测算与实际差异值

表 6-197　种植业规模化边际效益测算与实际差异

项目			土地投入的规模边际效益（亩）	比重（实际/测算）（%）	劳动力投入规模边际效益（元/亩）	比重（实际/测算）（%）	物质投入规模边际效益（元/亩）	比重（实际/测算）（%）
早稻	总体	实际	3.21		134.14		159.25	
		测算	63 000.00	19 625.17	84.00	—0.60	570.00	2.58
中稻	总体	实际	3.26		172.73		156.39	
		测算	223.00	67.40	81.00	—1.13	183.00	0.15
晚稻	总体	实际	3.70		129.93		156.41	
		测算	7500.00	2026.03	118.00	—0.10	1150.00	6.35
粳稻	总体	实际	8.90		149.65		220.15	
		测算	17 000.00	1 909.11	40.00	—2.74	2 600.00	10.81
小麦	总体	实际	12.87		103.36		161.80	
		测算	569.00	43.21	48.00	—1.15	800.00	3.94
玉米	总体	实际	9.82		127.22		140.24	
		测算	80.00	7.15	28.00	—3.54	245.00	0.43
大豆	总体	实际	4.63		78.83		78.21	
		测算	68.00	13.69	50.00	—0.58	600.00	6.67
花生	总体	实际	2.11		156.13		195.76	
		测算	3 800.00	1 799.95	60.00	—1.60	160.00	—0.22
油菜	总体	实际	2.17		134.01		90.04	
		测算	18.00	7.29	50.00	—1.68	100.00	0.10

续表

项目			土地投入的规模边际效益（亩）	比重（实际/测算）（%）	劳动力投入规模边际效益（元/亩）	比重（实际/测算）（%）	物质投入规模边际效益（元/亩）	比重（实际/测算）（%）
棉花	总体	实际	4.29		306.81		228.38	
		测算	390.00	89.91	10.00	−29.68	1 100.00	3.82
苹果	总体	实际	5.44		411.01		428.85	
		测算	5 900.00	1 083.56	330.00	−0.25	800.00	0.46
陆地番茄	总体	实际	1.53		642.18		681.28	
		测算	59 000.00	38 561.09	1 400.00	1.18	1 700.00	1.50
陆地黄瓜	总体	实际	1.14		528.18		613.97	
		测算	3 400.00	2 981.46	1 100.00	1.08	1 700.00	1.77

资料来源：作者测算

表 6-198　种植业规模化生产的潜力及其政策意含

			土地规模边际效益（亩）	比重（实际/测算）（%）	劳动力规模边际效益（元/亩）	比重（实际/测算）（%）	物质投入规模边际效益（元/亩）	比重（实际/测算）（%）
早稻	总体	实际	3.21		134.14		159.25	
		测算	63 000.00	19 625.17	84.00	−0.60	570.00	2.58
	大规模	实际	4.03		141.09		153.86	
		测算	27.00	5.70	220.00	0.36	62.00	−1.48
	中规模	实际	3.36		134.95		160.55	
		测算	111.00	32.04	54.00	−1.50	86.00	−0.87
	小规模	实际	2.49		129.87		161.61	
		测算	82.00	31.93	104.00	−0.25	180.00	0.10
中稻	总体	实际	3.26		172.73		156.39	
		测算	223.00	67.40	81.00	−1.13	183.00	0.15
	大规模	实际	4.10		133.57		158.64	
		测算	140.00	33.15	106.00	−0.26	113.00	−0.40
	中规模	实际	3.28		180.68		156.79	
		测算	111.00	32.84	70.00	−1.58	125.00	−0.25
	小规模	实际	2.48		197.86		153.65	
		测算	105.00	41.34	113.00	−0.75	310.00	1.02
晚稻	总体	实际	3.70		129.93		156.41	
		测算	7500.00	2026.03	118.00	−0.10	1150.00	6.35
	大规模	实际	5.38		133.03		133.42	
		测算	280.00	51.08	107.00	−0.24	180.00	0.26
	中规模	实际	3.48		132.52		165.02	
		测算	190.00	53.60	72.00	−0.84	113.00	−0.46
	小规模	实际	2.70		123.59		162.32	
		测算	220.00	80.58	100.00	−0.24	170.00	0.05

续表

			土地规模边际效益（亩）	比重（实际/测算）（%）	劳动力规模边际效益（元/亩）	比重（实际/测算）（%）	物质投入规模边际效益（元/亩）	比重（实际/测算）（%）
粳稻	总体	实际	8.90		149.65		220.15	
		测算	17 000.00	1 909.11	40.00	−2.74	2 600.00	10.81
	大规模	实际	24.08		116.96		228.71	
		测算	6 000.00	248.17	180.00	0.35	1 400.00	5.12
	中规模	实际	6.69		172.40		237.04	
		测算	170.00	24.40	80.00	−1.15	970.00	3.09
	小规模	实际	3.12		154.36		209.12	
		测算	114.00	35.54	100.00	−0.54	1 040.00	3.97
小麦	总体	实际	12.87		103.36		161.80	
		测算	569.00	43.21	48.00	−1.15	800.00	3.94
	大规模	实际	191.35		46.09		237.75	
		测算	2 900.00	14.16	120.00	1.60	115.00	−1.07
	中规模	实际	17.27		33.68		150.20	
		测算	1 280.00	73.12	80.00	1.38	200.00	133.16
	小规模	实际	3.94		109.55		158.65	
		测算	640.00	161.44	104.00	−0.05	970.00	5.11
玉米	总体	实际	9.82		127.22		140.24	
		测算	80.00	7.15	28.00	−3.54	245.00	0.43
	大规模	实际	46.11		67.26		143.93	
		测算	730.00	14.83	8.00	−7.41	710.00	3.93
	中规模	实际	6.26		98.75		152.14	
		测算	270.00	42.13	16.00	−5.17	940.00	5.18
	小规模	实际	2.67		151.30		135.12	
		测算	90.00	32.77	10.00	−14.13	1 200.00	7.88
大豆	总体	实际	4.63		78.83		78.21	
		测算	68.00	13.69	50.00	−0.58	600.00	6.67
	大规模	实际	9.76		69.44		96.34	
		测算	5 900.00	603.76	35.00	−0.98	1 350.00	13.01
	中规模	实际	6.31		64.94		97.55	
		测算	302.00	46.88	62.00	−0.05	1 090.00	10.17
	小规模	实际	1.45		87.93		70.86	
		测算	230.00	157.95	46.00	−0.91	410.00	4.79
花生	总体	实际	2.11		156.13		195.76	
		测算	3 800.00	1 799.95	60.00	−1.60	160.00	−0.22
	大规模	实际						
		测算						
	中规模	实际	3.96		155.93		168.49	
		测算	270.00	67.22	202.00	0.23	2 090.00	11.40
	小规模	实际	1.18		156.24		209.40	
		测算	54.00	44.61	90.00	−0.74	120.00	−0.74

续表

			土地规模边际效益（亩）	比重（实际/测算）（%）	劳动力规模边际效益（元/亩）	比重（实际/测算）（%）	物质投入规模边际效益（元/亩）	比重（实际/测算）（%）
油菜	总体	实际	2.17		134.01		90.04	
		测算	18.00	7.29	50.00	－1.68	100.00	0.10
	大规模	实际						
		测算						
	中规模	实际	3.12		127.31		89.08	
		测算	400.00	127.21	40.00	－2.18	650.00	6.30
	小规模	实际	1.27		140.30		90.93	
		测算	290.00	227.35	21.00	－5.68	500.00	4.50
棉花	总体	实际	4.29		306.81		228.38	
		测算	390.00	89.91	10.00	－29.68	1 100.00	3.82
	大规模	实际						
		测算						
	中规模	实际	10.36		241.96		314.34	
		测算	480.00	45.32	350.00	0.31	3 500.00	10.13
	小规模	实际	2.67		324.11		205.46	
		测算	113.00	41.32	118.00	－1.75	2 900.00	13.11
苹果	总体	实际	5.44		411.01		428.85	
		测算	5 900.00	1 083.56	330.00	－0.25	800.00	0.46
	大规模	实际						
		测算						
	中规模	实际	10.41		324.91		407.17	
		测算	1 050.00	99.86	220.00	－0.48	7 100.00	16.44
	小规模	实际	2.63		459.72		441.10	
		测算	170.00	63.64	150.00	－2.06	6 400.00	13.51
陆地番茄	总体	实际	1.53		642.18		681.28	
		测算	59 000.00	38 561.09	1 400.00	1.18	1 700.00	1.50
	大规模	实际	6.30		515.49		671.81	
		测算	2 100.00	332.33	5 200.00	9.09	3 600.00	4.36
	中规模	实际	1.36		572.36		643.58	
		测算	1 900.00	1 396.06	1 500.00	1.62	900.00	0.28
	小规模	实际	0.64		708.12		704.68	
		测算	290.00	452.13	600.00	－0.18	2 600.00	2.69
陆地黄瓜	总体	实际	1.14		528.18		613.97	
		测算	3 400.00	2 981.46	1 100.00	1.08	1 700.00	1.77
	大规模	实际	3.71		409.95		571.70	
		测算	3 020.00	813.02	1 200.00	1.93	8 100.00	13.17
	中规模	实际	1.21		519.12		651.18	
		测算	700.00	576.08	360.00	－0.44	2 500.00	2.84
	小规模	实际	0.53		550.67		599.95	
		测算	40.00	74.47	1 200.00	1.18	2 300.00	2.83

资料来源：作者测算 2009

第四节　中国畜牧业集约化和规模化问题研究

一、中国畜牧业规模化生产现状

与中国种植业比较，20 世纪 80 年代后的中国畜牧业生产规模化程度远远大于种植业，主要原因在于中国消化和引进畜牧业生产的育种和饲料技术，彻底改变了畜牧业生产方式，使集约化、规模化饲养成为农村畜牧业生产的主要方式。以肉鸡为例，优良品种的肉鸡在配合饲料的饲养下，45 天即便达到出栏体重，这种饲养技术的变革，使得中国农户养鸡需要一年才能出栏的方式成为历史。对于农户而言，集约化、规模化饲养的含义还可以有很多种解释。肉鸡饲养的最低规模为 500 只，蛋鸡饲养的最小规模为 1 000 只。总之，中国畜牧业生产方式得益于技术改良，从 20 世纪 80 年代起开始由农户生产逐渐向专业化、规模化饲养方式转变，只是这种转变受制于农户资金投入和技术管理等方面的因素影响，速度是缓慢的。

1. 中国畜牧业生产现状

2006 年，中国出栏 68 050.36 万头生猪，5 602.85 万条肉牛，1 017 593 万只家禽，32 967.55 万只羊，3 193.41 万吨牛奶，2 945.6 万吨鲜蛋（表 6-199）。

表 6-199　2007 年中国畜牧业生产状况

地区	猪（万头）	肉牛（万头）	肉禽（万只）	羊（万只）	牛奶（万吨）	鲜蛋（万吨）
全国	68 050.36	5 602.85	101 759 3	32 967.55	3 193.41	2 945.6
北京	382.82	20.13	14 740.72	190.93	61.93	15.18
天津	503.16	37.27	9 412.25	128.31	68.28	23.08
河北	4 711.66	601.56	73 998.71	2 658.99	407.62	465.09
山西	668.64	53.31	3 921.91	534.16	81.06	52.41
内蒙古	1 054.28	243.9	15 993.47	5 011.05	869.16	50.28
辽宁	2 324.88	303.1	57 334.6	720.24	93.70	237.43
吉林	1 343.7	370	47 420	340	34.50	101
黑龙江	1 409.79	221.41	15 267.13	772.7	460.30	107.63
上海	252.7	0.09	5 064.96	44.83	22.09	6.76
江苏	2 977.32	29.2	61 205.23	1 578.26	58.36	185.54
浙江	1 899.38	8.68	21 955.42	201.35	25.48	42
安徽	2 667.33	245.61	47 642.65	1 364.47	12.80	123.56
福建	1 909.64	29.8	19 487.61	163.59	17.05	44.92
江西	2 347.5	108.73	36 807.13	114.11	13.87	43.25
山东	4 641.63	556.6	180 868.4	3 840.39	215.80	430.52

续表

地区	猪（万头）	肉牛（万头）	肉禽（万只）	羊（万只）	牛奶（万吨）	鲜蛋（万吨）
河南	5 957.76	755.14	74 950.14	4 537.65	147.68	400.82
湖北	3 419.50	112.93	38 478.38	392.55	13.88	124.81
湖南	6 242.37	169.13	40 925.38	862.78	7.27	95.29
广东	3 634.82	68.02	10 5161.20	42.24	12.17	34.70
广西	3 010.30	205.65	29 160.00	275.55	6.27	18.81
海南	478.14	34.55	9 417.27	100.10	0.09	2.61
重庆	1 968.30	58.70	14 876.41	46.53	8.35	36.88
四川	7 471.41	271.41	50 015.38	1 409.07	62.04	171.68
贵州	1 526.36	113.21	7 950.99	309.35	4.09	12.18
云南	2 902.51	226.30	13 860.10	616.30	36.40	20.54
西藏	18.31	107.96		508.52	21.57	0.35
陕西	902.90	92.46	6 581.14	672.85	127.36	49.92
甘肃	744.98	135.12	3 961.10	908.44	35.91	14.79
青海	128.44	98.51	309.17	584.07	23.80	1.46
宁夏	159.01	45.68	1 420.75	420.12	64.73	6.29
新疆	390.82	278.69	9 405.30	3 318.05	179.81	25.80

资料来源：中国统计年鉴 2007

2. 畜牧业规模化生产

(1) 生猪

2006 年，从事生猪生产的专业农户、农场、企业有 2 106 942 个，出栏生猪 1 553 100，占全国出栏总数的 41.05%，包括 1 581 697 个年出栏 50～99 头生猪的农户、专业户、农场，共计出栏 105 658 200 头生猪；458 184个年出栏 100～499头生猪的农户、专业户、农场，共计出栏103 756 400头生猪；60 054 个年出栏 500～2 999 头生猪的农户、专业户、农场，共计出栏 60 665 600 头生猪；5 690 个年出栏 3 000～9 999 头生猪的农户、专业户、农场，共计出栏 27 928 300 头生猪；1317 个年出栏10 000～49 999头生猪的农户、专业户、农场，共计出栏 20 455 600 头生猪（表 6-200)。

表 6-200　不同规模生猪饲养量

地区	规模数 50～99 头		规模数 100～499 头		规模数 500～2 999 头		规模数 3 000～9 999 头		规模数 10 000～49 999 头	
	农户、专业户、农场	出栏数（10 000 头）	农户、专业户、农场	出栏数（10 000 头）	农户、专业户、农场	出栏数（10 000 头）	农户、专业户、农场	出栏数（10 000 头）	农户、专业户、农场	出栏数（10 000 头）
全国	1 581 697	10 565.82	458 184	10 375.64	60 054	6 066.56	5 690	2 792.83	1 317	2 045.56
北京	11 620	81.74	3018	75.18	370	54.26	96	68.36	44	52.89

续表

地区	规模数 50～99 头		规模数 100～499 头		规模数 500～2 999 头		规模数 3 000～9 999 头		规模数 10 000～49 999 头	
	农户、专业户、农场	出栏数（10 000 头）	农户、专业户、农场	出栏数（10 000 头）	农户、专业户、农场	出栏数（10 000 头）	农户、专业户、农场	出栏数（10 000 头）	农户、专业户、农场	出栏数（10 000 头）
天津	9 788	76.72	5 160	133.57	1 313	232.04	118	80.45	9	15.31
河北	83 327	612.75	29 648	725.37	2 676	305.99	250	130.61	70	96.21
山西	21 660	152.08	6 295	130.37	676	68.89	51	24.27	12	14.97
内蒙古	111 718	580.94	1 938	37.39	148	23.05	4	1.23	2	2.06
辽宁	91 021	579.90	24 720	586.20	1 830	163.70	97	55.80	19	35.70
吉林	71 166	397	21 509	391	1 367	140	93	45	15	29
黑龙江	74 548	488.20	16 952	560.40	678	166.20	80	36.20	12	37.50
上海	2 234	16.03	1 707	37.24	507	47.78	105	53.15	37	57.97
江苏	55 089	380.82	23 282	503.49	2 062	177.04	134	70.01	51	74.50
浙江	21 909	164.35	16 654	428.31	3 802	364.29	366	171.04	114	207.57
安徽	89 230	474.82	11 557	308.35	2 016	177.32	193	90.75	30	50.56
福建	21 048	165.44	15 749	351.95	3 997	362.17	463	216.03	103	144
江西	25 614	184.59	12 638	312.84	2 790	293.34	355	170.75	123	180.11
山东	150 442	1 055.84	40 834	1 040.55	3 951	425.73	228	119.61	30	53.01
河南	155 359	1 105.16	51 313	1 214.38	6 117	619.96	701	339.36	151	220.26
湖北	41 848	281.2	16 178	331.41	2 192	205.54	308	146.52	124	177.88
湖南	190 416	1 299.3	67 150	1 248.56	8 372	688.40	532	247.85	55	82.55
广东	66 259	482.81	31 015	627.58	7 063	749.18	746	346.40	186	304.90
广西	37 293	275.84	7 932	221.65	1 775	207.33	261	146.99	50	88.88
海南	5 075	44	963	24.73	196	23.56	109	45.8	27	40.62
重庆	26 601	143.19	7 598	146.17	1 536	105.19	89	32.81	16	17.15
四川	121 606	830.09	24 371	544.50	2 911	291.76	203	107.71	23	37.34
贵州	22 976	154.4	2 866	50.36	97	11.97	2	0.99		
云南	23 139	158.02	4 278	98.03	567	50.99	25	10.41	2	3.52
西藏	123	1.11								
陕西	26 223	176.5	6 949	82.41	461	30.06	39	12.75	4	5.33
甘肃	11 052	90.93	2 375	62.68	286	32.46	25	11.4	4	5.51
青海	2 520	22.71	170	5.98	15	1.24	1	0.99	1	1.17
宁夏	1 723	14.60	1 200	26.01	76	6.1				
新疆	9 070	74.74	2 165	68.98	207	41.02	16	9.59	3	9.09

资料来源：中国统计年鉴 2007

其中，年出栏 50～99 头生猪的 1 581 697 个农户、专业户、农场的场户数占总场户数的 75.07 %，出栏数占全国总出栏数的 15.53%；年出栏 100～499 头生猪的 458 184 个农户、专业户、农场的场户数占总场户数的 21.75 %，出栏数占全国总出栏数的 15.25%；年出栏 500～2 999 头生猪的 60 054 个农户、专业户、农场的场户数占总场户数的 2.85 %，出栏数占全国总出栏数的 8.91%；年出栏 3 000～9 999 头生猪的 5 690 个农户、专业户、农场的场户数占总场户数的 0.27 %，出栏数占全国总出栏数的 4.10%；年出栏 10 000～49 999 头生猪的 1 317 个农户、专业户、农场的场户数占总场户数的 0.06 %，出栏数占全国总出栏数的 3.01%（表 6-201）。

表 6-201　农户、专业户、农场不同规模出栏数及其占全国出栏总数的比重

地区	场（户）总数	规模数 50～99 头		规模数 100～499 头		规模数 500～2 999 头		规模数 3 000～9 999 头		规模数 10 000～49 999 头	
		农户、专业户、农场	出栏数（10 000 头）	农户、专业户、农场	出栏数（10 000 头）	农户、专业户、农场	出栏数（10 000 头）	农户、专业户、农场	出栏数（10 000 头）	农户、专业户、农场	出栏数（10 000 头）
全国	2 106 942	75.07	15.53	21.75	15.25	2.85	8.91	0.27	4.10	0.06	3.01
北京	15 148	76.71	21.35	19.92	19.64	2.44	14.17	0.63	17.86	0.29	13.82
天津	16 388	59.73	15.25	31.49	26.55	8.01	46.12	0.72	15.99	0.05	3.04
河北	115 971	71.85	13.00	25.57	15.40	2.31	6.49	0.22	2.77	0.06	2.04
山西	28 694	75.49	22.74	21.94	19.50	2.36	10.30	0.18	3.63	0.04	2.24
内蒙古	113 810	98.16	55.10	1.70	3.55	0.13	2.19	0.00	0.12	0.00	0.20
辽宁	117 687	77.34	24.94	21.00	25.21	1.55	7.04	0.08	2.40	0.02	1.54
吉林	94 150	75.59	29.55	22.85	29.10	1.45	10.42	0.10	3.35	0.02	2.16
黑龙江	92 270	80.79	34.63	18.37	39.75	0.73	11.79	0.09	2.57	0.01	2.66
上海	4 590	48.67	6.34	37.19	14.74	11.05	18.91	2.29	21.03	0.81	22.94
江苏	80 618	68.33	12.79	28.88	16.91	2.56	5.95	0.17	2.35	0.06	2.50
浙江	42 845	51.14	8.65	38.87	22.55	8.87	19.18	0.85	9.01	0.27	10.93
安徽	103 026	86.61	17.80	11.22	11.56	1.96	6.65	0.19	3.40	0.03	1.90
福建	41 360	50.89	8.66	38.08	18.43	9.66	18.97	1.12	11.31	0.25	7.54
江西	41 520	61.69	7.86	30.44	13.33	6.72	12.50	0.86	7.27	0.30	7.67
山东	195 485	76.96	22.75	20.89	22.42	2.02	9.17	0.12	2.58	0.02	1.14
河南	213 641	72.72	18.55	24.02	20.38	2.86	10.41	0.33	5.70	0.07	3.70
湖北	60 650	69.00	8.22	26.67	9.69	3.61	6.01	0.51	4.28	0.20	5.20
湖南	266 525	71.44	20.81	25.19	20.00	3.14	11.03	0.20	3.97	0.02	1.32
广东	105 269	62.94	13.28	29.46	17.27	6.71	20.61	0.71	9.53	0.18	8.39
广西	47 311	78.83	9.16	16.77	7.36	3.75	6.89	0.55	4.88	0.11	2.95
海南	6 370	79.67	9.20	15.12	5.17	3.08	4.93	1.71	9.58	0.42	8.50
重庆	35 840	74.22	7.27	21.20	7.43	4.29	5.34	0.25	1.67	0.04	0.87
四川	149 114	81.55	11.11	16.34	7.29	1.95	3.91	0.14	1.44	0.02	0.50
贵州	25 941	88.57	10.12	11.05	3.30	0.37	0.78	0.01	0.06	0.00	0.00
云南	28 011	82.61	5.44	15.27	3.38	2.02	1.76	0.09	0.36	0.01	0.12
西藏	123	100.00	6.06	0.00	0.00	0.00	0.00	0.00	0.00	0.00	0.00
陕西	33 676	77.87	19.55	20.63	9.13	1.37	3.33	0.12	1.41	0.01	0.59
甘肃	13 742	80.42	12.21	17.28	8.41	2.08	4.36	0.18	1.53	0.03	0.74
青海	2 707	93.09	17.68	6.28	4.66	0.55	0.97	0.04	0.77	0.04	0.91
宁夏	2 999	57.45	9.18	40.01	16.36	2.53	3.84	0.00	0.00	0.00	0.00
新疆	11 461	79.14	19.12	18.89	17.65	1.81	10.50	0.14	2.45	0.03	2.33

资料来源：作者计算

（2）奶牛规模饲养现状

2006 年，从事奶牛规模生产的农户、专业户、农场有 392 227 个，其中 333 944 个年饲养 5～19 头牛奶的农户、专业户、农场，共计生产 105 658 200 吨牛奶；52 491 个年饲养 20～99 头牛奶的农户、专业户、农场，共计生产 5 000 000.00 吨牛奶；3 656 个年饲养 100～199 头牛奶的农户、专业户、农场，共计生产 1 534 511 吨牛奶；1 616 个年饲养 200～499 头牛奶的农户、专业户、农场，共计生产 1 534 204.45 吨牛奶；520 个年饲养 500～999 头牛奶的农户、专业户、农场，共计生产 1 172 210.5 吨牛奶（表 6-202）。

表 6-202　不同规模奶牛饲养量及其产量

地区	场(户)总数	存栏数 5～19 头			存栏数 20～99 头			存栏数 100～199 头			存栏数 200～499 头			存栏数 500～999 头		
		农户、专业户、农场	存栏数(头)	牛奶产量(吨)	农户、专业户、农场	存栏数(头)	牛奶产量(吨)	农户、专业户、农场	存栏数(头)	牛奶产量(吨)	农户、专业户、农场	存栏数(头)	牛奶产量(吨)	农户、专业户、农场	存栏数(头)	牛奶产量(吨)
全国		333 944	3 978 623	9 748 667	52 491	2 200 496	5 000 000.00	3 656	532 880	1 534 511	1 616	521 4151	534 204.45	520	359 699	1 172 210.5
北京	2 407	1 582	18 610	70 317.30	586	21 546	74 769	124	18 191	75 401	83	25 471	96 691.83	32	27 685	113 145.80
天津	2 811	1 544	24 202	111 225	1 019	44 620	174 273	155	20 605	65 632	49	14 426	57 912.30	44	32 906	128 187.80
河北	58 262	48 678	614 050	1 297 828	8 526	373 556	846 750	674	92 075	21 258	285	95 054	226 563	99	62 867	158 799.67
山西	10 352	9 003	91 685	233 146	1 136	46 513	112 758	142	20 056	51 890	57	18 298	49 607	14	11 063	31 416
内蒙古	58 436	47 964	905 018	3 265 715	9 754	433 653	764 949	539	98 379	270 863	175	55 267	92 168	4	3 792	11 696
辽宁	13 323	10 984	95 917	298 426	2 123	62 342	238 859	142	18 326	68 750	57	13 810	54 837	17	11 750	37 064
吉林	6 934	5 842	43 102	100 988	989	24 321	64 230	74	8 231	24 455	27	5 673	13 967	2	1 356	5 600.00
黑龙江	70 105	64 925	658 860	1 596 315	4 785	312 020	980 718	297	46 700	127 141	92	45 062	123 750	6	5 760	21 875
上海	122				12	956	3 536.80	50	7 427	30 284.30	43	12 880	51 204.20	17	11 729	59 337.24
江苏	4 569	3 064	40 091	135 437	1 300	549 76	200 555	92	12 443	43 819.90	78	24 959	105 703.30	35	24 423	97 803.65
浙江	1 567	1 146	11 069	35 958.10	317	11 659	39 164	49	7 407	24 517.20	34	10 958	36 161.42	21	13 981	49 133.63
安徽	774	559	6 388	18 750.60	167	6 069	17 723	26	3 517	9 063.70	14	4 193	13 210	8	4 585	15 720
福建	696	580	5 058	16 674.60	79	2 884	8 962.40	5	730	2 211.20	16	6413	20 448.63	16	12 740	36 958.34
江西	541	455	4 063	14 885.80	57	3 962	15 848	16	1 990	6 740.60	3	1 100	3 100.10	10	3 555	10 473.10
山东	32 728	27 661	302 623	823 357	4 435	182 627	513 620	422	58 339	195 704	156	49 992	143 384.24	54	34 523	102 484.38
河南	10 733	8 657	99 903	355 230	1 705	69 873	251 359	171	24 776	88 006.90	156	47 817	176 900.1	44	30 157	113 954.90
湖北	846	519	7 983	20 572	278	13 969	37 539	36	4 577	12 741	9	2 965	8 298	4	2 473	8 050
湖南	1 683	1 558	14 476	28 732.80	99	3 389	6 125.10	12	1 658	4 742	11	3 592	7 847.08	3	1 950	5 465
广东	637	362	4 707	8 159	217	8 694	13 881	36	4 739	9 766	10	2 818	7 236	12	11 243	31 299
广西	585	465	5 571	15 678	99	3 844	11 194	9	1 453	4 542	9	29	11 078	3	1 876	5 756
海南	3				1	23	58				2	600	881.50			
重庆	943	837	7 067	26 615.50	96	3 060	10 710	7	1 244	4 876				3	2 496	9 984.14
四川	5 687	4 898	55 329	125 493	708	23 368	65 412	54	6 737	16 893	21	6 178	17 566	6	4 615	11 090
贵州	389	364	3 057	8 975.61	16	720	1 944.40	1	114	280	4	1 376	4 917.50	4	2 279	5 379.13
云南	1 801	1 551	13 223	40 963.70	210	8 101	25 171	13	1 841	5 303	15	5 280	13 561.95	12	8 235	22 811.76
西藏	3 656	3 221	18 194	13 500	435	12 211	8 800									
陕西	10 506	9 317	83 148	214 257	957	37 390	118 831	159	22 452	57 443	65	20 076	56 160	8	5 955	13 237
甘肃	6 149	5 513	72 460	101 960	583	32 790	78 336	34	4 938	19 764	18	6 475	24 994.30	1	750	2 625
青海	16 285	13 131	78 786	16 801	3 154	75 930	16 367									
宁夏	8 108	6 743	87 432	211 830	1 120	32 573	81 433	154	21 214	53 035	72	22 420	78 740	19	11 654	29 135
新疆	60 589	52 821	606 551	540 876	7 528	292 857	336 768	163	22 721	48 055	55	15 302	37 316	22	13 301	33 729

资料来源:中国统计年鉴 2007

其中，年存栏5～19头奶牛的333 944个农户、专业户、农场的场户数占总场户数的85.14 %，牛奶产量占全国总产量的30.53%；年存栏20～99头奶牛的52491个农户、专业户、农场的场户数占总场户数的13.38 %，牛奶产量占全国总产量的16.04%；年存栏100～199头奶牛的3 656个农户、专业户、农场的场户数占总场户数的0.93 %，牛奶产量占全国总产量的4.81%；年存栏200～499头奶牛的1616个农户、专业户、农场的场户数占总场户数的0.41%，牛奶产量占全国总产量的4.80410%；年存栏500—999头奶牛的520个农户、专业户、农场的场户数占总场户数的0.13%，牛奶产量占全国总产量的3.67%（表6-203）。

表6-203　不同规模数占总规模数的比重及其牛奶产量占全国总产量的比重

地区	场（户）总数	存栏数5～19头		存栏数20～99头		存栏数100～199头		存栏数200～499头	
		农户、专业户、农场	牛奶产量（吨）	农户、专业户、农场	牛奶产量（吨）	农户、专业户、农场	牛奶产量（吨）	农户、专业户、农场	牛奶产量（吨）
全国	392 227	85.14	30.53	13.38	16.04	0.93	4.81	0.41	4.80
北京	2 407	65.72	11.35	24.35	12.07	5.15	12.17	3.45	15.61
天津	2 811	54.93	16.29	36.25	25.53	5.51	9.61	1.74	8.48
河北	58 262	83.55	31.84	14.63	20.77	1.16	0.52	0.49	5.56
山西	10 352	86.97	28.76	10.97	13.91	1.37	6.40	0.55	6.12
内蒙古	58 436	82.08	37.57	16.69	8.80	0.92	3.12	0.30	1.06
辽宁	13 323	82.44	31.85	15.93	25.49	1.07	7.34	0.43	5.85
吉林	6 934	84.25	29.27	14.26	18.62	1.07	7.09	0.39	4.05
黑龙江	70 105	92.61	34.68	6.83	21.31	0.42	2.76	0.13	2.69
上海	122	0.00	0.00	9.84	1.60	40.98	13.71	35.25	23.18
江苏	4 569	67.06	23.21	28.45	34.37	2.01	7.51	1.71	18.11
浙江	1 567	73.13	14.11	20.23	15.37	3.13	9.62	2.17	14.19
安徽	774	72.22	14.65	21.58	13.85	3.36	7.08	1.81	10.32
福建	696	83.33	9.78	11.35	5.26	0.72	1.30	2.30	11.99
江西	541	84.10	10.73	10.54	11.42	2.96	4.86	0.55	2.23
山东	32 728	84.52	38.15	13.55	23.80	1.29	9.07	0.48	6.64
河南	10 733	80.66	24.05	15.89	17.02	1.59	5.96	1.45	11.98
湖北	846	61.35	14.82	32.86	27.05	4.26	9.18	1.06	5.98
湖南	1 683	92.57	39.50	5.88	8.42	0.71	6.52	0.65	10.79
广东	637	56.83	6.71	34.07	11.41	5.65	8.03	1.57	5.95
广西	585	79.49	25.02	16.92	17.86	1.54	7.25	1.54	17.68
海南	3	0.00	0.00	33.33	6.17	0.00	0.00	66.67	93.78
重庆	943	88.76	31.89	10.18	12.83	0.74	5.84	0.00	0.00
四川	5 687	86.13	20.23	12.45	10.54	0.95	2.72	0.37	2.83
贵州	389	93.57	21.95	4.11	4.76	0.26	0.68	1.03	12.03
云南	1 801	86.12	11.25	11.66	6.92	0.72	1.46	0.83	3.73

续表

地区	场（户）总数	存栏数 5～19 头		存栏数 20～99 头		存栏数 100～199 头		存栏数 200～499 头	
		农户、专业户、农场	牛奶产量（吨）	农户、专业户、农场	牛奶产量（吨）	农户、专业户、农场	牛奶产量（吨）	农户、专业户、农场	牛奶产量（吨）
西藏	3 656	88.10	6.26	11.90	4.08	0.00	0.00	0.00	0.00
陕西	10 506	88.68	16.82	9.11	9.33	1.51	4.51	0.62	4.41
甘肃	6 149	89.66	28.40	9.48	21.82	0.55	5.50	0.29	6.96
青海	16 285	80.63	7.06	19.37	6.88	0.00	0.00	0.00	0.00
宁夏	8 108	83.16	32.72	13.81	12.58	1.90	8.19	0.89	12.16
新疆	60 589	87.18	30.08	12.42	18.73	0.27	2.67	0.09	2.08

资料来源：作者计算

(3) 肉牛规模生产

2006 年，从事肉牛生产的农户、专业户、农场有 511 243 个，包括 442 771 个年出栏 10～49 头肉牛的农户、专业户、农场，共计出栏 1 106.61万头肉牛；57 298 个年出栏 50～99 头肉牛的农户、专业户、农场，共计出栏 429.3 万头肉牛；10 184 个年出栏 100～499 头肉牛的农户、专业户、农场，共计出栏 254.1 万头肉牛；990 个年出栏 500～999 头肉牛的农户、专业户、农场，共计出栏 71.4 万头肉牛（表 6-204）。

表 6-204　不同规模肉牛饲养量

地区	场（户）总数	饲养规模 10～49 头		饲养规模 50～99 头		饲养规模 100～499 头		饲养规模 500～999 头	
		农户、专业户、农场	出栏数（10 000 头）	农户、专业户、农场	出栏数（10 000 头）	农户、专业户、农场	出栏数（10 000 头）	农户、专业户、农场	出栏数（10 000 头）
全国	511 243	442 771	1 106.61	57 298	429.30	10 184	254.10	990	71.40
北京	2 214	1 515	5.60	531	3.91	139	3.04	29	1.82
天津	4 319	2 159	6.39	2 055	18.33	89	2.26	16	1.14
河北	64 542	57 081	171.87	6 451	47.45	964	29.73	46	3.51
山西	7 289	6 344	14.09	723	4.68	210	3.58	12	0.75
内蒙古	60 691	54 143	75.23	5 233	30.93	1 234	16.29	81	5.78
辽宁	46 597	38 539	82.89	6 704	48.06	1 196	27.09	158	10.41
吉林	65 746	53 621	132	9 247	69	2 572	68	306	21
黑龙江	34 767	28 562	129.80	5 419	49.50	716	25.40	70	6.30
上海	0								
江苏	1 850	1 640	4.53	165	0.94	41	0.78	4	0.24
浙江	426	372	0.90	44	0.28	10	0.23		
安徽	5 765	5 076	17.28	580	4.90	109	2.01		0.35
福建	1 219	1 050	2.22	90	0.63	66	1.92	13	0.99
江西	10 343	9 593	15.20	626	4.49	116	3.15	8	0.59

续表

地区	场（户）总数	饲养规模 10～49 头		饲养规模 50～99 头		饲养规模 100～499 头		饲养规模 500～999 头	
		农户、专业户、农场	出栏数（10 000 头）	农户、专业户、农场	出栏数（10 000 头）	农户、专业户、农场	出栏数（10 000 头）	农户、专业户、农场	出栏数（10 000 头）
山东	36 249	31 374	85.47	4 073	27.53	749	17.97	53	3.83
河南	27 823	24 513	64.35	2 875	18.56	382	8.99	53	3.72
湖北	6 075	5 598	12.18	412	3.64	56	1.17	9	0.58
湖南	23 478	21 726	41.28	1 591	11.59	159	3.47	2	0.12
广东	5 613	5 344	23.48	216	1.92	53	2.05		
广西	8 610	7 865	19.94	677	5.54	68	1.88		
海南	1 042	1 000	3.31	37	0.28	5	0.12		
重庆	1 608	1 517	3.36	69	0.52	19	0.31	3	0.21
四川	8 384	7 472	16.91	800	5.42	106	1.90	6	0.44
贵州	5 842	5 603	10.40	195	1.25	43	0.67	1	0.06
云南	13 057	11 996	23.82	856	4.59	204	3.91	1	0.05
西藏	14 150	14 150	21.22						
陕西	4 307	3 865	6.30	375	2.49	64	1.40	3	0.23
甘肃	15 849	13 673	29.87	2 045	14.91	131	2.34		0.37
青海	7 838	7 252	8.20	586	3.10				
宁夏	4 381	4 240	12.51	82	0.63	34	1.24	25	2.20
新疆	21 159	15 888	66.01	4 541	44.23	649	23.20	81	6.71

资料来源：中国统计年鉴 2007

其中，年出栏 10～49 头肉牛的 442 771 个农户、专业户、农场的场户数占总场户数的 86.61 %，出栏数占全国总出栏数的 19.75%；年出栏50～99 头肉牛的 57 298 个农户、专业户、农场的场户数占总场户数的 11.21 %，出栏数占全国总出栏数的 7.66%；年出栏 100～499 头肉牛的 10 184 个农户、专业户、农场的场户数占总场户数的 1.99 %，出栏数占全国总出栏数的 4.54%；年出栏 500～999 头肉牛的 990 个农户、专业户、农场的场户数占总场户数的 0.19%，出栏数占全国总出栏数的 1.27% (表 6-205)。

表 6-205　不同规模数占总规模数的比重及其出栏占全国总出栏的比重

地区	饲养规模 10～49 头		饲养规模 50～99 头		饲养规模 100～499 头		饲养规模 500～999 头	
	农户、专业户、农场比重	出栏比重（%）	农户、专业户、农场比重	出栏比重（%）	农户、专业户、农场比重	出栏比重（%）	农户、专业户、农场比重	出栏比重（%）
全国	86.61	19.75	11.21	7.66	1.99	4.54	0.19	1.27
北京	68.43	27.82	23.98	19.42	6.28	15.1	1.31	9.04
天津	49.99	17.15	47.58	49.18	2.06	6.06	0.37	3.06
河北	88.44	28.57	10	7.89	1.49	4.94	0.07	0.58

续表

地区	饲养规模 10～49 头		饲养规模 50～99 头		饲养规模 100～499 头		饲养规模 500～999 头	
	农户、专业户、农场比重	出栏比重（%）	农户、专业户、农场比重	出栏比重（%）	农户、专业户、农场比重	出栏比重（%）	农户、专业户、农场比重	出栏比重（%）
山西	87.04	26.43	9.92	8.78	2.88	6.72	0.16	1.41
内蒙古	89.21	30.84	8.62	12.68	2.03	6.68	0.13	2.37
辽宁	82.71	27.35	14.39	15.86	2.57	8.94	0.34	3.43
吉林	81.56	35.68	14.06	18.65	3.91	18.38	0.47	5.68
黑龙江	82.15	58.62	15.59	22.36	2.06	11.47	0.20	2.85
上海	0	0	0	0	0	0	0	0
江苏	88.65	15.51	8.92	3.22	2.22	2.67	0.22	0.82
浙江	87.32	10.37	10.33	3.23	2.35	2.65	0	0
安徽	88.05	7.04	10.06	2	1.89	0.82	0	0.14
福建	86.14	7.45	7.38	2.11	5.41	6.44	1.07	3.32
江西	92.75	13.98	6.05	4.13	1.12	2.90	0.08	0.54
山东	86.55	15.36	11.24	4.95	2.07	3.23	0.15	0.69
河南	88.1	8.52	10.33	2.46	1.37	1.19	0.19	0.49
湖北	92.15	10.79	6.78	3.22	0.92	1.04	0.15	0.51
湖南	92.54	24.41	6.78	6.85	0.68	2.05	0.01	0.07
广东	95.21	34.52	3.85	2.82	0.94	3.01	0	0
广西	91.35	9.7	7.86	2.69	0.79	0.91	0	0
海南	95.97	9.58	3.55	0.81	0.48	0.35	0	0
重庆	94.34	5.72	4.29	0.89	1.18	0.53	0.19	0.36
四川	89.12	6.23	9.54	2	1.26	0.7	0.07	0.16
贵州	95.91	9.19	3.34	1.1	0.74	0.59	0.02	0.05
云南	91.87	10.53	6.56	2.03	1.56	1.73	0.01	0.02
西藏	100	19.66	0	0	0	0	0	0
陕西	89.74	6.81	8.71	2.69	1.49	1.51	0.07	0.25
甘肃	86.27	22.11	12.9	11.03	0.83	1.73	0	0.27
青海	92.52	8.32	7.48	3.15	0	0	0	0
宁夏	96.78	27.39	1.87	1.38	0.78	2.71	0.57	4.82
新疆	75.09	23.69	21.46	15.87	3.07	8.32	0.38	2.41

资料来源：作者计算 2009.3

（4）肉羊规模饲养

2006 年，从事肉羊生产的专业农户、农场、企业有 1 976 507 个，包括 1 680 097 个年出栏 30～99 只肉羊的农户、专业户、农场，共计出栏 8278.01 万只肉羊；270 973 个年出栏 100～499 只肉羊的农户、专业户、农场，共计出栏 4 203.95 万只肉羊；25 437 个年出栏 500～999 只肉羊的农户、专业户、农场，共计出栏 1 587.8 万只肉羊（表 6-206）。

表 6-206 不同规模肉羊及其饲养量

地区	场（户）总数	饲养规模 30～99 头		饲养规模 100～499 头		饲养规模 500～999 头	
		农户、专业户、农场数	出栏数（10 000 只）	农户、专业户、农场数	出栏数（10 000 只）	农户、专业户、农场数	出栏数（10 000 只）
全国	1 976 507	1 680 097	8 278.01	270 973	4 203.95	25 437	1 587.80
北京	13 974	11 588	75.98	2 213	65.45	173	12.34
天津	9 944	7 982	53.77	1 932	42.95	30	2.14
河北	158 168	146 666	851.63	10 975	292.60	527	39.03
山西	47 747	42 904	218.84	4 761	83.12	82	4.98
内蒙古	525 440	385 254	1 253.81	120 707	1 262.77	19 479	1 167.84
辽宁	86 103	76 064	365.10	9 866	160.30	173	11
吉林	42 750	38 232	135.00	4 413	83	105	8
黑龙江	41 978	36 230	355.90	5 520	190.70	228	15.80
上海	11 424	11 397	40.54	24	0.38	3	0.19
江苏	31 503	29 544	163.29	1 926	38.97	33	2.36
浙江	8 558	7 715	48.32	807	15.49	36	2.49
安徽	21 652	18 925	126.54	2 713	72	14	1.23
福建	7 798	6 466	36.75	1 296	20.58	36	2.35
江西	10 658	9 107	39.38	1 532	17.55	19	1.06
山东	172 295	156 686	905.21	15 221	338.06	388	29.89
河南	153 618	143 545	834.84	9 880	184.05	193	13.94
湖北	42 537	35 151	125.34	7 327	78.10	59	4.04
湖南	54 367	48 800	243.54	5 495	94	72	4.98
广东	3 003	2 665	13.01	329	7.60	9	0.66
广西	10 801	10 224	58.19	574	15.50	3	0.25
海南	2 195	2 014	12.96	179	5.22	2	0.15
重庆	15 989	14 911	64.37	1 064	21.59	14	0.95
四川	65 411	60 936	302.56	4 199	85.59	276	21.80
贵州	17 532	15 095	68.97	2 386	30.57	51	3
云南	27 910	26 450	123.39	1 409	31.25	51	4.48
西藏	15 682	15 682	59.28				
陕西	23 224	21 882	100.36	1 331	16.34	11	0.99
甘肃	56 472	49 634	211.95	6 784	102.63	54	4.46
青海	62 229	51 148	183.44	10 023	120.23	1 058	59.99
宁夏	28 890	26 259	128.35	2 474	52.32	157	13.73
新疆	206 655	170 941	1 077.40	33 613	675.04	2101	153.68

资料来源：中国统计年鉴 2007

其中，年出栏 30～99 只肉羊的 1 680 097 个农户、专业户、农场的场户数占总场户数的 85.00%，出栏数占全国总出栏数的 25.11%；年出栏 100～499 只肉羊的 270 973 个农户、专业户、农场的场户数占总场户数的 13.71 %，出栏数占全国总出栏数的 12.75%；年出栏 500～999 只肉羊的

25 437 个农户、专业户、农场的场户数占总场户数的 1.29 %，出栏数占全国总出栏数的 4.82%（表 6-207）。

表 6-207　不同规模肉羊及其饲养量占总规模数及其饲养量的比重

地区	场（户）总数	饲养规模 30～99 头		饲养规模 100～499 头		饲养规模 500～999 头	
		农户、专业户、农场比重	出栏比重（%）	农户、专业户、农场比重	出栏比重（%）	农户、专业户、农场比重	出栏比重（%）
全国	1 976 507	85.00	25.11	13.71	12.75	1.29	4.82
北京	13 974	82.93	39.79	15.84	34.28	1.24	6.46
天津	9 944	80.27	41.91	19.43	33.47	0.30	1.67
河北	158 168	92.73	32.03	6.94	11.00	0.33	1.47
山西	47 747	89.86	40.97	9.97	15.56	0.17	0.93
内蒙古	525 440	73.32	25.02	22.97	25.20	3.71	23.31
辽宁	86 103	88.34	50.69	11.46	22.26	0.20	1.53
吉林	42 750	89.43	39.71	10.32	24.41	0.25	2.35
黑龙江	41 978	86.31	46.06	13.15	24.68	0.54	2.04
上海	11 424	99.76	90.43	0.21	0.85	0.03	0.42
江苏	31 503	93.78	10.35	6.11	2.47	0.10	0.15
浙江	8 558	90.15	24.00	9.43	7.69	0.42	1.24
安徽	21 652	87.41	9.27	12.53	5.28	0.06	0.09
福建	7 798	82.92	22.46	16.62	12.58	0.46	1.44
江西	10 658	85.45	34.51	14.37	15.38	0.18	0.93
山东	172 295	90.94	23.57	8.83	8.80	0.23	0.78
河南	153 618	93.44	18.40	6.43	4.06	0.13	0.31
湖北	42 537	82.64	31.93	17.23	19.90	0.14	1.03
湖南	54 367	89.76	28.23	10.11	10.90	0.13	0.58
广东	3 003	88.74	30.80	10.96	17.99	0.30	1.56
广西	10 801	94.66	21.12	5.31	5.63	0.03	0.09
海南	2 195	91.75	12.95	8.15	5.21	0.09	0.15
重庆	15 989	93.26	138.34	6.65	46.40	0.09	2.04
四川	65 411	93.16	21.47	6.42	6.07	0.42	1.55
贵州	17 532	86.10	22.30	13.61	9.88	0.29	0.97
云南	27 910	94.77	20.02	5.05	5.07	0.18	0.73
西藏	15 682	100.00	11.66	0.00	0.00	0.00	0.00
陕西	23 224	94.22	14.92	5.73	2.43	0.05	0.15
甘肃	56 472	87.89	23.33	12.01	11.30	0.10	0.49
青海	62 229	82.19	31.41	16.11	20.58	1.70	10.27
宁夏	28 890	90.89	30.55	8.56	12.45	0.54	3.27
新疆	206 655	82.72	32.47	16.27	20.34	1.02	4.63

资料来源：作者计算 2009.3

(5) 蛋禽规模饲养

2006 年，从事蛋禽生产的专业农户、农场、企业有 779 436.00 个，包括579 569个年存栏500～1 999只蛋鸡的农户、专业户、农场，共计生产661.02万吨鲜蛋；188 841.00个年存栏2 000～9 999只蛋鸡的农户、专业户、农场，共计生产767.64万吨鲜蛋；10 345个年存栏10 000～49 999只蛋鸡的农户、专业户、农场，共计生产215.78万吨鲜蛋532个年存栏50 000～99 999只蛋鸡的农户、专业户、农场，共计生产37.52万吨鲜蛋；149个年存栏100 000～499 999只蛋鸡的农户、专业户、农场，共计生产25.95万吨鲜蛋（表6-208）。

表6-208　规模生产场户数及其生产量

地区	场（户）总数	存栏数 500～1 999		存栏数 2 000～9 999		存栏数 10 000～49 999		存栏数 50 000～99 999		存栏数 100 000～499 999	
		农户、专业户、农场数	鲜蛋/产量（万吨）	农户、专业户、农场数	鲜蛋产量（万吨）	农户、专业户、农场数	鲜蛋产量（万吨）	农户、专业户、农场数	鲜蛋产量（万吨）	农户、专业户、农场数	鲜蛋产量（万吨）
全国	779 436.	579 569	661.02	188 841.	767.64	10 345	215.78	532	37.52	149	25.95
北京	2 619	1 883	2.28	595	3.72	107	2.98	25	2.51	9	2.44
天津	4 894	2 762	3.98	2 016	12.15	111	2.66	3	0.22	2	0.16
河北	201 509	154 971	154.62	45 066	140.74	1 420	24.75	40	3	12	1.58
山西	23 870	16 492	14.08	6 910	17.18	442	5.74	20	0.95	6	0.91
内蒙古	12 105	9 571	9.81	2 409	4.67	119	3.42	5	0.63	1	1.14
辽宁	86 170	61 676	57.70	23 288	80.70	1 129	23.80	60	3.90	17	3.80
吉林	20 547	15 489	21	4 552	37	460	12	39	1.90	7	0.80
黑龙江	39 392	34 289	30.30	4 820	17.80	272	6.63	11	1		
上海	960	911	1.40	21	0.15	20	0.70	7	0.57	1	0.20
江苏	51 345	30 498	42.12	20 007	72.30	799	13.35	27	2.03	14	2.16
浙江	2 636	1 013	1.23	1 391	6.51	218	4.54	9	0.58	5	0.96
安徽	28 236	24 600	32.99	3 409	24.96	219	5.18	7	0.54	1	0.33
福建	797	318	0.33	279	1.95	178	4.81	19	1.84	3	0.70
江西	3 776	2 784	3.63	869	3.54	106	1.81	15	0.73	2	0.28
山东	106 435	78 071	116.42	26 740	158.40	1 564	34.66	50	4	10	1.80
河南	114 941	84 857	109.70	28 640	110.98	1 348	27.14	73	4.83	23	3.38
湖北	10 708	6 382	7.16	3 934	20.94	354	5.39	21	1.76	17	2.19
湖南	8 411	7 483	3.63	844	3.31	77	1.73	6	0.38	1	0.02
广东	1 123	929	0.91	109	0.65	65	10.19	17	1.17	3	0.34
广西	238	170	0.19	57	0.21	9	0.34	1	0.04	1	0.44
海南	44	25	0.05	9	0.03	8	0.13	1	0.10	1	0.16
重庆	4 321	2 695	7.53	1 465	6.65	156	3.56	5	0.61		
四川	15 059	11 077	13.18	3 522	16.13	429	8.30	27	1.93	4	0.67
贵州	1 027	873	1.10	121	0.45	24	0.57	5	0.27	4	0.61
云南	3 681	2 035	1.91	1 314	3.55	306	3.6	24	1.44	2	0.23
西藏	0										
陕西	18 988	15 143	15.40	3 688	14.57	157	3.34				

续表

地区	场（户）总数	存栏数 500～1 999		存栏数 2 000～9 999		存栏数 10 000～49 999		存栏数 50 000～99 999		存栏数 100 000～499 999	
		农户、专业户、农场数	鲜蛋/产量（万吨）	农户、专业户、农场数	鲜蛋产量（万吨）	农户、专业户、农场数	鲜蛋产量（万吨）	农户、专业户、农场数	鲜蛋产量（万吨）	农户、专业户、农场数	鲜蛋产量（万吨）
甘肃	9 424	7 780	2.66	1 534	2.41	101	0.93	7	0.25	2	0.48
青海	13	8	0.02		0.02	2	0.03	3	0.05		
宁夏	1 605	1 468	1.49	120	1.98	17	0.75				
新疆	4 560	3 316	4.19	1 110	3.99	128	2.74	5	0.30	1	0.18

资料来源：中国统计年鉴 2007

其中，年存栏 500～1 999 蛋禽的 579 569 个农户、专业户、农场的场户数占总场户数的 74.36%，鲜蛋产量占全国总鲜蛋产量的 22.44%；年存栏 2 000～9 999 蛋禽的 188 841.00 个农户、专业户、农场的场户数占总场户数的 24.23%，鲜蛋产量占全国总鲜蛋产量的 26.06%；年存栏10 000～49 999 蛋禽的 10 345 个农户、专业户、农场的场户数占总场户数的 1.33%，鲜蛋产量占全国总鲜蛋产量的 7.33%；年存栏 50 000～99 999 蛋禽的 532 个农户、专业户、农场的场户数占总场户数的 0.07 %，鲜蛋产量占全国总鲜蛋产量的 1.27%；年存栏 100 000～499 999 蛋禽的 149 个农户、专业户、农场的场户数占总场户数的 0.02 %，鲜蛋产量占全国总鲜蛋产量的 0.88%（表 6-209）。

表 6-209　不同规模蛋禽及其饲养量占总规模数及其饲养量的比重

地区	存栏数 500～1 999 头		存栏数 2 000～9 999 头		存栏数 10 000～49 999 头		存栏数 50 000～99 999 头		存栏数 100 000～499 999 头	
	农户、专业户、农场比重	产量比重（%）	农户、专业户、农场比重	产量比重（%）	农户、专业户、农场比重	产量比重（%）	农户、专业户、农场比重	产量比重（%）	农户、专业户、农场比重	产量比重（%）
全国	74.36	22.44	24.23	26.06	1.33	7.33	0.07	1.27	0.02	0.88
北京	71.90	15.02	22.72	24.51	4.09	19.63	0.95	16.53	0.34	16.07
天津	56.44	17.24	41.19	52.64	2.27	11.53	0.06	0.95	0.04	0.69
河北	76.91	33.25	22.36	30.26	0.70	5.32	0.02	0.65	0.01	0.34
山西	69.09	26.87	28.95	32.78	1.85	10.95	0.08	1.81	0.03	1.74
内蒙古	79.07	19.51	19.90	9.29	0.98	6.80	0.04	1.25	0.01	2.27
辽宁	71.57	24.30	27.03	33.99	1.31	10.02	0.07	1.64	0.02	1.60
吉林	75.38	20.79	22.15	36.63	2.24	11.88	0.19	1.88	0.03	0.79
黑龙江	87.05	28.15	12.24	16.54	0.69	6.16	0.03	0.93	0.00	0.00
上海	94.90	20.71	2.19	2.22	2.08	10.36	0.73	8.43	0.10	2.96
江苏	59.40	22.70	38.97	38.97	1.56	7.20	0.05	1.09	0.03	1.16

续表

地区	存栏数 500～1 999 头		存栏数 2 000～9 999 头		存栏数 10 000～49 999 头		存栏数 50 000～99 999 头		存栏数 100 000～499 999 头	
	农户、专业户、农场比重	产量比重（%）	农户、专业户、农场比重	产量比重（%）	农户、专业户、农场比重	产量比重（%）	农户、专业户、农场比重	产量比重（%）	农户、专业户、农场比重	产量比重（%）
浙江	38.43	2.93	52.77	15.50	8.27	10.81	0.34	1.38	0.19	2.29
安徽	87.12	26.70	12.07	20.20	0.78	4.19	0.02	0.44	0.00	0.27
福建	39.90	0.73	35.01	4.34	22.33	10.71	2.38	4.10	0.38	1.56
江西	73.73	8.39	23.01	8.18	2.81	4.18	0.40	1.69	0.05	0.65
山东	73.35	27.04	25.12	36.79	1.47	8.05	0.05	0.93	0.01	0.42
河南	73.83	27.37	24.92	27.69	1.17	6.77	0.06	1.21	0.02	0.84
湖北	59.60	5.74	36.74	16.78	3.31	4.32	0.20	1.41	0.16	1.75
湖南	88.97	3.81	10.03	3.47	0.92	1.82	0.07	0.40	0.01	0.02
广东	82.72	2.62	9.71	1.87	5.79	29.37	1.51	3.37	0.27	0.98
广西	71.43	1.01	23.95	1.12	3.78	1.81	0.42	0.21	0.42	2.34
海南	56.82	1.92	20.45	1.15	18.18	4.98	2.27	3.83	2.27	6.13
重庆	62.37	20.42	33.90	18.03	3.61	9.65	0.12	1.65	0.00	0.00
四川	73.56	7.68	23.39	9.40	2.85	4.83	0.18	1.12	0.03	0.39
贵州	85.00	9.03	11.78	3.69	2.34	4.68	0.49	2.22	0.39	5.01
云南	55.28	9.30	35.70	17.28	8.31	17.53	0.65	7.01	0.05	1.12
西藏	0.00	0.00	0.00	0.00	0.00	0.00	0.00	0.00	0.00	0.00
陕西	79.75	30.85	19.42	29.19	0.83	6.69	0.00	0.00	0.00	0.00
甘肃	82.56	17.99	16.28	16.29	1.07	6.29	0.07	1.69	0.02	3.25
青海	61.54	1.37	0.00	1.37	15.38	2.05	23.08	3.42	0.00	0.00
宁夏	91.46	23.69	7.48	31.48	1.06	11.92	0.00	0.00	0.00	0.00
新疆	72.72	16.24	24.34	15.47	2.81	10.62	0.11	1.16	0.02	0.70

资料来源：作者计算　2009.3

（6）肉禽规模化生产

2006 年，从事肉禽出栏的专业农户、农场、企业有 471 682 个，包括 358 412 个年出栏 2 000～9 999 只肉鸡的农户、专业户、农场，共计出栏 173 341.93 万只肉禽；103 124 个年出栏 10 000～49 999 只肉鸡的农户、专业户、农场，共计出栏 179 563.73 万只肉禽；8 356 个年出栏 50 000～99 999 只肉鸡的农户、专业户、农场，共计出栏 52 030.7 万只肉禽；1 602个年出栏 100 000～499 999 只肉鸡的农户、专业户、农场，共计出栏 33 739.94 万只肉禽；188 个年出栏 500 000～999 999 只肉鸡的农户、专业户、农场，共计出栏 14 139.72 万只肉禽（表 6-210）。

表 6-210　规模生产场户数及其生产量

地区	场(户)总数	出栏数 2 000～9 999		出栏数 10 000～49 999		出栏数 50 000～99 999		出栏数 100 000～499 999		出栏数 500 000～999 999	
		农户、专业户、农场数	出栏数（10 000 只）	农户、专业户、农场数	出栏数（10 000 只）	农户、专业户、农场数	出栏数（10 000 只）	农户、专业户、农场数	出栏数（10 000 只）	农户、专业户、农场数	出栏数（10 000 只）
全国	471 682	358 412	173 341.93	103 124	179 563.73	8 356	52 030.70	1 602	33 739.94	188	14 139.72
北京	4 573	2 282	1 867.82	2 105	4 889.89	144	1 046.46	18	660.24	24	1 987.95
天津	3 744	1 716	687.04	1 650	4 070.69	313	2 007.79	64	1 273.14	1	60.00
河北	26 033	21 099	9 500.46	4 737	8 438.03	179	1 273.87	17	312.90	1	62.00
山西	2 399	2 046	460.46	334.00	459.36	18	97.64	1	12.00		
内蒙古	6 480	4 838	1 047.21	1 599	1 709.13	40	205.00	3	51.00		
辽宁	53 785	40 785	19 247.80	12 225.00	22 090.20	612	3 765.60	157	2 360.40	6	360.00
吉林	35 459	28 101	12 975	7 081	9 709.00	240	1 890.00	30	340.00	7	420.00
黑龙江	18 738	16 985	8 225	1 585	4 756.60	162	965.00	6	96.50		
上海	2 565	1 992	1 303.71	441	1 062.32	101	708.80	28	494.50	3	203.93
江苏	22 727	17 169	8 757.94	5 187	10 448.53	289	1 797.70	80	1 249.62	2	115.00
浙江	9 493	5 533	2 339.11	3 608	6 573.63	266	1 537.17	82	1 291.67	4	320.93
安徽	21 391	14 789	7 677.02	5 898	9 402.41	531	3 786.70	165	1 859.20	8	453.80
福建	4 637	3 465	1 582.83	938	1 905.61	160	956.80	35	393.96	39	3 541.31
江西	5 943	5 099	2 022.56	761	1 855.10	67	481.59	16	188.66		
山东	97 195	75 247	42 831.51	20 304	39 210.90	1 489	10 355.96	114	2 919.28	41	3 082.20
河南	38 549	33 161	14 438.39	4 840	8 579.44	307	1 851.13	239	8926.01	2	122.00

续表

地区	场(户)总数	出栏数 2 000～9 999		出栏数 10 000～49 999		出栏数 50 000～99 999		出栏数 100 000～499 999		出栏数 500 000～999 999	
		农户、专业户、农场数	出栏数(10 000 只)	农户、专业户、农场数	出栏数(10 000 只)	农户、专业户、农场数	出栏数(10 000 只)	农户、专业户、农场数	出栏数(10 000 只)	农户、专业户、农场数	出栏数(10 000 只)
湖北	6 360	4 458	2 399.17	1 699	3 002.06	151	954.33	46	855.80	6	392.00
湖南	14 442	12 607	5 733.94	1 648	2 867.75	165	1 302.68	17	229.76	5	450.00
广东	44 355	25 197	10 238.81	16 287	22 732.62	2 498	12 809.52	342	7 455.90	31	1 946.60
广西	26 252	20 363	11 067.66	5 545	7 376.29	287	1 981.30	53	963.38	4	282.00
海南	2 591	2 286	935.59	243	681.5	47	407.00	12	490.00	3	275.00
重庆	3 187	2 053	1 095.07	1 077	2 125.97	50	302.59	7	126.06		
四川	10 303	8 066	3 291.01	2 009	3 367.76	173	1 111.49	54	889.22	1	65.00
贵州	1 493	1 384	609.49	102	224.17	4	30.90	3	70.09		
云南	3 949	3 280	1 214.32	614	990.83	43	259.04	12	215.65		
西藏	0										
陕西	1 088	949	312.53	138	221.00	1	5.00				
甘肃	407	377	180.61	25	46.82	4	22.14	1	15.00		
青海	0										
宁夏	504	425	165.4	79	121.00		18.70				
新疆	3 038	2 660	1 134.47	365	645.12	13	98.80				

来源：中国统计年鉴 2007

其中，年出栏 2 000～9 999 肉禽的 358412 个农户、专业户、农场的场户数占总场户数的 75.99%，出栏量占全国总出栏量的 28.02%；年出栏 10 000～49 999 肉禽的 103 124 个农户、专业户、农场的场户数占总场户数的 21.86%，出栏量占全国总出栏量的 29.02%；年出栏 50 000～99 999 肉禽的 8 356 个农户、专业户、农场的场户数占总场户数的 1.77 %，出栏量占全国总出栏量的 8.41%；年出栏 100 000～499 999 肉禽的 1602 个农户、专业户、农场的场户数占总场户数的 0.34 %，出栏量占全国总出栏量的 5.45%；年出栏 500 000～999 999 肉禽的 188 个农户、专业户、农场的场户数占总场户数的 0.01 %，出栏量占全国总出栏量的 2.29%（表 6-211）。

表 6-211　不同规模肉禽及其饲养量占总规模数及其饲养量的比重

区域	出栏数 2 000～9 999 头		出栏数 10 000～49 999 头		出栏数 50 000～99 999 头		出栏数 100 000～499 999 头		出栏数 500 000～999 999 头	
	农户、专业户、农场比重	出栏量比重（%）	农户、专业户、农场比重	出栏量比重（%）	农户、专业户、农场比重	出栏量比重（%）	农户、专业户、农场比重	出栏量比重（%）	农户、专业户、农场比重	出栏量比重（%）
全国	75.99	28.02	21.86	29.02	1.77	8.41	0.34	5.45	0.01	2.29
北京	49.90	12.67	46.03	33.17	3.15	7.10	0.39	4.48	0.52	13.49
天津	45.83	7.30	44.07	43.25	8.36	21.33	1.71	13.53	0.03	0.64
河北	81.05	12.84	18.20	11.40	0.69	1.72	0.07	0.42	0.00	0.08
山西	85.29	11.74	13.92	11.71	0.75	2.49	0.04	0.31	0.00	0.00
内蒙古	74.66	6.55	24.68	10.69	0.62	1.28	0.05	0.32	0.00	0.00
辽宁	75.83	33.57	22.73	38.53	1.14	6.57	0.29	4.12	0.01	0.63
吉林	79.25	27.36	19.97	20.47	0.68	3.99	0.08	0.72	0.02	0.89
黑龙江	90.64	53.87	8.46	31.16	0.86	6.32	0.03	0.63	0.00	0.00
上海	77.66	25.74	17.19	20.97	3.94	13.99	1.09	9.76	0.12	4.03
江苏	75.54	14.31	22.82	17.07	1.27	2.94	0.35	2.04	0.01	0.19
浙江	58.29	10.65	38.01	29.94	2.80	7.00	0.86	5.88	0.04	1.46
安徽	69.14	16.11	27.57	19.74	2.48	7.95	0.77	3.90	0.04	0.95
福建	74.73	8.12	20.23	9.78	3.45	4.91	0.75	2.02	0.84	18.17
江西	85.80	5.50	12.80	5.04	1.13	1.31	0.27	0.51	0.00	0.00
山东	77.42	23.68	20.89	21.68	1.53	5.73	0.12	1.61	0.04	1.70
河南	86.02	19.26	12.56	11.45	0.80	2.47	0.62	11.91	0.01	0.16
湖北	70.09	6.24	26.71	7.80	2.37	2.48	0.72	2.22	0.09	1.02
湖南	87.29	14.01	11.41	7.01	1.14	3.18	0.12	0.56	0.03	1.10
广东	56.81	9.74	36.72	21.62	5.63	12.18	0.77	7.09	0.07	1.85
广西	77.57	37.95	21.12	25.30	1.09	6.79	0.20	3.30	0.02	0.97
海南	88.23	9.93	9.38	7.24	1.81	4.32	0.46	5.20	0.12	2.92
重庆	64.42	7.36	33.79	14.29	1.57	2.03	0.22	0.85	0.00	0.00
四川	78.29	6.58	19.50	6.73	1.68	2.22	0.52	1.78	0.01	0.13

续表

区域	出栏数 2 000～9 999 头		出栏数 10 000～49 999 头		出栏数 50 000～99 999 头		出栏数 100 000～499 999 头		出栏数 500 000～999 999 头	
	农户、专业户、农场比重	出栏量比重（%）	农户、专业户、农场比重	出栏量比重（%）	农户、专业户、农场比重	出栏量比重（%）	农户、专业户、农场比重	出栏量比重（%）	农户、专业户、农场比重	出栏量比重（%）
贵州	92.70	7.67	6.83	2.82	0.27	0.39	0.20	0.88	0.00	0.00
云南	83.06	8.76	15.55	7.15	1.09	1.87	0.30	1.56	0.00	0.00
西藏	0.00	0.00	0.00	0.00	0.00	0.00	0.00	0.00	0.00	0.00
陕西	87.22	4.75	12.68	3.36	0.09	0.08	0.00	0.00	0.00	0.00
甘肃	92.63	4.56	6.14	1.18	0.98	0.56	0.25	0.38	0.00	0.00
青海	0.00	0.00	0.00	0.00	0.00	0.00	0.00	0.00	0.00	0.00
宁夏	84.33	11.64	15.67	8.52	0.00	1.32	0.00	0.00	0.00	0.00
新疆	87.56	12.06	12.01	6.86	0.43	1.05	0.00	0.00	0.00	0.00

资料来源：作者计算　2009.3

二、农户生猪饲养规模化问题研究

1. 生产函数回归形式：

$I=51.637\ 13L_{养殖规模}^{0.988\ 129}L_{劳动力}^{0.048\ 104}K_{物资投入}^{0.375\ 49}$

$R^2=0.959\ 713$

2. 数据结构

样本量为 91，其中，总收入平均值为 4 152.24 元，饲养头数平均为 6.28 头，人工费用平均值为 133.62 元/头，物质投入费用平均值为 529.35 元/头（表 6-212）。

表 6-212　农户生猪生产规模边际效益分析基础数据表

年份	区域	总收入（元）	规模（头）	人工费用（元/头）	物质费用（元/头）
2001	宁夏	14 215.66	24.75	84.24	405.26
2003	宁夏	12 722.97	23.07	84.00	432.89
2002	宁夏	9 678.56	18.24	89.10	373.97
2000	宁夏	8 387.50	15.71	89.00	4826.80
2002	黑龙江	9 544.58	14.66	83.60	469.71
2003	黑龙江	9 747.20	14.22	86.24	485.05
2000	青海	9 158.85	13.94	147.00	448.49
2001	黑龙江	7119.15	12.11	82.16	438.14
2001	广东	8 512.69	11.71	85.28	611.94
2002	广东	7 937.33	11.46	80.30	561.22
2003	河南	8 144.02	10.97	78.40	485.17
2003	广东	8 168.76	10.23	86.24	581.77

续表

年份	区域	总收入（元）	规模（头）	人工费用（元/头）	物质费用（元/头）
2001	青海	6 882.45	9.83	163.28	464.03
2003	辽宁	7 637.04	9.80	78.40	513.23
2001	辽宁	6 635.91	9.71	76.96	502.52
2000	辽宁	5 724.36	9.19	67.00	451.84
2002	青海	6 205.92	8.94	170.50	456.31
2001	河南	5 596.14	8.84	97.76	443.17
2000	贵州	5 421.08	8.76	167.00	438.86
2001	陕西	5 101.05	8.27	147.68	422.04
2003	吉林	7 088.74	8.17	60.48	623.22
2000	河南	5 064.44	8.12	94.00	452.01
2000	黑龙江	5 078.52	7.93	87.00	459.44
2002	辽宁	5 106.41	7.81	59.40	496.94
2003	青海	5 340.19	7.56	168.00	469.93
2003	浙江	5 829.85	7.33	35.84	563.14
2000	福建	4 771.09	7.21	80.00	503.20
2001	湖南	4 512.10	7.18	74.88	482.14
2003	广西	4 722.17	6.97	108.64	519.51
2001	贵州	5 503.35	6.65	182.00	449.95
2001	广西	4 120.27	6.58	84.24	591.99
2000	湖南	4 135.76	6.43	66.00	492.34
2000	云南	4 506.37	6.26	169.00	492.98
2003	山西	4 727.79	6.21	224.00	484.51
2003	山东	4 221.85	6.06	68.32	487.93
2002	陕西	3 957.39	5.92	193.60	382.42
2003	贵州	4 651.49	5.88	152.32	506.70
2002	浙江	3 689.93	5.83	40.70	470.15
2001	福建	3 751.06	5.83	80.08	507.31
2000	广东	4 794.41	5.77	106.00	569.14
2002	广西	3 378.49	5.76	126.50	483.94
2000	江苏	3 107.02	5.60	126.00	428.58
2001	云南	3 589.24	5.41	161.20	510.06
2003	云南	3 690.37	5.38	169.12	499.68
2002	海南	3 487.33	5.10	136.40	451.59
2001	山西	3 627.23	5.03	203.84	536.69
2001	山东	2 981.30	4.74	104.00	470.02
2000	海南	3 408.95	4.73	167.00	442.30
2003	陕西	3 265.70	4.72	228.48	397.51
2000	山东	3 075.77	4.68	105.00	482.54
2003	河北	3 375.40	4.61	104.16	503.68
2002	云南	2 820.31	4.41	173.80	458.41
2001	江苏	2 524.34	4.33	123.76	474.45

续表

年份	区域	总收入（元）	规模（头）	人工费用（元/头）	物质费用（元/头）
2001	海南	3 188.69	4.27	166.40	444.70
2000	广西	2 569.59	4.25	107.00	494.66
2003	海南	3 325.21	4.10	129.92	473.11
2001	新疆	2 204.72	4.00	58.24	452.94
2001	河北	2 625.32	3.98	119.60	471.11
2003	江苏	2 644.88	3.96	101.92	469.42
2003	湖南	2 102.35	3.83	60.48	423.57
2000	陕西	2 291.14	3.79	158.00	401.61
2003	江西	3 268.28	3.72	118.72	598.13
2002	新疆	2 040.32	3.67	60.50	450.94
2001	浙江	2 320.95	3.65	42.64	493.30
2000	浙江	2 073.33	3.50	41.00	458.30
2003	四川	2 149.97	3.49	215.04	440.40
2000	四川	1 751.34	3.48	162.00	406.82
2001	四川	1 968.59	3.39	195.52	421.61
2002	江苏	1 771.05	3.34	104.50	425.22
2002	贵州	2 495.83	3.21	148.50	454.62
2000	湖北	2 062.59	3.19	179.00	393.17
2000	安徽	2 292.73	3.14	135.00	488.80
2003	湖北	2 239.92	3.07	170.24	520.82
2003	重庆	2 183.46	3.00	312.48	560.91
2002	河北	1 760.69	2.76	110.00	464.72
2000	河北	1 839.02	2.76	120.00	445.91
2001	江西	1 988.69	2.73	145.60	563.30
2000	江西	1 965.44	2.69	122.00	553.19
2001	重庆	1 770.54	2.65	313.04	547.31
2002	重庆	1 803.05	2.63	328.90	567.06
2000	重庆	1 667.47	2.62	267.00	537.58
2002	四川	1 359.80	2.58	132.00	439.11
2000	山西	1 802.82	2.56	163.00	494.24
2000	甘肃	1 556.14	2.54	141.00	442.24
2001	安徽	1 529.91	2.26	185.12	493.75
2001	甘肃	1 675.78	2.19	188.24	454.04
2001	湖北	1 481.19	2.14	217.36	445.51
2003	安徽	1 596.20	2.09	187.04	462.26
2002	甘肃	1 494.28	2.03	227.70	503.34
2002	山西	1 202.37	1.99	189.20	465.55
2003	甘肃	1 344.19	1.56	227.36	590.32
	平均	4 152.24	6.28	133.62	529.35

资料来源：作者测算 2009.4

3. 总体条件下的最适规模

(1) 物质费用、劳动力资金投入不变，饲养规模不同，规模边际效益、利润空间及其拐点

养殖规模边际效益函数回归形式：

$$\partial I/\partial L_{养殖规模}=51.637\,13\times 0.988\,129\frac{133.62^{0.048\,104}\times 529.35^{0.375\,49}}{L_{养殖规模}^{(1-0.988\,129)}}$$

养殖规模边际效益、利润空间及其拐点。

在每头劳动力投入和物质投入状况分别为 133.62 元和 529.35 元的不变条件下，每增加一头，其边际效益利润空间及其拐点是：在 39 头规模上，每增加一头的边际效益为 0，该点视为规模边际效益拐点。小于 39 头规模的边际效益为递增，大于 39 头规模水平的边际效益为递减。从实际规模数 6.28 头的水平看，农户饲养还有很大的规模边际效益空间（表 6-213）。

表 6-213　农户生猪生产规模边际效益、利润空间及其拐点

每增加一头地边际总收入	饲养规模（头）	劳动力（元/头）	物质投入（元/头）	成本费用合计（元/头）	边际效益增减及其拐点
674.8	20	133.62	529.35	663.0	11.88
671.6	30	133.62	529.35	663.0	8.64
669.3	35	133.62	529.35	663.0	6.35
667.5	36	133.62	529.35	663.0	4.58
666.1	37	133.62	529.35	663.0	3.13
664.9	38	133.62	529.35	663.0	1.92
663.8	39	133.62	529.35	663.0	0.86
662.9	40	133.62	529.35	663.0	−0.06

资料来源：作者测算 2009.4

(2) 饲养量、物资费用不变，劳动力投入不同，规模劳动力边际效益、利润空间及其拐点

劳动力投入边际效益函数回归形式：

$$\partial I/\partial L_{劳动力}=51.637\,13\times 0.048\,104\frac{6.28^{0.988\,129}\times 529.35^{0.375\,49}}{L_{劳动力}^{(1-0.048\,104)}}$$

劳动力投入边际效益、利润空间及其拐点。

在农户饲养规模 6.28 头，每头物质费用为 529.35 元的不变条件下，劳动力投入边际效益、利润空间及其拐点是：在每头劳动力投入 30 元条件下，每增加 1 元劳动力投入的边际效益为 0，该点是劳动力投入的规模边际效益拐点，即每头劳动力投入小于 30 元，劳动力的边际效益递增，大于 30 元，边际效益递减。从实际劳动力投入 133.62 元看，农户饲养的劳动

力投入已经没有任何增长空间（表 6-214）。

表 6-214　农户生猪生产劳动力边际效益、利润空间及其拐点

每头增加 1 元劳动力边际总收入	饲养规模（头）	劳动力（元/头）	物质投入（元/头）	边际效益增减及其拐点
18.0	6.28	10	529.35	11.7
12.2	6.28	15	529.35	5.9
9.3	6.28	20	529.35	3.0
7.5	6.28	25	529.35	1.2
6.3	6.28	30	529.35	0.0
5.5	6.28	35	529.35	−0.8

资料来源：作者测算 2009.4

（3）饲养量、劳动力资金投入不变，物资资本投入不同，物资投入边际效益、利润空间及其拐点

物质费用投入边际效益函数回归形式：

$$\partial I / \partial K_{物质费用} = 51.637\,13 \times 0.375\,49 \frac{6.28^{0.988\,129} \times 133.62^{0.048\,104}}{L_{物质费用}^{(1-0.375\,49)}}$$

物质投入边际效益、利润空间及其拐点

在农户饲养规模 6.28 头，每头劳动力投入 133.62 元的不变条件下，物质投入边际效益、利润空间及其拐点是：在每头物质费用投入 160 元条件下，每增加 1 元物资费用投入的边际效益为 0，该点是物质费用投入边际效益的拐点，每头物质费用小于 160 元的边际效益递增，大于 160 元的边际效益递减。从实际物质投入 529.35 元的水平看，农户饲养的物质投入水平已经没有任何增长空间（表 6-215）。

表 6-215　农户生猪生产物资投入边际效益、利润空间及其拐点

每头增加 1 元物质费用边际效益增减	饲养规模（头）	劳动力投入（元/头）	物质成本投入（元/头）	边际效益增减及其拐点
8.5	6.28	133.62	100	2.2
8.0	6.28	133.62	110	1.7
7.6	6.28	133.62	120	1.3
7.2	6.28	133.62	130	0.9
6.9	6.28	133.62	140	0.6
6.6	6.28	133.62	150	0.3
6.3	6.28	133.62	160	0.1
6.1	6.28	133.62	170	−0.2

资料来源：作者测算 2009.4

4. 大规模生产的边际效益

大规模生产的边际效益生产函数回归形式：:

$I=18.861\,45L_{养殖规模}^{0.756\,66}L_{劳动力}^{0.015\,93}L_{物质费用}^{0.610\,01}$

$R^2=0.992$

样本量为12，其中，总收入平均值为9 444.7元，养殖规模为15.08头，人工费用平均值为89.6元，物质投入费用平均值为843.36元（表6-216）。

表6-216　农户生猪大规模生产边际效益分析基础数据表

年份	区域	总收入（元）	规模（头）	人工费用（元/头）	物质费用（元/头）
2001	宁夏	14 215.66	24.75	84.24	405.26
2003	宁夏	12 722.97	23.07	84.00	432.89
2002	宁夏	9 678.57	18.24	89.10	373.97
2000	宁夏	8 387.50	15.71	89.00	4 826.80
2002	黑龙江	9 544.59	14.66	83.60	469.71
2003	黑龙江	9 747.20	14.22	86.24	485.05
2000	青海	9 158.85	13.94	147.00	448.49
2001	黑龙江	7 119.15	12.11	82.16	438.14
2001	广东	8 512.69	11.71	85.28	611.94
2002	广东	7 937.33	11.46	80.30	561.22
2003	河南	8 144.02	10.97	78.40	485.17
2003	广东	8 168.76	10.23	86.24	581.77
	平均	9 444.77	15.09	89.63	843.37

资料来源：作者测算2009.4

（1）物质费用、劳动力资金投入不变，饲养规模不同，大规模边际效益、利润空间及其拐点

大规模边际效益函数回归形式：

$$\partial I/\partial L_{养殖规模}=18.861\,45\times0.756\,66\times89.63^{0.015\,93}\times843.367\,5^{0.61\,001}/L_{养殖规模}^{(1-0.756\,66)}$$

大规模边际效益、利润空间及其拐点。

在每头劳动力投入和物质投入状况分别为89.63元和843.36元的不变条件下，每增加一头，其边际效益利润空间及其拐点是：在100头规模上，每增加一头的边际规模效益为0，该点视为边际效益拐点。小于100头饲养规模的边际效益为递增，大于100头饲养规模的边际效益为递减。从实际养殖规模为15.08头的水平看，农户大规模饲养的规模边际效益空间较大（表6-217）。

表 6-217 农户生猪大规模生产的规模边际效益、利润空间及其拐点

每增加一头边际总收入	饲养规模（头）	劳动力（元/头）	物质投入（元/头）	成本费用合计（元/头）	边际效益增减及其拐点
934.28	100	89.63	843.37	933.00	1.28
789.27	110	89.63	843.37	933.00	—143.73
715.11	120	89.63	843.37	933.00	—217.88
666.76	130	89.63	843.37	933.00	—266.23
631.53	140	89.63	843.37	933.00	—301.47
604.12	150	89.63	843.37	933.00	—328.88
581.88	160	89.63	843.37	933.00	—351.12
563.27	170	89.63	843.37	933.00	—369.72
547.36	180	89.63	843.37	933.00	—385.64
533.50	190	89.63	843.37	933.00	—399.49

资料来源：作者测算 2009.4

（2）饲养规模、物资费用不变，劳动力投入不同，大规模边际效益、利润空间及其拐点

劳动力投入边际效益函数回归形式：

$$\partial I/\partial L_{劳动力} = 18.861\,45 \times 0.015\,93 \times 15.089^{0.756\,66} \times 843.367\,5^{0.610\,01} / L_{劳动力}^{(1-0.015\,93)}$$

劳动力投入边际效益、利润空间及其拐点。

在养殖规模为 15.08，每头物质费用为 843.36 元的条件下，劳动力投入边际效益、利润空间及其拐点是：在每头劳动力投入 9 元条件下，每增加 1 元劳动力投入的边际效益为 0，该点是劳动力投入边际效益的拐点，小于 9 元，劳动力的边际效益递增，大于 9 元，劳动力的边际效益递减。从大规模每头实际劳动力投入 89.6 元的水平看，农户大规模饲养的劳动力边际效益空间不大（表 6-218）。

表 6-218 农户生猪大规模生产的劳动力边际效益、利润空间及其拐点

每头增加 1 元劳动力边际总收入	饲养规模（头）	劳动力（元/头）	物质投入（元/头）	每增加 1 元劳动力增加净收入
142.74	15.09	1	843.37	127.65
72.16	15.09	2	843.37	57.07
48.42	15.09	3	843.37	33.33
36.48	15.09	4	843.37	21.39
29.29	15.09	5	843.37	14.20
24.48	15.09	6	843.37	9.39
21.03	15.09	7	843.37	5.94
18.44	15.09	8	843.37	3.35
16.42	15.09	9	843.37	1.36
14.81	15.09	10	843.37	—0.28

资料来源：作者测算 2009.4

(3) 饲养规模、劳动力资金投入不变，物资资本投入不同，大规模物质费用投入边际效益、利润空间及其拐点

物质费用投入边际效益函数回归形式：

$$\partial I/\partial L_{物质费用} = 18.861\ 45 \times 0.610\ 01 \times 15.089^{0.756\ 66} \times 89.63^{0.015\ 93}/L_{物质费用}^{(1-0.610\ 01)}$$

物质投入边际效益、利润空间及其拐点。

在养殖规模为15.08头，每头劳动力投入为89.63元条件下，物质投入边际效益、利润空间及其拐点是：在每头物质费用投入116元条件下，每增加1元物资费用投入的边际效益为0，该点是物质费用投入边际效益的拐点，每头物质费用小于116元，物质费用的边际效益递增，大于116元的物质投入水平，边际效益递减。从规模农业实际平均物质投入843.36元的水平看，农户大规模饲养的物质投入水平边际效益空间不大（表6-219）。

表6-219　农户生猪大规模生产的物质费用投入边际效益、利润空间及其拐点

每头增加1元物质费用边际效益增减	饲养规模（头）	劳动力投入（元/头）	物质成本投入（元/头）	每增加1元物质费用增加净收入
15.99	15.09	89.63	100	0.90
15.40	15.09	89.63	110	0.32
15.35	15.09	89.63	111	0.26
15.30	15.09	89.63	112	0.21
15.25	15.09	89.63	113	0.16
15.20	15.09	89.63	114	0.11
15.14	15.09	89.63	115	0.05
15.09	15.09	89.63	116	0.00
15.04	15.09	89.63	117	−0.05
14.99	15.09	89.63	118	−0.10

资料来源：作者测算2009.4

5. 中等规模边际效益生产条件下的边际效益

中等规模生产的规模边际效益生产函数回归形式：

$$I = 2.064\ 174 L_{土地}^{0.990\ 422} L_{劳动力}^{0.089\ 327} L_{物质费用}^{0.859\ 8}$$

$$R^2 = 0.944\ 249$$

数据结构

样本量为34，其中，总收入平均值为4 872.26元，饲养规模平均值为7.09头，人工费用平均值为118.41元，物质投入费用平均值为488.455元（表6-220）。

表 6-220　农户生猪中等规模生产的规模边际效益分析基础数据

年份	地区	总收入平均值（元）	养殖规模（元/头）	人工费用（元/头）	物质投入（元/头）
2001	青海	6 882.45	9.83	163.28	464.03
2003	辽宁	7 637.04	9.80	78.40	513.23
2001	辽宁	6 635.91	9.71	76.96	502.52
2000	辽宁	5 724.36	9.19	67.00	451.84
2002	青海	6 205.92	8.94	170.50	456.31
2001	河南	5 596.14	8.84	97.76	443.17
2000	贵州	5 421.08	8.76	167.00	438.86
2001	陕西	5 101.05	8.27	147.68	422.04
2003	吉林	7 088.74	8.17	60.48	623.22
2000	河南	5 064.44	8.12	94.00	452.01
2000	黑龙江	5 078.52	7.93	87.00	459.44
2002	辽宁	5 106.41	7.81	59.40	496.94
2003	青海	5 340.19	7.56	168.00	469.93
2003	浙江	5 829.85	7.33	35.84	563.14
2000	福建	4 771.09	7.21	80.00	503.20
2001	湖南	4 512.10	7.18	74.88	482.14
2003	广西	4 722.17	6.97	108.64	519.51
2001	贵州	5 503.35	6.65	182.00	449.95
2001	广西	4 120.27	6.58	84.24	591.99
2000	湖南	4 135.76	6.43	66.00	492.34
2000	云南	4 506.37	6.26	169.00	492.98
2003	山西	4 727.79	6.21	224.00	484.51
2003	山东	4 221.85	6.06	68.32	487.93
2002	陕西	3 957.39	5.92	193.60	382.42
2003	贵州	4 651.49	5.88	152.32	506.70
2002	浙江	3 689.93	5.83	40.70	470.15
2001	福建	3 751.06	5.83	80.08	507.31
2000	广东	4 794.41	5.77	106.00	569.14
2002	广西	3 378.49	5.76	126.50	483.94
2000	江苏	3 107.02	5.60	126.00	428.58
2001	云南	3 589.24	5.41	161.20	510.06
2003	云南	3 690.37	5.38	169.12	499.68
2002	海南	3 487.33	5.10	136.40	451.59
2001	山西	3 627.28	5.03	203.84	536.69
	平均	4 872.26	7.10	118.42	488.46

资料来源：作者测算 2009.4

（1）物质费用、劳动力资金投入不变，饲养规模不同，中等规模生产的规模边际效益、利润空间及其拐点

中等规模生产的规模边际效益函数回归形式：

$$\partial I / \partial L_{土地} = 2.064\,174 \times 0.990\,422 \times 118.415\,9^{0.089\,327} \times 488.455\,6^{0.859\,8} / L_{土地}^{(1-0.990\,422)}$$

规模边际效益、利润空间及其拐点

在劳动力投入和物质投入状况分别为118.41元和488.455元的不变条件下，每增加一头，其边际效益利润空间及其拐点是：在360头规模上，每增加一头的边际规模效益为0，该点视为边际效益拐点。小于360头饲养规模的边际效益为递增，大于2头饲养规模水平的边际效益为递减。从实际规模7.09头的水平看，农户中等规模养殖的规模边际效益空间很大（表6-221）。

表6-221　农户生猪中等规模生产的规模边际效益、利润空间及其拐点

每增加一头边际总收入	饲养规模（头）	劳动力（元/头）	物质投入（元/头）	成本费用合计（元/头）	边际效益增减及其拐点
628.13	10.00	118.42	488.46	606.87	21.26
614.43	100.00	118.42	488.46	606.87	7.56
610.37	200.00	118.42	488.46	606.87	3.49
608.00	300.00	118.42	488.46	606.87	1.13
607.10	350.00	118.42	488.46	606.87	0.23
606.94	360.00	118.42	488.46	606.87	0.07
606.78	370.00	118.42	488.46	606.87	−0.09
606.63	380.00	118.42	488.46	606.87	−0.25
606.47	390.00	118.42	488.46	606.87	−0.40
606.33	400.00	118.42	488.46	606.87	−0.54

资料来源：作者测算2009.4

（2）饲养规模、物资费用不变，劳动力投入不同，中等规模生产劳动力边际效益、利润空间及其拐点

劳动力投入边际效益函数回归形式：

$$\partial I / \partial L_{劳动力} = 2.064\,174 \times 0.089\,327 \times 7.097^{0.990\,422} \times 488.455\,6^{0.859\,8} / L_{劳动力}^{(1-0.089\,327)}$$

劳动力投入边际效益、利润空间及其拐点。

在饲养规模为7.09头，物质费用实际为488.45元的条件下，劳动力投入边际效益、利润空间及其拐点是：在劳动力投入52.00元条件下，每增加1元劳动力投入的边际效益为0，该点是劳动力投入边际效益的拐点，小于52.00元，劳动力边际效益递增，大于44元，劳动力边际效益递减。从实际每头劳动力投入为118.41元的水平看，农户中等规模养殖不存在劳

动力的边际效益空间不大（表 6-222）。

表 6-222　农户生猪中等规模生产的劳动力边际效益、利润空间及其拐点

每头增加 1 元物质费用边际效益增减	饲养规模（头）	劳动力投入（元/头）	物质成本投入（元/头）	每增加 1 元物质费用增加净收入
7.47	7.10	50.00	488.46	0.37
7.34	7.10	51.00	488.46	0.24
7.21	7.10	52.00	488.46	0.11
7.08	7.10	53.00	488.46	−0.01
6.96	7.10	54.00	488.46	−0.13
6.85	7.10	55.00	488.46	−0.25
6.74	7.10	56.00	488.46	−0.36
6.63	7.10	57.00	488.46	−0.47
6.53	7.10	58.00	488.46	−0.57
6.43	7.10	59.00	488.46	−0.67

资料来源：作者测算 2009.4

（3）饲养规模、劳动力资金投入不变，物资资本投入不同，中等规模生产物质费用投入边际效益、利润空间及其拐点

物质费用投入边际效益函数回归形式：

$$\partial I/\partial L_{物质费用} = 2.064\ 174 \times 0.859\ 8 \times 7.097^{0.990\ 422} \times 118.415\ 9^{0.089\ 327} / L_{物质费用}^{(1-0.859\ 8)}$$

物质投入边际效益、利润空间及其拐点。

在饲养规模为 7.09，每头劳动力投入为 118.41 元条件下，物质投入边际效益、利润空间及其拐点是：在每头物质费用投入 1 090 元条件下，每增加 1 元物资费用投入的边际效益为 0，该点是物质费用投入边际效益的拐点，每头物质费用小于 1 090 元，边际效益递增，大于 1 090 元的物质投入水平，边际效益递减。从实际物质投入 488.45 元的水平看，农户中等规模养殖的物质投入边际效益存在较大的空间（表 6-223）。

表 6-223　农户生猪中等规模生产的物质费用投入边际效益、利润空间及其拐点

每头增加 1 元物质费用边际效益增减	饲养规模（头）	劳动力投入（元/头）	物质成本投入（元/头）	每增加 1 元物质费用增加净收入
7.18	7.10	118.42	1 010.00	0.08
7.17	7.10	118.42	1 020.00	0.07
7.16	7.10	118.42	1 030.00	0.06
7.15	7.10	118.42	1 040.00	0.05
7.14	7.10	118.42	1 050.00	0.04
7.13	7.10	118.42	1 060.00	0.03
7.12	7.10	118.42	1 070.00	0.02

续表

每头增加1元物质费用边际效益增减	饲养规模	劳动力投入	物质成本投入	每增加1元物质费用增加净收入
7.11	7.10	118.42	1 080.00	0.02
7.10	7.10	118.42	1 090.00	0.01
7.09	7.10	118.42	1 100.00	0.00

资料来源：作者测算 2009.4

6. 小规模生产条件下的边际效益

小规模生产边际效益生产函数回归形式：

$I=8.843\ 352L_{养殖规模}^{0.968\ 876}L_{劳动力}^{0.074\ 42}L_{物质费用}^{-1.518\ 55}$

$R^2=0.844\ 24$

样本量为10，其中，总收入平均值为2 196.88元，养殖规模平均值为3.31头，人工费用平均值为156.83元/头，物质投入费用平均值为476.5元/头（表6-224）。

表6-224　农户生猪小规模生产的边际效益分析基础数据

年份	地区	总收入平均值（元）	养殖规模（元/头）	人工费用（元/头）	物质投入（元/头）
2001	山东	2 981.30	4.74	104.00	470.02
2000	海南	3 408.95	4.73	167.00	442.30
2003	陕西	3 265.70	4.72	228.48	397.51
2000	山东	3 075.77	4.68	105.00	482.54
2003	河北	3 375.40	4.61	104.16	503.68
2002	云南	2 820.31	4.41	173.80	458.41
2001	江苏	2 524.34	4.33	123.76	474.45
2001	海南	3 188.69	4.27	166.40	444.70
2000	广西	2 569.59	4.25	107.00	494.66
2003	海南	3 325.21	4.10	129.92	473.11
2001	新疆	2 204.72	4.00	58.24	452.94
2001	河北	2 625.32	3.98	119.60	471.11
2003	江苏	2 644.88	3.96	101.92	469.42
2003	湖南	2 102.35	3.83	60.48	423.57
2000	陕西	2 291.14	3.79	158.00	401.61
2003	江西	3 268.28	3.72	118.72	598.13
2002	新疆	2 040.32	3.67	60.50	450.94
2001	浙江	2 320.95	3.65	42.64	493.30
2000	浙江	2 073.33	3.50	41.00	458.30
2003	四川	2 149.97	3.49	215.04	440.40
2000	四川	1 751.34	3.48	162.00	406.82
2001	四川	1 968.59	3.39	195.52	421.61
2002	江苏	1 771.05	3.34	104.50	425.22

续表

年份	地区	总收入平均值（元）	养殖规模（元/头）	人工费用（元/头）	物质投入（元/头）
2002	贵州	2 495.83	3.21	148.50	454.62
2000	湖北	2 062.59	3.19	179.00	393.17
2000	安徽	2 292.73	3.14	135.00	488.80
2003	湖北	2 239.92	3.07	170.24	520.82
2003	重庆	2 183.46	3.00	312.48	560.91
2002	河北	1 760.70	2.76	110.00	464.72
2000	河北	1 839.02	2.76	120.00	445.91
2001	江西	1 988.69	2.73	145.60	563.30
2000	江西	1 965.44	2.69	122.00	553.19
2001	重庆	1 770.54	2.65	313.04	547.31
2002	重庆	1 803.05	2.63	328.90	567.06
2000	重庆	1 667.47	2.62	267.00	537.58
2002	四川	1 359.80	2.58	132.00	439.11
2000	山西	1 802.82	2.56	163.00	494.24
2000	甘肃	1 556.14	2.54	141.00	442.24
2001	安徽	1 529.91	2.26	185.12	493.75
2001	甘肃	1 675.78	2.19	188.24	454.04
2001	湖北	1 481.19	2.14	217.36	445.51
2003	安徽	1 596.20	2.09	187.04	462.26
2002	甘肃	1 494.28	2.03	227.70	503.34
2002	山西	1 202.37	1.99	189.20	465.55
2003	甘肃	1 344.19	1.56	227.36	590.32
	平均	2 196.88	3.31	156.83	476.50

资料来源：作者测算 2009.4

(1) 物质费用、劳动力资金投入不变，饲养规模不同，小规模生产规模边际效益、利润空间及其拐点

小规模生产规模边际效益函数回归形式：

$$\partial I/\partial L_{养殖规模}=8.843\ 352\times 0.968\ 876\times 156.832\ 4^{0.074\ 42}\times 476.5^{0.637\ 225}/L_{养殖}^{(1-0.968\ 876)}$$

规模边际效益、利润空间及其拐点。

在每头劳动力投入和物质投入状况分别为 156.83 元和 476.5 元的不变条件下，每增加一头，其边际效益利润空间及其拐点是：在 10 头规模上，每增加一头的边际规模效益为 0，该点视为边际效益拐点。小于 10 头的养殖规模的边际效益为递增，大于 10 头养殖规模的边际效益为递减。从实际规模为 3.31 头的水平看，农户小规模养殖的规模边际效益空间较大（表 6-225）。

表 6-225 农户生猪小规模生产的规模边际效益、利润空间及其拐点

每增加一头边际总收入	饲养规模（头）	劳动力（元/头）	物质投入（元/头）	成本费用合计（元/头）	边际效益增减及其拐点
635.04	10	156.83	476.50	633.33	1.70
621.48	12	156.83	476.50	633.33	−11.85
613.69	13	156.83	476.50	633.33	−19.64
608.23	14	156.83	476.50	633.33	−25.11
604.01	15	156.83	476.50	633.33	−29.32
600.59	16	156.83	476.50	633.33	−32.74
597.72	17	156.83	476.50	633.33	−35.62
595.24	18	156.83	476.50	633.33	−38.09
593.06	19	156.83	476.50	633.33	−40.27
591.12	20	156.83	476.50	633.33	−42.21

资料来源：作者测算 2009.4

(2) 饲养规模、物资费用不变，劳动力投入不同，小规模劳动力边际效益、利润空间及其拐点

劳动力投入边际效益函数回归形式：

$$\partial I/\partial L_{劳动力} = 8.843\,352 \times 0.074\,42 \times 3.31^{0.968\,876} \times 476.5^{0.637\,225} / L_{劳动力}^{(1-0.074\,42)}$$

劳动力投入边际效益、利润空间及其拐点。

在饲养规模为 3.31 头，每头物质费用为 476.5 元的条件下，劳动力投入边际效益、利润空间及其拐点是：在每头劳动力投入 42 元条件下，每增加 1 元劳动力投入的边际效益为 0，该点是劳动力投入边际效益的拐点，小于 42 元，劳动力的边际效益递增，大于 42 元，劳动力的边际效益递减。从劳动力投入实际值为每头 156.8 元的水平看，农户小规模养殖不存在劳动力边际效益（表 6-226）。

表 6-226 农户生猪小规模生产的劳动力边际效益、利润空间及其拐点

每头增加 1 元劳动力边际总收入	饲养规模（头）	劳动力（元/头）	物质投入（元/头）	每增加 1 元劳动力增加净收入
12.68	3.31	10	476.50	9.37
6.67	3.31	20	476.50	3.36
4.59	3.31	30	476.50	1.27
3.51	3.31	40	476.50	0.20
3.43	3.31	41	476.50	0.12
3.36	3.31	42	476.50	0.05
3.29	3.31	43	476.50	−0.02
3.22	3.31	44	476.50	−0.09
3.15	3.31	45	476.50	−0.16
3.09	3.31	46	476.50	−0.22

资料来源：作者测算 2009.4

（3）饲养规模、劳动力资金投入不变，物资资本投入不同，小规模物质费用投入边际效益、利润空间及其拐点

物质费用投入边际效益函数回归形式：

$$\partial I/\partial L_{物质费用}=8.843\ 352\times 0.637\ 225\times 3.31^{0.968\ 876}\times 156.832\ 4^{0.074\ 42}/L_{物质费用}^{(1-0.637\ 225)}$$

物质投入边际效益、利润空间及其拐点。

在饲养规模为3.31头，每头劳动力投入为156.83元条件下，物质投入边际效益、利润空间及其拐点是：在每头物质费用投入290元条件下，每增加1元物资费用投入的边际效益为0，该点是物质费用投入边际效益的拐点，小于290元，物质费用的边际效益递增，大于290元，物质费用边际效益递减。从物质投入实际水平为每头476.5元看，农户小规模养殖不存在物质投入边际效益空间不大（表6-227）。

表6-227　农户生猪小规模生产的物质费用投入边际效益、利润空间及其拐点

每头增加1元物质费用边际效益增减	饲养规模（头）	劳动力投入（元/头）	物质成本投入（元/头）	每增加1元物质费用增加净收入
6.33	3.31	156.83	50	3.02
4.93	3.31	156.83	100	1.62
4.25	3.31	156.83	150	0.94
3.83	3.31	156.83	200	0.52
3.53	3.31	156.83	250	0.22
3.48	3.31	156.83	260	0.17
3.44	3.31	156.83	270	0.12
3.39	3.31	156.83	280	0.08
3.35	3.31	156.83	290	0.04
3.31	3.31	156.83	300	−0.00

资料来源：作者测算 2009.4

7. 结论

（1）在总体条件下，农户生猪生产除了具备养殖规模的效益空间外，农户生猪生产的劳动力投入，物质投入已经没有任何增长空间，表明我国农户生猪生产应该向大规模生产方向发展。

（2）在大规模条件下，农户生猪生产除了具备养殖规模的效益空间外，农户饲养的劳动力投入，物质投入已经没有任何增长空间，这表明在目前条件下，我国农户生猪大规模生产的规模效益不足。

（3）在中规模条件下，农户饲养不具备养殖规模、劳动力投入的效益空间，但具备物质投入的边际规模效益，表明我国农户饲养没有适度规模

经营的效益空间。

(4) 在小规模条件下，农户饲养除了具备养殖规模的效益空间外，农户饲养不具有劳动力投入和物资投入的效益空间，表明我国农户小规模生猪饲养是一种很不经济的生产方式。

三、规模生猪生产的规模化边际及其空间

1. 生产函数回归形式：

$$I = 20.042L_{养殖规模}^{0.970\,1}L_{劳动力}^{0.040\,9}K_{物资投入}^{0.554\,9}$$

$$R^2 = 0.989\,9$$

2. 数据结构

样本量为 85，其中，总收入平均值为 777 485.31 元，饲养头数平均为 1 214.48 头，人工费用平均值为 38.53 元/头，物质投入费用平均值为 515.60 元/头（表 6-228）。

表 6-228　规模生猪生产的规模边际效益分析基础数据表

年份	地区	总收入（元）	规模（头）	人工费用（元/头）	物质费用（元/头）
2003	上海	3 580 361.26	5 499.11	6.72	586.78
2002	上海	3 080 989.75	5 491.67	5.50	526.64
2002	福建	3 422 352.22	5 237.36	12.10	612.28
2003	青海	3 035 462.33	4 617.38	30.24	22.67
2001	上海	2 468 699.86	4 345.92	6.24	532.05
2002	青海	2 636 777.96	4 163.75	28.60	484.12
2003	海南	3 022 432.98	3 829.45	28.00	634.75
2002	海南	1 838 071.89	3 659.24	17.60	445.43
2001	青海	2 195 405.60	3 453.58	29.12	500.65
2001	福建	2 171 052.71	3 064.64	9.36	658.79
2003	北京	1 810 620.09	2 837.70	17.92	560.84
2002	广东	1 849 280.34	2 703.55	26.40	588.55
2003	浙江	1 694 502.23	2 192.59	17.92	601.08
2001	广东	1 487 492.96	2 074.49	35.36	605.75
2003	天津	1 376 788.38	2 028.21	19.04	546.66
2001	浙江	1 273 247.30	2 002.59	13.52	574.28
2002	浙江	1 283 778.03	1 981.72	16.50	560.05
2003	福建	1 444 483.36	1 968.85	14.56	654.46
2003	广东	1 479 794.22	1 907.27	28.00	640.00
2002	北京	1 084 818.84	1 859.29	17.60	537.05
2002	天津	1 117 175.68	1 805.74	14.30	543.24

续表

年份	地区	总收入（元）	规模（头）	人工费用（元/头）	物质费用（元/头）
2001	北京	886 760.24	1 468.90	17.68	563.78
2003	云南	929 832.98	1 447.77	59.36	595.11
2003	江苏	869 487.78	1 412.56	24.64	465.78
2001	辽宁	886 995.87	1 371.00	29.12	523.61
2001	天津	758 872.01	1 196.26	14.56	552.27
2002	安徽	674 487.65	1 189.40	42.90	490.54
2001	安徽	709 219.53	1 139.40	63.44	493.15
2001	四川	614 976.59	1 124.79	64.48	476.81
2003	四川	543 523.50	1 059.50	41.44	527.89
2001	海南	772 172.22	1 058.23	28.08	633.02
2002	江苏	478 001.12	940.76	29.70	454.13
2003	湖北	719 569.98	936.66	36.96	611.49
2003	新疆	510 131.69	890.16	113.12	528.75
2002	河南	485 740.21	858.12	46.20	465.02
2002	湖北	483 901.73	791.89	44.00	539.40
2002	辽宁	471 365.57	739.32	33.00	509.20
2002	黑龙江	425 221.36	731.54	58.30	462.40
2001	山东	409 595.10	707.34	28.08	474.73
2002	四川	390 319.99	706.09	71.50	414.68
2003	山东	491 187.79	700.20	22.40	549.55
2003	辽宁	469 947.03	695.12	32.48	515.54
2001	湖北	452 386.02	668.29	39.52	573.11
2003	河南	416 401.64	629.25	50.40	520.15
2003	黑龙江	387 674.06	625.35	59.36	480.02
2003	安徽	436 996.88	621.07	50.40	524.21
2003	广西	405 995.84	615.71	40.32	554.79
2002	云南	384 673.55	608.81	27.50	534.89
2002	内蒙古	409 946.00	578.11	48.40	564.72
2002	山东	336 520.22	569.39	26.40	476.50
2001	陕西	300 554.13	540.77	21.84	467.31
2001	河南	306 066.21	507.97	54.08	500.93
2001	云南	314 837.53	505.45	39.52	530.99
2001	黑龙江	286 291.11	500.58	48.88	459.57
2001	湖南	345 455.13	484.68	10.40	612.49
2001	河北	298 323.95	475.50	34.32	489.65
2002	新疆	282 296.81	473.95	37.40	513.36
2003	湖南	350 865.71	472.72	6.72	618.86
2001	甘肃	259 470.32	423.41	38.48	458.34
2002	湖南	268 538.58	409.35	6.60	584.13
2002	广西	239 022.58	404.90	52.80	537.04
2001	广西	261 850.59	403.13	39.52	583.82

续表

年份	地区	总收入（元）	规模（头）	人工费用（元/头）	物质费用（元/头）
2002	吉林	231 129.48	341.74	36.30	533.33
2003	河北	227 487.65	328.55	39.20	511.88
2002	河北	193 110.02	321.65	39.60	464.88
2001	新疆	193 116.65	310.14	40.56	567.98
2001	内蒙古	210 803.80	294.63	61.36	589.61
2002	甘肃	105 664.22	288.84	24.20	286.66
2003	吉林	209 394.07	275.52	35.84	585.58
2003	内蒙古	205 504.03	267.48	40.32	595.36
2001	江苏	148 382.58	266.76	43.68	496.71
2003	甘肃	158 022.13	265.72	30.24	502.00
2001	吉林	186 188.20	263.54	38.48	543.44
2003	山西	153 319.07	236.95	25.76	470.47
2002	山西	120 031.87	224.85	44.00	438.50
2002	贵州	111 167.50	176.67	39.60	466.06
2001	宁夏	100 152.13	176.11	41.60	418.02
2001	山西	95 163.68	169.74	38.48	469.38
2002	陕西	86 190.72	168.00	39.60	442.74
2003	贵州	89 327.37	129.67	42.56	499.87
2002	宁夏	53 820.81	97.61	42.90	399.59
2003	宁夏	51 002.01	90.07	41.44	456.05
2003	陕西	38 005.18	61.19	48.16	451.54
2003	重庆	18 791.50	35.00	268.80	375.24
2001	贵州	21 411.45	32.65	143.52	413.51
	平均	777 485.31	1 214.48	38.53	515.60

资料来源：作者测算 2009.4

3. 总体条件下的最适规模

(1) 物质费用、劳动力资金投入不变，饲养规模不同，规模边际效益、利润空间及其拐点

养殖规模边际效益函数回归形式：

$$\partial I/\partial L_{养殖规模}=20.042\times 0.970\ 1\ \frac{38.53^{0.040\ 9}\times 515.60^{0.554\ 9}}{L_{养殖规模}^{(1-0.970\ 1)}}$$

养殖规模边际效益、利润空间及其拐点。

在每头劳动力投入和物质投入状况分别为 38.53 元和 515.60 元的不变条件下，每增加 1 头饲养量，其边际效益利润空间及其拐点是：在 7 000 头规模上，每增加 1 头的边际效益为 0，该点视为边际效益拐点。小于 7 000头饲养规模的边际效益为递增，大于 7 000 头饲养规模水平的边际效益为递减。从实际规模 1 214.48 头的水平看，规模生猪生产饲养规模的空

间边际效益很大（表 6-229）。

表 6-229 规模生猪生产的规模边际效益、利润空间及其拐点

每增加一头地边际总收入	饲养规模（头）	劳动力（元/头）	物质投入（元/头）	成本费用合计（元/头）	边际效益增减及其拐点
587.4	1 000.00	38.53	515.60	554.10	33.26
575.40	2 000.00	38.53	515.60	554.10	21.22
568.40	3 000.00	38.53	515.60	554.10	14.29
563.60	4 000.00	38.53	515.60	554.10	9.42
559.80	5 000.00	38.53	515.60	554.10	5.68
556.80	6 000.00	38.53	515.60	554.10	2.63
554.20	7 000.00	38.53	515.60	554.10	0.07
552.00	8 000.00	38.53	515.60	554.10	−2.13

资料来源：作者测算 2009.4

（2）饲养量、物资费用不变，劳动力投入不同，规模劳动力边际效益、利润空间及其拐点

劳动力投入边际效益函数回归形式：

$$\partial I/\partial L_{劳动力}=20.042\times0.040\,9\frac{1\,214.48^{0.970\,1}\times515.60^{0.554\,9}}{L_{劳动力}^{(1-0.040\,9)}}$$

劳动力投入边际效益、利润空间及其拐点。

在饲养规模为 1 214.48 头，每头物质费用实际为 515.60 元的不变条件下，劳动力投入边际效益、利润空间及其拐点是：在每头劳动力投入 24 元条件下，每增加 1 元劳动力投入的边际效益为 0，该点是劳动力投入边际效益的拐点，每头劳动力规模水平小于 24 元，边际效益递增，大于 24 元的劳动力投入水平，边际效益递减。从实际平均劳动力投入 38.53 元的水平看，规模生猪生产不存在劳动力投入的边际效益（表 6-230）。

表 6-230 规模生猪生产的劳动力边际效益、利润空间及其拐点

每头增加 1 元劳动力边际总收入	饲养规模（头）	劳动力（元/头）	物质投入（元/头）	边际效益增减及其拐点
2 826.60	1 214.48	10.00	515.60	1 612.10
1 453.90	1 214.48	20.00	515.60	239.40
1 326.90	1 214.48	22.00	515.60	112.40
1 271.50	1 214.48	23.00	515.60	57.00
1 220.60	1 214.48	24.00	515.60	6.20
1 173.80	1 214.48	25.00	515.60	−40.70

资料来源：作者测算 2009.4

（3）饲养量、劳动力资金投入不变，物资资本投入不同，物资投入边际效益、利润空间及其拐点

物质费用投入边际效益函数回归形式：

$$\partial I/\partial K_{物质费用}=20.042\times 0.554\ 9\frac{1\ 214.48^{0.970\ 1}\times 38.53^{0.040\ 9}}{L_{物质费用}^{(1-0.554\ 9)}}$$

物质投入边际效益、利润空间及其拐点

在饲养规模为 1 214.48 头，每头劳动力投入实际为 38.53 元的不变条件下，物质投入边际效益、利润空间及其拐点是：在每头物质费用投入 190 元条件下，每增加 1 元物资费用投入的边际效益为 0，该点是物质费用投入边际效益的拐点，每头物质费用小于 190 元，边际效益递增，大于 190 元的物质投入水平，边际效益递减。从实际平均物质投入 515.60 元的水平看，规模生猪不存在生产物质投入的边际效益（表 6-231）。

表 6-231　规模生猪生产的物资投入边际效益、利润空间及其拐点

每头增加 1 元物质费用边际效益增减	饲养规模头	劳动力投入（元/头）	物质成本投入（元/头）	边际效益增减及其拐点
1 632.80	1 214.48	38.53	100	418.29
1 363.20	1 214.48	38.53	150	148.68
1 324.60	1 214.48	38.53	160	110.07
1 289.30	1 214.48	38.53	170	74.81
1 256.90	1 214.48	38.53	180	42.42
1 227.00	1 214.48	38.53	190	12.53
1 199.30	1 214.48	38.53	200	−15.16

资料来源：作者测算 2009.4

4. 大规模边际效益

大规模边际效益生产函数回归形式：

$I=55.934\ 37L_{养殖规模}^{0.905\ 763}L_{劳动力}^{0.017\ 292}L_{物质费用}^{0.524\ 79}$

$R^2=0.992$

数据结构样本量为 31，其中，总收入平均值为 1 645 159 元，养殖规模平均值为 2 554.57 头，人工费用平均值为 25.17 元/头，物质投入费用平均值为 539.93 元/头（表 6-232）。

表 6-232　规模生猪生产的大规模边际效益分析基础数据表

年份	地区	总收入（元）	规模（头）	人工（元/头）	费用（元/头）
2003	上海	3 580 361	5 499.11	6.72	586.78
2002	上海	3 080 990	5 491.67	5.50	526.64
2002	福建	3 422 352	5 237.36	12.10	612.28
2003	青海	3 035 462	4 617.38	30.24	22.67
2001	上海	2 468 700	4 345.92	6.24	532.05
2002	青海	2 636 778	4 163.75	28.60	484.12

续表

年份	地区	总收入（元）	规模（头）	人工（元/头）	费用
2003	海南	3 022 433	3 829.45	28	634.75
2002	海南	1 838 072	3 659.24	17.60	445.43
2001	青海	2 195 41	3 453.58	29.12	500.65
2001	福建	2 171 05	3 064.64	9.36	658.79
2003	北京	1 810 620	2 837.70	17.92	560.84
2002	广东	1 849 280	2 703.55	26.40	588.55
2003	浙江	1 694 50	2 192.59	17.92	601.08
2001	广东	1 487 493	2 074.49	35.36	605.75
2003	天津	1 376 79	2 028.21	19.04	546.66
2001	浙江	1 273 25	2 002.59	13.52	574.28
2002	浙江	1 283 78	1 981.72	16.50	560.05
2003	福建	1 444 48	1 968.85	14.56	654.46
2003	广东	1 479 794	1 907.27	28	640
2002	北京	1 084 819	1 859.29	17.60	537.05
2002	天津	1 117 176	1 805.74	14.30	543.24
2001	北京	886 760.20	1 468.90	17.68	563.78
2003	云南	929 833	1 447.77	59.36	595.11
2003	江苏	869 487.80	1 412.56	24.64	465.78
2001	辽宁	886 995.90	1 371	29.12	523.61
2001	天津	758 872	1 196.26	14.56	552.27
2002	安徽	674 487.70	1 189.41	42.90	490.54
2001	安徽	709 219.50	1 139.40	63.44	493.15
2001	四川	614 976.60	1 124.79	64.48	476.81
2003	四川	543 523.50	1 059.50	41.44	527.89
2001	海南	772 172.20	1 058.23	28.08	633.02
		1 645 159	2 554.58	25.17	539.94

资料来源：作者测算 2009.4

（1）物质费用、劳动力资金投入不变，饲养规模不同，大规模边际效益、利润空间及其拐点

大规模边际效益函数回归形式：

$$\partial I/\partial L_{养殖规模}=55.934\ 37\times 0.905\ 763\times 25.170\ 97^{0.017\ 292}\times 539.938\ 1^{0.524\ 79}/L_{养殖规模}^{(1-0.905\ 763\ 3)}$$

规模边际效益、利润空间及其拐点。

在每头劳动力投入和物质投入状况分别为 25.17 元和 539.93 元的不变条件下，每增加 1 头，其边际效益利润空间及其拐点是：在 22 800 头规模上，每增加 1 头的边际效益为 0，该点视为边际效益拐点。小于 22 800 头饲养规模的边际效益为递增，大于 22 800 头饲养规模水平的边际效益为递减。从实际规模 2 554.57 头的水平看，规模生猪大规模生产的规模边际效

益空间很大（表 6-233）。

表 6-233　规模生猪生产的大规模边际效益、利润空间及其拐点

每增加一头边际总收入	饲养规模（头）	劳动力（元/头）	物质投入（元/头）	成本费用合计（元/头）	边际效益增减及其拐点
610.77	10 000	25.17	539.94	565.11	45.66
572.15	20 000	25.17	539.94	565.11	7.04
569.52	21 000	25.17	539.94	565.11	4.41
567.03	22 000	25.17	539.94	565.11	1.92
565.83	22 500	25.17	539.94	565.11	0.72
565.60	22 600	25.17	539.94	565.11	0.49
565.36	22 700	25.17	539.94	565.11	0.25
565.13	22 800	25.17	539.94	565.11	0.02
564.89	22 900	25.17	539.94	565.11	−0.22
564.66	23 000	25.17	539.94	565.11	−0.45

资料来源：作者测算 2009.4

（2）饲养规模、物资费用不变，劳动力投入不同，大规模边际效益、利润空间及其拐点

劳动力投入边际效益函数回归形式：

$$\partial I/\partial L_{劳动力}=55.934\,37\times0.017\,292\times2\,554.57^{0.905\,763}\times 539.938\,1^{0.524\,79}\ /L_{劳动力}^{(1-0.017\,292)}$$

劳动力投入边际效益、利润空间及其拐点。

在养殖规模为 2 554.57，每头物质费用为 539.93 元的条件下，劳动力投入边际效益、利润空间及其拐点是：在每头劳动力投入 13 元条件下，每增加 1 元劳动力投入的边际效益为 0，该点是劳动力投入边际效益的拐点，每头劳动力小于 13 元，边际效益递增，大于 13 元的劳动力投入水平，边际效益递减。从大规模实际平均每头劳动力投入 25.17 元的水平看，规模生猪大规模生产不存在劳动力的边际效益空间（表 6-234）。

表 6-234　规模生猪生产的大规模劳动力际效益、利润空间及其拐点

每头增加 1 元劳动力边际总收入	饲养规模（头）	劳动力（元/头）	物质投入（元/头）	每增加 1 元劳动力增加净收入
3 333.85	2 554.58	10	539.94	779.27
3035.77	2 554.58	11	539.94	481.20
2 786.98	2 554.58	12	539.94	232.41
2 576.16	2 554.58	13	539.94	21.58
2 395.22	2 554.58	14	539.94	−159.36
2 238.21	2 554.58	15	539.94	−316.37
2 100.66	2 554.58	16	539.94	−453.92

续表

每头增加1元劳动力边际总收入	饲养规模（头）	劳动力（元/头）	物质投入（元/头）	每增加1元劳动力增加净收入
1 979.17	2 554.58	17	539.94	−575.41
1 871.06	2 554.58	18	539.94	−683.52
1 774.24	2 554.58	19	539.94	−780.34

资料来源：作者测算 2009.4

(3) 饲养规模、劳动力资金投入不变，物资资本投入不同，大规模物质费用投入边际效益、利润空间及其拐点

物质费用投入边际效益函数回归形式：

$$\partial I/\partial L_{物质费用}=55.934\,37\times0.524\,79\times25.170\,97^{0.017\,292}\times 2\,554.57^{0.905\,763}/L_{物质费用}^{(1-0.524\,79)}$$

物质投入边际效益、利润空间及其拐点。

在养殖规模为2 554.57头，每头劳动力投入为25.17元条件下，物质投入边际效益、利润空间及其拐点是：在每头物质费用投入290元条件下，每增加1元物资费用投入的边际效益为0，该点是物质费用投入边际效益的拐点，每头物质费用小于290元，边际效益递增，大于290元的物质投入水平，边际效益递减。从实际平均物质投入539.9元的水平看，规模生猪大规模生产不存在物质投入的边际效益空间（表6-235）。

表6-235 规模生猪生产的大规模物质费用投入边际效益、利润空间及其拐点

每头增加1元物质费用边际效益增减	饲养规模（头）	劳动力投入（元/头）	物质成本投入（元/头）	每增加1元物质费用增加净收入
4 243.19	2 554.58	25.17	100	1 688.61
3 052.39	2 554.58	25.17	200	497.81
2 745.28	2 554.58	25.17	250	190.71
2 694.59	2 554.58	25.17	260	140.01
2 646.69	2 554.58	25.17	270	92.12
2 601.35	2 554.58	25.17	280	46.77
2 558.33	2 554.58	25.17	290	3.75
2 517.44	2 554.58	25.17	300	−37.14
2 478.52	2 554.58	25.17	310	−76.06
2 441.41	2 554.58	25.17	320	−113.17

资料来源：作者测算 2009.4

5. 中等规模边际效益

中等规模生产的规模边际效益生产函数回归形式：

$$I=2.850\,111L_{养殖规模}^{0.963\,619}L_{劳动力}^{0.019\,154}L_{物质费用}^{0.885\,535}$$

$$R^2=0.744\,34$$

数据结构

样本量为50，其中，总收入平均值为304 149.1元，饲养规模平均值为484.12头，人工费用平均值为39.79元/头，物质投入费用平均值为510.04元/头（表6-236）。

表6-236 规模生猪生产的中等规模的规模边际效益分析基础数据

年份	地区	总收入平均值（元）	养殖规模（元）	人工费用（元/头）	物质投入（元/头）
2002	江苏	478 001.10	940.76	29.70	454.13
2003	湖北	719 570.00	936.66	36.96	611.49
2003	新疆	510 131.70	890.16	113.12	528.75
2002	河南	485 740.20	858.12	46.20	465.02
2002	湖北	483 901.70	791.89	44.00	539.40
2002	辽宁	471 365.60	739.32	33.00	509.20
2002	黑龙江	425 221.40	731.54	58.30	462.40
2001	山东	409 595.10	707.34	28.08	474.73
2002	四川	390 320.00	706.09	71.50	414.68
2003	山东	491 187.80	700.20	22.40	549.55
2003	辽宁	469 947.00	695.12	32.48	515.54
2001	湖北	452 386.00	668.29	39.52	573.11
2003	河南	416 401.60	629.25	50.40	520.15
2003	黑龙江	387 674.10	625.35	59.36	480.02
2003	安徽	436 996.90	621.07	50.40	524.21
2003	广西	405 995.80	615.71	40.32	554.79
2002	云南	384 673.60	608.81	27.50	534.89
2002	内蒙古	409 946.00	578.11	48.40	564.72
2002	山东	336 520.20	569.39	26.40	476.50
2001	陕西	300 554.10	540.77	21.84	467.31
2001	河南	306 066.20	507.97	54.08	500.93
2001	云南	314 837.50	505.45	39.52	530.99
2001	黑龙江	286 291.10	500.58	48.88	459.57
2001	湖南	345 46	484.68	10.40	612.49
2001	河北	298 323.90	475.50	34.32	489.65
2002	新疆	282 296.80	473.95	37.40	513.36
2003	湖南	350 865.70	472.72	6.72	618.86
2001	甘肃	259 470.30	423.41	38.48	458.34
2002	湖南	268 538.60	409.35	6.60	584.13
2002	广西	2 390 22.60	404.90	52.80	537.04
2001	广西	261 850.60	403.13	39.52	583.82
2002	吉林	231 129.50	341.74	36.30	533.33
2003	河北	227 487.70	328.55	39.20	511.88
2002	河北	193 110.00	321.65	39.60	464.88
2001	新疆	193 116.70	310.14	40.56	567.98

续表

年份	地区	总收入平均值（元）	养殖规模（元）	人工费用（元/头）	物质投入（元/头）
2001	内蒙古	210 803.80	294.63	61.36	589.61
2002	甘肃	105 664.20	288.84	24.20	286.66
2003	吉林	209 394.10	275.52	35.84	585.58
2003	内蒙古	205 504.00	267.48	40.32	595.36
2001	江苏	148 382.60	266.76	43.68	496.71
2003	甘肃	158 022.10	265.72	30.24	502.00
2001	吉林	186 188.20	263.54	38.48	543.44
2003	山西	153 319.10	236.95	25.76	470.47
2002	山西	120 031.90	224.85	44.00	438.5
2002	贵州	111167.50	176.67	39.60	466.06
2001	宁夏	100 152.10	176.11	41.60	418.02
2001	山西	95 163.68	169.74	38.48	469.38
2002	陕西	86 190.72	168.00	39.60	442.74
2003	贵州	89 327.37	129.67	42.56	499.87
	平均	304 149.10	484.13	39.80	510.05

资料来源：作者测算 2009.4

(1) 物质费用、劳动力资金投入不变，饲养规模不同，中等规模生产的规模边际效益、利润空间及其拐点

中等规模生产的规模边际效益函数回归形式：

$$\partial I/\partial L_{养殖规模}=2.850\,111\times 0.963\,619\times 39.795\,51^{0.141\,237}\times 510.045\,7^{0.885\,535}/L_{养殖规模}^{(1-0.963\,619)}$$

规模边际效益、利润空间及其拐点。

在劳动力投入和物质投入状况分别为 39.79 元和 510.04 元的不变条件下，每增加 1 头，其边际效益利润空间及其拐点是：在 3 060 头规模上，每增加 1 头的边际效益为 0，该点视为边际效益拐点。小于 3 060 头饲养规模的边际效益为递增，大于 3 060 头饲养规模水平的边际效益为递减。从实际规模 484.12 头的水平看，规模生猪中等规模生猪生产的边际效益空间很大（表 6-237）。

表 6-237　规模生猪生产的中等规模的规模边际效益、利润空间及其拐点

每增加 1 头边际总收入	饲养规模（头）	劳动力（元/头）	物质投入（元/头）	成本费用（元/头）	边际效益增减及其拐点
572.73	1 000	39.80	510.05	549.84	22.89
558.48	2 000	39.80	510.05	549.84	8.63
550.29	3 000	39.80	510.05	549.84	0.45
550.22	3 010	39.80	510.05	549.84	0.38
550.16	3 020	39.80	510.05	549.84	0.32

续表

每增加一头边际总收入	饲养规模（头）	劳动力（元/头）	物质投入（元/头）	成本费用（元/头）	边际效益增减及其拐点
550.09	3 030	39.80	510.05	549.84	0.25
550.03	3 040	39.80	510.05	549.84	0.18
549.96	3 050	39.80	510.05	549.84	0.12
549.89	3 060	39.80	510.05	549.84	0.05
549.83	3 070	39.80	510.05	549.84	−0.01

资料来源：作者测算 2009.4

（2）饲养规模、物资费用不变，劳动力投入不同，中等规模生产劳动力边际效益、利润空间及其拐点

劳动力投入边际效益函数回归形式：

$$\partial I/\partial L_{劳动力}=2.850\ 111\times 0.019\ 154\times 484.125\ 581\ 1^{0.963\ 619}\times 510.045\ 7^{0.885\ 535}/L_{劳动力}^{(1-0.019\ 154)}$$

劳动力投入边际效益、利润空间及其拐点。

在饲养规模为 484.12 头，物质费用实际为 510.04 元的条件下，劳动力投入边际效益、利润空间及其拐点是：在劳动力增加投入 11 元条件下，每增加 1 元劳动力投入的边际效益为 0，该点是劳动力投入边际效益的拐点，每头饲养规模水平小于 11 元，劳动力的边际效益递增，大于 11 元的劳动力投入水平，边际效益递减。从中等规模实际平均每头劳动力投入 39.79 元的水平看，中等规模生猪生产不存在劳动力边际效益空间（表 6-238）。

表 6-238　规模生猪生产的中等规模的劳动力边际效益、利润空间及其拐点

每头增加 1 元物质费用边际效益增减	饲养规模（头）	劳动力投入（元/头）	物质成本投入（元/头）	每增加 1 元物质费用增加净收入
551.11	484.13	10	510.05	66.98
501.92	484.13	11	510.05	17.79
460.86	484.13	12	510.05	−23.26
426.06	484.13	13	510.05	−58.06
396.19	484.13	14	510.05	−87.93
370.27	484.13	15	510.05	−113.86
347.56	484.13	16	510.05	−136.57
327.49	484.13	17	510.05	−156.63
309.64	484.13	18	510.05	−174.49
293.64	484.13	19	510.05	−190.48

资料来源：作者测算 2009.4

（3）饲养规模、劳动力资金投入不变，物资资本投入不同，中等规模

生产物质费用投入边际效益、利润空间及其拐点

物质费用投入边际效益函数回归形式：

$$\partial I/\partial L_{物质费用}=2.850\,111\times 0.885\,535\times 484.125\,581\,1^{0.963\,619}\times 39.795\,51^{0.141\,237}/L_{物质费用}^{(1-0.885\,535)}$$

物质投入边际效益、利润空间及其拐点。

在饲养规模为484.12头，每头劳动力投入为39.79元条件下，物质投入边际效益、利润空间及其拐点是：在每头物质费用投入800元条件下，每增加1元物资费用投入的边际效益为零，该点是物质费用投入边际效益的拐点，每头物质费用水平小于800元，边际效益递增，大于800元的物质投入水平，边际效益递减。从实际物质投入510.04元的水平看，规模生猪中等规模生猪生产的物质边际效益空间较大（表6-239）。

表6-239　规模生猪生产的中等规模的物质费用投入边际效益、利润空间及其拐点

每头增加1元物质费用边际效益增减	饲养规模（头）	劳动力投入（元/头）	物质成本投入（元/头）	每增加1元物质费用增加净收入
514.10	484.13	39.80	500	29.98
503.48	484.13	39.80	600	19.36
494.68	484.14	39.80	700	10.55
487.18	484.13	39.80	800	3.05
480.65	484.13	39.80	900	−3.47
474.89	484.13	39.80	1 000	−9.24
469.74	484.13	39.80	1 100	−14.39
465.08	484.13	39.80	1 200	−19.04
460.84	484.13	39.80	1 300	−23.29
456.95	484.13	39.80	1 400	−27.18

资料来源：作者测算2009.4

6. 小规模边际效益

小规模生产边际效益生产函数回归形式：

$$I=25.645\,29L_{养殖规模}^{0.770\,98}L_{劳动力}^{0.034\,848\,2}L_{物质费用}^{0.677\,06}$$

$$R^2=0.844\,3$$

数据结构

样本量为5，其中，总收入平均值为36 606.19元，养殖规模平均值为63.303头，人工费用平均值为108.96元/头，物质投入费用平均值为419.18元/头（表6-240）。

表 6-240　规模生猪生产的中等规模的小规模生产边际效益

年份	地区	总收入平均值（元）	养殖规模（头）	人工费用（元/头）	物质投入（元/头）
2002	宁夏	53 820.81	97.61	42.90	399.59
2003	宁夏	51 002.01	90.07	41.44	456.05
2003	陕西	38 005.18	61.19	48.16	451.54
2003	重庆	18 791.50	35	268.80	375.24
2001	贵州	21 411.45	32.65	143.52	413.51
	平均	36 606.19	63.30	108.96	419.19

资料来源：作者测算 2009.4

(1) 物质费用、劳动力资金投入不变，饲养规模不同，小规模生产规模边际效益、利润空间及其拐点

小规模生产规模边际效益函数回归形式：

$$\partial I/\partial L_{养殖规模}=25.645\,29\times0.770\,98\times108.964^{0.034\,848\,2}\times419.186^{0.677\,06}/L_{养殖规模}^{(1-0.770\,98)}$$

规模边际效益、利润空间及其拐点。

在每头劳动力投入和物质投入状况分别为 108.96 元和 419.18 元的不变条件下，每增加 1 头，其边际效益利润空间及其拐点是：在 68 头规模上，每增加 1 头的边际效益为 0，该点视为边际效益拐点。小于 68 头饲养规模的边际效益为递增，大于 68 头饲养规模水平的边际效益为递减。从实际规模 63.3 头的水平看，规模生猪小规模生猪生产存在一定的边际效益空间（表 6-241）。

表 6-241　规模生猪生产的中等规模的小规模生产规模边际效益、利润空间及其拐点

每增加 1 头边际总收入	饲养规模（头）	劳动力（元/头）	物质投入（元/头）	成本费用（元/头）	边际效益增减及其拐点
819.51	10	108.96	419.19	528.15	291.36
699.22	20	108.96	419.19	528.15	171.07
637.21	30	108.96	419.19	528.15	109.06
596.58	40	108.96	419.19	528.15	68.43
566.86	50	108.96	419.19	528.15	38.71
543.68	60	108.96	419.19	528.15	15.53
533.80	65	108.96	419.19	528.15	5.65
528.31	68	108.96	419.19	528.15	0.16
526.55	69	108.96	419.19	528.15	−1.60
524.82	70	108.96	419.19	528.15	−3.33

资料来源：作者测算 2009.4

(2) 饲养规模、物资费用不变，劳动力投入不同，小规模劳动力边际效益、利润空间及其拐点

劳动力投入边际效益函数回归形式

$$\partial I/\partial L_{劳动力}=25.645\,29\times0.034\,848\,2\times63.303\,981\,98^{0.770\,98}\times419.186^{0.677\,06}/L_{劳动力}^{(1-0.034\,848\,2)}$$

劳动力投入边际效益、利润空间及其拐点

在饲养规模为63.3头，每头物质费用为419.1元的条件下，劳动力投入边际效益、利润空间及其拐点是：在每头劳动力增加投入22元条件下，每增加1元劳动力投入的边际效益为0，该点是劳动力投入边际效益的拐点，每头饲养规模水平小于22元，劳动力的边际效益递增，大于22元的劳动力投入水平，边际效益递减。从小规模实际平均每头劳动力投入108.9元的水平看，规模生猪小规模生产不存在劳动力的边际效益空间(表6-242)。

表6-242 规模生猪生产的中等规模的小规模劳动力边际效益、利润空间及其拐点

每头增加1元劳动力边际总收入	饲养规模（头）	劳动力（元/头）	物质投入（元/头）	每增加1元劳动力增加净收入
141.39	63.30	10	419.19	78.09
72.43	63.30	20	419.19	9.12
69.09	63.30	21	419.19	5.79
66.06	63.30	22	419.19	2.76
63.29	63.30	23	419.19	−0.02
60.74	63.30	24	419.19	−2.56
58.39	63.30	25	419.19	−4.91
56.22	63.30	26	419.19	−7.08
54.21	63.30	27	419.19	−9.09
52.34	63.30	28	419.19	−10.96

资料来源：作者测算2009.4

(3) 饲养规模、劳动力资金投入不变，物资资本投入不同，小规模物质费用投入边际效益、利润空间及其拐点

物质费用投入边际效益函数回归形式：

$$\partial I/\partial L_{物质费用}=25.645\,29\times0.677\,06\times63.303\,981\,98^{0.770\,98}\times108.964^{0.034\,848\,2}/L_{物质费用}^{(1-0.677\,06)}$$

物质投入边际效益、利润空间及其拐点。

在饲养规模为63.3，每头劳动力投入为108.9元条件下，物质投入边际效益、利润空间及其拐点是：在每头物质费用投入603元条件下，每增加1元物资费用投入的边际效益为0，该点是物质费用投入边际效益的拐点，每头饲养规模水平小于603元，物质费用的边际效益递增，大于603

元的物质投入水平，边际效益递减。从小规模生产实际每头平均物质投入419.1元的水平看，小规模生猪生产存在一定的物质投入边际效益（表6-243)。

表 6-243　规模生猪生产的中等规模的小规模物质费用投入边际效益、利润空间及其拐点

每头增加1元物质费用边际效益增减	饲养规模（头）	劳动力投入（元/头）	物质成本投入（元/头）	每增加1元物质费用增加净收入
67.28	63.30	108.96	500	3.98
63.43	63.30	108.96	600	0.13
63.40	63.30	108.96	601	0.10
63.37	63.30	108.96	602	0.06
63.33	63.30	108.96	603	0.03
63.30	63.30	108.96	604	−0.00
63.26	63.30	108.96	605	−0.04
63.23	63.30	108.96	606	−0.07
63.20	63.30	108.96	607	−0.11
63.16	63.30	108.96	608	−0.14

资料来源：作者测算 2009.4

7. 结论

(1) 在总体条件下，规模生猪生产除了具备养殖规模的效益空间外，在劳动力投入，物质投入已经没有任何增长空间，这表明我国目前的规模生猪生产并不具备规模效益，需要大规模提高养殖规模。

(2) 在规模生猪生产方式的大规模条件下，规模生猪生产除了具备养殖规模的效益空间外，劳动力投入，物质投入已经没有任何增长空间，表明目前我国规模生猪生产的规模效益还未充分发挥。

(3) 在规模生猪生产方式的中等规模条件下，规模生猪生产除了具备养殖规模的效益空间外，劳动力投入，物质投入已经没有任何增长空间，表明我国规模生猪生产不宜采用中等规模的形式。

(4) 在规模生猪生产方式的小规模条件下，规模生猪生产没有提高养殖规模和劳动力投入的效益空间，但物质投入还有一定的增长空间，表明我国规模生猪生产不宜采用小规模形式。

四、小规模生猪生产的规模化问题研究

1. 生产函数回归形式

$I=6.445\,943L_{养殖规模}^{0.949\,227}L_{劳动力}^{0.032\,275}K_{物资投入}^{0.756\,783}$

$R^2=0.976\,715$

2. 数据结构

样本量为91，其中，总收入平均值为45 442.68元，饲养头数平均为73.11头，人工费用平均值为58.62元/头，物质投入费用平均值为479.29元/头（表6-244）。

表6-244　小规模生猪生产规模边际效益分析基础数据表

年份	区域	总收入（元）	规模（头）	人工费用（元/头）	物质费用（元/头）
2000	湖北	369 542.70	612.04	70.00	455.84
2001	四川	149 292.49	279.33	42.64	421.06
2002	广西	104 140.50	176.80	55.00	521.36
2002	贵州	111 167.50	176.67	39.60	466.06
2003	贵州	893 27.37	129.67	42.56	499.87
2002	福建	85 405.74	129.00	16.50	629.49
2002	安徽	72 266.82	118.21	41.80	487.71
2002	广东	77 052.93	112.52	38.50	520.42
2003	四川	57 793.51	111.88	67.20	432.96
2002	黑龙江	64 857.38	109.82	82.50	455.86
2003	新疆	61 642.86	107.73	299.04	554.56
2003	福建	72 842.12	101.60	28.00	619.49
2001	福建	72 685.92	97.75	17.68	686.19
2002	新疆	55 965.41	96.65	36.30	497.75
2001	山东	56 784.51	94.29	32.24	500.87
2001	黑龙江	50 645.81	89.25	71.76	453.86
2000	广西	47 884.43	88.67	56.00	425.47
2001	新疆	48 966.10	87.15	37.44	552.77
2003	河南	58 676.41	86.21	59.36	510.93
2000	云南	60 142.20	84.78	98.00	452.73
2001	广东	59 081.04	83.62	62.40	535.34
2000	福建	59 320.63	81.25	20.00	646.88
2001	宁夏	45 339.45	79.88	48.88	418.24
2003	内蒙古	61 214.86	78.17	35.84	580.65
2003	安徽	53 079.86	76.66	54.88	486.55
2001	河南	44 047.11	75.75	55.12	461.40
2003	云南	44 077.77	75.59	75.04	416.74
2003	甘肃	43 702.05	74.82	39.20	479.38
2002	云南	48 163.60	73.53	38.50	462.47
2003	吉林	57 624.55	72.54	42.56	593.73
2003	广东	55 022.90	72.35	43.68	537.51
2000	山东	44 677.53	72.24	23.00	483.98
2000	江苏	40 837.68	72.00	78.00	453.31
2002	江苏	33 876.90	71.57	51.70	416.12
2003	江苏	38 823.63	69.25	41.44	415.30

续表

年份	区域	总收入（元）	规模（头）	人工费用（元/头）	物质费用（元/头）
2000	辽宁	42 311.47	67.38	45.00	481.45
2002	内蒙古	50 446.13	67.33	56.10	581.02
2002	河南	36 927.52	65.22	60.50	444.06
2003	河北	45 479.54	65.09	54.88	494.38
2001	安徽	42 378.64	63.04	74.88	488.36
2002	辽宁	41 639.93	62.82	49.50	509.94
2001	河北	39 509.86	62.62	53.04	464.23
2003	广西	37 928.59	61.93	56.00	490.38
2002	宁夏	33 271.80	61.91	49.50	391.36
2002	河北	36 112.14	60.75	57.20	450.53
2002	四川	31 422.00	60.00	59.40	383.46
2001	江苏	30 532.43	59.50	78.00	451.07
2001	辽宁	38 852.51	59.44	39.52	513.33
2003	山东	39 203.17	59.26	23.52	531.83
2001	内蒙古	40 711.83	58.63	65.52	591.92
2000	广东	34 847.83	58.20	56.00	385.61
2001	甘肃	32 657.75	57.26	40.56	396.21
2003	湖北	42 279.38	56.41	57.12	578.15
2001	广西	32 803.43	55.34	48.88	524.23
2003	浙江	42 597.35	54.11	21.28	576.22
2002	青海	29 565.73	53.75	45.10	465.68
2002	吉林	36 569.25	53.49	34.10	532.53
2003	青海	31 508.33	53.38	48.16	477.61
2001	湖北	34 143.50	52.20	69.68	525.37
2003	辽宁	35 050.53	51.70	44.80	509.53
2000	宁夏	27 552.65	51.33	50.00	385.14
2001	青海	30 956.99	51.30	45.76	487.97
2003	海南	41 733.22	50.40	47.04	588.83
2003	宁夏	27 770.48	49.16	44.80	444.46
2002	湖北	29 783.91	47.95	78.10	525.33
2003	山西	33 927.57	47.63	19.04	450.35
2003	黑龙江	30 152.94	47.12	84.00	468.53
2000	河南	26 811.15	46.83	61.00	428.68
2001	海南	35 873.94	46.53	37.44	615.58
2000	浙江	26 427.54	45.20	21.00	517.05
2000	青海	25 579.77	44.91	39.00	486.02
2002	山东	23 904.92	44.62	31.90	446.80
2000	河北	26 947.83	43.48	61.00	435.52
2001	山西	24 663.71	43.36	65.52	454.04
2002	山西	25 470.29	43.20	81.40	429.54
2002	海南	18 242.36	42.89	26.40	352.06

续表

年份	区域	总收入（元）	规模（头）	人工费用（元/头）	物质费用（元/头）
2003	重庆	18 791.50	35.00	268.80	375.24
2000	新疆	25 059.70	34.00	23.00	544.20
2000	四川	14 280.05	33.50	81.00	319.65
2001	云南	22 330.04	32.86	64.48	373.36
2001	贵州	21 411.45	32.65	143.52	413.51
2002	甘肃	11 266.24	32.30	25.30	252.14
2000	山西	16 077.66	28.55	117.00	410.90
2000	浙江	16 469.96	26.52	74.00	449.37
2002	陕西	12 584.26	25.39	71.50	392.80
2003	陕西	16 135.71	24.83	67.20	454.15
2000	吉林	19 309.92	24.00	44.00	488.14
2000	内蒙古	15 248.37	21.88	59.00	535.12
2000	贵州	12 718.93	21.33	175.00	416.47
2000	甘肃	12 584.13	20.50	54.00	346.24
2001	吉林	10 493.53	13.90	42.64	556.86
	平均	45 442.68	73.11	58.62	479.29

资料来源：作者测算 2009.4

3. 总体条件下的最适规模

(1) 物质费用、劳动力资金投入不变，饲养规模不同，规模边际效益、利润空间及其拐点

养殖规模边际效益函数回归形式：

$$\partial I/\partial L_{养殖规模}=6.445\,943\times0.949\,227\frac{58.62^{0.032\,275}\times479.29^{0.756\,783}}{L_{养殖规模}^{(1-0.949\,227)}}$$

养殖规模边际效益、利润空间及其拐点。

在每头劳动力投入和物质投入状况分别为 58.62 元和 479.29 元的不变条件下，每增加 1 头饲养量，其边际效益利润空间及其拐点是：在 600 头规模上，每增加 1 头的边际效益为 0，该点视为边际效益拐点。小于 600 头饲养规模的边际效益为递增，大于 600 头饲养规模水平的边际效益为递减。从实际规模 73.11 头的水平看，小规模生猪生产的规模边际效益空间很大（表 6-245）。

表 6-245　小规模生猪生产规模边际效益、利润空间及其拐点

每增加一头地边际总收入	饲养规模（头）	劳动力（元/头）	物质投入（元/头）	成本费用（元/头）	边际效益增减及其拐点
589.9	100	58.62	479.29	537.9	52.03
569.5	200	58.62	479.29	537.9	31.63
557.9	300	58.62	479.29	537.9	20.02

续表

每增加1头地边际总收入	饲养规模（头）	劳动力（元/头）	物质投入（元/头）	成本费用（元/头）	边际效益增减及其拐点
549.80	400	58.62	479.29	537.90	11.93
543.60	500	58.62	479.29	537.90	5.74
538.60	600	58.62	479.29	537.90	0.73
534.40	700	58.62	479.29	537.90	−3.47

资料来源：作者测算 2009.4

(2) 饲养量、物资费用不变，劳动力投入不同，规模劳动力边际效益、利润空间及其拐点

劳动力投入边际效益函数回归形式：

$$\partial I/\partial L_{劳动力}=6.445\,943\times0.032\,275\,\frac{73.11^{0.949\,227}\times479.29^{0.756\,783}}{L_{劳动力}^{(1-0.032\,275)}}$$

劳动力投入边际效益、利润空间及其拐点。

在饲养规模为73.11头，每头物质费用实际为479.29元的不变条件下，劳动力投入边际效益、利润空间及其拐点是：在每头劳动力投入19元条件下，每增加1元劳动力投入的边际效益为0，该点是劳动力投入边际效益的拐点，每头劳动力水平小于19元，边际效益递增，大于19元，边际效益递减。从实际平均劳动力投入58.62元的水平看，小规模生猪生产不存在劳动力投入的边际效益空间（表6-246）。

表6-246　小规模生猪生产劳动力投入边际效益、利润空间及其拐点

每头增加1元劳动力边际总收入	饲养规模（头）	劳动力（元/头）	物质投入（元/头）	边际效益增减及其拐点
140.70	73.11	10	479.29	67.60
118.00	73.11	12	479.29	44.90
101.60	73.11	14	479.29	28.50
89.30	73.11	16	479.29	16.20
79.70	73.11	18	479.29	6.60
75.60	73.11	19	479.29	2.50
72.00	73.11	20	479.29	−1.20

资料来源：作者测算 2009.4

(3) 饲养量、劳动力资金投入不变，物资资本投入不同，物资投入边际效益、利润空间及其拐点

物质费用投入边际效益函数回归形式

$$\partial I/\partial K_{物质费用}=6.445\,943\times0.756\,783\,\frac{73.11^{0.949\,227}\times58.62^{0.032\,275}}{L_{物质费用}^{(1-0.756\,783)}}$$

物质投入边际效益、利润空间及其拐点

在饲养规模为 73.11 头，每头劳动力投入实际为 58.62 元的不变条件下，物质投入边际效益、利润空间及其拐点是：在每头物质费用投入 470 元条件下，每增加 1 元物资费用投入的边际效益为 0，该点是物质费用投入边际效益的拐点，每头物质费用小于 470 元，边际效益递增，大于 470 元的物质投入水平，边际效益递减。从实际平均物质投入 479.29 元的水平看，小规模生猪生产不存在的物质投入的边际效益空间（表 6-24）。

表 6-247 小规模生猪生产物资投入边际效益、利润空间及其拐点

每头增加 1 元物质费用边际效益增减	饲养规模（头）	劳动力投入（元/头）	物质成本投入（元/头）	边际效益增减及其拐点
106.70	73.11	58.62	100	33.61
90.20	73.11	58.62	200	17.05
81.70	73.11	58.62	300	8.58
76.20	73.11	58.62	400	3.06
74.00	73.11	58.62	450	0.91
73.60	73.11	58.62	460	0.52
73.20	73.11	58.62	470	0.13
72.90	73.11	58.62	480	−0.24

资料来源：作者测算 2009.4

4. 大规模边际效益

大规模边际效益生产函数回归形式：

$$I=14.49612L_{养殖规模}^{0.959356}L_{劳动力}^{0.041408}L_{物质费用}^{0.613625}$$

$$R^2=0.992$$

数据结构样本量为 12，其中，总收入平均值为 109 611 元，养殖规模平均值为 180.44 头，人工费用平均值为 68.61 元/头，物质投入费用平均值为 505.39 元/头（表 6-248）。

表 6-248 小规模生猪生产的大规模边际效益分析基础数据表

年份	区域	总收入（元）	规模（头）	人工（元/头）	费用（元/头）
2000	湖北	369 542.70	612.04	70.00	455.84
2001	四川	149 292.50	279.33	42.64	421.06
2002	广西	104 140.50	176.80	55.00	521.36
2002	贵州	111 167.50	176.67	39.60	466.06
2003	贵州	89 327.37	129.67	42.56	499.87
2002	福建	85 405.74	129.00	16.50	629.49
2002	安徽	72 266.82	118.21	41.80	487.71
2002	广东	77 052.93	112.52	38.50	520.42

续表

年份	区域	总收入（元）	规模（头）	人工（元/头）	费用（元/头）
2003	四川	57 793.51	111.88	67.20	432.96
2002	黑龙江	64 857.38	109.82	82.50	455.86
2003	新疆	61 642.86	107.73	299.04	554.56
2003	福建	72 842.12	101.60	28.00	619.49
	平均	109 611.00	180.44	68.61	505.39

资料来源：作者测算 2009.4

(1) 物质费用、劳动力资金投入不变，饲养规模不同，大规模边际效益、利润空间及其拐点

大规模边际效益函数回归形式：

$$\partial I/\partial L_{养殖规模}=14.496\ 12\times 0.959\ 356\times 68.611\ 67^{0.041\ 408}\times 505.39^{0.613\ 625}/L_{养殖规模}^{(1-0.959\ 356)}$$

规模边际效益、利润空间及其拐点。

在每头劳动力投入和物质投入状况分别为 68.61 元和 505.39 元的不变条件下，每增加 1 头，其边际效益利润空间及其拐点是：在 860 头规模上，每增加 1 头的边际规模效益为 0，该点视为边际效益拐点。小于 860 头饲养规模的边际效益为递增，大于 860 头饲养规模水平的边际效益为递减。从实际规模 180.48 头的水平看，小规模生猪大规模生产具有较大的边际效益空间（表 6-249）。

表 6-249　小规模生猪生产的大规模边际效益、利润空间及其拐点

每增加一头边际总收入	饲养规模（头）	劳动力（元/头）	物质投入（元/头）	成本费用（元/头）	边际效益增减及其拐点
586.93	500	68.61	505.39	574.00	12.93
582.60	600	68.61	505.39	574.00	8.60
578.96	700	68.61	505.39	574.00	4.96
575.83	800	68.61	505.39	574.00	1.83
574.41	850	68.61	505.39	574.00	0.41
574.14	860	68.61	505.39	574.00	0.14
573.87	870	68.61	505.39	574.00	−0.13
573.60	880	68.61	505.39	574.00	−0.40
573.34	890	68.61	505.39	574.00	−0.66
573.08	900	68.61	505.39	574.00	−0.92

资料来源：作者测算 2009.4

(2) 饲养规模、物资费用不变，劳动力投入不同，大规模边际效益、利润空间及其拐点

劳动力投入边际效益函数回归形式：

$$\partial I/\partial L_{劳动力}=14.49612\times 0.041408\times 180.43^{0.959356}\times 505.39^{0.613625}/L_{劳动力}^{(1-0.041408)}$$

劳动力投入边际效益、利润空间及其拐点。

在养殖规模为180.43头，每头物质费用为505.39元的条件下，劳动力投入边际效益、利润空间及其拐点是：在每头劳动力投入25元条件下，每增加1元劳动力投入的边际效益为0，该点是劳动力投入边际效益的拐点，小于25元，劳动力的边际效益递增，大于25元的劳动力投入水平，边际效益递减。从大规模实际平均每头劳动力投入68.61元的水平看，小规模生猪大规模生产不存在的劳动力边际效益空间（表6-250）。

表6-250　小规模生猪生产的大规模劳动力边际效益、利润空间及其拐点

每头增加1元劳动力边际总收入	饲养规模（头）	劳动力（元/头）	物质投入（元/头）	每增加1元劳动力增加净收入
439.93	180.44	10	505.39	259.49
226.37	180.44	20	505.39	45.93
216.03	180.44	21	505.39	35.59
206.60	180.44	22	505.39	26.16
197.98	180.44	23	505.39	17.55
190.07	180.44	24	505.39	9.63
182.78	180.44	25	505.39	2.34
176.03	180.44	26	505.39	−4.41
169.78	180.44	27	505.39	−10.66
163.96	180.44	28	505.39	−16.48

资料来源：作者测算2009.4

（3）饲养规模、劳动力资金投入不变，物资资本投入不同，大规模物质费用投入边际效益、利润空间及其拐点

物质费用投入边际效益函数回归形式：

$$\partial I/\partial L_{物质费用}=14.49612\times 0.613625\times 180.43^{0.959356}\times 68.61167^{0.041408}/L_{物质费用}^{(1-0.613625)}$$

物质投入边际效益、利润空间及其拐点。

在养殖规模为180.43头，每头劳动力投入为68.61元条件下，物质投入边际效益、利润空间及其拐点是：在每头物质费用投入260元条件下，每增加1元物资费用投入的边际效益为0，该点是物质费用投入边际效益的拐点，每头小于260元，物质费用的边际效益递增，大于260元的物质投入水平，边际效益递减。从实际物质投入505.3元的水平看，小规模生猪大规模生产不存在物质投入的边际效益空间（表6-251）。

表 6-251　小规模生猪生产的大规模物质费用投入边际效益、利润空间及其拐点

每头增加 1 元物质费用边际效益增减	饲养规模（头）	劳动力投入（元/头）	物质成本投入（元/头）	每增加 1 元物质费用增加净收入
261.26	180.44	68.61	100	80.82
199.88	180.44	68.61	200	19.44
196.14	180.44	68.61	210	15.70
192.65	180.44	68.61	220	12.21
189.37	180.44	68.61	230	8.93
186.28	180.44	68.61	240	5.84
183.37	180.44	68.61	250	2.93
180.61	180.44	68.61	260	0.17
177.99	180.44	68.61	270	−2.45
175.51	180.44	68.61	280	−4.93

资料来源：作者测算 2009.4

5. 中等规模生产的边际效益

小规模生猪生产的中等规模边际效益生产函数回归形式：

$I=4.466\,062L_{养殖规模}^{0.931\,319}L_{劳动力}^{0.029\,779}L_{物质费用}^{0.826\,933}$

$R^2=0.944\,14$

数据结构

样本量为 79，其中，总收入平均值为 356 95.59 元，饲养规模平均值为 56.8 头，人工费用平均值为 57.1 元/头，物质投入费用平均值为 475.32 元/头（表 6-252）。

表 6-252　小规模生猪生产的中等规模边际效益分析基础数据

年份	地区	总收入平均值（元）	养殖规模（元/头）	人工费用（元/头）	物质投入（元/头）
2001	福建	72 685.92	97.75	17.68	686.19
2002	新疆	55 965.41	96.63	36.30	497.75
2001	山东	56 784.51	94.29	32.24	500.87
2001	黑龙江	50 645.81	89.25	71.76	453.86
2000	广西	47 884.43	88.67	56.00	425.47
2001	新疆	48 966.10	87.15	37.44	552.77
2003	河南	58 676.41	86.21	59.36	510.93
2000	云南	60 142.20	84.78	98.00	452.73
2001	广东	59 081.04	83.62	62.40	535.34
2000	福建	59 320.63	81.25	20.00	646.88
2001	宁夏	45 339.45	79.88	48.88	418.24
2003	内蒙古	61 214.86	78.17	35.84	580.65
2003	安徽	53 079.86	76.66	54.88	486.55

续表

年份	地区	总收入平均值（元）	养殖规模（元/头）	人工费用（元/头）	物质投入（元/头）
2001	河南	44 047.11	75.75	55.12	461.40
2003	云南	44 077.77	75.59	75.04	416.74
2003	甘肃	43 702.05	74.82	39.20	479.38
2002	云南	48 163.60	73.53	38.50	462.47
2003	吉林	57 624.55	72.54	42.56	593.73
2003	广东	55 022.90	72.35	43.68	537.51
2000	山东	44 677.53	72.24	23.00	483.98
2000	江苏	40 837.68	72.00	78.00	453.31
2002	江苏	33 876.90	71.57	51.70	416.12
2003	江苏	38 823.63	69.25	41.44	415.30
2000	辽宁	42 311.47	67.39	45.00	481.45
2002	内蒙古	50 446.13	67.33	56.10	581.02
2002	河南	36 927.52	65.22	60.50	444.06
2003	河北	45 479.54	65.09	54.88	494.38
2001	安徽	42 378.64	63.04	74.88	488.36
2002	辽宁	41 639.93	62.82	49.50	509.94
2001	河北	39 509.86	62.62	53.04	464.23
2003	广西	37 928.59	61.93	56.00	490.38
2002	宁夏	33 271.80	61.91	49.50	391.36
2002	河北	36 112.14	60.75	57.20	450.53
2002	四川	31 422.00	60.00	59.40	383.46
2001	江苏	30 532.43	59.50	78.00	451.07
2001	辽宁	38 852.51	59.44	39.52	513.33
2003	山东	39 203.17	59.27	23.52	531.83
2001	内蒙古	40 711.83	58.63	65.52	591.92
2000	广东	34 847.83	58.20	56.00	385.61
2001	甘肃	32 657.75	57.26	40.56	396.21
2003	湖北	42 279.38	56.42	57.12	578.15
2001	广西	32 803.43	55.35	48.88	524.23
2003	浙江	42 597.35	54.11	21.28	576.22
2002	青海	29 565.73	53.75	45.10	465.68
2002	吉林	36 569.25	53.49	34.10	532.53
2003	青海	31 508.33	53.38	48.16	477.61
2001	湖北	34 143.50	52.20	69.68	525.37
2003	辽宁	35 050.53	51.70	44.80	509.53
2000	宁夏	27 552.65	51.33	50.00	385.14
2001	青海	30 956.99	51.30	45.76	487.97
2003	海南	41 733.22	50.40	47.04	588.83
2003	宁夏	27 770.48	49.16	44.80	444.46
2002	湖北	29 783.91	47.95	78.10	525.33
2003	山西	33 927.57	47.63	19.04	450.35

续表

年份	地区	总收入平均值（元）	养殖规模（元/头）	人工费用（元/头）	物质投入（元/头）
2003	黑龙江	30 152.94	47.12	84.00	468.53
2000	河南	26 811.15	46.83	61.00	428.68
2001	海南	35 873.94	46.53	37.44	615.58
2000	浙江	26 427.54	45.20	21.00	517.05
2000	青海	25 579.77	44.91	39.00	486.02
2002	山东	23 904.92	44.62	31.90	446.80
2000	河北	26 947.83	43.48	61.00	435.52
2001	山西	24 663.71	43.36	65.52	454.04
2002	山西	25 470.29	43.20	81.40	429.54
2002	海南	18 242.36	42.89	26.40	352.06
2003	重庆	18 791.50	35.00	268.80	375.24
2000	新疆	25 059.70	34.00	23.00	544.20
2000	四川	14 280.05	33.50	81.00	319.65
2001	云南	22 330.04	32.86	64.48	373.36
2001	贵州	21 411.45	32.65	143.52	413.51
2002	甘肃	11 266.24	32.30	25.30	252.14
2000	山西	16 077.66	28.55	117.00	410.90
2000	浙江	16 469.96	26.52	74.00	449.37
2002	陕西	12 584.26	25.39	71.50	392.80
2003	陕西	16 135.71	24.83	67.20	454.15
2000	吉林	19 309.92	24.00	44.00	488.14
2000	内蒙古	15 248.37	21.88	59.00	535.12
2000	贵州	12 718.93	21.33	175.00	416.47
2000	甘肃	12 584.13	20.50	54.00	346.24
2001	吉林	10 493.53	13.90	42.64	556.86
	平均	35 695.59	56.81	57.10	475.32

资料来源：作者测算 2009.4

(1) 物质费用、劳动力资金投入不变，饲养规模不同，中等规模生产的规模边际效益、利润空间及其拐点

中等规模生产的规模边际效益函数回归形式：

$$\partial I/\partial L_{养殖规模}=4.466\ 062\times 0.931\ 319\times 57.102\ 53^{0.029\ 779}\times 475.325\ 1^{0.826\ 933}/L_{养殖规模}^{(1-0.931\ 319)}$$

规模边际效益、利润空间及其拐点。

在劳动力投入和物质投入状况分别为 57.1 元和 475.32 元的不变条件下，每增加 1 头，其边际效益利润空间及其拐点是：在 204 头规模上，每增加 1 头的边际规模效益为 0，该点视为边际效益拐点。小于 204 头饲养规模的边际效益为递增，大于 204 头饲养规模水平的边际

效益为递减。从实际规模56.8头的水平看，小规模生猪中等规模生产的边际效益空间较大（表6-253）。

表6-253　小规模生猪生产的中等规模边际效益、利润空间及其拐点

每增加一头边际总收入	饲养规模（头）	劳动力（元/头）	物质投入（元/头）	成本费用（元/头）	边际效益增减及其拐点
559.33	100	57.10	475.33	532.43	26.90
533.32	200	57.10	475.33	532.43	0.89
533.14	201	57.10	475.33	532.43	0.71
532.96	202	57.10	475.33	532.43	0.53
532.78	203	57.10	475.33	532.43	0.35
532.60	204	57.10	475.33	532.43	0.17
532.42	205	57.10	475.33	532.43	−0.01
532.24	206	57.10	475.33	532.43	−0.19
532.06	207	57.10	475.33	532.43	−0.36
531.89	208	57.10	475.33	532.43	−0.54

资料来源：作者测算2009.4

（2）饲养规模、物资费用不变，劳动力投入不同，中等规模生产劳动力边际效益、利润空间及其拐点

劳动力投入边际效益函数回归形式：

$$\partial I/\partial L_{劳动力}=4.466\,062\times0.029\,779\times56.808\,218\,9^{0.931\,319}\times475.325\,1^{0.826\,933}/L_{劳动力}^{(1-0.029\,779)}$$

劳动力投入边际效益、利润空间及其拐点。

在饲养规模为56.8头，物质费用实际为475.3元的条件下，劳动力投入边际效益、利润空间及其拐点是：在劳动力投入17元条件下，每增加1元劳动力投入的边际效益为0，该点是劳动力投入边际效益的拐点，小于17元，劳动力的边际效益递增，大于17元，边际效益递减。从中等规模生产实际平均每头劳动力投入57.1元的水平看，小规模生猪中等规模生产不存在劳动力边际效益空间（表6-254）。

表6-254　小规模生猪生产的中等规模劳动力边际效益、利润空间及其拐点

每头增加1元物质费用边际效益增减	饲养规模（头）	劳动力投入（元/头）	物质成本投入（元/头）	每增加1元物质费用增加净收入
100.28	56.81	10	475.33	43.47
91.42	56.81	11	475.33	34.62
84.02	56.81	12	475.33	27.22
77.74	56.81	13	475.33	20.94
72.35	56.81	14	475.33	15.54

续表

每头增加1元物质费用边际效益增减	饲养规模（头）	劳动力投入（元/头）	物质成本投入（元/头）	每增加1元物质费用增加净收入
67.67	56.81	15	475.33	10.86
63.56	56.81	16	475.33	6.75
59.93	56.81	17	475.33	3.12
56.70	56.81	18	475.33	−0.11
53.80	56.81	19	475.33	−3.01

资料来源：作者测算 2009.4

（3）饲养规模、劳动力资金投入不变，物资资本投入不同，中等规模生产物质费用投入边际效益、利润空间及其拐点

物质费用投入边际效益函数回归形式

$$\partial I/\partial L_{物质费用}=4.466\,062\times 0.826\,933\times 56.808\,218\,9^{0.931\,319}\times 57.102\,53^{0.029\,779}/L_{物质费用}^{(1-0.826\,933)}$$

物质投入边际效益、利润空间及其拐点

在饲养规模为56.8，每头劳动力投入为57.1元条件下，物质投入边际效益、利润空间及其拐点是：在每头物质费用投入760元条件下，每增加1元物资费用投入的边际效益为0，该点是物质费用投入边际效益的拐点，小于760元，物质费用的边际效益递增，大于760元，物质费用的边际效益递减。从实际物质投入475.3元的水平看，小规模生猪中等规模生产存在一定的物质边际效益空间（表6-255）。

表6-255　小规模生猪生产的中等规模物质费用投入边际效益、利润空间及其拐点

每头增加1元物质费用边际效益增减	饲养规模（头）	劳动力投入（元/头）	物质成本投入（元/头）	每增加1元物质费用增加净收入
71.68	56.81	57.10	200	14.87
66.82	56.81	57.10	300	10.01
63.58	56.81	57.10	400	6.77
61.17	56.82	57.10	500	4.36
59.27	56.81	57.10	600	2.46
57.71	56.81	57.10	700	0.90
57.02	56.81	57.10	750	0.21
56.89	56.81	57.10	760	0.08
56.76	56.81	57.10	770	−0.05
56.64	56.81	57.10	780	−0.17

资料来源：作者测算 2009.4

6. 结论

（1）在总体条件下，小规模生猪生产除了具备养殖规模的效益空间

外，劳动力投入，物质投入已经没有任何增长空间，表明我国小规模生猪不具备规模效益，生猪规模化生产水平不高，必须提高养殖规模，走大规模生产之路。

(2) 在大规模条件下，小规模生猪生产除了具备养殖规模的效益空间外，劳动力投入，物质投入已经没有任何增长空间，表明小规模饲养的出路仍然在于大规模生产。

(3) 在中规模条件下，小规模生猪生产具备养殖规模和物质投入的效益空间，劳动力投入已经没有任何增长空间，表明小规模生猪饲养不宜走适度规模的发展路径，扩大规模生产是发展方向。

五、中等规模生猪生产的规模化问题研究

1. 生产函数回归形式

$I=48.48595L_{养殖规模}^{0.936547}L_{劳动力}^{0.044992}L_{物资投入}^{0.429304}$

$R^2=0.971474$

2. 数据结构

样本量为99，其中，总收入平均值为292 954.84元，饲养头数平均为465.48头，人工费用平均值为36.77元/头，物质投入费用平均值为510.86元/头（表6-256）。

表6-256　中等规模生猪生产的规模边际效益分析基础数据表

年份	区域	总收入（元）	规模（头）	人工费用（元/头）	物质费用（元/头）
2003	四川	247 059 0.00	4 850.00	15.68	622.77
2001	新疆	3 260 151.90	4 770.00	42.64	583.10
2003	新疆	1 049 812.43	1 765.67	24.64	30.39
2002	新疆	1 075 442.69	1 756.80	32.20	528.87
2003	福建	9 067 24.58	1 243.40	5.60	649.86
2001	福建	784 873.42	1 148.50	5.20	653.61
2002	福建	631 976.99	990.13	18.48	600.88
2002	广东	430 327.88	653.15	47.25	560.48
2003	天津	402 590.05	586.07	15.68	569.05
2000	青海	343 068.75	562.50	56.80	492.54
2000	福建	390 336.31	561.17	11.25	627.16
2003	河南	352 679.79	552.27	40.32	511.13
2001	青海	361 075.22	543.71	35.36	520.23
2001	内蒙古	368 214.56	543.67	55.12	515.77
2003	江苏	354 784.74	534.25	22.40	481.80
2001	安徽	303 661.07	502.88	102.96	447.08

续表

年份	区域	总收入（元）	规模（头）	人工费用（元/头）	物质费用（元/头）
2002	河南	270 969.75	483.65	33.82	472.99
2000	天津	297 924.58	481.21	21.60	477.26
2002	江苏	239 010.40	474.50	31.20	472.20
2003	湖南	350 865.71	472.72	6.72	618.86
2000	北京	286 464.05	465.50	36.90	534.06
2003	浙江	362 112.67	453.08	20.16	620.59
2000	江苏	255 686.13	449.40	32.50	455.77
2000	广东	352 077.49	439.80	70.00	728.80
2003	北京	279 308.68	429.25	15.68	537.41
2002	安徽	226 016.16	424.64	64.00	446.64
2002	天津	270 614.78	424.21	16.77	549.02
2001	河南	253 282.74	422.73	44.72	514.12
2000	山东	263 135.06	419.13	35.28	449.52
2000	河南	263 593.91	416.11	39.69	490.28
2001	山东	240 792.18	411.18	33.28	462.14
2003	山东	296 190.74	385.96	28.00	549.76
2000	云南	228 374.14	385.43	35.49	584.18
2000	浙江	221 833.35	385.21	39.10	487.19
2002	湖南	250 373.61	379.34	9.94	594.10
2001	江苏	218 663.39	376.29	18.72	527.08
2000	新疆	179 632.99	364.72	15.98	471.43
2002	内蒙古	250 692.02	362.08	47.20	504.00
2002	青海	227 791.76	361.33	27.00	497.15
2001	广东	254 724.23	360.60	29.12	634.72
2003	河北	254 697.30	357.50	39.20	514.70
2003	辽宁	235 227.84	346.31	30.24	518.06
2001	广西	227 032.12	344.68	35.36	586.39
2002	北京	200 963.07	336.67	41.65	550.30
2003	广东	252 292.95	328.25	25.76	651.39
2002	黑龙江	188 610.24	326.94	50.35	451.53
2001	河北	207 823.43	324.76	32.24	504.81
2000	湖北	206 937.07	319.07	49.92	489.89
2002	河北	194 421.91	318.54	29.75	465.51
2001	天津	201 973.01	317.69	14.56	567.70
2002	湖北	186 871.95	311.28	37.00	547.85
2001	湖南	216 062.55	310.64	9.36	618.51
2001	宁夏	173 444.44	304.42	34.32	417.75
2003	湖北	239 041.75	304.23	40.32	616.01
2001	辽宁	193 915.75	301.69	26.00	524.74
2003	安徽	219 881.79	300.80	82.88	462.98
2003	内蒙古	235 158.11	298.18	53.76	612.56

续表

年份	区域	总收入（元）	规模（头）	人工费用（元/头）	物质费用（元/头）
2001	云南	165 668.25	295.63	12.48	582.90
2002	辽宁	184 833.61	294.06	25.65	508.52
2003	广西	192 279.46	287.71	36.96	565.62
2002	山东	183 251.01	285.23	24.86	493.19
2000	河北	166 709.04	283.65	25.50	447.63
2003	青海	173 951.53	275.83	33.60	483.80
2003	海南	226 390.96	273.70	30.24	641.78
2002	海南	128 667.20	268.57	30.00	386.24
2001	黑龙江	150 186.90	260.38	47.84	450.15
2001	吉林	177 215.73	260.19	31.20	548.15
2000	吉林	157 322.73	254.78	25.30	491.49
2000	山西	149 007.56	250.07	29.11	436.88
2001	浙江	152 532.42	249.00	15.60	554.58
2000	辽宁	139 446.46	238.91	29.70	466.39
2002	吉林	160 506.46	235.97	34.10	554.94
2002	山西	114 582.76	231.32	22.14	430.29
2002	云南	144 276.87	230.13	19.95	520.80
2000	四川	129 548.16	229.50	186.18	432.80
2003	云南	149 038.06	228.60	32.48	581.02
2003	吉林	176 034.35	227.44	33.60	601.09
2003	甘肃	143 001.46	226.90	31.36	549.82
2001	甘肃	151 558.49	224.17	38.48	512.89
2001	四川	126 890.67	223.22	140.40	409.91
2001	海南	161 783.87	222.42	39.52	577.88
2000	宁夏	105 572.07	207.00	49.35	427.32
2002	广西	117 996.09	202.10	54.60	515.37
2000	内蒙古	119 284.86	199.67	25.50	503.49
2001	山西	106 226.25	197.57	34.32	461.95
2002	浙江	123 696.62	192.80	33.30	537.40
2001	陕西	106 759.77	191.55	23.92	458.43
2000	甘肃	150 982.43	191.50	17.64	542.53
2003	黑龙江	114 678.73	181.69	61.60	482.12
2001	湖北	104 677.55	159.69	40.56	570.54
2002	宁夏	86 899.30	153.71	30.69	407.76
2000	陕西	75 259.01	151.78	18.48	373.08
2002	甘肃	63 838.86	150.65	16.50	325.90
2003	宁夏	83 372.66	146.89	36.96	467.58
2002	四川	84 554.51	143.50	149.50	366.25
2000	黑龙江	81 736.57	142.85	63.75	391.69
2003	山西	84 264.00	140.17	38.08	439.98
2003	陕西	79 331.84	133.89	29.12	448.86
2002	陕西	47 918.28	94.44	23.28	451.88
	平均	292 954.84	465.48	36.77	510.86

资料来源：作者测算 2009.4

3. 总体条件下的最适规模

(1) 物质费用、劳动力资金投入不变，饲养规模不同，规模边际效益、利润空间及其拐点

养殖规模边际效益函数回归形式：

$$\partial I/\partial L_{养殖规模}=48.485\,95\times 0.936\,547\frac{367.729\,3^{0.044\,992}\times 510.864\,3^{0.429\,304}}{L_{养殖规模}^{(1-0.936\,547)}}$$

养殖规模边际效益、利润空间及其拐点。

在每头劳动力投入和物质投入状况分别为 367.729 3 元和 510.864 3 元的不变条件下，每增加一头饲养量，其边际效益利润空间及其拐点是：在 580 头上，每增加一头的边际规模效益为 0，该点视为边际效益拐点。小于 580 头饲养规模的边际效益为递增，大于 580 头饲养规模的边际效益为递减。从实际规模 465.48 头的水平看，中等规模生猪生产的规模边际效益空间较大（表 6-257）。

表 6-257　中等规模生猪生产的规模养殖规模边际效益、利润空间及其拐点

每增加一头地边际总收入	饲养规模	劳动力（元/头）	物质投入（元/头）	成本费用（元/头）	边际效益增减及其拐点
579.9	100.00	36.77	510.86	547.6	32.27
555.0	200	36.77	510.86	547.6	7.32
551.6	220.00	36.77	510.86	547.6	3.98
550.1	230	36.77	510.86	547.6	2.42
548.6	240.00	36.77	510.86	547.6	0.94
547.2	250	36.77	510.86	547.6	−0.48

资料来源：作者测算 2009.4

(2) 饲养量、物资费用不变，劳动力投入不同，规模劳动力边际效益、利润空间及其拐点

劳动力投入边际效益函数回归形式

$$\partial I/\partial L_{劳动力}=48.485\,95\times 0.044\,992\frac{465.481\,9^{0.936\,547}\times 510.864\,3^{0.429\,304}}{L_{劳动力}^{(1-0.044\,992)}}$$

劳动力投入边际效益、利润空间及其拐点。

在饲养规模为 465.48 头，每头物质费用实际为 510.86 元的不变条件下，劳动力投入边际效益、利润空间及其拐点是：在每头劳动力投入 24 元条件下，每增加 1 元劳动力投入的边际效益为 0，该点是劳动力投入边际效益的拐点，小于 24 元，劳动力的边际效益递增，大于 24 元，边际效益递减。从实际平均劳动力投入 36.77 元的水平看，中等规模生猪生产不存在劳动力边际效益空间（表 6-258）。

表 6-258 中等规模生猪生产的劳动力边际效益、利润空间及其拐点

每头增加 1 元劳动力边际总收入	饲养规模（头）	劳动力（元/头）	物质投入（元/头）	边际效益增减及其拐点
2 150.50	465.48	5	510.86	1685.00
1 109.30	465.48	10	510.86	643.80
753.10	465.48	15	510.86	287.70
632.80	465.48	18	510.86	167.30
572.20	465.48	20	510.86	106.70
500.70	465.48	23	510.86	35.20
480.80	465.48	24	510.86	15.30
462.40	465.48	25	510.86	−3.10

资料来源：本课题组测算 2009.4

(3) 饲养量、劳动力资金投入不变，物资资本投入不同，物资投入边际效益、利润空间及其拐点

物质费用投入边际效益函数回归形式：

$$\partial I/\partial K_{物质费用}=48.485\,95\times 0.429\,304\,\frac{465.481\,9^{0.936\,547}\times 36.772\,93^{0.044\,992}}{L_{物质费用}^{(1-0.429\,304)}}$$

物质投入边际效益、利润空间及其拐点：

在饲养规模为 465.48 头，每头劳动力投入实际为 36.77 元的不变条件下，物质投入边际效益、利润空间及其拐点是：在每头物质费用投入 130 元条件下，每增加 1 元物资费用投入的边际效益为 0，该点是物质费用投入边际效益的拐点，小于 130 元，物质费用的边际效益递增，大于 130 元，物质费用边际效益递减。从实际平均物质投入 510.86 元的水平看，中等规模生猪生产不存在物质费用的边际效益空间（表 6-259）。

表 6-259 中等规模生猪生产的物资投入边际效益、利润空间及其拐点

每头增加 1 元物质费用边际效益增减	饲养规模（头）	劳动力投入（元/头）	物质成本投入（元/头）	边际效益增减及其拐点
557.20	465.48	36.77	100	91.76
527.70	465.48	36.77	110	62.26
502.20	465.48	36.77	120	36.69
479.70	465.48	36.77	130	14.27
459.90	465.48	36.77	140	−5.60

资料来源：作者测算 2009.4

4. 大规模边际效益

大规模边际效益生产函数回归形式：

$I=204.574\ 3L_{养殖规模}^{0.982\ 595}L_{劳动力}^{0.024\ 482}L_{物质费用}^{0.168\ 63}$

$R^2=0.992$

数据结构样本量为 6，其中，总收入平均值为 1 591 266 元，养殖规模平均值为 2 589.06 头，人工费用平均值为 20.993 元/头，物质投入费用平均值为 511.43 元/头（表 6-260）。

表 6-260　中等规模生猪生产的大规模边际效益分析基础数据表

年份	区域	总收入（元）	规模（头）	人工（元/头）	费用（元/头）
2003	四川	2 470 590	4 850	15.68	622.77
2001	新疆	3 260 152	4 770	42.64	583.10
2003	新疆	1 049 812	1 765.67	24.64	30.39
2002	新疆	1 075 44	1 756.80	32.20	528.87
2003	福建	906 724.60	1 243.40	5.60	649.86
2001	福建	784 873.40	1 148.50	5.20	653.61
	平均	1 591 266	2 589.06	20.99	511.43

资料来源：作者测算 2009.4

(1) 物质费用、劳动力资金投入不变，饲养规模不同，大规模边际效益、利润空间及其拐点

大规模边际效益函数回归形式：

$$\partial I/\partial L_{养殖规模}=204.574\ 3\times 0.982\ 595\times 20.993\ 33^{0.024\ 482}\times 511.433\ 3^{0.168\ 63}/L_{养殖规模}^{(1-0.982\ 595)}$$

规模边际效益、利润空间及其拐点。

在每头劳动力投入和物质投入状况分别为 20.99 元和 511.43 元的不变条件下，每增加 1 头，其边际效益利润空间及其拐点是：在 6 200 头规模上，每增加 1 头的边际规模效益为 0，该点视为边际效益拐点。小于 6 200 头，饲养规模的边际效益为递增，大于 6 200 头，饲养规模的边际效益为递减。从实际规模 2 589.06 头的水平看，中等规模生猪大规模生产的养殖规模边际效益空间较大（表 6-261）。

表 6-261　中等规模生猪生产的大规模边际效益、利润空间及其拐点

每增加 1 头边际总收入	饲养规模（头）	劳动力（元/头）	物质投入（元/头）	成本费用合计（元/头）	边际效益增减及其拐点
549.74	1 000	20.99	511.43	532.43	17.32
543.15	2 000	20.99	511.43	532.43	10.73
539.33	3 000	20.99	511.43	532.43	6.91
536.64	4 000	20.99	511.43	532.43	4.21
534.56	5 000	20.99	511.43	532.43	2.13

续表

每增加1头边际总收入	饲养规模（头）	劳动力（元/头）	物质投入（元/头）	成本费用合计（元/头）	边际效益增减及其拐点
532.86	6 000	20.99	511.43	532.43	0.44
532.71	6 100	20.99	511.43	532.43	0.28
532.56	6 200	20.99	511.43	532.43	0.13
532.41	6 300	20.99	511.43	532.43	−0.01
532.27	6 400	20.99	511.43	532.43	−0.16

资料来源：作者测算 2009.4

(2) 饲养规模、物资费用不变，劳动力投入不同，大规模边际效益、利润空间及其拐点

劳动力投入边际效益函数回归形式：

$$\partial I/\partial L_{劳动力}=204.5743\times0.024482\times2589.06^{0.982595}\times511.4333^{0.16863}/L_{劳动力}^{(1-0.024482)}$$

劳动力投入边际效益、利润空间及其拐点。

在养殖规模为2 589.06头，每头物质费用为511.433元的条件下，劳动力投入边际效益、利润空间及其拐点是：在每头劳动力投入13元条件下，每增加1元劳动力投入的边际效益为0，该点是劳动力投入边际效益的拐点，小于13元，劳动力的边际效益递增，大于13元，劳动力边际效益递减。从实际每头劳动力投入20.99元的水平看，劳动力已不存在边际效益空间（表6-262）。

表6-262　中等规模生猪生产的大规模劳动力边际效益、利润空间及其拐点

每头增加1元劳动力边际总收入	饲养规模（头）	劳动力（元/头）	物质投入（元/头）	每增加1元劳动力增加净收入
3 425.31	2 589.06	10	511.43	836.25
3 121.19	2 59.06	11	511.43	532.13
2 867.19	2 589.06	12	511.43	278.13
2 651.83	2 589.06	13	511.43	62.77
2 466.89	2 589.06	14	511.43	−122.18
2 306.32	2 589.06	15	511.43	−282.74
2 165.59	2 589.06	16	511.43	−423.47
2 041.23	2 589.06	17	511.43	−547.83
1 930.53	2 589.06	18	511.43	−658.53
1831.35	2 589.06	19	511.43	−757.72

资料来源：作者测算 2009.4

(3) 饲养规模、劳动力资金投入不变，物资资本投入不同，大规模生产物质费用投入边际效益、利润空间及其拐点

物质费用投入边际效益函数回归形式：

$$\partial I/\partial L_{物质费用}=204.5743\times 0.16863\times 2589.06^{0.982595}\times 20.99333^{0.024482}/L_{物质费用}^{(1-0.16863)}$$

物质投入边际效益、利润空间及其拐点。

在养殖规模为 2 589.06 头，每头劳动力投入为 20.99 元条件下，物质投入边际效益、利润空间及其拐点是：在每头物质费用投入 65 元条件下，每增加 1 元物资费用投入的边际效益为 0，该点是物质费用投入边际效益的拐点，小于 65 元，物质费用的边际效益递增，大于 65 元，物质投入边际效益递减。从实际物质投入 511.4 元的水平看，中等规模生猪大规模生产不存在物质投入水平的边际效益空间（表 6-263）。

表 6-263　中等规模生猪生产的大规模物质费用投入边际效益、利润空间及其拐点

每头增加 1 元物质费用边际效益增减	饲养规模（头）	劳动力投入（元/头）	物质成本投入（元/头）	每增加 1 元物质费用增加净收入
12 374.27	2 589.06	20.99	10	9 785.21
6 954.28	2 589.06	20.99	20	4 365.22
4 964.27	2 589.06	20.99	30	2 375.21
3 908.27	2 589.06	20.99	40	1 319.21
3 246.51	2 589.06	20.99	50	657.45
2 789.90	2 589.06	20.99	60	200.83
2 610.28	2 589.06	20.99	65	21.22
2 577.36	2 589.06	20.99	66	−11.70
2 545.34	2 589.06	20.99	67	−43.72
2 514.18	2 589.06	20.99	68	−74.88

资料来源：作者测算 2009.4

5. 中等规模边际效益

中等规模生产的规模边际效益生产函数回归形式：

$I=5.463447L_{养殖规模}^{0.97242}L_{劳动力}^{0.048704}L_{物质费用}^{0.750689}$

$R^2=0.92349$

数据结构

样本量为 94，其中，总收入平均值为 209 192.8 元，饲养规模平均值为 328.476 头，人工费用平均值为 37.79 元/头，物质投入费用平均值为 510.8 元/头（表 6-264）。

表 6-264　中等规模生猪生产的中等规模边际效益分析基础数据

年份	地区	总收入平均值（元）	养殖规模（头）	人工费用（元/头）	物质投入（元/头）
2002	江苏	478 001.10	940.76	29.70	454.13
2002	福建	631 977.00	990.13	18.48	600.88
2002	广东	430 327.90	653.15	47.25	560.48
2003	天津	402 590.00	586.07	15.68	569.05
2000	青海	343 068.80	562.50	56.80	492.54
2000	福建	390 336.30	561.17	11.25	627.16
2003	河南	352 679.80	552.27	40.32	511.13
2001	青海	361 075.20	543.71	35.36	520.23
2001	内蒙古	368 214.60	543.67	55.12	515.77
2003	江苏	354 784.70	534.25	22.40	481.80
2001	安徽	303 661.10	502.88	102.96	447.08
2002	河南	270 969.70	483.65	33.82	472.99
2000	天津	297 924.60	481.21	21.60	477.26
2002	江苏	239 010.40	474.50	31.20	472.2
2003	湖南	350 865.70	472.72	6.72	618.86
2000	北京市	286 464	465.50	36.90	534.06
2003	浙江	362 112.70	453.08	20.16	620.59
2000	江苏	255 686.10	449.40	32.50	455.77
2000	广东	352 077.50	439.80	70.00	728.80
2003	北京	279 308.70	429.25	15.68	537.41
2002	安徽	226 016.20	424.64	64.00	446.64
2002	天津	270 614.80	424.21	16.77	549.02
2001	河南	253 282.70	422.73	44.72	514.12
2000	山东	263 135.10	419.13	35.28	449.52
2000	河南	263 593.90	416.11	39.69	490.28
2001	山东	240 792.20	411.18	33.28	462.14
2003	山东	296 190.70	385.96	28.00	549.76
2000	云南	228 374.10	385.43	35.49	584.18
2000	浙江	221 833.40	385.21	39.10	487.19
2002	湖南	250 373.60	379.34	9.94	594.10
2001	江苏	218 663.40	376.29	18.72	527.08
2000	新疆	179 633	364.72	15.98	471.43
2002	内蒙古	250 692	362.08	47.20	504.00
2002	青海	227 791.80	361.33	27.00	497.15
2001	广东	254 724.20	360.60	29.12	634.72
2003	河北	254 697.30	357.50	39.20	514.70
2003	辽宁	235 227.80	346.31	30.24	518.06
2001	广西	227 032.10	344.68	35.36	586.39
2002	北京	200 963.10	336.67	41.65	550.30
2003	广东	252 29	328.25	25.76	651.39
2002	黑龙江	188 610.20	326.94	50.35	451.53

续表

年份	地区	总收入平均值（元）	养殖规模（头）	人工费用（元/头）	物质投入（元/头）
2001	河北	207 823.40	324.77	32.24	504.81
2000	湖北	206 937.10	319.07	49.92	489.89
2002	河北	194 421.90	318.54	29.75	465.51
2001	天津市	201 973.00	317.69	14.56	567.70
2002	湖北	186 872.00	311.28	37.00	547.85
2001	湖南	216 062.50	310.64	9.36	618.51
2001	宁夏	173 444.40	304.42	34.32	417.75
2003	湖北	239 041.80	304.23	40.32	616.01
2001	辽宁	193 915.70	301.69	26.00	524.74
2003	安徽	219 881.80	300.80	82.88	462.98
2003	内蒙古	235 158.10	298.18	53.76	612.56
2001	云南	165 668.30	295.63	12.48	582.90
2002	辽宁	184 833.60	294.06	25.65	508.52
2003	广西	192 279.50	287.71	36.96	565.62
2002	山东	183 251.00	285.23	24.86	493.19
2000	河北	166 709.00	283.65	25.50	447.63
2003	青海	173 951.50	275.83	33.60	483.80
2003	海南	226 391.00	273.70	30.24	641.78
2002	海南	128 667.20	268.57	30.00	386.24
2001	黑龙江	150 186.90	260.38	47.84	450.15
2001	吉林	177 215.70	260.19	31.20	548.15
2000	吉林	157 322.70	254.78	25.30	491.49
2000	山西	149 007.60	250.07	29.11	436.88
2001	浙江	152 532.40	249.00	15.60	554.58
2000	辽宁	139 446.50	238.91	29.70	466.39
2002	吉林	160 506.50	235.97	34.10	554.94
2002	山西	114 582.80	231.32	22.14	430.29
2002	云南	144 276.90	230.16	19.95	520.80
2000	四川	129 548.20	229.50	186.18	432.80
2003	云南	149 038.10	228.60	32.48	581.02
2003	吉林	176 034.40	227.44	33.60	601.09
2003	甘肃	143 001.50	226.90	31.36	549.82
2001	甘肃	151 558.50	224.17	38.48	512.89
2001	四川	126 890.70	223.22	140.40	409.91
2001	海南	161 783.90	222.42	39.52	577.88
2000	宁夏	105 572.10	207.00	49.35	427.32
2002	广西	117 996.10	202.10	54.60	515.37
2000	内蒙古	119 284.90	199.67	25.50	503.49
2001	山西	106 226.30	197.57	34.32	461.95
2002	浙江	123 696.60	192.80	33.30	537.40
2001	陕西	106 759.80	191.55	23.92	458.43

续表

年份	地区	总收入平均值（元）	养殖规模（头）	人工费用（元/头）	物质投入（元/头）
2000	甘肃	150 982.40	191.50	17.64	542.53
2003	黑龙江	114 678.70	181.69	61.60	482.12
2001	湖北	104 677.50	159.69	40.56	570.54
2002	宁夏	86 899.30	153.71	30.69	407.76
2000	陕西	75 259.01	151.78	18.48	373.08
2002	甘肃	63 838.86	150.65	16.50	325.90
2003	宁夏	83 372.66	146.89	36.96	467.58
2002	四川	84 554.51	143.50	149.50	366.25
2000	黑龙江	81 736.57	142.85	63.75	391.69
2003	山西	84 264.00	140.17	38.08	439.98
2003	陕西	79 331.84	133.89	29.12	448.86
2002	陕西	47 918.28	94.44	23.28	451.88
	平均	209 192.80	328.48	37.79	510.83

资料来源：作者测算 2009.4

(1) 物质费用、劳动力资金投入不变，饲养规模不同，中等规模生产的规模边际效益、利润空间及其拐点

中等规模生产的规模边际效益函数回归形式：

$$\partial I/\partial L_{养殖规模}=5.463\ 447\times 0.972\ 42\times 37.790\ 97^{0.048\ 704}\times 510.827\ 5^{0.750\ 689}/L_{养殖规模}^{(1-0.972\ 42)}$$

规模边际效益、利润空间及其拐点。

在劳动力投入和物质投入状况分别为 37.79 元和 510.8 元的不变条件下，每增加 1 头，其边际效益利润空间及其拐点是：在 3 010 头规模上，每增加 1 头的边际规模效益为 0，该点视为边际效益拐点。小于 3 010 头，饲养规模的边际效益为递增，大于 3 010 头，饲养规模的边际效益为递减。从实际规模 328.47 头的水平看，中等规模生猪规模生产的边际效益空间非常大（表 6-265）。

表 6-265　中等规模生猪生产的规模边际效益、利润空间及其拐点

每增加一头边际总收入	饲养规模（头）	劳动力（元/头）	物质投入（元/头）	成本费用合计（元/头）	边际效益增减及其拐点
565.56	1 000	37.79	510.83	548.62	16.94
554.85	2 000	37.79	510.83	548.62	6.23
548.68	3 000	37.79	510.83	548.62	0.06
548.63	3 010	37.79	510.83	548.62	0.01
548.58	3 020	37.79	510.83	548.62	−0.04
548.53	3 030	37.79	510.82	548.62	−0.09
548.48	3 040	37.79	510.83	548.62	−0.14

续表

每增加一头边际总收入	饲养规模（头）	劳动力（元/头）	物质投入（元/头）	成本费用合计（元/头）	边际效益增减及其拐点
548.43	3 050	37.79	510.83	548.62	−0.19
548.38	3 060	37.79	510.83	548.62	−0.24
548.33	3 070	37.79	510.83	548.62	−0.29

资料来源：作者测算 2009.4

(2) 饲养规模、物资费用不变，劳动力投入不同，中等规模生产劳动力边际效益、利润空间及其拐点

劳动力投入边际效益函数回归形式：

$$\partial I/\partial L_{劳动力}=5.463\,447\times0.048\,704\times328.476\,8^{0.972\,42}\times510.827\,5^{0.750\,689}/L_{劳动力}^{(1-0.048\,704)}$$

劳动力投入边际效益、利润空间及其拐点。

在饲养规模为 328.47 头，物质费用实际为 510.82 元的条件下，劳动力投入边际效益、利润空间及其拐点是：在劳动力增加投入 28 元条件下，每增加 1 元劳动力投入的边际效益为 0，该点是劳动力投入边际效益的拐点，小于 28 元，劳动力的边际效益递增，大于 28 元的劳动力投入水平，边际效益递减。从实际每头劳动力投入 37.79 元的水平看，劳动力的边际效益空间不大（表 6-266）。

表 6-266　中等规模生猪生产的劳动力边际效益、利润空间及其拐点

每头增加 1 元物质费用边际效益增减	饲养规模（头）	劳动力投入（元/头）	物质成本投入（元/头）	每增加 1 元物质费用增加净收入
465.09	328.48	20	510.83	136.61
444.10	328.48	21	510.83	115.52
424.78	328.48	22	510.88	96.30
407.19	328.48	23	510.83	78.71
391.03	328.48	24	510.83	62.56
376.14	328.48	25	510.83	47.66
362.36	328.48	26	510.83	33.89
349.58	328.48	27	510.83	21.11
337.70	328.48	28	510.83	9.22
326.61	328.48	29	510.83	−1.87

资料来源：作者测算 2009.4

(3) 饲养规模、劳动力资金投入不变，物资资本投入不同，中等规模生产物质费用投入边际效益、利润空间及其拐点

物质费用投入边际效益函数回归形式：

$$\partial I/\partial L_{物质费用}=5.463\,447\times 0.750\,689\times 328.476\,8^{0.972\,42}\times 37.790\,97^{0.048\,704}/L_{物质费用}^{(1-0.750\,689)}$$

物质投入边际效益、利润空间及其拐点。

在饲养规模为328.47头，每头劳动力投入为37.79元条件下，物质投入边际效益、利润空间及其拐点是：在每头物质费用投入307元条件下，每增加1元物资费用投入的边际效益为0，该点是物质费用投入边际效益的拐点，小于307元，每头物质费用的边际效益递增，大于307元，物质投入边际效益递减。从实际物质投入510.8元的水平看，物质投入边际效益空间不大（表6-267）。

表6-267　中等规模生猪生产的物质费用投入边际效益、利润空间及其拐点

每头增加1元物质费用边际效益增减	饲养规模（头）	劳动力投入（元/头）	物质成本投入（元/头）	每增加1元物质费用增加净收入
434.74	328.48	37.79	100	106.26
365.75	328.48	37.79	200	37.27
330.58	328.48	37.79	300	2.10
329.22	328.48	37.79	305	0.74
328.95	328.48	37.79	306	0.48
328.69	328.48	37.79	307	0.21
328.42	328.48	37.79	308	−0.06
328.15	328.48	37.79	309	−0.32
327.89	328.48	37.79	310	−0.59
327.63	328.48	37.79	311	−0.85

资料来源：作者测算2009.4

6. 结论

（1）在总体条件下，中等规模生猪生产具备养殖规模的效益空间，不具备劳动力投入和物质投入的效益空间，我国中等规模生猪生产要朝大规模生产方向转变。

（2）在大规模条件下，中等规模生猪生产具备养殖规模的效益空间，在这种模式下，劳动力投入，物质投入已经没有任何增长空间，我国中等规模生猪生产还有很大的提高规模效益的空间。

（3）在中规模条件下，中等规模生猪生产除了具备养殖规模的效益空间外，劳动力投入，物质投入已经没有任何增长空间，表明我国中等规模生猪生产需要提高大规模养殖水平。

六、大规模生猪生产的规模化问题研究

1. 生产函数回归形式

$$I=27.74L_{养殖规模}^{0.92801}L_{劳动力}^{0.064543}K_{物资投入}^{0.562401}$$

$$R^2=0.99197$$

2. 数据结构

样本量为 95，其中，总收入平均值为 3 434 843 元，饲养头数平均为 5 271头，人工费用平均值为 23 元/头，物质投入费用平均值为 548 元/头（表 6-268）。

表 6-268　大规模生猪生产边际效益分析基础数据表

年份	地区	总收入（元）	规模（头）	人工费用（元/头）	物质费用（元/头）
2003	青海	26 968 731	35 898	9	517
2002	青海	23 026 153	32 011	8	490
2001	青海	19 601 888	30 650	7	494
2003	海南	13 684 103	19 203	6	674
2000	青海	9 972 248	16 867	9	475
2002	海南	8 987 096	14 916	6	598
2002	广东	7 548 546	10 655	12	685
2003	云南	7 143 222	10 328	69	788
2003	新疆	5 525 000	10 000	15	491
2003	江苏	6 199 647	9 968	11	500
2000	四川	5 167 500	9 750	74	584
2002	福建	5 855 250	8 872	7	606
2001	广东	5 543 077	7 509	14	647
2000	广东	5 961 429	7 234	14	771
2001	海南	4 979 775	7 209	8	706
2003	广东	5 646 060	7 071	13	731
2002	四川	3 818 150	7 000	11	494
2001	四川	3 465 843	6 450	11	599
2003	浙江	4 669 263	6 379	12	606
2003	福建	4 747 755	6 290	10	694
2001	河北	3 673 182	6 009	19	500
2001	安徽	3 376 515	5 711	14	544
2000	云南	3 710 659	5 679	44	613
2003	湖北	4 354 593	5 659	12	640
2002	江苏	3 074 872	5 619	11	474
2003	上海	3 580 361	5 499	7	587
2002	上海	3 080 990	5 492	6	527

续表

年份	地区	总收入（元）	规模（头）	人工费用（元/头）	物质费用（元/头）
2000	浙江	3 362 358	5 486	10	517
2002	湖北	3 306 059	5 404	13	545
2000	湖北	3 072 486	5 198	14	454
2001	浙江	3 342 087	5 071	10	594
2001	湖北	3 463 395	4 802	9	623
2002	河南	2 718 529	4 755	37	478
2000	辽宁	3 044 389	4 744	15	506
2000	上海	2 676 483	4 735	6	492
2002	浙江	3 051 115	4 665	12	583
2002	安徽	2 587 697	4 640	15	537
2000	平均	2 873 570	4 588	29	530
2000	福建	3 205 637	4 529	12	612
2000	河北	2 713 531	4 485	28	448
2001	上海	2 468 700	4 346	6	532
2001	福建	2 881 564	4 127	6	637
2001	辽宁	2 630 374	4 081	22	533
2000	河南	2 523 855	4 064	46	477
2001	山东	2 014 594	3 668	19	461
2003	安徽	2 516 204	3 660	13	623
2003	辽宁	2 440 396	3 637	24	519
2002	黑龙江	2 058 722	3 572	33	480
2000	天津	2 039 390	3 456	16	506
2001	云南	2 141 271	3 406	41	637
2001	湖南	2 471 124	3 385	10	606
2002	云南	2 069 980	3 374	20	621
2002	天津	1 974 246	3 294	14	537
2003	河南	2 136 927	3 208	50	538
2001	天津	2 028 275	3 204	14	537
2000	北京	1 836 651	3 176	13	515
2002	辽宁	1 971 880	3174	19	509
2003	河北	2 021 492	3 035	25	527
2002	河北	1 729 013	2 900	22	479
2001	河南	1 759 086	2 898	58	499
2000	江西	1 960 358	2 880	16	634
2003	黑龙江	1 679 783	2 854	34	489
2003	广西	1 928 881	2 766	29	608
2001	内蒙古	2 117 888	2 734	63	661
2002	湖南	1 695 200	2 600	6	574
2003	山东	1 722 704	2 550	16	567
2002	北京	1 406 925	2 468	17	524
2001	陕西	1 364 188	2 462	19	476

续表

年份	地区	总收入（元）	规模（头）	人工费用（元/头）	物质费用（元/头）
2000	山东	1 406 093	2 401	26	444
2003	内蒙古	1 730 730	2 360	31	593
2000	安徽	1 102 277	2 283	25	342
2001	黑龙江	1 278 972	2 238	27	475
2000	吉林	1 319 391	2 062	42	498
2002	内蒙古	1 406 833	2 051	25	609
2001	甘肃	1 193 088	2 015	36	466
2002	山东	1 168 512	1 965	23	490
2000	山西	1 195 898	1 900	69	447
2001	广西	1 318 026	1 890	34	641
2002	山西	960 839	1 860	20	456
2002	陕西	955 580	1 783	22	484
2003	山西	988 407	1 575	20	521
2001	江苏	885 546	1 542	34	512
2003	甘肃	860 195	1 510	21	477
2001	北京	886 760	1 469	18	564
2002	吉林	973 173	1 463	40	513
2002	甘肃	467 076	1 438	22	282
2001	吉林	872 168	1 276	42	525
2000	黑龙江	752 750	1 250	30	492
2003	吉林	868 864	1 221	32	562
2000	广西	876 006	1 216	55	655
2001	山西	667 429	1 160	16	492
2000	内蒙古	671 446	936	69	617
2002	广西	528 530	884	45	574
2000	甘肃	460 560	760	23	505
2000	江苏	145 995	232	9	576
	平均	3 434 843	5 271	23	548

资料来源：作者测算 2009.4

3. 边际效益空间及其拐点

(1) 物质费用、劳动力资金投入不变，饲养规模不同，规模边际效益、利润空间及其拐点

养殖规模边际效益函数回归形式：

$$\partial I/\partial K_{养殖规模}=27.74\times 0.928\frac{23^{0.064\,543}\times 548^{0.562\,401}}{L_{养殖规模}^{(1-0.928)}}$$

养殖规模边际效益、利润空间及其拐点。

在每头劳动力投入和物质投入状况分别为 23 元和 548 元的不变条件下，每增加 1 头饲养量，其边际效益利润空间及其拐点是：在 7 800 头规

模上，每增加 1 头的边际效益为 0，该点视为边际效益拐点。小于 7 800 头饲养规模的边际效益为递增，大于 7 800 头饲养规模水平的边际效益为递减。从实际规模 5 271 头的水平看，大规模生猪生产的规模边际效益空间较大（表 6-269）。

表 6-269　大规模生猪生产规模边际效益、利润空间及其拐点

每增加一头地边际总收入	饲养规模（头）	劳动力（元/头）	物质投入（元/头）	成本费用合计（元/头）	边际效益增减及其拐点
662.35	1 000.00	22.90	548.14	571.04	91.31
630.11	2 000.00	22.90	548.14	571.04	59.06
611.98	3 000.00	22.90	548.14	571.04	40.93
599.43	4 000.00	22.90	548.14	571.04	28.39
589.88	5 000.00	22.90	548.14	571.04	18.83
582.18	6 000.00	22.90	548.14	571.04	11.14
575.76	7 000.00	22.90	548.14	571.04	4.72
571.82	7 700.00	22.90	548.14	571.04	0.78
571.29	7 800.00	22.90	548.14	571.04	0.25
570.77	7 900.00	22.90	548.14	571.04	−0.28

资料来源：作者测算 2009.4

（2）饲养量、物资费用不变，劳动力投入不同，规模劳动力边际效益、利润空间及其拐点

劳动力投入边际效益函数回归形式：

$$\partial I/\partial L_{劳动力}=27.74\times 0.064\ 543\,\frac{5\ 271^{0.928}\times 548^{0.562\ 401}}{L_{劳动力}^{(1-0.064\ 543)}}$$

劳动力投入边际效益、利润空间及其拐点。

在饲养规模为 5 271 头，每头物质费用实际为 548 元的不变条件下，劳动力投入边际效益、利润空间及其拐点是：在每头劳动力投入 42 元条件下，每增加 1 元劳动力投入的边际效益为 0，该点是劳动力投入边际效益的拐点，小于 42 元，边际效益递增，大于 42 元，劳动力投入边际效益递减。从实际平均劳动力投入 23 元的水平看，劳动力投入的空间边际效益较大（表 6-270）。

表 6-270　大规模生猪生产劳动力边际效益、利润空间及其拐点

每头增加 1 元劳动力边际总收入	饲养规模（头）	劳动力（元/头）	物质投入（元/头）	边际效益增减及其拐点
20 258.16	5 270.99	10.00	548.14	14 987.17
10 588.53	5 270.99	20.00	548.14	5317.55
7 244.60	5 270.99	30.00	548.14	1 973.61

续表

每头增加1元劳动力边际总收入	饲养规模	劳动力（元/头）	物质投入（元/头）	边际效益增减及其拐点
5 534.42	5 270.99	40.00	548.14	263.43
5 407.97	5 270.99	41.00	548.14	136.98
5 287.36	5 270.99	42.00	548.14	16.37
5 172.18	5 270.99	43.00	548.14	−98.81
5 062.07	5 270.99	44.00	548.14	−208.92
4 956.70	5 270.99	45.00	548.14	−314.28
4 855.78	5 270.99	46.00	548.14	−415.21

资料来源：作者测算 2009.4

(3) 饲养量、劳动力资金投入不变，物资资本投入不同，物资投入边际效益、利润空间及其拐点

物质费用投入边际效益函数回归形式：

$$\partial I/\partial K_{物质费用}=27.374\times 0.562\ 401\ \frac{5271^{0.928}\times 23^{0.044\ 992}}{L_{物质费用}^{(1-0.562\ 401)}}$$

物质投入边际效益、利润空间及其拐点。

在饲养规模为5 271头，每头劳动力投入实际为23元的不变条件下，物质投入边际效益、利润空间及其拐点是：在每头物质费用投入200元条件下，每增加1元物资费用投入的边际效益为0，该点是物质费用投入边际效益的拐点，小于200元，物质费用的边际效益递增，大于200元，物质投入边际效益递减。从实际平均物质投入548元的水平看，物质投入不存在边际效益空间（表6-271）。

表6-271　大规模生猪生产物资投入边际效益、利润空间及其拐点

每头增加1元物质费用边际效益增减	饲养规模（头）	劳动力投入（元/头）	物质成本投入（元/头）	边际效益增减及其拐点
9 767.57	5 270.99	22.90	50.00	4 496.58
7 210.00	5 270.99	22.90	100.00	1 939.01
6 036.81	5 270.99	22.90	150.00	765.82
5 868.55	5 270.99	22.90	160.00	597.56
5 714.77	5 270.99	22.90	170.00	443.78
5 573.47	5 270.99	22.90	180.00	302.49
5 443.04	5 270.99	22.90	190.00	172.05
5 322.11	5 270.99	22.90	200.00	51.13
5 209.59	5 270.99	22.90	210.00	−61.40
5 207.00	5 271.00	22.90	150.00	−63.99

资料来源：作者测算 2009.4

4. 大规模生产边际效益

大规模边际效益生产函数回归形式：

$$I=4.925\ 048L_{养殖规模}^{0.991\ 8}L_{劳动力}^{0.019\ 9}L_{物质费用}^{0.760\ 2}$$

$$R^2=0.992$$

数据结构样本量为 9，其中，总收入平均值为 13 606 332 元，养殖规模平均值为 20 058.53 头，人工费用平均值为 15.571 元/头，物质投入费用平均值为 578.93 元/头（表 6-272）。

表 6-272　大规模生猪生产的大规模边际效益分析基础数据表

年份	地区	总收入（元）	规模（头）	人工费用（元/头）	物质费用（元/头）
2003	青海	26 968 731	35 898.00	8.96	516.59
2002	青海	23 026 153	32 011.00	7.70	489.52
2001	青海	19 601 888	30 649.50	7.28	493.78
2003	海南	13 684 103	19 203.33	5.60	673.61
2000	青海	9 972 248	16 866.67	9.00	475.26
2002	海南	8 987 096	14 915.60	5.50	597.99
2002	广东	7 548 546	10 655.17	12.10	684.73
2003	云南	7 143 222	10 327.50	69.44	787.62
2003	新疆	5 525 000	10 000.00	14.56	491.30
	平均	13 606 332	20 058.53	15.57	578.93

资料来源：作者测算 2009.4

（1）物质费用、劳动力资金投入不变，饲养规模不同，大规模边际效益、利润空间及其拐点

大规模边际效益函数回归形式：

$$\partial I/\partial L_{养殖规模}=4.925\ 048\times 0.991\ 8\times 15.571\ 1^{0.019\ 9}\ 578.933\ 3^{0.760\ 2}/L_{养殖规模}^{(1+0.991\ 8)}$$

规模边际效益、利润空间及其拐点。

在每头劳动力投入和物质投入状况分别为 15.57 元和 578.93 元的不变条件下，每增加 1 头，其边际效益利润空间及其拐点是：在 50 000 头规模上，每增加 1 头的边际规模效益为 0，该点视为边际效益拐点。小于 50 000头饲养规模的边际效益为递增，大于 50 000 头饲养规模的边际效益为递减。从实际规模 20 058.53 头的水平看，大规模生猪大规模生产仍然具有较大的规模边际效益（表 6-273）。

表 6-273　大规模生猪生产的大规模边际效益、利润空间及其拐点

每增加一头边际总收入	头数（头）	劳动力（元/头）	物质投入（元/头）	成本费用合计（元/头）	边际效益增减及其拐点
602.62	10 000	15.57	578.93	594.50	8.12
599.21	20 000	15.57	578.93	594.50	4.70
597.22	30 000	15.57	578.93	594.50	2.72
595.81	40 000	15.57	578.93	594.50	1.31
594.72	50 000	15.57	578.93	594.50	0.22
593.84	60 000	15.57	578.93	594.50	−0.67
593.09	70 000	15.57	578.93	594.50	−1.42
592.44	80 000	15.57	578.93	594.50	−2.07
591.86	90 000	15.57	578.93	594.50	−2.64
591.35	100 000	15.57	578.93	594.50	−3.15

资料来源：作者测算 2009.4

(2) 饲养规模、物资费用不变，劳动力投入不同，大规模边际效益、利润空间及其拐点

劳动力投入边际效益函数回归形式：

$$\partial I/\partial L_{劳动力}=4.925\,048\times 0.019\,9\times 20\,058.529\,6^{0.991\,8}\times 578.333\,3^{0.760\,2}/L_{劳动力}^{(1-0.019\,9)}$$

劳动力投入边际效益、利润空间及其拐点。

在养殖规模为 20 058.52，每头物质费用为 578.93 元的条件下，劳动力投入边际效益、利润空间及其拐点是：在每头劳动力投入 12 元条件下，每增加 1 元劳动力投入的边际效益为 0，该点是劳动力投入边际效益的拐点，小于 12 元，劳动力的边际效益递增，大于 12 元，劳动力投入边际效益递减。从大规模实际平均每头劳动力投入 15.57 元的水平看，大规模生猪大规模生产不存在劳动力的边际效益空间（表 6-274）。

表 6-274　大规模生猪生产的大规模劳动力边际效益、利润空间及其拐点

每头增加 1 元劳动力边际总收入	头数（头）	劳动力（元/头）	物质投入（元/头）	每增加 1 元劳动力增加净收入
47 377.52	20 058.53	5	578.93	27 319.00
39 625.48	20 058.53	6	578.93	19 566.95
34 069.56	20 058.53	7	578.93	14 011.03
29 890.57	20 058.53	8	578.93	9 832.04
26 632.05	20 058.53	9	578.93	6 573.52
24 019.40	20 058.53	10	578.93	3 960.87
21 877.47	20 058.53	11	578.93	1 818.94
20 089.27	20 058.53	12	578.93	30.75
18 573.65	20 058.53	13	578.93	−1 484.88
17 272.54	20 058.53	14	578.93	−2 785.99

资料来源：作者测算 2009.4

(3) 饲养规模、劳动力资金投入不变，物资资本投入不同，大规模物质费用投入边际效益、利润空间及其拐点

物质费用投入边际效益函数回归形式：

$$\partial I/\partial L_{物质费用}=4.925\ 048\times 0.760\ 2\times 20\ 058.529\ 6^{0.991\ 8}\times 15.571\ 1^{0.019\ 9}/L_{物质费用}^{(1-0.760\ 2)}$$

物质投入边际效益、利润空间及其拐点。

在养殖规模为 20 058.529 头，每头劳动力投入为 15.57 元条件下，物质投入边际效益、利润空间及其拐点是：在每头物质费用投入 220 元条件下，每增加 1 元物资费用投入的边际效益为 0，该点是物质费用投入边际效益的拐点，小于 220 元，物质费用的边际效益递增，大于 220 元，物质投入边际效益递减。从实际物质投入 578.93 元的水平看，大规模生猪大规模生产不存在物质投入的边际效益空间（表 6-275）。

表 6-275　大规模生猪生产的大规模物质费用投入边际效益、利润空间及其拐点

每头增加 1 元物质费用边际效益增减	头数（头）	劳动力投入（元/头）	物质成本投入（元/头）	每增加 1 元物质费用增加净收入
24 244.84	20 058.53	15.57	100	4 186.31
20 532.15	20 058.53	15.57	200	473.62
20 293.34	20 058.53	15.57	210	234.81
20 068.22	20 058.53	15.57	220	9.69
19 855.44	20 058.53	15.57	230	−203.09
19 653.84	20 058.53	15.57	240	−404.69
19 462.39	20 058.53	15.57	250	−596.14
19 280.21	20 058.53	15.57	260	−778.32
19 106.51	20 058.53	15.57	270	−952.02
18 940.61	20 058.53	15.57	280	−1 117.92

资料来源：作者测算 2009.4

5. 中等规模边际效益

中等规模生产的规模边际效益生产函数回归形式：

$I=6.143\ 73L_{养殖规模}^{0.974\ 8}L_{劳动力}^{0.022\ 5}L_{物质费用}^{0.746\ 1}$

$R^2=0.674\ 249$

数据结构

样本量为 87，其中，总收入平均值为 2 463 982，饲养规模平均值为 3 870.80，人工费用平均值为 23.05 元/头，物质投入费用平均值为 543.77 元/头（表 6-276）。

表 6-276　大规模生猪生产的中等规模生产边际效益分析基础数据

年份	地区	总收入（元）	规模（头）	人工费用（元/头）	物质费用（元/头）
2003	江苏	6 199 647	9 968.40	11.20	500.28
2000	四川	5 167 500	9 750.00	74.00	584.41
2002	福建	5 855 250	8 871.60	6.60	606.45
2001	广东	5 543 077	7 509.20	13.50	647.15
2000	广东	5 961 429	7 233.80	14.00	770.93
2001	海南	4 979 775	7 209.30	8.30	705.58
2003	广东	5 646 060	7 070.80	13.40	731.06
2002	四川	3 818 150	7 000.00	11.00	494.37
2001	四川	3 465 843	6 450.00	11.40	599.48
2003	浙江	4 669 263	6 378.60	12.30	606.41
2003	福建	4 747 755	6 290.00	10.10	694.06
2001	河北	3 673 182	6 009.00	18.70	499.90
2001	安徽	3 376 515	5 711.00	13.50	544.03
2000	云南	3 710 659	5 679.00	44.00	612.86
2003	湖北	4 354 593	5 658.80	12.30	640.34
2002	江苏	3 074 872	5 618.70	11.00	474.09
2003	上海	3 580 361	5 499.10	6.70	586.78
2002	上海	3 080 990	5 491.70	5.50	526.64
2000	浙江	3 362 358	5 486.30	10.00	517.32
2002	湖北	3 306 059	5 404.00	13.20	545.09
2000	湖北	3 072 486	5 198.00	14.00	453.95
2001	浙江	3 342 087	5 071.40	10.40	593.92
2001	湖北	3 463 395	4 802.40	9.40	623.44
2002	河南	2 718 529	4 755.00	37.40	478.00
2000	辽宁	3 044 389	4 744.20	15.00	506.01
2000	上海	2 676 483	4 734.90	6.00	492.40
2002	浙江	3 051 115	4 665.10	12.10	582.65
2002	安徽	2 587 697	4 640.40	15.40	537.30
2000	平均	2 873 570	4 587.80	29.00	529.68
2000	福建	3 205 637	4 528.60	12.00	611.79
2000	河北	2 713 531	4 485.30	28.00	448.11
2001	上海	2 468 700	4 345.90	6.20	532.05
2001	福建	2 881 564	4 126.70	6.20	636.56
2001	辽宁	2 630 374	4 081.40	21.80	532.82
2000	河南	2 523 855	4 064.40	46.00	476.90
2001	山东	2 014 594	3 667.50	18.70	461.20
2003	安徽	2 516 204	3 660.20	13.40	623.14
2003	辽宁	2 440 396	3 636.90	23.50	519.01
2002	黑龙江	2 058 722	3 572.00	33.00	479.80
2000	天津	2 039 390	3 455.70	16.00	505.95
2001	云南	2 141 271	3 406.30	40.60	636.70

续表

年份	地区	总收入（元）	规模（头）	人工费用（元/头）	物质费用（元/头）
2001	湖南	2 471 124	3 385.30	10.40	606.42
2002	云南	2 069 980	3 373.50	19.80	621.42
2002	天津	1 974 246	3 293.50	14.30	537.40
2003	河南	2 136 927	3 208.50	50.40	538.35
2001	天津	2 028 275	3 204.40	13.50	536.81
2000	北京	1 836 651	3 176.30	13.00	515.40
2002	辽宁	1 971 880	3 173.60	18.70	509.12
2003	河北	2 021 492	3 035.00	24.60	526.56
2002	河北	1 729 013	2 899.70	22.00	478.63
2001	河南	1 759 086	2 898.00	58.20	498.78
2000	江西	1 960 358	2 880.00	16.00	634.47
2003	黑龙江	1 679 783	2 853.60	33.60	489.43
2003	广西	1 928 881	2 765.50	29.10	608.41
2001	内蒙古	2 117 888	2 733.50	63.40	661.09
2002	湖南	1 695 200	2 600.00	5.50	574.10
2003	山东	1 722 704	2 550.00	15.70	567.05
2002	北京	1 406 925	2 468.30	16.50	523.74
2001	陕西	1 364 188	2 461.50	18.70	476.11
2000	山东	1 406 093	2 400.50	26.00	444.39
2003	内蒙古	1 730 730	2 360.00	31.40	592.88
2000	安徽	1 102 277	2 282.70	25.00	341.78
2001	黑龙江	1 278 972	2 238.00	27.00	474.74
2000	吉林	1 319 391	2 062.00	42.00	498.03
2002	内蒙古	1 406 833	2 051.40	25.30	609.12
2001	甘肃	1 193 088	2 015.30	36.40	465.92
2002	山东	1 168 512	1 964.50	23.10	489.53
2000	山西	1 195 898	1 900.00	69.00	446.80
2001	广西	1 318 026	1 890.40	34.30	640.83
2002	山西	960 838.8	1 860.00	19.80	455.64
2002	陕西	955 580.4	1 782.50	22.00	483.56
2003	山西	988 407	1 575.00	20.20	521.06
2001	江苏	885 545.5	1 541.50	34.30	511.95
2003	甘肃	860 195.2	1 509.80	21.30	476.83
2001	北京	886 760.2	1 468.90	17.70	563.78
2002	吉林	973 172.9	1 463.10	39.60	512.54
2002	甘肃	467 076.2	1 437.60	22.00	281.88
2001	吉林	872 167.8	1 276.20	41.60	525.38
2000	黑龙江	752 750	1 250.00	30.00	492.16
2003	吉林	868 863.6	1 221.00	32.50	561.90
2000	广西	876 006.4	1 216.00	55.00	654.65
2001	山西	667 429.2	1 160.00	15.60	492.18
	平均	2 463 982	3 870.80	23.1	543.77

资料来源：作者测算 2009.4

(1) 物质费用、劳动力资金投入不变，饲养规模不同，中等规模生产的规模边际效益、利润空间及其拐点

中等规模生产的规模边际效益函数回归形式：

$$\partial I/\partial L_{养殖规模}=6.14373\times0.9748\times23.0453^{0.0225}543.7735^{038 41}/L_{养殖规模}^{(1-0.9748)}$$

规模边际效益、利润空间及其拐点。

在劳动力投入和物质投入状况分别为 23.05 元和 543.77 元的不变条件下，每增加 1 头，其边际效益利润空间及其拐点是：在 6 500 头规模上，每增加 1 头的边际规模效益为 0，该点视为边际效益拐点。小于 6 500 头饲养规模的边际效益为递增，大于 6 500 头饲养规模的边际效益为递减。从实际规模 3 870 头的水平看，大规模生猪中等规模生产的规模边际效益很大（表 6-277)。

表 6-277　大规模生猪生产的中等规模生产的规模边际效益、利润空间及其拐点

每增加 1 头边际总收入	饲养规模（头）	劳动力（元/头）	物质投入（元/头）	成本费用合计（元/头）	边际效益增减及其拐点
594.13	1 000	23.05	543.77	566.82	27.31
583.88	2 000	23.05	543.77	566.82	17.06
577.96	3 000	23.05	543.77	566.82	11.15
573.80	4 000	23.05	543.77	566.82	6.99
570.60	5 000	23.05	543.77	566.82	3.78
567.99	6 000	23.05	543.77	566.82	1.17
566.85	6 500	23.05	543.77	566.82	0.03
566.63	6 600	23.05	543.77	566.82	−0.18
566.42	6 700	23.05	543.77	566.82	−0.40
566.21	6 800	23.05	543.77	566.82	−0.61

资料来源：作者测算 2009.4

(2) 饲养规模、物资费用不变，劳动力投入不同，中等规模生产劳动力边际效益、利润空间及其拐点

劳动力投入边际效益函数回归形式：

$$\partial I/\partial L_{劳动力}=6.14373\times0.0225\times3870.8024^{0.9748}\times 543.7735^{0.7461}/L_{劳动力}^{(1-0.0225)}$$

劳动力投入边际效益、利润空间及其拐点。

在饲养规模为 3 870 头，物质费用为 543.77 元的条件下，劳动力投入边际效益、利润空间及其拐点是：在劳动力投入 13 元条件下，每增加 1 元劳动力投入的边际效益为 0，该点是劳动力投入边际效益的拐点，小于 13 元，劳动力的边际效益递增，大于 13 元，劳动力投入边际效益递减。从实

际劳动力投入 23.04 元的水平看，劳动力不存在边际效益空间（表6-278）。

表 6-278　大规模生猪生产的中等规模劳动力边际效益、利润空间及其拐点

每头增加 1 元物质费用边际效益增减	饲养规模（头）	劳动力投入（元/头）	物质成本投入（元/头）	每增加 1 元物质费用增加净收入
5 038.87	3 870.80	10	543.77	1 168.06
4 590.63	3 870.80	11	543.77	719.83
4 216.33	3 870.80	12	543.77	345.53
3 899.02	3 870.80	13	543.77	28.22
3 626.56	3 870.80	14	543.77	−244.24
3 390.06	3 870.80	15	543.77	−480.75
3 182.80	3 870.80	16	543.77	−688.00
2 999.67	3 870.80	17	543.77	−871.14
2 836.67	3 870.80	18	543.77	−1 034.13
2 690.64	3 870.80	19	543.77	−1 180.16

资料来源：作者测算 2009.4

(3) 饲养规模、劳动力资金投入不变，物资资本投入不同，中等规模生产物质费用投入边际效益、利润空间及其拐点

物质费用投入边际效益函数回归形式：

$$\partial I/\partial L_{物质费用}=6.143\,73\times 0.746\,1\times 3\,870.802\,4^{0.974\,8}\times 23.045\,3^{0.022\,5}/L_{物质费用}^{(1+0.746\,1)}$$

物质投入边际效益、利润空间及其拐点。

在饲养规模为 3 870，每头劳动力投入为 23.05 元条件下，物质投入边际效益、利润空间及其拐点是：在每头物质费用投入 230 元条件下，每增加 1 元物资费用投入的边际效益为 0，该点是物质费用投入边际效益的拐点，小于 230 元，物质费用的边际效益递增，大于 230 元，物质投入，边际效益递减。从实际物质投入 543 元的水平看，物质投入边际效益空间不大（表 6-279）。

表 6-279　大规模生猪生产的中等规模物质费用投入边际效益、利润空间及其拐点

每头增加 1 元物质费用边际效益增减	饲养规模（头）	劳动力投入（元/头）	物质成本投入（元/头）	每增加 1 元物质费用增加净收入
4 809.01	3 870.80	23.05	100	938.21
4 033.21	3 870.80	23.05	200	162.41
3 983.58	3 870.80	23.05	210	112.77
3 936.82	3 870.80	23.05	220	66.01

续表

每头增加1元物质费用边际效益增减	饲养规模（头）	劳动力投入（元/头）	物质成本投入（元/头）	每增加1元物质费用增加净收入
3 892.65	3 870.80	23.05	230	21.85
3 850.83	3 870.80	23.05	240	−19.98
3 811.14	3 870.80	23.06	250	−59.67
3 773.39	3 870.80	23.05	260	−97.42
3 737.41	3 870.80	23.05	270	−133.39
3 703.07	3 870.80	23.05	280	−167.73

资料来源：作者测算 2009.4

6. 小规模边际效益

小规模生产边际效益生产函数回归形式：

$$I=8.843\,352L_{养殖规模}^{0.988\,7}L_{劳动力}^{0.074\,4}L_{物质费用}^{0.637\,2}$$

$R^2=0.844\,2$

数据结构

样本量为4，其中，总收入平均值为451 632.7元，养殖规模平均值为702.79头，人工费用平均值为36.525元/头，物质投入费用平均值为568.332元/头（表6-280）。

表6-280　大规模生猪生产的小规模边际效益分析基础数据

区域	总收入（元）	养殖规模（头/元）	人工费用（元/头）	物质投入（元/头）
内蒙古	671 445.8	935.5	69.0	616.95
广西	528 529.9	883.7	45.1	574.45
甘肃	460 560.0	760.0	23.0	505.49
江苏	145 995.3	232.0	9.0	576.44
平均	451 632.7	702.8	36.5	568.33

资料来源：作者测算 2009.4

（1）物质费用、劳动力资金投入不变，饲养规模不同，小规模生产规模边际效益、利润空间及其拐点

小规模生产规模边际效益函数回归形式：

$$\partial I/\partial L_{养殖规模}=8.843\,352\times0.988\,7\times36.525^{0.074\,4}568.332\,5^{0.637\,2}/L_{养殖规模}^{(1+0.988\,7)}$$

规模边际效益、利润空间及其拐点。

在每头劳动力投入和物质投入状况分别为36.53元和568.33元的不变条件下，每增加一头，其边际效益利润空间及其拐点是：在653头规模上，每增加一头的规模边际效益为0，该点视为边际效益拐点。小于653头饲养规模的边际效益为递增，大于653头，饲养规模的边际效益为递减。从实际规模702.79头的水平看，大规模生猪小规模生产不存在规模边际效益

(表 6-281)。

表 6-281 大规模生猪生产的小规模边际效益、利润空间及其拐点

每增加一头边际总收入	饲养规模(头)	劳动力(元/头)	物质投入(元/头)	成本费用合计(元/头)	边际效益增减及其拐点
617.76	100	36.53	568.33	604.86	12.90
612.96	200	36.53	568.33	604.86	8.10
610.18	300	36.53	568.33	604.86	5.32
608.21	400	36.53	568.33	604.86	3.35
606.68	500	36.53	568.33	604.86	1.82
605.44	600	36.53	568.33	604.86	0.58
604.90	650	36.53	568.33	604.86	0.04
604.86	653	36.53	568.33	604.86	0.01
604.85	654	36.53	568.33	604.86	−0.00
604.84	655	36.53	568.33	604.86	−0.01

资料来源:作者测算 2009.4

(2) 饲养规模、物资费用不变,劳动力投入不同,小规模劳动力边际效益、利润空间及其拐点

劳动力投入边际效益函数回归形式:

$$\partial I/\partial L_{劳动力}=8.843\,352\times 0.074\,4\times 702.791\,6^{0.988\,7}\times 568.332\,5^{0.637\,2}/L_{劳动力}^{(1-0.074\,4)}$$

劳动力投入边际效益、利润空间及其拐点。

在饲养规模为 702.79 头,每头物质费用为 568.33 元的条件下,劳动力投入边际效益、利润空间及其拐点是:在每头劳动力投入增加 46 元条件下,每增加 1 元劳动力投入的边际效益为 0,该点是劳动力投入边际效益的拐点,小于 46 元,劳动力的边际效益递增,大于 46 元,劳动力投入边际效益递减。从实际每头劳动力投入 36.52 元的水平看,劳动力存在一定的边际效益空间(表 6-282)。

表 6-282 大规模生猪生产的小规模劳动力边际效益、利润空间及其拐点

每头增加 1 元劳动力边际总收入	饲养规模(头)	劳动力(元/头)	物质投入(元/头)	每增加 1 元劳动力增加净收入
2 903.06	702.80	10	568.33	2 200.27
1 528.37	702.80	20	568.33	825.58
1 050.13	702.80	30	568.33	347.34
804.64	702.80	40	568.33	101.85
721.53	702.80	45	568.33	18.74

续表

每头增加 1 元劳动力边际总收入	饲养规模（头）	劳动力（元/头）	物质投入（元/头）	每增加 1 元劳动力增加净收入
707.00	702.79	46	568.33	4.21
693.07	702.79	47	568.33	−9.72
679.69	702.79	48	568.33	−23.10
666.84	702.79	49	568.33	−35.95
654.49	702.79	50	568.33	−48.30

资料来源：作者测算 2009.4

(3) 饲养规模、劳动力资金投入不变，物资资本投入不同，小规模物质费用投入边际效益、利润空间及其拐点

物质费用投入边际效益函数回归形式：

$$\partial I/\partial L_{物质费用}=8.843\ 352\times 0.637\ 2\times 702.791\ 6^{0.988\ 7}\times 36.525^{0.074\ 4}/L_{物质费用}^{(1-0.637\ 2)}$$

物质投入边际效益、利润空间及其拐点。

在饲养规模为 702.79，每头劳动力投入为 36.52 元条件下，物质投入边际效益、利润空间及其拐点是：在每头物质费用投入 200 元条件下，每增加 1 元物资费用投入的边际效益为 0，该点是物质费用投入边际效益的拐点，小于 200 元，物质费用的边际效益递增，大于 200 元，物质投入边际效益递减。从实际物质投入 568.3 元的水平看，大规模生猪小规模生产已不存在物质投入的边际效益空间（表 6-283）。

表 6-283　大规模生猪生产的小规模物质费用投入边际效益、利润空间及其拐点

每头增加 1 元物质费用边际效益增减	饲养规模	劳动力投入	物质成本投入	每增加 1 元物质费用增加净收入
1 163.27	702.79	36.53	50	460.48
904.64	702.79	36.53	100	201.85
780.90	702.79	36.53	150	78.11
762.83	702.79	36.53	160	60.04
746.23	702.79	36.53	170	43.44
730.92	702.79	36.53	180	28.13
716.72	702.79	36.53	190	13.93
703.51	702.79	36.53	200	0.72
691.17	702.79	36.53	210	−11.62
679.60	702.79	36.53	220	−23.19

资料来源：作者测算 2009.4

7. 结论

（1）在总体条件下，大规模生猪生产不具备养殖规模、劳动力投入和物质投入的效益空间，从而表明我国大规模生猪养殖的规模化程度已经达到了一定的水平。

（2）在大规模条件下，大规模生猪生产除了具备养殖规模的效益空间外，劳动力投入，物质投入已经没有任何增长空间，表明我国大规模生猪仍然可以提高养殖规模。

（3）在中规模条件下，大规模生猪生产除了具备养殖规模的效益空间外，劳动力投入，物质投入已经没有任何增长空间，这表明，中等规模生产模式不可取。

（4）在小规模条件下，大规模生猪生产不具备养殖规模、劳动力投入和物质投入的效益空间。表明我国大规模生猪生产，不宜降低规模标准。

七、农户菜牛的规模化问题研究

1. 生产函数回归形式

$I=21.41434L_{养殖规模}^{0.964153}L_{劳动力}^{0.232489}K_{物资投入}^{0.457342}$

$R^2=0.992235$

2. 数据结构

样本量为 33，其中，总收入平均值为 61 089 元，种植面积平均值为 24 头，人工费用平均值为 252 元/头，物质投入费用平均值为 1 428 元/头(表 6-284)。

表 6-284　农户菜牛规模边际效益分析基础数据表

年份	地区	总收入（元）	规模（头）	人工费用（元/头）	物质费用（元/头）
2000	黑龙江	329 008.89	120.70	199.00	2 124.08
2001	黑龙江	307 706.88	99.67	203.84	2 435.50
2000	吉林	123 891.54	61.06	135.00	853.51
2003	宁夏	165 689.26	53.29	66.08	1 587.06
2002	黑龙江	135 636.35	45.78	229.90	2 211.76

续表

年份	地区	总收入（元）	规模（头）	人工费用（元/头）	物质费用（元/头）
2003	黑龙江	159 166.76	44.71	222.88	2 529.42
2002	宁夏	121 444.68	42.00	63.80	1565.45
2000	宁夏	66 353.38	34.00	44.00	1 623.89
2002	吉林	61 652.08	33.67	242.00	718.49
2001	宁夏	52 766.19	31.88	48.88	1 449.10
2000	新疆	82 451.57	31.50	98.00	1 576.82
2003	河南	84 370.86	29.00	592.48	1 496.92
2001	新疆	70 816.53	26.67	117.52	1 575.90
2001	青海	48 166.40	23.56	66.56	1 615.76
2000	青海	30 762.54	23.25	58.00	558.01
2002	青海	33 587.92	15.67	47.30	1 609.45
2001	吉林	27 862.55	14.07	241.28	720.06
2001	辽宁	14 025.80	9.50	149.76	1 102.42
2000	辽宁	12 587.59	8.83	163.00	863.59
2003	陕西	10 267.99	5.22	414.40	946.94
2002	陕西	9 442.13	4.78	363.00	1 093.96
2001	陕西	9 253.70	4.78	346.32	700.80
2002	河南	9 258.94	3.50	605.00	1 423.62
2000	河南	6 103.74	3.00	352.00	1 536.64
2001	河南	5 718.73	2.50	569.92	1 349.88
2000	山东	5 374.31	2.47	334.00	1 397.67
2003	山东	6 488.19	2.42	360.64	1 439.41
2002	山东	5 753.52	2.39	345.40	1 411.90
2001	山东	4 055.90	2.04	336.96	1 175.42
2000	云南	3 860.68	1.96	299.00	1 258.99
2001	云南	3 644.26	1.86	295.36	1 241.45
2002	云南	4 136.78	1.67	294.80	1 895.91
2003	云南	4 616.54	1.64	402.08	2 018.64
	平均	61 089.00	24.00	252.00	1 428.00

资料来源：作者测算 2009.4

3. 总体条件下的最适规模

(1) 物质费用、劳动力资金投入不变，饲养规模不同，规模边际效益、利润空间及其拐点

养殖规模边际效益函数回归形式：

$$\partial I/\partial L_{养殖规模}=21.414\,34\times 0.964\,153\,\frac{252^{0.232\,489}\times 142\,8^{0.457\,342}}{L_{养殖规模}^{(1-0.964\,153)}}$$

养殖规模边际效益、利润空间及其拐点。

在每头劳动力投入和物质投入分别为 252 元和 1 428 元的不变条件下，每增加 1 头饲养量，其边际效益利润空间及其拐点是：在 330 头规模上，

每增加一头的边际规模效益为 0，该点视为边际效益拐点。小于 330 头，饲养规模边际效益为递增，大于 330 头，饲养规模的边际效益为递减。从实际规模 24 头的水平看，农户菜牛饲养规模的边际效益空间很大（表 6-285）。

表 6-285　规模养殖规模边际效益、利润空间及其拐点

每增加一头地边际总收入	饲养规模（头）	劳动力（元/头）	物质投入（元/头）	成本费用合计（元/头）	边际效益增减及其拐点
1 754.2	100	251.76	1 427.53	1 679.3	74.93
1 711.2	200	251.76	1 427.53	1 679.3	31.88
1 686.5	300	251.76	1 427.53	1 679.3	7.19
1 684.5	310	251.76	1 427.53	1 679.3	5.21
1 682.6	320	251.76	1 427.53	1 679.3	3.29
1 680.7	330	251.76	1 427.53	1 679.3	1.44
1 678.9	340	251.76	1 427.53	1 679.3	−0.36

资料来源：作者测算 2009.4

（2）饲养量、物资费用不变，劳动力投入不同，规模劳动力边际效益、利润空间及其拐点

劳动力投入边际效益函数回归形式：

$$\partial I/\partial L_{劳动力}=21.414\ 34\times 0.232\ 489\ \frac{24^{0.964\ 153}\times 1\ 428^{0.457\ 342}}{L_{劳动力}^{(1-0.232\ 489)}}$$

劳动力投入边际效益、利润空间及其拐点。

在饲养规模为 24 头，每头物质费用 1 428 元的不变条件下，劳动力投入边际效益、利润空间及其拐点是：在每头劳动力投入 530 元条件下，每增加 1 元劳动力投入的边际效益为 0，该点是劳动力投入边际效益的拐点，小于 530 元，劳动力的边际效益递增，大于 530 元，劳动力投入边际效益递减。从实际平均劳动力投入 252 元的水平看，农户菜牛的劳动力投入的边际效益还有一定的空间（表 6-286）。

表 6-286　规模劳动力边际效益、利润空间及其拐点

每头增加 1 元劳动力边际总收入	饲养规模（头）	劳动力（元/头）	物质投入（元/头）	边际效益增减及其拐点
37.0	24	300	1 427.53	13.1
29.6	24	400	1 427.53	5.7
25.0	24	500	1 427.53	1.1
24.6	24	510	1 427.53	0.7
24.2	24	520	1 427.53	0.3
23.9	24	530	1 427.53	0.0
23.5	24	540	1 427.53	−0.4

资料来源：作者测算 2009.4

（3）饲养规模、劳动力费用不变，物资费用不同，物资费用边际效

益、利润空间及其拐点

物质费用边际效益函数回归形式：

$$\partial I/\partial K_{物质费用}=21.41434\times0.457342\frac{24^{0.964153}\times252^{0.232489}}{L_{物质费用}^{(1-0.457342)}}$$

物质费用边际效益、利润空间及其拐点。

在饲养规模为24头，每头劳动力投入实际为252元的不变条件下，物质投入边际效益、利润空间及其拐点是：在每头物质投入580元条件下，每增加1元物资投入的边际效益为0，该点是物质投入边际效益的拐点，小于580元，物质费用的边际效益递增，大于580元的物质投入，边际效益递减。从实际物质投入1 428元的水平看，农户菜牛物质投入的边际效益没有增长的空间（表6-287）。

表6-287　物资投入边际效益、利润空间及其拐点

每头增加1元物质费用边际效益增减	饲养规模（头）	劳动力投入（元/头）	物质成本投入（元/头）	边际效益增减及其拐点
25.10	24	251.76	530	1.21
24.90	24	251.76	540	0.95
24.60	24	251.76	550	0.71
24.40	24	251.76	560	0.47
24.10	24	251.76	570	0.23
23.90	24	251.76	580	0.01
23.70	24	251.76	590	−0.21

资料来源：作者测算2009.4

4. 大规模生产的边际效益

大规模边际效益生产函数回归形式：

$I=9.599L_{养殖规模}^{0.9158}L_{劳动力}^{0.1509}L_{物质费用}^{0.6876}$

$R^2=0.992$

数据结构样本量为7，其中，总收入平均值为191 792.1元，养殖规模平均值为66.74头，人工费用平均值为160.07元/头，物质投入费用平均值为1 900.96元/头（表6-288）。

表6-288　大规模生产的边际效益分析基础数据表

年份	地区	总收入平均值（元）	养殖规模（元/头）	人工费用（元/头）	物质投入（元/头）
2000	黑龙江	329 008.90	120.70	199.00	2 124.10
2001	黑龙江	307 706.90	99.70	203.80	2 435.50
2000	吉林	123 891.50	61.10	135.00	853.50

续表

年份	地区	总收入平均值（元）	养殖规模（元/头）	人工费用（元/头）	物质投入（元/头）
2003	宁夏	165 689.30	53.30	66.10	1 587.10
2002	黑龙江	135 636.40	45.80	229.90	2 211.80
2003	黑龙江	159 166.80	44.70	222.90	2 529.40
2002	宁夏	121 444.70	42.00	63.80	1 565.50
	平均	191 792.10	66.70	160.10	1 901.00

资料来源：作者测算 2009.4

（1）物质费用、劳动力资金投入不变，饲养规模不同，大规模边际效益、利润空间及其拐点

大规模边际效益函数回归形式：

$$\partial I/\partial L_{养殖规模}=9.599\times 0.9158\times 160.0714^{0.1509}\times 1900.969^{0.6876}/L_{养殖规模}^{(1-0.9158)}$$

规模边际效益、利润空间及其拐点。

在每头劳动力投入和物质投入分别为 160.07 元和 1 900.96 元的不变条件下，每增加 1 头，其边际效益空间及其拐点是：在 380 头规模上，每增加 1 头的边际规模效益为 0，该点视为边际效益拐点。小于 380 头，饲养规模的边际效益为递增，大于 380 头，饲养规模的边际效益为递减。从实际规模 66.7 头的水平看，农户菜牛的大规模生产边际效益空间较大（表 6-289）。

表 6-289　大规模生产的边际效益、利润空间及其拐点

每增加一头边际总收入	饲养规模（头）	劳动力（元/头）	物质投入（元/头）	成本费用（元/头）	边际效益增减及其拐点
2 308.39	100	160.07	1 900.97	2 061.04	247.35
2 177.64	200	160.07	1 900.97	2 061.04	116.60
2 104.62	300	160.07	1 900.97	2 061.04	43.58
2 077.50	350	160.07	1 900.97	2 061.04	16.46
2 072.59	360	160.07	1 900.97	2 061.04	11.55
2 067.81	370	160.07	1 900.97	2 061.04	6.77
2 063.18	380	160.07	1 900.97	2 061.04	2.14
2 058.68	390	160.07	1 900.97	2 061.04	−2.36
2 054.30	400	160.07	1 900.97	2 061.04	−6.74
2 050.04	410	160.07	1 900.97	2 061.04	−11.00

资料来源：作者测算 2009.4

（2）饲养规模、物资费用不变，劳动力投入不同，大规模边际效益、利润空间及其拐点

劳动力投入边际效益函数回归形式：

$$\partial I/\partial L_{劳动力}=9.599\times 0.1509\times 66.743^{0.9158}\times 1900.969^{0.6876}/L_{劳动力}^{(1-0.1509)}$$

劳动力投入边际效益、利润空间及其拐点。

在养殖规模为 66.7 头，每头物质费用为 1 900.96 元的条件下，劳动力投入边际效益、利润空间及其拐点是：在每头劳动力投入 460 元条件下，每增加 1 元劳动力投入的边际效益为 0，该点是劳动力投入边际效益的拐点，小于 460 元，劳动力的边际效益递增，大于 460 元，劳动力投入边际效益递减。从大规模实际平均每头劳动力投入 160.07 元的水平看，农户菜牛的大规模生产劳动力的边际效益空间较大（表 6-290)。

表 6-290　大规模生产的劳动力边际效益、利润空间及其拐点

每头增加 1 元劳动力边际总收入	饲养规模（头）	劳动力（元/头）	物质投入（元/头）	每增加 1 元劳动力增加净收入
244.69	66.74	100	1 900.97	177.95
135.84	66.74	200	1 900.97	69.09
96.27	66.74	300	1 900.97	29.53
75.41	66.74	400	1 900.97	8.67
68.23	66.74	450	1 900.97	1.50
66.97	66.74	460	1 900.97	0.23
65.76	66.74	470	1 900.97	−0.98
64.60	66.74	480	1 900.97	−2.15
63.47	66.74	490	1 900.97	−3.27
62.39	66.74	500	1 900.97	−4.35

资料来源：作者测算 2009.4

(3) 饲养规模、劳动力资金投入不变，物资资本投入不同，大规模物质费用投入边际效益、利润空间及其拐点

物质费用投入边际效益函数回归形式：

$$\partial I/\partial L_{物质费用}=9.599\times 0.6876\times 66.743^{0.9158}\times 160.0714^{0.1509}/L_{物质费用}^{(1-0.6876)}$$

物质投入边际效益、利润空间及其拐点。

在养殖规模为 66.7 头，每头劳动力投入为 160.07 元的不变条件下，物质投入边际效益、利润空间及其拐点是：在每头物质费用投入 1 550 元条件下，每增加 1 元物资费用投入的边际效益为 0，该点是物质费用投入边际效益的拐点，小于 1 550 元，物质费用的边际效益递增，大于 1 550 元，物质投入边际效益递减。从实际平均物质投入1 900.9元的水平看，农户菜牛大规模生产已不存在物质投入的边际效益空间（表 6-291)。

表 6-291 大规模生产的物质费用投入边际效益、利润空间及其拐点

每头增加 1 元物质费用边际效益增减	饲养规模（头）	劳动力投入（元/头）	物质成本投入（元/头）	每增加 1 元物质费用增加净收入
76.94	66.74	160.07	1 000	10.20
74.69	66.74	160.07	1 100	7.94
72.68	66.74	160.07	1 200	5.94
70.89	66.74	160.07	1 300	4.15
69.27	66.74	160.07	1 400	2.52
67.79	66.74	160.07	1 500	1.05
67.10	66.74	160.07	1 550	0.36
66.44	66.74	160.07	1 600	−0.31
65.80	66.74	160.07	1 650	−0.94
65.19	66.74	160.07	1 700	−1.55

资料来源：作者测算 2009.4

5. 中等规模边际效益

中等规模生产的规模边际效益生产函数回归形式：

$I=48.784\ 81L_{养殖规模}^{0.963\ 3}L_{劳动力}^{0.071\ 2}L_{物质费用}^{0.465\ 1}$

$R^2=0.884\ 24$

数据结构

样本量为 10，其中，总收入平均值为 55 879 元，饲养规模平均值为 26.32 头，人工费用平均值为 155.6 元/头，物质投入费用平均值为 1 294.4元/头（表 6-292)。

表 6-292 中等规模生产的规模边际效益分析基础数据

年份	地区	总收入平均值（元）	养殖规模（头）	人工费用（元/头）	物质投入（元/头）
2000	宁夏	66 353.38	34.0	44.00	1 623.89
2002	吉林	61 652.08	33.7	242.00	718.49
2001	宁夏	52 766.19	31.9	48.88	1 449.10
2000	新疆	82 451.57	31.5	98.00	1 576.82
2003	河南	84 370.86	29.0	592.48	1 496.92
2001	新疆	70 816.53	26.7	117.52	1 575.90
2001	青海	48 166.40	23.6	66.56	1 615.76
2000	青海	30 762.54	23.2	58.00	558.01
2002	青海	33 587.92	15.7	47.30	1 609.45
2001	吉林	27 862.55	14.1	241.28	720.06
	平均	55 879.00	26.3	155.601	1 294.44

资料来源：作者测算 2009.4

(1) 物质费用、劳动力资金投入不变，饲养规模不同，中等规模生产的规模边际效益、利润空间及其拐点

中等规模生产的规模边际效益函数回归形式：

$$\partial I/\partial L_{养殖规模}=48.784\,81\times 0.963\,3\times 155.602^{0.071\,2}\times 1\,294.44^{0.465\,1}/L_{养殖规模}^{(1-0.963\,3)}$$

规模边际效益、利润空间及其拐点。

在劳动力投入和物质投入分别为155.6元和1 294.4元的不变条件下，每增加1头，其边际效益利润空间及其拐点是：在1 300头规模上，每增加1头的边际规模效益为0，该点视为边际效益拐点。小于1 300头，饲养规模的边际效益为递增，大于1 300头，饲养规模的边际效益为递减。从实际规模26.32头的水平看，农户菜牛中等规模生产的边际效益空间非常大（表6-293）。

表6-293 中等规模生产的规模边际效益、利润空间及其拐点

每增加1头边际总收入	饲养规模（头）	劳动力（元/头）	物质投入（元/头）	成本费用合计（元/头）	边际效益增减及其拐点
1 465.60	1 000	155.60	1 294.44	1 450.04	15.55
1 460.48	1 100	155.60	1 294.44	1 450.04	10.44
1 455.83	1 200	155.60	1 294.44	1 450.04	5.79
1 451.57	1 300	155.60	1 294.44	1 450.04	1.53
1 447.63	1 400	155.60	1 294.44	1 450.04	−2.41
1 443.98	1 500	155.60	1 294.44	1 450.04	−6.06
1 440.57	1 600	155.60	1 294.44	1 450.04	−9.46
1 437.37	1 700	155.60	1 294.44	1 450.04	−12.67
1 434.36	1 800	155.60	1 294.44	1 450.04	−15.68
1 431.52	1 900	155.60	1 294.44	1 450.04	−18.52

资料来源：作者测算2009.4

(2) 饲养规模、物资费用不变，劳动力投入不同，中等规模生产劳动力边际效益、利润空间及其拐点

劳动力投入边际效益函数回归形式：

$$\partial I/\partial L_{劳动力}=48.784\,81\times 0.071\,2\times 26.32^{0.963\,3}\times 1\,294.44^{0.465\,1}/L_{劳动力}^{(1-0.071\,2)}$$

劳动力投入边际效益、利润空间及其拐点。

在饲养规模为26.3头，物质费用为1 294.4元的不变条件下，劳动力投入边际效益、利润空间及其拐点是：在劳动力投入120元的条件下，每增加1元劳动力投入的边际效益为0，该点是劳动力投入边际效益的拐点，小于120元，劳动力的边际效益递增，大于120元，劳动力投入边际效益递减。从中等规模生产实际平均每头劳动力投入155.6元的水平看，农户

菜牛中等规模生产已不存在劳动力边际效益空间（表 6-294）。

表 6-294　中等规模生产的劳动力边际效益、利润空间及其拐点

每头增加 1 元物质费用边际效益增减	饲养规模（头）	劳动力投入（元/头）	物质成本投入（元/头）	每增加 1 元物质费用增加净收入
31.59	26.32	100	1 294.44	5.26
28.91	26.32	110	1 294.44	2.59
26.67	26.32	120	1 294.44	0.34
24.76	26.32	130	1 294.44	−1.57
23.11	26.32	140	1 294.44	−3.22
21.67	26.32	150	1 294.44	−4.65
20.41	26.32	160	1 294.44	−5.91
19.30	26.32	170	1 294.44	−7.03
18.30	26.32	180	1 294.44	−8.03
17.40	26.32	190	1 294.44	−8.92

资料来源：作者测算 2009.4

（3）饲养规模、劳动力资金投入不变，物资资本投入不同，中等规模生产物质费用投入边际效益、利润空间及其拐点

物质费用投入边际效益函数回归形式：

$$\partial I/\partial L_{物质费用}=48.784\,81\times0.465\,1\times26.32^{0.963\,3}\times 155.602^{0.071\,2}/L_{物质费用}^{(1-0.465\,1)}$$

物质投入边际效益、利润空间及其拐点。

在饲养规模为 26.3 头，每头劳动力投入为 155.6 元的不变条件下，物质投入边际效益、利润空间及其拐点是：在每头物质费用投入 530 元条件下，每增加 1 元物资费用投入的边际效益为 0，该点是物质费用投入边际效益的拐点，小于 530 元，物质费用的边际效益递增，大于 530 元，物质投入边际效益递减。从实际物质投入1 294.4元的水平看，农户菜牛中等规模生产的物质边际效益空间不大（表 6-295）。

表 6-295　中等规模生产的物质费用投入边际效益、利润空间及其拐点

每头增加 1 元物质费用边际效益增减	饲养规模（头）	劳动力投入（元/头）	物质成本投入（元/头）	每增加 1 元物质费用增加净收入
27.35	26.32	155.60	500	1.03
27.06	26.32	155.60	510	0.74
26.78	26.32	155.60	520	0.46
26.51	26.32	155.60	530	0.19

续表

每头增加1元物质费用边际效益增减	饲养规模（元/头）	劳动力投入（元/头）	物质成本投入（元/头）	每增加1元物质费用增加净收入
26.25	26.32	155.60	540	−0.08
25.99	26.32	155.60	550	−0.33
25.74	26.32	155.60	560	−0.58
25.50	26.32	155.60	570	−0.82
25.26	26.32	155.60	580	−1.06
25.03	26.32	155.60	590	−1.29

资料来源：作者测算 2009.4

6. 小规模边际效益

小规模生产边际效益生产函数回归形式：

$I=21.90485L_{养殖规模}^{0.8178}L_{劳动力}^{0.2908}L_{物质费用}^{0.4396}$

$R^2=0.74243$

数据结构

样本量为16，其中，总收入平均值为7 161.8元，养殖规模平均值为3.65头，人工费用平均值为351.97元/头，物质投入费用平均值为1 303.57元/头（表6-296）。

表6-296　小规模生产的规模边际效益分析基础数据

年份	地区	总收入（元）	养殖规模（元/头）	人工费用（元/头）	物质投入（元/头）
2001	辽宁	14 025.80	9.50	149.76	1 102.42
2000	辽宁	12 587.59	8.80	163.00	863.59
2003	陕西	10 267.99	5.20	414.40	946.94
2002	陕西	9 442.13	4.80	363.00	1 093.96
2001	陕西	9 253.70	4.80	346.32	700.80
2002	河南	9 258.94	3.50	605.00	1 423.62
2000	河南	6 103.74	3.00	352.00	1 536.64
2001	河南	5 718.73	2.50	569.92	1 349.88
2000	山东	5 374.31	2.50	334.00	1 397.67
2003	山东	6 488.19	2.40	360.64	1 439.41
2002	山东	5 753.52	2.40	345.40	1 411.90
2001	山东	4 055.90	2.00	336.96	1 175.42
2000	云南	3 860.68	2.00	299.00	1 258.99
2001	云南	3 644.26	1.90	295.36	1 241.45
2002	云南	4 136.78	1.70	294.80	1 895.91
2003	云南	4 616.54	1.60	402.08	2 018.64
	平均	7 161.80	3.70	351.98	1 303.58

资料来源：作者测算 2009.4

(1) 物质费用、劳动力资金投入不变，饲养规模不同，小规模生产规

模边际效益、利润空间及其拐点

小规模生产规模边际效益函数回归形式：

$$\partial I/\partial L_{养殖规模}=21.90485\times0.8178\times351.977^{0.2908}\times 1303.578^{0.4396}/L_{养殖规模}^{(1-0.8178)}$$

规模边际效益、利润空间及其拐点。

在每头劳动力投入和物质投入状况分别为 351.97 元和 1 303.57 元的不变条件下，每增加 1 头，其边际效益利润空间及其拐点是：在 16 头规模上，每增加 1 头的规模边际效益为 0，该点视为边际效益拐点。小于 16 头，饲养规模的边际效益为递增，大于 16 头，饲养规模的边际效益为递减。从实际规模 3.6 头的水平看，农户菜牛小等规模生产的规模边际效益还有一定空间（表 6-297）。

表 6-297　小规模生产规模边际效益、利润空间及其拐点

每增加一头边际总收入	饲养规模（头）	劳动力（元/头）	物质投入（元/头）	成本费用合计（元/头）	边际效益增减及其拐点
2 307.86	5	351.98	1 303.58	1 655.56	652.31
2 034.09	8	351.98	1 303.58	1 655.56	378.54
1 889.26	10	351.98	1 303.58	1 655.56	233.71
1 792.80	12	351.98	1 303.58	1 655.56	137.24
1 721.38	14	351.98	1 303.58	1 655.56	65.83
1 665.15	16	351.98	1 303.58	1 655.56	9.59
1 619.04	17	351.98	1 303.58	1 655.56	−36.52
1 580.13	18	351.98	1 303.58	1 655.56	−75.43
1 546.58	19	351.98	1 303.58	1 655.56	−108.97
1 517.18	20	351.98	1 303.58	1 655.56	−138.37

资料来源：作者测算 2009.4

（2）饲养规模、物资费用不变，劳动力投入不同，小规模劳动力边际效益、利润空间及其拐点

劳动力投入边际效益函数回归形式：

$$\partial I/\partial L_{劳动力}=21.90485\times0.2908\times3.659^{0.8178}\times 1303.578^{0.4396}/L_{劳动力}^{(1-0.2908)}$$

劳动力投入边际效益、利润空间及其拐点。

在饲养规模为 3.65 头，每头物质费用为 1 303.5 元的条件下，劳动力投入边际效益、利润空间及其拐点是：在每头劳动力增加投入 830 元条件下，每增加 1 元劳动力投入的边际效益为 0，该点是劳动力投入边际效益的拐点，小于 830 元，劳动力的边际效益递增，大于 830 元，劳动力投入边际效益递

减。从小规模实际平均每头劳动力投入 351.9 元的水平看，农户菜牛中等规模生产劳动力的边际效益空间较大（表 6-298）。

表 6-298　小规模生产劳动力边际效益、利润空间及其拐点

每头增加 1 元劳动力边际总收入	饲养规模（头）	劳动力（元/头）	物质投入（元/头）	每增加 1 元劳动力增加净收入
5.25	3.66	500	1 303.58	1.59
4.62	3.66	600	1 303.58	0.96
4.14	3.66	700	1 303.58	0.48
3.76	3.66	800	1 303.58	0.10
3.73	3.66	810	1 303.58	0.07
3.70	3.66	820	1 303.58	0.04
3.67	3.66	830	1 303.58	0.01
3.64	3.66	840	1 303.58	−0.02
3.61	3.66	850	1 303.58	−0.05
3.58	3.66	860	1 303.58	−0.08

资料来源：作者测算 2009.4

（3）饲养规模、劳动力资金投入不变，物资资本投入不同，小规模物质费用投入边际效益、利润空间及其拐点

物质费用投入边际效益函数回归形式：

$$\partial I/\partial L_{物质费用}=21.90485\times 0.4396\times 3.659^{0.8178}\times 351.977^{0.2908}/L_{物质费用}^{(1-4396)}$$

物质投入边际效益、利润空间及其拐点。

在饲养规模为 3.65 头，每头劳动力投入为 351.97 元条件下，物质投入边际效益、利润空间及其拐点是：在每头物质费用投入 780 元条件下，每增加 1 元物资费用投入的边际效益为 0，该点是物质费用投入边际效益的拐点，小于 780 元，物质费用的边际效益递增，大于 780 元，物质投入边际效益递减。从实际物质投入 1 303.5 元的水平看，农户菜牛中等规模生产已不存在物质投入的边际效益空间（表 6-299）。

表 6-299　小规模生产物质费用投入边际效益、利润空间及其拐点

每头增加 1 元物质费用边际效益增减	饲养规模（头）	劳动力投入（元/头）	物质成本投入（元/头）	每增加 1 元物质费用增加净收入
4.70	3.66	351.98	500	1.04
4.25	3.66	351.98	600	0.59
3.90	3.66	351.98	700	0.24

续表

每头增加1元物质费用边际效益增减	饲养规模（头）	劳动力投入（元/头）	物质成本投入（元/头）	每增加1元物质费用增加净收入
3.75	3.66	351.98	750	0.09
3.72	3.66	351.98	760	0.06
3.69	3.66	351.98	770	0.03
3.67	3.66	351.98	780	0.01
3.64	3.66	351.98	790	−0.02
3.61	3.66	351.98	800	−0.04
3.59	3.66	351.98	810	−0.07

资料来源：作者测算 2009.4

7. 结论

（1）在总体条件下，农户菜牛存在较高的养殖规模和劳动力投入的效益空间，表明我国农户菜牛生产经营方式迫切需要的大规模生产经营方式转变。

（2）在大规模条件下，农户菜牛存在较高的养殖规模和劳动力投入效益空间，证明我国农户菜牛养殖大规模化生产的迫切性。

（3）在中规模条件下，农户菜牛生产只有养殖规模的效益空间，劳动力和物质投入已经没有任何效益空间，证明了适度规模经营模式不可取。

（4）在小规模条件下，农户菜牛具有养殖规模和劳动力投入的效益空间，物质投入已经没有任何增长空间，进一步证明我国农户菜牛养殖需要走大规模经营的道路。

八、农户菜羊的规模化问题研究

1. 生产函数回归形式

$I=12.99143L_{养殖规模}^{0.941175}L_{劳动力}^{0.234312}K_{物资投入}^{0.465815}$

$R^2=0.98001$

2. 数据结构

样本量为 32，其中，总收入平均值为 16 800.53 元，饲养只数平均为 52.76 只，人工费用平均值为 86.72 元/只，物质投入费用平均值为 122.77 元/只。（表 6-300）

表 6-300　农户菜羊生产规模边际效益分析基础数据表

年份	地区	总收入（元）	规模（只）	人工费用（元/只）	物质费用（元/只）
2000	青海	81 725.22	262.17	17.00	207.82
2000	新疆	65 817.03	175.67	94.00	198.52
2001	新疆	66 915.47	156.11	84.24	266.43
2002	青海	43 542.39	135.25	18.70	242.50
2002	吉林	30 968.83	118.60	53.90	99.92
2001	青海	31 910.33	102.10	21.84	229.09
2001	黑龙江	30 851.86	90.93	33.28	134.59
2000	黑龙江	20 687.00	85.63	24.00	94.73
2003	黑龙江	27 371.68	75.65	36.96	151.01
2002	黑龙江	23 079.78	69.11	36.30	124.56
2001	吉林	15 718.30	65.70	42.64	104.34
2000	吉林	15 145.77	64.29	46.00	99.86
2001	辽宁	12 824.25	38.42	69.68	202.34
2000	辽宁	6 865.10	26.33	55.00	95.25
2000	贵州	7 192.74	24.78	217.00	73.05
2003	贵州	6 348.88	20.33	146.72	104.66
2002	贵州	5 516.58	19.06	130.90	99.62
2001	陕西	5 915.95	14.67	169.52	212.85
2002	河南	4 190.95	14.46	134.20	82.86
2002	陕西	5 453.24	14.11	161.70	81.91
2003	河南	3 765.71	13.67	112.00	95.31
2000	江苏	1 837.07	13.67	63.00	54.43
2003	陕西	7 078.78	13.28	96.32	110.81
2001	江苏	2 175.42	13.00	66.56	71.62
2003	甘肃	3 260.67	11.17	87.36	83.85
2001	山东	1 739.54	8.26	87.36	82.28
2000	山东	1 513.07	8.13	83.00	77.73
2000	河南	1 900.23	7.81	180.00	57.64
2003	山东	1 781.74	7.60	95.20	106.75
2002	山东	1 975.83	7.26	88.00	98.34
2001	贵州	1 601.19	6.33	143.52	90.84
2000	陕西	946.49	4.89	79.00	93.22
		16 800.53	52.76	86.72	122.77

资料来源：作者测算 2009.4

3. 总体条件下的最适规模

(1) 物质费用、劳动力资金投入不变，饲养规模不同，规模边际效

益、利润空间及其拐点

养殖规模边际效益函数回归形式：

$$\partial I/\partial L_{养殖规模}=12.99143\times0.941175\frac{86.72^{0.234312}\times122.77^{0.465815}}{L_{养殖规模}^{(1-0.941175)}}$$

养殖规模边际效益、利润空间及其拐点。

在每只劳动力投入和物质投入分别为 86.72 元和 122.77 元的不变条件下，每增加 1 只饲养量，其边际效益利润空间及其拐点是：在 1 900 只上，每增加 1 只的边际规模效益为 0，该点视为边际效益拐点。小于1 900只饲养规模的边际效益为递增，大于 1 900 只饲养规模的边际效益为递减。从实际规模 52.8 只的水平看，农户菜羊生产饲养规模的边际效益空间很大（表 6-301）。

表 6-301　规模边际效益、利润空间及其拐点

每增加 1 只羊边际总收入	饲养规模	劳动力（元/只）	物质投入（元/只）	成本费用合计（元/只）	边际效益增减及其拐点
226.90	500	86.72	122.77	209.50	17.40
217.80	1 000	86.72	122.77	209.50	8.34
212.70	1 500	86.72	122.77	209.50	3.20
211.90	1 600	86.72	122.77	209.50	2.40
211.10	1 700	86.72	122.77	209.50	1.64
210.40	1 800	86.72	122.77	209.50	0.93
209.80	1 900	86.72	122.77	209.50	0.27
209.10	2 000	86.72	122.77	209.50	−0.37

资料来源：作者测算 2009.4

（2）饲养量、物资费用不变，劳动力投入不同，规模劳动力边际效益、利润空间及其拐点

劳动力投入边际效益函数回归形式：

$$\partial I/\partial L_{劳动力}=12.99143\times0.234312\frac{52.8^{0.941175}\times122.77^{0.465815}}{L_{劳动力}^{(1-0.234312)}}$$

劳动力投入边际效益、利润空间及其拐点。

在饲养规模为 52.8 只，每只物质费用实际为 122.77 元的不变条件下，劳动力投入边际效益、利润空间及其拐点是：在每只劳动力投入 58 元条件下，每增加 1 元劳动力投入的边际效益为 0，该点是劳动力投入边际效益的拐点，小于 58 元，劳动力的边际效益递增，大于 58 元，劳动力投入边际效益递减。从实际平均劳动力投入 86.72 元的水平看，农户菜羊生产不

存在劳动力投入的边际效益空间（表 6-302）。

表 6-302 劳动力边际效益、利润空间及其拐点

每只增加 1 元劳动力边际总收入	饲养规模（只）	劳动力（元/只）	物质投入（元/只）	边际效益增减及其拐点
59.8	52.76	50	122.77	7.0
55.6	52.76	55	122.77	2.8
54.8	52.76	56	122.77	2.1
54.1	52.76	57	122.77	1.3
53.4	52.76	58	122.77	0.6
52.7	52.76	59	122.77	−0.1

资料来源：作者测算 2009.4

(3) 饲养量、劳动力资金投入不变，物资资本投入不同，物资投入边际效益、利润空间及其拐点

物质费用投入边际效益函数回归形式：

$$\partial I/\partial K_{物质费用}=12.991\ 43\times 0.465\ 815\ \frac{52.8^{0.941\ 175}\times 86.72^{0.234\ 312}}{L_{物质费用}^{(1-0.465\ 815)}}$$

物质投入边际效益、利润空间及其拐点：

在饲养规模为 52.8 只，每只劳动力投入为 86.72 元的不变条件下，物质投入边际效益、利润空间及其拐点是：在每只物质费用投入 133 元条件下，每增加 1 元物资费用投入的边际效益为 0，该点是物质费用投入边际效益的拐点，小于 133 元，物质费用的边际效益递增，大于 133 元物质投入边际效益递减。从实际物质投入 122.77 元的水平看，农户菜羊物质投入的边际效益还有一定的空间（表 6-303）。

表 6-303 物资投入边际效益、利润空间及其拐点

每只增加 1 元物质费用边际效益增减	饲养规模（只）	劳动力投入（元/只）	物质成本投入（元/只）	边际效益增减及其拐点
58.4	52.76	86.72	110	5.65
55.8	52.76	86.72	120	3.00
53.4	52.76	86.72	130	0.66
53.2	52.76	86.72	131	0.45
53.0	52.76	86.72	132	0.23
52.8	52.76	86.72	133	0.02
52.6	52.76	86.72	134	−0.19

资料来源：作者测算 2009.4

4. 大规模生产边际效益

大规模边际效益生产函数回归形式：

$I=3.707\ 493L_{养殖规模}^{0.918\ 1}L_{劳动力}^{0.206\ 0}L_{物质费用}^{0.758\ 5}$

$R^2=0.992$

数据结构样本量为 6，其中，总收入平均值为 53 479.88 元，养殖规模平均值为 158.31 只，人工费用平均值为 48.28 元/只，物质投入费用平均值为 207.38 元/只（表 6-304）。

表 6-304 大规模生产边际效益分析基础数据表

年份	地区	总收入（元）	养殖规模（元/只）	人工费用（元/只）	物质投入（元/只）
2000	青海	81 725.22	262.17	17.00	207.82
2000	新疆	65 817.03	175.67	94.00	198.52
2001	新疆	66 915.47	156.11	84.24	266.43
2002	青海	43 542.39	135.25	18.70	242.50
2002	吉林	30 968.83	118.60	53.90	99.92
2001	青海	31 910.33	102.10	21.84	229.09
		53 479.88	158.32	48.28	207.38

资料来源：作者测算 2009.4

（1）物质费用、劳动力资金投入不变，饲养规模不同，大规模边际效益、利润空间及其拐点

大规模边际效益函数回归形式：

$$\partial I/\partial L_{养殖规模}=3.707\ 493\times 0.918\ 1\times 48.28^{0.206\ 0}\times 207.38^{0.758\ 5}/L_{养殖规模}^{(1-0.918\ 1)}$$

规模边际效益、利润空间及其拐点。

在每只劳动力投入和物质投入状况分别为 48.28 元和 207.38 元的不变条件下，每增加 1 只，其边际效益利润空间及其拐点是：在 620 只规模上，每增加 1 只的边际规模效益为 0，该点视为边际效益拐点。小于 620 只饲养规模的边际效益为递增，大于 620 只饲养规模的边际效益为递减。从实际规模 158.32 只的水平看，农户菜羊大规模生产的规模边际效益空间较大（表 6-305）。

表 6-305 大规模生产边际效益、利润空间及其拐点

每增加一只边际总收入	饲养规模（只）	劳动力（元/只）	物质投入（元/只）	成本费用（元/只）	边际效益增减及其拐点
296.90	100	48.28	207.38	255.66	41.24
280.52	200	48.28	207.38	255.66	24.86
271.37	300	48.28	207.38	255.66	15.71
265.05	400	48.28	207.38	255.66	9.39
260.26	500	48.28	207.38	255.66	4.60

续表

每增加一只边际总收入	饲养规模（只）	劳动力（元/只）	物质投入（元/只）	成本费用合计（元/只）	边际效益增减及其拐点
256.40	600	48.28	207.38	255.66	0.74
256.05	610	48.28	207.38	255.66	0.39
255.71	620	48.28	207.38	255.66	0.05
255.38	630	48.28	207.38	255.66	−0.28
255.05	640	48.28	207.38	255.66	−0.61

资料来源：作者测算 2009.4

(2) 饲养规模、物资费用不变，劳动力投入不同，大规模边际效益、利润空间及其拐点

劳动力投入边际效益函数回归形式：

$$\partial I/\partial L_{劳动力}=3.707\,493\times 0.206\,0\times 158.315^{0.918\,1}\times 207.38^{0.758\,5}/L_{劳动力}^{(1-0.206\,0)}$$

劳动力投入边际效益、利润空间及其拐点。

在养殖规模为158.315，每只物质费用为207.38元的条件下，劳动力投入边际效益、利润空间及其拐点是：在每只劳动力投入65元条件下，每增加1元劳动力投入的边际效益为0，该点是劳动力投入边际效益的拐点，小于65元，劳动力的边际效益递增，大于65元，劳动力投入边际效益递减。从大规模实际平均每只劳动力投入48.28元的水平看，农户菜羊大规模生产的劳动力边际效益还有一定的空间（表6-306）。

表6-306 大规模生产劳动力边际效益、利润空间及其拐点

每只增加1元劳动力边际总收入	饲养规模（只）	劳动力（元/只）	物质投入（元/只）	每增加1元劳动力增加净收入
734.52	158.32	10	207.38	576.21
423.65	158.32	20	207.38	265.34
307.05	158.32	30	207.38	148.73
244.35	158.32	40	207.38	86.04
204.68	158.32	50	207.38	46.37
177.10	158.32	60	207.38	18.78
166.19	158.32	65	207.38	7.88
156.70	158.32	70	207.38	−1.62
148.34	158.32	75	207.38	−9.97
140.94	158.32	80	207.38	−17.38

资料来源：作者测算 2009.4

(3) 饲养规模、劳动力资金投入不变，物资资本投入不同，大规模物质费用投入边际效益、利润空间及其拐点

物质费用投入边际效益函数回归形式

$$\partial I/\partial L_{物质费用}=3.707\ 493\times 0.758\ 5\times 158.315^{0.918\ 1}\times 48.28^{0.206\ 0}/L_{物质费用}^{(1-0.758\ 5)}$$

物质投入边际效益、利润空间及其拐点

在养殖规模为158.32只，每只劳动力投入为48.28元条件下，物质投入边际效益、利润空间及其拐点是：在每只物质费用投入350元条件下，每增加1元物资费用投入的边际效益为0，该点是物质费用投入边际效益的拐点，小于350元，物质费用的边际效益递增，大于350元的物质投入水平，边际效益递减。从实际物质投入207.38元的水平看，农户菜羊大规模生产物质投入水平还存在一定的边际效益空间（表6-307）。

表6-307　大规模生产物质费用投入边际效益、利润空间及其拐点

每只增加1元物质费用边际效益增减	饲养规模（只）	劳动力投入（元/只）	物质成本投入（元/只）	每增加1元物质费用增加净收入
215.07	158.32	48.28	100	56.75
181.92	158.32	48.28	200	23.61
164.95	158.32	48.28	300	6.64
163.65	158.32	48.28	310	5.34
162.40	158.32	48.28	320	4.09
161.20	158.32	48.28	330	2.88
160.04	158.32	48.28	340	1.73
158.93	158.32	48.28	350	0.61
157.85	158.32	48.28	360	−0.47
156.81	158.32	48.28	370	−1.51

资料来源：作者测算2009.4

5. 中等规模边际效益

中等规模生产的规模边际效益生产函数回归形式：

$I=12.998\ 83L_{养殖规模}^{0.886\ 242}L_{劳动力}^{0.082\ 47}L_{物质费用}^{0.668\ 15}$

$R^2=0.886\ 7$

数据结构

样本量为19，其中，总收入平均值为10 804.2元，饲养规模平均值为36.22只，人工费用平均值为91.007元/只，物质投入费用平均值为109.35元/只（表6-308）。

表 6-308　中等规模生产的规模边际效益分析基础数据

年份	地区	总收入平均值（元）	养殖规模（只）	人工费用（元/只）	物质投入（元/只）
2001	黑龙江	30 851.86	90.93	33.28	134.59
2000	黑龙江	20 687.00	85.63	24.00	94.73
2003	黑龙江	27 371.68	75.65	36.96	151.01
2002	黑龙江	23 079.78	69.11	36.30	124.56
2001	吉林	15 718.30	65.70	42.64	104.34
2000	吉林	15 145.77	64.29	46.00	99.86
2001	辽宁	12 824.25	38.42	69.68	202.34
2000	辽宁	6 865.10	26.33	55.00	95.25
2000	贵州	7 192.74	24.78	217.00	73.05
2003	贵州	6 348.88	20.33	146.72	104.66
2002	贵州	5 516.58	19.06	130.90	99.62
2001	陕西	5 915.95	14.67	169.52	212.85
2002	河南	4 190.95	14.46	134.20	82.86
2002	陕西	5 453.24	14.11	161.70	81.91
2003	河南	3 765.71	13.67	112.00	95.31
2000	江苏	1 837.07	13.67	63.00	54.43
2003	陕西	7 078.78	13.28	96.32	110.81
2001	江苏	2 175.42	13.00	66.56	71.62
2003	甘肃	3 260.67	11.17	87.36	83.85
	平均	10 804.20	36.22	91.01	109.35

资料来源：作者测算 2009.4

(1) 物质费用、劳动力资金投入不变，饲养规模不同，中等规模生产的规模边际效益、利润空间及其拐点

中等规模生产的规模边际效益函数回归形式：

$$\partial I/\partial L_{\text{养殖规模}}=12.99883\times0.886242\times91.007^{0.08247}\times 109.35^{0.66815}/L_{\text{养殖规模}}^{(1-0.886242)}$$

规模边际效益、利润空间及其拐点。

在劳动力投入和物质投入状况分别为 91.007 元和 109.35 元的不变条件下，每增加 1 只，其边际效益利润空间及其拐点是：在 310 只规模上，每增加 1 只的边际规模效益为 0，该点视为边际效益拐点。小于 310 头饲养规模的边际效益为递增，大于 310 只饲养规模水平的边际效益为递减。从测算实际规模使用平均数据为 36.22 只的水平看，农户菜羊中等规模生产存在一定的规模边际效益空间（表 6-309）。

表 6-309　中等规模生产的规模边际效益、利润空间及其拐点

每只增加 1 只边际总收入	饲养规模（只）	劳动力（元/只）	物质投入（元/只）	成本费用合计（元/只）	边际效益增减及其拐点
227.90	100	91.01	109.35	200.36	27.54
210.62	200	91.01	109.35	200.36	10.26
201.12	300	91.01	109.35	200.36	0.77
200.38	310	91.01	109.35	200.36	0.02
199.65	320	91.01	109.35	200.36	−0.70
198.96	330	91.01	109.35	200.36	−1.40
198.28	340	91.01	109.35	200.36	−2.08
197.63	350	91.01	109.35	200.36	−2.73
197.10	360	91.01	109.35	200.36	−3.36
196.38	370	91.01	109.35	200.36	−3.97

资料来源：作者测算 2009.4

(2) 饲养规模、物资费用不变，劳动力投入不同，中等规模生产劳动力边际效益、利润空间及其拐点

劳动力投入边际效益函数回归形式：

$$\partial I/\partial L_{劳动力}=12.998\,83\times 0.082\,47\times 36.223^{0.886\,242}\times 109.35^{0.668\,15}/L_{劳动力}^{(1-0.082\,47)}$$

劳动力投入边际效益、利润空间及其拐点。

在饲养规模为 36.22 只，物质费用实际为 109.35 元的条件下，劳动力投入边际效益、利润空间及其拐点是：在劳动力增加投入 21 元条件下，每增加 1 元劳动力投入的边际效益为 0，该点是劳动力投入边际效益的拐点，小于 21 元，劳动力的边际效益递增，大于 21 元，劳动力投入边际效益递减。从中等规模生产实际平均每只劳动力投入 91.01 元的水平看，农户菜羊中等规模生产劳动力的边际效益空间不大（表 6-310）。

表 6-310　中等规模生产的劳动力边际效益、利润空间及其拐点

每只增加 1 元物质费用边际效益增减	饲养规模（只）	劳动力投入（元/只）	物质成本投入（元/只）	每增加 1 元物质费用增加净收入
71.87	36.22	10	109.35	35.65
38.05	36.22	20	109.35	1.83
36.38	36.22	21	109.35	0.16
34.86	36.22	22	109.35	−1.36
33.47	36.22	23	109.35	−2.75
32.19	36.22	24	109.35	−4.04
31.00	36.22	25	109.35	−5.22

续表

每只增加1元物质费用边际效益增减	饲养规模（只）	劳动力投入（元/只）	物质成本投入（元/只）	每增加1元物质费用增加净收入
29.91	36.22	26	109.35	−6.31
28.89	36.22	27	109.35	−7.33
27.94	36.22	28	109.35	−8.28

资料来源：作者测算 2009.4

(3) 饲养规模、劳动力资金投入不变，物资资本投入不同，中等规模生产物质费用投入边际效益、利润空间及其拐点

物质费用投入边际效益函数回归形式：

$$\partial I/\partial L_{物质费用}=256\ 860.9\times0.668\ 15\times36.223^{0.886\ 242}\times 91.007^{0.082\ 47}/L_{物质费用}^{(1-0.668\ 15)}$$

物质投入边际效益、利润空间及其拐点。

在饲养规模为36.22只，每头劳动力投入为91.01元条件下，物质投入边际效益、利润空间及其拐点是：在每只物质费用投入604元条件下，每增加1元物资费用投入的边际效益为0，该点是物质费用投入边际效益的拐点，小于604元，物质费用的边际效益递增，大于604元，物质投入边际效益递减。从实际平均物质投入109.35元的水平看，农户菜羊中等规模生产的物质边际效益空间很大（表6-311）。

表 6-311　中等规模生产的物质费用投入边际效益、利润空间及其拐点

每只增加1元物质费用边际效益增减	饲养规模（只）	劳动力投入（元/只）	物质成本投入（元/只）	每增加1元物质费用增加净收入
65.81	36.22	91.01	100	29.59
52.29	36.22	91.01	200	16.06
45.70	36.22	91.01	300	9.48
41.54	36.22	91.01	400	5.32
38.58	36.22	91.01	500	2.35
36.31	36.22	91.01	600	0.09
36.27	36.22	91.01	602	0.05
36.25	36.22	91.01	603	0.03
36.23	36.22	91.01	604	0.01
36.21	36.22	91.01	605	−0.01

资料来源：作者测算 2009.4

6. 小规模生产边际效益

小规模生产边际效益生产函数回归形式：

$I=2.410\ 972L_{养殖规模}^{0.948\ 611\ 3}L_{劳动力}^{0.259\ 69}L_{物质费用}^{-0.752\ 418}$

$R^2=0.875\ 6$

数据结构

样本量为 7，其中，总收入平均值为 1 636.871 元，养殖规模平均值为 7.18 只，人工费用平均值为 108.01 元/只，物质投入费用平均值为 86.68 元/只（表 6-312）。

表 6-312　小规模生产边际效益分析基础数据

年份	地区	总收入平均值（元）	养殖规模（只）	人工费用（元/只）	物质投入（元/只）
2001	山东	1 739.54	8.26	87.36	82.28
2000	山东	1 513.07	8.13	83	77.73
2000	河南	1 900.23	7.81	180	57.64
2003	山东	1 781.74	7.6	95.2	106.75
2002	山东	1 975.83	7.26	88	98.34
2001	贵州	1 601.19	6.33	143.52	90.84
2000	陕西	946.49	4.89	79	93.22
	平均	1 636.87	7.18	108.01	86.69

资料来源：作者测算 2009.4

（1）物质费用、劳动力资金投入不变，饲养规模不同，小规模生产规模边际效益、利润空间及其拐点

小规模生产规模边际效益函数回归形式

$$\partial I/\partial L_{养殖规模}=2.410\,972\times0.948\,611\times108.011^{0.259\,6}\times 86.68^{0.752\,4}/L_{养殖规模}^{(1-0.948\,611\,3)}$$

规模边际效益、利润空间及其拐点

在每只劳动力投入和物质投入状况分别为 108.01 元和 86.68 元的不变条件下，每增加一只，其边际效益利润空间及其拐点是：在 12 只规模上，每增加 1 只的边际规模效益为 0，该点视为边际效益拐点。小于 12 只饲养规模的边际效益为递增，大于 12 只饲养规模的边际效益为递减。从实际规模 7.18 只的水平看，农户菜羊小规模生产饲养规模的边际效益还有一定空间（表 6-313）。

表 6-313　小规模生产规模边际效益、利润空间及其拐点

每增加 1 只边际总收入	饲养规模（只）	劳动力（元/只）	物质投入（元/只）	成本费用合计（元/只）	边际效益增减及其拐点
196.84	10	108.01	86.69	194.70	2.14
195.88	11	108.01	86.69	194.70	1.18
195.00	12	108.01	86.69	194.70	0.31
194.20	13	108.01	86.69	194.70	−0.50
193.46	14	108.01	86.69	194.70	−1.23

续表

每增加一只边际总收入	饲养规模（只）	劳动力（元/只）	物质投入（元/只）	成本费用合计（元/只）	边际效益增减及其拐点
192.78	15	108.01	86.69	194.70	－1.92
192.14	16	108.01	86.69	194.70	－2.56
191.54	17	108.01	86.69	194.70	－3.15
190.98	18	108.01	86.69	194.70	－3.72
190.45	19	108.01	86.69	194.70	－4.25

资料来源：作者测算 2009.4

(2) 饲养规模、物资费用不变，劳动力投入不同，小规模劳动力边际效益、利润空间及其拐点

劳动力投入边际效益函数回归形式：

$$\partial I/\partial L_{劳动力}=2.410\,972\times 0.259\,69\times 7.18^{0.948\,6}\times 86.68^{0.752\,4}/L_{劳动力}^{(1-0.259\,69)}$$

劳动力投入边际效益、利润空间及其拐点。

在饲养规模为 7.18 只，每头物质费用为 86.68 元的条件下，劳动力投入边际效益、利润空间及其拐点是：在每只劳动力增加投入 40 元条件下，每增加 1 元劳动力投入的边际效益为 0，该点是劳动力投入边际效益的拐点，小于 40 元，劳动力的边际效益递增，大于 40 元，劳动力投入边际效益递减。从小规模实际平均每只劳动力投入 108.01 元的水平看，农户菜羊小规模生产不存在劳动力的边际效益空间（表 6-314）。

表 6-314　小规模生产劳动力边际效益、利润空间及其拐点

每只增加 1 元劳动力边际总收入	饲养规模（只）	劳动力（元/只）	物质投入（元/只）	每增加 1 元劳动力增加净收入
21.22	7.18	10	86.69	14.04
12.70	7.18	20	86.69	5.52
9.41	7.18	30	86.69	2.23
7.60	7.18	40	86.69	0.42
6.45	7.18	50	86.69	－0.74
6.35	7.18	51	86.69	－0.83
6.26	7.18	52	86.69	－0.92
6.17	7.18	53	86.69	－1.01
6.09	7.18	54	86.69	－1.09
6.01	7.18	55	86.69	－1.18

资料来源：作者测算 2009.4

(3) 饲养规模、劳动力资金投入不变，物资资本投入不同，小规模物质费用投入边际效益、利润空间及其拐点

物质费用投入边际效益函数回归形式：

$$\partial I/\partial L_{物质费用}=2.410\,972\times0.752\,418\times7.18^{0.948\,6}\times108.011^{0.259\,6}/L_{物质费用}^{(1-0.752\,418)}$$

物质投入边际效益、利润空间及其拐点。

在饲养规模为7.18只，每只劳动力投入为108.01元条件下，物质投入边际效益、利润空间及其拐点是：在每只物质费用投入990元条件下，每增加1元物资费用投入的边际效益为0，该点是物质费用投入边际效益的拐点，小于990元，物质费用的边际效益递增，大于990元，物质投入边际效益递减。从实际物质投入86.68元的水平看，农户菜羊小规模生产物质投入水平的边际效益空间很大（表6-315）。

表6-315 小规模生产物质费用投入边际效益、利润空间及其拐点

每只增加1元物质费用边际效益增减	饲养规模（只）	劳动力投入（元/只）	物质成本投入（元/只）	每增加1元物质费用增加净收入
8.53	7.18	108.01	500	1.34
8.15	7.18	108.01	600	0.97
7.85	7.18	108.01	700	0.66
7.59	7.18	108.01	800	0.41
7.37	7.18	108.01	900	0.19
7.22	7.18	108.01	980	0.04
7.20	7.18	108.01	990	0.02
7.18	7.18	108.01	1 000	−0.00
7.16	7.18	108.01	1 010	−0.02
7.15	7.18	108.01	1 020	−0.04

资料来源：作者测算2009.4

7. 结论

（1）在总体条件下，农户菜羊存在养殖规模和物质投入的效益空间，劳动力投入已经没有任何增长空间，表明我国农户菜羊生产方式迫切需要向大规模化生产方式转变。

（2）在大规模条件下，农户菜羊具备养殖规模、劳动力投入和物质投入的效益空间，证明了我国农户菜羊养殖大规模化生产的迫切性。

（3）在中规模条件下，农户菜羊具有养殖规模和物质投入的效益空间，劳动力投入已经没有任何增长空间，表明我国农户菜养应该向规模化方向发展。

（4）在小规模条件下，农户菜羊具备养殖规模和物质投入的效益空间外，劳动力投入已经没有任何增长空间，表明我国农户菜养需要向规模化生产方向发展。

九、专业户肉鸡规模化生产问题研究

1. 生产函数回归形式

$I=3.3528L_{养殖规模}^{0.95261}L_{劳动力}^{0.055067}K_{物资投入}^{0.878405}$

$R^2=0.926782$

2. 数据结构

样本量为 83 个，其中，总收入平均值为 20 824 641.18 元，饲养只数平均值为 16 849.71 百羽，人工费用平均值为 58.01 元/百羽，物质投入费用平均值为 1 191.25 元/百羽（表 6-316）。

表 6-316　专业户肉鸡生产规模边际效益分析基础数据表

年份	地区	总收入（元）	规模（百羽）	人工费用（元/百羽）	物质费用（元/百羽）
2003	安徽	335 405 343.00	410 900.00	17.92	672.68
2003	辽宁	211 203 915.00	133 250.00	62.72	1 264.72
2002	上海	89 230 974.42	74 024.80	17.60	1 029.10
2003	上海	79 212 617.67	65 446.58	17.92	1 052.20
2000	辽宁	83 469 650.00	55 000.00	31.00	872.92
2001	广东	43 896 391.50	39 216.67	46.80	1 036.33
2003	广东	28 936 335.32	32 200.50	48.16	967.68
2002	广东	27 623 892.15	29 460.14	38.50	921.35
2001	安徽	33 615 211.19	28 523.00	15.60	939.24
2001	吉林	40 271 096.75	27 573.50	41.60	1 224.15
2002	天津	41 223 429.92	26 466.84	42.90	1 377.88
2000	广东	32 814 664.00	26 050.00	45.00	1 187.39
2003	天津	39 564 761.70	23 520.35	42.56	1 444.28
2000	广西	27 973 551.75	18 475.00	69.00	1 290.60
2001	云南	36 227 338.20	18 210.00	124.80	1 479.24
2001	江苏	20 322 188.00	16 300.00	74.88	1 018.37
2003	吉林	29 344 299.50	15 883.33	118.72	15 57.62
2003	云南	24 882 410.40	15 810.00	45.92	528.75
2002	安徽	9 577 350.00	15 000.00	17.60	556.09
2001	甘肃	18 679 950.00	15 000.00	41.60	1 126.73
2002	甘肃	20 612 205.00	13 500.00	97.90	1 085.27
2001	海南	24 597 056.05	13 055.00	55.12	1 558.68
2001	新疆	19 658 970.54	12 958.00	58.24	1 444.61
2000	海南	21 046 950.40	12 880.00	49.00	1 536.34
2003	海南	24 818 750.00	12 500.00	90.72	1 497.02
2000	天津	19 031 321.50	11 209.53	52.00	1 470.80

续表

年份	地区	总收入（元）	规模（百羽）	人工费用（元/百羽）	物质费用（元/百羽）
2002	广西	15 321 976.00	10 878.22	60.50	1 237.05
2002	海南	20 600 284.00	10 466.67	111.10	1 449.09
2001	辽宁	15 652 000.00	10 400.00	20.80	1 236.00
2003	湖南	10 312 060.00	9 500.00	35.84	892.24
2000	江苏	10 521 093.33	9 158.33	77.00	950.83
2002	江苏	6 766 136.00	8 900.00	46.20	643.05
2002	云南	13 408 202.15	8 666.50	116.60	979.79
2001	天津	15 417 048.83	8 661.75	39.52	1 595.80
2001	广西	13 760 295.53	8 543.00	41.60	1 324.19
2000	湖南	11 068 000.00	8 000.00	34.00	1 239.38
2001	湖南	8 590 400.00	6 500.00	37.44	1 222.78
2003	甘肃	10 016 334.00	6 450.00	72.80	1 389.54
2002	吉林	9 450 606.67	6 183.33	97.90	1 411.40
2002	浙江	8 167 132.07	5 491.88	19.80	1 101.54
2003	广西	8 059 014.00	5 400.00	73.92	1 191.06
2000	新疆	8 737 143.33	5 166.67	40.00	1 272.25
2003	江苏	6 746 191.00	5 150.00	76.16	908.37
2000	河北	9 640 000.00	5 000.00	134.00	1 250.60
2001	山东	5 172 299.61	4 705.56	66.56	969.76
2001	河北	8 271 000.00	4 500.00	135.20	1 244.80
2000	云南	8 633 430.00	4 500.00	130.00	1 346.50
2003	浙江	5 811 445.25	4 225.00	22.40	1 107.99
2003	黑龙江	6 352 165.31	4 222.17	81.76	1 321.58
2002	湖南	4 595 000.00	4 000.00	37.40	991.13
2001	黑龙江	5 987 803.71	3 990.17	78.00	1 302.85
2002	山东	4 862 119.92	3 892.00	72.60	1 183.59
2003	山东	5 081 365.36	3 792.94	64.96	1 137.09
2002	黑龙江	5 392 729.39	3 710.50	79.20	1 249.36
2003	贵州	7 100 275.00	3 500.00	39.20	1 846.50
2000	浙江	5 477 318.00	3 266.67	24.00	1 147.62
2001	内蒙古	4 224 000.00	3 142.86	52.00	1 099.96
2003	河南	3 883 907.64	2 981.82	62.72	1 036.85
2000	山东	170 330.60	2 780.00	68.00	975.48
2003	宁夏	4 589 337.50	2 750.00	20.16	1 373.42
2003	山西	3 882 133.33	2 577.78	78.40	1 311.80
2001	浙江	4 322 152.80	2 520.00	24.96	1 276.69
2002	河北	3 892 500.00	2 500.00	101.20	1 191.80
2000	宁夏	3 710 445.75	2 475.00	20.00	1 468.08
2001	宁夏	3 688 403.25	2 325.00	22.88	1 509.25
2003	河北	4 151 250.00	2 250.00	99.68	1 259.50
2002	宁夏	3 835 395.00	2 250.00	24.20	1 549.49

续表

年份	地区	总收入（元）	规模（百羽）	人工费用（元/百羽）	物质费用（元/百羽）
2002	内蒙古	3 055 623.71	2 242.86	27.50	1 141.38
2000	内蒙古	3 905 198.21	2 178.57	80.00	1 398.92
2002	河南	2 373 966.00	1 915.38	63.80	975.34
2000	河南	2 191 085.09	1 893.08	92.00	836.22
2002	贵州	3 800 440.00	1 846.67	46.20	1 757.00
2000	黑龙江	2 512 813.33	1 695.56	80.00	1 319.85
2001	河南	1 635 900.00	1 400.00	60.32	937.76
2003	内蒙古	1 447 216.82	1 083.61	44.80	1 155.77
2001	湖北	1 280 000.00	1 000.00	20.80	961.50
2000	安徽	1 586 000.00	1 000.00	56.00	1 407.53
2000	湖北	1 277 000.00	1 000.00	20.00	996.50
2000	山西	877 833.33	766.67	70.00	974.00
2002	山西	1 062 453.33	733.33	74.80	1 262.00
2001	山西	832 040.00	733.33	52.00	904.00
2003	湖北	1 080 300.00	650.00	61.60	1 287.50
2002	湖北	966 000.00	600.00	60.50	1 222.60
	平均	20 824 641.18	16 849.71	58.01	1 191.25

资料来源：作者测算 2009.4

3. 总体条件下的最适规模

(1) 物质费用、劳动力资金投入不变，饲养规模不同，规模边际效益、利润空间及其拐点

养殖规模边际效益函数回归形式：

$$\partial I/\partial L_{养殖规模}=3.353\ 82\times 0.952\ 61\ \frac{58.01^{0.055\ 067}\times 1\ 191.253^{0.878\ 405}}{L_{养殖规模}^{(1-0.952\ 61)}}$$

养殖规模边际效益、利润空间及其拐点。

在每百羽劳动力投入和物质投入分别为 58.01 元和 1191.253 元的不变条件下，每增加 100 羽饲养量，其边际效益利润空间及其拐点是：在 22 000百羽上，每增加 100 羽的边际效益为 0，该点视为边际效益拐点。小于 22 000 百羽饲养规模的边际效益为递增，大于 22 000 百羽饲养规模的边际效益为递减。从实际规模 16 849.71 百羽的水平看，专业户肉鸡生产存在一定的饲养规模的边际效益空间 (表 6-317)。

表 6-317　规模边际效益、利润空间及其拐点

每增加一百羽的边际总收入	饲养规模（百羽）	劳动力（元/百羽）	物质投入（元/百羽）	成本费用合计（元/百羽）	边际效益增减及其拐点
1 449.6	1 000.00	58.01	1 191.25	1 249.3	200.32
1 300.7	10 000	58.01	1 192.25	1 250.3	50.43

续表

每增加一百羽的边际总收入	饲养规模（百羽）	劳动力（元/百羽）	物质投入（元/百羽）	成本费用合计（元/百羽）	边际效益增减及其拐点
1 259.6	20 000.00	58.01	1 193.25	1 251.3	8.32
1 257.6	21 000	58.01	1 194.25	1 252.3	5.34
1 255.8	22 000.00	58.01	1 195.25	1 253.3	2.49
1 254.0	23 000	58.01	1 196.25	1 254.3	−0.23

资料来源：作者测算 2009.4

(2) 饲养量、物资费用不变，劳动力投入不同，规模劳动力边际效益、利润空间及其拐点

劳动力投入边际效益函数回归形式：

$$\partial I/\partial L_{劳动力}=3.353\ 82\times 0.055\ 067\frac{16\ 849.71^{0.952\ 61}\times 1\ 191.253^{0.878\ 405}}{L_{劳动力}^{(1-0.055\ 067)}}$$

劳动力投入边际效益、利润空间及其拐点。

在饲养规模为16 849.71百羽，每百羽物质费用实际为1 191.253元的不变条件下，劳动力投入边际效益、利润空间及其拐点是：在每百羽劳动力投入74元条件下，每增加1元劳动力投入的边际效益为0，该点是劳动力投入边际效益的拐点，小于74元，劳动力的边际效益递增，大于74元，劳动力投入边际效益递减。从实际平均劳动力投入58.01元的水平看，专业户肉鸡生产具备一定的劳动力投入边际效益空间（表6-318）。

表6-318　劳动力边际效益、利润空间及其拐点

每百羽增加1元劳动力边际总收入	饲养规模（百羽）	劳动力（元/百羽）	物质投入（元/百羽）	边际效益增减及其拐点
24 499.7	16 849.71	50	1 191.25	7 650.0
17 827.0	16 849.71	70	1 191.25	977.3
17 589.7	16 849.71	71	1 191.25	740.0
17 358.7	16 849.71	72	1 191.25	509.0
17 134.0	16 849.71	73	1 191.25	284.3
16 915.1	16 849.71	74	1 191.25	65.4
16 701.9	16 849.71	75	1 191.25	−147.8

资料来源：作者测算 2009.4

(3) 饲养量、劳动力资金投入不变，物资资本投入不同，物资投入边际效益、利润空间及其拐点

物质费用投入边际效益函数回归形式：

$$\partial I/\partial K_{物质费用}=3.353\ 82\times 0.878\ 405\frac{16\ 849.71^{0.952\ 61}\times 58.01^{0.055\ 067}}{L_{物质费用}^{(1-0.878\ 405)}}$$

物质投入边际效益、利润空间及其拐点。

在饲养规模为 16 849.71 百羽，每百羽劳动力投入实际为 58.01 元的不变条件下，物质投入边际效益、利润空间及其拐点是：在每百羽物质费用投入 1 020 元条件下，每增加 1 元物资费用投入的边际效益为 0，该点是物质费用投入边际效益的拐点，小于 1 020 元，物质费用的边际效益递增，大于 1020 元物质投入边际效益递减。从实际平均物质投入1 191.253元的水平看，专业户肉鸡物质投入的边际效益空间不大（表 6-319）。

表 6-319　物资投入边际效益、利润空间及其拐点

每百羽增加 1 元物质费用边际效益增减	饲养规模（百羽）	劳动力投入（元/百羽）	物质成本投入（元/百羽）	边际效益增减及其拐点
16 893.7	16 849.71	58.01	1 000	43.99
16 873.3	16 849.71	58.01	1 010	23.56
16 853.1	16 849.71	58.01	1 020	3.36
16 833.1	16 849.71	58.01	1 030	−16.62

资料来源：作者测算 2009.4

4. 大规模生产的边际效益

大规模边际效益生产函数回归形式：

$$I=5.870\,677L_{养殖规模}^{0.927\,564}L_{劳动力}^{0.117\,47}L_{物质费用}^{0.835\,409}$$

$$R^2=0.992$$

数据结构样本量为 29，其中，总收入平均值为 49 476 375.31 元，养殖规模平均值为 41 177.87 百羽，人工费用平均值为 53.66 元/百羽，物质投入费用平均值为 1 174.55 元/百羽（表 6-320）。

表 6-320　大规模生产的边际效益分析基础数据表

年份	地区	总收入（元）	规模（百羽）	人工费用（元/百羽）	物质费用（元/百羽）
2003	安徽	335 405 343.0	410 900.00	17.92	672.68
2003	辽宁	211 203 915.0	133 250.0	62.72	1 264.72
2002	上海	89 230 974.4	74 024.8	17.60	1 029.10
2003	上海	79 212 617.7	65 446.6	17.92	1 052.20
2000	辽宁	83 469 650.0	55 000.0	31.00	872.92
2001	广东	43 896 391.5	39 216.7	46.80	1 036.33
2003	广东	28 936 335.3	32 200.5	48.16	967.68
2002	广东	27 623 892.2	29 460.1	38.50	921.35
2001	安徽	33 615 211.2	28 523.0	15.60	939.24
2001	吉林	40 271 096.8	27 573.5	41.60	1 224.15
2002	天津	41 223 429.9	26 466.8	42.90	1 377.88
2000	广东	32 814 664.0	26 050	45.0	1 187.39

续表

年份	地区	总收入（元）	规模（百羽）	人工费用（元/百羽）	物质费用（元/百羽）
2003	天津	39 564 761.7	23 520	42.56	1 444.28
2000	广西	27 973 551.8	18 475	69.00	1 290.6
2001	云南	36 227 338.2	18 210	124.8	1 479.24
2001	江苏	20 322 188.0	16 300	74.88	1 018.37
2003	吉林	29 344 299.5	15 883	118.72	1 557.62
2003	云南	24 882 410.4	15 810	45.92	528.75
2002	安徽	9 577 350.0	15 000	17.60	556.09
2001	甘肃	18 679 950.0	15 000	41.60	1 126.73
2002	甘肃	20 612 205.0	13 500	97.90	1 085.27
2001	海南	24 597 056.1	13 055	55.12	1 558.68
2001	新疆	19 658 970.5	12 958	58.24	1 444.61
2000	海南	21 046 950.4	12 880	49.00	1 536.34
2003	海南	24 818 750.0	12 500	90.72	1 497.02
2000	天津	19 031 321.5	11 210	52.00	1 470.80
2002	广西	15 321 976.0	10 878	60.50	1 237.05
2002	海南	20 600 284.0	10 467	111.10	1 449.09
2001	辽宁	15 652 000.0	10 400	20.80	1 236.00
	平均	49 476 375.3	41 178	53.66	1 174.56

资料来源：作者测算 2009.4

（1）物质费用、劳动力资金投入不变，饲养规模不同，大规模边际效益、利润空间及其拐点

大规模边际效益函数回归形式：

$$\partial I/\partial L_{养殖规模}=5.870\ 677\times 0.927\ 564\times 53.661\ 38^{0.117\ 47}\times 1\ 174.558^{0.835\ 409}/L_{养殖规模}^{(1-0.927\ 564)}$$

规模边际效益、利润空间及其拐点。

在每百羽劳动力投入和物质投入状况分别为 53.66 元和 1 174.55 元的不变条件下，每增加 100 羽，其边际效益利润空间及其拐点是：在520 000百羽规模上，每增加 100 羽的边际规模效益为 0，该点视为边际效益拐点。小于 520 000 百羽饲养规模的边际效益为递增，大于 520 000 百羽饲养规模的边际效益为递减。从实际规模 41 177.87 百羽的水平看，专业户肉鸡大规模生产的规模边际效益空间很大（表 6-321）。

表 6-321　大规模生产的边际效益、利润空间及其拐点

每增加一百羽边际总收入	饲养规模（百羽）	劳动力（元/百羽）	物质投入（元/百羽）	成本费用合计（元/百羽）	边际效益增减及其拐点
1 385.59	100 000	53.66	1 174.56	1 228.22	157.38
1 317.74	200 000	53.66	1 174.56	1 228.22	89.52
1 279.60	300 000	53.66	1 174.56	1 228.22	51.38

续表

每增加一百羽边际总收入	饲养规模（百羽）	劳动力（元/百羽）	物质投入（元/百羽）	成本费用合计（元/百羽）	边际效益增减及其拐点
1 253.21	400 000	53.66	1 174.56	1 228.22	25.10
1 233.12	500 000	53.66	1 174.56	1 228.22	4.90
1 231.35	510 000	53.66	1 174.56	1 228.22	3.13
1 229.62	520 000	53.66	1 174.56	1 228.22	1.40
1 227.93	530 000	53.66	1 174.56	1 228.22	−0.29
1 226.27	540 000	53.67	1 174.56	1 228.22	−1.95
1 224.64	550 000	53.66	1 174.56	1 228.22	−3.58

资料来源：作者测算 2009.4

(2) 饲养规模、物资费用不变，劳动力投入不同，大规模边际效益、利润空间及其拐点

劳动力投入边际效益函数回归形式：

$$\partial I/\partial L_{劳动力}=5.870\ 677\times 0.117\ 47\times 41\ 177.87^{0.927\ 564}\times 1\ 174.558^{0.835\ 409}/L_{劳动力}^{(1-0.117\ 47)}$$

劳动力投入边际效益、利润空间及其拐点。

在养殖规模为 41 177.87 百羽，每百羽物质费用为 1 174.55 元的条件下，劳动力投入边际效益、利润空间及其拐点是：在每百羽劳动力投入 220 元条件下，每增加 1 元劳动力投入的边际效益为 0，该点是劳动力投入边际效益的拐点，小于 220 元，劳动力的边际效益递增，大于 220 元，劳动力投入边际效益递减。从大规模实际平均每百羽劳动力投入 53.66 元的水平看，专业户肉鸡大规模生产劳动力边际效益空间很大（表 6-322）。

表 6-322　大规模生产的劳动力边际效益、利润空间及其拐点

每百羽增加 1 元劳动力边际总收入	饲养规模（百羽）	劳动力（元/百羽）	物质投入（元/百羽）	每增加 1 元劳动力增加净收入
82 899.51	41 177.87	100	1 174.56	41 721.64
44 965.97	41 177.87	200	1 174.56	3 788.10
43 070.88	41 177.87	210	1 174.56	1 893.02
41 338.40	41 177.87	220	1 174.56	160.53
39 748.09	41 177.87	230	1 174.56	−1 429.77
38 282.84	41 177.87	240	1 174.56	−2 895.03
36 928.19	41 177.87	250	1 174.56	−4 249.68
35 671.84	41 177.87	260	1 174.56	−5 506.02
34 503.29	41 177.87	270	1 174.56	−6 674.58
33 413.47	41 177.87	280	1 174.56	−7 764.4

资料来源：作者测算 2009.4

（3）饲养规模、劳动力资金投入不变，物资资本投入不同，大规模物质费用投入边际效益、利润空间及其拐点

物质费用投入边际效益函数回归形式

$$\partial I/\partial L_{物质费用}=5.870\ 677\times0.835\ 409\times41\ 177.87^{0.927\ 564}\times 53.661\ 38^{0.117\ 47}/L_{物质费用}^{(1-0.835\ 409)}$$

物质投入边际效益、利润空间及其拐点

在养殖规模为 41 177.87 百羽，每百羽劳动力投入为 53.66 元条件下，物质投入边际效益、利润空间及其拐点是：在每百羽物质费用投入 2 500 元条件下，每增加 1 元物资费用投入的边际效益为 0，该点是物质费用投入边际效益的拐点，小于 2 500 元，物质费用的边际效益递增，大于 2 500 元，物质投入边际效益递减。从实际物质投入 1 174.558 元的水平看，专业户肉鸡大规模生产物质投入水平边际效益空间较大（表 6-323）。

表 6-323　大规模生产的物质费用投入边际效益、利润空间及其拐点

每百羽增加 1 元物质费用边际效益增减	饲养规模（百羽）	劳动力投入（元/百羽）	物质成本投入（元/百羽）	每增加 1 元物质费用增加净收入
47 906.43	41 177.87	53.66	1 000	6 728.56
42 741.22	41 177.87	53.66	2 000	1 563.36
42 399.37	41 177.87	53.66	2 100	1 221.50
42 075.97	411 77.87	53.66	2 200	898.10
41 769.25	41 177.87	53.66	2 300	591.38
41 477.68	41 177.87	53.66	2 400	299.81
41 199.93	41 177.87	53.66	2 500	22.06
40 934.82	41 177.87	53.66	2 600	−243.05
40 681.33	41 177.87	53.66	2 700	−496.53
40 438.55	41 177.87	53.66	2 800	−739.32

资料来源：作者测算 2009.4

5. 中等规模生产的边际效益

中等规模生产的规模边际效益生产函数回归形式：

$I=4.887\ 823L_{养殖规模}^{0.913\ 875}L_{劳动力}^{0.032\ 823}L_{物质费用}^{0.903\ 405}$

$R^2=0.891\ 3$

数据结构

样本量为 49，其中，总收入平均值为 5 894 116 元，饲养规模平均值为 4 099.68 百羽，人工费用平均值为 59.99 元/百羽，物质投入费用平均值为 1 207.38 元/百羽（表 6-324）。

表 6-324 中等规模生产的规模边际效益分析基础数据

年份	地区	总收入（元）	规模（百羽）	人工费用（元/百羽）	物质费用（元/百羽）
2003	湖南	10 312 060	9 500	35.8	892.24
2000	江苏	10 521 093	9 158	77.0	950.83
2002	江苏	6 766 136	8 900	46.2	643.05
2002	云南	13 408 202	8 667	116.6	979.79
2001	天津	15 417 049	8 662	39.5	1 595.80
2001	广西	13 760 296	8 543	41.6	1 324.19
2000	湖南	11 068 000	8 000	34.0	1 239.38
2001	湖南	8 590 400	6 500	37.4	1 222.78
2003	甘肃	10 016 334	6 450	72.8	1 389.54
2002	吉林	9 450 607	6 183	97.9	1 411.40
2002	浙江	8 167 132	5 492	19.8	1 101.54
2003	广西	8 059 014	5 400	73.9	1 191.06
2000	新疆	8 737 143	5 167	40.0	1 272.25
2003	江苏	6 746 191	5 150	76.2	908.37
2000	河北	9 640 000	5 000	134.0	1 250.60
2001	山东	5 172 300	4 706	66.6	969.76
2001	河北	8 271 000	4 500	135.2	1 244.80
2000	云南	8 633 430	4 500	130.0	1 346.50
2003	浙江	5 811 445	4 225	22.4	1 107.99
2003	黑龙江	6 352 165	4 222	81.8	1 321.58
2002	湖南	4 595 000	4 000	37.4	991.13
2001	黑龙江	5 987 804	3 990	78.0	1 302.85
2002	山东	4 862 120	3 892	72.6	1 183.59
2003	山东	5 081 365	3 793	61.0	1 137.09
2002	黑龙江	5 392 729	3 711	79.2	1 249.36
2003	贵州	7 100 275	3 500	39.2	1 846.50
2000	浙江	5 477 318	3 267	24.0	1 147.62
2001	内蒙古	4 224 000	3 143	52.0	1 099.96
2003	河南	3 883 908	2 982	62.7	1 036.85
2000	山东	170 330.6	2 781	68.0	975.48
2003	宁夏	4 589 338	2 750	20.2	1 373.42
2003	山西	3 882 133	2 578	78.4	1 311.80
2001	浙江	4 322 153	2 520	25.0	1 276.69
2002	河北	3 892 500	2 500	101.2	1 191.80
2000	宁夏	3 710 446	2 475	20.0	1 468.08
2001	宁夏	3 688 403	2 325	22.9	1 509.25
2003	河北	4 151 250	2 250	99.7	1 259.50
2002	宁夏	3 835 395	2 250	24.2	1 549.49
2002	内蒙古	3 055 624	2 243	27.5	1 141.38
2000	内蒙古	3 905 198	2 179	80.0	1 398.92
2002	河南	2 373 966	1 915	63.8	975.34

续表

年份	地区	总收入（元）	规模（百羽）	人工费用（元/百羽）	物质费用（元/百羽）
2000	河南	2 191 085	1 893	92	836.22
2002	贵州	3 800 440	1 847	46	1 757.00
2000	黑龙江	2 512 813	1 696	80	1 319.85
2001	河南	1 635 900	1 400	60	937.76
2003	内蒙古	1 447 217	1 084	45	1 155.77
2001	湖北	1 280 000	1 000	21	961.50
2000	安徽	1 586 000	1 000	56	1 407.53
2000	湖北	1 277 000	1 000	20	996.50
	平均	5 894 116	4 100	60	1 207.38

资料来源：作者测算 2009.4

(1) 物质费用、劳动力资金投入不变，饲养规模不同，中等规模生产的规模边际效益、利润空间及其拐点

中等规模生产的规模边际效益函数回归形式：

$$\partial I/\partial L_{养殖规模}=4.887\ 823\times 0.913\ 875\times 59.993\ 47^{0.032\ 823}\times 1\ 207.381^{0.903\ 405}/L_{养殖规模}^{(1-0.913\ 875)}$$

规模边际效益、利润空间及其拐点。

在劳动力投入和物质投入状况分别为 59.99 元和 1 207.38 元的不变条件下，每增加一百羽，其边际效益利润空间及其拐点是：在 33 400 百羽水平上，每增加一百羽的边际规模效益为 0，该点视为边际效益拐点。小于 33 400 百羽饲养规模的边际效益为递增，大于33 400百羽饲养规模的边际效益为递减。从实际规模 4 099.6 百羽的水平看，专业户肉鸡中等规模生产的饲养规模的空间边际效益非常大（表 6-325）。

表 6-325　中等规模生产的规模边际效益、利润空间及其拐点

每增加一百羽边际总收入	饲养规模（百羽）	劳动力（元/百羽）	物质投入（元/百羽）	成本费用合计（元/百羽）	边际效益增减及其拐点
1 406.11	10 000	59.99	1 207.38	1 267.38	138.73
1 324.62	20 000	59.99	1 207.38	1 267.38	57.25
1 279.16	30 000	59.99	1 207.38	1 267.38	11.79
1 275.56	31 000	59.99	1 207.38	1 267.38	8.18
1 272.07	32 000	59.99	1 207.38	1 267.38	4.70
1 268.71	33 000	59.99	1 207.38	1 267.38	1.33
1 268.05	33 200	59.99	1 207.38	1 267.38	0.67
1 267.39	33 400	59.99	1 207.38	1 267.38	0.02
1 266.74	33 600	59.99	1 207.38	1 267.38	−0.63
1 266.09	33 800	59.99	1 207.38	1 267.38	−1.28

资料来源：作者测算 2009.4

(2) 饲养规模、物资费用不变，劳动力投入不同，中等规模生产劳动力边际效益、利润空间及其拐点

劳动力投入边际效益函数回归形式：

$$\partial I/\partial L_{劳动力}=4.887\,823\times 0.032\,823\times 4\,099.686^{0.913\,875}\times 1\,207.381^{0.903\,405}/L_{劳动力}^{(1-0.032\,823)}$$

劳动力投入边际效益、利润空间及其拐点。

在饲养规模为 4 099.6 百羽，物质费用实际为 1 207.38 元的条件下，劳动力投入边际效益、利润空间及其拐点是：在劳动力增加投入 54 元条件下，每增加 1 元劳动力投入的边际效益为 0，该点是劳动力投入边际效益的拐点，小于 54 元，劳动力的边际效益递增，大于 54 元，劳动力投入边际效益递减。从中等规模实际每百羽劳动力投入达到 59.99 元水平看，专业户肉鸡中等规模生产的劳动力的边际效益空间不大（表 6-326）。

表 6-326　中等规模生产的劳动力边际效益、利润空间及其拐点

每百羽增加 1 元物质费用边际效益增减	饲养规模（百羽）	劳动力投入（元/百羽）	物质成本投入（元/百羽）	每增加 1 元物质费用增加净收入
21 080.11	4 099.69	10	1 207.38	16 980.42
10 782.60	4 099.69	20	1 207.38	6 682.92
7 284.71	4 099.69	30	1 207.38	3 185.02
5 515.37	4 099.69	40	1 207.38	1 415.68
4 444.73	4 099.69	50	1 207.38	345.04
4 360.41	4 099.69	51	1 207.38	260.72
4 279.28	4 099.69	52	1 207.38	179.60
4 201.17	4 099.69	53	1 207.38	101.48
4 125.90	4 099.69	54	1 207.38	26.20
4 053.32	4 099.69	55	1 207.38	−46.36

资料来源：作者测算 2009.4

(3) 饲养规模、劳动力资金投入不变，物资资本投入不同，中等规模生产物质费用投入边际效益、利润空间及其拐点

物质费用投入边际效益函数回归形式：

$$\partial I/\partial L_{物质费用}=4.887\,823\times 0.903\,405\times 4\,099.686^{0.913\,875}\times 59.993\,47^{0.032\,823}/L_{物质费用}^{(1-0.903\,405)}$$

物质投入边际效益、利润空间及其拐点。

在饲养规模为 4 099.68 百羽，每百羽劳动力投入为 59.993 元条件下，物质投入边际效益、利润空间及其拐点是：在每百羽物质费用投入 11 400 元条件下，每增加 1 元物资费用投入的边际效益为 0，该点是物质费用投

入边际效益的拐点，每百羽饲养规模水平小于 11 400 元，物质费用的边际效益递增，大于 11 400 元，物质投入边际效益递减。从实际物质投入 1 207.38元的水平看，专业户肉鸡中等规模生产的物质边际效益空间很大(表 6-327)。

表 6-327 中等规模生产的物质费用投入边际效益、利润空间及其拐点

每百羽增加 1 元物质费用边际效益增减	饲养规模（百羽）	劳动力投入（元/百羽）	物质成本投入（元/百羽）	每增加 1 元物质费用增加净收入
4 155.12	4 099.69	59.99	10 000	55.43
4 117.04	4 099.69	59.99	11 000	17.35
4 113.44	4 099.69	59.99	11 100	13.75
4 109.88	4 099.69	59.99	11 200	10.19
4 106.35	4 099.69	59.99	11 300	6.66
4 102.86	4 099.69	59.99	11 400	3.17
4 099.40	4 099.69	59.99	11 500	−0.29
4 095.97	4 099.69	59.99	11 600	−3.72
4 092.58	4 099.69	59.99	11 700	−7.11
4 089.21	4 099.69	59.99	11 800	−10.47

资料来源：作者测算 2009.4

6. 小规模生产边际效益

小规模生产边际效益生产函数回归形式：

$$I=2.985\ 666L_{养殖规模}^{0.961\ 477}L_{劳动力}^{0.144\ 407}L_{物质费用}^{0.825\ 696}$$

$$R^2=0.944\ 249$$

数据结构

样本量为 5，其中，总收入平均值为 963 725.3 元，养殖规模平均值为 696.666 7 百羽，人工费用平均值为 63.78 元/百羽，物质投入费用平均值为 1 130.02 元/百羽（表 6-328）。

表 6-328 小规模生产边际效益分析基础数据

年份	地区	总收入平均值（元）	养殖规模（百羽）	人工费用（元/百羽）	物质投入（元/百羽）
2000	山西	877 833	766.70	70.00	974.00
2002	山西	1 062 453	733.30	74.80	1 262.00
2001	山西	832 040	733.30	52.00	904.00
2003	湖北	1 080 300	650.00	61.60	1 287.50
2002	湖北	966 000	600.00	60.50	1 222.60
	平均	963 725	696.70	63.80	1 130.00

资料来源：作者测算 2009.4

(1) 物质费用、劳动力资金投入不变，饲养规模不同，小规模生产规模边际效益、利润空间及其拐点

小规模生产规模边际效益函数回归形式：

$$\partial I/\partial L_{养殖规模}=2.985\ 666\times 0.961\ 477\times 63.78^{0.144\ 407}\times 1\ 130.02^{0.825\ 696}/L_{养殖规模}^{(1-0.961\ 477)}$$

规模边际效益、利润空间及其拐点。

在每头劳动力投入和物质投入状况分别为 63.78 元和 1 130.02 元的不变条件下，每增加一百羽，其边际效益利润空间及其拐点是：在 1 500 百羽规模上，每增加一百羽的边际规模效益为 0，该点视为边际效益拐点。小于1 500百羽饲养规模的边际效益为递增，大于 1500 百羽饲养规模的边际效益为递减。从实际规模为 696.67 百羽的水平看，专业户肉鸡中等规模生产的规模边际效益还有一定的空间（表 6-329）。

表 6-329　小规模生产规模边际效益、利润空间及其拐点

每增加一百羽边际总收入	饲养规模（百羽）	劳动力（元/百羽）	物质投入（元/百羽）	成本费用合计（元/百羽）	边际效益增减及其拐点
1 218.76	1 000	63.78	1 130.02	1 193.8	24.96
1 213.02	1 100	63.78	1 130.02	1 193.8	19.22
1 207.81	1 200	63.78	1 130.02	1 193.8	14.01
1 203.03	1 300	63.78	1 130.02	1 193.8	9.23
1 198.62	1 400	63.78	1 130.02	1 193.8	4.82
1 194.53	1 500	63.78	1 130.02	1 193.8	0.73
1 190.72	1 600	63.78	1 130.02	1 193.8	−3.08
1 187.15	1 700	63.78	1 130.02	1 193.8	−6.65
1 183.79	1 800	63.78	1 130.02	1 193.8	−10.01
1 180.63	1 900	63.78	1 130.02	1 193.8	−13.17

资料来源：作者测算 2009.4

(2) 饲养规模、物资费用不变，劳动力投入不同，小规模劳动力边际效益、利润空间及其拐点

劳动力投入边际效益函数回归形式：

$$\partial I/\partial L_{劳动力}=2.985\ 666\times 0.144\ 407\times 696.666\ 7^{0.961\ 477}\times 1\ 130.02^{0.825\ 696}/L_{劳动力}^{(1-0.144\ 407)}$$

劳动力投入边际效益、利润空间及其拐点。

在饲养规模为 696.66 百羽，每百羽物质费用为 1 130.02 元的条件下，劳动力投入边际效益、利润空间及其拐点是：在每百羽劳动力增加投入 220 元条件下，每增加 1 元劳动力投入的边际效益为 0，该点是劳动力投入边际

效益的拐点，小于220元，劳动力的边际效益递增，大于220元的劳动力投入水平，边际效益递减。从小规模实际平均每头劳动力投入63.78元来看，专业户肉鸡中等规模生产的劳动力的边际效益空间较大（表6-330）。

表6-330 小规模生产劳动力边际效益、利润空间及其拐点

每百羽增加1元劳动力边际总收入	饲养规模（百羽）	劳动力（元/百羽）	物质投入（元/百羽）	每增加1元劳动力增加净收入
1 401.44	696.67	100	1 130	704.77
774.49	696.67	200	1 130	77.82
742.82	696.67	210	1 130	46.16
713.84	696.67	220	1 130	17.17
687.20	696.67	230	1 130	−9.47
662.63	696.67	240	1 130	−34.04
639.88	696.67	250	1 130	−56.78
618.77	696.67	260	1 130	−77.90
599.10	696.67	270	1 130	−97.56
580.75	696.67	280	1 13	−115.92

资料来源：作者测算2009.4

（3）饲养规模、劳动力资金投入不变，物资资本投入不同，小规模物质费用投入边际效益、利润空间及其拐点

物质费用投入边际效益函数回归形式：

$$\partial I/\partial L_{物质费用}=2.985\ 666\times0.825\ 696\times696.666\ 7^{0.961\ 477}\times 63.78^{0.144\ 407}/L_{物质费用}^{(1-0.825\ 696)}$$

物质投入边际效益、利润空间及其拐点。

在饲养规模为696.66百羽，每百羽劳动力投入为63.78元条件下，物质投入边际效益、利润空间及其拐点是：在每百羽物质费用投入860元条件下，每增加1元物资费用投入的边际效益为0，该点是物质费用投入边际效益的拐点，小于860元，物质费用的边际效益递增，大于860元的物质投入水平，边际效益递减。从实际物质投入680.73元的水平看，专业户肉鸡中等规模生产的物质投入水平的边际效益空间不高（表6-331）。

表6-331 小规模生产物质费用投入边际效益、利润空间及其拐点

每百羽增加1元物质费用边际效益增减	饲养规模（百羽）	劳动力投入（元/百羽）	物质成本投入（元/百羽）	每增加1元物质费用增加净收入
766.02	696.67	63.78	500	69.35
705.77	696.67	63.78	800	9.10
704.24	696.67	63.78	810	7.57

续表

每百羽增加1元物质费用边际效益增减	饲养规模（百羽）	劳动力投入（元/百羽）	物质成本投入（元/百羽）	每增加1元物质费用增加净收入
702.73	696.67	63.78	820	6.07
701.25	696.67	63.78	830	4.58
699.79	696.67	63.78	840	3.12
698.35	696.67	63.78	850	1.68
696.92	696.67	63.78	860	0.26
695.52	696.67	63.78	870	−1.15
694.14	696.67	63.78	880	−2.53

资料来源：作者测算 2009.4

7. 结论

(1) 在总体条件下，专业户肉鸡具备养殖规模、劳动力投入和物质投入的效益空间，表明我国专业户肉鸡养殖必须向大规模生产的方向发展。

(2) 在大规模条件下，专业户肉鸡具备养殖规模、劳动力投入和物质投入的效益空间，从而进一步验证我国专业户肉鸡大规模生产的可行性。

(3) 在中规模条件下，专业户肉鸡具备养殖规模的效益空间外，劳动力投入和物质投入已经没有任何增长空间，表明我国专业户肉鸡生产不能采用适度规模经营的发展道路。

(4) 在小规模条件下，专业户肉鸡具备养殖规模和劳动力投入的效益空间，物质投入已经没有任何增长空间，进一步表明我国专业户肉鸡生产必须向大规模化方向发展。

十、专业户蛋鸡规模化问题研究

1. 生产函数回归形式

$I=14.62497L_{养殖规模}^{0.978187}L_{劳动力}^{0.075573}K_{物资投入}^{0.678334}$

$R^2=0.995316$

2. 数据结构

样本量为 91，其中，总收入平均值为 87 404 093 元，饲养规模平均值为 10 690 百羽，人工费用平均值为 256.78 元/百羽，物质投入费用平均值为 6 592.661 元/百羽（表 6-332）。

表 6-332　专业户蛋鸡规模边际效益分析基础数据表

年份	地区	总收入（元）	规模（百羽）	人工费用（元/百羽）	物质费用（元/百羽）
2002	广东	460 836 250.00	62 500.00	124.30	7 019.97
2002	贵州	613 110 000.00	60 000.00	319.00	6 825.67
2000	福建	496 612 678.6	58 142.86	107.00	10 181.92

续表

年份	地区	总收入（元）	规模（百羽）	人工费用（元/百羽）	物质费用（元/百羽）
2002	福建	465 586 960	54 500	126.50	9 434.10
2003	福建	487 375 862	50 397	120.96	9 987.60
2001	贵州	585 815 500	50 000	312.00	6 443.21
2002	重庆	316 543 050	45 000	152.90	6 108.55
2001	重庆	275 407 695	41 500	127.92	6 002.92
2001	福建	338 966 999	39 985	118.56	9 429.68
2000	辽宁	274 002 408	39 193	138.00	6 362.18
2003	广东	285 970 687	36 993	160.16	6 421.26
2002	上海	190 453 575	24 567	122.10	7 437.31
2003	重庆	180 617 563	23 750	135.52	6 526.81
2003	上海	189 030 200	22 950	125.44	7 534.44
2000	贵州	159 036 650	19 000	270.00	6 320.30
2001	天津	130 291 358	16 731	174.72	7 224.39
2003	云南	105 385 623	14 700	267.68	7 740.42
2000	江苏	73 961 234	13 280	138.00	4 994.51
2002	安徽	110 923 596	12 600	441.10	7 611.13
2003	湖北	100 142 817	12 440	84.00	6 469.25
2002	新抽	94 600 013	11 333	396.00	6 521.75
2003	天津	88 748 689	11 327	148.96	7 550.05
2000	天津	75 007 039	10 434	128.00	6 843.90
2003	贵州	79 550 000	10 000	336.00	7 665.53
2000	重庆	69 543 000	10 000	280.00	5 404.14
2002	四川	61 005 700	7 000	198.00	6 700.42
2000	安徽	48 482 980	7 000	130.00	5 992.17
2000	四川	49 328 370	7 000	134.00	8 429.02
2002	湖北	48 163 962	6 780	114.40	6 013.64
2003	四川	63 209 768	6 750	201.60	8 134.61
2002	浙江	49 337 488	6 517	132.00	6 113.30
2003	安徽	58 299 480	6 000	388.64	7 847.09
2003	甘肃	56 479 980	6 000	152.32	7 436.30
2003	吉林	51 264 018	5 881	439.04	7 035.05
2002	吉耕	47 651 091	5 821	324.50	7 303.19
2002	辽宁	40 593 131	5 715	172.70	6 422.36
2003	辽宁	43 314 129	5 607	156.80	7 001.60
2001	四川	43 948 800	5 600	158.08	8 169.74
2002	山西	40 654 386	5 400	370.70	6 576.73
2003	山东	42 257 979	5 153	146.72	7 559.14
2001	内蒙古	39 415 320	5 143	237.12	6 638.67
2002	内蒙古	40 982 154	5 087	244.20	6 730.63
2002	山东	33 695 361	5 014	169.40	6 061.06
2001	安徽	43 710 000	5 000	354.64	7 725.68

续表

年份	地区	总收入（元）	规模（百羽）	人工费用（元/百羽）	物质费用（元/百羽）
2002	天津	40 308 055	4 983	133.10	6 933.56
2000	山西	28 849 872	4 605	319.00	5 881.38
2001	山西	31 080 053	4 333	341.12	6 636.68
2001	辽宁	32 038 048	4 234	154.96	6 667.73
2003	浙江	32 089 600	4 000	123.20	7 036.15
2003	山西	28 268 298	3 762	344.96	7 236.98
2000	山东	23 895 282	3 667	225.00	6 289.71
2002	江苏	25 442 103	3 567	140.80	6 324.82
2003	新疆	27 278 284	3 460	368.48	5 677.26
2001	江苏	23 212 716	3 436	117.52	6 181.92
2000	吉林	27 230 874	3 310	310.00	6 921.46
2001	吉林	25 637 859	3 296	203.84	6 488.23
2000	内蒙古	22 431 985	3 197	276.00	6 909.48
2001	河北	22 042 016	3 166	322.40	5 663.31
2003	江苏	25 659 599	3 151	151.20	7 362.83
2002	宁夏	23 368 337	3 067	130.90	6 719.09
2002	河北	22 146 843	3 006	376.20	5 776.67
2000	黑龙江	21 237 843	2 983	422.00	5 764.49
2003	宁夏	23 167 938	2 825	144.48	7 453.58
2003	河北	22 853 036	2 819	327.04	6 715.38
2003	黑龙江	23 505 469	2 813	452.48	6 647.29
2001	山东	20 341 465	2 790	277.68	6 443.93
2000	宁夏	15 459 180	2 750	142.00	5 482.72
2001	宁夏	19 186 195	2 545	147.68	6 829.45
2000	湖北	20 750 000	2 500	80.00	7 357.00
2000	河北	16 042 413	2 489	380.00	5 670.66
2001	黑龙江	16 775 009	2 454	463	5 488
2002	河南	17 756 387	2 390	308.00	5 619.13
2002	黑龙江	17 502 754	2 339	426.80	6 159.14
2003	内蒙古	18 180 581	2 202	253.12	6 398.71
2003	河南	17 028 492	2 130	314.72	6 239.60
2000	河南	11 147 441	1 661	361.00	5 179.69
2001	河南	11 592 285	1 537	273.52	5 659.98
2002	甘肃	8 156 953	1 042	272.80	6 915.84
2000	江西	3 925 420	757	226.00	5 046.62
2001	湖北	6 375 000	750	83.20	7 052.00
2003	陕西	3 887 642	675	743.68	4 143.98
2001	陕西	3 821 080	669	684.32	4 738.80
2000	陕西	3 149 549	624	700.00	4 542.79
2002	陕西	3 360 988	566	735.90	4 677.45
2000	云南	2 506 385	500	150.00	5 943.75

续表

年份	地区	总收入（元）	规模（百羽）	人工费用（元/百羽）	物质费用（元/百羽）
2002	云南	3 315 653	477	121.00	4 956.70
2001	甘肃	4 230 535	456	529.36	6 963.59
2000	甘肃	3 705 125	390	450.00	5 656.99
2001	云南	2 166 852	373	93.60	5 133.82
2001	新疆	2 318 536	325	449.28	5 546.64
2001	江西	32 904	6	236.08	4 847.56
	平均	87 404 093	10 691	256.78	6 592.66

资料来源：作者测算 2009.4

3. 总体条件下的最适规模

（1）物质费用、劳动力资金投入不变，饲养规模不同，规模边际效益、利润空间及其拐点

养殖规模边际效益函数回归形式：

$$\partial I/\partial L_{养殖规模}=14.62497\times0.978187\frac{256.78^{0.075573}\times6592.661^{0.678334}}{L_{养殖规模}^{(1-0.978187)}}$$

养殖规模边际效益、利润空间及其拐点。

在每百羽劳动力投入和物质投入状况分别为 256.78 元和 6 592.661 元的不变条件下，每增加一百羽规模，其边际效益利润空间及其拐点是：在 17 000 百羽上，每增加一百羽的边际效益为 0，该点视为边际效益拐点。小于 17 000 百羽饲养规模的边际效益为递增，大于 17 000 百羽饲养规模水平的边际效益为递减。从实际规模 10 690 百羽的水平看，专业户蛋鸡生产的饲养规模的空间边际效益较大（表 6-333）。

表 6-333　养殖规模边际效益、利润空间及其拐点

每增加一百羽的边际总收入	饲养规模（百羽）	劳动力（元/百羽）	物质投入（元/百羽）	成本费用合计（元/百羽）	边际效益增减及其拐点
6 906.1	12 000.00	257	6 592.66	6 849.4	56.68
6 894.1	13 000.00	257	6 592.66	6 849.4	44.63
6 882.9	14 000.00	257	6 592.66	6 849.4	33.49
6 872.6	15 000.00	257	6 592.66	6 849.4	23.14
6 862.9	16 000.00	257	6 592.66	6 849.4	13.48
6 853.8	17 000.00	257	6 592.66	6 849.4	4.41
6 845.3	18 000.00	257	6 592.66	6 849.4	−4.13

资料来源：作者测算 2009.4

（2）饲养量、物资费用不变，劳动力投入不同，规模劳动力边际效益、利润空间及其拐点

劳动力投入边际效益函数回归形式

$$\partial I/\partial L_{劳动力}=14.624\,97\times0.075\,573\frac{10\,690.83^{0.978\,187}\times6\,592.661^{0.678\,334}}{L_{劳动力}^{(1-0.075\,573)}}$$

劳动力投入边际效益、利润空间及其拐点

在饲养规模为10 690.83百羽，每百羽物质费用实际为6 592.661元的不变条件下，劳动力投入边际效益、利润空间及其拐点是：在每百羽劳动力投入560元条件下，每增加1元劳动力投入的边际效益为0，该点是劳动力投入边际效益的拐点，小于560元，劳动力的边际效益递增，大于560元，劳动力投入边际效益递减。从实际平均劳动力投入256.78元的水平看，专业户蛋鸡生产的劳动力投入的边际效益还有一定的空间（表6-334）。

表6-334　劳动力边际效益、利润空间及其拐点

每百羽增加1元劳动力边际总收入	规模（百羽）	劳动力（元/百羽）	物质投入（元/百羽）	边际效益增减及其拐点
19 287.2	10 690.83	300	6 592.66	8 596.4
14 783.3	10 690.83	400	6 592.66	4 092.5
12 027.8	10 690.83	500	6 592.66	1 337.0
11 013.4	10 690.83	550	6 592.66	322.6
10 831.5	10 690.83	560	6 592.66	140.6
10 655.7	10 690.83	570	6 592.66	−35.1

资料来源：作者测算2009.4

（3）规模、劳动力资金投入不变，物资资本投入不同，物资投入边际效益、利润空间及其拐点

物质费用投入边际效益函数回归形式：

$$\partial I/\partial K_{物质费用}=14.624\,97\times0.678\,334\frac{10\,690.83^{0.978\,187}\times256.779\,1^{0.075\,573}}{L_{物质费用}^{(1-0.678\,334)}}$$

物质投入边际效益、利润空间及其拐点。

在饲养规模为10 690.83百羽，每百羽劳动力投入实际为256.779 1元的不变条件下，物质投入边际效益、利润空间及其拐点是：在每百羽物质费用投入2 400元条件下，每增加1元物资费用投入的边际效益为0，该点是物质费用投入边际效益的拐点，小于2 400元，物质费用的边际效益递增，大于2 400元，物质投入边际效益递减。从实际平均物质投入6 592.661元的水平看，专业户蛋鸡生产的物质投入的边际效益没有增加的空间（表6-335）。

表 6-335 物资投入边际效益、利润空间及其拐点

每百羽增加1元物质费用边际效益增减	饲养规模（百羽）	劳动力投入（元/百羽）	物质成本投入（元/百羽）	边际效益增减及其拐点
14 281.2	10 690.83	257	1 000.00	3 590.37
11 427.0	10 690.83	257	2 000.00	736.20
11 249.1	10 690.83	257	2 100.00	558.27
11 082.0	10 690.83	257	2 200.00	391.19
10 924.7	10 690.83	257	2 300.00	233.86
10 776.1	10 690.83	257	2 400.00	85.32
10 635.6	10 690.83	257	2 500.00	−55.26

资料来源：作者测算 2009.4

4. 大规模生产边际效益

大规模边际效益生产函数回归形式：

$I=3.913\ 366L_{养殖规模}^{0.916\ 495}L_{劳动力}^{0.035\ 657}L_{物质费用}^{0.937\ 1}$

$R^2=0.992$

数据结构样本量为 26，其中，总收入平均值为 249 900 777.8 元，养殖规模平均值为 30 052.89 百羽，人工费用平均值为 194.19 元/百羽，物质投入费用平均值为 7 202.36 元/百羽（表 6-336）。

表 6-336 大规模生产边际效益分析基础数据表

年份	地区	总收入（元）	规模（百羽）	人工（元/百羽）	费用（元/百羽）
2002	广东	460 836 250	62 500	124	7 019.97
2002	贵州	613 110 000	60 000	319	6 825.67
2000	福建	496 612 679	58 143	107	10 181.92
2002	福建	465 586 960	54 500	127	9 434.10
2003	福建	487 375 862	50 397	121	9 985.60
2001	贵州	585 815 500	50 000	312	6 443.21
2002	重庆	316 543 050	45 000	153	6 108.55
2001	重庆	275 407 695	41 500	128	6 002.92
2001	福建	338 966 999	39 985	119	9 429.68
2000	辽宁	274 002 408	39 193	138	6 362.18
2003	广东	285 970 687	36 993	160	6 421.26
2002	上海	190 453 575	24 567	122	7 437.31
2003	重庆	180 617 563	23 750	136	6 526.81
2003	上海	189 030 200	22 950	125	7 534.44
2000	贵州	159 036 650	19 000	270	6 320.30
2001	天津	130 291 358	16 731	175	7 224.39
2003	云南	105 385 623	14 700	268	7 740.42
2000	江苏	73 961 234	13 280	138	4 994.51
2002	安徽	110 923 596	12 600	441	7 611.13

续表

年份	地区	总收入（元）	规模（百羽）	人工（元/百羽）	费用（元/百羽）
2003	湖北	100 142 817	12 440	84	6 469.25
2002	新疆	94 600 013	11 333	396	6 521.75
2003	天津	88 748 689	11 327	149	7 550.05
2000	天津	75 007 039	10 434	128	6 843.90
2003	贵州	79 550 000	10 000	336	7 665.53
2000	重庆	69 543 000	10 000	280	5 404.14
	平均	249 900 778	30 053	194	7 202.36

资料来源：作者测算 2009.4

(1) 物质费用、劳动力资金投入不变，饲养规模不同，大规模边际效益、利润空间及其拐点

大规模边际效益函数回归形式：

$$\partial I/\partial L_{养殖规模}=3.913\ 366\times 0.916\ 495\times 194.192\ 8^{0.035\ 657}\times 7\ 202.36^{0.937\ 1}/L_{养殖规模}^{(1-0.916\ 495)}$$

规模边际效益、利润空间及其拐点。

在每百羽劳动力投入和物质投入状况分别为 194.19 元和 7 202.36 元的不变条件下，每增加 100 羽，其边际效益利润空间及其拐点是：在37 000百羽上，每增加百羽饲养规模的边际效益为 0，该点视为边际效益拐点。小于 37 000 百羽饲养规模的边际效益为递增，大于 37 000 百羽饲养规模的边际效益为递减。从实际规模 30 052.8 百羽的水平看，专业户蛋鸡大规模生产的养殖规模边际效益还有一定的空间（表 6-337）。

表 6-337　大规模边生产际效益、利润空间及其拐点

每增加一百羽边际总收入	饲养规模（百羽）	劳动力（元/百羽）	物质投入（元/百羽）	成本费用合计（元/百羽）	边际效益增减及其拐点
8 262.13	10 000	194.19	7 202.36	7 396.55	865.57
7 797.48	20 000	194.19	7 202.36	7 396.55	400.93
7 537.89	30 000	194.19	7 202.36	7 396.55	141.34
7 441.48	35 000	194.19	7 202.36	7 396.55	44.93
7 424.00	36 000	194.19	7 202.36	7 396.55	27.44
7 407.03	37 000	194.19	7 202.36	7 396.55	10.48
7 390.55	38 000	194.19	7 202.36	7 396.55	−6.00
7 374.54	39 000	194.19	7 202.36	7 396.55	−22.01
7 358.97	40 000	194.19	7 202.36	7 396.55	−37.59
7 343.81	41 000	194.19	7 202.36	7 396.55	−52.75

资料来源：作者测算 2009.4

(2) 饲养规模、物资费用不变，劳动力投入不同，大规模边际效益、

利润空间及其拐点

劳动力投入边际效益函数回归形式：

$$\partial I/\partial L_{劳动力}=3.913\,366\times0.035\,657\times30\,052.89^{0.916\,495}\times 7\,202.36^{0.937\,1}/L_{劳动力}^{(1-0.035\,657)}$$

劳动力投入边际效益、利润空间及其拐点。

在养殖规模为 30 052.89 百羽，每百羽物质费用为 7 202.36 元的条件下，劳动力投入边际效益、利润空间及其拐点是：在每百羽劳动力投入 297 元条件下，每增加 1 元劳动力投入的边际效益为 0，该点是劳动力投入边际效益的拐点，小于 297 元，劳动力的边际效益递增，大于 297 元，劳动力投入边际效益递减。从大规模实际平均每百羽劳动力投入 194.19 元的水平看，专业户蛋鸡大规模生产劳动力的边际效益空间较大（表 6-338）。

表 6-338 大规模生产劳动力边际效益、利润空间及其拐点

每百羽增加 1 元劳动力边际总收入	饲养规模（百羽）	劳动力（元/百羽）	物质投入（元/百羽）	每增加 1 元劳动力增加净收入
86 061.58	30 052.9	100	7 202	56 008.69
44 107.57	30 052.9	200	7 202	14 054.68
35 567.94	30 052.9	250	7 202	5 515.05
34 247.80	30 052.9	260	7 202	4 194.91
33 023.77	30 052.9	270	7 202	2 970.88
31 885.67	30 052.9	280	7 202	1 832.78
30 824.71	30 052.9	290	7 202	771.82
30 123.81	30 052.9	297	7 202	70.92
30 026.32	30 052.9	298	7 202	−26.57
29 929.48	30 052.9	299	7 202	−123.41

资料来源：作者测算 2009.4

（3）饲养规模、劳动力资金投入不变，物资资本投入不同，大规模物质费用投入边际效益、利润空间及其拐点

物质费用投入边际效益函数回归形式：

$$\partial I/\partial L_{物质费用}=3.913\,366\times0.937\,1\times30\,052.89^{0.916\,495}\times 194.192\,8^{0.035\,657}/L_{物质费用}^{(1-0.937\,1)}$$

物质投入边际效益、利润空间及其拐点。

在养殖规模为 30 052.89 百羽，每百羽劳动力投入为 194.19 元条件下，物质投入边际效益、利润空间及其拐点是：在每百羽物质费用投入 21 100 元条件下，每增加 1 元物资费用投入的边际效益为 0，该点是物质费用投入边际效益的拐点，小于 21 100 元，物质费用的边际效益递增，大

于 21 100 元，物质投入边际效益递减。从实际物质投入 7 202. 36 元的水平看，专业户蛋鸡大规模生产物质投入水平的边际效益空间较大（表6-339）。

表 6-339　大规模生产物质费用投入边际效益、利润空间及其拐点

饲养规模（百羽）	劳动力投入（百羽）	物质成本投入（元/百羽）	每头增加 1 元物质费用边际效益增减	每增加 1 元物质费用增加净收入
30 052. 89	194. 19	10 000	31 498. 39	1 445. 50
30 052. 89	194. 19	20 000	30 154. 60	101. 71
30 052. 89	194. 19	21 000	30 062. 20	9. 31
30 052. 89	194. 19	21 100	30 053. 22	0. 33
30 052. 89	194. 19	21 200	30 044. 28	−8. 61
30 052. 89	194. 19	21 300	30 035. 39	−17. 50
30 052. 89	194. 19	21 400	30 026. 54	−26. 35
30 052. 89	194. 19	21 500	30 017. 74	−35. 15
30 052. 89	194. 19	21 600	30 008. 98	−43. 91
30 052. 89	194. 19	21 700	30 000. 26	−52. 63

资料来源：作者测算 2009. 4

5. 中等规模边际效益

中等规模生产的规模边际效益生产函数回归形式：

$I=1.733\ 125L_{养殖规模}^{0.965\ 74}L_{劳动力}^{0.069\ 279}L_{物质费用}^{0.941\ 308}$

$R^2=0.952\ 49$

数据结构

样本量为 55，其中，总收入平均值为 19 696 547 元，饲养规模平均值为 2 635. 894 百羽，人工费用平均值为 277. 367 元/百羽，物质投入费用平均值为 6 321. 91 元/百羽（表 6-340）。

表 6-340　中等规模生产的规模边际效益分析基础数据

年份	地区	总收入平均值（元）	养殖规模（百羽）	人工费用（元/百羽）	物质投入（元/百羽）
2002	四川	61 005 700	7 000	198. 00	6 700. 42
2000	安徽	48 482 980	7 000	130. 00	5 992. 17
2000	四川	49 328 370	7 000	134. 00	8 429. 02
2002	湖北	48 163 962	6 780	114. 40	6 013. 64
2003	四川	63 209 768	6 750	201. 60	8 134. 61
2002	浙江	49 337 488	6 517	132. 00	6 113. 3
2003	安徽	58 299 480	6 000	388. 64	7 847. 09
2003	甘肃	56 479 980	6 000	152. 32	7 436. 3
2003	吉林	51 264 018	5 881	439. 04	7 035. 05

续表

年份	地区	总收入平均值（元）	养殖规模（百羽）	人工费用（元/百羽）	物质投入（元/百羽）
2002	吉耕	47 651 091	5 820.77	324.50	7 303.19
2002	辽宁	40 593 131	5 715.00	172.70	6 422.36
2003	辽宁	43 314 129	5 607.13	156.80	7 001.6
2001	四川	43 948 800	5 600.00	158.08	8 169.74
2002	山西	40 654 386	5 400.00	370.70	6 576.73
2003	山东	42 257 979	5 152.45	146.72	7 559.14
2001	内蒙古	39 415 320	5 142.86	237.12	6 638.67
2002	内蒙古	40 982 154	5 086.67	244.20	6 730.63
2002	山东	33 695 361	5 014.27	169.40	6 061.06
2001	安徽	43 710 000	5 000.00	354.64	7 725.68
2002	天津	40 308 055	4 983.41	133.10	6 933.56
2000	山西	28 849 872	4 604.55	319.00	5 881.38
2001	山西	31 080 053	4 333.33	341.12	6 636.68
2001	辽宁	32 038 048	4 234.29	154.96	6 667.73
2003	浙江	32 089 600	4 000.00	123.20	7 036.15
2003	山西	28 268 298	3 762.17	344.96	7 236.98
2000	山东	23 895 282	3 667.02	225.00	6 289.71
2002	江苏	25 442 103	3 566.67	140.80	6 324.82
2003	新疆	27 278 284	3 459.56	368.48	5 677.26
2001	江苏	23 212 716	3 435.71	117.52	6 181.92
2000	吉林	27 230 874	3 310.00	310.00	6 921.46
2001	吉林	25 637 859	3 295.83	203.84	6 488.23
2000	内蒙古	22 431 985	3 196.84	276.00	6 909.48
2001	河北	22 042 015	3 166.06	322.40	5 663.31
2003	江苏	25 659 599	3 150.83	151.20	7 362.83
2002	宁夏	23 368 337	3 066.67	130.90	6 719.09
2002	河北	22 146 843	3 005.53	376.20	5 776.67
2000	黑龙江	21 237 843	2 983.33	422.00	5 764.49
2003	宁夏	23 167 938	2 825.00	144.48	7 453.58
2003	河北	22 853 036	2 819.21	327.04	6 715.38
2003	黑龙江	23 505 469	2 812.50	452.48	6 647.29
2001	山东	20 341 465	2 790.37	277.68	6 443.93
2000	宁夏	15 459 180	2 750.00	142.00	5 482.72
2001	宁夏	19 186 195	2 545.00	147.68	6 829.45
2000	湖北	20 750 000	2 500.00	80.00	7 357
2000	河北	16 042 413	2 488.78	380.00	5 670.66
2001	黑龙江	16 775 009	2 454.08	462.80	5 488.26
2002	河南	17 756 387	2 389.62	308.00	5 619.13
2002	黑龙江	17 502 754	2 339.41	426.80	6 159.14
2003	内蒙古	18 180 581	2 202.23	253.12	6 398.71
2003	河南	17 028 492	2 130.01	314.72	6 239.6

续表

年份	地区	总收入平均值（元）	养殖规模（百羽）	人工费用（元/百羽）	物质投入（元/百羽）
2000	河南	11 147 441	1 661.31	361.00	5 179.69
2001	河南	11 592 285	1 537.00	273.52	5 659.98
2002	甘肃	8 156 953	1 042.00	272.80	6 915.84
	平均	19 696 547	2 635.89	277.37	6 321.91

资料来源：作者测算 2009.4

(1) 物质费用、劳动力资金投入不变，饲养规模不同，中等规模生产的规模边际效益、利润空间及其拐点

中等规模生产的规模边际效益函数回归形式：

$$\partial I/\partial L_{养殖规模}=1.733\ 125\times 0.965\ 74\times 277.367\ 2^{0.069\ 279}\times 6\ 321.914^{0.941\ 308}/L_{养殖规模}^{(1-0.965\ 74)}$$

规模边际效益、利润空间及其拐点。

在劳动力投入和物质投入分别为 277.36 元和 6 321.91 元的不变条件下，每增加 100 羽，其边际效益利润空间及其拐点是：在 25 000 百羽上，每增加百羽规模的边际效益为 0，该点视为边际效益拐点。小于25 000百羽饲养规模的边际效益为递增，大于 25 000 百羽饲养规模的边际效益为递减。从实际规模 2 635.89 百羽的水平看，专业户蛋鸡中等规模生产饲养规模的空间边际效益非常大（表 6-341）。

表 6-341　中等规模生产的规模边际效益、利润空间及其拐点

每增加一百羽边际总收入	饲养规模（百羽）	劳动力（元/百羽）	物质投入（元/百羽）	成本费用合计（元/百羽）	边际效益增减及其拐点
6 818.23	10 000	277.37	6 321.91	6 599.28	218.95
6 658.22	20 000	277.37	6 321.91	6 599.28	58.94
6 647.10	21 000	277.37	6 321.91	6 599.28	47.82
6 636.52	22 000	277.37	6 321.91	6 599.28	37.24
6 626.42	23 000	277.37	6 321.91	6 599.28	27.14
6 616.76	24 000	277.37	6 321.91	6 599.28	17.48
6 607.52	25 000	277.37	6 321.91	6 599.28	8.23
6 598.64	26 000	277.37	6 321.91	6 599.28	−0.64
6 590.12	27 000	277.37	6 321.91	6 599.28	−9.16
6 581.91	28 000	277.37	6 321.91	6 599.28	−17.37

资料来源：作者测算 2009.4

(2) 饲养规模、物资费用不变，劳动力投入不同，中等规模生产劳动力边际效益、利润空间及其拐点

劳动力投入边际效益函数回归形式：

$$\partial I/\partial L_{劳动力}=1.733\ 125\times 0.069\ 279\times 2\ 635.894^{0.965\ 74}\times$$

$$6\ 321.914^{0.941\ 308} L_{劳动力}^{(1-0.069\ 279)}$$

劳动力投入边际效益、利润空间及其拐点。

在饲养规模面积为 2 635.89 百羽，物质费用实际为 6 321.914 元的条件下，劳动力投入边际效益、利润空间及其拐点是：在劳动力增加投入 500 元条件下，每增加 1 元劳动力投入的边际效益为 0，该点是劳动力投入边际效益的拐点，小于 500 元，劳动力的边际效益递增，大于 500 元，劳动力投入边际效益递减。中等规模生产实际平均每百羽劳动力投入为 277.36 元，专业户蛋鸡中等规模生产劳动力的边际效益空间较大（表 6-342）。

表 6-342 中等规模生产劳动力边际效益、利润空间及其拐点

每百羽增加 1 元物质费用边际效益增减	饲养规模（百羽）	劳动力投入（元/百羽）	物质成本投入（元/百羽）	每增加 1 元物质费用增加净收入
12 574.35	2 635.89	100	6 321.91	9 938.46
6 596.45	2 635.90	200	6 321.91	3 960.56
4 522.92	2 635.89	300	6 321.91	1 887.03
3 460.47	2 635.89	400	6 321.91	824.58
2 811.51	2 635.89	500	6 321.91	175.62
2 572.85	2 635.90	550	6 321.91	−63.04
2 551.27	2 635.89	555	6 321.91	−84.62
2 530.06	2 635.89	560	6 321.91	−105.83
2 509.22	2 635.89	565	6 321.91	−126.68
2 488.73	2 635.89	570	6 321.91	−147.17

资料来源：作者测算 2009.4

（3）饲养规模、劳动力资金投入不变，物资资本投入不同，中等规模生产物质费用投入边际效益、利润空间及其拐点

物质费用投入边际效益函数回归形式：

$$\partial I/\partial L_{物质费用}=1.733\ 125\times 0.941\ 308\times 2\ 635.894^{0.965\ 74}\times 277.367\ 2^{0.069\ 279}/L_{物质费用}^{(1-0.941\ 308)}$$

物质投入边际效益、利润空间及其拐点。

在饲养规模为 2 635.89 百羽，每百羽劳动力投入为 277.367 元条件下，物质投入边际效益、利润空间及其拐点是：在每百羽物质费用投入32 000元条件下，每增加 1 元物资费用投入的边际效益为 0，该点是物质费用投入边际效益的拐点，每百羽饲养规模水平小于 32 000 元物质费用的边际效益递增，大于 32 000 元，物质投入边际效益递减。从实际物质投入6 321.9 元的水平看，专业户蛋鸡中等规模生产的物质边际效益空间很大（表 6-343）。

表 6-343　中等规模生产物质费用投入边际效益、利润空间及其拐点

每百羽增加 1 元物质费用边际效益增减	饲养规模（百羽）	劳动力投入（元/百羽）	物质成本投入（元/百羽）	每增加 1 元物质费用增加净收入
2 823.40	2 635.89	277.37	10 000	187.51
2 710.85	2 635.89	277.37	20 000	74.95
2 647.10	2 635.89	277.37	30 000	11.20
2 642.01	2 635.89	277.37	31 000	6.11
2 637.09	2 635.89	277.37	32 000	1.19
2 632.33	2 635.89	277.37	33 000	−3.56
2 627.72	2 635.89	277.37	34 000	−8.17
2 623.25	2 635.89	277.37	35 000	−12.64
2 618.92	2 635.89	277.37	36 000	−16.97
2 614.71	2 635.89	277.37	37 000	−21.18

资料来源：作者测算 2009.4

6. 小规模边际效益

小规模生产边际效益生产函数回归形式：

$I=1.835\ 285L_{养殖规模}^{0.955\ 345}L_{劳动力}^{0.076\ 746}L_{物质费用}^{0.929\ 944}$

$R^2=0.942\ 43$

数据结构样本量为 12 个，其中，总收入平均值为 35 63 564 元，养殖规模平均值为 546.78 百羽，人工费用平均值为 546.78 元/百羽，物质投入费用平均值为 5 366.92 元/百羽。

表 6-344　小规模生产边际效益分析基础数据

年份	地区	总收入平均值（元）	养殖规模（百羽）	人工费用（元/百羽）	物质投入（元/百羽）
2000	江西	3 925 420	756.7	226.0	5 046.62
2001	湖北	6 375 000	750.0	83.2	7 052.00
2003	陕西	3 887 642	674.9	743.7	4 143.98
2001	陕西	3 821 080	668.9	684.3	4 738.80
2000	陕西	3 149 549	624.2	700.0	4 542.79
2002	陕西	3 360 988	566.1	735.9	4 677.45
2000	云南	2 506 385	500.0	150.0	5 943.75
2002	云南	3 315 653	477.3	121.0	4 956.70
2001	甘肃	4 230 535	456.0	529.4	6 963.59
2000	甘肃	3 705 125	390.0	450.0	5 656.99
2001	云南	2 166 852	372.7	93.6	5 133.82
2001	新疆	2 318 536	324.7	449.3	5 546.64
	平均	3 563 564	546.8	413.9	5 366.93

资料来源：作者测算 2009.4

(1) 物质费用、劳动力资金投入不变，饲养规模不同，小规模生产规模边际效益、利润空间及其拐点

小规模生产规模边际效益函数回归形式：

$$\partial I/\partial L_{养殖规模}=1.835\ 285\times 0.955\ 345\times 413.861\ 7^{0.076\ 746}\times 5\ 366.928^{0.929\ 944}/L_{养殖规模}^{(1-0.955\ 345)}$$

规模边际效益、利润空间及其拐点。

在每头劳动力投入和物质投入状况分别为 413.86 元和 5 366.92 元的不变条件下，每增加 100 羽，其边际效益利润空间及其拐点是：在 2 400 百羽上，每增加 100 羽的边际规模效益为 0，该点视为边际效益拐点。小于 2 400 百羽饲养规模的边际效益为递增，大于 2 400 百羽饲养规模的边际效益为递减。从实际规模为 546.78 百羽的水平看，专业户蛋鸡小规模生产的饲养规模的空间边际效益非常大（表 6-345）。

表 6-345　小规模生产规模边际效益、利润空间及其拐点

每增加一百羽边际总收入	饲养规模（百羽）	劳动力（元/百羽）	物质投入（元/百羽）	成本费用合计（元/百羽）	边际效益增减及其拐点
6 014.06	1 000	413.86	5 366.93	5 780.79	233.28
5 830.77	2 000	413.86	5 366.93	5 780.79	49.98
5 818.08	2 100	413.86	5 366.93	5 780.79	37.29
5 806.00	2 200	413.86	5 366.93	5 780.79	25.21
5 794.49	2 300	413.86	5 366.93	5 780.79	13.70
5 783.47	2 400	413.86	5 366.93	5 780.79	2.70
5 772.95	2 500	413.86	5 366.93	5 780.79	−7.84
5 762.85	2 600	413.86	5 366.93	5 780.79	−17.94
5 753.15	2 700	413.86	5 366.93	5 780.79	−27.64
5 743.81	2 800	413.86	5 366.93	5 780.79	−36.98

资料来源：作者测算 2009.4

(2) 饲养规模、物资费用不变，劳动力投入不同，小规模劳动力边际效益、利润空间及其拐点

劳动力投入边际效益函数回归形式：

$$\partial I/\partial L_{劳动力}=1.835\ 285\times 0.076\ 746\times 546.784\ 7^{0.955\ 345}\times 5\ 366.928^{0.929\ 944}/L_{劳动力}^{(1-0.076\ 746)}$$

劳动力投入边际效益、利润空间及其拐点。

在饲养规模为 546.78 百羽，每头物质费用为 5 366.92 元的条件下，劳动力投入边际效益、利润空间及其拐点是：在每百羽劳动力增加投入 503 元条件下，每增加 1 元劳动力投入的边际效益为 0，该点是劳动力投入

边际效益的拐点，小于 503 元，劳动力的边际效益递增，大于 503 元，劳动力投入边际效益递减。从小规模实际平均每百羽劳动力投入 413.8 元看，专业户蛋鸡小规模生产劳动力的边际效益空间不大（表 6-346）。

表 6-346　小规模生产劳动力边际效益、利润空间及其拐点

每百羽增加 1 元劳动力边际总收入	饲养规模（百羽）	劳动力（元/百羽）	物质投入（元/百羽）	每增加 1 元劳动力增加净收入
2 433.59	546.78	100	5 366.93	1 886.80
1 283.27	546.78	200	5 366.93	736.49
882.57	546.78	300	5 366.93	335.77
676.69	546.78	400	5 366.93	129.91
550.71	546.78	500	5 366.93	3.92
549.69	546.78	501	5 366.93	2.91
548.68	546.78	502	5 366.93	1.90
547.67	546.78	503	5 366.93	0.89
546.67	546.78	504	5 366.93	−0.12
545.67	546.78	505	5 366.93	−1.11

资料来源：作者测算 2009.4

（3）饲养规模、劳动力资金投入不变，物资资本投入不同，小规模物质费用投入边际效益、利润空间及其拐点

物质费用投入边际效益函数回归形式：

$$\partial I/\partial L_{物质费用}=1.835\,285\times 0.929\,944\times 546.784\,7^{0.955\,345}\times 413.861\,7^{0.076\,746}/L_{物质费用}^{(1-0.929\,944)}$$

物质投入边际效益、利润空间及其拐点。

在饲养规模为 546.78 百羽，每百羽劳动力投入为 413.86 元条件下，物质投入边际效益、利润空间及其拐点是：在每百羽物质费用投入 27 000 元条件下，每增加 1 元物资费用投入的边际效益为 0，该点是物质费用投入边际效益的拐点，小于 27 000 元，物质费用的边际效益递增，大于 27 000元，物质投入边际效益递减。从实际物质投入 5 366.9 元的水平看，专业户蛋鸡小规模生产物质投入水平的边际效益空间很大（表 6-347）。

表 6-347　小规模生产物质费用投入边际效益、利润空间及其拐点

每百羽增加 1 元物质费用边际效益增减	饲养规模（百羽）	劳动力投入（元/百羽）	物质成本投入（元/百羽）	每增加 1 元物质费用增加净收入
586.58	546.78	413.86	10 000	39.80
558.78	546.78	413.86	20 000	11.99
556.87	546.78	413.86	21 000	10.09

续表

每百羽增加1元物质费用边际效益增减	饲养规模（百羽）	劳动力投入（元/百羽）	物质成本投入（元/百羽）	每增加1元物质费用增加净收入
555.06	546.78	413.86	22 000	8.28
553.33	546.78	413.86	23 000	6.55
551.69	546.78	413.86	24 000	4.90
550.11	546.78	413.86	25 000	3.33
548.60	546.78	413.86	26 000	1.82
547.15	546.78	413.86	27 000	0.37
545.76	546.78	413.86	28 000	−1.02

资料来源：作者测算 2009.4

7. 结论

(1) 在总体条件下，专业户蛋鸡具备养殖规模和劳动力投入的效益空间，物质投入已经没有任何增长空间，表明我国专业户蛋鸡养殖要向规模经营的道路发展。

(2) 在大规模条件下，专业户蛋鸡具备养殖规模、劳动力投入和物质投入的效益空间，从而证明了规模化经营是我国专业户蛋鸡发展方向。

(3) 在中规模条件下，专业户蛋鸡具备养殖规模、劳动力投入和物质投入的效益空间，从而表明，在蛋鸡生产中，适度规模经营的道路不可取。

(4) 在小规模条件下，专业户蛋鸡具备养殖规模和物质投入的效益空间外，劳动力投入已经没有任何增长空间，表明小规模生产方式不可取。

十一、国营集体蛋鸡规模化问题研究

1. 生产函数回归形式

$I=18.037L_{百羽}^{0.9418515}L_{劳动力}^{0.012454}K_{物资投入}^{0.754936}$

$R^2=0.997315$

2. 数据结构

样本量为40，其中，总收入平均值为515 383 731.45元，饲养规模平均值为60 221.81百羽，人工费用平均值为166.59元/百羽，物质投入费用平均值为7 471.21元/百羽（表6-348）。

表 6-348　国营集体蛋鸡规模边际效益分析基础数据表

年份	地区	总收入（元）	规模（百羽）	人工费用（元/百羽）	物质费用（元/百羽）
2003	北京	143 386 883	19 038	176.96	7 350.04
2003	天津	64 703 145	8 980	145.60	7 491.46
2003	江苏	95 964 000	11 000	235.20	9 585.90
2003	安徽	1 014 622 524	114 971	138.88	7 334.86
2003	福建	198 536 780	26 000	188.16	7 785.35
2003	山东	15 580 000	2 000	67.20	6 962.55
2003	河南	93 405 189	10 929	278.88	6 887.91
2003	湖北	1 372 350 000	150 000	88.48	8 578.00
2003	广东	1 535 098 140	163 000	87.36	8 931.44
2003	海南	995 699 357	107 955	145.60	8 816.83
2003	甘肃	117 016 006	14 507	201.60	9 097.33
2003	新疆	22 422 400	3 500	224.00	6 658.50
2002	北京	13 278 480	1 795	201.30	6 504.24
2002	天津	225 282 853	30 667	136.40	6 817.15
2002	辽宁	25 161 312	3 200	14.30	7 192.69
2002	吉林	850 324 832	128 841	193.60	6 373.80
2002	江苏	985 641 850	133 322	212.30	8 381.92
2002	福建	332 721 500	40 900	198.00	7 982.40
2002	山东	37 877 626	5 350	134.20	6 892.90
2002	河南	70 979 923	10 314	260.70	5 552.10
2002	湖北	729 000 000	90 000	85.80	7 089.00
2002	广东	1 983 377 129	211 600	80.30	8 160.60
2002	海南	656 203 875	100 350	96.80	6 964.77
2002	甘肃	138 698 201	18 090	188.10	7 891.92
2001	北京	192 568 223	26 839	220.48	6 819.11
2001	天津	208 828 452	28 575	192.40	7 002.07
2001	辽宁	408 155 000	55 000	11.44	6 840.16
2001	上海	130 968 646	16 929	142.48	7 744.00
2001	江苏	37 725 323	4 990	170.56	7 583.83
2001	浙江	196 237 500	25 000	208.00	8 083.50
2001	安徽	1 125 338 770	142 268	178.88	7 518.13
2001	福建	388 402 660	51 882	202.80	8 640.83
2001	山东	12 280 000	2 000	62.40	5 617.00
2001	河南	54 150 139	8 456	268.32	5 198.46
2001	湖北	216 132 000	30 000	135.20	5 942.80
2001	湖南	26 948 400	3 000	353.60	8 424.29
2001	广东	4 058 080 718	405 585	45.76	9 197.68
2001	海南	949 387 465	91 002	228.80	8 476.00
2001	甘肃	136 033 936	18 390	171.60	7 329.41
2001	新疆	756 780 024	92 650	291.20	7 147.57
	平均	515 383 732	60 222	166.59	7 471.21

资料来源：作者测算 2009.4

3. 总体条件下的最适规模

(1) 物质费用、劳动力资金投入不变，饲养规模不同，规模边际效益、利润空间及其拐点

养殖规模边际效益函数回归形式：

$$\partial I/\partial L_{百羽}=18.037\times0.941\,851\,5\times166.591^{0.012\,454}\times 7\,471.213^{0.754\,936}/L_{百羽}^{(1-0.941\,851\,5)}$$

养殖规模边际效益、利润空间及其拐点。

在每百羽劳动力投入和物质投入状况分别为 166.59 元和 7471.21 元的不变条件下，每增加一百羽规模，其边际效益利润空间及其拐点是：在 138 500 百羽上，每增加一百羽的边际效益为 0，该点视为边际效益拐点。小于 138 500 百羽饲养规模的边际效益为递增，大于 138 500 百羽饲养规模的边际效益为递减。从实际规模为 60 221.81 百羽的水平看，国营集体蛋鸡生产饲养规模的空间边际效益较大 (表 6-349)。

表 6-349 规模边际效益、利润空间及其拐点

每增加一百羽的边际总收入	饲养规模（百羽）	劳动力（元/百羽）（元/百羽）	物质投入（元/百羽）	成本费用（元/百羽）	边际效益增减及其拐点
7 666.91	130 000.00	166.59	7 471.21	7 637.80	29.10
7 650.10	135 000.00	166.59	7 471.21	7 637.80	12.30
7 646.82	136 000.00	166.59	7 471.21	7 637.80	9.01
7 643.56	137 000.00	166.59	7 471.21	7 637.80	5.76
7 640.33	138 000.00	166.59	7 471.21	7 637.80	2.53
7 638.72	138 500.00	166.59	7 471.21	7 637.80	0.92
7 637.12	139 000.00	166.59	7 471.21	7 637.80	−0.68

资料来源：作者测算 2009.4

(2) 饲养量、物资费用不变，劳动力投入不同，规模劳动力边际效益、利润空间及其拐点

劳动力投入边际效益函数回归形式：

$$\partial I/\partial L_{劳动力}=18.037\times0.012\,454\times60\,221.81^{0.941\,851\,5}\times 7\,421.213^{0.754\,936}/L_{劳动力}^{(1-0.124\,54)}$$

劳动力投入边际效益、利润空间及其拐点。

在饲养规模为 60 221.81 百羽，每百羽物质费用实际为 7 471.21 元的不变条件下，劳动力投入边际效益、利润空间及其拐点是：在每百羽劳动力投入 105.00 元条件下，每增加 1 元劳动力投入的边际效益为 0，该点是劳动力投入边际效益的拐点，小于 105.00 元，劳动力的边际效益递增，大于 105.00 元，劳动力投入边际效益递减。从实际平均劳动力投入 166.59

元的水平看，国营集体蛋鸡生产劳动力投入的边际效益没有增长的空间（表 3-350）。

表 6-350　劳动力边际效益、利润空间及其拐点

每百羽增加 1 元劳动力边际总收入	规模（羽）	劳动力（元/百羽）	物质投入（元/百羽）	边际效益增减及其拐点
63 441.37	60 221.81	100.00	7 471.21	3 219.57
62 212.77	60 221.81	102.00	7 471.21	1 990.96
61 616.25	60 221.81	103.00	7 471.21	1 394.44
61 031.12	60 221.81	104.00	7 471.21	809.32
60 457.08	60 221.81	105.00	7 471.21	235.27
59 893.80	60 221.81	106.00	7 471.21	−328.01

资料来源：作者测算 2009.4

（3）规模、劳动力资金投入不变，物资资本投入不同，物资投入边际效益、利润空间及其拐点

物质费用投入边际效益函数回归形式：

$$\partial I/\partial K_{物质费用}=18.037\times 0.754\ 936\times 60\ 221.81^{0.941\ 851\ 5}\times 166.591^{0.012\ 454}\ /K_{物质费用}^{(1-0.754\ 936)}$$

物质投入边际效益、利润空间及其拐点。

在饲养规模为 60 221.81 百羽，每百羽劳动力投入 166.591 元的不变条件下，物质投入边际效益、利润空间及其拐点是：在每百羽物质费用 2 400 元条件下，每增加 1 元物资费用投入的边际效益为 0，该点是物质费用投入边际效益的拐点，小于 4 040 元，物质费用的边际效益递增，大于4 040元，物质投入边际效益递减。从实际物质投入 7 471.21 元/百羽的水平看，国营集体蛋鸡生产物质投入的边际效益没有增长的空间（表 6-352）。

表 6-351　物资投入边际效益、利润空间及其拐点

每百羽增加 1 元物质费用边际效益增减	饲养规模（百羽）	劳动力投入（元/百羽）	物质成本投入（元/百羽）	边际效益增减及其拐点
84 796.9	60 221.81	166.59	1 000	24 575.1
71 549.8	60 221.81	166.59	2 000	11 328.0
64 782.0	60 221.81	166.59	3 000	4 560.2
60 372.2	60 221.81	166.59	4 000	150.4
60 335.2	60 221.81	166.59	4 010	113.4
60 298.4	60 221.81	166.59	4 020	76.6
60 261.7	60 221.81	166.59	4 030	39.9
60 225.1	60 221.81	166.59	4 040	3.3
60 188.6	60 221.81	166.59	4 050	−33.2

资料来源：作者测算 2009.4

4. 大规模生产边际效益

大规模边际效益生产函数回归形式：

$$I=53.831\ 24L_{养殖规模}^{0.918\ 96}L_{劳动力}^{0.054\ 73}L_{物质费用}^{0.654\ 7}$$

$$R^2=0.992$$

数据结构样本量为 13，其中，总收入平均值为 1 308 608 053 元，养殖规模平均值为 148 580.2 百羽，人工费用平均值为 144.135 4 元/百羽，物质投入费用平均值为 7 920.815 元/百羽（表 6-352）。

表 6-352　大规模边际效益分析基础数据表

年份	地区	总收入（元）	规模（百羽）	人工（元/百羽）	费用（元/百羽）
2001	广东	4 058 080 718	405 585	45.76	9 197.68
2002	广东	1 983 377 129	211 599.5	80.3	8 160.6
2003	广东	1 535 098 140	163 000	87.36	8 931.44
2003	湖北	1 372 350 000	150 000	88.48	8 578
2001	安徽	1 125 338 770	142 267.5	178.88	7 518.13
2002	江苏	985 641 849.9	133 321.5	212.3	8 381.92
2002	吉林	850 324 831.8	128 841	193.6	6 373.8
2003	安徽	1 014 622 524	114 971	138.88	7 334.86
2003	海南	995 699 356.6	107 954.7	145.6	8 816.83
2002	海南	656 203 875.2	100 350.3	96.8	6 964.77
2001	新疆	756 780 024	92 650	291.2	7 147.57
2001	海南	949 387 465.2	91 002	228.8	8 476
2002	湖北	729 000 000	90 000	85.8	7 089
	平均	1 308 608 053	148 580.2	144.12	7 920.82

资料来源：作者测算 2009.4

（1）物质费用、劳动力资金投入不变，饲养规模不同，大规模边际效益、利润空间及其拐点

大规模边际效益函数回归形式：

$$\partial I/\partial L_{养殖规模}=53.831\ 24\times 0.918\ 96\times 144.135\ 4^{0.054\ 73}\times 7\ 920.815^{0.654\ 7}/L_{养殖规模}^{(1-0.918\ 96)}$$

规模边际效益、利润空间及其拐点。

在每头劳动力投入和物质投入分别为 144.135 4 元和 7 920.815 元的不变条件下，每增加 100 羽，其边际效益利润空间及其拐点是：在450 000百羽上，每增加 100 羽饲养规模的边际效益为 0，该点视为边际效益拐点。小于 450 000 百羽饲养规模的边际效益为递增，大于 450 000 百羽饲养规模的边际效益为递减。从实际规模为 148 580.2 百羽的水平看，国营集体蛋

鸡大规模生产的养殖规模边际效益还有一定的空间（表 6-353）。

表 6-353 大规模生产边际效益、利润空间及其拐点

每增加一百羽边际总收入	饲养规模（百羽）	劳动力（元/百羽）	物质投入（元/百羽）	成本费用（元/百羽）	边际效益增减及其拐点
9 116.02	100 000	144.14	7 920.82	8 064.95	1051.07
8 618.06	200 000	144.14	7 920.82	8 064.95	553.11
8 339.49	300 000	144.14	7 920.82	8 064.95	274.53
8 147.31	400 000	144.14	7 920.82	8 064.95	82.36
8 131.02	410 000	144.14	7 920.82	8 064.95	66.07
8 115.16	420 000	144.14	7 920.82	8 064.95	50.21
8 099.70	430 000	144.14	7 920.82	8 064.95	34.75
8 084.62	440 000	144.14	7 920.82	8 064.95	19.67
8 069.91	450 000	144.14	7 920.82	8 064.95	4.96
8 055.55	460 000	144.14	7 920.82	8 064.95	−9.40

资料来源：作者测算 2009.4

(2) 饲养规模、物资费用不变，劳动力投入不同，大规模边际效益、利润空间及其拐点

劳动力投入边际效益函数回归形式：

$$\partial I/\partial L_{劳动力}=53.831\,24\times 0.054\,73\times 148\,580.192\,3^{0.918\,96}\times 7\,920.815^{0.654\,7}/L_{劳动力}^{(1-0.054\,73)}$$

劳动力投入边际效益、利润空间及其拐点。

在养殖规模为 148 580.19 百羽，每百羽物质费用为 7 920.82 元的条件下，劳动力投入边际效益、利润空间及其拐点是：在每百羽劳动力投入 560 元条件下，每增加 1 元劳动力投入的边际效益为 0，该点是劳动力投入边际效益的拐点，小于 560 元，劳动力的边际效益递增，大于 560 元，劳动力投入边际效益递减。从大规模实际每百羽劳动力投入 144.14 元的水平看，国营集体蛋鸡大规模生产劳动力的边际效益空间较大（表 6-354）。

表 6-354 大规模边生产劳动力际效益、利润空间及其拐点

每百羽增加 1 元劳动力边际总收入（元）	饲养规模（百羽）	劳动力（元/百羽）	物质投入（元/百羽）	每增加 1 元劳动力增加净收入（元）
167 245.45	148 580.19	500	7 920.82	18 665.26
164 143.93	148 580.19	510	7 920.82	15 563.74
161 158.5	148 580.19	520	7 920.82	12 578.31
158 282.70	148 580.19	530	7 920.82	9 702.51

续表

每百羽增加1元劳动力边际总收入（元）	饲养规模（百羽）	劳动力（元/百羽）	物质投入（元/百羽）	每增加1元劳动力增加净收入（元）
155 510.55	148 580.19	540	7 920.82	6 930.35
152 836.49	148 580.19	550	7 920.82	4 256.30
150 255.37	148 580.19	560	7 920.82	1 675.18
147 762.38	148 580.19	570	7 920.82	−817.81
145 353.04	148 580.19	580	7 920.82	−3 227.15
143 023.18	148 580.19	590	7 920.82	−5 557.02

资料来源：作者测算 2009.4

(3) 饲养规模、劳动力资金投入不变，物资资本投入不同，大规模物质费用投入边际效益、利润空间及其拐点

物质费用投入边际效益函数回归形式：

$$\partial I/\partial L_{物质费用}=53.831\ 24\times 0.654\ 7\times 148\ 580.192\ 3^{0.918\ 96}\times 144.135\ 4^{0.054\ 73}/L_{物质费用}^{(1-0.654\ 7)}$$

物质投入边际效益、利润空间及其拐点。

在养殖规模为148 580.19百羽，每百羽劳动力投入为144.135 4元条件下，物质投入边际效益、利润空间及其拐点是：在每百羽物质费用投入4 060元条件下，每增加1元物资费用投入的边际效益为0，该点是物质费用投入边际效益的拐点，小于4 060元，物质费用的边际效益递增，大于4 060元，物质投入边际效益递减。从实际物质投入7 920.82元的水平看，国营集体蛋鸡大规模生产物质投入水平的边际效益空间不存在（表6-355）。

表6-355　大规模生产物质费用投入边际效益、利润空间及其拐点

每百羽增加1元物质费用边际效益增减	饲养规模（百羽）	劳动力投入（元/百羽）	物质成本投入（元/百羽）	每增加1元物质费用增加净收入
149 368.89	148 580.19	144.14	4 000	788.69
148 729.54	148 580.19	144.14	4 050	149.35
148 602.95	148 580.19	144.14	4 060	22.75
148 476.77	148 580.19	144.14	4 070	−103.42
148 351.01	148 580.19	144.14	4 080	−229.18
148 225.66	148 580.19	144.14	4 090	−354.53
148 100.73	148 580.19	144.14	4 100	−479.46
147 976.20	148 580.19	144.14	4 110	−603.99
147 852.08	148 580.19	144.14	4 120	−728.11
147 728.37	148 580.19	144.14	4 130	−851.82

资料来源：作者测算 2009.4

5. 中等规模边际效益

中等规模生产的规模边际效益生产函数回归形式：

$I = 7.795\ 292 L_{养殖规模}^{0.943\ 631} L_{劳动力}^{0.010\ 418} L_{物质费用}^{0.850\ 188}$

$R^2 = 0.946\ 24$

数据结构

样本量为17，其中，总收入平均值为193 724 573.5，饲养规模平均值为25 532.93百羽，人工费用平均值为185.2元/百羽，物质投入费用平均值为7 491.29元/百羽（表6-356）。

表6-356　中等规模生产的规模边际效益分析基础数据

年份	地区	总收入（元）	规模（百羽）	人工费用（元/百羽）	物质费用（元/百羽）
2001	辽宁	408 155 000	55 000	11.44	6 840.16
2001	福建	388 402 660.1	51 882	202.8	8 640.83
2002	福建	332 721 500	40 900	198	7 982.4
2002	天津	225 282 853.3	30 666.67	136.4	6 817.15
2001	湖北	216 132 000	30 000	135.2	5 942.8
2001	天津	208 828 451.7	28 575.4	192.4	7 002.07
2001	北京	192 568 222.6	26 838.89	220.48	6 819.11
2003	福建	198 536 780	26 000	188.16	7 785.35
2001	浙江	196 237 500	25 000	208	8 083.5
2003	北京	143 386 883.2	19 038.42	176.96	7 350.04
2001	甘肃	136 033 935.6	18 389.5	171.6	7 329.41
2002	甘肃	138 698 200.8	18 090	188.1	7 891.92
2001	上海	130 968 645.5	16 928.8	142.48	7 744
2003	甘肃	117 016 005.6	14 507.33	201.6	9 097.33
2003	江苏	95 964 000	11 000	235.2	9 585.9
2003	河南	93 405 188.57	10 928.57	278.88	6 887.91
2002	河南	70 979 923.14	10 314.29	260.7	5 552.1
	平均	193 724 573.5	25 532.93	185.2	7 491.29

资料来源：作者测算2009.4

（1）物质费用、劳动力资金投入不变，饲养规模不同，中等规模生产的规模边际效益、利润空间及其拐点

中等规模生产的规模边际效益函数回归形式：

$$\partial I / \partial L_{养殖规模} = 7.795\ 292 \times 0.943\ 631 \times 185.2^{0.010\ 418} \times 7\ 491.293^{0.850\ 188} / L_{养殖规模}^{(1-0.943\ 631)}$$

规模边际效益、利润空间及其拐点。

在劳动力投入和物质投入分别为185.2元和7 491.29元的不变条件下，每增加100羽，其边际效益利润空间及其拐点是：在203 000

百羽水平上，每增加百羽规模的边际效益为0，该点视为边际效益拐点。小于203 000百羽饲养规模的边际效益为递增，大于203 000百羽饲养规模水平的边际效益为递减。从实际规模为25 532.93百羽的水平看，国营集体蛋鸡中等规模规模生产饲养规模的空间边际效益非常大（表6-357）。

表6-357　中等规模生产的规模边际效益、利润空间及其拐点

每增加一百羽边际总收入	饲养规模（百羽）	劳动力（元/百羽）	物质投入（元/百羽）	成本费用（元/百羽）	边际效益增减及其拐点
7 989.43	100 000	185.2	7 491.29	7 676.49	312.93
7 683.28	200 000	185.2	7 491.29	7 676.49	6.79
7 682.20	200 500	185.2	7 491.29	7 676.49	5.71
7 681.12	201 000	185.2	7 491.29	7 676.49	4.63
7 680.08	201 500	185.2	7 491.29	7 676.49	3.55
7 678.97	202 000	185.2	7 491.29	7 676.49	2.48
7 677.90	202 500	185.2	7 491.29	7 676.49	1.41
7 676.84	203 000	185.2	7 491.29	7 676.49	0.34
7 675.77	203 500	185.2	7 491.29	7 676.49	−0.72
7 674.71	204 000	185.2	7 491.29	7 676.49	−1.78

资料来源：作者测算 2009.4

（2）饲养规模、物资费用不变，劳动力投入不同，中等规模生产劳动力边际效益、利润空间及其拐点

劳动力投入边际效益函数回归形式：

$$\partial I/\partial L_{劳动力}=7.795\ 292\times 0.010\ 418\times 25\ 532.933\ 1^{0.943\ 631}\times 7\ 491.293^{0.850\ 188}\ /L_{劳动力}^{(1-0.010\ 418)}$$

劳动力投入边际效益、利润空间及其拐点。

在饲养规模为25 532.93百羽，物质费用实际为7 491.29元每百羽的条件下，劳动力投入边际效益、利润空间及其拐点是：在每百羽劳动力投入90元条件下，每增加1元劳动力投入的边际效益为0，该点是劳动力投入边际效益的拐点，小于90元，劳动力的边际效益递增，大于90元的劳动力投入水平，边际效益递减。从实际每百羽劳动力投入185.2元的水平看，国营集体蛋鸡中等规模规模生产劳动力的边际效益空间不大（表6-358）。

表 6-358　中等规模生产劳动力边际效益、利润空间及其拐点

每百羽增加 1 元物质费用边际效益增减	饲养规模（百羽）	劳动力投入（元/百羽）	物质成本投入（元/百羽）	每增加 1 元物质费用增加净收入
47 987.17	25 532.93	50	7 491.29	22 454.24
40 065.34	25 532.93	60	7 491.29	14 532.41
34 396.91	25 532.93	70	7 491.29	8 863.98
30 139.20	25 532.93	80	7 491.29	4 606.26
28 384.23	25 532.93	85	7 491.29	2 851.29
26 823.29	25 532.93	90	7 491.29	1 290.36
25 425.86	25 532.93	95	7 491.29	−107.08
24 167.48	25 532.93	100	7 491.29	−1 365.46
23 028.35	25 532.93	105	7 491.29	−2 504.59
21 992.26	25 532.93	110	7 491.29	−3 540.67

资料来源：作者测算 2009.4

(3) 饲养规模、劳动力资金投入不变，物资资本投入不同，中等规模生产物质费用投入边际效益、利润空间及其拐点

物质费用投入边际效益函数回归形式：

$$\partial I/\partial L_{物质费用}=7.795\ 292\times 0.850\ 188\times 25\ 532.933\ 1^{0.943\ 631}\times 185.2^{0.010\ 418}\ /L_{物质费用}^{(1-0.850\ 188)}$$

物质投入边际效益、利润空间及其拐点。

在饲养规模为 25 532.93 百羽，每百羽劳动力投入为 185.2 元条件下，物质投入边际效益、利润空间及其拐点是：在每百羽物质费用投入 9 000 元条件下，每增加 1 元物资费用投入的边际效益为 0，该点是物质费用投入边际效益的拐点，小于 9 000 元，物质费用的边际效益递增，大于 9 000 元，物质投入边际效益递减。从实际物质投入 7 491.29 元的水平看，国营集体蛋鸡中等规模规模生产的物质边际效益空间较大（表 6-359）。

表 6-359　中等规模生产物质费用投入边际效益、利润空间及其拐点

每百羽增加 1 元物质费用边际效益增减	饲养规模（百羽）	劳动力投入（元/百羽）	物质成本投入（元/百羽）	每增加 1 元物质费用增加净收入
35 827.17	25 532.93	185.2	1 000	10 294.24
32 293.46	25 532.93	185.2	2 000	6 760.53
30 390.23	25 532.93	185.2	3 000	4 857.30
29 108.29	25 532.93	185.2	4 000	3 575.36
28 151.30	25 532.93	185.2	5 000	2 618.36
27 392.78	25 532.93	185.2	6 000	1 859.85
26 767.43	25 532.93	185.2	7 000	1 234.50

续表

每百羽增加1元物质费用边际效益增减	饲养规模（百羽）	劳动力投入（元/百羽）	物质成本投入（元/百羽）	每增加1元物质费用增加净收入
26 237.28	25 532.93	185.2	8 000	704.35
25 778.37	25 532.93	185.2	9 000	245.44
25 374.68	25 532.93	185.2	10 000	−158.26

资料来源：作者测算 2009.4

6. 小规模边际效益

小规模生产边际效益生产函数回归形式：

$I=9.431\ 555L_{养殖规模}^{0.957\ 117}L_{劳动力}^{0.010\ 359}L_{物质费用}^{0.798\ 393}$

$R^2=0.785\ 4$

数据结构样本量为10，其中，总收入平均值为31 012 682元，养殖规模平均值为4 326.99百羽，人工费用平均值为164.15元/百羽，物质投入费用平均值为6 852.59元/百羽（表6-360）。

表6-360　小规模生产边际效益分析基础数据

年份	地区	总收入平均值（元）	养殖规模（百羽）	人工费用（元/百羽）	物质投入（元/百羽）
2003	天津	64 703 145	8 980	145.6	7 491.46
2001	河南	54 150 139	8 456	268.32	5 198.46
2002	山东	37 877 626	5 350	134.2	6 892.9
2001	江苏	37 725 323	4 990	170.56	7 583.83
2003	新疆	22 422 400	3 500	224	6 658.5
2002	辽宁	25 161 312	3 200	14.3	7 192.69
2001	湖南	26 948 400	3 000	353.6	8 424.29
2003	山东	15 580 000	2 000	67.2	6 962.55
2001	山东	12 280 000	2 000	62.4	5 617
2002	北京	13 278 480	1 795	201.3	6 504.24
	平均	31 012 682	4 327	164.148	6 852.59

资料来源：作者测算 2009.4

（1）物质费用、劳动力资金投入不变，饲养规模不同，小规模生产规模边际效益、利润空间及其拐点

小规模生产规模边际效益函数回归形式：

$$\partial I/\partial L_{养殖规模}=9.431\ 555\times0.957\ 117\times164.148^{0.010\ 359}\times 6\ 852.592^{0.798\ 393}/L_{养殖规模}^{(1-0.957\ 117)}$$

规模边际效益、利润空间及其拐点。

在每百羽劳动力投入和物质投入分别为164.148元和6 852.592元的不变条件下，每增加100羽，其边际效益利润空间及其拐点是：在35 000

百羽上，每增加 100 羽的边际规模效益为 0，该点视为边际效益拐点。小于 35 000 百羽饲养规模的边际效益为递增，大于 35 000 百羽饲养规模水平的边际效益为递减。从实际规模为 4 326.99 百羽的水平看，国营集体蛋鸡小规模规模生产饲养规模的空间边际效益非常大（表 6-361）。

表 6-361 小规模生产规模边际效益、利润空间及其拐点

每增加一百羽边际总收入	饲养规模（百羽）	劳动力（元/百羽）	物质投入（元/百羽）	成本费用（元/百羽）	边际效益增减及其拐点
7 404.29	10 000	164.15	6 852.59	7 016.74	387.55
7 187.45	20 000	164.15	6 852.59	7 016.74	170.71
7 063.55	30 000	164.15	6 852.59	7 016.74	46.81
7 053.63	31 000	164.15	6 852.59	7 016.74	36.89
7 044.03	32 000	164.15	6 852.59	7 016.74	27.29
7 034.74	33 000	164.15	6 852.59	7 016.74	18.00
7 025.74	34 000	164.15	6 852.59	7 016.74	9.00
7 017.01	35 000	164.15	6 852.59	7 016.74	0.27
7 016.16	35 100	164.15	6 852.59	7 016.74	−0.58
7 015.30	35 200	164.15	6 852.59	7 016.74	−1.44

资料来源：作者测算 2009.4

(2) 饲养规模、物资费用不变，劳动力投入不同，小规模劳动力边际效益、利润空间及其拐点

劳动力投入边际效益函数回归形式：

$$\partial I/\partial L_{劳动力}=9.431\,555\times 0.010\,359\times 4\,326.991\,453^{0.957\,117}\times 6\,852.592^{0.798\,393}/L_{劳动力}^{(1-0.010\,359)}$$

劳动力投入边际效益、利润空间及其拐点。

在饲养规模为 4 326.99 百羽，每百羽物质费用为 6 852.59 元的条件下，劳动力投入边际效益、利润空间及其拐点是：在每百羽劳动力增加投入 82 元条件下，每增加 1 元劳动力投入的边际效益为 0，该点是劳动力投入边际效益的拐点，小于 82 元，劳动力的边际效益递增，大于 82 元的劳动力投入水平，边际效益递减。从小规模实际平均每百羽劳动力投入 164.148 元的水平看，国营集体蛋鸡小规模规模生产的劳动力的边际效益空间不大（表 6-362）。

表 6-362 小规模生产劳动力边际效益、利润空间及其拐点

每百羽增加 1 元劳动力边际总收入	饲养规模（百羽）	劳动力（元/百羽）	物质投入（元/百羽）	每增加 1 元劳动力增加净收入
7 100.78	4 326.99	50	6 852.59	2 773.79
5 928.50	4 326.99	60	6 852.59	1 601.51
5 089.69	4 326.99	70	6 852.59	762.70

续表

每百羽增加1元劳动力边际总收入	饲养规模（百羽）	劳动力（元/百羽）	物质投入（元/百羽）	每增加1元劳动力增加净收入
4 459.65	4 326.99	80	6 852.59	132.65
4 405.16	4 326.99	81	6 852.59	78.16
4 351.99	4 326.99	82	6 852.59	24.99
4 300.09	4 326.99	83	6 852.59	−26.90
4 249.43	4 326.99	84	6 852.59	−77.56
4 199.95	4 326.99	85	6 852.59	−127.04
4 151.62	4 326.99	86	6 852.59	−175.37

资料来源：作者测算 2009.4

(3) 饲养规模、劳动力资金投入不变，物资资本投入不同，小规模物质费用投入边际效益、利润空间及其拐点

物质费用投入边际效益函数回归形式：

$$\partial I/\partial L_{物质费用}=9.431\,555\times 0.798\,393\times 4\,326.991\,453^{0.957\,117}\times 164.148^{0.010\,359}/L_{物质费用}^{(1-0.798\,393)}$$

物质投入边际效益、利润空间及其拐点。

在饲养规模为 4 326.99 百羽，每百羽劳动力投入为 164.148 元条件下，物质投入边际效益、利润空间及其拐点是：在每百羽物质费用投入 4 800 元条件下，每增加 1 元物资费用投入的边际效益为 0，该点是物质费用投入边际效益的拐点，小于 4 800 元，物质费用的边际效益递增，大于 4 800 元，物质投入边际效益递减。从实际物质投入 6 852.59 元的水平看，国营集体蛋鸡小规模生产物质投入水平的边际效益空间不存在（表 6-363）。

表 6-363　小规模生产物质费用投入边际效益、利润空间及其拐点

每百羽增加1元物质费用边际效益增减	饲养规模（百羽）	劳动力投入（元/百羽）	物质成本投入（元/百羽）	每增加1元物质费用增加净收入
4 506.12	4 326.99	164.14	4 000	179.13
4 483.74	4 326.99	164.15	4 100	156.75
4 462.01	4 326.99	164.15	4 200	135.02
4 440.89	4 326.99	164.15	4 300	113.90
4 420.36	4 326.99	164.15	4 400	93.37
4 400.38	4 326.99	164.15	4 500	73.39
4 380.92	4 326.99	164.15	4 600	53.93
4 361.97	4 326.99	164.15	4 700	34.98
4 343.49	4 326.99	164.15	4 800	16.50
4 325.47	4 326.99	164.15	4 900	−1.52

资料来源：作者测算 2009.4

7. 结论

(1) 在总体条件下，国营集体蛋鸡除具备养殖规模的边际效益空间外，劳动力投入，物质投入已经没有任何增长空间，我国国营集体蛋鸡必须改变经营模式，向大规模养殖方向转变。

(2) 在大规模条件下，国营集体蛋鸡具备养殖规模、劳动力投入的边际效益空间，物质投入边际效益已经没有任何增长空间，从而也证了我国国营集体蛋鸡必须转变经营模式的判断。

(3) 在中规模条件下，国营集体蛋鸡具备养殖规模和物质投入的边际效益空间外，劳动力投入已经没有任何增长空间，表明我国国营集体蛋鸡生产采用适度规模经营的方式不可取。

(4) 在小规模条件下，国营集体蛋鸡具备养殖规模的效益空间外，劳动力投入，物质投入已经没有任何增长空间，表明我国国营集体蛋鸡必须走规模化养殖的道路。

十二、专业户奶牛规模化问题研究

1. 生产函数回归形式

$I=18.275\ 68L_{养殖规模}^{0.953\ 352}L_{劳动力}^{0.112\ 83}K_{物资投入}^{0.637\ 475}$

$R^2=0.990\ 945\ 2$

2. **数据结构**

样本量为 65，其中，总收入平均值为 338 863.6 元，饲养平均值为 31.51 头，人工费用平均值为 740.17 元/头，物质投入费用平均值为 5 928.40元/头（表 6-364）。

表 6-364 专业户奶牛规模边际效益分析基础数据表

年份	地区	总收入（元）	规模（头）	人工费用（元/头）	物质费用（元/头）
2002	广西	3 846 103.89	309.50	1 302.40	11 930.79
2003	北京	1 968 107.08	170.50	425.60	8 040.63
2003	天津	1 839 987.36	152.00	467.04	7 981.89
2002	天津	1 388 350.73	137.33	463.10	6 483.85
2000	天津	1 322 229.26	131.43	429.00	7 401.72
2001	天津	1 241 166.52	122.88	475.28	6 800.93
2003	福建	830 853.93	59.00	697.76	7 700.92
2001	内蒙古	612 980.20	52.04	718.64	6 571.71
2000	内蒙古	467 486.08	50.50	935.00	4 578.60
2000	福建	645 525.00	50.33	681.00	6 674.23
2002	福建	598 904.20	49.33	672.10	6 642.65

续表

年份	地区	总收入（元）	规模（头）	人工费用（元/头）	物质费用（元/头）
2001	福建	609 390.00	49.33	601.12	7 043.37
2000	辽宁	422 780.51	47.00	383.00	5 952.44
2001	辽宁	396 032.00	45.50	405.60	4 839.50
2002	湖南	335 357.78	33.50	572.00	6 395.16
2003	湖南	315 149.90	32.50	579.04	6 386.29
2003	辽宁	268 248.00	30.00	431.20	4 910.30
2002	安徽	267 230.10	30.00	330.00	7 025.33
2001	安徽	263 235.00	30.00	288.08	6 602.35
2003	安徽	252 855.00	27.00	407.68	8 637.00
2000	宁夏	189 345.15	26.50	207.00	4 771.74
2003	新疆	256 631.80	24.20	703.36	4 292.78
2002	宁夏	156 178.09	22.25	163.90	5 734.01
2001	湖南	226 500.00	20.00	676.00	8 046.62
2000	湖南	179 056.00	20.00	627.00	4 954.67
2001	山东	167 355.24	18.88	613.60	6 075.85
2003	宁夏	162 517.04	18.67	245.28	6 714.14
2003	内蒙古	198 851.59	16.65	841.12	7 696.42
2000	四川	250 404.16	16.00	1 030.00	7 629.70
2003	黑龙江	153 034.28	15.97	934.08	5 532.12
2000	河北	117 946.05	15.80	571.00	4 053.34
2002	黑龙江	128 605.01	15.14	872.30	4 935.31
2001	宁夏	102 088.00	14.00	239.20	5 189.81
2003	河北	137 086.42	12.93	538.72	5 222.92
2003	四川	142 776.51	12.67	732.48	7 909.25
2003	云南	73 890.84	11.35	476.00	3 437.90
2002	内蒙古	123 647.50	10.42	1 136.30	5 529.67
2002	河北	94 500.88	9.96	640.20	5 345.88
2003	山西	75 158.16	8.56	784.00	6 615.00
2003	广西	93 599.96	8.50	474.88	8 609.87
2001	黑龙江	60 628.95	7.52	1 029.60	4 561.58
2001	河北	68 168.93	7.50	586.56	4 725.07
2001	河南	67 773.07	7.36	894.40	4 913.26
2002	河南	73 695.27	7.27	966.90	5 257.11
2000	山东	64 768.76	7.00	542.00	6 107.25
2000	河南	57 987.93	7.00	938.00	4 773.90
2003	河南	62 767.23	6.45	844.48	5 304.14
2002	四川	88 680.24	6.17	968.00	8 052.51
2000	重庆	48 531.42	6.00	870.00	6 544.66
2003	山东	71 589.83	5.71	760.48	7 050.78
2001	重庆	46 191.37	5.50	941.20	6 406.10
2002	重庆	44 884.80	5.00	1 162.70	6 797.90

续表

年份	地区	总收入（元）	规模（头）	人工费用（元/头）	物质费用（元/头）
2001	山西	49 770.00	5.00	416.00	8 023.00
2002	山东	60 634.43	4.86	766.70	6 530.73
2000	黑龙江	33 923.09	4.80	1249.00	3 150.57
2003	重庆	43 355.74	4.33	1 196.16	5 387.79
2000	云南	17 675.39	3.50	1 311.00	2 751.34
2002	山西	33 265.33	3.33	982.30	6 176.00
2001	云南	15 644.76	3.17	1 008.80	2 663.07
2002	云南	17 633.99	2.75	1 201.20	3 451.51
2000	陕西	19 320.52	2.44	1 160.00	3 527.00
2001	新疆	21 396.67	2.33	762.32	4 952.40
2003	陕西	14 852.44	2.22	1 321.60	3 999.28
2002	陕西	12 037.26	1.78	1 254.00	3 699.00
2001	陕西	9 811.20	1.33	1 206.40	3 643.08
	平均	338 863.60	31.51	740.17	5 928.40

资料来源：作者测算 2009.4

3. 总体条件下的最适规模

（1）物质费用、劳动力资金投入不变，饲养规模不同，规模边际效益、利润空间及其拐点

规模边际效益函数回归形式：

$$\partial I/\partial L_{养殖规模}=18.275\,68\times0.953\,352\,\frac{740.17^{0.112\,83}\times5\,928.395^{0.637\,475}}{L_{养殖规模}^{(1-0.953\,352)}}$$

规模边际效益、利润空间及其拐点。

在每头劳动力投入和物质投入状况分别为 740.17 元和 5 928.395 元的不变条件下，每增加一头饲养量，其边际效益利润空间及其拐点是：在 1 340头上，每增加一头的边际规模效益为 0，该点视为边际效益拐点。小于 1 340 头饲养规模的边际效益为递增，大于 1 340 头饲养规模水平的边际效益为递减。从实际规模 31.51 头的水平看，专业户奶牛生产的规模空间边际效益很大（表 6-365）。

表 6-365　规模边际效益、利润空间及其拐点

每增加一头地边际总收入	规模	劳动力（元/头）	物质投入（元/头）	成本费用（元/头）	边际效益增减及其拐点
6 732.1	1 100	740.17	5 928.40	6 668.6	63.55
6 704.8	1 200	740.17	5 928.40	6 668.6	36.28
6 679.9	1 300	740.17	5 928.40	6 668.6	11.29
6 675.1	1 320	740.17	5 928.40	6 668.6	6.54
6 672.8	1 330	740.17	5 928.40	6 668.6	4.19

续表

每增加一头地边际总收入	规模	劳动力（元/头）	物质投入（元/头）	成本费用（元/头）	边际效益增减及其拐点
6 670.4	1 340	740.17	5 928.40	6 668.6	1.86
6 668.1	1 350	740.17	5 928.40	6 668.6	−0.46

资料来源：作者测算 2009.4

(2) 饲养量、物资费用不变，劳动力投入不同，规模劳动力边际效益、利润空间及其拐点

劳动力投入边际效益函数回归形式：

$$\partial I/\partial L_{劳动力}=18.275\ 68\times 0.112\ 83\ \frac{31.51^{0.953\ 352}\times 5\ 928.395^{0.637\ 475}}{L_{劳动力}^{(1-0.112\ 83)}}$$

劳动力投入边际效益、利润空间及其拐点。

在饲养规模为 31.51 头，每头物质费用实际为 5 928.495 元的不变条件下，劳动力投入边际效益、利润空间及其拐点是：在每头劳动力投入 900 元条件下，每增加 1 元劳动力投入的边际效益为 0，该点是劳动力投入边际效益的拐点，小于 900 元，劳动力的边际效益递增，大于 900 元，劳动力投入边际效益递减。从实际平均劳动力投入 740.17 元的水平看，专业户奶牛生产劳动力投入的边际效益还有一定的空间（表 6-366）。

表 6-366　劳动力边际效益、利润空间及其拐点

每头增加 1 元劳动力边际总收入	饲养规模（头）	劳动力（元/头）	物质投入（元/头）	边际效益增减及其拐点
56.7	31.51	500.00	5 928.40	25.2
48.2	31.51	600.00	5 928.40	16.7
42.1	31.51	700.00	5 928.40	10.6
37.4	31.51	800.00	5 928.40	5.9
33.7	31.51	900.00	5 928.40	2.1
30.7	31.51	1 000.00	5 928.40	−0.9

资料来源：作者测算 2009.4

(3) 饲养量、劳动力资金投入不变，物资资本投入不同，物资投入边际效益、利润空间及其拐点

物质费用投入边际效益函数回归形式：

$$\partial I/\partial K_{物质费用}=18.275\ 68\times 0.637\ 475\ \frac{31.51^{0.953\ 352}\times 740.17^{0.075\ 573}}{L_{物质费用}^{(1-0.637\ 475)}}$$

物质投入边际效益、利润空间及其拐点。

在饲养规模为 31.51 头，每头劳动力投入实际为 740.17 元的不变条件下，物质投入边际效益、利润空间及其拐点是：在每头物质费用投入

4 300 元条件下，每增加 1 元物资费用投入的边际效益为 0，该点是物质费用投入边际效益的拐点，每头物质费用水平小于 4 300 元，物质费用的边际效益递增，大于 4 300 元的物质投入边际效益递减。从实际物质投入 5 928.40元的水平看，专业户奶牛生产物质投入的边际效益没有空间（表 6-367）。

表 6-367　物资投入边际效益、利润空间及其拐点

每头增加 1 元物质费用边际效益增减	饲养规模（头）	劳动力投入（元/头）	物质成本投入（元/头）	边际效益增减及其拐点
41.9	31.51	740.17	2 000.00	10.36
36.2	31.51	740.17	3 000.00	4.64
32.6	31.51	740.17	4 000.00	1.06
32.3	31.51	740.17	4 100.00	0.77
32.0	31.51	740.17	4 200.00	0.49
31.7	31.51	740.17	4 300.00	0.22
31.5	31.51	740.17	4 400.00	−0.05

资料来源：作者测算 2009.4

4. 大规模生产边际效益

大规模边际效益生产函数回归形式：

$$I=2.898\ 406L_{养殖规模}^{0.960\ 687}L_{劳动力}^{0.022\ 13}L_{物质费用}^{0.912\ 881}$$

$$R^2=0.992$$

数据结构样本量为 6，其中，总收入平均值为 1 934 324 元，养殖规模平均值为 170.60 头，人工费用平均值为 593.73 元/头，物质投入费用平均值为 8 106.63 元/头（表 6-368）。

表 6-368　大规模生产边际效益分析基础数据表

年份	地区	总收入（元）	规模（头）	人工费用（元/头）	物质费用（元/头）
2002	广西	3 846 104	309.5	1 302.4	11 930.79
2003	北京	1 968 107	170.5	425.6	8040.63
2003	天津	1 839 987	152.0	467.0	7 981.89
2002	天津	1 388 351	137.3	463.1	6 483.85
2000	天津	1 322 229	131.4	429	7 401.72
2001	天津	1 241 167	122.9	475.3	6 800.93
	平均	1 934 324	170.6	593.7	8 106.64

资料来源：作者测算 2009.4

（1）物质费用、劳动力资金投入不变，饲养规模不同，大规模边际效益、利润空间及其拐点

大规模边际效益函数回归形式：

$$\partial I/\partial L_{养殖规模}=2.898\ 406\times 0.960\ 687\times 593.736\ 7^{0.022\ 13}\times 8\ 106.635^{0.912\ 881}/L_{养殖规模}^{(1-0.960\ 687)}$$

规模边际效益、利润空间及其拐点。

在每头劳动力投入和物质投入分别为 593.73 元和 8 106.63 元的不变条件下，每增加一头，其边际效益利润空间及其拐点是：在 2 690 头规模上，每增加一头的边际规模效益为 0，该点视为边际效益拐点。小于2 690头饲养规模的边际效益为递增，大于 2 690 头饲养规模的边际效益为递减。从实际规模 170.6 头的水平看，专业户奶牛大规模生产的养殖规模边际效益空间较大（表 6-369）。

表 6-369　大规模生产边际效益、利润空间及其拐点

每增加一头边际总收入	饲养规模（头）	劳动力（元/头）	物质投入（元/头）	成本费用（元/头）	边际效益增减及其拐点
9 046.66	1 000	593.74	8 106.64	8 700.37	346.29
8 803.47	2 000	593.74	8 106.64	8 700.37	103.10
8 726.58	2 500	593.74	8 106.64	8 700.37	26.21
8 713.13	2 600	593.74	8 106.64	8 700.37	12.76
8 706.61	2 650	593.74	8 106.64	8 700.37	6.24
8 705.32	2 660	593.74	8 106.64	8 700.37	4.95
8 704.04	2 670	593.74	8 106.64	8 700.37	3.66
8 702.76	2 680	593.74	8 106.64	8 700.37	2.39
8 701.48	2 690	593.74	8 106.64	8 700.37	1.11
8 700.21	2 700	593.74	8 106.64	8 700.37	−0.16

资料来源：作者测算 2009.4

（2）饲养规模、物资费用不变，劳动力投入不同，大规模边际效益、利润空间及其拐点

劳动力投入边际效益函数回归形式：

$$\partial I/\partial L_{劳动力}=2.898\ 406\times 0.022\ 13\times 170.606\ 2^{0.960\ 687}\times 8\ 106.635^{0.912\ 881}/L_{劳动力}^{(1-0.022\ 13)}$$

劳动力投入边际效益、利润空间及其拐点。

在养殖规模为 170.6，每头物质费用为 8 106.63 元的条件下，劳动力投入边际效益、利润空间及其拐点是：在每头劳动力投入 218 元的条件下，每增加 1 元劳动力投入的边际效益为 0，该点是劳动力投入边际效益的拐点，小于 218 元，劳动力的边际效益递增，大于 218 元，劳动力投入边际效益递减。从大规模实际平均每头劳动力投入 593.7 元的水平看，专业户奶牛大规模生产劳动力的边际效益空间不存在（表 6-370）。

表 6-370　大规模生产劳动力边际效益、利润空间及其拐点

每头增加1元劳动力边际总收入	饲养规模（头）	劳动力（元/头）	物质投入（元/头）	每增加1元劳动力增加净收入
366.40	170.61	100	8 106.64	195.79
186.03	170.61	200	8 106.64	15.43
177.36	170.61	210	8 106.64	6.76
173.33	170.61	215	8 106.64	2.72
172.55	170.61	216	8 106.64	1.94
171.77	170.61	217	8 106.64	1.16
171.00	170.61	218	8 106.64	0.39
170.23	170.61	219	8 106.64	−0.37
169.48	170.61	220	8 106.64	−1.13
168.73	170.61	221	8 106.64	−1.88

资料来源：作者测算 2009.4

(3) 饲养规模、劳动力资金投入不变，物资资本投入不同，大规模物质费用投入边际效益、利润空间及其拐点

物质费用投入边际效益函数回归形式：

$$\partial I/\partial L_{物质费用}=2.898\ 406\times 0.912\ 881\times 170.606\ 2^{0.960\ 687}\times 593.736\ 7^{\ 0.022\ 13}\ /L_{物质费用}^{(1-0.912\ 881)}$$

物质投入边际效益、利润空间及其拐点。

在养殖规模为170.6头，每头劳动力投入为593.73元条件下，物质投入边际效益、利润空间及其拐点是：在每头物质费用投入35 300元条件下，每增加1元物资费用投入的边际效益为0，该点是物质费用投入边际效益的拐点，小于35 300元，物质费用的边际效益递增，大于35 300元，物质投入边际效益递减。从实际物质投入8 106.6元的水平看，专业户奶牛大规模生产物质投入水平的边际效益空间较大（表6-371）。

表 6-371　大规模物质费用投入边际效益、利润空间及其拐点

每头增加1元物质费用边际效益增减	饲养规模（头）	劳动力投入（元/头）	物质成本投入（元/头）	每增加1元物质费用增加净收入
190.43	170.61	593.74	10 000	19.82
179.27	170.61	593.74	20 000	8.66
173.04	170.61	593.74	30 000	2.44
170.74	170.61	593.74	35 000	0.13
170.69	170.61	593.74	35 100	0.09

续表

每头增加1元物质费用边际效益增减	饲养规模（头）	劳动力投入（元/头）	物质成本投入（元/头）	每增加1元物质费用增加净收入
170.65	170.61	593.74	35 200	0.05
170.61	170.61	593.74	35 30	0.00
170.57	170.61	593.74	35 400	−0.04
170.53	170.61	593.74	35 500	−0.08
170.48	170.61	593.74	35 600	−0.12

资料来源：作者测算 2009.4

5. 中等规模边际效益

中等规模生产的规模边际效益生产函数回归形式：

$I=4.594\ 381L_{养殖规模}^{0.953\ 395}L_{劳动力}^{0.138\ 761}L_{物质费用}^{0.802\ 08}$

$R^2=0.944\ 249$

数据结构

样本量为 31，其中，总收入平均值为 291 998.1 元，饲养规模平均值为 28.3 头，人工费用平均值为 590.631 元/头，物质投入费用平均值为 6 054.39元/头（表 6-372）。

表 6-372　中等规模生产的规模边际效益分析基础数据

年份	地区	总收入（元）	规模（头）	人工费用（元/头）	物质费用（元/头）
2003	福建	830 853.9	59.0	697.76	7 700.92
2001	内蒙古	612 980.2	52.0	718.64	6 571.71
2000	内蒙古	467 486.1	50.5	935.00	4 578.60
2000	福建	645 525.0	50.3	681.00	6 674.23
2002	福建	598 904.2	49.3	672.10	6 642.65
2001	福建	609 390.0	49.3	601.12	7 043.37
2000	辽宁	422 780.5	47.0	383.00	5 952.44
2001	辽宁	396 032.0	45.5	405.60	4 839.50
2002	湖南	335 357.8	33.5	572.00	6 395.16
2003	湖南	315 149.9	32.5	579.04	6 386.29
2003	辽宁	268 248.0	30.0	431.20	4 910.30
2002	安徽	267 230.1	30.0	330.00	7 025.33
2001	安徽	263 235.0	30.0	288.08	6 602.35
2003	安徽	252 855.0	27.0	407.68	8 637.00
2000	宁夏	189 345.2	26.5	207.00	4 771.74
2003	新疆	256 631.8	24.2	703.36	4 292.78
2002	宁夏	156 178.1	22.3	163.90	5 734.01
2001	湖南	226 500.0	20.0	676.00	8 046.62
2000	湖南	179 056.0	20.0	627.00	4 954.67
2001	山东	167 355.2	18.9	613.60	6 075.85

续表

年份	地区	总收入（元）	规模（头）	人工费用（元/头）	物质费用（元/头）
2003	宁夏	162 517	18.7	245.28	6 714.14
2003	内蒙古	198 851.6	16.7	841.12	7 696.42
2000	四川	250 404.2	16.0	1 030.00	7 629.70
2003	黑龙江	153 034.3	16.0	934.08	5 532.12
2000	河北	117 946.1	15.8	571.00	4 053.34
2002	黑龙江	128 605.0	15.1	872.30	4 935.31
2001	宁夏	102 088.0	14.0	239.20	5 189.81
2003	河北	137 086.4	12.9	538.72	5 222.92
2003	四川	142 776.5	12.7	732.48	7 909.25
2003	云南	73 890.8	11.4	476.00	3 437.90
2002	内蒙古	123 647.5	10.4	1 136.30	5 529.67
	平均	291 998.1	28.3	590.63	6 054.39

资料来源：作者测算 2009.4

(1) 物质费用、劳动力资金投入不变，饲养规模不同，中等规模生产的规模边际效益、利润空间及其拐点

中等规模生产的规模边际效益函数回归形式：

$$\partial I/\partial L_{养殖规模}=4.594\ 381\times 0.953\ 395\times 590.631^{0.138\ 761}\times 6\ 054.39^{0.802\ 08}/L_{养殖规模}^{(1-0.953\ 395)}$$

规模边际效益、利润空间及其拐点。

在劳动力投入和物质投入分别为 590.63 元和 6 054.39 元的不变条件下，每增加一头，其边际效益利润空间及其拐点是：在 122 100 头规模上，每增加一头的边际规模效益为 0，该点视为边际效益拐点。小于122 100头饲养规模的边际效益为递增，大于 122 100 头饲养规模的边际效益为递减。从实际规模为 28.3 头的水平看，专业户奶牛中等规模生产的养殖规模边际效益空间非常大（表 6-373）。

表 6-373　中等规模生产的规模边际效益、利润空间及其拐点

每增加一头边际总收入	饲养规模（头）	劳动力（元/头）	物质投入（元/头）	成本费用（元/头）	边际效益增减及其拐点
6 707.31	100 000	590.63	6 054.39	6 645.02	62.29
6 677.58	110 000	590.63	6 054.39	6 645.02	32.56
6 650.56	120 000	590.63	6 054.39	6 645.02	5.54
6 647.99	121 000	590.63	6 054.39	6 645.02	2.97
6 645.44	122 000	590.63	6 054.39	6 645.02	0.42
6 645.16	122 100	590.63	6 054.39	6 645.02	0.16
6 644.93	122 200	590.63	6 054.39	6 645.02	−0.09
6 644.68	122 300	590.63	6 054.39	6 645.02	−0.34

续表

每增加一头边际总收入	饲养规模（头）	劳动力（元/头）	物质投入（元/头）	成本费用（元/头）	边际效益增减及其拐点
6 644.43	122 400	590.63	6 054.39	6 645.02	−0.60
6 644.17	122 500	590.63	6 054.39	6 645.02	−0.85

资料来源：作者测算 2009.4

(2) 饲养规模、物资费用不变，劳动力投入不同，中等规模生产劳动力边际效益、利润空间及其拐点

劳动力投入边际效益函数回归形式：

$$\partial I/\partial L_{劳动力}=4.594\ 381\times 0.138\ 761\times 28.304\ 97^{0.953\ 395}\times 6\ 054.39^{0.802\ 08}/L_{劳动力}^{(1-0.138\ 761)}$$

劳动力投入边际效益、利润空间及其拐点。

在饲养规模面积为 28.3 头，物质费用实际为 6 054.39 元的条件下，劳动力投入边际效益、利润空间及其拐点是：在劳动力增加投入 1 640 元条件下，每增加 1 元劳动力投入的边际效益为 0，该点是劳动力投入边际效益的拐点，小于 1 640 元，劳动力的边际效益递增，大于 1 640 元的劳动力投入水平，边际效益递减。从中等规模生产实际平均每头劳动力投入 590.6 元的水平看，专业户奶牛中等规模生产劳动力的边际效益空间较大(表 6-374)。

表 6-374　中等规模生产的劳动力边际效益、利润空间及其拐点

每头增加 1 元物质费用边际效益增减	饲养规模（元/头）	劳动力投入（元/头）	物质成本投入（元/头）	每增加 1 元物质费用增加净收入
43.50	28.30	1 000	6 054.39	15.20
30.68	28.30	1 500	6 054.39	2.37
29.02	28.30	1 600	6 054.39	0.72
28.87	28.30	1610	6 054.39	0.56
28.71	28.30	1 620	6 054.39	0.41
28.56	28.30	1 630	6 054.39	0.25
28.41	28.30	1 640	6 054.39	0.10
28.26	28.30	1 650	6 054.39	−0.04
28.11	28.30	1 660	6 054.39	−0.19
27.97	28.30	1 670	6 054.39	−0.34

资料来源：作者测算 2009.4

(3) 饲养规模、劳动力资金投入不变，物资资本投入不同，中等规模生产物质费用投入边际效益、利润空间及其拐点

物质费用投入边际效益函数回归形式：

$$\partial I/\partial L_{物质费用}=4.594\ 381\times 0.802\ 08\times 28.304\ 97^{0.953\ 395}\times 590.631^{0.138\ 761}\ /L_{物质费用}^{(1-0.802\ 08)}$$

物质投入边际效益、利润空间及其拐点。

在饲养规模为28.30头，每头劳动力投入为590.63元不变条件下，物质投入边际效益、利润空间及其拐点是：在每头物质费用投入29 040元条件下，每增加1元物资费用投入的边际效益为0，该点是物质费用投入边际效益的拐点，小于29 040元，物质费用的边际效益递增，大于29 040元的物质投入水平，边际效益递减。从实际物质投入6 054.3元的水平看，专业户奶牛中等规模生产的物质边际效益空间很大（表6-375）。

表6-375　中等规模生产的物质费用投入边际效益、利润空间及其拐点

每头增加1元物质费用边际效益增减	饲养规模（头）	劳动力投入（元/头）	物质成本投入（元/头）	每增加1元物质费用增加净收入
34.96	28.30	590.63	10 000	6.65
30.47	28.30	590.63	20 000	2.17
29.16	28.30	590.63	25 000	0.85
28.51	28.30	590.63	28 000	0.21
28.31	28.30	590.63	29 000	0.01
28.31	28.30	590.63	29 010	0.01
28.31	28.30	590.63	29 020	0.00
28.31	28.30	590.63	29 030	0.00
28.31	28.30	590.63	29 040	0.00
28.30	28.30	590.63	29 050	−0.00

资料来源：作者测算2009.4

6. 小规模边际效益

小规模生产边际效益生产函数回归形式：

$I=22.694\ 83L_{养殖规模}^{0.937\ 133}L_{劳动力}^{0.051\ 266}L_{物质费用}^{0.664\ 416}$

$R^2=0.674\ 24$

数据结构

样本量为10，其中，总收入平均值为48 865.99元，养殖规模平均值为5.26头，人工费用平均值为937.1元/头，物质投入费用平均值为5 322.1元/头（表6-376）。

表6-376　小规模生产的规模边际效益分析基础数据

年份	区域	总收入（元）	养殖规模（元/头）	人工费用（元/头）	物质投入（元/头）
2002	河北	94 500.88	9.96	640.2	5 345.88
2003	山西	75 158.16	8.56	784.0	6 615.00

续表

年份	区域	总收入（元）	养殖规模（元/头）	人工费用（元/头）	物质投入（元/头）
2003	广西	93 599.96	8.50	474.88	8 609.87
2001	黑龙江	60 628.95	7.52	1 029.60	4 561.58
2001	河北	68 168.93	7.50	586.56	4 725.07
2001	河南	67 773.07	7.36	894.40	4 913.26
2002	河南	73 695.27	7.27	966.90	5 257.11
2000	山东	64 768.76	7.00	542.00	6 107.25
2000	河南	57 987.93	7.00	938.00	4 773.90
2003	河南	62 767.23	6.45	844.48	5 304.14
2002	四川	88 680.24	6.17	968.00	8 052.51
2000	重庆	48 531.42	6.00	870.00	6 544.66
2003	山东	71 589.83	5.71	760.48	7 050.78
2001	重庆	46 191.37	5.50	941.20	6 406.10
2002	重庆	44 884.80	5.00	1 162.70	6 797.90
2001	山西	49 770.00	5.00	416.00	8 023.00
2002	山东	60 634.43	4.86	766.70	6 530.73
2000	黑龙江	33 923.09	4.80	1 249.00	3 150.57
2003	重庆	43 355.74	4.33	1 196.16	5 387.79
2000	云南	17 675.39	3.50	1 311.00	2 751.34
2002	山西	33 265.33	3.33	982.30	6 176.00
2001	云南	15 644.76	3.17	1 008.80	2 663.07
2002	云南	17 633.99	2.75	1 201.20	3 451.51
2000	陕西	19 320.52	2.44	1 160.00	3 527.00
2001	新疆	21 396.67	2.33	762.32	4 952.40
2003	陕西	14 852.44	2.22	1 321.60	3 999.28
2002	陕西	12 037.26	1.78	1 254.00	3 699.00
2001	陕西	9 811.20	1.33	1206.40	3 643.08
	平均	48 865.99	5.26	937.10	5 322.14

资料来源：作者测算 2009.4

(1) 物质费用、劳动力资金投入不变，饲养规模不同，小规模生产规模边际效益、利润空间及其拐点

小规模生产规模边际效益函数回归形式：

$$\partial I/\partial L_{养殖规模}=22.69483\times(-0.17973)\times 47.76^{0.141237}\times 96.19625^{-1.51855}/L_{养殖规模}^{(1+0.17973)}$$

规模边际效益、利润空间及其拐点。

在每头劳动力投入和物质投入状况分别为 937.1 元和 5 322.1 元的不变条件下，每增加一头，其边际效益利润空间及其拐点是：在 340 头规模上，每增加一头的边际规模效益为 0，该点视为边际效益拐点。小于 340 头饲养规模的边际效益为递增，大于 340 头饲养规模水平的边际效益为递

减。从实际规模5.26头的水平看，专业户奶牛小规模生产饲养规模的边际效益空间很大（表6-377）。

表6-377　小规模生产的规模边际效益、利润空间及其拐点

每增加一头边际总收入	饲养规模（头）	劳动力（元/头）	物质投入（元/头）	成本费用（元/头）	边际效益增减及其拐点
6 761.09	100	937.10	5 322.14	6 259.24	501.85
6 472.80	200	937.10	5 322.14	6 259.24	213.56
6 309.89	300	937.10	5 322.14	6 259.24	50.65
6 296.89	310	937.10	5 322.14	6 259.24	37.66
6 284.34	320	937.10	5 322.14	6 259.24	25.10
6 272.19	330	937.10	5 322.14	6 259.24	12.96
6 260.43	340	937.10	5 322.14	6 259.24	1.20
6 249.03	350	937.10	5 322.14	6 259.24	−10.20
6 237.98	360	937.10	5322.14	6 259.24	−21.26
6 227.24	370	937.10	5 322.14	6 259.24	−32.00

资料来源：作者测算2009.4

（2）饲养规模、物资费用不变，劳动力投入不同，小规模劳动力边际效益、利润空间及其拐点

劳动力投入边际效益函数回归形式：

$$\partial I/\partial L_{劳动力}=22.69483\times0.141273\times18.25881^{-0.17973}\times 96.19625^{-1.51855}/L_{劳动力}^{(1-0.141237)}$$

劳动力投入边际效益、利润空间及其拐点。

在饲养规模为5.26头，每头物质费用为5 322.13元的条件下，劳动力投入边际效益、利润空间及其拐点是：在每头劳动力投入427元条件下，每增加1元劳动力投入的边际效益为0，该点是劳动力投入边际效益的拐点，小于427元，劳动力的边际效益递增，大于427元的劳动力投入边际效益递减。从小规模实际平均每头劳动力投入937.1元的水平看，专业户奶牛小规模生产不存在劳动力的边际效益空间（表6-378）。

表6-378　小规模生产的劳动力边际效益、利润空间及其拐点

每头增加1元劳动力边际总收入	饲养规模（头）	劳动力（元/头）	物质投入（元/头）	每增加1元劳动力增加净收入
20.89	5.26	100	5 322.14	15.62
10.82	5.26	200	5 322.14	5.56
7.37	5.26	300	5 322.14	2.10
5.61	5.26	400	5 322.14	0.34

续表

每头增加1元劳动力边际总收入	饲养规模（头）	劳动力（元/头）	物质投入（元/头）	每增加1元劳动力增加净收入
5.48	5.26	410	5 322.14	0.21
5.35	5.26	420	5 322.14	0.09
5.29	5.26	425	5 322.14	0.03
5.28	5.26	426	5 322.14	0.02
5.27	5.26	427	5 322.14	0.01
5.26	5.26	428	5 322.14	−0.01

资料来源：作者测算 2009.4

（3）饲养规模、劳动力资金投入不变，物资资本投入不同，小规模物质费用投入边际效益、利润空间及其拐点

物质费用投入边际效益函数回归形式：

$$\partial I/\partial L_{物质费用}=22.69483\times(-1.51855)\times18.25881^{-0.17973}\times47.76^{0.141237}/L_{物质费用}^{(1+1.51855)}$$

物质投入边际效益、利润空间及其拐点。

在饲养规模为5.26头，每头劳动力投入为937.1元条件下，物质投入边际效益、利润空间及其拐点是：在每头物质费用投入6 700元条件下，每增加1元物资费用投入的边际效益为0，该点是物质费用投入边际效益的拐点，小于6 700元，物质费用的边际效益递增，大于6 700元的物质投入水平，边际效益递减。从实际物质投入5 322.1元的水平看，专业户奶牛小规模生产的物质投入水平的边际效益还有一定的空间（表6-379）。

表 6-379　小规模生产的物质费用投入边际效益、利润空间及其拐点

每头增加1元物质费用边际效益增减	饲养规模（头）	劳动力投入（元/头）	物质成本投入（元/头）	每增加1元物质费用增加净收入
10.00	5.26	937.10	1 000	4.73
7.92	5.26	937.10	2 000	2.66
6.91	5.26	937.10	3 000	1.65
6.28	5.26	937.10	4 000	1.01
5.82	5.26	937.10	5 000	0.56
5.48	5.26	937.10	6 000	0.22
5.33	5.26	937.10	6 500	0.07
5.31	5.26	937.10	6 600	0.04
5.28	5.26	937.10	6 700	0.02
5.25	5.26	937.10	6 800	−0.01

资料来源：作者测算 2009.4

7. 结论

(1) 在总体条件下，专业户奶牛具备养殖规模、劳动力投入的边际效益空间，物质投入已经没有任何边际效益的增长空间，表明我国专业户奶牛需要走规模化经营之路。

(2) 在大规模条件下，专业户奶牛具备养殖规模、物质投入的边际效益空间，劳动力投入已经没有任何增长空间，从而表明我国专业户奶牛生产在现有的规模基础上仍然有扩大规模生产的边际效益空间。

(3) 在中规模条件下，专业户奶牛具备养殖规模、劳动力投入和物质投入的效益空间，表明我国专业户奶牛生产也可以采用适度规模经营的生产方式。

(4) 在小规模条件下，专业户奶牛具备养殖规模、物质投入的边际效益空间，劳动力投入已经没有任何增长空间，也表明了我国专业户奶牛必须向规模经营的方向发展。

十三、国营集体奶牛的规模化问题研究

1. 生产函数回归形式

$I=9.267\ 475L_{养殖规模}^{0.963\ 928}L_{劳动力}^{0.036\ 209}K_{物资投入}^{0.780\ 053}$

$R^2=0.941\ 672$

2. 数据结构

样本量为 87，其中，总收入平均值为 11 624 629 元，饲养规模平均值为 653.77 头，人工费用平均值为 680.70 元/头，物质投入费用平均值为 9 473.93元/头（表 6-380）。

表 6-380　国营集体奶牛规模边际效益分析基础数据表

年份	地区	总收入（元）	规模（头）	人工费用（元/头）	物质费用（元/头）
2003	北京	8 769 914	512	263.20	11 461.62
2003	天津	9 363 586	608	722.40	8 824.52
2003	河北	1 422 763	124	824.32	7 694.26
2003	辽宁	19 808 000	1 600	840.00	9 278.30
2003	吉林	4 438 203	380	1 476.16	10 833.49
2003	上海	3 742 028	216	613.76	13 014.37
2003	江苏	12 890 519	767	1 404.48	10 693.68
2003	浙江	13 209 348	821	762.72	11 623.53
2003	安徽	10 452 750	841	713.44	8 201.40
2003	福建	11 465 375	838	616.00	10 563.35
2003	山东	17 213 110	1 184	172.48	11 588.75

续表

年份	地区	总收入（元）	规模（头）	人工费用（元/头）	物质费用（元/头）
2003	河南	1 854 179	262	517.4	4 958.96
2003	湖北	52 031 000	3 500	728.0	12 855.00
2003	广东	3 993 000	330	403.2	11 026.00
2003	广西	2 473 804	190	784.0	9 555.60
2003	海南	490 65	26	744.8	8 547.86
2003	贵州	97 920 000	3 400	1 008.0	14 460.00
2003	重庆	1 974 828	175	1 228.6	9 106.63
2003	陕西	5 495 053	402	376.3	10 236.77
2003	甘肃	3 897 389	330	273.3	7 378.08
2003	青海	6 019 638	594	654.1	7 620.03
2003	宁夏	1 584 000	160	336.0	6 504.66
2003	新疆	7 223 227	449	621.6	13 664.88
2002	北京	8 018 375	488	358.6	10 283.97
2002	天津	18 699 778	1 310	774.0	9 219.14
2002	河北	1 492 808	123	827.0	7 100.62
2002	吉林	6 408 620	392	1 029.6	7 994.89
2002	上海	3 481 073	207	711.7	12 536.08
2002	江苏	11 912 344	712	1 369.5	10 825.52
2002	浙江	9 899 278	639	696.3	10 453.39
2002	安徽	10 023 324	854	722.7	7 897.63
2002	福建	598 904	49	672.1	6 642.65
2002	山东	11 568 990	887	24.2	10 769.47
2002	河南	1 624 547	238	646.8	4 357.81
2002	湖北	50 627 500	3 500	704.0	10 801.00
2002	广东	12 983 419	874	429.0	12 221.36
2002	广西	2 590 460	190	770.0	8 928.00
2002	海南	431 793	36	891.0	5 930.28
2002	贵州	86 332 500	3 375	935.0	14 061.00
2002	重庆	2 855 468	254	1 204.5	8 309.23
2002	陕西	5 640 575	394	444.4	11 097.35
2002	甘肃	3 869 365	313	279.4	6 677.90
2002	青海	5 461 430	549	657.8	8 624.32
2002	宁夏	9 270 000	900	330.0	5 606.76
2002	新疆	17 489 775	1 051	1 111.0	12 937.87
2001	北京	7 904 164	497	512.7	10 527.49
2001	天津	9 355 579	567	292.2	9 569.16
2001	河北	1 404 348	128	680.2	6 093.22
2001	辽宁	13 885 560	1118	572.0	8 884.50
2001	吉林	4 292 250	385	1 150.2	9 388.70
2001	上海	3 043 872	204	581.4	11 608.42
2001	江苏	10 881 180	661	1 580.8	10 858.34

续表

年份	地区	总收入（元）	规模（头）	人工费用（元/头）	物质费用（元/头）
2001	安徽	10 457 351	973	673.9	7 081.93
2001	福建	10 361 520	748	650.0	10 264.38
2001	山东	8 693 702	620	433.7	10 712.05
2001	河南	1 577 901	254	551.2	4 023.53
2001	湖北	7 434 700	559	624.0	102 20.00
2001	广东	7 101 463	441	416.0	13 716.10
2001	广西	2 394 155	208	887.1	12 112.04
2001	海南	194 557	37	426.4	4 133.30
2001	四川	3 694 608	295	547.0	8 320.68
2001	贵州	83 850 000	3 750	852.8	11 782.61
2001	重庆	3 022 515	268	1 138.8	7 518.90
2001	陕西	5 521 967	367	406.6	11 414.74
2001	甘肃	4 387 345	309	268.3	6 753.70
2001	青海	4 858 084	535	588.6	6 902.49
2001	新疆	5 880 445	374	747.8	12 801.08
2000	北京	6 325 435	407	349.0	9 841.31
2000	天津	6 277 044	427	306.0	9 535.24
2000	河北	3 419 539	311	876.0	6 432.46
2000	辽宁	12 632 700	1 020	740.0	8 718.90
2000	上海	1 439 979	95	692.0	11 322.38
2000	江苏	10 141 787	653	774.0	11 565.36
2000	浙江	11 172 261	685	1 042.0	11 714.50
2000	安徽	3 998 266	379	590.0	7 290.32
2000	山东	5 017 389	401	468.0	9 808.70
2000	河南	3 227 862	568	652.0	4 514.26
2000	湖北	12 000 000	849	670.0	11 418.95
2000	广东	7 901 623	468	400.0	14 423.90
2000	广西	2 483 763	177	773.0	11 670.03
2000	海南	239 639	33	400.0	4 066.80
2000	四川	4 003 646	273	1 375.0	9 869.82
2000	重庆	4 138 237	288	940.0	7 502.40
2000	陕西	5 609 276	393	376.0	11 051.02
2000	甘肃	4 084 609	322	624.0	5 107.87
2000	青海	4 880 363	514	433.0	7 124.40
2000	新疆	4 797 417	276	486.0	13 597.91
	平均	11 624 629	654	680.7	9 473.93

资料来源：作者测算 2009.4

3. 总体条件下的最适规模

(1) 物质费用、劳动力资金投入不变，饲养规模不同，规模边际效益、利润空间及其拐点规模边际效益函数回归形式：

$$\partial I/\partial L_{养殖规模}=9.267\ 475\times 0.963\ 928\times 680.705\ 3^{0.036\ 209}\times 9\ 473.93^{0.780\ 05}/L_{养殖规模}^{(1-0.963\ 928)}$$

规模边际效益、利润空间及其拐点。

在每头劳动力投入和物质投入状况分别为 680.71 元和 9 473.93 元的不变条件下，每增加一头饲养量，其边际效益利润空间及其拐点是：在 13 300头上，每增加一头的边际规模效益为 0，该点视为边际效益拐点。小于13 300头饲养规模的边际效益为递增，大于 13 300 头饲养规模的边际效益为递减。从实际规模为 653.77 头的水平看，国营集体奶牛生产的饲养规模的空间边际效益很大（表 6-381）。

表 6-381　规模边际效益、利润空间及其拐点

每增加一头地边际总收入	规模（头）	劳动力（元/头）	物质投入（元/头）	成本费用合计（元/头）	边际效益增减及其拐点
10 261.27	10 000.00	680.71	9 473.93	10 154.63	106.63
10 226.05	11 000.00	680.71	9 473.93	10 154.63	71.41
10 164.61	13 000.00	680.71	9 473.93	10 154.63	9.98
10 159.01	13 200.00	680.71	9 473.93	10 154.63	4.38
10 156.25	13 300.00	680.71	9 473.93	10 154.63	1.61
10 153.51	13 400.00	680.71	9 473.93	10 154.63	−1.13

资料来源：作者测算 2009.4

（2）饲养量、物资费用不变，劳动力投入不同，规模劳动力边际效益、利润空间及其拐点

劳动力投入边际效益函数回归形式：

$$\partial I/\partial L_{劳动力}=9.267\ 475\times 0.036\ 209\times 653.77^{0.963\ 928}\times 9\ 473.93^{0.780\ 05}/L_{劳动力}^{(1-0.036\ 209)}$$

劳动力投入边际效益、利润空间及其拐点

在饲养规模为 653.77 头，每头物质费用为 9 473.93 元的不变条件下，劳动力投入边际效益、利润空间及其拐点是：在每头劳动力投入 415.00 元条件下，每增加 1 元劳动力投入的边际效益为 0，该点是劳动力投入边际效益的拐点，小于 415.00 元，劳动力的边际效益递增，大于 415.00 元的劳动力投入边际效益递减。从实际劳动力投入 680.71 元的水平看，国营集体奶牛劳动力投入的边际效没有增长的空间（表 6-382）。

表 6-382　劳动力边际效益、利润空间及其拐点

每头增加 1 元劳动力边际总收入	饲养规模（头）	劳动力（元/头）	物质投入（元/头）	边际效益增减及其拐点
2 593.98	653.77	100.00	9 473.93	1 940.21
1 329.96	653.77	200.00	9 473.93	676.19
899.75	653.77	300.00	9 473.93	245.98
681.88	653.77	400.00	9 473.93	28.11
665.84	653.77	410.00	9 473.93	12.07
658.11	653.77	415.00	9 473.93	4.34
650.56	653.77	420.00	9 473.93	−3.21

资料来源：作者测算 2009.4

(3) 饲养量、劳动力资金投入不变，物资资本投入不同，物资投入边际效益、利润空间及其拐点

物质费用投入边际效益函数回归形式：

$$\partial I/\partial K_{物质费用}=9.267\ 475\times 0.780\ 05\times 653.77^{0.963\ 928}\times 680.705^{0.036\ 209}/K_{物质费用}^{(1-0.780\ 05)}$$

物质投入边际效益、利润空间及其拐点。

在饲养规模为 653.77 头，每头劳动力投入实际为 680.70 元的不变条件下，物质投入边际效益、利润空间及其拐点是：在每头物质费用投入8 130元条件下，每增加 1 元物资费用投入的边际效益为 0，该点是物质费用投入边际效益的拐点，小于 8 130 元，物质费用的边际效益递增，大于 8 130 元，物质投入边际效益递减。从实际物质投入 9 473.93元的水平看，国营集体奶牛物质投入的边际效益没有增长的空间（表 6-383）。

表 6-383　物资投入边际效益、利润空间及其拐点

每头增加 1 元物质费用边际效益增减	饲养规模（头）	劳动力投入（元/头）	物质成本投入（元/头）	边际效益增减及其拐点
727.7	653.77	680.71	5 000	73.93
699.1	653.77	680.71	6 000	45.33
675.8	653.77	680.71	7 000	22.02
656.2	653.77	680.71	8 000	2.46
654.4	653.77	680.71	8 100	0.67
653.9	653.77	680.71	8 130	0.14
653.7	653.77	680.71	8 140	−0.04

资料来源：作者测算 2009.4

4. 大规模生产的边际效益

大规模边际效益生产函数回归形式：

$I=126.5353L_{养殖规模}^{0.882975}L_{劳动力}^{0.12378}L_{物质费用}^{0.54165}$

$R^2=0.992$

数据结构样本量为 21 个，其中，总收入平均值为 36 418 048 元，养殖规模平均值为 1 594.73 头，人工费用平均值为 673.77 元/头，物质投入费用平均值为 10 501.82 元/头（表 6-384）。

表 6-384 大规模生产的边际效益分析基础数据表

年份	区域	总收入（元）	规模（头）	人工费用（元/头）	物质费用（元/头）
2001	贵州	83 850 000	3 750	853	11 783
2003	湖北	52 031 000	3 500	728	12 855
2002	湖北	50 627 500	3 500	704	10 801
2003	贵州	97 920 000	3 400	1 008	14 460
2002	贵州	86 332 500	3 375	935	14 061
2003	辽宁	19 808 000	1 600	840	9 278
2002	天津	18 699 778	1 310	774	9 219
2003	山东	17 213 110	1 184	173	11 589
2001	辽宁	13 885 560	1 118	572	8 885
2002	新疆	17 489 775	1 051	1 111	12 938
2000	辽宁	12 632 700	1 020	740	8 719
2001	安徽	10 457 351	973	674	7 082
2002	宁夏	9 270 000	900	330	5 607
2002	山东	11 568 990	887	24	10 770
2002	广东	12 983 419	874	429	12 221
2002	安徽	10 023 324	854	723	7 898
2000	湖北	12 000 000	849	670	11 419
2001	浙江	84 516 583	846	770	10 567
2003	安徽	10 452 750	841	713	8 201
2003	福建	11 465 375	838	616	10 563
2003	浙江	13 209 348	821	763	11 624
	平均	36 418 048	1 595	674	10 502

资料来源：作者测算 2009.4

（1）物质费用、劳动力资金投入不变，饲养规模不同，大规模边际效益、利润空间及其拐点

大规模边际效益函数回归形式：

$$\partial I/\partial L_{养殖规模}=126.5353\times0.882975\times673.7743^{0.12378}\times 10501.82^{0.54165}/L_{养殖规模}^{(1-0.882975)}$$

规模边际效益、利润空间及其拐点。

在每头劳动力投入和物质投入状况分别为 673.77 元和 10 501.82 元的不变条件下，每增加一头，其边际效益利润空间及其拐点是：在 32 500 头

规模上，每增加一头的边际规模效益为 0，该点视为边际效益拐点。小于 32 500 头饲养规模的边际效益为递增，大于 32 500 头饲养规模的边际效益为递减。从实际规模 1 594.73 头的水平看，国营集体奶牛大规模生产的养殖规模具有较大的边际效益空间（表 6-385）。

表 6-385　大规模生产边际效益、利润空间及其拐点

每增加一头边际总收入	规模（头）	劳动力（元/头）	物质投入（元/头）	成本费用（元/头）	边际效益增减及其拐点
12 831.91	10 000	673.77	10 501.82	11 175.59	1 656.32
11 832.14	20 000	673.77	10 501.82	11 175.59	656.55
11 283.82	30 000	673.77	10 501.82	11 175.59	108.23
11 240.61	31 000	673.77	10 501.82	11 175.59	65.02
11 198.92	32 000	673.77	10 501.82	11 175.59	23.33
11 186.70	32 300	673.77	10 501.82	11 175.59	11.11
11 182.65	32 400	673.77	10 501.82	11 175.59	7.06
11 178.62	32 500	673.77	10 501.82	11 175.59	3.03
11 174.60	32 60	673.77	10 501.82	11 175.59	−0.99
11 170.60	32 70	673.77	10 501.82	11 175.59	−4.99

资料来源：作者测算 2009.4

（2）饲养规模、物资费用不变，劳动力投入不同，大规模边际效益、利润空间及其拐点

劳动力投入边际效益函数回归形式：

$$\partial I/\partial L_{劳动力}=126.535\,3\times 0.123\,78\times 1\,594.730\,159^{0.882\,975}\times 10\,501.82^{0.541\,65}\ /L_{劳动力}^{(1-0.123\,78)}$$

劳动力投入边际效益、利润空间及其拐点。

在养殖规模为 1 594.730 头，每头物质费用为 10 501.82 元的条件下，劳动力投入边际效益、利润空间及其拐点是：在每头劳动力投入 2 600元条件下，每增加 1 元劳动力投入的边际效益为 0，该点是劳动力投入边际效益的拐点，小于 2 600 元，劳动力的边际效益递增，大于 2 600 元，劳动力投入边际效益递减。从大规模实际每头劳动力投入 673.77 元的水平看，国营集体奶牛大规模生产劳动力的边际效益空间较大（表 6-386）。

表 6-386　大规模生产劳动力边际效益、利润空间及其拐点

每头增加 1 元劳动力边际总收入	规模（头）	劳动力（元/头）	物质投入（元/头）	每增加 1 元劳动力增加净收入
6 854.59	1 594.73	500	10 501.82	5 259.86
3 734.33	1 594.73	1 000	10 501.82	2 139.60

续表

每头增加1元劳动力边际总收入	规模（头）	劳动力（元/头）	物质投入（元/头）	每增加1元劳动力增加净收入
2 617.69	1 594.73	1 500	10 501.82	1 022.96
2 034.44	1 594.73	2 000	10 501.82	439.71
1 673.13	1 594.73	2 500	10 501.82	78.40
1 616.61	1 594.73	2 600	10 501.82	21.88
1 564.02	1 594.73	2 700	10 501.82	−30.71
1 514.97	1 594.73	2 800	10 501.82	−79.76
1 469.10	1 594.73	2 900	10 501.82	−125.63
1 426.10	1 594.73	3 000	10 501.82	−168.63

资料来源：作者测算 2009.4

(3) 饲养规模、劳动力资金投入不变，物资资本投入不同，大规模物质费用投入边际效益、利润空间及其拐点

物质费用投入边际效益函数回归形式：

$$\partial I/\partial L_{\text{物质费用}}=126.535\,3\times0.541\,65\times1\,594.73^{0.882\,975}\times 673.774\,3^{0.123\,78}/L_{\text{物质费用}}^{(1-0.541\,65)}$$

物质投入边际效益、利润空间及其拐点。

在养殖规模为 1 594.73 头，每头劳动力投入为 673.774 元条件下，物质投入边际效益、利润空间及其拐点是：在每头物质费用投入 8 900 元条件下，每增加 1 元物资费用投入的边际效益为 0，该点是物质费用投入边际效益的拐点，小于 8 900 元，物质费用的边际效益递增，大于 8 900 元，物质投入边际效益递减。从实际物质投入 10 501.82 元的水平看，国营集体奶牛大规模生产物质投入水平边际效益空间不存在（表 6-387）。

表 6-387　大规模生产物质费用投入边际效益、利润空间及其拐点

每头增加1元物质费用边际效益增减	规模（头）	劳动力投入（元/头）	物质成本投入（元/头）	每增加1元物质费用增加净收入
2 082.16	1 594.73	673.77	5 000	487.43
1 915.23	1 594.73	673.77	6 000	320.50
1 784.58	1 594.73	673.77	7 000	189.85
1 678.63	1 594.73	673.77	8 000	83.90
1 632.63	1 594.73	673.77	8 500	37.90
1 623.90	1 594.73	673.77	8 600	29.17
1 615.32	1 594.73	673.77	8 700	20.59
1 606.88	1 594.73	673.77	8 800	12.15
1 598.58	1 594.73	673.77	8 900	3.85
1 590.41	1 594.73	673.77	9 000	−4.32

资料来源：作者测算 2009.4

5. 中等规模边际效益

中等规模生产的规模边际效益生产函数回归形式：

$I=180.9282L_{养殖规模}^{0.9082}L_{劳动力}^{0.10203}L_{物质费用}^{0.4825}$

$R^2=0.78249$

数据结构

样本量为 29 个，其中，总收入平均值为 7 727 757 元，饲养规模平均值为 539.871 头，人工费用平均值为 642.052 9 元/头，物质投入费用平均值为 10 108.26 元/头（表 6-388）。

表 6-388　中等规模生产的规模边际效益分析基础数据

年份	地区	总收入（元）	规模（头）	人工费用（元/头）	物质费用（元/头）
2003	江苏	12 890 519	766.67	1 404.48	10 693.68
2001	福建	10 361 520	748.00	650.00	10 264.38
2002	江苏	11 912 344	712.00	1 369.50	10 825.52
2000	浙江	11 172 261	684.67	1 042.00	11 714.5
2001	江苏	10 881 180	660.67	1 580.80	10 858.34
2000	江苏	10 141 787	652.67	774.00	11 565.36
2002	浙江	9 899 278	639.25	696.30	10 453.39
2001	山东	8 693 702	620.00	433.68	10 712.05
2003	天津	9 363 586	607.50	722.40	8 824.52
2003	青海	6 019 638	594.00	654.08	7 620.03
2000	河南	3 227 862	567.60	652.00	4 514.26
2001	天津	9 355 579	567.00	292.24	9 569.16
2001	湖北	7 434 700	559.00	624.00	10 220.00
2002	青海	5 461 430	549.00	657.80	8 624.32
2001	青海	4 858 084	535.00	588.64	6 902.49
2000	青海	4 880 363	514.00	433.00	7 124.40
2003	北京	8 769 914	512.27	263.20	11 461.62
2001	北京	7 904 164	497	512.72	10 527.49
2002	北京	8 018 375	487.83	358.60	10 283.97
2000	广东	7 901 623	468	400.00	14 423.90
2003	新疆	7 223 227	449.33	621.60	13 664.88
2001	广东	7 101 463	440.50	416.00	13 716.10
2000	天津	6 277 044	427.40	306.00	9 535.24
2000	北京	6 325 435	407.13	349.00	9 841.31
2003	陕西	5 495 053	402.20	376.32	10 236.77
2000	山东	5 017 389	401.33	468.00	9 808.70
2002	陕西	5 640 575	394.40	444.40	11 097.35
2000	陕西	5 609 276	392.60	376.00	11 051.02
2002	吉林	6 408 620	391.50	1 029.60	7 994.89
	平均	7 727 757	539.87	642.05	10 108.26

资料来源：作者测算 2009.4

(1) 物质费用、劳动力资金投入不变，饲养规模不同，中等规模生产的规模边际效益、利润空间及其拐点

中等规模生产的规模边际效益函数回归形式：

$$\partial I/\partial L_{养殖规模}=180.9282\times0.9082\times642.0529^{0.10203}\times 10108.26^{0.4825}/L_{养殖规模}^{(1-0.9082)}$$

规模边际效益、利润空间及其拐点。

在劳动力投入和物质投入状况分别为 642.052 9 元和 10 108.26 元的不变条件下，每增加一头，其边际效益利润空间及其拐点是：在 24 500 头规模上，每增加一头的边际规模效益为 0，该点视为边际效益拐点。小于 24 500头饲养规模的边际效益为递增，大于 24 500 头饲养规模的边际效益为递减。从实际规模 539.87 头的水平看，国营集体奶牛中等规模生产饲养规模的空间边际效益很大（表 6-389)。

表 6-389　中等规模生产的规模边际效益、利润空间及其拐点

每增加一头边际总收入	饲养规模（头）	劳动力（元/头）	物质投入（元/头）	成本费用（元/头）	边际效益增减及其拐点
11 673.48	10 000	642.05	10 108.26	10 750.31	923.17
10 953.83	20 000	642.05	10 108.26	10 750.31	203.51
10 904.88	21 000	642.05	10 108.26	10 750.31	154.56
10 858.41	22 000	642.05	10 108.26	10 750.31	108.09
10 814.19	23 000	642.05	10 108.26	10 750.31	63.87
10 772.02	24 000	642.05	10 108.26	10 750.31	21.70
10 751.65	24 500	642.05	10 108.26	10 750.31	1.33
10 747.63	24 600	642.05	10 108.26	10 750.31	−2.69
10 743.63	24 700	642.05	10 108.26	10 750.31	−6.69
10 739.64	24 800	642.05	10 108.26	10 750.31	−10.67

资料来源：作者测算 2009.4

(2) 饲养规模、物资费用不变，劳动力投入不同，中等规模生产劳动力边际效益、利润空间及其拐点

劳动力投入边际效益函数回归形式：

$$\partial I/\partial L_{劳动力}=180.9282\times0.10203\times539.8715175^{0.9082}\times 10108.26^{0.4825}/L_{劳动力}^{(1-0.10203)}$$

劳动力投入边际效益、利润空间及其拐点。

在饲养规模为 539.87 头，物质费用为 10 108.26 元的不变条件下，劳动力投入边际效益、利润空间及其拐点是：在劳动力投入1 900元的条件下，每增加 1 元劳动力投入的边际效益为 0，该点是劳动力投入边际效益的拐点，

小于1 900元，劳动力的边际效益递增，大于1 900元，劳动力投入边际效益递减。从中等规模生产实际平均每头劳动力投入642.05元的水平看，国营集体奶牛中等规模生产劳动力的边际效益空间较大（表6-390）。

表 6-390　中等规模生产的劳动力边际效益、利润空间及其拐点

每头增加1元物质费用边际效益增减	饲养规模（头）	劳动力投入（元/头）	物质成本投入（元/头）	每增加1元物质费用增加净收入
968.38	539.87	1 000	10 108.26	428.51
672.86	539.87	1 500	10 108.26	132.98
634.97	539.87	1 600	10 108.26	95.10
601.33	539.87	1 700	10 108.26	61.46
571.24	539.87	1 800	10 108.26	31.37
544.17	539.87	1 900	10 108.26	4.30
519.67	539.87	2 000	10 108.26	−20.20
497.40	539.87	2 100	10 108.26	−42.47
477.05	539.87	2 200	10 108.26	−62.82
458.38	539.87	2 300	10 108.26	−81.49

资料来源：作者测算2009.4

（3）饲养规模、劳动力资金投入不变，物资资本投入不同，中等规模生产物质费用投入边际效益、利润空间及其拐点

物质费用投入边际效益函数回归形式：

$$\partial I/\partial L_{物质费用}=180.928\ 2\times 0.482\ 5\times 539.871\ 517\ 5^{0.908\ 2}\times 642.052\ 9^{0.102\ 03}/L_{物质费用}^{(1-0.482\ 5)}$$

物质投入边际效益、利润空间及其拐点。

在饲养规模为539.87头，每头劳动力投入为642.05的不变元条件下，物质投入边际效益、利润空间及其拐点是：在每头物质费用投入6 600元条件下，每增加1元物资费用投入的边际效益为0，该点是物质费用投入边际效益的拐点，小于6 600元，物质费用的边际效益递增，大于6 600元，物质投入边际效益递减。从实际物质投入10 108.26元的水平看，中等规模生产的物质边际效益空间不存在。

表 6-391　中等规模生产的物质费用投入边际效益、利润空间及其拐点

每头增加1元物质费用边际效益增减	饲养规模（头）	劳动力投入（元/头）	物质成本投入（元/头）	每增加1元物质费用增加净收入
623.32	539.87	642.05	5 000	83.45
567.20	539.87	642.05	6 000	27.32
562.36	539.87	642.05	6 100	22.49
557.65	539.87	642.05	6 200	17.78

续表

每头增加1元物质费用边际效益增减	饲养规模（头）	劳动力投入（元/头）	物质成本投入（元/头）	每增加1元物质费用增加净收入
553.05	539.87	642.05	6 300	13.18
548.56	539.87	642.05	6 400	8.69
544.18	539.87	642.05	6 500	4.31
539.90	539.87	642.05	6 600	0.03
535.71	539.87	642.05	6 700	−4.16
531.62	539.87	642.05	6 800	−8.25

资料来源：作者测算 2009.4

6. 小规模生产的边际效益

小规模生产边际效益生产函数回归形式：

$I=37.275\ 94L_{养殖规模}^{0.938\ 155}L_{劳动力}^{0.117\ 111}L_{物质费用}^{0.590\ 34}$

$R^2=0.874\ 249$

数据结构样本量为38个，其中，总收入平均值为2 811 429元，养殖规模平均值为225.93头，人工费用平均值为719.614元/头，物质投入费用平均值为8 424.49元/头（表6-392）。

表6-392 小规模生产的规模边际效益分析基础数据

年份	地区	总收入（元）	规模（头）	人工费用（元/头）	物质费用（元/头）
2001	吉林	4 292 250	384.5	1 150.24	9 388.70
2003	吉林	4 438 203	379.5	1 476.16	10 833.49
2000	安徽	3 998 266	379.3	590.00	7 290.32
2001	新疆	5 880 445	373.7	747.76	12 801.08
2001	陕西	5 521 967	367.4	406.64	11 414.74
2003	广东	3 993 000	330.0	403.20	11 026.00
2003	甘肃	3 897 389	330.0	273.28	7 378.08
2000	甘肃	4 084 609	321.5	624.00	5 107.87
2002	甘肃	3 869 365	313.0	279.40	6 677.90
2000	河北	3 419 539	311.4	876.00	6 432.46
2001	甘肃	4 387 345	308.5	268.32	6 753.70
2001	四川	3 694 608	295.2	547.04	8 320.68
2000	重庆	4 138 237	288.0	940.00	7 502.40
2000	新疆	4 797 417	276.3	486.00	13 597.91
2000	四川	4 003 646	273.0	1 375.00	9 869.82
2001	重庆	3 022 515	268.0	1 138.80	7 518.90
2003	河南	1 854 179	262.0	517.44	4 958.96
2001	河南	1 577 901	254.4	551.20	4 023.53
2002	重庆	2 855 468	254.0	1 204.50	8 309.23
2002	河南	1 624 547	237.8	646.80	4 357.81

续表

年份	地区	总收入（元）	规模（头）	人工费用（元/头）	物质费用（元/头）
2003	上海	3 742 028	216.33	613.76	13 014.37
2001	广西	2 394 155	207.75	887.12	12 112.04
2002	上海	3 481 073	207.47	711.70	12 536.08
2001	上海	3 043 872	204.27	581.36	11 608.42
2003	广西	2 473 804	190.00	784.00	9 555.60
2002	广西	2 590 460	190.00	770.00	8 928.00
2000	广西	2 483 763	176.50	773.00	11 670.03
2003	重庆	1 974 828	175.00	1 228.64	9 106.63
2003	宁夏	1 584 000	160.00	336.00	6 504.66
2001	河北	1 404 348	128.00	680.16	6 093.22
2003	河北	1 422 763	123.50	824.32	7 694.26
2002	河北	1 492 808	123.00	827.20	7 100.62
2000	上海	1 439 979	95.06	692.00	11 322.38
2002	福建	598 904	49.33	672.10	6 642.65
2001	海南	194 557	36.67	426.40	4 133.30
2002	海南	431 793	36.00	891.00	5 930.28
2000	海南	239 639	33.00	400.00	4 066.80
2003	海南	490 650	26.33	744.80	8 547.86
	平均	2 811 429	225.94	719.61	8 424.49

资料来源：作者测算 2009.4

(1) 物质费用、劳动力资金投入不变，饲养规模不同，小规模生产规模边际效益、利润空间及其拐点

小规模生产规模边际效益函数回归形式：

$$\partial I/\partial L_{养殖规模}=37.275\,94\times0.938\,155\times719.614\,2^{0.117\,111}\times 8\,424.494^{0.590\,34}/L_{养殖规模}^{(1-0.938\,155)}$$

规模边际效益、利润空间及其拐点。

在每头劳动力投入和物质投入状况分别为 719.614 2 元和 8 424.494 元的不变条件下，每增加一头，其边际效益利润空间及其拐点是：在 6 200 头规模上，每增加一头的边际规模效益为 0，该点视为边际效益拐点。小于 6 200 头饲养规模的边际效益为递增，大于 6 200 头饲养规模的边际效益为递减。从实际规模 225.93 头的水平看，国营集体奶牛小规模生产的饲养规模的空间边际效益很大（表 6-393）。

表 6-393 小规模生产规模边际效益、利润空间及其拐点

每增加一头边际总收入	饲养规模（头）	劳动力（元/头）	物质投入（元/头）	成本费用合计（元/头）	边际效益增减及其拐点
10 236.97	1 000	719.61	8 424.49	9 144.11	1 092.86
9 807.41	2 000	719.61	8 424.49	9 144.11	663.30
9 564.54	3 000	719.61	8 424.49	9 144.11	420.43
9 395.87	4 000	719.61	8 424.49	9 144.11	251.76
9 267.10	5 000	719.61	8 424.49	9 144.11	122.99
9 163.19	6 000	719.61	8 424.49	9 144.11	19.08
9 153.83	6 100	719.61	8 424.49	9 144.11	9.72
9 144.63	6 200	719.61	8 424.49	9 144.11	0.52
9 135.58	6 300	719.61	8 424.49	9 144.11	−8.53
9 126.69	6 400	719.61	8 424.49	9 144.11	−17.42

资料来源：作者测算 2009.4

(2) 饲养规模、物资费用不变，劳动力投入不同，小规模劳动力边际效益、利润空间及其拐点

劳动力投入边际效益函数回归形式：

$$\partial I/\partial L_{劳动力}=37.275\,94\times 0.117\,111\times 225.938\,304\,1^{0.938\,155}\times 8\,424.494^{0.590\,34}/L_{劳动力}^{(1-0.117\,111)}$$

劳动力投入边际效益、利润空间及其拐点。

在饲养规模为 225.93 头，每头物质费用为 8 424.49 元的条件下，劳动力投入边际效益、利润空间及其拐点是：在每头劳动力投入 1 500 元条件下，每增加 1 元劳动力投入的边际效益为 0，该点是劳动力投入边际效益的拐点，小于 1 500 元，劳动力的边际效益递增，大于 1 500 元，劳动力投入边际效益递减。从小规模实际平均每头劳动力投入 719.61 元的水平看，国营集体奶牛小规模生产劳动力的边际效益空间较大（6-394）。

表 6-394 小规模生产的劳动力边际效益、利润空间及其拐点

每头增加 1 元劳动力边际总收入	饲养规模（头）	劳动力（元/头）	物质投入（元/头）	每增加 1 元劳动力增加净收入
328.98	225.94	1 000	8 424.49	103.04
302.43	225.94	1 100	8 424.49	76.49
280.07	225.94	1 200	8 424.49	54.13
260.96	225.94	1 300	8 424.49	35.02
244.43	225.94	1 400	8 424.49	18.49
229.99	225.94	1 500	8 424.49	4.05
217.25	225.94	1 600	8 424.49	−8.69

续表

每头增加1元劳动力边际总收入	饲养规模（头）	劳动力（元/头）	物质投入（元/头）	每增加1元劳动力增加净收入
205.93	225.94	1 700	8 424.49	－20.01
195.79	225.94	1 800	8 424.49	－30.15
186.67	225.94	1 900	8 424.49	－39.27

资料来源：作者测算 2009.4

(3) 饲养规模、劳动力资金投入不变，物资资本投入不同，小规模物质费用投入边际效益、利润空间及其拐点

物质费用投入边际效益函数回归形式：

$$\partial I/\partial L_{物质费用}=37.275\,94\times 0.590\,34\times 225.938\,304\,1^{0.938\,155}\times 719.614\,2^{0.117\,111}/L_{物质费用}^{(1-0.590\,34)}$$

物质投入边际效益、利润空间及其拐点。

在饲养规模为225.94头，每头劳动力投入为719.61元条件下，物质投入边际效益、利润空间及其拐点是：在每头物质费用投入5 400元条件下，每增加1元物资费用投入的边际效益为0，该点是物质费用投入边际效益的拐点，小于5 400元，物质费用的边际效益递增，大于5 400元，物质投入边际效益递减。从实际物质投入8 424.49元的水平看，国营集体奶牛小规模生产的物质投入水平的边际效益空间不大（表6-395）。

表6-395　小规模生产的物质费用投入边际效益、利润空间及其拐点

每头增加1元物质费用边际效益增减	饲养规模（头）	劳动力投入（元/头）	物质成本投入（元/头）	每增加1元物质费用增加净收入
453.48	225.94	719.61	1 000	227.54
341.38	225.94	719.61	2 000	115.44
289.13	225.94	719.61	3 000	63.20
256.99	225.94	719.61	4 000	31.05
234.54	225.94	719.61	5 000	8.60
232.64	225.94	719.61	5 100	6.71
230.80	225.94	719.61	5 200	4.86
229.01	225.94	719.61	5 300	3.07
227.26	225.94	719.61	5 400	1.32
225.56	225.94	719.61	5 500	－0.38

资料来源：作者测算 2009.4

7. 结论

(1) 在总体条件下，国营集体奶牛除具备养殖规模边际效益空间外，劳动力投入，物质投入边际效益已经没有任何增长空间，我国国营集体奶

牛生产要获得良好利润水平，必须提高养殖规模。

(2) 在大规模条件下，国营集体奶牛具备养殖规模、劳动力投入效益空间，物质投入已经没有任何增长空间，大规模生产是国营集体奶牛发展的方向。

(3) 在中规模条件下，国营集体奶牛具备养殖规模、劳动力投入效益空间，物质投入已经没有任何增长空间，表明我国国营集体奶牛业走大规模经营比适度经营具备效益。

(4) 在小规模条件下，国营集体奶牛具备养殖规模、劳动力投入效益空间，物质投入已经没有任何增长空间，同样表明我国国营集体奶牛业走大规模经营比适度经营具备效益。

十四、淡水鱼农户精养规模化问题研究

1. 生产函数回归形式

$I=2.9272L_{养殖规模}^{0.96534}L_{劳动力}^{0.16265}K_{物资投入}^{0.79879}$

$R^2=0.9929972$

2. 数据结构

样本量为 74，其中，总收入平均值为 297 190 元，饲养平均值为 94.63 亩，人工费用平均值为 341.40 元/亩，物质投入费用平均值为 3 176.88元/亩（表 6-396）。

表 6-396 淡水鱼农户精养规模边际效益分析基础数据表

年份	地区	总收入（元）	规模（亩）	人工费用（元/亩）	物质费用（元/亩）
2002	江苏	8 342 046.52	3 838.00	277.20	1 312.35
2003	天津	1 466 365.09	415.64	135.02	2 594.85
2002	天津	1 675 949.48	364.83	157.08	3 391.93
2001	天津	445 643.68	216.25	106.58	1 350.54
2000	天津	445 643.68	216.25	106.58	1 350.54
2001	上海	906 270.12	141.75	248.20	5 639.55
2000	上海	906 270.12	141.75	248.20	5 639.55
2002	上海	625 524.45	132.93	269.50	4 107.99
2003	上海	574 371.47	112.60	276.32	4 253.95
2001	北京	567 606.15	109.67	226.30	4 063.93
2000	北京	567 606.15	109.67	226.30	4 063.93
2000	哈尔滨	256 338.09	81.18	226.30	2 756.47

续表

年份	地区	总收入（元）	规模（亩）	人工费用（元/亩）	物质费用（元/亩）
2003	北京	468 552.32	69.5	257.48	5 685.39
2001	黑龙江	154 214.45	59.9	220.46	2 052.89
2000	南京	153 000.51	55.25	294.92	2 032.40
2002	北京	355 844.65	51.83	246.40	5 413.13
2003	黑龙江	154 956.47	46.42	299.87	2 631.68
2000	杭州	130 391.93	41.75	181.04	2 238.09
2000	沈阳	300 871.02	35.50	226.30	7 537.07
2002	黑龙江	107 254.67	34.78	274.12	2 406.35
2003	陕西	226 929.00	33.50	1001.66	3 287.68
2000	重庆	114 173.80	32.50	305.14	2 435.68
2002	安徽	84 884.36	28.12	486.64	1 756.79
2003	江苏	57 645.54	27.00	271.61	1 902.77
2001	浙江	85 477.14	26.43	189.80	2 310.05
2001	江苏	61 621.49	24.33	289.08	1 966.64
2003	河北	77 943.65	23.07	189.97	2 695.97
2003	河南	240 674.53	23.00	522.81	7 793.52
2002	河南	215 756.10	23.00	448.14	8 233.47
2001	河南	287 308.87	23.00	483.26	9 312.22
2000	郑州	287 308.87	23.00	483.26	9 312.22
2001	辽宁	165 095.39	22.67	227.76	6 298.86
2001	湖南	46 782.65	22.13	334.34	1 329.37
2000	武汉	52 145.51	20.27	183.96	1 418.53
2003	安徽	57 560.21	20.17	513.39	1 414.83
2003	湖北	51 522.36	20.17	213.52	1 449.06
2002	湖北	49 480.30	20.07	218.68	1 397.45
2000	福州	34 525.00	20.00	164.98	741.08
2002	浙江	53 715.61	17.42	197.12	2 357.95
2000	广州	59 273.67	16.44	183.96	2 768.83
2000	南昌	80 140.93	13.83	268.64	3 904.48
2003	湖南	23 503.35	13.58	386.22	1 006.44
2000	厦门	81 335.75	13.50	394.20	4 032.37
2001	湖北	24 338.18	12.92	369.38	1 025.51
2002	广东	51 924.13	12.56	315.70	2 621.70
2001	江西	40 450.22	12.52	446.76	2 125.66
2002	江西	42 448.50	12.50	291.06	3 124.11
2003	江西	33 361.56	12.00	266.90	1 995.87
2003	广东	55 270.52	11.76	323.42	2 643.28
2001	广东	43 236.47	11.69	316.82	2 383.13
2000	西安	89 910.86	9.43	759.20	6 451.50
2002	陕西	58 858.49	8.31	856.24	4 693.39
2001	陕西	57 290.23	8.19	480.34	4 277.17

续表

年份	地区	总收入（元）	规模（亩）	人工费用（元/亩）	物质费用（元/亩）
2001	四川	25 225.36	8.00	159.14	1 917.75
2000	成都	25 225.36	8.00	159.14	1 917.75
2003	四川	34 665.98	7.50	185.26	3 572.83
2002	四川	17 741.85	7.50	164.78	2 063.34
2002	河北	21 034.59	7.29	355.74	1 866.61
2001	吉林	13 173.73	6.67	810.30	851.91
2003	浙江	15 806.12	6.43	257.48	1 620.45
2000	宁波	2 2104.24	6.00	467.20	2 421.86
2003	云南	45 927.59	5.36	204.10	6 583.26
2001	河北	17 760.01	4.75	775.26	1 538.85
2001	福建	13 574.17	4.59	518.30	1 595.64
2001	安徽	6 903.83	4.46	213.16	1 108.25
2001	贵州	12 400.00	4.00	365.00	2 543.00
2000	石家庄	15 840.00	4.00	941.70	1 603.00
2000	贵阳	12 400.00	4.00	365.00	2 543.00
2001	广西	25 078.35	3.67	198.56	5 600.10
2000	南宁	25 078.35	3.67	198.56	5 600.10
2003	福建	10 561.37	3.43	529.09	1 822.32
2002	福建	6 291.88	3.29	606.76	731.58
2001	云南	14 346.95	2.94	446.76	3 298.80
2000	昆明	14 346.95	2.94	446.76	3 298.80
	平均	297 190.55	94.63	341.30	3 176.88

资料来源：作者测算 2009.4

3. 总体条件下的最适规模

（1）物质费用、劳动力资金投入不变，饲养规模不同，规模边际效益、利润空间及其拐点

养殖规模边际效益函数回归形式：

$$\partial I/\partial L_{养殖规模}=2.927\ 2\times0.965\ 34\ \frac{341.3^{0.112\ 83}\times3\ 176.88^{0.798\ 79}}{L_{养殖规模}^{(1-0.965\ 34)}}$$

养殖规模边际效益、利润空间及其拐点。

在每亩劳动力投入和物质投入分别为 341.3 元和 3 176.88 元的不变条件下，每增加 1 亩饲养量，其边际效益利润空间及其拐点是：在1 970亩上，每增加 1 亩的边际效益为 0，该点视为边际效益拐点。小于 1 970 亩饲养规模的边际效益为递增，大于 1 970 亩饲养规模的边际效益为递减。从实际规模 94.63 亩的水平看，淡水鱼农户精养的饲养规模边际效益很大（表 6-397）。

表 6-397　规模边际效益、利润空间及其拐点

每增加 1 亩地边际总收入	规模（亩）	劳动力（元/亩）	物质投入（元/亩）	成本费用（元/亩）	边际效益增减及其拐点
3 551.70	1 500	341.30	3 176.88	3 518.20	33.51
3 529.30	1 800	341.30	3 176.88	3 518.20	11.14
3 522.70	1 900	341.30	3 176.88	3 518.20	4.53
3 519.50	1 950	341.30	3 176.88	3 518.20	1.36
3 518.90	1 960	341.30	3 176.88	3 518.20	0.74
3 518.30	1 970	341.30	3 176.88	3 518.20	0.11
3 517.70	1 980	341.30	3 176.88	3 518.20	−0.50

资料来源：作者测算 2009.40

(2) 饲养量、物资费用不变，劳动力投入不同，规模劳动力边际效益、利润空间及其拐点

劳动力投入边际效益函数回归形式：

$$\partial I/\partial L_{劳动力}=2.927\ 2\times 0.162\ 65\ \frac{94.63^{0.965\ 34}\times 3\ 176.88^{0.798\ 79}}{L_{劳动力}^{(1-0.162\ 65)}}$$

劳动力投入边际效益、利润空间及其拐点。

在饲养规模为 94.63 亩，每亩物质费用实际为 3 176.88 元的不变条件下，劳动力投入边际效益、利润空间及其拐点是：在每亩劳动力投入 740 元条件下，每增加 1 元劳动力投入的边际效益为 0，该点是劳动力投入边际效益的拐点，每亩劳动力投入水平小于 740 元，劳动力的边际效益递增，大于 740 元的劳动力投入边际效益递减。从实际平均劳动力投入 341.3 元的水平看，淡水鱼农户精养劳动力投入的边际效益存在一定的空间（表 6-398）。

表 6-398　劳动力边际效益、利润空间及其拐点

每亩增加 1 元劳动力边际总收入	规模（亩）	劳动力（元/亩）	物质投入（元/亩）	边际效益增减及其拐点
132.60	94.634 905	500.00	3 176.88	38.00
113.90	94.634 905	600.00	3 176.88	19.20
100.10	94.634 905	700.00	3 176.88	5.40
96.60	94.634 905	730.00	3 176.88	2.00
95.50	94.634 905	740.00	3 176.88	0.90
94.40	94.634 905	750.00	3 176.88	−0.20

资料来源：作者测算 2009.4

(3) 饲养量、劳动力资金投入不变，物资资本投入不同，物资投入边际效益、利润空间及其拐点

物质费用投入边际效益函数回归形式：

$$\partial I/\partial K_{物质费用}=2.927\ 2\times0.798\ 79\frac{94.63^{0.965\ 34}\times341.3^{0.1626\ 5}}{L_{物质费用}^{(1-0.798\ 79)}}$$

物质投入边际效益、利润空间及其拐点。

在饲养规模为 94.63 亩，每亩劳动力投入实际为 341.3 元的不变条件下，物质投入边际效益、利润空间及其拐点是：在每亩物质费用投入3 400 元条件下，每增加 1 元物资费用投入的边际效益为 0，该点是物质费用投入边际效益的拐点，每亩饲养规模物质投入水平小于 3 400 元，物质费用的边际效益递增，大于 3 400 元，物质投入边际效益递减。从实际平均物质投入 3 176.88 元的水平看，淡水鱼农户精养的物质投入存在一定的增长空间（表 6-399）。

表 6-399　物资投入边际效益、利润空间及其拐点

每亩增加 1 元物质费用边际效益增减	饲养规模（亩）	劳动力投入（元/亩）	物质成本投入（元/亩）	边际效益增减及其拐点
97.50	94.63	341.30	3 000.00	2.83
96.20	94.63	341.30	3 200.00	1.57
95.60	94.63	341.30	3 300.00	0.97
95.00	94.63	341.30	3 400.00	0.40
94.50	94.63	341.30	3 500.00	−0.15

资料来源：作者测算 2009.4

4. 大规模生产边际效益

大规模边际效益生产函数回归形式：

$I=14.128\ 16L_{养殖规模}^{0.941\ 6}L_{劳动力}^{0.025\ 6}L_{物质费用}^{0.726\ 5}$

$R^2=0.992$

数据结构样本量为 11，其中，总收入平均值为 1 502 118 元，养殖规模平均值为 527.212 4 亩，人工费用平均值为 207.025 元/亩，物质投入费用平均值为 3 433.55 元/亩（表 6-400）。

表 6-400　大规模边际效益分析基础数据表

年份	地区	总收入（元）	规模（亩）	人工费用（元/亩）	物质费用（元/亩）
2000	江苏	8 342 047	3 838	277.20	1 312.35
2002	天津	1 466 365	415.64	135.02	2 594.85
2001	天津	1 675 949	364.83	157.08	3 391.93
2003	天津	445 643.7	216.25	106.58	1 350.54
2000	天津	445 643.7	216.25	106.58	1 350.54
2002	上海	906 270.1	141.75	248.20	5 639.55
2001	上海	906 270.1	141.75	248.20	5 639.55
2003	上海	625 524.4	132.93	269.50	4 107.99

续表

年份	地区	总收入（元）	规模（元/亩）	人工费用（元/亩）	物质费用（元/亩）
2000	上海	574 371.5	112.60	276.32	4 253.95
2002	北京	567 606.2	109.67	226.30	4 063.93
2001	北京	567 606.2	109.67	226.30	4 063.93
	平均	1 502 118	527.21	207.03	3 433.56

资料来源：作者测算 2009.4

(1) 物质费用、劳动力资金投入不变，饲养规模不同，大规模边际效益、利润空间及其拐点

大规模边际效益函数回归形式：

$$\partial I/\partial L_{养殖规模}=14.128\ 16\times 0.941\ 6\times 207.025\ 5^{0.025\ 6}\times 3\ 433.555^{0.726\ 5}/L_{养殖规模}^{(1+0.941\ 6)}$$

规模边际效益、利润空间及其拐点。

在每头劳动力投入和物质投入状况分别为 207.02 元和 3 433.55 元的不变条件下，每增加 1 亩规模，其边际效益利润空间及其拐点是：在1 800 亩上，每增加一头的边际规模效益为 0，该点视为边际效益拐点。小于 1 800亩饲养规模的边际效益为递增，大于 1 800 亩饲养规模水平的边际效益为递减。从实际规模 527.21 亩的水平看，淡水鱼农户大规模精养的饲养规模边际效益空间较大（表 6-401）。

表 6-401 大规模生产规模边际效益、利润空间及其拐点

每增加一亩的边际总收入	饲养规模（亩）	劳动力（元/亩）	物质投入（元/亩）	成本费用（元/亩）	边际效益增减及其拐点
3 778.99	1 000	207.03	3 433.56	3 640.58	138.41
3 758.03	1100	207.03	3 433.56	3 640.58	117.45
3 739.01	1 200	207.03	3 433.56	3 640.58	98.43
3 721.59	1 300	207.03	3 433.56	3 640.58	81.01
3 705.54	1 400	207.03	3 433.56	3 640.58	64.96
3 690.65	1 500	207.03	3 433.56	3 640.58	50.07
3 676.78	1 600	207.03	3 433.56	3 640.58	36.20
3 663.80	1 700	207.03	3 433.56	3 640.58	23.22
3 651.61	1 800	207.03	3 433.56	3 640.58	11.03
3 640.11	1 900	207.03	3 433.56	3 640.58	−0.47

资料来源：作者测算 2009.4

(2) 饲养规模、物资费用不变，劳动力投入不同，大规模边际效益、利润空间及其拐点

劳动力投入边际效益函数回归形式：

$$\partial I/\partial L_{劳动力}=14.128\ 16\times 0.025\ 6\times 527.212\ 3^{0.941\ 6}\times$$

$$3\ 433.555^{0.7265}/L_{劳动力}^{(1-0.0256)}$$

劳动力投入边际效益、利润空间及其拐点。

在饲养规模面积为 527.21 亩，每亩物质费用为 3 433.55 元的条件下，劳动力投入边际效益、利润空间及其拐点是：在每亩劳动力投入 105 元条件下，每增加 1 元劳动力投入的边际效益为 0，该点是劳动力投入边际效益的拐点，小于 105 元，劳动力的边际效益递增，大于 105 元，劳动力投入边际效益递减。从大规模实际平均每亩劳动力投入 207.02 元的水平看，淡水鱼农户大规模精养不存在劳动力的边际效益空间（表 6-402）。

表 6-402　大规模生产劳动力边际效益、利润空间及其拐点

每亩增加 1 元劳动力边际总收入	饲养规模（亩）	劳动力（元/亩）	物质投入（元/亩）	每增加 1 元劳动力增加净收入
553.68	527.21	100	3 433.56	26.47
548.34	527.21	101	3 433.56	21.13
543.10	527.21	102	3 433.56	15.89
537.96	527.21	103	3 433.56	10.75
532.92	527.21	104	3 433.56	5.71
527.98	527.21	105	3 433.56	0.77
523.12	527.21	106	3 433.56	−4.09
518.36	527.21	107	3 433.56	−8.85
513.68	527.21	108	3 433.56	−13.53
509.09	527.21	109	3 433.56	−18.12

资料来源：作者测算 2009.4

(3) 饲养规模、劳动力资金投入不变，物资资本投入不同，大规模物质费用投入边际效益、利润空间及其拐点

物质费用投入边际效益函数回归形式：

$$\partial I/\partial L_{物质费用}=14.12816\times0.7265\times527.2123^{0.9416}\times 207.0255^{0.0256}/L_{物质费用}^{(1-0.7265)}$$

物质投入边际效益、利润空间及其拐点。

在饲养规模面积为 527.212 亩，每亩劳动力投入为 207.02 元的不变条件下，物质投入边际效益、利润空间及其拐点是：在每亩物质费用投入2 100元条件下，每增加 1 元物资费用投入的边际效益为 0，该点是物质费用投入边际效益的拐点，小于 2 100 元，物质费用的边际效益递增，大于 2 100 元的物质投入水平，边际效益递减。从实际物质投入3 433.55元的水平看，淡水鱼农户大规模精养物质投入水平的边际效益空间不大（表 6-403）。

表 6-403　大规模生产物质费用投入边际效益、利润空间及其拐点

每亩增加 1 元物质费用边际效益增减	饲养规模（亩）	劳动力投入（元/亩）	物质成本投入（元/亩）	每增加 1 元物质费用增加净收入
651.18	527.21	207.03	1 000	123.97
538.75	527.21	207.03	2 000	11.54
531.61	527.21	207.03	2 100	4.40
524.89	527.21	207.03	2 200	−2.32
518.55	527.21	207.03	2 300	−8.66
512.55	527.21	207.03	2 400	−14.66
506.86	527.21	207.03	2 500	−20.35
501.45	527.21	207.03	2 600	−25.76
496.30	527.21	207.03	2 700	−30.91
491.39	527.21	207.03	2 800	−35.82

资料来源：作者测算 2009.4

5. 中等规模边际效益

中等规模生产的规模边际效益生产函数回归形式：

$I=4.372\,71L_{养殖规模}^{0.940\,9}L_{劳动力}^{0.092\,26}L_{物质费用}^{0.816\,3}$

$R^2=0.674\,29$

数据结构

样本量为 39，其中，总收入平均值为 124 801.5 元，养殖规模平均值为 27.41 亩，人工费用平均值为 320.89 元/亩，物质投入费用平均值为 3 276.90元/亩（表 6-404）。

表 6-404　中等规模生产的规模边际效益分析基础数据　（元/亩）

地区	总收入（元）	养殖规模（元/亩）	人工费用（元/亩）	物质投入费用（元/亩）
哈尔滨	256 338.1	81.18	226.30	2 756.47
北京	468 552.3	69.50	257.48	5 685.39
黑龙江	154 214.5	59.90	220.46	2 052.89
南京	153 000.5	55.25	294.92	2 032.40
北京	355 844.6	51.83	246.40	5 413.13
黑龙江	154 956.5	46.42	299.87	2 631.68
杭州	130 391.9	41.75	181.04	2 238.09
沈阳	300 871.0	35.50	226.30	7 537.07
黑龙江	107 254.7	34.78	274.12	2 406.35
陕西	226 929.0	33.50	1 001.66	3 287.68
重庆	114 173.8	32.50	305.14	2 435.68
安徽	84 884.4	28.12	486.64	1 756.79
江苏	57 645.5	27.00	271.61	1 902.77

续表

地区	总收入（元）	养殖规模（元/亩）	人工费用（元/亩）	物质投入费用（元/亩）
浙江	85 477.14	26.43	189.8	2 310.05
江苏	61 621.49	24.33	289.08	1 966.64
河北	77 943.65	23.07	189.97	2 695.97
河南	240 674.50	23.00	522.81	7 793.52
河南	215 756.10	23.00	448.14	8 233.47
河南	287 308.90	23.00	483.26	9 312.22
郑州	287 308.90	23.00	483.26	9 312.22
辽宁	165 095.40	22.67	227.76	6 298.86
湖南	46 782.65	22.13	334.34	1 329.37
武汉	52 145.51	20.27	183.96	1 418.53
安徽	57 560.21	20.17	513.39	1 414.83
湖北	51 522.36	20.17	213.52	1 449.06
湖北	49 480.30	20.07	218.68	1 397.45
福州	34 525.00	20.00	164.98	741.08
浙江	53 715.61	17.42	197.12	2 357.95
广州	59 273.67	16.44	183.96	2 768.83
南昌	80 140.93	13.83	268.64	3 904.48
湖南	23 503.35	13.58	386.22	1 006.44
厦门	81 335.75	13.50	394.20	4 032.37
湖北	24 338.18	12.92	369.38	1 025.51
广东	51 924.13	12.56	315.70	2 621.7
江西	40 450.22	12.52	446.76	2 125.66
江西	42 448.50	12.50	291.06	3 124.11
江西	33 361.56	12.00	266.90	1 995.87
广东	55 270.52	11.76	323.42	2 643.28
广东	43 236.47	11.69	316.82	2 383.13
平均	124 801.50	27.42	320.90	3 276.90

资料来源：作者测算 2009.4

（1）物质费用、劳动力资金投入不变，饲养规模不同，中等规模生产的规模边际效益、利润空间及其拐点

中等规模生产的规模边际效益函数回归形式：

$$\partial I/\partial L_{养殖规模}=4.372\ 71\times 0.940\ 9\times 320.899\ 2^{0.092\ 26}\times 327\ 6.897^{0.8163}/L_{养殖规模}^{(1+0.940\ 9)}$$

规模边际效益、利润空间及其拐点。

在劳动力投入和物质投入状况分别为 320.899 元和 3 276.897 元的不变条件下，每增加一头规模，其边际效益利润空间及其拐点是：在 490 亩上，每增加 1 亩的边际效益为 0，该点视为边际效益拐点。小于 490 亩饲养规模的边际效益为递增，大于 490 亩饲养规模水平的边际效益为递减。

从实际规模 27.41 亩的水平看，淡水鱼农户中等规模精养饲养规模的空间边际效益非常大（表 6-405）。

表 6-405　中等规模生产的规模边际效益、利润空间及其拐点

每增加一亩的边际总收入	饲养规模（亩）	劳动力（元/亩）	物质投入（元/亩）	成本费用（元/亩）	边际效益增减及其拐点
3 955.82	100	320.90	3 276.90	3 597.80	358.03
3 797.11	200	320.90	3 276.90	3 597.80	199.32
3 707.24	300	320.90	3 276.90	3 597.80	109.45
3 644.78	400	320.90	3 276.90	3 597.80	46.98
3 619.50	450	320.90	3 276.90	3 597.80	21.71
3 614.81	460	320.90	3 276.90	3 597.80	17.01
3 610.22	470	320.90	3 276.90	3 597.80	12.42
3 605.73	480	320.90	3 276.90	3 597.80	7.93
3 601.34	490	320.90	3 276.90	3 597.80	3.54
3 597.04	500	320.90	3 276.90	3 597.80	－0.75

资料来源：作者测算 2009.4

(2) 饲养规模、物资费用不变，劳动力投入不同，中等规模生产劳动力边际效益、利润空间及其拐点

劳动力投入边际效益函数回归形式：

$$\partial I/\partial L_{劳动力}=4.372\,71\times 0.092\,26\times 27.416\,2^{0.940\,9}\times 3\,276.897^{0.816\,3}/L_{劳动力}^{(1-0.092\,26)}$$

劳动力投入边际效益、利润空间及其拐点。

在饲养规模面积为 27.41 亩，物质费用实际为 3 276.89 元的条件下，劳动力投入边际效益、利润空间及其拐点是：在劳动力增加投入 430 元条件下，每增加 1 元劳动力投入的边际效益为 0，该点是劳动力投入边际效益的拐点，小于 430 元，劳动力边际效益递增，大于 430 元，劳动力投入边际效益递减。从中等规模生产实际平均每头劳动力投入达到 320.89 元的水平看，淡水鱼中等规模精养劳动力的边际效益存在一定的空间（表 6-406）。

表 6-406　中等规模生产的劳动力边际效益、利润空间及其拐点

每亩增加 1 元物质费用边际效益增减	饲养规模（亩）	劳动力投入（元/亩）	物质成本投入（元/亩）	每增加 1 元物质费用增加净收入
103.90	27.42	100	3 276.90	75.67
54.95	27.42	200	3 276.90	27.53
38.03	27.42	300	3 276.90	10.61
29.29	27.42	400	3 276.90	1.87

续表

每亩增加1元物质费用边际效益增减	饲养规模（亩）	劳动力投入（元/亩）	物质成本投入（元/亩）	每增加1元物质费用增加净收入
28.64	27.42	410	3 276.90	1.22
28.02	27.42	420	3 276.90	0.60
27.43	27.42	430	3 276.90	0.01
26.86	27.42	440	3 276.90	−0.55
26.32	27.42	450	3 276.90	−1.10
25.80	27.42	460	3 276.90	−1.62

资料来源：作者测算 2009.4

(3) 饲养规模、劳动力资金投入不变，物资资本投入不同，中等规模生产物质费用投入边际效益、利润空间及其拐点

物质费用投入边际效益函数回归形式：

$$\partial I/\partial L_{物质费用}=4.372\ 71\times 0.816\ 3\times 27.416\ 2^{0.940\ 9}\times 320.899\ 2^{0.092\ 26}/L_{物质费用}^{(1-0.816\ 3)}$$

物质投入边际效益、利润空间及其拐点。

在饲养规模面积为27.4亩，每亩劳动力投入为320.89元条件下，物质投入边际效益、利润空间及其拐点是：在每亩物质费用投入6 300元条件下，每增加1元物资费用投入的边际效益为0，该点是物质费用投入边际效益的拐点，小于6 300元，物质费用的边际效益递增，大于6 300元，物质投入边际效益递减。从实际物质投入3 276.89元的水平看，淡水鱼农户中等规模精养的物质边际效益空间较大（表6-407）。

表6-407　中等规模生产的物质费用投入边际效益、利润空间及其拐点

每亩增加1元物质费用边际效益增减	饲养规模（亩）	劳动力投入（元/亩）	物质成本投入（元/亩）	每增加1元物质费用增加净收入
31.50	27.42	320.90	3 000	4.09
29.88	27.42	320.90	4 000	2.46
28.68	27.42	320.90	5 000	1.26
27.74	27.42	320.90	6 000	0.32
27.65	27.42	320.90	6 100	0.24
27.57	27.42	320.90	6 200	0.15
27.49	27.42	320.90	6 300	0.07
27.41	27.42	320.90	6 400	−0.01
27.33	27.42	320.90	6 500	−0.08
27.26	27.42	320.90	6 600	−0.16

资料来源：作者测算 2009.4

6. 小规模生产的边际效益

小规模生产边际效益生产函数回归形式：

$$I=2.539\ 659L_{养殖规模}^{0.947\ 8}L_{劳动力}^{0.131\ 4}L_{物质费用}^{0.837\ 9}$$

$$R^2=0.874\ 242$$

数据结构样本量为24，其中，总收入平均值为25 064.43元，养殖规模平均值为5.6亩，人工费用平均值为435.99元/亩，物质投入费用平均值为2 896.71元/亩（表6-408）。

表6-408　小规模生产的边际效益分析基础数据

年份	地区	总收入（元）	规模（亩）	人工费用（元/亩）	物质费用（元/亩）
2001	西安	89 910.86	9.43	759.20	6 451.5
2003	陕西	58 858.49	8.31	856.24	4 693.39
2002	陕西	57 290.23	8.19	480.34	4 277.17
2000	四川	25 225.36	8.00	159.14	1 917.75
2001	成都	25 225.36	8.00	159.14	1 917.75
2001	四川	34 665.98	7.50	185.26	3 572.83
2002	四川	17 741.85	7.50	164.78	2 063.34
2003	河北	21 034.59	7.29	355.74	1 866.61
2003	吉林	13 173.73	6.67	810.30	851.91
2000	浙江	15 806.12	6.43	257.48	1 620.45
2000	宁波	22 104.24	6.00	467.20	2 421.86
2001	云南	45 927.59	5.36	204.10	6 583.26
2002	河北	17 760.01	4.75	775.26	1 538.85
2001	福建	13 574.17	4.59	518.30	1 595.64
2000	安徽	6 903.83	4.46	213.16	1 108.25
2002	贵州	12 400.00	4.00	365.00	2 543.00
2003	石家庄	15 840.00	4.00	941.70	1 603.00
2001	贵阳	12 400.00	4.00	365.00	2 543.00
2000	广西	25 078.35	3.67	198.56	5 600.10
2000	南宁	25 078.35	3.67	198.56	5 600.10
2002	福建	10 561.37	3.44	529.09	1 822.32
2003	福建	6 291.88	3.29	606.76	731.58
2001	云南	14 346.95	2.94	446.76	3 298.80
2003	昆明	14 346.95	2.94	446.76	3 298.80
2003	平均	25 064.43	5.60	435.99	2 896.72

资料来源：作者测算2009.4

（1）物质费用、劳动力资金投入不变，饲养规模不同，小规模生产规模边际效益、利润空间及其拐点

小规模生产规模边际效益函数回归形式：

$$\partial I/\partial L_{养殖规模}=2.539\ 659\times0.947\ 8\times435.992\ 9^{0.131\ 4}\times$$

$$2\ 896.719^{0.836\ 9}/L_{养殖规模}^{(1-0.947\ 8)}$$

规模边际效益、利润空间及其拐点。

在每头劳动力投入和物质投入状况分别为 435.99 元和 2 896.71 元的不变条件下，每增加一头规模，其边际效益利润空间及其拐点是：在 109 亩上，每增加百只的边际效益为 0，该点视为边际效益拐点。小于 109 亩饲养规模的边际效益为递增，大于 109 亩饲养规模水平的边际效益为递减。从实际规模 5.6 亩的水平看，淡水鱼农户小规模精养的饲养规模的空间边际效益非常大（表 6-409）。

表 6-409　小规模生产的规模边际效益、利润空间及其拐点

每增加一亩地边际总收入	饲养规模（亩）	劳动力（元/亩）	物质投入（元/亩）	成本费用合计（元/亩）	边际效益增减及其拐点
3 347.75	100	435.99	2 896.72	3 332.71	15.04
3 344.29	102	435.99	2 896.72	3 332.71	11.58
3 342.59	103	435.99	2896.72	3 332.71	9.88
3 340.90	104	435.99	2 896.72	3 332.71	8.19
3 339.24	105	435.99	2 896.72	3 332.71	6.52
3 337.58	106	435.99	2 896.72	3 332.71	4.87
333 5.95	107	435.99	2 896.72	3 332.71	3.24
3 334.33	108	435.99	2 896.72	3 332.71	1.62
3 332.73	109	435.99	2 896.72	3 332.71	0.01
3 331.14	110	435.99	2 896.72	3 332.71	−1.57

资料来源：作者测算 2009.4

（2）饲养规模、物资费用不变，劳动力投入不同，小规模劳动力边际效益、利润空间及其拐点

劳动力投入边际效益函数回归形式：

$$\partial I/\partial L_{劳动力}=2.539\ 659\times 0.131\ 4\times 5.6^{0.947\ 8}\times 289\ 6.719^{0.836\ 9}/L_{劳动力}^{(1-0.131\ 4)}$$

劳动力投入边际效益、利润空间及其拐点。

在饲养规模为 5.60 亩，每亩物质费用为 2 896.71 元的条件下，劳动力投入边际效益、利润空间及其拐点是：在每亩劳动力增加投入 557 元条件下，每增加 1 元劳动力投入的边际效益为 0，该点是劳动力投入边际效益的拐点，小于 557 元，劳动力的边际效益递增，大于 557 元，劳动力的边际效益递减。从小规模实际劳动力投入为 435.99 元的水平看，淡水鱼农户小规模精养生产劳动力的边际效益空间不大（表 6-410）。

表 6-410　小规模生产的劳动力边际效益、利润空间及其拐点

每亩增加 1 元劳动力边际总收入	饲养规模（亩）	劳动力（元/亩）	物质投入（元/亩）	每增加 1 元劳动力增加净收入
24.90	5.60	100	2 896.72	19.30
13.64	5.60	200	2 896.72	8.04
9.59	5.60	300	2 896.72	3.99
7.47	5.60	400	2 896.72	1.87
6.15	5.60	500	2 896.72	0.55
5.66	5.60	550	2 896.72	0.06
5.62	5.60	555	2 896.72	0.02
5.61	5.60	556	2 896.72	0.01
5.60	5.60	557	2 896.72	0.00
5.59	5.60	558	2 896.72	−0.01

资料来源：作者测算 2009.4

(3) 饲养规模、劳动力资金投入不变，物资资本投入不同，小规模物质费用投入边际效益、利润空间及其拐点

物质费用投入边际效益函数回归形式：

$$\partial I/\partial L_{物质费用}=2.539\,659\times 0.836\,9\times 5.6^{0.947\,8}\times 435.992\,9^{0.131\,4}/L_{物质费用}^{(1-0.836\,9)}$$

物质投入边际效益、利润空间及其拐点。

在饲养规模为 5.60 亩，每亩劳动力投入为 435.99 元条件下，物质投入边际效益、利润空间及其拐点是：在每亩物质费用投入 8 300 元条件下，每增加 1 元物资费用投入的边际效益为 0，该点是物质费用投入边际效益的拐点，每亩饲养规模水平小于 8 300 元，物质费用的边际效益递增，大于 8 300 元，物质投入边际效益递减。从实际物质投入 2 896.7 元的水平看，淡水鱼农户小规模精养物质投入水平的边际效益空间很大（表6-411）。

表 6-411　小规模生产的物质费用投入边际效益、利润空间及其拐点

每亩增加 1 元物质费用边际效益增减	饲养规模（亩）	劳动力投入（元/亩）	物质成本投入（元/亩）	每增加 1 元物质费用增加净收入（元）
7.90	5.60	435.99	1 000	2.30
7.06	5.60	435.99	2 000	1.46
6.61	5.60	435.99	3 000	1.01
6.31	5.60	435.99	4 000	0.71
6.09	5.60	435.99	5 000	0.49
5.91	5.60	435.99	6 000	0.31
5.76	5.60	435.99	7 000	0.16

续表

每亩增加1元物质费用边际效益增减	饲养规模（亩）	劳动力投入（元/亩）	物质成本投入（元/亩）	每增加1元物质费用增加净收入
5.64	5.60	435.99	8 000	0.04
5.61	5.60	435.99	8 300	0.01
5.60	5.60	435.99	8 400	−0.00

资料来源：作者测算 2009.4

7. 结论

（1）在总体条件下，淡水鱼农户精养具备养殖规模、劳动力投入和物质投入的效益空间，表明我国淡水鱼农户精养具有规模养殖效益，可以进行规模化生产。

（2）在大规模条件下，淡水鱼农户精养具备养殖规模的效益空间，劳动力投入、物质投入已经没有任何增长空间，我国淡水鱼农户精养在现有的基础上，应该向规模化生产方向发展。

（3）在中规模条件下，淡水鱼农户精养具备养殖规模、劳动力投入，和物质投入的效益空间。表明我国淡水鱼农户精养也可以发展适度规模经营的生产方式。

（4）在小规模条件下，淡水鱼农户精养具备养殖规模、劳动力投入，和物质投入的效益空间，我国淡水鱼农户精养应该向大规模或者适度规模经营的方向发展。

十五、养殖业集约化规模化生产离现代农业的差距

1. 总体

总体上，养殖业规模边际效益及拐点、劳动力投入边际效益及拐点、物资投入边际效益及拐点很好地反映了目前我国养殖业离规模化的差异。在养殖规模边际效益测算与实际差异值方面，最高值达到 41.53 倍，最低值也有 0.25 倍，且没有负效应。即在目前生产规模和各种生产方式条件下，提高养殖规模，向集约化规模化养殖方向发展是具备规模经济效益的。在劳动力投入规模边际效益测算与实际差异上，85％的生产方式出现了负值，且边际利润空间不高。在物质投入边际效益测算与实际差异上，只有 16.7％的生产方式为正值，表明现阶段我国养殖业生产方式劳动力和物质投入效率极低，是规模不经济的具体表现，如图 6-8 所示。

2. 养殖规模边际效益测算与实际差异

在养殖规模边际效益测算与实际差异上，专业户奶牛、农户菜羊、农

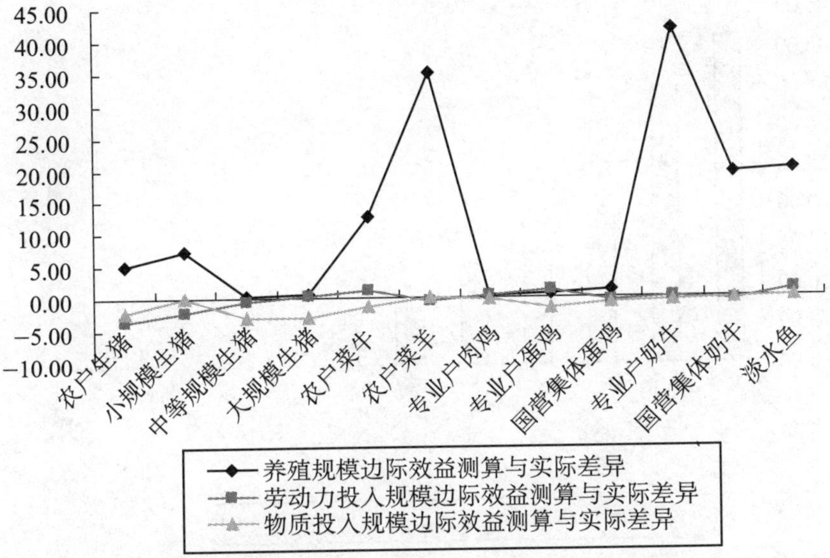

图 6-8　养殖业规模边际效益、利润空间、拐点趋势

户淡水鱼精养、国营集体奶牛、农户菜牛、小规模生猪、农户生猪养殖、国营集体蛋鸡规模边际效益测算与实际差异最高，差异倍数分别是 41.53 倍、35.01 倍、19.82 倍、19.34 倍、12.75 倍、7.21 倍、5.21 倍和 1.30 倍，上述生产方式的规模不经济结论与奶牛、菜牛、菜羊饲养、小规模生猪和农户生猪饲养的现实吻合度非常高。专业户蛋鸡（0.59 倍）、大规模生猪（0.48 倍）、专业户肉鸡（0.31 倍）、中等规模生猪（0.25 倍）较小的实际与测算规模边际效益差异进一步佐证了我国专业户肉鸡、专业户蛋鸡生产，大中规模生猪生产初具规模的现实，表 6-412、表 6-413。和图 6-9 所示。

3. 劳动力投入规模边际效益测算与实际差异

在劳动力投入规模边际效益测算与实际差异值上，农户菜羊（−0.50），中等规模生猪（−0.53），国营集体蛋鸡（−0.59），国营集体奶牛（−0.64），小规模生猪（−2.09），农户生猪（−3.45）负值最高。生产规模太小以及产权关系模糊，造成我国现阶段农户、中、小规模养殖劳动力不经济。从小规模劳动力不经济的角度看，我国养殖业需要规模化生产，如图 6-10 所示。

4. 物资投入规模边际效益测算与实际差异

在物资投入规模边际效益测算与实际差异值上，小规模生猪（−0.02

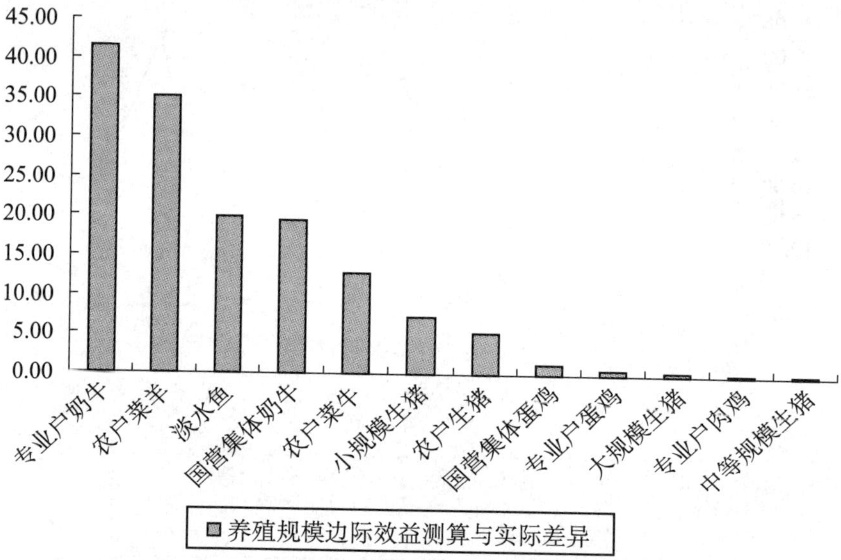

图 6—9　养殖规模边际效益测算与实际差异值

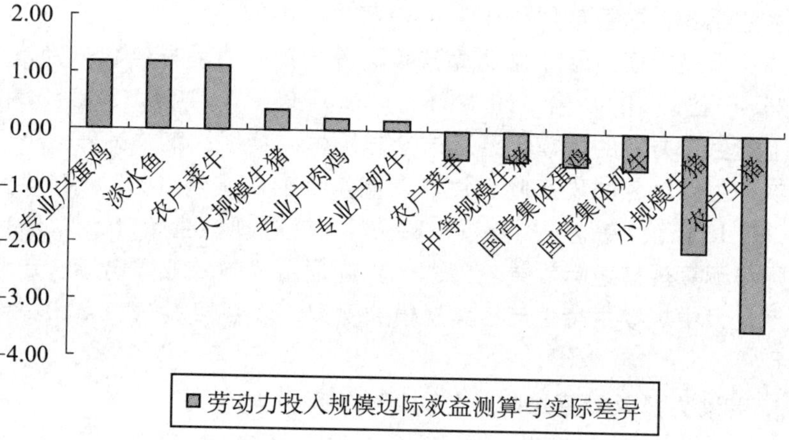

图 6—10　劳动力投入规模边际效益测算与实际差异值

倍)、国营集体奶牛（—0.17 倍)、专业户肉鸡（—0.17 倍)、专业户奶牛（—0.38 倍)、国营集体蛋鸡（—0.85 倍)、农户菜牛（—1.46 倍)、专业户蛋鸡（—1.75 倍)、农户生猪（—2.31 倍)、大规模生猪（—2.91 倍)、中等规模生猪（—2.93 倍）均不存在物资投入的边际效益，而且成本投入与收益的零界值太小，上述畜牧业生方式的利润空间严重被挤压。规模经济与规模不经济结论一目了然，如图 6—11 所示。

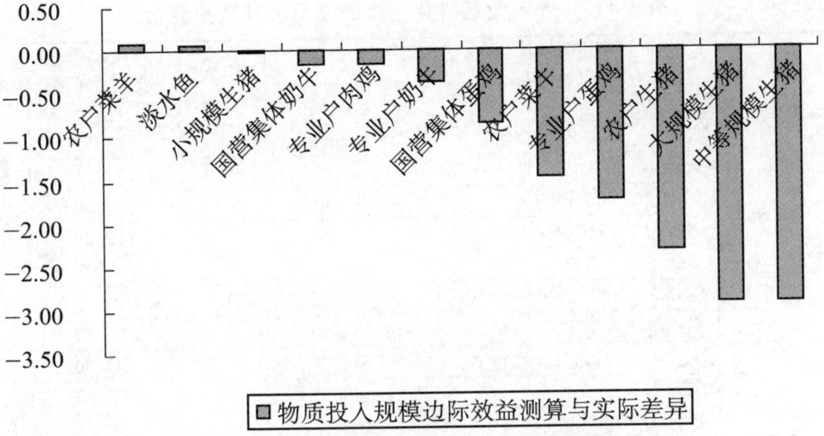

图 6-11　物资投入规模边际效益测算与实际差异值

表 6-412　养殖业规模化边际效益测算与实际差异

			规模边际效益（头，只，百羽，亩）	比重（%）	劳动力投入规模边际效益（元/头,只,百羽，亩）	比重（%）	物质投入规模边际效益（元/头，只，百羽，亩）	比重（%）
农户生猪	总体	实际	6.28		133.62		529.35	
		测算	39.00	5.21	30.00	−3.45	160.00	−2.31
小规模生猪	总体	实际	73.11		58.62		479.29	
		测算	600.00	7.21	19.00	−2.09	470.00	−0.02
中等规模生猪	总体	实际	465.48		36.77		510.86	
		测算	580.00	0.25	24.00	−0.53	130.00	−2.93
大规模生猪	总体	实际	5 271.00		23.00		548.00	
		测算	7 800.00	0.48	36.00	0.36	140.00	−2.91
农户菜牛	总体	实际	24.00		252.00		1 428.00	
		测算	330.00	12.75	530.00	1.10	580.00	−1.46
农户菜羊	总体	实际	52.76		86.72		122.77	
		测算	1 900.00	35.01	58.00	−0.50	133.00	0.08
专业户肉鸡	总体	实际	16 849.71		58.01		1 191.25	
		测算	22 000.00	0.31	74.00	0.22	1 020.00	−0.17
专业户蛋鸡	总体	实际	10 690.00		256.78		6 592.66	
		测算	17 000.00	0.59	560.00	1.18	2 400.00	−1.75
国营集体蛋鸡	总体	实际	60 221.81		166.59		7 471.21	
		测算	138 500.00	1.30	105.00	−0.59	4 040.00	−0.85
专业户奶牛	总体	实际	31.51		740.17		5 928.40	
		测算	1 340.00	41.53	900.00	0.18	4 300.00	−0.38
国营集体奶牛	总体	实际	653.77		680.70		9 473.93	
		测算	13 300.00	19.34	415.00	−0.64	8 130.00	−0.17
淡水鱼	总体	实际	94.63		341.40		3 176.88	
		测算	1 970.00	19.82	740.00	1.17	3 400.00	0.07

表 6-413 养殖业规模化生产的潜力及其政策意含

			规模边际效益（头，只，百羽，亩）	比重（%）	劳动力投入规模边际效益（元/头,只,百羽，亩）	比重（%）	物质投入规模边际效益（元/头，只，百羽，亩）	比重（%）
农户生猪	总体	实际	6.28		133.62		529.35	
		测算	39.00	5.21	30.00	−3.45	160.00	−2.31
	大规模	实际	15.08		89.60		843.36	
		测算	100.00	5.63	9.00	−8.96	116.00	−6.27
	中规模	实际	7.09		118.41		488.46	
		测算	360.00	49.78	52.00	−1.28	1 090.00	1.23
	小规模	实际	3.31		156.83		476.50	
		测算	10.00	2.02	42.00	−2.73	290.00	−0.64
规模生猪	总体	实际	1 214.48		38.53		515.60	
		测算	7 000.00	4.76	24.00	−0.61	190.00	−1.71
	大规模	实际	2 554.57		25.17		539.93	
		测算	22 800.00	7.93	13.00	−0.94	290.00	−0.86
	中规模	实际	484.12		39.79		510.04	
		测算	3 060.00	5.32	11.00	−2.62	800.00	0.36
	小规模	实际	63.30		108.96		419.18	
		测算	68.00	0.07	22.00	−3.95	603.00	0.30
小规模生猪	总体	实际	73.11		58.62		479.29	
		测算	600.00	7.21	19.00	−2.09	470.00	−0.02
	大规模	实际	180.44		68.61		505.39	
		测算	860.00	3.77	25.00	−1.74	260.00	−0.94
	中规模	实际	56.80		57.10		475.32	
		测算	204.00	2.59	17.00	−2.36	760.00	0.37
	小规模	实际						
		测算						
中等规模生猪	总体	实际	465.48		36.77		510.86	
		测算	580.00	0.25	24.00	−0.53	130.00	−2.93
	大规模	实际	2 589.06		20.99		511.43	
		测算	6 200.00	1.39	13.00	−0.61	65.00	−6.87
	中规模	实际	328.48		37.79		510.80	
		测算	3 010.00	8.16	28.00	−0.35	307.00	−0.66
	小规模	实际						
		测算						
大规模生猪	总体	实际	5 271.00		23.00		548.00	
		测算	7 800.00	0.48	36.00	0.36	140.00	−2.91
	大规模	实际	20 058.53		15.57		578.93	
		测算	50 000.00	1.49	12.00	−0.30	220.00	−1.63
	中规模	实际	3 870.80		23.05		543.77	
		测算	6 500.00	0.68	13.00	−0.77	230.00	−1.36
	小规模	实际	702.79		36.53		568.33	
		测算	653.00	−0.07	46.00	125.94	200.00	−1.84

续表

			规模边际效益（头，只，百羽，亩）	比重（%）	劳动力投入规模边际效益（元/头，只，百羽，亩）	比重（%）	物质投入规模边际效益（元/头，只，百羽，亩）	比重（%）
农户菜牛	总体	实际	24.00		252.00		1 428.00	
		测算	330.00	12.75	530.00	1.10	580.00	−1.46
	大规模	实际	66.74		160.07		1 900.96	
		测算	380.00	4.69	460.00	1.87	1 550.00	−0.23
	中规模	实际	26.32		155.60		1 294.40	
		测算	1 300.00	48.39	120.00	−0.30	530.00	−1.44
	小规模	实际	3.65		351.97		1 303.57	
		测算	6.00	0.64	830.00	1.36	780.00	−0.67
农户菜羊	总体	实际	52.76		86.72		122.77	
		测算	1 900.00	35.01	58.00	−0.50	133.00	0.08
	大规模	实际	158.31		48.28		207.38	
		测算	620.00	2.92	65.00	0.26	350.00	0.41
	中规模	实际	36.22		91.01		109.35	
		测算	310.00	7.56	21.00	−3.33	604.00	4.52
	小规模	实际	7.18		108.01		86.68	
		测算	12.00	0.67	40.00	−1.70	990.00	10.42
专业户肉鸡	总体	实际	16 849.71		58.01		1 191.25	
		测算	22 000.00	0.31	74.00	0.22	1 020.00	−0.17
	大规模	实际	41 177.87		53.66		1 174.55	
		测算	520 000.00	11.63	220.00	3.10	2 500.00	1.13
	中规模	实际	4 099.68		59.99		1 207.38	
		测算	33 400.00	7.15	54.00	−0.11	11 400.00	8.44
	小规模	实际	696.67		63.78		1 130.02	
		测算	1 500.00	1.15	220.00	2.45	860.00	−0.31
专业户蛋鸡	总体	实际	10 690.00		256.78		6 592.66	
		测算	17 000.00	0.59	560.00	1.18	2 400.00	−1.75
	大规模	实际	30 052.89		194.19		7 202.36	
		测算	37 000.00	0.23	297.00	0.35	21 100.00	1.93
	中规模	实际	2 635.89		277.37		6 321.91	
		测算	25 000.00	8.48	500.00	0.45	32 000.00	4.06
	小规模	实际	546.78		546.78		5 366.92	
		测算	2 400.00	3.39	503.00	−0.09	27 000.00	4.03
国营集体蛋鸡	总体	实际	60 221.81		166.59		7 471.21	
		测算	138 500.00	1.30	105.00	−0.59	4 040.00	−0.85
	大规模	实际	148 580.20		144.14		7 920.82	
		测算	450 000.00	2.03	560.00	2.89	4 060.00	−0.95
	中规模	实际	25 532.93		185.20		7 491.29	
		测算	203 000.00	6.95	90.00	−1.06	9 000.00	0.17
	小规模	实际	4326.99		164.15		6 852.59	
		测算	35 000.00	7.09	82.00	−1.00	4 800.00	−0.43

续表

			规模边际效益（头，只，百羽，亩）	比重（%）	劳动力投入规模边际效益（元/头，只，百羽，亩）	比重（%）	物质投入规模边际效益（元/头，只，百羽，亩）	比重（%）
专业户奶牛	总体	实际	31.51		740.17		5 928.40	
		测算	1 340.00	41.53	900.00	0.18	4 300.00	−0.38
	大规模	实际	170.60		593.73		8 106.63	
		测算	2 690.00	14.77	218.00	−1.72	35 300.00	3.35
	中规模	实际	28.30		590.63		6 054.39	
		测算	122 100.00	4 313.49	1 640.00	1.78	29 040.00	3.80
	小规模	实际	5.26		937.10		5 322.10	
		测算	340.00	63.64	427.00	−1.19	6 700.00	0.21
国营集体奶牛	总体	实际	653.77		680.70		9 473.93	
		测算	13 300.00	19.34	415.00	−0.64	8 130.00	−0.17
	大规模	实际	1 594.73		673.77		10 501.82	
		测算	32 500.00	19.38	2 600.00	2.86	8 900.00	−0.18
	中规模	实际	539.87		642.05		10 108.26	
		测算	24 500.00	44.38	1 900.00	1.96	6 600.00	−0.53
	小规模	实际	225.93		719.61		8 424.49	
		测算	6 200.00	26.44	1 500.00	1.08	5 400.00	−0.56
淡水鱼	总体	实际	94.63		341.40		3 176.88	
		测算	1 970.00	19.82	740.00	1.17	3 400.00	0.07
	大规模	实际	527.21		207.03		3 433.55	
		测算	1 800.00	2.41	105.00	−0.97	2 100.00	−0.64
	中规模	实际	27.41		320.89		3 276.90	
		测算	490.00	16.88	430.00	0.25	6 300.00	0.48
	小规模	实际	5.60		435.99		2 896.71	
		测算	109.00	18.46	557.00	0.22	8 300.00	1.87

资料来源：作者测算 2009

第七章　现代农业建设面临的机遇与挑战

第一节　机遇

1. 国际大环境有利于现代农业建设

从国际环境来看，和平、发展、合作已经成为当今时代的潮流。经济全球化趋势深入发展，科技进步日新月异，生产要素流动和产业转移加快，中国与世界经济的相互联系和影响日益加深。国内和国际两个市场、两种资源相互补充，国际贸易不断加深，各种产品在国际间可以自由流通。外部环境总体上对中国现代农业发展有利。

2. 政策环境有利于现代农业建设

2004～2008 年，中央连续出台了 5 个指导农业和农村工作的一号文件，制定了一系列具有里程碑意义的强农惠农政策，采取了一系列具有划时代意义的重大举措。一是全面取消农业税、牧业税、农业特产税、屠宰税，终结了 2 600 多年农民种地缴纳税收的历史；二是实行粮食直补、良种补贴、农机具购置补贴和农资综合直补等农业补贴制度，开创了直接补贴农民的历史先河；三是全面放开粮食购销市场和价格，迈出了农业市场化改革的关键一步；四是全面推行农村义务教育“两免一补”，实现了真正意义上的农村免费义务教育；五是普遍建立新型农村合作医疗制度，减轻了农民看病就医的负担；六是全面建立农村最低生活保障制度，构筑了困难农民基本生活的最后一道保障线；七是不断加快农村水电路气等基础设施建设，改善了农民的生产生活条件；八是切实加强农民工权益保护和服务，推动了城乡平等就业的进程。这八个方面的重大举措，基本构建起强农惠农的政策体系，初步搭建起统筹城乡发展的制度框架，正在形成加快农村经济社会发展的长效机制，有利于现代农业建设。

3. 社会经济高速发展有利于现代农业建设

中国社会经济高速，为现代农业建设提供了以下有利条件：第一发展需求劲头足，居民消费结构迅速提升。随着居民消费结构逐年升级，居民消费支出总额倍增。第二，发展基础较好。中国有取之不尽的劳动力资源，拥有丰富的科技人力和人文人力资源，并具有一定的自主创新能力。中国社会经济高速发展，为现代农业建设创造了良好的条件。

4. 农业增长方式重大转变有利于农业建设

高效作物种植面积逐渐扩大，经济作物面积不断扩大，农产品市场格局发生了变化，不断优化农产品结构，提高农业外向依存度，农产品由数量型向质量型转变；农业功能已由传统的农产品生产功能向生产、生活、生态多功能拓展；农业生产条件发生了重大变化，高标准农田比重、农机化水平、设施农业面积大幅度提高；农业产业化和合作化步伐加快，一批龙头企业和农民专业合作经济组织正不断壮大；农业专业化不断加强，所有以上这些增长方式的转变有利于现代农业建设。

第二节　挑战

1. 社会经济条件的限制

中国是个经济大国，却不是经济强国。以2008年为例，中国国民生产总值（GDP）排在世界第3位，但人均国民生产总值在世界104名。美国等18个国家早已完成从农业社会到工业社会的转变，即第一次经济现代化；现在美国等6个国家已经从工业社会进入知识社会的发展阶段，即进入第二次经济现代化进程；其他12个国家也迈入第二次经济现代化的起步阶段。中国目前还在推进从农业社会向工业社会转变的中后期。当今中国，农业社会、农业劳动力占全国总就业人数的50%，相当于1870年美国、法国和德国的比重水平。由于历史和现实条件的因素，中国东中西部国民生产总值在全国的比重很不平衡。1978～2003年东部经济上升，中部西部经济下降。这说明中国地区发展不协调是非常突出的，具有多层次、多侧面的特征，这个不协调不仅存在于经济发展的差距，也存在于社会发展的差距。

2. 社会资源条件的限制

中国是个人口大国、资源小国，这对矛盾将长期制约中国经济社会的发展。中国是缺水的大国，人均拥有量仅占世界平均水平的1/4，全国600个城市有400个缺水，110个严重缺水。中国耕地只有世界人均耕地水平的40%。从1996～2003年底的7年间，中国减少耕地面积达1亿亩。社会资源条件限制日趋严重。

3. 自然条件不确定性的限制

农业属于弱质产业，生产周期长受自然灾害影响较大，然而外部自然环境条件的好坏及其变化在很大程度上存在不可预测性，直接影响农业生产的效率和农业生产经营者的收益。因此，现代高效农业虽然是一项高投入、高产出、高效益的产业，但抵御自然灾害的能力依然较弱，必将制约农业的发展。

4. 市场风险和技术风险的限制

随着农业市场化、国际化进程的不断加快，我国农业市场风险性逐渐加大。农业市场风险已成为农业生产经营者面临的主要风险，主要表现为市场价格的不稳定性、需求的多变性、预测的偏差性、政策的变动性，并具有长期性、阶段性、连锁性等特点；其成因主要包括价格调节滞后、市场信息不畅、农业产业化组织程度低等。

现代农业的发展提出了更高的技术要求，设施化栽培、标准化生产、机械化操作劳动者科技文化素质等方面都无形中制约着现代农业的发展，而目前我国现代农业科技还不能完全满足现代高效农业的发展需求。综上所述，中国现代农业建设任重道远，机遇与挑战并存。

第三节　建议

建设现代农业是一项庞大的系统工程和长期的艰巨任务，既需要激发市场主体的内在活力，又需要发挥政府的职能作用。在现代市场经济条件下，市场机制发挥基础性作用，但由于市场调节自身的局限性，需要政府审时度势，适度调控。农业是为人类提供食物、为加工提供原料的基础性产业，是农民收入的重要来源，也是自然与市场双重风险并存的弱质产业，需要政府大力给予扶持。由于经济基础的差异、政策导向的失当、计划体制的影响，中国城乡二元结构特征突出，需要政府积极实施统筹。因此，加快建设现代农业，就要在充分运用市场机制的基础上，按照统筹城乡经济社会发展的思路，“完善政策，建立制度，并致力于公共投资以提高资源配置效率和比较优势，提高生产率和市场效率”。具体讲，政府的作用主要表现在以下几个方面：

1. 完善基础设施

农业基础设施是农业生产的物质技术条件，也是一个国家或地区农业和农村经济发展的“先行资本”。促进农业基础设施的现代化和可持续化，是建设现代农业的一项重要内容。由于农业基础设施建设投入高而投资回报率较低；而且它的利用具有公共性，难以确保每一个消费者按实际消费支付相应价格，因此，各级政府应当是农业基础设施建设的主导力量。在发展目标上，应围绕提高农业装备水平、优化农业发展环境、改善群众生活质量，坚持以效益为中心，把基础设施建设与农业综合开发相结合，与推进城镇化战略相结合，与工商服务业发展相结合，构建城乡统一的基础设施网络。在重点内容上，治水、改土、兴林、修路、办电、建园协同推进，山水田林路综合施治。在投入机制上，政府直接投入的重点应是社会共享型基础设施，“条条”上协同支持，“块块”上适度集中，以发挥政府投入的综合效益。同时，着眼于促进民间资金向民营资本转变，注重通过政府投入的引导作用鼓励和支持业主开发，吸纳社会资金投入农业基础设施，逐步建立起国家、集体、社会力量等多渠道、多形式、多层次的多元化投入格局。

2. 不断提高现代农业的产出水平

(1) 提高土地生产率

土地生产率的提高对我国发展现代农业具有重要的意义。土地生产率的提高不仅是单位土地面积上实物产量的提高，更重要的是品质、市场竞争力的提高。因此，提高土地生产率，一是要加快新技术、新品种的大面积推广普及，及时淘汰市场不欢迎的传统品种。二是要加快对农产品质量安全体系检测标准的建设、绿色无公害农产品生产标准的推广。三是提高对农民产前、产中和产后的系列化服务体系的建设。

(2) 提高农产品加工率

实现农产品二次增值是提高农民收入的主要途径，也是提升农产品竞争力的有效手段。发展现代农业，提高农产品加工率有巨大的发展空间。一是国家应该进一步制定和完善农产品加工企业行业标准，尽快建立与国际市场相一致的农产品加工标准体系的建设；二是各级政府部门应该制定相应的优惠的政策，从税收、信贷等方面给予优惠的政策，促进本地区农产品加工业的发展；三是现有的农产品加工企业要不断创新管理的体制，改进加工工艺，提高加工的水平，尽快成为上规模、上档次的具有市场竞争力的加工企业。

(3) 提高农民的商品化组织程度

现代农业的发展是与现代发达的组织化程度相适应的。农民组织化程度的高低直接关系到现代农业参与市场竞争的强弱。提高农民组织化程度，一是要继续不断发展和完善农业产业化经营。农业产业化经营是我国在提高农民组织化程度上的一个制度创新。实践证明，走农业产业化经营的道路是适合我国在家庭联产承包基本制度的框架下不断提高农业规模化经营和集约化经营的发展方向，而这正是现代农业的所要求的。在农业产业化的经营中，一方面应该加大对龙头企业的支持力度，鼓励更多的工商企业投资农业；另一方面龙头企业自身要进一步解决好与农民和中介组织之间的利益关系，建立良性互动的利益连接机制；二是要大力发展各种类型的中介组织，包括各类专业技术协会、技术服务中心、农业科技园区和龙头企业等形式出现的新兴的服务体系以及进入我国的国外农业企业和行业协会；三是促进原有的传统的农业技术推广服务体系的改革，促进各农业研究机构、农业院校把先进、实用的农业科学技术尽快转化到农业生产中，不断提高农业生产的水平。

3. 推进体制创新

改革开放以来，中国农业经营管理体制改革不断深化，但政府与市场的关系尚未理顺，政府相关部门的职能还不明晰，尤其是城乡体制障碍还远没有彻底消除，二元结构还未根本改变，阻碍了城乡之间生产要素的合理流动，严重制约了城乡经济的协调发展，因此，必须加快体制创新步伐。其主要内容，既包括以打破城乡分割为取向的新型城乡关系的建立，也包括以破除农业自我封闭为取向的农业开放体系的构建；既包括以明晰政府调节农业边界为取向的农业宏观管理体制的改革，也包括以激发经营主体活力为取向的农业微观运行机制的完善；既包括以建立公共财政制度为取向的农村财税体制改革，也包括以培育适应经济发展需要的金融机构为取向的农村金融体制的改革。体制创新的重点，一是农业经营体制的创新。家庭承包经营体制适应现阶段中国生产力发展水平，是推进现代农业建设的制度基础。但其经营规模小、产加销脱节、组织化程度低等局限性日益突出，必须继续探索完善。从实践看，农业产业化经营是经营体制创新的有效形式。要通过“龙头企业十合作经济组织十农户”等形式，推动农业生产经营的市场化、集约化和规模化。同时，要在稳定农民土地承包关系的基础上，按照“自愿、有偿、依法”的原则，引导土地使用权的合理流转，促进土地使用权向龙头企业和经营大户适度集中，促进生产基地向优势名牌产品较快集中，推动土地资源向土地资本转变。二是农业管理体制的创新。长期以来，农业管理部门分割，职能交叉，管理界线不清，中间环节较多，因此，深化改革势在必行。改革的方向，首先是明确政府调节农业的边界应以不损害农产品市场交易机制为限，以不损害农民收入增长为限，凡市场能够调节的均由市场调节。在此基础上，对农业产前、产中和产后管理服务部门实施职能明晰、机构调整、资产重组的组织变革，构建服务于产加销一体化经营的管理体制。三是农产品流通体制的创新。随着农村商品经济的发展，农产品流通体制改革有了一定进展，但农产品流通中存在的问题仍较突出。要加快粮食等重要农产品的市场化进程，深化国有流通企业改革，消除行业间、地区间的市场封锁和行政壁垒，延伸“绿色通道”，逐步建立统一开放、竞争有序的市场体系。完善农产品流通调控制度，改进市场运行监测手段，建立规范化的市场监管机制，确保重要农产品的安全储备和对农产品进出口的有效调控。

4. 加强支持保护

政府对农业实施适度的支持保护，既是世界各国的普遍做法，也是中国农业参与国际竞争的现实需要。政府应制定和实施科学、合理、适当倾斜的农业政策，校正农业资源的非农化倾向，统筹城乡经济发展。当前，尤其要借鉴国际通行做法，在 WTO 框架下积极构建合理。有效的农业支持保护体系。一是用好“绿箱”政策。要不断提高财政预算内资金投入农业的比重，加大对农业基础设施、科研教育、技术推广的投入力度，通过项目贴息支持农业生产资料生产、农产品精深加工、农业科技开发等。二是改革补贴方式。将价格补贴直接发放到农产品生产者，使农民真正得到实惠。对因遭遇严重自然灾害而减产或绝收的农户给予救灾补助，帮助其恢复生产能力，降低自然风险损失。三是进一步减免税费负担。在农村税费改革的基础上，继续分阶段减少农业税费，整治各种不合理的乱收费、乱摊派，创造和改善利于农业发展的经营环境。四是强化农产品生产经营预警机制。针对农产品生产周期长、信息传递慢、伴生影响大的特点，根据对国际需求、国内市场、自然风险等变化的预期，提前采取缓冲制衡措施，释放农民的生产经营风险。

5. 强化科技支持作用

加快农业技术集成示范、应用。加快建设各地区农业科技创新基地和区域性农业科研中心。促进农作物和畜禽水产良种繁育、饲料饲养、疫病防治、资源节约、污染治理等技术的应用；加快粮食新品种选育，培育并形成一批粮食优良品种在全国较大范围推广，加大现有科技推广体系建设与改革。

一是推广组织的多元化。打破单一的政府推广体系，适应市场农业发展的需要，引导企业、农民组织共同参与到科技推广工作中来。

二是积极调动农户的积极性，国家投资建设一系列农业科技推广示范工程，让农民能实实在在地享用科技成果，鼓励农户积极参与科技推广。

三是政府行为与市场配置结合的运行机制。坚持谁受益、谁推广的原则，实现推广费用的合理分担。政府引导与市场推动相结合，公益性的工作由政府支持，效益明显的技术由企业去推广。

四是多部门配合、相互协作，共同做好推广工作。政府要把企业、大学以及金融机构联合起来，充分发挥各自的专长，以提高农技推广的功能。

五是建立和健全农业科技信息网络系统。

6. 注重引导示范

建设现代农业既是一个持续发展的渐进过程，也是一个探索、创新的实践过程，需要各级政府切实加强规划、指导和示范。在规划引导上，要着眼于培育区域特色产业和优势产品，根据自然条件优化区域布局，以此引导市场主体从事农业生产经营。在工作指导上，要注意把握现代农业发展的一般规律，抓住推进发展的关键环节，切实从以行政指挥为主转到综合运用行政、经济、法律手段上来，遵循经济规律，坚持依法行政；从直接介入微观经济活动转到加强引导、提供公共服务上来，当好引导者、服务者和“裁判员”；从一般性号召转到帮助解决具体问题上来，深入调查研究，加强分类指导，增强工作的针对性和实效性。在典型引路上，要注重发现和培育既体现现代农业基本特征、代表现代农业发展方向，又立足区域实际、具有带动效应的现代农业发展典型，并通过各种途径和方式倡导和推广，力促现代农业在典型示范中实现可持续发展。

总之，在现代农业建设的实践中，政府行政职能的发挥涉及多个方面和诸多环节，其关键在于统筹发展城乡经济。这种“统筹”的实质，就是要把解决好农业、农村和农民问题作为全局工作的重中之重，更多地关注农村、关心农民、支持农业。通过体制统筹，逐步消除事实上存在的城乡之间的藩篱；通过投入统筹，逐步构建实在有效的支持保护体系；通过工作统筹，逐步强化政府的配套服务功能，从而在统筹发展城乡经济的进程中，加快现代农业建设步伐。

参考文献

[1] Walter nicholson. Microeconomic Theory basic principles and extensions. peking university press. 183～190

[2] Jae wan chung. Utility and production functions. blackwell. 94～96

[3] G. Fishelson . The allocation and marginal value product of water in Israeli agriculture. elsevier science B. V. 1994

[4] S. K. NATH. estimating the seasonal marginal products of labour in agriculture. Oxford Economic Papers，1974，26（3）：375～87

[5] Stephen D. Younger. Benefits on the Margin：Observations On Marrginal Benefit Incidence. the world bank economic review，2007，（17）：No. 189～106

[6] Francesco Caselli，James Feyrer. the marginal product of capital. The quarterly Journal of Economics，2007，122（2）

[7] 周蓓．国际马铃薯中心新品种在云南的推广应用研究，2008（6）

[8] 赵晓平，何小龙，荣威恒．敖汉细毛羊育种目标性状的确定及边际效益的计算．安徽农业科学，2009，37（13）：5994～5996

[9] 孙永军，武靖源，王伦．基于动态随机前沿生产函数的水资源边际效益研究．水利科技与经济，2009（4）

[10] 王智勇，王劲峰，于静洁，刘昌明．河北省平原地区水资源利用的边际效益分析. 地理学报，2000（3）

[11] 刘小燕．边际产品递减规律西方微观经济学的基本规律．财政研究，1992（1）

[12] 程智强，邱化蛟．资源边际效益与种植业结构调整目标规划．农业工程学报，2005（12）

[13] 席利卿，彭可茂．CD生产函数在油菜生产中的应用，河南农业科学，2006（11）

[14] 刘昌明，周长青，张士锋．小麦水分生产函数及其效益的研究．地理研究，2005（1）

[15] 龚六堂．我国省份之间的要素流动和边际生产率的差异分析．经济研究，2004（1）

后　记

从2004年开始，作者参与了中国农业科学院农业经济与发展研究所农业政策开放性实验室建设课题研究，负责研究中国农业现代化问题。在研究中国农业现代化问题中，引发了对中国农业实现现代化的诸多思考。当时比较坚定的信念之一是没有中国社会工业化的成果，农业现代化实现似乎是无缘之木。大批农村劳动力没有工业化吸纳，农业规模化经营就无从谈起，没有规模化经营的农业生产，何以谈得上实现农业现代化？对于从小成长于农场的作者而言，对中国农业生产的认识不能说不深刻。从事农业经济研究后，一年中又有大部分时间在农村一线调研，对中国农村、农民和农业的发展也可谓熟知。有时在想，田园式的自给自足农业生产方式真的比美国现代化大规模农业生产模式更具效率吗？然而，中国快速发展的经济终究要打破中国农村田园式的生产方式了。农产品市场的千变万化，生态环境的恶化，耕地的被蚕食，残酷的农产品市场竞争，高新农业技术的应用，农业企业、专业户生产的崛起，在促使中国田园式农业的转变。现实状况真是时不待“农”啊，中国农业还未走向现代化之路，就又被赋予可持续发展、生态农业等诸多发达国家后现代化出现的新问题。中国农业发展注定是一条充满荆棘之路。好在巨变的中国社会最终认识到中国农业发展的重要性，提出建设现代农业而不是首先实现农业现代化的政策策略。即期望于现代农业科学技术，从根本上改变中国农业生产方式的落后面貌。从理论上讲，这项政策符合中国农业生产现实和发展方向。他不再一味强调农业现代化，而是把农村、农民、农业作为整体发展目标，共同前进。2008年，作者开始研究中国现代农业问题，感受到中国现代农业的实现比实现农业现代化更加艰巨。还是温家宝总理2010年政府工作报告答记者问讲得好，中国社会要达到发达国家社会水平，还需要100年的奋斗。对于中国农业而言，100年时间实现发达国家现代农业发展水平也不算充裕。

本书中，作者利用一些经济学分析工具，研究了中国现代农业到底离我们有多远的问题。测算的结果也印证了中国实现现代农业的时间是本世纪的时间。同时，作者也认为实现中国现代农业最直观的问题还是在于规模化经营问题。

作者

2010年3月于墨尔本